中华现代学术名著丛书

陈康：论希腊哲学

汪子嵩 王太庆 编

图书在版编目(CIP)数据

陈康：论希腊哲学/陈康著；汪子嵩，王太庆编．—北京：商务印书馆，2011（2022.7重印）
（中华现代学术名著丛书）
ISBN 978-7-100-08476-5

Ⅰ.①陈… Ⅱ.①陈…②汪…③王… Ⅲ.①古希腊罗马哲学-文集 Ⅳ.①B502-53

中国版本图书馆 CIP 数据核字（2011）第 139857 号

权利保留，侵权必究。

本书据商务印书馆 1995 年版排印

中华现代学术名著丛书

陈康：论希腊哲学

陈 康 著

汪子嵩 王太庆 编

商 务 印 书 馆 出 版
（北京王府井大街36号 邮政编码100710）
商 务 印 书 馆 发 行
北京通州皇家印刷厂印刷
ISBN 978-7-100-08476-5

2011 年 11 月第 1 版　　开本 880×1240　1/32
2022 年 7 月北京第 3 次印刷　　印张 21⅜
定价：128.00 元

出版说明

百年前,张之洞尝劝学曰:"世运之明晦,人才之盛衰,其表在政,其里在学。"是时,国势颓危,列强环伺,传统频遭质疑,西学新知亟亟而入。一时间,中西学并立,文史哲分家,经济、政治、社会等新学科勃兴,令国人乱花迷眼。然而,淆乱之中,自有元气淋漓之象。中华现代学术之转型正是完成于这一混沌时期,于切磋琢磨、交锋碰撞中不断前行,涌现了一大批学术名家与经典之作。而学术与思想之新变,亦带动了社会各领域的全面转型,为中华复兴奠定了坚实基础。

时至今日,中华现代学术已走过百余年,其间百家林立、论辩蜂起,沉浮消长瞬息万变,情势之复杂自不待言。温故而知新,述往事而思来者。"中华现代学术名著丛书"之编纂,其意正在于此,冀辨章学术,考镜源流,收纳各学科学派名家名作,以展现中华传统文化之新变,探求中华现代学术之根基。

"中华现代学术名著丛书"收录上自晚清下至20世纪80年代末中国大陆及港澳台地区、海外华人学者的原创学术名著(包括外文著作),以人文社会科学为主体兼及其他,涵盖文学、历史、哲学、政治、经济、法律和社会学等众多学科。

出版说明

出版"中华现代学术名著丛书",为本馆一大夙愿。自1897年始创起,本馆以"昌明教育,开启民智"为己任,有幸首刊了中华现代学术史上诸多开山之著、扛鼎之作;于中华现代学术之建立与变迁而言,既为参与者,也是见证者。作为对前人出版成绩与文化理念的承续,本馆倾力谋划,经学界通人擘画,并得国家出版基金支持,终以此丛书呈现于读者面前。唯望无论多少年,皆能傲立于书架,并希冀其能与"汉译世界学术名著丛书"共相辉映。如此宏愿,难免汲深绠短之忧,诚盼专家学者和广大读者共襄助之。

商务印书馆编辑部

2010年12月

凡　例

一、"中华现代学术名著丛书"收录晚清以迄20世纪80年代末，为中华学人所著，成就斐然、泽被学林之学术著作。入选著作以名著为主，酌量选录名篇合集。

二、入选著作内容、编次一仍其旧，唯各书卷首冠以作者照片、手迹等。卷末附作者学术年表和题解文章，诚邀专家学者撰写而成，意在介绍作者学术成就、著作成书背景、学术价值及版本流变等情况。

三、入选著作率以原刊或作者修订、校阅本为底本，参校他本，正其讹误。前人引书，时有省略更改，倘不失原意，则不以原书文字改动引文；如确需校改，则出脚注说明版本依据，以"编者注"或"校者注"形式说明。

四、作者自有其文字风格，各时代均有其语言习惯，故不按现行用法、写法及表现手法改动原文；原书专名（人名、地名、术语）及译名与今不统一者，亦不作改动。如确系作者笔误、排印舛误、数据计算与外文拼写错误等，则予径改。

五、原书为直（横）排繁体者，除个别特殊情况，均改作横排简体。其中原书无标点或仅有简单断句者，一律改为新式标点,专名号从略。

六、除特殊情况外,原书篇后注移作脚注,双行夹注改为单行夹注。文献著录则从其原貌,稍加统一。

七、原书因年代久远而字迹模糊或纸页残缺者,据所缺字数用"□"表示;字数难以确定者,则用"(下缺)"表示。

编者的话

陈康先生是我们的老师。我们上西南联大的时间较晚，1943年以前他在联大讲的课程我们没有听上。1944年陈先生在重庆中央大学授课，他译注的《柏拉图巴曼尼得斯篇》于是年正式出版，这本著作使我们耳目一新，为我们打开了研究哲学史的一个新天地，启发了我们研究希腊哲学的兴趣。1945年秋至1946年春，陈先生回联大讲授"希腊哲学史"课程，并给我们领读柏拉图《国家篇》第四、第六卷的重要部分。1947年初至年底，他回北京大学任教，讲"知识论"、"柏拉图的辩证法"、"柏拉图和亚里士多德的哲学"（重点讲授他的博士论文 Das Chorismos-Problem bei Aristoteles 一书的内容）等课程外，又给我们领读亚里士多德《形而上学》的Z、H卷。我们面聆先生教益不多，但从课堂里听到的，以及从他的著作中学到的，却深深感到陈先生教给我们的是实事求是、不尚玄虚、不取道听途说、不作穿凿附会的方法，是研究哲学史、特别是研究古典希腊哲学史的一种重要方法。研究哲学史当然可以凭学者各自的喜好选用各种不同的方法。陈先生采用的可以说基本上是以德国为代表的欧洲大陆传统研究古典哲学的方法，它需要深厚的学识基础和严肃认真的治学态度。

现在国内学习和研究西方哲学以至希腊哲学的人逐渐多起来了，为了让大家了解这种方法，以促进和提高我们的研究，我们选

凡 例

编这本论文集,展现陈先生的思想和若干研究成果。

一

陈先生使用的研究方法,在 1985 年台北联经出版事业公司出版的《陈康哲学论文集》的"作者自序"中有所说明。陈先生谈到收在集子中的文章时说:

"各篇皆写于 1940 年至 1958 年之间。(1958 年 9 月以后留居海外,因为环境关系,所有写作皆用当地文字,以便土著阅读。)1958 年到现在已经二十五年,其间个人的思想,自然不能毫无变更。如若今日将各篇就原题重写,虽然每一篇不必皆和原来底稿不同,但可断言的,许多篇的前后两稿不免皆有或多或少的差别。'假我数年'再作第三次的重写,焉知此后所写的和第二次所写的决无差别?因此内容是有变动的,也就不是主要的。

主要的是构思和写作的方法。方法是比较固定的,也是主要的。数十年来思想的内容不无或多或少的变更,但是方法仍然如旧。如若读者留意这本小册子里的方法过于其中的内容,那即是适合下怀了。以下请略说这方法,先从这里所无的方法说起。比如:

无父无君的杨墨'是禽兽也'的推论。

用于蒙混过关的'白马非马'的分析。

在自己的意见上挂起前人的招牌('仲尼墨翟俱道尧

舜')。

或用前人的言论来增高自己的意见的价值('六经为我注脚')。

用从半空中飞下来的结论作推论的前提('道曰式,曰能……')。

打着万应灵丹的旗号,其实是空洞无内容的论断('方有方之理,圆有圆之理')。

这些方法或是就幼年所读书籍中至今略存未忘的片断记忆里举隅,或是中年以后耳目偶闻偶见的事例。这些方法皆见于自先秦时期以至民国二十、三十年代的思想史里。类似的方法自然还有,此处不必求全。然而我们最不应忽略的乃是以下的方法:自从'五四'以来,念外国书的人日多,才华超迈绝伦、不甘略受拘束的人士喜欢将糖酒油盐酱醋姜倾注于一锅,用烹调'大杂烩'的办法来表达自己集古今中外思想大成的玄想体系。

方法的目的在应用,它不是供讲说的。讲说方法乃是对方法的回想。用方法的人回想他自己所用的方法,时常反不及旁观者所见的周详精细。以下所简略陈述见于这本小册子里的方法即是此类回想。这本小册子里的每一结论,无论肯定与否定,皆从论证推来。论证皆循步骤,不作跳跃式的进行。分析务必求其精详,以免混淆和遗漏。无论分析、推论或下结论,皆以其对象为依归,各有它的客观基础。不作广泛空洞的断语,更避免玄虚到使人不能捉摸其意义的冥想来'饰智惊愚'。研究前人思想时,一切皆以此人著作为根据,不以其与事理或有不符,加以曲解(不混逻辑与历史为一谈)。研究

凡 例

问题时,皆以事物的实况为准,不顾及任何被认为圣经贤训。总之,人我不混,物我分清。一切皆取决于研究的对象,不自作聪明,随意论断。

纵横不羁人士看到这方法的简略叙述,将要失声大笑说以下这类的话:'陈康笨拙得可怜,智力卑劣到这样的地步,竟然在构思和写作时,处处甘受束缚,以至于吐不出一句自由解说的话来。'这个判语不但符合实情,也正是我的理想,只怕不能完全做到。然而这些人忘记了:摆脱束缚,乘兴发言,是在写抒情诗,不是做实事求是的探讨。做诗和研究,二者悬殊,它们的方法也必然不同。

读者之中想会有不是动辄跳跃飞腾,不喜欢一步一步前进的人。他们对于以上简略陈述的方法,也许感觉到兴趣,不惜予以青睐,审查这方法在各篇中的零碎应用。审查的结果或是立即抛弃,或是暂留备考。鄙视与垂青,抛弃与保留,性质各各不同,但皆是对这本小册子的反应。如若这本小册有了反应,编者的苦心和辛勤就不枉费,他们也可稍得安慰些了。如若初步同情的读者在他们以后构思和写作学术性的文章时,这本小册子里的方法能有些微的帮助,那时编者们将更是心满意足了。"(《陈康哲学论文集》二一四页)

陈先生的这个希望也就是我们编辑这本书的目的。

要做到他所说的这种方法——"无论分析、推论或下结论,皆以其对象为依归,各有它的客观基础";"研究前人思想时,一切皆以此人著作为根据,不以其与事理或有不符,加以曲解";"总之,人我不混,物我分清,一切皆取决于研究的对象,不自作聪明,随意论断"——必须有深厚的学力。为此,需要简单介绍陈先生的经历和思想。

陈康,一名陈忠寰(Chen Chung-Hwan),江苏扬州人,1902 年生。1929 年毕业于南京中央大学(原东南大学)哲学系。1929 年秋至 1930 年夏在英国伦敦大学学习,1930 年秋起转往德国,从 Julius Stenzel 学希腊哲学,后来主要从 Nicolai Hartmann 学习。在后者指导下,于 1940 年以 Das Chorismos-Problem bei Aristoteles 论文取得柏林大学哲学博士学位。(先生以十年时间,在德国从这几位著名专家学希腊、拉丁文及希腊哲学,奠定了深厚的基础。)1940 年回国后,历任西南联大、中央大学、北京大学、同济大学等校教授。1948 年秋任台湾大学教授。1958 年赴美国,历任 Emory University,Montana State University,University of California(Santa Barbara),Post College of Long Island University,University of Texas,University of South Florida 等校教授,后年老退休,留居美国。

陈先生的著作,主要是三部专著:Chen Chung-Hwan: Das Chorismos-Problem bei Aristoteles, Berlin, 1940;陈康译注:《柏拉图巴曼尼得斯篇》,1944 年重庆商务印书馆出版,1981 年北京重印;Chen Chung-Hwan: Sophia. The Science Aristotle Sought, Georg Olms Verlag, Hildesheim. New York, 1976。其余则是发表于国内外各种刊物上的学术论文,其中绝大部分收入本书。

陈先生在 1976 年出版的、可以说是概括了他毕生研究亚里士多德哲学成果的巨大著作 Sophia. The Science Aristotle Sought 一书的序言中,对他自己思想的发展作过一番简略的回顾。试译如下:

"每个研究亚里士多德的学者都可以看出这本书是在耶

格尔(W. Jaeger)影响下产生的,虽然本书的一般结论及许多解释和耶格尔的有所不同。我要说明一下这种影响是如何形成以及这本书是如何发展成的。

本世纪三十年代尼古拉·哈特曼(Nicolai Hartmann)复活了本体论,并且给了它一个文字定义,这定义实际上是亚里士多德方式的德文翻译。1940年我结束了论文 Das Chorismos-Problem bei Aristoteles 以后,想对亚里士多德的形而上学作一番更一般的探讨。当时我是在哈特曼的影响之下的。我考虑的计划是将亚里士多德的本体论和他的神学分开,单独进行研究,但在进行过程中发生了不少困难。

这时候我接受了国立北京大学的聘书,它是战争时期设在昆明的西南联合大学的一个组成单位。从'五四'运动以来,北京大学是胡适博士领导的'汉学'(它多少有点相当于西方的 Altertumwissenschaft〔古学〕)的中心——实际上是唯一的处所。我到昆明时,这个传统在西南联大仍然存在,我以前的老师、后来的同事和朋友汤用彤教授是其领导人。这个新的学术环境恢复了我对'古学'的兴趣。我重读了耶格尔的《亚里士多德》,进而坚信必须用他的发生方法去研究亚里士多德。结果是我从哈特曼转向了耶格尔。我对亚里士多德的研究也从系统的方法转为发生的方法,研究对象也扩大为包括亚里士多德的本体论和神学两个方面。

几年以后,在台湾我用学术补助费买到一批西方书籍,其中有欧文斯(Joseph Owens)的 The Doctrine of Being in the Aristotelian Metaphysics。这位作者的解释引起我的兴趣,但不能令我信服。这样我的研究范围就更加明确了:要从发生观点研究亚里士多德关于存在和关于神的两种学说之间的关系。这就成为现在这本书的对象。

欧文斯神父的著作由于他的博学得到我的赞赏,同时也使我认识到在台湾因为缺乏足够的书籍不可能完成我的研究计划。结果是1958年我被选为中国哲学会的代表去参加意大利威尼斯举行的第十二届国际哲学会议。我原来想会后留在梵蒂冈工作,但由于语言的障碍不可能实现,所以来到美国。最初我想用六个月的时间查阅最重要的有关文献,但这是不现实的。我需要多留些时候,便接受了 Emory 大学的聘书,开始在美国教书。……"(Sophia. The Science Aristotle Sought, pp. VII—VIII)

由此可见,陈先生的思想主要是受哈特曼和耶格尔的影响。他从这两位学者各自接受什么思想影响?本书内《亚里士多德哲学中"哀乃耳假也阿"和"恩泰莱夏也阿"两个术语的意义》一文开始处,陈先生作过概要的论述。他指出:一方面,亚里士多德的本体论(陈先生译为"万有论")思想被长期忽视,直到哈特曼才重新恢复这方面的问题;另一方面,亚里士多德的哲学从古代开始就被视为一个完整的体系,直到耶格尔才开始用发生方法去研究他思想的发展变化。因此,重要的问题是用发生方法研究亚里士多德的本体论。陈先生说:

"然而从 Jaeger 门下训练出来的人未受 Hartmann 的哲学训练,虽然已能做历史方面的研究工作,但还未能认识万有论方面的问题;从 Hartmann 门下训练出来的人,未受 Jaeger 的历史研究训练，虽然已能认识万有论的问题，但仍不能做历史研究的工作。因此在二千年的亚里士多德哲学研究史上至今还无一人从发生的观点去研究亚里士多德的万有论。现在的情形是：一方面这个研究工作正待人去做，另一方面却无适当的人才献身于这样的工作。为了不使这个无结果的僵局继续延长，以致我们忘了自己学识的浅薄，不揣谫陋地来作一个尝试。"

这项工作可以说是陈先生对亚里士多德哲学研究所作的重要贡献。这本论文集中的许多文章是这项研究工作的开始和若干组成部分，总的研究成果则是1976年出版的 Sophia. The Science Aristotle Sought 一书。这项工作，西方的亚里士多德研究者中还没有人做过，也就是说，陈先生的研究工作有开创意义。中国人研究西方哲学史（特别是对西方已经研究了二千多年的希腊哲学史），要能和西方专家一争短长，是很难能的。1944年陈先生应当时由贺麟先生主持的"西洋哲学名著编译会"要求译注《柏拉图巴曼尼得斯篇》，在"序"中曾说道：

"现在或将来如若这个编译会里的产品也能使欧美的专门学者以不通中文为恨（这决非原则上不可能的事，成否只在人为！），甚至因此欲学习中文，那时中国人在学术方面的能力始真正昭著于全世界；否则不外乎是往雅典去表现武艺，往斯巴达去表现悲剧，无人可与之竞争，因此也表现不出自己超过他人的特长来。"（《柏拉图巴曼尼得斯篇》，1982年版第10页。）

虽然陈先生后来许多重要著作仍旧是用外文发表的，但是这番话却表达了我们中国研究西方哲学史的工作者应有的抱负。

二

自从1979年学术研究重新繁荣，西方哲学史的研究也比较受到重视时起，我们就想介绍陈先生的著作。应我们的要求，商务印书馆于1982年重印了陈先生译注的《柏拉图巴曼尼得斯篇》，引起许多对希腊哲学有兴趣的读者们重视。同时我们就着手收集陈先生散见于各种学术刊物上的著作。主要由北京图书馆焦树安同志帮助，从馆藏书刊中找到1940—1948年间陈先生发表的中文著作。陈先生在中央大学时指导的研究生陈步学兄也保存了其中几篇论文，特别有价值的是《哲学自身的问题》一文中还有陈先生的几处亲笔订正。我们还找到1940年以前陈先生在德国留学时写的两篇中文论文：一篇是1934年写的《柏拉图〈曼诺篇〉中的认识论》，王太庆解放前在北京东安市场旧书摊上买到发表此文的那期《哲学评论》；另一篇是1935年写的《柏拉图认识论中的主体与对象》，原稿是贺麟先生在旧藏稿件中找出交给我们的；我们曾交给1983年出版的《外国哲学》第三辑公开发表过。这两篇陈先生早期著作的观点虽然和他后来的看法有所不同，但可以看出他在三十年代中期对柏拉图认识论的研究兴趣，以及他当时已经重视分析原著的方法，所以我们仍收入本书。

陈先生用外文发表的著作在国内很难找到。1940年用德文发

凡 例

表的博士论文 Das Chorismos-Problem bei Aristoteles，是请王玖兴学兄(1945—1946年他在昆明和我们一起听过陈先生领读柏拉图《国家篇》)去欧洲时在德国找到原书复制带回的。陈先生的好友，曾在德国和他一起从哈特曼学习过的熊伟先生发现并告诉我们若干陈先生在国外发表的论文目录，但大多发表在非常专门的学术刊物如 Phronesis 上，国内根本没有这种杂志。我们请在美国的王浩学兄(1943年他在西南联大数学系本科三年级时听过陈先生的课)代为收集。他花了不少精力，几次从各种刊物资料中将陈先生用英文写作的论文复制寄来，共九篇，目录如下：

1) Plato's Theistic Teleology；

2) Aristotle's Theory of Substance in the Categoriae；

3) On Aristotle's two Expressions：$\kappa\alpha\theta'\ \dot{\upsilon}\pi o\kappa\epsilon\iota\mu\acute{\epsilon}\nu o\nu\ \lambda\acute{\epsilon}\gamma\epsilon\sigma\theta\alpha\iota$ and $\dot{\epsilon}\nu\ \dot{\upsilon}\pi o\kappa\epsilon\iota\mu\acute{\epsilon}\nu\omega\ \epsilon\tilde{\iota}\nu\alpha\iota$；

4) Aristotle's Concept of Primary Substance in Book Z and H of the Metaphysics；

5) On Aristotle's Metaphysics K 7, 1064^{a}29：$\tau o\tilde{\upsilon}\ \check{o}\nu\tau\alpha\varsigma\ \tilde{\mathstrut\eta}\ \check{o}\nu\ \kappa\alpha\grave{\iota}\ \chi\omega\rho\iota\sigma\tau\acute{o}\nu$；

6) Different Meanings of the term Energeia in the Philosophy of Aristotle；

7) Aristotle's Analysis of Change and Plato's Theory of Transcendent Ideas；

8) From Plato's Receptacle to Aristotle's Matter；

9) Universal Concrete — A Typical Aristotelian Duplication of Reality.

虽然这些还不是陈先生用英文写的论文全部,但重要著作基本上已经有了。1986年王浩学兄还将陈先生的专著Sophia. The Science Aristotle Sought一书复制寄来。由于他的帮助,我们得到了陈先生的几乎全部英文著作。

1985年王浩学兄就告诉我们:听说台湾已经出版《陈康哲学论文集》。1986年他将由江日新、关子尹编,台湾联经出版事业公司出版的原书寄来;后来我们又托其他友人在香港买到几本。这本书将他们所能收集到的1940—1958年间陈先生写的中文著作全部编入,其中一部分是他去美国前留在台湾友人处还没有发表过的原稿。这样,1948—1958这十年间陈先生写的中文著作我们也都看到了。

经过七八年时间,陈先生的中外文著作我们大体已经收集齐了。除了两本专著:Das Chorismos-Problem bei Aristoteles和Sophia. The Science Aristotle Sought需要花大力翻译,我们想在有生之年争取翻译出版外,其他的论文也可以编印成集了。这样,我们决定编辑这本文集。

我们是怎么考虑编辑这本书的?有几点需要说明:

第一,陈先生主要是一位哲学史家,希腊哲学史专家,但同时又是一位哲学家。他的哲学思想主要接受尼古拉·哈特曼(从新康德主义者转变为批判的实在论者)的影响。陈先生在四十一五十年代曾发表过几篇谈哲学问题的论文。本书中《尼古拉·哈特曼》一文,可以看出他刚回国时对哈特曼感情之深。但正如他自己所说,后来从哈特曼转向耶格尔,就以全力从事希腊哲学主要是对亚里士多德的研究了。他的哲学思想当然指导他的哲学史研究,我们从他的哲学史研究中看出他的哲学思想。比如,他很重视分析的方法，收入本书的最后三篇文章都是他作具体分析的实例，可以看出他分析的细致精密；他对希腊哲学史的研究，经常采用这样精细的分析方法。但是，他的研究主要是根据原著材料，不以某种学说为经典。收入本书的极大部分是他研究希腊哲学的著作，因此将书名定为《陈康：论希腊哲学》，而将他关于一般哲学问题的论文作为一个部分，列在后面。

第二，这是一本学术论文集，因而我们将一些学术内容较少的文章（这在陈先生的著作中是极少数）没有收入。从学术观点看，陈先生有些中文著作当然是很重要的，但1958年以后他写的那些英文著作更能表现他所自述的方法的运用，也更能表现他的学术功力，所以我们将这九篇文章全部译成中文，收入本书。本书有些文章的写作年代难以查清，所以未按写作年代编排，而按学术内容编排次序。

第三，在希腊哲学中，陈先生特别在中后期主要精力集中在研究亚里士多德哲学，但他对柏拉图哲学也是作了深刻研究的。他的博士论文研究亚里士多德论分离问题，实际上就是讨论从柏拉图到亚里士多德有关普遍和特殊、亦即一般和个别之间的关系问题。他从这个问题出发深入研究了柏拉图和亚里士多德的本体论（兼及认识论）思想。陈先生研究柏拉图哲学的主要贡献在于他独创性地解释了柏拉图最难懂的对话《巴曼尼得斯篇》，这方面的思想见于他对这篇对话的译注专著。我们将1981年王太庆由德文原著译出的《论柏拉图的〈巴曼尼得斯篇〉》一文，以及陈先生作为该书附录的《"少年苏格拉底"的"相论"考》也收入本书，和其他两篇文章一起，读者可以由此看出他在这一方面的主要思想。《柏拉图的有神目的论》一文，将柏拉图的本体论思想和神学思想合并研究，可以代表陈先生后期的研究方向，在本书所收文章中还是不多见的。在陈先生著作中,阐述柏拉图哲学思想的远不如阐述亚里士多德哲学思想那么多而完全,但他对柏拉图哲学原来是有比较完整的看法的。为此,我们将当年听陈先生讲课时由汪子嵩记录的两段笔记加以整理收入本书。一段是 1945 年秋在西南联大讲"希腊哲学史"课时,对柏拉图的哲学方法、"相"以及"相"和个别事物的关系等问题所作的概述。另一段是 1947 年春夏在北京大学讲"柏拉图的辩证法"课时,对《费都篇》、《国家篇》以及《巴曼尼得斯篇》、《哲人篇》这四篇对话的主要内容及它们的发展关系所作的综合分析。这些笔记多少可以表现陈先生的讲课风格,也许可以帮助读者比较通俗地学习和理解柏拉图的哲学。

(附带提到:王浩学兄对于陈先生讲的"知识论"课程内容很感兴趣,几次建议我们将这部分笔记整理出来。可惜我们手头保存的笔记已经不全,无法整理,希望将来有当年听过陈先生这门课程并还保存笔记的同学能和我们一起来完成这项工作。)

陈先生从发生观点研究亚里士多德的本体论思想,从本书收入的文章可以看出,主要集中在两个问题上:一个是关于 Substance (陈先生译为"本质",一般译为"本体"或"实体")的问题,另一个是关于"现实"和"潜能"的问题。在他后期专著 Sophia. The Science Aristotle Sought 书中,对这些问题就有更系统的完整看法了。

最后,关于本书的编辑工作,特别是翻译陈先生的外文著作的有些技术问题,还需要作些说明。

陈先生的中文著作,除上述有他亲笔订正的《哲学自身的问题》一文按订正作了一些改动外,其余均照原来的文字排印。他的文章中常杂有各种外文,也都保存原样,仅只对一些明显印错的文字和标点作了改动。陈先生 1947 年在《学原》发表的《柏拉图〈国家篇〉中的教育思想》一文,《陈康哲学论文集》根据作者手稿改为《希腊教育思想》。我们将两篇文章对照看了一下,主要内容和文字基本相同;后一篇比前一篇稍为增添了一些内容,特别是增加了详细的注释。我们考虑,这篇文章主要讲的实际上是《国家篇》中的本体论和认识论思想(也就是1945—1946年陈先生在西南联大给我们领读《国家篇》时讲的主要内容),所以仍采用原来的题目——《柏拉图〈国家篇〉中的教育思想》,将《希腊教育思想》一文中增添的内容和注释补充进去。

陈先生一贯认为用中国文字翻译希腊哲学是一件很困难的事情,为此他努力作了许多尝试,并创造了一些翻译术语。比如,柏拉图的 Theory of Ideas,他多处均译为"相论",但在手稿《柏拉图》一文中,他却主张译为"形论",可见对这个译词他一直还在斟酌之中。他用的译词有些已被一般采用,有些却和一般译法不同。比如亚里士多德的 Metaphysica 一书,一般均译为《形而上学》,他译为《物理学以后诸篇》。又如 Ontology 一词,他原来音译为"翁陀罗己",在《尼古拉·哈特曼》一文的注释中专门作了解释;但在以后的著作中他也采用"万有论"的译法,而我们现在却译为"本体论"。凡属这类情况,在陈先生的中文著作中我们都保留他原来的译法,而在我们翻译他的外文著作时,为了照顾读者的习惯,却都采用通常的译法。这种情况在《从发生观点研究亚里士多德本质论中的基本本质问题》一文中出现的问题最多。该文所说的"本质"即 Substance,通常都译为"本体"或"实体",所说的"基本本质"和"次级本质",即通常译为"第一本体"和"第二本体"的;而通常译为"本质"的 essence,他译为"本性",通常译为"存在"的 being,他译为"存有",有时译为"有"或"是"(在有些文章中,他写的是德文 Sein，并音译为"洒殷"）。凡属这类译词，在陈先生写的中文论文中均保留他原来的译法，我们翻译时均采用通常的译法。还有一些陈先生创造的术语，虽然未为一般采用，但读者比较容易理解的，我们仍采用他的译法，如 idea 或 eidos 译为"相"而不译为"理念"，Sophist 译为"哲人"而不译为"智者"等等。这类术语，在本书中不采用统一的译词，一方面是想让读者了解陈先生自己的译法，同时又照顾到读者的习惯用法。希腊人名和地名翻译，无论原来的中文著作和我们的译文，一般都改为现在通常使用的译名，如 Theaetetus 均作"泰阿泰德"而不按陈先生的译名"苔耳业苔陶斯"或"齐哀提特斯"，Zeno 译为"芝诺"而不作"齐诺"。但有些译名虽然未被一般采用但已为一般读者所熟悉的，我们仍采用他的译名，如 Parmenides 作"巴曼尼得斯"而不作"巴曼尼德"，Phaedo 作"费都"而不作"斐多"，Meno 作"曼诺"而不作"美诺"等。陈先生著作中常有希腊、拉丁、英、德、法等文字的整段引文或短语、单词，为了便于读者理解，我们尽可能在引用的外文后面附上中文翻译，这类翻译均以方括号（[……]）标明。

本书能够编成出版，首先要感谢王浩学兄从海外为我们收集了许多国内无法找到的资料，还要感谢当年曾在德国先后和陈先生同学过的贺麟、熊伟、胡世华先生，还有王玖兴学兄和四十年代陈先生在中央大学指导的研究生苗力田、陈步二学兄，以及商务印书馆的高崧、武维琴、吴俤深等同志，由于他们的热情支持，我们才能完成这项工作。

汪子嵩　王太庆
1987 年 3 月

目　录

柏拉图 ··· 1

柏拉图《曼诺篇》中的认识论 ····································· 8

柏拉图认识论中的主体与对象 ····································· 36

柏拉图《国家篇》中的教育思想 ·································· 56

论柏拉图的《巴曼尼得斯篇》 ····································· 86

"少年苏格拉底"的"相论"考 ····································· 114

柏拉图"相论"中的"同名"问题 ·································· 136

柏拉图年龄论研究 ··· 143

柏拉图的有神目的论 ··· 162

柏拉图论如何获得"相"的知识 ··································· 184

柏拉图哲学概论（讲课记录）····································· 192

柏拉图的"辩证法"（讲课记录）································ 216

亚里士多德 ·· 271

《亚里士多德论分离问题》(Das Chorismos-Problem bei
　　Aristoteles)一书提要 ······································· 277

从发生观点研究亚里士多德本质论中的基本本质问题 ······ 280

亚里士多德《范畴篇》中的本体学说 ···························· 321

论亚里士多德的两个说法：$\kappa\alpha\theta$' $\dot{\upsilon}\pi o\kappa\epsilon\iota\mu\acute{\epsilon}\nu o\upsilon$ $\lambda\acute{\epsilon}\gamma\epsilon\sigma\theta\alpha\iota$

xxi

和 ἐν ὑποκειμένῳ εἶναι ⋯⋯ 337
亚里士多德《形而上学》Z 卷和 H 卷中的第一本体概念 ⋯⋯ 353
亚里士多德哲学中一个为人忽视了的重要概念 ⋯⋯ 371
普遍的复合体——一种典型亚里士多德的实在二重化 ⋯⋯ 380
论亚里士多德《形而上学》K 卷第 7 章 1064ª 29 中的
τοῦ ὄντος ᾗ ὄν καὶ χωριστόν ⋯⋯ 395
亚里士多德哲学中"哀乃耳假也阿"(Energeia)和"恩泰
莱夏也阿"(Entelecheia)两个术语的意义 ⋯⋯ 405
亚里士多德的两个术语 Energeia 和 Entelecheia 之异同 ⋯⋯ 426
亚里士多德哲学术语 Energeia 的几种不同意义 ⋯⋯ 436
麦加拉学派所谓的可能和亚里士多德所谓的可能 ⋯⋯ 452
亚里士多德的变化分析和柏拉图的"超越相论" ⋯⋯ 461
从柏拉图的"接受者"到亚里士多德的"质料" ⋯⋯ 483
希腊时代科学的曙光 ⋯⋯ 494
希腊哲学对于现代自然科学及民主思想之影响 ⋯⋯ 516

* * *

尼古拉·哈特曼(Nicolai Hartmann) ⋯⋯ 533
哲学自身的问题 ⋯⋯ 547
原理肯定问题 ⋯⋯ 563
性质团结问题与本质概念 ⋯⋯ 577
《性质团结问题与本质概念》的疑团及解答 ⋯⋯ 592
哲学方法 ⋯⋯ 599
哲学——学习的问题 ⋯⋯ 607
学与思 ⋯⋯ 613
判断分析 ⋯⋯ 621

嫉妒分析 ……………………………………………… 635
中国文化中关于知和行的两件显著事实的分析 ………… 646

后记 ………………………………………………… 659

柏 拉 图

传　略

柏拉图于纪元前428/7年生于雅典（或云生于爱齐那（Aigena））（Diog. Laët. 3.3）。父名阿里斯通（Ariston）乃柯得罗斯（Kodros）王后裔；母名贝里克琼（Periktione），其远祖乃梭伦（Solon）之亲戚。柏拉图幼年，饱受当时之教育，尝从事诗歌。初师事赫拉克利特（Herakleitos）派之克拉底鲁（Kratylos）。年二十（Diog. Laët. 3.6）从苏格拉底游。其哲学思想所受二人之影响甚深（Aristoteles, Metaph. A6）。399年苏格拉底遇害，柏拉图及其同门流亡麦加拉（Megara），依欧几里得（Eukleides）。欧几里得学派盖即柏拉图《哲人篇》中所称之"形之友人"也。此行对于其哲学思想之发展颇重要。柏拉图留麦加拉不久即返雅典，此时盖已从事于讲授哲学之工作矣。居雅典不久，往游意大利南部及西西里（或云远至埃及等处），因此得与毕泰哥拉斯派相往来，且结识阿尔基塔斯（Archytas）。居雅典时想已稍识此派中人，或即以此故，乃往此学派之发源地，以求对此派进一步之认识。其哲学中之毕泰哥拉斯学派成份，盖多得于此行。388年至叙拉古（Syrakus），与其君狄俄尼修斯一世（Dionysios I）之亲戚狄翁（Dion）友善，然不悦于其君，乃离叙拉古，中途为人出售为奴，盖狄俄尼修斯所授意。有安尼凯里斯（Annikeris）者购之，乃得返雅典。既返，购地于阿卡得米亚（Akademia），建房屋，供奉文艺之神，兼作哲学及特殊科学之研究，此即柏拉图学院之创始，亦即以后"学院"一名之所由来也。此后数十年间哲学家、科学家以及实际政治家法律家多出其门（参考 Zeller, Phil. d. Griechen, II/4. 420, 1）。狄俄尼修斯一世死，其子嗣位，欲改革政治，从狄翁之意，聘柏拉图为顾问。其次年，柏拉图再至叙拉古，受重于朝，参预政事。会狄翁遭放逐，乃返雅典。361 年复应聘作第三次叙拉古之行，所谋亦无成，且遭禁锢，赖阿尔基塔斯等营救，乃得返雅典。此后不再出，致力于哲学及其学校之发展，殁于 348/7 年。

著　述

柏拉图之主要哲学著作为对话，除在古代即认为伪作者外，仍存对话三十五篇，特拉叙罗斯（Trasyllos）分之为九组，每组含对话四篇（Tetralogia）；末组只含三篇，乃以书札附之；然此九组之中复含有伪作。再者，特拉叙罗斯之分类不以著作先后为标准。因此分列每篇之真伪，考订各篇之先后，乃现代从古文字学方面研究柏拉图者之两大任务。十九世纪以及二十世纪初年学者之间关于此二问题之争辩甚烈，近年来各家意见始渐趋一致。其所仍未同意者仅关于少数著作，然此数篇在哲学思想方面仅占次要位置，故此二问题大体上已解决。兹姑根据 Fr. Ueberweg 的 Grundriss der Geschichte der Phil. l. Teil hrsg. v. Karl Praechter（S. 189）分柏拉图之对话为四期：

1. 少年时代著作：Apologia Socratis, Crito, Io, Protagoras, Laches, Respublica Lib. I, Lysis, Charmides, Euthyphro.

2. 过渡时期著作：Gorgias, Meno, Euthydemus, Hippias minos, Cratylus, Hippias maior, Menexenus.

3. 中年时代著作：Symposium, Phaedo, Respublica Lib. II—IX, Phaedrus.

4. 老年时代著作：Theaetetus, Parmenides, Sophista, Politicus, Philebus, Timaeus, Critias, Leges, Epinomis.

主 要 思 想

柏拉图之主要思想可名之为"形论"。此所谓"形"，在希腊文为ἰδέα, εἶδος（旧译为"观念"、"概念"、"理型"，以及近来愈不可解之"理念"等等皆误，今译为"形"，其故容另述，兹暂从略）。"形"之一词所指甚多，然其可别为二大类，其一属于客观方面，其另一属于主观方面。其属于客观方面者为"原理"（ἀρχή）。原理或"形"其见于《巴曼尼得斯篇》以前之对话中者与事物同名（ὁμοινυμόν）；一切事物凡吾人可以同一名字加之者，皆有同一"形"为其原理。是以美人美事而外，复有美"形"；相等木石而外复有等"形"；甚至人造物如床如梳而外，亦有床"形"、梳"形"。"形"与特殊事物既"同名"则其内容亦相同，因此柏拉图复名"形"为"某某自身"，如美之自身、等之自身（αὐτὸ τὸ καλόν, αὐτὸ τό ἴσον)等等,以别于个别事物,且与之相对待。

所谓"某某自身"(αὐτὸ ὅ ἔστι)仅一空泛名词,此词之构成乃由于系"自身"一词于另一词下。然若二词各有所指,其对象必异。此异点究何在?依柏拉图之意,"形"与个别事物之主要分别为变动。个别事物生灭不居,永在变动之历程中;事物之"形"则不生不灭,超出变动历程之外。生灭变动乃自"无"(τὸ μὴ ὄν)至"有"(τὸ ὄν)、自"有"至"无"之历程(γένεσις);于是生灭变动者亦"无"亦"有",亦"有"亦"无",介于"有""无"之间,此即现象(φαινόμενον)。"形"则为绝对的"有",现象含有"无"之成份(τὸ ὄντως ὄν)。现象似"形"而非"形",所以似"形"者以其"分占""形"(μέθεξις τοῦ εἰδοῦς)。所以非"形"者以其仅"分占""形"至某某程度,而终有所缺;是以美之自身为绝对的美,无时不美,无地不美。对于此美,无物可与之较而使之有逊色;美之事物则异是,譬如美女与猿并立则妍,与神并立则嫫。

"形"与事物之分别如彼,"形"与事物之关系何若?前已言之,事物"分占""形"。所谓"分占"即"形"与事物之关系也。然"分占"一概念亚里士多德已责其模糊。柏拉图亦自知其空泛,而不考究其形式(Phaed,100D)。哲学史书籍其流行于西洋者,皆以为柏拉图主张"形"与事物分离(χωριστός),另成一独立自存之世界。此种解释,仅见一端,以部分混诸全体;余已于拙著《Das χωρισμός-Problem bei Aristoteles》,Berlin 1940 一书中详论之,兹不重复。然以"分占"解释"形"与事物之关系其困难甚多,且以同名之"形"解释个别事物亦仅是实际世界之重叠。因此柏拉图晚年著作中之"形论",与早年著作中者迥异,其详见余译注《柏拉图巴曼尼得斯篇》中。

亚里士多德叙述柏拉图哲学时,于"形"与事物以外,复举所谓"中介"(τὰ μεταξύ)者。此"中介"为数;然数有二种:一为数学对象之数(μαθεματικὸς ἀριθμίς),一为非数学对象之数(即 εἰδηκὸς ἀριθμος)。所谓"中介"仅指后者。此说不见于柏拉图著作中,盖亚里士多德依据其师未著录之演讲(τὰ ἄγραφα δόγματα)以言也。前者则见于柏拉图之《国家篇》中,其地位亦介乎"形"与事物之间,然非亚里士多德所举之"中介"。

以上乃就所谓万有论言,以下请就认识论言。吾人之认识来源,柏拉图以为有二:其一为低级认识,其另一为高级认识。个别事物为低级认识对象之一,"形"为高级认识对象之一。个别事物为"形"之仿本,然其自身复有仿本;如人物为"形"之仿本,而其所投射时之影像则为其自身之仿本;以其为仿本之仿本,故其所含"有"之成份愈少,于是其地位愈低。其与仿本之关系亦如仿本与"形"之关系。又"形"与事物之间尚有数(数学对象)。于是万有之构成可按照吾人之认识分为四级,自下至上其次序为:影像,个别事物,数,"形"。影像与个别事物同为低级认识之对象,但前者为信仰(πίστις)之对象,后者为感觉(αἴσθησις)之对象。数与"形"同为高级认识之对象,但前者为思考(διάνοια)之对象,后者为识(νόησις或νοῦς)之对象。由是在认识方面亦分四级,自下至上其次序为:信仰、感觉、思考、识。认识方面之四级与万有论之四级各各相当。

如是万有乃由四级构成,认识亦由四级构成。吾人为认识者,万有为所识。万有中之最高一级为"形","形"中之最高者为善(ἰδέα τοῦ ἀγαθοῦ)。善乃吾人认识"形"之原因,适如日光乃吾人觉察个别事物之原因;同时善乃"形"为吾人认识之原因,适如日光乃个别事物为吾人觉察之原因；不仅如此，善复是一切"形"之原因，适如日乃事物一切生灭之原因。于是整个万有界，整个认识界，皆以善为最后原因。善乃一切之最高原理（ἀρχὴ ἀὐπoθετυς），此唯善一元论乃《国家篇》中之哲学；然在柏拉图晚年著作中则代以多元范畴论，其情形复杂，知者犹少，此处且从略。

对教育之影响

　　善既为一切之最高原理，柏拉图《国家篇》中所讲之高等教育即以认识善为最后目的，于是其教育学说乃深受其"形学"之影响。教育与学习乃同一事物之两方面。依柏拉图之意，所谓学习实即回忆（ἀνάμνησις）；所谓教育乃"心之转移"（περιαγογή τής ψυχής）。凡有同名之物，皆有一同名之"形"为其原理，此点前已言之。关于此"形"之知识，柏拉图以为人心本有之。然此知识吾人生即遗忘，多不复知有此，即所谓遗忘。他乃指此知识不浮现于意识（μνημή）之中，而蕴藏于意识之下；学习者即将此已遗忘之知识由心之深处唤至意识之中（ἀνά-μνησις, ἀναλάμβανειν）。故学习非由于外铄，乃由于内省。

　　遗忘之知识蕴藏于意识之下，其呈现于意识之中者，厥为感觉，故欲回忆遗忘之知识，必须远离引起感觉之个别事物。然知识既已遗忘，唯有赖个别事物之刺激得以唤起。故吾人回忆必须利用个别事物而超过之，以达于个别事物之"形"。学习乃回忆，教育乃学习之另一方面，于是教育之主要工作乃在促成此回忆。回忆之始点为个别事物，终点为"形"，于是教育之任务即在转移心之方向，由倾向于个别事物之方向，以转至倾向于"形"之方向。《国家篇》第七卷中之详细课程皆为此而设，以求把握一切之最高原理也。

柏拉图之高等教育既如上述，则其在西洋教育史上之影响昭然可知。其所主张之教育非灌注的，乃是诱导的、启发的。教育之任务不在注入，乃在导引学子使其自求知识，西洋启发式教育之始祖非他，乃柏拉图之教育思想也。

（根据未刊原稿）

柏拉图《曼诺篇》中的认识论

一

差不多十年了,我初读柏拉图的所谓"苏格拉底的谈话"。那时在诸篇之中最喜欢《曼诺篇》(Meno),其原因大概不是如 Croet 称赞《曼诺篇》的所谓:"un grand charme littéraire";因为那时只能读英文译本,尚不识字,何能称扬其文学的美?其原因乃是在诸篇之中《曼诺篇》中所含的认识论成份最多,当时只能觉到这许多,至于其他尚未能顾到。去年在瑞士深山中重读这篇,愈觉这篇里的认识论成分重要。但那时的注意力为我的 Lieblings Dialog《巴曼尼得斯篇》以及和它有密切关系的几篇谈话吸去,因而对于《曼诺篇》未能下这许多工夫,像人所应当下的。这次无意中得到一本《柏拉图对话集六种》,张东荪、张师竹合译,商务印书馆出版。我因为苦于无多时间,只能翻看翻看《曼诺篇》。在三百七十六页里发现这样一句:"是以吾人必须想出其所以然之故,盖此即所以紧住之也"。由这一句,我想他们对全篇的见解和我不同。因此重复细读《曼诺篇》。结果使我发现这篇里整个的认识论。为要解释以上所提到的一句的原文中的意义,我只有解释全篇。因为这句是全篇中认识论的最高峰;了解这一句,只有在全篇中的认识论里来了解。

我的出发点是一个 ἀπορία。这个 ἀπορία 也许是一切读《曼诺篇》的人所会有的，或所应有的。这篇的副目是 Περὶ ἀρετῆς（论道德），依据 Diog. Laert. III 56—59，这是 Thrasylos 加的。但这"道德问题"是否是贯串全篇的问题？若这篇只是讨论道德，是否这篇里没有一部分与这问题毫无关系的？其余的且暂不讲，最触人眼目的就是 80D5—86C3 的一大段。这一段是由曼诺的问题引起的："苏格拉底呵！您将如何探讨您所毫不知为何的物件？您所不知的物件之中，何种您将陈出以作探讨？倘您能万一获到它，您将如何能知道这就是那您所不知道的？"（80D3—8）。这乃是认识如何可能的问题。自此以下直至 89E3 是解答这问题的。所以事实上这一段是 Metaphysische Grundlage des Erkennens，并不是直接的 περὶ ἀρετῆς。既然并不是直接的 περὶ ἀρετῆς，但却载在所谓 περὶ ἀρετῆς 的谈话之中，这点我们将如何解释？

为了要解决这个 ἀπορία，我们且这样进行：首先看看这一段和其他 περὶ ἀρετῆς 的部分中间的关系怎样；我们是否可以以"旁文"（Digression）一词轻轻地将它对付过去。但如若这段和其他部分有逻辑上的联络，不仅是偶然的插入，如表面上所表示，仿佛仅是谈话时的偶尔涉及，那么这段有超出"旁文"以外的意义。我们很容易发现，和这段有逻辑上的关系的一部分就是 97C11—98B6。苏格拉底明白地讲那里所讨论的就是 80D5—86C3 的回忆（ἀνάμνησις, 98A4）。他又切实地讲，他知道正确意见和知识是不同。他的口头禅本是 οὐκ οἶδα（我不知），若他讲一件事物他确知其是如此，这是柏拉图的方法暗示我们：那一点是很重要的。譬如《费都篇》中讨论事物因故的一段里，苏格拉底主张 εἶδος、ἰδέα 是

9

其相当的一类事务的因故。他说:"但我坚言一切美物所以为美,乃由于美"(Phaedo 100D7—8)。

本着这个暗示——正确意见和知识不同是重要的一点——我们可以设想认识问题是《曼诺篇》中另一个问题。但设想只不过给我们一个研究的方向,我们且逐段地来讨论全篇,看看事实是否是如此。

二

《曼诺篇》全篇我依着问题分为四大段。解释每一段时,我在(甲)内客观地陈述那段中的内容,在(乙)内讨论那段中的内容。

(甲)《曼诺篇》第一段　70A—79E4

这篇开首的问题是曼诺提出问苏格拉底的:道德是否可教?还是由实践得来?还是由于禀赋?还是由于其他方术?(70A1—4)苏格拉底自称和其他的雅典人同样简陋,完全不知道道德是甚么,"凡我尚不知道是甚么的,怎能知道这是如何呢?"凡不识曼诺为谁的人,怎么知道他是美是丑,是富是贫,是贵是贱?(70A5—71B8)

这基本问题道德是甚么必须先研究。(71B9—D8)曼诺认为这很容易,说男子有男子的道德,就是能治国,利友损仇,并且善自留意,不让自身受一害。女子的道德在善于治家,维持家内各事,顺从她的丈夫、儿童、男女、老幼、自由人和奴役各有各的道德。道德繁多;解答道德是甚么的问题无有困难,因为凡一举动,凡一年龄,对于一件事务皆有一种道德,恶也是这样。(71E1—72A5)

苏格拉底本来只求一道德,现在得了许多的道德,仿佛一群的蜂。若问题是关于蜂的本质,解答这蜂的数多类繁,但这些数多类繁的蜂不因为他们是蜂才互相差异,乃由于其他一点,如美丽、大小,等等。但另有一点,一切的蜂因为这一点彼此相同,而不互相差别。这一点是甚么?(72A6—C4)

在道德方面也是这样。若道德是数多类繁的,然而一切道德有一同一的εἶδος,一切道德成为道德,乃由于此;答问的人注目于此,对发这问题——道德是甚么——的人应当正确地指出(δηλῶσαι)这点。(72C6—D8)

若说男子的道德异于女子的道德,等等,这在健康、大小、力,是否也是这样?但凡为健康,无论他存于男子内或女子内,皆有相同的εἶδος,力也是这样。至于道德,那么因为它存在于儿童或老人、男子或女子,就互相差别么?(72D4—73A3)

曼诺以为在道德方面和健康与力不同。倘如曼诺所说的,男子的道德在治国,女子的道德在治家,但治国或治家必出于公正和节制。男子和女子若成为良善的人皆须要公正和节制。儿童和老人若成为良善的人也必不是不公正和无节制。这样,唯有一切人的道德是同一道德,他们方能由同一道路成为良善的人。(73A4—C5)

曼诺讲若要在一切人中求同一(ἕν τι)道德,这唯有是:能于治人。(73C6—D1)苏格拉底在这解答里发现两个谬点。(a)这不能用于儿童和奴役。(D2—5)(b)必于"能于治人"上加"公正"或"不公正"一词。曼诺讲能于公正治人是道德,因为公正是道德。

（D6—10）

但所谓公正是道德，意义是公正就是道德，还是公正只是一种道德？譬如圆不就是形，但只是一个形，因为此外还有其他的形。曼诺说公正只是一种道德，此外还有其他道德，如勇敢……于是和以上相同的结果产生，这仍然是许多道德，但那贯串在一切道德里的道德还未能寻出。（73E1—74A10）

苏格拉底因为曼诺不能捉摸这一切中的同，就以色和形为例解释。圆是一个形，但不就是形，因为此外还有其他的形。白是一个颜色，但不就是色，因此外还有其他的颜色。但这一切的形，曼诺给以一个同一的名字，并说这一切互相差异的形之中无一个不是形；但这含有圆，也含有直。他叫为形的，并说这个仅是圆形而非直形的，是甚么？这问题是探寻那一切中的同。譬如圆、直，以及其他的形，皆同叫为形。但这些一切中的同是什么？（74A11—75A9）

苏格拉底应曼诺的要求解答这问题：形是一切实物中永远随伴着色的。但这解答未能无问题，因为这不能用于不知色是什么的人。苏格拉底自己也讲：若解答问题不仅是解答正确，但这解答只应用于发问者（读如ἐρωτῶν从 E. S. Thompson 校刊的）所承认知道的，这是更合于辩证术的。于是按照这原则，重新解答形是什么的问题。初步的问题征得同意以后，对形是什么的问题解答如此：形是体的限。（75B1—76A9）色是什么？苏格拉底按照上列的原则，根据 Empedokles 的学说解答：色是与视觉合度，可感觉的，出自形的（gen. of source）流出。（76A8—77A2）

苏格拉底再要求曼诺解答道德是什么的问题，但普遍地解答，勿再将一整体分碎。（77A3—B1）曼诺答：道德是对一切好的物件的嗜欲和能获得它们。苏格拉底用 οὐδείς ἑκών κακὸς[无人愿为恶人]的学说,证明这解答的第一部份可用于一切人,于是不能用这个分别人的优劣。如若人中有优劣,那么分别的标准按照曼诺的解答只在于能获得一切好的物件。(77B2—78C2)

但能获得一切好物件一词上必加"公正的"这一类词句。若一人不公正地获得好物件,这并不是道德。但若一人对不义的金钱不取,这不取却是道德。曼诺的解答于是成为道德是能公正地获取好物件。但以上已认公正是道德的一部分。结果乃是:凡一行为出于道德一部分的是道德。(79B4—5)但人尚不知道德是甚么,怎样能知道德的一部分?曼诺未曾顾到苏格拉底的模范;苏格拉底放弃了那其中含有方在探讨中、尚未同意的成分之解答。苏格拉底勖勉曼诺说:在整个的道德方在探讨中时,勿再以为以道德的一部分可以对任何人指明道德,或以同一方法用于其他事物,但原来的问题仍然要求解答:您所谈论的道德是什么?(78C3—79E4)

(乙)

这一大段里有以下几点须得讨论:

1. 普通讲西洋思想受了亚里士多德的 subject-predicate 的方式的影响,但却忘了亚里士多德还有一个祖师。这就是苏格拉底回答曼诺问道德是否可教……或……等问题的一句话:ὅ δέ μὴ οἶδα τί ἐστιν, πῶς ἄν ὁποῖόν γέ τί ειδείην[释文见本段(甲)中]。这两问题的分别就是 ποιέ τί ἐστιν 和 ποῖον 的分别。亚里士多德的一个重要的,引起许多讨论的怪术语 τὸ τι ἦν εἶναι(Lat. essentia)就是由这 ποιέ τί ἐστιν 来的。苏格拉底又在下面 72B1—2 引蜂为譬喻，解释他所提出的问题的性质，加了 περὶ οὐσίας(Lat. substantia)一词。原来 ποτέ τί ἐστιν 的问题就是关于 οὐσία 的问题。这样这里 τί 所问的就是亚里士多德的 substance, in the sense of essence。玄学上的 substance 就相当于逻辑上的 οὗ λέγεται(subject)。

至于 ποῖον，是指什么呢？这看起来似乎明显，这就是指性质，相当于逻辑上的 ὅ λέγεγαι(predicate)。但每一物的一切不属于 τί 的答复里，即属于 ποῖον 的答复里，仿佛项羽刘邦瓜分天下。但这条界线在什么地方？因为一方面的范围若增大，另一方面的范围就缩小。亚里士多德认性质可分为三：1. διαφορά(differentia)。2. ἴδιαν(property)。3. συμβεβηκός(accident)。διαφορά 属于 τὸ τί ἐν εἶναι 里，其余两种或总称 πάθος(性质)。但在柏拉图的成熟的著作中，亚里士多德的 ἴδιαν 是没有地位，他也归并在对 τί 的答复里。若在《曼诺篇》里柏拉图已有这样的主张（这无由证明其有无），那 ποῖον 所指的仅是亚里士多德的 συμβεβηκός。这里所举的例子恰好是"曼诺是美，……"但美只是 συμβεβηκός，因为曼诺并不是必然的美。所以我们可以相信这里的 ποῖον 是指 συμβεβηκός。

在柏拉图的初期和中期的著作中，"变的"和"不变的"分别很严。变的只是 συμβεβηκός，不变的是 τί。譬如以"曼诺是美"为例，曼诺的 τίς 是"无翅双足的动物"；他的 ὅροιόν τί 是"美"。"曼诺是美"中的美是变的，但曼诺的"无翅双足的动物"是不变的。不变的是基本的，变的只是附从(συμβυίνειν)这基本的。所以在本体论上 τί 是基础；知识就是对实在的认识，所以在认识论方面，τί 的知识，即是对 τί 的答复，是基础。因此若不知一物是甚么，不能知道它是如何。但对 τί 的答复就是以后所谓的 ὁρισμός(定义)，所以定义是认识的基础。这是我们在这一大段里所得的第一个结果。

2. 定义既是基本的认识，所以在认识论上应先讨论定义。这一大段里就是这情形。我们可以很容易地发现苏格拉底反复讨论定义的工作是甚么。第一次是在 72C1—73C5，第二次是在 74A11—75A9〔参观本段（甲）〕。其中的要义是：定义是指出一切中的"同"或"一"来（72C7, D8；74A9；75A4, 5；77A6 etc.）；这个"同"或"一"就是这些一切的 εἶδος。"若道德是数多类繁的，然而一切道德有一同一的 εἶδος"。

然而这里所讲的，我们却不可仅名为普遍和特殊，或种和类的关系。我想普通所谓"普遍"是翻译英文里的 universal，但 universal 是翻译亚里士多德的 καθόλον。须知柏拉图意中的 εἶδος 并不等于亚里士多德的 καθόλον；亚里士多德批评柏拉图，说这只不过是 καθόλον。这点且丢开，还有一点更重要的。普通所谓"特殊"大约渊源于亚里士多德的 καθ' ἕκαστα，所谓 καθ' ἕκαστα 是指 αἰσθετά（感觉对象）。但这里所讲的却不限于 ἄτομον εἶδος（ἄτομον 比较现代物理学中渊源于 Demokritos 的所谓"原子"。）和感觉对象这个区域，所以"特殊"一词嫌太狭。证据是：这里讲圆、直等等和形的关系，但是所谓圆、直却不是这块圆的石子、那块直的木块。

在另一方面，我们不可用"种——类"一词。这固然适合于圆、直——形。但在"苏格拉底的谈话"里面，问题是就着日常个别事物寻它们的 εἶδος。譬如寻求美的 ἰδέα，就先从个别人体的美出发……（Symp. 210A4 ff.）这个问题的范围却在 ἄτομον εἶδος 和感觉对象这个区域里。在柏拉图的这一期的著作里，虽然圆对于这块圆的石子的关系和形对于圆的关系一样，但 αἰσθητά 究竟不是"类"。

所以第一词——"普遍——特殊"，（若暂不顾及 καθόλου 和

εἶδος的分别)和第二词——"种——类",都嫌太狭,只能各限于一部分。这里所讨论的却不限于两部分中的任何一部分,而是普及两部分的(我们对于这里所讲的"区域"不可忽视,因为这是很重要的。否则对于柏拉图的哲学,甚至对于亚里士多德的哲学,了解恐怕总有些困难)。这个普及于两部分的,当然不能用一个片面的名字来叫它,因此我叫它为一——多(ἕν-πολύς)的关系。这段里——一(甲)——所谓"一切"(πάντα)当然只指某问题范围以内的一切,并不指一切实物(παντὰ ἔντα)。但在一切实物中,某问题范围以内的"一切"只是个"多"——除非这问题是ποτέ τί ἐστι τὶ ὄν(what is being)? 我们在这一节里所得的结论是:定义乃在"多"中指出"一"来,这"一"就是"多"的εἶδος。

3. 曼诺的最后的一个解答最后修改为:道德是能公正地获取好的物件〔79A10—B1参观本段(甲)〕。这个解答在这个形式下遭末次的反驳。它的误点是:将尚在探讨中、尚未同意的成分渗入定义中去。但曼诺的第二个解答也是由"道德是能于治人"修改至"道德是能公正地治人"〔73D6,10,参观本段(甲)〕。"道德是能公正地治人"和"德道是能公正地获取好的物件"在形式上所有的谬误是相同的,即是将道德的一部分放在道德的定义里。但前者在73D6—10里并未遭驳斥,问题却轻轻地转了方向〔参看本段(甲)〕。

但现在我们要问为何如此。情形是这样:"道德是能公正地获取好的物件"之遭驳斥,理由是其中含有方在探讨中、尚未同意的成分。但这条原则——解答问题不仅是解答正确,但这解答只应用发问者所承认知道的(75D5—7)——的设定(75C4ff.),在讨论公正是一种道德还是就是道德以后,在曼诺的第三个即最后一个解答以前。因此第三个解答在修改了以后可以根据这原则驳斥，但修改后的第二个解答就不能，因为那时这条原则尚未设定。第二个解答修改了以后是在驳斥修改了以后的第三个解答时附带驳斥的，因为在那里，苏格拉底表现他精于从"多"中看出"一"的方法，由"道德是能公正地获取好的物件"进至"凡一行为若出于一部分的道德乃是道德"（79B5—6），"能于治人"或"能于获取好的物件"以及其类似的，自然统统属于"凡一行为"之下，于是这一类的解答皆是违背那以上的原则的。

  由上面的解释，我们可得以下的结果：这就是 75C4—75B1 这一部分，其目的完全在设立那在定义中不能渗入方在探讨中、尚未同意的分子一原则。这原则是受了几何学的影响而产生的，无论任何事物的定义皆须遵守的，并不专限于求道德的定义。所以这一部分完全是论定义的 Technik 的。但定义是基本认识，讨论定义就是讨论认识，由此我们也可以相信《曼诺篇》里除了道德问题以外，还讨论认识问题。

  4. 总之，这一大段（70A—79E4）所得的结果如下：（一）形式方面，《曼诺篇》里除了道德问题以外，还有个认识问题〔二（乙）3〕。（二）内容方面：a. 基本认识是定义〔二（乙）1〕；b. 定义是"多"中指出"一"来，这"一"就是"多"的 εἶδος〔二（乙）2〕；c. 定义的原则是：方在探讨中、尚未同意的分子不能渗入定义里〔二（乙）3〕。

三

(甲)《曼诺篇》第二段 79E5— 86C4

苏格拉底主张重复研究道德是什么。曼诺将苏格拉底比作发电的鱼,使和他谈论的人麻痹。苏格拉底讲并不仅使人如此,自身也在困难中,因此愿与曼诺继续研究。(79E5—80D4)曼诺讲:"苏格拉底呵!您将如何探讨您所毫不知为何的物件?您所不知的物件之中何种您将陈出以作探讨?倘您能万一获到它,您将如何能知道这就是那您所不知的?"这是那个诡辩的论证:人不能探讨任何事物,人所知的或人所不知的。所知的事物不须探讨了;人不能探讨人所不知的,因为人尚不知道他将探讨什么(D5—E5)。

这话苏格拉底以为不对,因为他曾听过祭司们以及 Pindar 和其他诗人讲过人的心灵是不死灭的;普通所谓的死只是在一个时期里的终尽,另一个时期里的再生,永无绝灭的一日,生死轮流着。(81A1—C4)

因为心灵是不死灭的,频数产生的,看过此界和彼界的万物,无有一物是他所未认知的;所以这是毫不足怪的事,如若他能回忆起那些关于道德或关于他以前所知道的其他事物。"因为整个的实在是同种的",心灵又认知了一切;若他回忆起一件来,他便可以发现一切了,只须人勇于探讨。因为所谓探讨,所谓学习都只是回忆。苏格拉底相信这一点,因此愿同曼诺一起探讨,那诡辩的词语只使得人懒。(81C5—E2)

曼诺不懂何以学习只是回忆,要求苏格拉底说明他所说的。苏格拉底画一四方形,他的边长二尺,面积四方尺,问一奴仆,设有另一四方形,面积八方尺,他的边长若干?经过两次的错误最后寻出四方尺四方形的对角线乃是八方尺四方形的边。(81E3—85B7)

苏格拉底继续讲:这奴仆所回答的全是他自己的意见,可见这些意见全在他的心灵里。但他以前曾讲,他不知这些;可见一人对于所不知的事物却有关于这不知的事物的正确意见在他的心里。这奴仆心里的正确意见经过苏格拉底的问难仿佛如在梦中一样震动起了。"如若有人时时以同样的事用不同的方式问他",他最后将知道这一类事不逊于任何人。若无人教他,只问他问题,他即将知道他所不知道的。这在他里面重新获得知识,就是回忆。(85B8—D8)

这知识或者是他永远所有的,或者是他某次得来的。如若是他永远所有的,他即不会有一时不知道。如若是某次得来的,这或者是这一生中得来的;若不是这一生中得来的,必是另一时期中得来的。既然这奴仆这一生中从未有人教过他几何学,必是另一时期中得来的,那时这奴仆尚未为人。若在一切时间里,无论他已为人或尚未为人,他就有正确意见,这些意见复可由问题的刺激变为知识;那么在一切时间里,他的心灵即在一种已学习了的状态里。"如若实物的真理在我们的心灵(单数)里",心灵是不死灭的,于是我们应当大胆地探求我们所不知的,因为所谓不知只是不能忆起;我们应当回忆。(85D2—86B5)

那些想应当探讨他们所不知道的事物的人,比较那些想他们不知道的事物他们不能知道、也不应当探讨的人好点,不像那样懒。这一点苏格拉底自称愿在他的言词里和行为里拥护。至于这

段谈话里其他的,他并不十分坚持。(86B5—C2)

(乙)

这段的目的是回答那诡辩的论证的。这个答复是:认识是可能的。以下几点须得讨论:

1. "整个的实在是同种的"是什么意思？这句的意思自然全在 συγγενής 一字。γένος 的字义原是"种、家、族"…συγγενής 意思是"同族",Charm. 155A3(名词) Gorg. 472B2(名词)皆用为这个意思。但以后 γένος (= Lat. genus)用为哲学上的术语,因而 συγγενής 意思成为"属于同一个 genus(种)的",譬如在亚里士多德的 Metaphysica 995b12,1047b31,1053a24,1071a18 里皆是这个意思,最清楚的是 1053a24——如若其他三处人尚不愿意同意。但 συγγενής 在这里自然只是由它的原义譬喻式地来描写万有间的关系。我们在这里且只着重"譬喻式"这一点,不要走得太远,用以后的学说来解释,以为"整个实在是同种的"意思是万有统包于一个最高的 genus 内的。συγγενής 一字这样解释起来,固然在字义方面可引亚里士多德的 Metaphysica 中的词句作佐证,在思想方面又适合于柏拉图的晚年学说。但这里我们必须谨慎,《曼诺篇》对这点是否已看得这样清楚,这点我们无由证明。但此外有一点我们须得注意,就是以后的那个系统产生是在 Republic 中以善为最高峰的系统崩坏以后,但《曼诺篇》却属于前一期。因此我们审慎点不用以后的学说解释这一句。

在本篇里,我们至少可以看出整个的实在中的各部分的情形。上面曾有这样一句话:"若道德是数多类繁的,然而一切道德有一

同一的 εἶδος"。不但在道德方面，在健康、力，皆是这样。以后讨论圆与形，说形只是圆、直……中的同〔比较二（甲）〕。如若我们依照 Phaedo 里所讲的"等"来推论，那么可以说圆以外还有圆的木块。这样我们可以有一个系统，由感觉对象，这块圆的石子、那块圆的木块以至于圆，由圆以至于形了。

这样，这块圆的石子、那条直的木块……统包于形内。若我们将由形至于这块圆的石子、那条直的木块……的统系来和家谱上由祖父母以至孙辈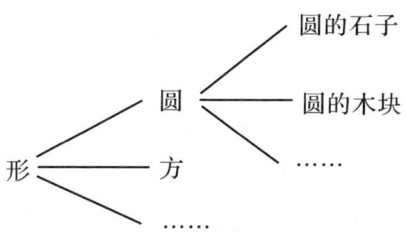的支系比较，正很相像。以祖父母为始祖，祖父母以下的各人皆是 συγγενής，所以用 συγγενής 这字来譬喻地讲形以下各员间的关系确实正当。"整个的实在是同种的"这句话的意义在《曼诺篇》时代至少是这样，即形以圆、直……有以后所谓"种——类"的关系，圆对于圆的石子、圆的木块，……和形对于圆、直，……有同样的关系。抽象地讲，一——多中的"多"统包于"一"内，"一"即相当于以后所谓"种"，一个小统系里的"一"再和其他小统系里的"一"组成一个新的"一——多"的统系。在这篇里未曾见到这最高的 εἶδος 是什么，也未曾见到这整个的、完密的统系是怎样。但这点我们至少清楚：万有至少是部分地成为"一——多"的统系，这"一"相当于以后所谓"种"。

但既知道这样多，也可以回答那知识如何可能的问题了。因为基本认识、定义，只是从"多"中指出"一"来〔二（乙）2〕。这如何可能？因为万有——如若我们不引用柏拉图晚年学说，只限于本篇，——至少部分地成为"一——多"的统系。

2. 万有成为一——多的统系；这只是从本体论方面解答认识如何可能的问题。万有虽然成为一——多的统系，并不能保障我们能有对它们的知识。因此这问题必须再从认识论方面解答。《曼诺篇》里的解答如此：因为心灵（ψυχή）认知了一切（81D1）。详细地讲：因为心灵是不死灭的，频数产生的，看过此界和彼界中的万物，无有一物是他所未认知的，因此可以由一物回忆起一切来〔参看本段（甲）〕。这只是讲：心灵中有万有的知识；这些知识是在时间里累积起来的。这仿佛讲：一人周游世界许多次，认知了世界上一切的事物。这话自然有毛病。一人周游世界许多许多次，并不必然地知道世界上一切的事物；即使知道，也只是出于偶然。若这知识是在时间里累积的，就是讲这知识不是永久的（ἀεί ὄν）。心灵里即使有这偶然的、非永久的知识，仍不能使我们能由一件事物回忆起一切来。

但在86B1—2里又有这样的话："如若实物的真理永久地在我们的心灵里，心灵是不死灭的"。这话显然和以上的话不同。人联想到亚里士多德的 de Anima III. 4, 4, 里所提到的 τόπος εἰδῶν。这里有三点可注意：(a)"实物的真理"其意义远过于偶然的知识。(b)"永久"即非在时间里累积的。(c)实物的真理是在ψυχή（单数），不是在ψυχαί（多数）里。这个ψυχή和ψυχαί的分别，我们若懂康德的 das Bewusstsein überhaupt 和 das empirische Bewusstsein 的分别，那么这里的分别我们也不难懂。只是在这里，这ψυχή的意义还不甚明；但在柏拉图的晚年的著作里它却发展为一个重要的学说；它的意义远超过康德的 das Bewusstsein überhaupt。晚年著作里的 Psychology 却好和这句话相合；但前一种意思却和 Phaedros 里的 μῦθος (246 A3 ff.) 相类。这里我们能确定的只是这许多：即万有的真理是在心灵里。至于详细的意义未清。

在这节里和在以上论万有是同种的一节里,我们只能讲其大概,未能穷流尽末,因为主持这学说的人在 detail 方面并不欲十分肯定他的意思。苏格拉底在这一大段末尾的声明就是这意思。他讲,他所极力维护的,只是以应当探求己所不知的事物的人较不探求的好。人所以应当探求己所不知的,但不至于**必然徒劳无功**,自然因为知识是可能的,因为万有成为一——多的统系,万有的真理却又存于心灵中。至于万有如何成为一个整个的、完密的统系,万有的真理如何存于心灵中,皆未讲清楚,所以他讲:其余的他并不十分坚持。

3. 总之,从这一大段(79E5—86C3)里我们所得如下:(a)这段是纯粹讨论认识论上的问题,和道德问题无直接关系。(b)认识论方面的问题是:认识如何可能? 认识只是回忆。认识可能,是因为(a)从本体论方面讲,万有是成为一——多统系的〔三(乙)1〕;(b)从认识论方面讲,万有的真理存于心灵里〔三(乙)2〕。(c)这一大段中关于用例来表明回忆的一部分以及其后的讨论,我们保留在本文第五段里讨论,这里只须指明的只是:(a)这一部分里回忆的结果是:四方尺的四方形的对角线是八方尺的四方形的边。(b)这只是正确意见($\delta\acute{o}\xi\alpha\ \dot{\alpha}\lambda\eta\theta\acute{\eta}s$),尚非知识($\dot{\epsilon}\pi\iota\sigma\tau\acute{\eta}\mu\eta$)。(c)"如若人时时以同样事用不同的方式"问那奴仆,他方可有知识。

四

(甲)《曼诺篇》第三段(86C4—96C10)

以上既已讲明人应当探求人所不知道的,于是苏格拉底要求曼诺重复和他共同探讨道德是什么。但曼诺愿意讨论他最初提出的问题:道德是否可教?还是由于禀赋?或由其他方法得来?苏格拉底无法,只得如几何学家一样用悬拟法来讨论。如道德是心灵方面的事物之一,道德是可教的。如道德异于知识,道德是否可教?如道德同于知识,道德是否可教?但最可教的是知识。如若我们的悬拟是:道德是一种知识,那么道德即可教。(86C4—87C10)

次一步即是研究道德是否是知识,还是异于知识?新的悬拟是:道德是善的。如若离开知识以外,还有其他的善的事物,那么道德或者不是一种知识;如若无一善的事物不属于知识的,那么道德即是知识。(87C11—D8)

我们成为良善的人乃由于道德。但道德是有益的,因为一切善的事物是有益的;因此道德是有益的。(87D8—E4)

我说且举出那有益于我们的事物,譬如健康、力、美、财富。但这些有时有益,有时也有害。至于何时有益,何时有害,全在于人是否使用他们得当。(87E4—88A5)

再看心灵方面的事物,如节制、公正、勇敢……。他们中间任何一种看起来不是知识的,岂不是有时有益,有时有害?例如勇敢，若不是知识，就成为横暴。人若失了理性，就流为横暴，是有害的；但是若有了理性，就是有益的。总之，心灵方面的一切行动，自动的或忍受的，若在知识指导之下，结局是幸福；若受愚昧指导，结果正相反。若道德是属于心灵方面的事物之一，又是必然有益的，那么道德是知识。心灵方面的事物若单独论起来，既不是有益的，也不是有害的。但知识或愚昧加入，就成为有益的或有害的。道德既是有益的，因此道德是知识。（88A6—D3）

知识在心灵里指导，使心灵方面的事物成为有益的，愚昧使它们成为有害的；同样，指导的心灵正当地使用健康、力、美、财富，使它们成为有益的，不正当的使用成为有害的。有知识的方能正当使用，愚昧就常错误。我们可以普遍地讲，一人物质上的或身体方面的所有若变为有益，全依赖心灵；若心灵方面的事物成为有益的，全依赖知识。因此有益的事物是知识。但我们上面已讲，道德是有益的，所以道德是知识，是知识的全部或一部。因此人成为良善的人，不由于禀赋，而由于学习。这样，道德若是知识，道德是可教的。（88D4—89A4）

若道德是知识，道德是可教的。但道德是否可教呢？无论任何事物，不仅是道德，凡是可教的，皆有教师和学生。从反面讲，若无教师和学生，我们可以不至于错误地猜想那是不可教的。（89C5—E3）道德的教师，苏格拉底寻求多时，还未一遇；自称为教师的只有"哲人"，但 Anytos 极力反对他们，也许他所说的有点对（89E6—90E6），但此外谁是道德的教师呢？政治家方面固多良善的人，他们虽然极力想他们的儿子有他们所有的道德，但未有一人能如愿。虽然在技术方面，如骑射、音乐、角力等等，他们可以为他们的儿子请专门家，教他们这些技术，得有好的效果，但在道德方面不能使他们优于他们的邻舍。(93E3—95A1)"哲人"中 Gorgias 从未以自己能教人道德自命。诗人中 Theognis 对于道德是否能教,主张不一。(95A2—96A5)若"哲人"不是道德的教师,良善的人不能将自己的道德教他们的儿子,此外更无人是道德的教师了。既无教师自然也无学生。无教师、无学生的,是不可教的。因此道德是不可教的。(96A6—C10)

(乙)

1. 这段的结果是个 paradox。前一部分(86C4—89C4)的结论是:道德是知识;后一部分(89C5—96C10)的结论是:道德是不可教的。这是柏拉图的"苏格拉底的谈话"里一个老的 paradox. protagoras 的全篇就是这个 paradox。但这个 paradox 的解释在《曼诺篇》里是显然了。第一部分的结论,道德是知识,是没有问题的;这是"苏格拉底的谈话"里基本要点之一。那么这个 paradox 的解释仅在第二部分里:道德是知识,但是不可教的。整个问题的中心就在这"可教的"和"不可教的"这两个词的意义里。

我们且看看"道德是不可教的"的论证怎样。这论证的中心是:有道德的人不能将这道德教给他们的儿子,但有其他技术($τέχνη$)的人却可以将这技术教给人。这是将是知识的道德($ἡ\ ἀρετὴ\ ἐπιστήμη\ οἆσα$)和技术列在一个平面上,相提并论。那么在这情形下所谓"教",在技术方面和在道德方面是同一意义。但技术是可教的,道德是不可教的,这只是说,道德不能像技术那样可教。技术是已经凝固了的,好比衣铺里做成了的衣服,只须付给铺主人的货价,随即取回变成自己的了(比较 Protagoras 318A6—

19),但道德却不能这样授与。柏拉图嘲笑"哲人"声言教人道德以致富,意思即指他们挂着教人道德的招牌,但却未知道道德的性质,因为道德和技术不同,不能和技术一样可授与的。道德是知识,但知识不是 ready-made,从外面吸入的,却是由外面的刺激引起受刺激的人的思想活动,在内面发现。这外面的刺激就是曼诺所讲的苏格拉底永远陷人于困难的境地(80A1—2)。这由外面的刺激以引起思想的活动,终于从内面发现了知识,这就是所谓"回忆"。但本段〔86C4—96C10〕还未从正面讲,只是从反面讲:道德不是和技术同样可教的。

2. 这段是《曼诺篇》全篇中最可称为纯粹 περὶ ἀρετῆς 的。但(a)事实上道德和认识两问题同时讨论,因为道德是知识。(b)这段从认识论方面看去,问题是关于方法的:怎样我们可以有这知识(道德)?答复是消极方面的:我们不能以获得技术的方法获得这知识,知识不是授与的。

五

(甲)《曼诺篇》第四段(96D1—终)

曼诺奇怪于良善的人是怎样产出的。苏格拉底说他们忽略了一点:人的事务可做好却不只限于受知识的指导。若一人无知识,只有正确意见,也可正当地指导我们的事务。譬如一人对于往 Larisa 的路径不知,但有正确意见;有这正确意见的人也可正确指导。这人若有一日有这正确意见,就一日不劣于那认识这路径的人;这正确意见若单就着举动的正确看,并不逊于知识。这一点以上忽略了。那里只提出知识来,以为只有在知识指导之下方可正当行事,但此外还有正确意见。(96D1—97C3)

正确意见和知识同样有益。有知识的人可以永久正当地指导,但人若永久地有正确意见,也可永久地正当指导。(97C4—C10)

但知识和正确意见究竟何以不同?再者,何以知识较正确意见有价值?这分别在此:正确意见当存在于人心灵里时,固然很有用,可创出好的事物来,"只是不愿久留,而由人心中逃去,因此无大价值,除非我们用因果思维将他们连贯起来"。这就是上面所谓的"回忆"。正确意见连贯起来后,就成为知识,存留不去;因此知识较正确意见有价值。知识和正确意见不同,就在这连贯。这只是用譬喻讲;但知识和正确意见不同是苏格拉底所确知的。(97C11—98B6)

受正确意见指导所产生的事,并不劣于受知识指导所产生的。人成为良善,对国家有益,并不单由于知识,也由于正确意见。知识和正确意见皆不是由于禀赋的。但道德是否是可教的?道德不可教,因此也不是知识。那些治理国家事务的人并不由于知识。他们不能教他人,因为他们自己并非由于知识而成为良善的。既不由于知识,唯有由于良善的意见。这些人和那些传达神意的人、预言家等等相像,讨论伟大的事只由于神的灵感。如若我们的讨论是完善的,结论是:道德不是由于禀赋的,也不是可教的,除非政治家中有人能使另一人成为政治家;道德只是由于"神施"产生于有道德的人里。(98B7—终)

（乙）

这段（96D1—终）在解释柏拉图的人普通所称为的"哲学道德"以外，又指出那普通所称为的"民众道德"来。"哲学道德"是知识；"民众道德"只是出于正确意见。知识和正确意见若就实际上的效果讲，并无优劣的分别；但从认识论方面讲，完全是不同的。但它们的不同点究竟在哪里呢？

苏格拉底清清楚楚回答这问题："知识异于正确意见，就在这缚系"（98A7—8）。这所谓"缚系"（δεσμός），再讲详细点，就是：正确意见，除非一人用因果思维将他们缚系了，方可变成知识。〔参看本段（甲）〕"用因果思维缚系"（δήση αἰτίας λογισμῷ 98A3），这句的意义虽然我们在这里还未很明瞭，但知识和正确意见的分别已约略可见了。原来正确意见对于知识仿佛是材料，知识对于正确意见仿佛是产物。由这材料产出这产物的唯一条件是"用因果思维缚系"。那么"用因果思维缚系"是我们认识的唯一方法。

但"用因果思维缚系"究竟是什么意思？我们且循着以下的步骤来看：

1. 我们首先问一问"因果思维"（αἰτίας λογισμός）是什么意思。先就文字讲：αἰτίας（因果的）是 genitive C，但这 genitive C. 并不是限制 λογισμός（思维）的。如若限制 λογισμός 的，必须有非因果的思维。但是凡是思维总是由理由至结论的，若不如此，也即不是思维；既然凡是思维总是由理由至结论的，那么在 αἰτίας λογισμός 一词里，若 αἰτίας 一字的作用只在限制 λογισμός，只在和非因果的思维划分界限，那么实际上这是无的放矢，只是赘瘤，并无意义。

这 genitive 在这里只是 objective genitive，所以有人讲 αἰτίας λογισμός 即等于 αἰτίαν λογίζεσθαι，这是讲 αἰτία 是 λογίζεσθαι 的对象。那么这句的意义是寻求事物里的因果的思维。

2. 但 αἰτία 是什么意思？"因果"是指什么？这个问题，Phaedo 96A6ff. 清清楚楚回答我们。那里苏格拉底讲他少时探求事物的因，最后主张美的事物的因是美，那名句是 τῷ καλῷ πάντα τὰ καλὰ καλά（100D7—8）（一切美的事物成为美的，乃由于美）。在《曼诺篇》里有同样的词句 τῷ αὐτῷ εἴδει καὶ τῇ αὐτῇ ἰσχύι ἰσχυρά（72E5）（有力的女子有力，力由于同一的 εἶδος，同一的力）。εἶδος 就是事物的因。所谓寻求事物因的思维就是寻求事物 εἶδος 的思维；εἶδος 是一——多统系中的"一"〔二（乙）2；三（乙）1〕，所以也就是寻求一——多统系中的"一"的思维。那么"用因果思维缚系"意思乃是用寻求"多"中之"一"的思维缚系。

但这句的意思我们仍然不大明瞭，尤其是"缚系"这一字。但苏格拉底在"用因果思维缚系"下面下了一个注解，说这就是"回忆"〔参看本段（甲）〕。我们且从"回忆"方面看看，我们可否容易了解点。

3. 那回忆的模范是叫那未曾学过几何学的奴仆来回答这个问题：设有一正方形，它的面积是四方尺。若另有一个正方形，它的面积大一倍，八方尺，他的边长几许？那里的结果是：

a. 四方尺的正方形的对角线是八方尺正方形的边，但那里讲明；

b. 这只是正确意见，尚非知识；

c."如若人时时以同样事用不同方式"问那奴仆,他方可有知识〔参看三(乙)3.(c)〕。那里的结果显然是我们解决我们当前问题的门径,因为在那里:a.知识和正确意见间的界限谨严;b.正确意见是知识的前一阶段,都和我们这里的情形相同。

我们且将 a 用现代的数学公式写成

$$2\sqrt{2} = \sqrt{8}$$

从 b 和 c 我们看出正确意见知识的前一阶段;$2\sqrt{2} = \sqrt{8}$ 是正确意见,它是某一知识的前一阶段,这知识是什么呢?

c 内所谓的"同样事用不同方式"是什么意思?什么是和 $2\sqrt{2} = \sqrt{8}$ 同样事,但方式不同? 这显然不是任何与数和形有关系的事,譬如 86E4ff.里提出的,在圆内画一和所给长的方形的面积同样大的三角形(这一部分内至今尚无公认的解释,这里从 Prof. Butcher 的解释 J. P. XVII p. 29ff. 1888)。但和

$$2\sqrt{2} = \sqrt{8}$$

同样,但方式不同的,只有

$$3\sqrt{2} = \sqrt{18}$$
$$4\sqrt{2} = \sqrt{32}$$
$$5\sqrt{2} = \sqrt{50}$$
....
....

但这些依 b 只是些正确意见,尚非知识。但 c 告诉我们,由这些正确意见,方可有知识。那么由这些正确意见所可得到的是什么呢?

Symp. 210A4ff. 告诉我们寻求 εἶδος 的正当途径：我们若寻求 αὐτὸ τὸ καλόν（美的 εἶδος），我们应当先从个别的美的身体 ἑνὸς ... σώματος ἐρᾶν,（210A7）然后美的心灵,……最后认识美的 εἶδος。那么,同样我们由

$$2\sqrt{2} = \sqrt{8}$$
$$3\sqrt{2} = \sqrt{18}$$
$$4\sqrt{2} = \sqrt{32}$$
……　……
……　……

最后认识

$$S\sqrt{2} = \sqrt{2}A \quad S = 所给正方形的边$$
$$A = 所给正方形的面积$$

这里所讨论的,我们虽然用现代数学的公式写出,但丝毫未将内容现代化。这里所讨论的基础就是正方形的边和它的对角线是 incommensurable。这一点柏拉图看得很清楚,并且不单是正方形的边和它的对角线是 incommensurable,并且整个的 incommensurability 的问题全看到。我们只须看一看 Leg. 819E3ff · Epin.（Plato's?）990D1ff. 就可知道。不但在这两篇里,就在《曼诺篇》里,我们也可寻出暗示,就是柏拉图在写《曼诺篇》时,至少心中有正方形的边和它的对角线是 incommensurable 的认识。这个暗示是在 84A1（"如若您不愿用数目讲,您且表明出于何线。"）,于是可知我们这里虽然用现代数学的公式解释,但丝毫未将内容现代化。

现在我们再回到刚才所得的结果：$S\sqrt{2} = \sqrt{2}A$ 对于 $2\sqrt{2} = \sqrt{8}$,……是"多"中的"一",是它们的 εἶδος,是它们每一个的因。它

们每一个都附属在这 $S\sqrt{2} = \sqrt{2}A$ 下，组成一个 $αἰτία$ 的统系。$2\sqrt{2} = \sqrt{8}$ 或任何一式，皆固定在这统系内，不能离开这统系，用譬喻讲仿佛"缚系"在这个统系里。我们认识了 $S\sqrt{2} = \sqrt{2}A$ 以后，方能懂得 $2\sqrt{2} = \sqrt{8}$，或 $3\sqrt{2} = \sqrt{18}$……，也再不会遗忘。

我们且看看我们怎样达到这个结果的：在我们对于这统系中的各成分只有正确意见时，我们由几个正确意见寻求它们所表示的事物（"多"）中的"一"（因）（本段1，2，）。当这个"一"发现时，我们那些零碎的正确意见立刻组成了一整个的认识的内容，我们立刻认识了这个因果统系。在这个整个的认识的内容里，我们开始了解这内容中的各成分；起初我们对它们只有正确意见。这样，我们的正确意见成为知识了（本段3）。这就是所谓"用因果思维缚系"。

总之，这一大段（96D1—终）在认识论方面是和上面一大段（86C10—96C10）相成的。这段从正面回答那我们怎样认识的问题。这个答复是：用因果思维将正确意见缚系。

六

根据以上的解释，我们再来总论《曼诺篇》。这篇除了道德问题以外，还有个认识问题〔二（乙）3，四（乙）2（a）〕。全篇的中心在认识问题，不在道德问题，因为贯串全篇的是认识问题，不是道德问题〔三（乙）3（a）〕。

认识论的讨论如下：认识的基本是定义〔二（乙）1〕。定义是从

"多"中指出"一"来〔二(乙)2〕。定义的原则是:方在探讨中尚未同意的成分不能渗入定义里〔二(乙)3〕。我们何以能从"多"中指出"一"来?因为万有成为一——多的统系〔三(乙)1〕,并且万有的真理存于我们的心灵(单数)中〔三(乙)2〕。我们认识的方法不是像技术一样从外面吸入的〔四(乙)1〕,却是用因果思维,寻求一——多统系中的"一"。这个"一"的发现就是对这个统系的认识〔五(乙)〕。

以上是我对全篇中的认识论的解释。若这解释不错,那么,$\mathrm{\check{\epsilon}\omega\varsigma\ldots\lambda o\gamma\iota\sigma\mu\tilde{\omega}}$(98 A 3—4)一句是篇中认识论的最高峰,因为这句根据以上各方面的讨论,从正面解答认识的方法。第一段讲定义是基本认识,所谓定义就是从"多"中指出"一"来(参看二),这句话就讲怎样从"多"中指出"一"来。第二段讲知识是可能的,因为万有成为一——多统系,而且万有的真理存于人的心灵里(参看三),这句话就根据实在里的原理讲明认识的方法。第三段是从反面讲,知识不是像技术那样授与的(参看四),这一句就从正面讲出这方法是在内面思维的。这样,这一句是全篇中的认识论的最高峰。要完全了解这一句,必须了解篇中一切其他的部分。因此我解释了全篇。

我所以要解释这一句,因为从两位张先生这句的译文里可以看出他们对《曼诺篇》有另一种解释。凡是一种哲学著作的翻译大约总是一种解释。但读者单从译文里很难看出译者的系统的解释(如若这个系统的解释能完全存在译文里)。若译者不在译文以外加上序,或详细的注,总是给自己一个受人冤屈的机会。但我不愿误解我们的《曼诺篇》的译者。那么我唯一的办法只有将我自己的解释写出,以代对他们这句译文的评论。这大概不是过于自告奋勇ή δέον吧！至于讲为了一短句却写了这样一篇文章似嫌太长，那我只有引柏拉图一句话作我的辩护。"…μὴ πρὸς ἄλληλα τὰ μήκη κρίνοντης, ἀλλὰ κατὰ τὸ τῆς μετρητικῆς μέρος … πρὸς τὸ πρέπον."

1934年1月草于柏林
（原载《哲学评论》第六卷第二、三期）

柏拉图认识论中的主体与对象

暑假中本想将为了另一目的而收集的关于柏拉图与亚里士多德的分离(Chorismos)问题的材料整理写一篇文章①,正在偷懒,还未执笔,却巧读到《思辨》中贺麟先生的文章《现代唯心论简释》。贺先生在这篇文章里发表他自己的哲学见解。他的根本之点即:"心即理也"。著者原来想写的上述那篇文章,目的原在比较柏拉图与亚里士多德两人对于认识主体与对象间的关系的解说。这个关系,他们两人的解说虽然不尽相同;但一方面却由于从同一问题——认识如何可能?——出发,另一方面解决此问题又趋于同一方向,而这个方向正好借"心即理也"这个词作为一个符号来表达。因此将原来要写的那篇文章的范围缩小,又以时间关系,且将关系亚里士多德的那部分搁置,只讨论关于柏拉图的这部分,于是改为现在的题目。这篇文章只作客观的研究,因此也就成为只是对"心即理也"一词作一个哲学史方面的注解。

"唯心论"是个不幸的名词。如果我们不丢弃那不研究内容而专听口号的习惯,唯心论哲学因为它自称为"唯心论",已足遭人误解了;"心即理也"中的"心",也将和唯心论中的"心"一样为人所

---

① 编者按:这篇文章后来即发展成为著者的博士论文:Chung-Hwan Chen: Das Chorismos-Problem bei Aristoteles, Berlin, 1940。

误解。贺先生分别了心理的"心"和逻辑的"心",但一般人只知道心理的心,不知道逻辑的心。若以唯心论中的"心"和"心即理也"的"心",只当作心理的"心"解,即是以实在等于幻梦,秩序化为混乱。这样的哲学,在西方哲学史上,虽著名的贝克莱的学说也还不能算。如若此外有人,恐怕只可推普罗泰戈拉。但他的《真理》一书不传,我们关于他的学说的史料,只根据柏拉图的记载。而柏拉图的记载并非哲学史,他只注重一个学说的逻辑秩序(logische Folge)(参看《泰阿泰德篇》),所以普罗泰戈拉以个人为尺度(metron)的"真理",究竟讲到何种地步,无由得知。至于"心即理也"中的"心"作逻辑的"心"解,意义甚明。这"心"即是理,因此这"心"是存在和变易、认识和被认识的基础(Grundlage des Seins und Werdens, des Erkennens und Erkanntwerdens)。不独一切人的生活全不自觉地预先肯定这"心";即是科学家终日所忙,也非别事,正是不自觉地谋规定这"心"。所以肯定这"心"与科学研究并不是本身不相容的。比如在西方科学史上第一个组织学术团体、提倡并指导科学研究的人是柏拉图,但他的认识论即建筑于"宇宙心"这一概念上。不但如此,在柏拉图学院中的多种科学研究之中,天文学的研究很放光彩——我们试想一想其中有当时著名的天文学家如欧德谟、赫拉克利得(Eudemus, Heraclides)。但这门科学研究的动机还要回溯到柏拉图想借此将心理的"心"提高到"宇宙心"的境界(参看《蒂迈欧篇》)。要明了这一句话的意思,我们须按着以下的次序讨论。

(一)认识对象——Ideen,宇宙的条理

柏拉图在《国家篇》第五卷末,分万物为存在者、生灭者与不存在者。存在者是 Ideen,是认识对象;生灭者是感觉事物,是意见对象。但这些认识对象——Ideen 是什么?它们的性质以及它们和感觉事物的关系在《费都篇》96 页以下讲得很明白。在那里,苏格拉底说:他少时对于存在生灭等等发生问题,认为前人对这些问题的解答不能满意;他自己要从目的论方面直接解答这些问题,但又不能做到。于是他采取第二途径(99 页),这个途径乃是假设 Ideen,认它们是感觉事物的 Aitia,以解释感觉事物(100 页以下)。所谓 Aitia,至少有原因和目的二义。Ideen 是原因,意思是 Ideen 乃感觉事物的逻辑基础(Logische Grundlage);但在柏拉图,逻辑和本体论乃是一回事,所以 Ideen 是存在的根据,或者仔细点讲,Ideen 只是"如此存在的根据(Grund des Sosejns)"。但 Ideen 又是目的,是变动的标鹄(74 页以下),那么 Ideen 又是变易的根据(Grund des Werdens)。这样,一切感觉事物,各有各的变动的趋向,各有各的成因。这些趋向和成因恒久不变,于是感觉事物间有了一定的条理,这些条理就是 Ideen。

当柏拉图的玄学伦理色彩(ethische Farbe)很浓厚时,所谓的"相论"是如此;当他的目的论的宇宙观(teleologische Kosmologie)成熟时,这"相论(Ideenlehre)"发生了变化。但这个变化只存在于对"相"与感觉事物的关系的解释方面,并不侵犯"相"自身。虽然在《巴曼尼得斯篇》中,《费都篇》、《国家篇》中的"相论"被攻击得

差不多体无完肤,但即在这个严厉的批评之后,明明白白地讲着:如若人不承认 Ideen 存在,那末哲学研究(dialegesthai"辩证法")也就消灭了。于是柏拉图竭力维护这 Ideen,它们在他的晚年著作中,仍然被认为是感觉事物的条理。关于这点,著者在这里不能细讲,但希望能在他那本方在起草的小书内,能将这问题详细讲清①。

(二)认识非由经验

　　Ideen 既是宇宙的条理,但我们怎样认识它们? Ideen 并不存在于感觉事物内,而是超越感觉事物的。关于这点,在柏拉图研究史上争论很多,著者在这里不可能详细讨论。且举一个不常为人重视的、但意思很显明的章节:《欧蒂弗洛篇 Euthyph.》5C—8E,以表明著者关于这点解释的方向。人可以看到西米亚(Simmias)比苏格拉底大,但并未认识"大";可以遇到美女,但并未认识"美"。Ideen 虽然是感觉事物的逻辑基础,但人虽有了对某事物的感觉,并不就认识这事物的 Ideen。

　　对于著者这话也许有人反对,并且举出《会饮篇》209E5 以下来作凭证,因为那里仿佛是在讲归纳法(210A4—E1)。在好多年前,著者还未破除那丢开原著看解释的书的习惯,曾在某一本英文书(书名已忘)中也见过这一类话,而且还相信过。一个人若不从原著入手,只看解释书,他就永不能逃脱被人们东拖西扯。若以《会饮篇》210A4—E1 为讲归纳法,也许还有一半对;但由此并未能

---

① 编者按:"那本小书"即后来著者的博士论文。

认识 Ideen(其故详下)。若以《会饮篇》全段所讲来证明 Ideen 可以由归纳法认识,显然与这篇谈话中的意思冲突。210A4—E1 的要义如下:

设以 s′、s″、s‴…代表个别的美的身体,S 代表个别身体间的类似的美;以 n′、n″、n‴…代表个别的美的典章制度,N 代表个别典章制度间的类似的美;e′、e″、e‴…代表个别的美的知识,E 依以上二例代表个别知识间的类似的美。由爱 s′、s″、s‴…见到 S,再由爱 n′、n″、n‴…见到 N,再由爱 e′、e″、e‴…见到 E。

这里须注意:(一) s′、s″、s‴…S;n′、n″、n‴…N;e′、e″、e‴…E;都是逻辑的层次;但 S、N、E,却是价值方面的层次。(二)因此,由 s′、s″、s‴…至 S,n′、n″、n‴…至 N,e′、e″、e‴…至 E,可以算是 Abstraction (抽象)。但柏拉图未提到怎样从逻辑方面由 S 至 n′,或由 N 至 e′。由 s′…S 系统至 n′…N 系统,由 n′…N 系统至 e′…E 系统,乃是循价值的层次上进。所以,由 s′…至 E,实际上是两种步骤,一是循逻辑的层次,一是循价值的层次,结果至 E。这个 E 在逻辑方面是和 S 及 N 并列的,只是在价值方面高于它们。这个 E(还有 S、N)只能相当于英国经验派的 abstract idea(抽象观念),却非柏拉图的 Ideen。

但是,要由 E 至 K(设以 K 代表"美的 Ideen"),这道路却不是象由 s′…至 S,或由 n′…至 N,或由 e′…至 E 一样;它们中间有个非经验所能超过的距离(Abstand)。这个距离并不是本身不能超过的,只是不能由抽象的方法去超过。柏拉图描写怎样超过这距离的情形,用 exhaiphnes 一字,这就是讲由 E 至 K 乃是一个 exhaiphnes。exhaiphnes 这字描写的那个情形宛如一幅图画,它究竟的意义只好借手势来表达,难以用文字写出。这字在字典上的意义是"忽然"。那末，由 E 至 K 的情形，可以比喻式地讲：由 e′、…至 E 是循常序进行，由 E 至 K 则是一个跳动。（exhaiphnes 一字，柏拉图还在讨论另一问题时用过，也是描画这种非常的跳动。）

这样解释《会饮篇》不是误解。我们希望由以下的事实来证明 exhaiphnes 只是个象征。我们试问一问在这象征后面，柏拉图想着什么？在《费都篇》里，柏拉图讲：我们回忆到 Ideen。回忆若用一个字来象征，那么，exhaiphnes（跳动或飞跃）这字是极合适的。

（三）回忆说

上节讲到柏拉图对于认识的见解：认识乃由于回忆。这个回忆说，以前有个不是研究哲学的朋友同著者谈过，他只见到这学说中的神秘意味（mythische Züge），于是很想笑它。这是自然的结果。但我们须知道，我们心目中所承认的神话（mythos）和逻各斯（logos）在学说价值上的区别，在古代希腊人中是没有的。再者，柏拉图以种种关系，有好多地方不能将他的哲学直接写出来，必须设法将深奥的思想藏在日常的谈话里，利用神话更是常事。回忆说即是一个好例子。因此我们必须穿过这神话的外衣，求那隐伏在这外衣里面的哲学意义。

我们若问这回忆说的哲学意义，必须先看他所要解决的问题。这问题乃是：我们如何认识那超越感觉事物的 Ideen？这个问题的反面答复是：经验不是能直接达到这个认识的一条路；正面的答复就是回忆说。回忆说的意义，《费都篇》里讲得很清楚：我想如若我们在生以前已具有了 Ideen 的知识，但在生时失掉了；后来再利用对于感觉事物的感觉,复得到我们以前所有的知识;那么,所谓学习,岂非就是重复获得我们自己的知识(oikeia episteme)(75E2—6)么?简单讲来,回忆的意义,乃是由对于感觉事物的经验重复而发现我们自己对于Ideen的知识。

我们再细看看《费都篇》里的论证(72E3—77A5)的性质。这个论证是由一件事实出发,这事实简单讲来,乃是我们看见两件相等的物件,但觉得它们不是绝对地相等。如若我们看见两件相等的物件,又觉得它们不是绝对地相等;那么,我们必须先认识等的标准,比较的结果才能觉得这些相等的物件不是绝对的相等。这样,我们必须先有等的知识。这个论证的方向不是向前的,而是向后的,是由结果回到条件。这个条件就是此处的结论,即是在我们未生以前,在我们的心灵里已经有了关于Ideen的知识。《费都篇》里关于回忆说,只讲了这许多,但已经够了。若我们对于这个结论——我们心灵里有Ideen的知识——要求解释,就已越出了《费都篇》的范围。《费都篇》的论证只是由结果回到条件;至于条件的根据是一个更进一步的问题,我们现在就来研究这个问题。

这是一个困难的问题。在《曼诺篇》里对这点有以下的解说:因为心灵(psyche,著者不注重名词翻译适当与否,因为一种学说里名词的意义只能从这学说的全体看出)获有了一切的知识(81D1)。再详细点:因为心灵是不死灭的,频数产生的,看过此界与彼界的万物,没有一物是它所未认知的。所以它能回忆起那些它以前知道的关于道德或其它的事(81C5—9),是毫不足怪的。

《费都篇》里的回忆说和《曼诺篇》里的范围广狭不同。《费都篇》里只讲由一种感觉事物的经验回忆起这类感觉事物的Ideen的知识。《曼诺篇》讲由一种感觉事物的经验能回忆起整个的系统来。但我们这里只注意它们间共同的一点,即是我们心灵里有 Ideen 的知识。我们的问题是我们的心灵里如何有 Ideen 的知识?

上面所引《曼诺篇》里的一节是回答我们当前的问题的,但其中有困难,著者曾在另一篇文章①里讨论到。现在将那篇文章里和本问题有关的摘录如下:心灵里有关于万有的知识,这些知识是在时间里积累起来的。这仿佛讲:一个人周游世界许许多多次,获得世界上一切的知识。这话自然有毛病:一个人周游世界许多许多次,并不必然地知道世界上一切的事物;即使知道,也只是出于偶然。若这知识是在时间里积累起来的,即是讲这知识并不是永久的。回忆说的目的是回答我们如何认识那超越感觉事物的 Ideen 这一问题。它的解说是:由对感觉事物的经验回忆起我们心灵里关于 Ideen 的知识。回忆若可能,那在我们心灵里必先有 Ideen 的知识。但这知识若严格地讲,不能是偶然的、非永久的;若果是偶然的、非永久的,那么回忆自身不是必然可能的;若回忆自身不是必然可能的,那么,我们原来的问题——我们怎样认识?——更谈不到。

这个困难的根源应当回到《费都篇》里的 proeidenai(79 A9,义为"前知")一词。回忆——即认识 Ideen——必须肯定的"pro",不是时间上的在先(Frühzeitigkeit),乃是逻辑上的在先(logische Apriorität)。Ideen 和我们的心若仅有个飘浮的时间里的结合是不够的,它们中间必须有必然的关系。

这一点柏拉图是否真未看清?却不容易讲。依着所引的章节中的词句看,这个困难是显然的。但我们第一,先从事实方面想一

---

① 编者按:指《柏拉图〈曼诺篇〉中的认识论》。

想:一个深奥的学说若从自称"一无所知"的苏格拉底的口中讲出,这是如何的不伦不类!第二,在晚年著作里将"时间"和"永恒"的界限划分谨严的柏拉图,也许不会在这里忽视了"凡在时间里积累的乃是非永久的"这一点。第三,proeidenai一词,在所引《费都篇》的章节里,"pro-"只表示时间上的先在,若所谓时间,只是一个象征,是为了深义浅说的原故而引用的,那么,"pro-"未必不可作别解。——但正是这点,时间是否只作时间解,或只不过是一个象征?这是人所怀疑的。因此,以上所指出的困难,是否为柏拉图所忽视?甚难肯定。这点我们姑且存疑。

(四)另一解释

此外有一件极可注意的事,即在《曼诺篇》内论回忆的一段里,忽然有这样一句话:如若实物的真理永久地在我们心灵里,心灵是不死灭的。因此我们岂不应当坚忍地寻求那我们现在所不知的——即是没有记忆到的,并回忆它么(86B1—4)?这话和以上所举的同一篇里的章节显然不同。著者曾在上述另一篇文章里从意义方面举出以下可注意的三点:第一,"实物的真理",其意义远过于偶然的知识;第二,"永久的"即非时间里积累的;第三,"心灵"一词是单数不是复数。

我们若再从行文方面看:第一,这句话来得未免奇特。这句话的任务是总结以上论回忆的。关于回忆的论证,简单讲是如此:心灵是不死灭的,它在时间里获得一切的知识,因此能回忆。这里的论据是心灵里的一切的知识,从未提到"实物的真理"在我们的心灵里,但在结论里突然出现这个说法,未免奇特。这奇特的事在另一篇对话里又复出现(详下),因此人不能认这事仅是偶然,其后无背景。

第二,如若我们换个方向来看这句话,不以它为总结论回忆的一段的,而以它为回到这一大段的开始,讲出心灵不死的条件来:如若实物的真理在我们的心灵里,心灵是不死灭的。那么,这全段的论证变为如此:

(1)如若实物的真理在我们的心灵里,心灵是不死灭的。

(2)因为心灵是不死灭的,它在时间里获得一切的知识,所以能回忆。

依照这个论证,那么,"心灵在时间里获得了一切的知识"一点便变为赘瘤,因为从"实物的真理在我们的心灵里"这一点,即可解释我们能认识宇宙的条理,不必再去转一个圈子,加上"心灵在时间里获得了一切的知识"这一点。而且这点加得还有毛病(如若时间只作时间解,不作象征解)。因此,我们对这第二个解释,不能不迟疑。

但从另一方面,这两个不同的解释却又趋于同一个目标,这目标确是柏拉图晚年著作中的意见(详下)。

此外,我们在《费都篇》里遇着同一的情形,同一个趋向的意见,对于同一意见,在同一状况下出现。这是 76E1—2 中的一个半句。所谓同一趋向的意见,是因为那里讲:实在(usia,指 Ideen)乃是我们的实在。(著者从 Arch-Hind,以 hemeteranusia 的 antecedent 为 usia。)所谓同一问题,是因为那里也是讨论回忆。所谓同一状况,是因为在那里这句话也在结论里出现,但并未见于以前的讨论中。关于《费都篇》的章节,著者在这里无法讨论,因为讨论所牵涉的多是文字和校刊方面的问题,离开原文无法谈起。这里只能空洞地讲以下几句话:Arch-Hind 虽然指出这句话的真正意思,他却根据古文字学以外的理由将这句话删去。这样删改抄本,著者不能赞同。若依据抄本读法,这里是柏拉图哲学中重要的一点,即宇宙的实在(usia)即是我们的实在。这句话既然有校刊家认为伪造,我们宁失于谨慎,勿失于疏忽,在未寻出无问题的平行之处来时,先且不要太重视这句话。

(五)"宇宙心"乃"实在"、"同"、"异"之混和

我们为慎重计,对于《费都篇》76E1—2 的一句话不去追求它的意义;但和这句相同的一个思想却复在《蒂迈欧篇》里出现,那里并不象在《费都篇》中讲得那么简略,而是讲得详细。这里著者要重提上面已讲过的一句话,即是古希腊人对于"神话"和"逻各斯"在学说价值上的分别,和我们不同。《蒂迈欧篇》全篇只是一个神话,但我们不要因为它是一个神话,便轻率地鄙弃它。著者在下面叙述这篇里和本文有关的学说时,将尽可能地将它的神话气味去掉,只举出它在哲学方面的意义来;另一方面,这篇中关于天文和数学方面的内容也尽可能去掉。

《蒂迈欧篇》35A 里讲:"宇宙心"乃是三件事物的混和:实在(存在)、同、异。实在、同、异混和为一,乃成为"宇宙心"。混和的方法复杂,混和了以后有"同的运动"和"异的运动"。

37A2—B3 里讲:因为"宇宙心"是由同、异、实在混和成的,它自己周而复始地运动着。当它接触生灭或恒久的事物时,在它的

通体内起了震动，它即判断：所接触的某物和它以内的某某是同一的，和它以内的某某是相异的。所谓同、异，严格点讲，即是在何状况下、如何、何时是同一的或相异的。（这只是这段的要义，并非翻译。这段文字的文法烦难，请看 Stallbaum 的拉丁文注释。）

我们进而考究这两段的意义。自从柏拉图的"相论"舍去了伦理方面的色彩，专向逻辑的玄学的方面发展，在 Ideen 范围内起了变动。这变动的结果是实在、同、异、动、静成了最高的条理（"种"）。从玄学方面讲，它们最能和其它事物混和；从认识论方面讲，它们的适用范围最大。换句话说，这是五个范畴。但我们可以看出，它们在 Ideen 的金字塔（用 Stenzel 教授的术语）内的地位也不同：实在、同、异高于动、静。依柏拉图的意思，凡在 Ideen 金字塔尖子上的，包含其下的一切。因此我们可以讲：实在、同、异、动、静，乃是宇宙最高的条理，其中尤以实在、同、异为最高。《蒂迈欧篇》35A 里讲"宇宙心"即是实在、同、异的混和，那么"宇宙心"即是宇宙条理。如若我们不究内容，单看一件事物的表面价值，因而鄙弃"宇宙心"这一概念，责它是神秘的；但既考究它的内容之后，方知它并非是不可捉摸的。

我们再探究《蒂迈欧篇》37A2—B3 的意义。"宇宙心"乃实在、同、异的混和，这个思想一方面有天文学上的动机，这点与本文无涉，且暂丢开；它的另一个动机，即是解释认识问题。"宇宙心"是实在、同、异的混和，宇宙的最高条理也是实在、同、异；"宇宙心"和宇宙条理本来只是一回事，所以"宇宙心"能认识宇宙条理。

这是讲"宇宙心"有认识宇宙条理的可能，以下讲它如何认识。当"宇宙心"接触 Ideen 或感觉事物时，他判断所接触的是和在它之内的某某同一，与在它之内的某某相异。这话也须分析一下：当

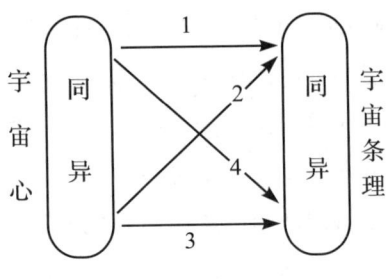

"宇宙心"在接触中发现了宇宙条理的"同",那么它判断:(1)这"同"是和它以内的"同"相同一,但(2)这"同"和它以内的"异"相异;当它发现了宇宙条理的"异"时,它判断:(3)这"异"和它以内的"异"相同一,(4)这"异"和它以内的"同"相异。如上图:

"宇宙心"发现宇宙条理和它(1)同一,(2)相异,(3)同一,(4)相异。

这是"宇宙心"的判断,它所以能判断(1)和(3),是因为它里面的"同";所以能判断(2)和(4),是因为它里面的"异"。由(1)和(3),"宇宙心"可以自觉它和宇宙条理的同一;但由(2)和(4)也正使它自觉它和宇宙条理还是同一。其故如下:姑就(2)言,它判断宇宙条理的"同"(X)和它以内的"异"(Y)相异。这所谓X和Y相异,即是:(一)X异于Y,(二)Y异于X。当(一)X异于Y时,(a)X对于Y是异,(b)Y是X的所异;同样,(二)Y异于X时,(a)Y对于X是异,(b)X是Y的所异。这样,X和Y相异,据(一)(b),即(I)X异于所异;据(二)(b),即(II)Y异于所异;再据(一)(a)和(二)(a),X和Y相异,成如"异"异于所异。这是讲:宇宙条理的"同"对于"宇宙心"的"异",以及"宇宙心"的"异"对于宇宙条理的"同",同是"异异于所异"。这是就(2)讨论,若就(4)讨论,亦可得同样结论。

这"异异于所异"(heteron heteron heteron),是柏拉图哲学中常见的一个原则,著者用来解释上图中的(2)和(4)。这里应当注意的,即是上图(2)和(4)中所讲的同、异:宇宙条理的"同"和"宇宙心"的"异"(即2),以及宇宙条理的"异"和"宇宙心"里的"同"(即4),不是 kata auto(单就自身言)的同、异,乃是 pros allela(相对的)的"同"、"异"。若以 X 代表同,Y 代表异,那么(2)和(4)里所讲的同,只是 xRy 中的 X,不是 kata auto 的 X;所讲的异,只是 xRy 中的 Y,不是 kata auto 的 Y。这个 X 既不是 kata auto 的 X,只是 xRy 中的 X,那么这 X 只有由 Ry 规定,同样 Y 只有由 Rx 规定。但 xRy 和 yRx 中的 R 是相同的,结果 X 和 Y 都成为"异异于所异"。这是讲上图的(2)和(4),但可以类推地去讲(1)和(3)。(这里用"xRy"的符号,并非要将柏拉图现代化,乃是要避免多用希腊字。所谓 xRy,这里只当作 x pros y。)

这里可以归纳起来讲:在 35A 里所讲的同、异,是 kata auto 的"同"、"异"。那里是从玄学方面讲,"宇宙心"和宇宙条理是同一的。在 37A2—B3 里所讲的同、异,乃是 pros allela 的同、异,这是从认识论方面讲的;在认识里,"宇宙心"比较宇宙条理的同、异,和它自己以内的同、异,自觉地和宇宙条理是同一的。

(六)我们的认识

以上一段所讲的只是关于"宇宙心",但我们在第二节里所提出的问题,乃是我们如何认识宇宙的条理。所谓"我们",乃指我们个别的个人,或说各个人的心,才是我们最感兴趣的问题,因为我们的兴趣并不在于"宇宙心"如何认识宇宙条理。所以我们原来的问题一直至此尚未正式解决。然而第五节内所讲,却是解决这问题的第一步,我们且看看柏拉图对于我们的心理的"心"的意见。

《蒂迈欧篇》41D4—7,42A3—B1 中的"个别心",同样也是实在、同、异的混和,但这混和不及"宇宙心"的完全,只是二三等的。"个别心"必存在于一个消歇与增长的变动着的身体内。这心和身体结合了,这个结合必然有(1)感觉,(2)苦乐萦绕的嗜欲,(3)怒惧。43A6—44C2 中,"个别心"和"宇宙心"一样也有同的运动和异的运动,但因它与那在消歇和增长的变动中的身体联合了,由身体和感觉所在的震动破坏了同、异的运行,结果同、异的判断颠倒,仿佛一个人倒悬,左见为右,右见为左;待到身体的消歇和增长渐渐地固定以后,同、异的运行也渐渐恢复正道。但若用教育辅助,可以脱离谬误,解除了大疾。

这里我们要对名词的范围先解释一下。在上面一段里,柏拉图所讲的实在、同、异混和的 psyche,事实上只是理性(nus, logikon),不包括感觉等等。感觉等等只是 psyche 和身体的产品;但我们普通所谓"心",理性以外还包括感觉等等。我们所谓的"心",范围比柏拉图的 psyche 广大。它们的范围既不同,因此不能用同一名词去代表。为了划清名词所代表的事物的范围起见,且名柏拉图在上面一段里所讲的 psyche 为"个别心"(与"宇宙心"对待);我们普通所谓的"心",即包括理性、感觉等等的为"个人心"。这两名词适当与否,不是著者所注意;著者注意的只是划清这两个名词所代表的事物的范围。"个别心"和"个人心"的分别,只是"X"和"X+Y"的分别;但这 X+Y,不表示二者并存,而表示它们是相互交错和混淆的。

我们现在回到刚才所引的《蒂迈欧篇》的章节,那里是描写由"个别心"到"个人心"的。柏拉图的意思很明显,即"个别心"本和

"宇宙心"是同性质的,"个别心"也是实在、同、异的混和,它们只有程度上的差异。可是"个别心"又在我们各个人里,我们各个人的心岂不皆是宇宙的条理,因此能和"宇宙心"同样认识宇宙条理么?但这不然,事实上不是这么简单。一方面因为"个别心"(理性)在我们心里,因此我们有和宇宙心同样认识宇宙条理的可能;但又因为我们除了理性之外,还有感觉与情欲,而身体方面的变动以及感觉和情欲,又阻碍我们思想的正常运行,以至不认识宇宙的条理。此外,那里还有两点需要探究,即所谓教育是怎样?所谓大疾是什么?

回答教育是怎样的问题,须先知道教育乃是救济的工具。但所救济的是什么?我们所以需要救济的工具,是因为我们心中的同和异的运动不循正轨(即同和异的运动颠倒)。那么,所须救济的即是这同和异的运动,使它们能循正轨。救济它们的方法,柏拉图讲,是给它们同类的粮食和运动(90C6—7)。它们同类的运动是什么?即是天体的思想和运动(参看36B6以下)。我们应当随从它们,以纠正我们心内在生时即已扰乱了的同和异的运动。这纠正的方法即学习天体的谐和运动,以使得思考的主体和思考的对象依照本性相象(exhomoiosai kata ten archaian physin)。思考的主体和思考的对象相象了以后,我们就达到生活的目的。(90C6—D5)

这一段话,因为哲学和天文学揉在一起,因此使不熟悉柏拉图天文学的人感到有些困难。这一段话看起来似乎神秘的气味不少,其实,人如若将它弄清楚了,这段话并不神秘。对于了解这段话,根本重要的一点即是柏拉图以天文学上的昼夜的运动、分至的运动和思想同、异的判断,当作一件事。关于这一段话最好的注解是柏拉图的《法篇》附录。以上这段话中哲学的意义如下：我们各个人的心因为身体和情欲来的震动，以至思想错乱（同和异的运动不循正轨）。我们的目的是要救济这点，使思想能循正轨。救济的方法就是要学习天体的运动，也就是同和异的运动。简单地讲，救济的方法就是要研究天文学，使思想与同、异的运动相象，使我们的思想得循正轨。换句话说，我们的"个人心"由于仿效同和异的运动，达到了和"宇宙心"同一的境界。这个境界本是"个别心"所有的，但由于身体和情欲来的震动，它被破坏了；所以我们不能正确判断，不能认识宇宙条理。"个别心"若回到了这个境界以后，单就这点言，"个别心"已超出"个人心"的紊乱境界，回复到和"宇宙心"同一的境界。"个别心"和"宇宙心"本是同性的；"宇宙心"即是宇宙条理。因此，一旦"个别心"回复到了和"宇宙心"同一境界，即和"宇宙心"同样可以认识宇宙条理；"个别心"若未曾超出"个人心"的紊乱境界，即无法认识宇宙条理。

不认识宇宙条理是无知。无知乃是由苏格拉底至柏拉图所认为的心疾。使得生苏格拉底死、死苏格拉底生的，不是其它任何一件事，乃是他对这个心疾的奋斗，以求解救他自己和其他人的这个心疾。心疾重于身体上的病，因此也是大疾。如若人能将这大疾解除，也即达到了生活的目的。因此，苏格拉底除了尽公民的义务而外，唯一的事就是学习哲学。

（七）结论

我们如若将第六节里所研究的《蒂迈欧篇》中的学说的结果，

回转来和第四节里所提出讨论的《曼诺篇》和《费都篇》中的两节对比来看,可以看出《蒂迈欧篇》里的思想和《曼诺篇》、《费都篇》里的思想是同一方向的。《曼诺篇》里讲:若实物的真理存在于我们心内……;《费都篇》里讲:实在即是我们的实在;《蒂迈欧篇》里讲:"个别心"在我们之中,它和"宇宙心"同是实在、同、异的混和,实在、同、异也就是宇宙条理。

我们再将《蒂迈欧篇》里的学说和《费都篇》、《曼诺篇》里的回忆说相比较。依《蒂迈欧篇》中的意思:"个别心"本是实在、同、异的混和,但因和身体结合,陷于紊乱境界,以至思想错乱;救济的方法是教育。依《费都篇》和《曼诺篇》里的意思:不死的心在时间里积累了 Ideen 的知识,这知识在人生时失掉了,救济的方法是回忆。这两种学说的分别只在这点:《费都篇》和《曼诺篇》以心与宇宙条理的关系只是时间内的结合——心在时间里积累了关于 Ideen 的知识;《蒂迈欧篇》以心与宇宙条理有逻辑方面必然的关系——"个别心"也是实在、同、异的混和。柏拉图在《费都篇》和《曼诺篇》里以为心与宇宙条理的关系只是时间的,还是逻辑的?很难决定。也许柏拉图在那里徬徨于这二者之间,但在《蒂迈欧篇》写出了最终的主张。

全篇文章总结如下。我们原来的问题是:我们怎样认识(第二节)?认识的对象是宇宙条理(第一节)。于是问题成为:如何认识宇宙条理?我们认识宇宙条理不是由于感觉经验(第二节),乃是由于回忆(第三节)。但我们更进一步问:回忆如何可能(第三节)?回忆即是宇宙条理的认识。于是问题又成为:怎样能认识宇宙条理?我们若能认识宇宙条理,心和宇宙条理必有超越感觉经验以外的结合。这结合不能仅是未生以前,心和宇宙条理在时间里的结合(第三节),这个结合必须是逻辑方面的(第三、四节)。这逻辑方面的结合乃是心与宇宙条理的同一;"宇宙心"即是宇宙条理(第五节)。"个别心"和"宇宙心"是同性的,它又在我们心里,因此我们能认识宇宙条理(第六节)。但"个别心"在我们心里陷于紊乱境界,我们必须借助于教育,使"个别心"超出这紊乱境界,回复到和"宇宙心"同一的境界,以认识宇宙条理(第六节)。

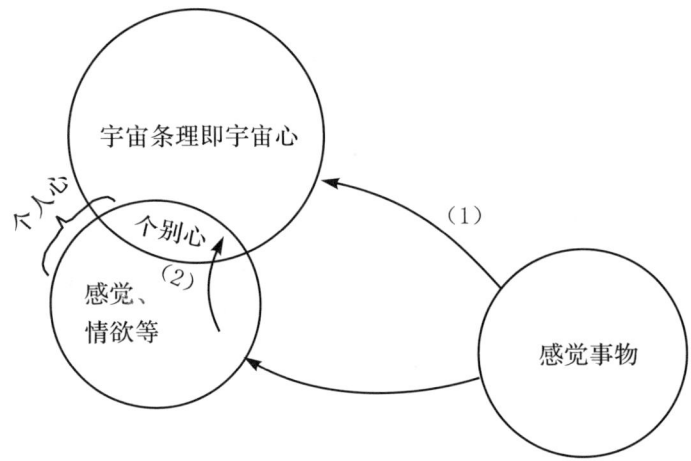

再简单点讲:本文是两个问题和它们的两个答复合成的。次序是:(一)——(二)——(二)——(一)。原来的问题是:我们如何认识? 由这生出第二个问题:我们如何能认识? 对这第二个问题的答复是:我们能认识,因为"个别心"和"宇宙心"同样是实在、同、异的混和。对第一个问题的答复是:我们借助于教育以认识宇宙条理。

这样,我们怎样认识的问题答复了。在认识时,认识主体(我们)和认识对象的情形可以简单以上图表示。

其中:(1)由经验到宇宙条理的道路不通。

（2）由"个别心"回复到和"宇宙心"同一的境界。

一九三五年秋脱稿于"虾龙驿"

（原载《外国哲学》第三期）

柏拉图《国家篇》中的教育思想

　　学说思想的研究可从两个不同的观点出发：一个是从问题的观点，另一个是从历史的观点。第一种研究的结果是评价，第二种的结果是了解。虽然评价必以了解为基础，但是它们究竟是不同的两回事。一个学说思想的评价乃是那一门科目的专门学者的工作，了解乃是历史家的事。

　　希腊教育思想应从何处说起，须看所谓教育思想是广义的，还是狭义的。狭义的仅指系统的教育思想，它在纪元前五世纪以前，希腊还未有。广义的呢？历史则较长久，因为凡有制度，即有思想；制度即是思想的客观化。在纪元前五世纪以前，希腊已有教育制度，因此亦即有广义的教育思想。这样，欲讲广义的希腊教育思想，必从纪元前五世纪以前讲起；若讲狭义的，似乎从柏拉图开始即可。然而希腊的系统的教育思想正如它的其它方面的系统思想一样，不成于一朝一夕，乃经过长期的发展而来，因此欲了解它，我们也必须从远处着手。我们在这里即尝试做这样一个究本探源的工作。希腊的教育思想最广大精深，首尾一贯，成一系统的乃是柏拉图《国家篇》。

　　柏拉图的《国家篇》（Respublica）乃是西洋文化里的重要著作之一。它的内容甚为丰富，它牵涉许多不同的方面。我们在以下只研究其中的教育思想。我们的研究不从问题方面着眼，目的不在评价，那个工作留给教育专家去做。我们的研究乃从历史着眼，目的在求得一个正确的了解，所谓历史的了解。在这里包括两个步骤：确定柏拉图《国家篇》中教育思想的内容和确定这个思想和它以前的教育思想的关系。

因此为了了解柏拉图《国家篇》中的教育思想，我们必从柏拉图以前的希腊教育思想出发。但是历史是时间里的历程，无处可以切为两段的；因此寻求一个思想在历史上的绝对开端是一件由于历史的本性不可能的事。我们当前的研究将从何处出发呢？在希腊教育思想自觉地表述于语言文字之中以前，希腊已有教育制度。在这制度里反映出那些尚未自觉的教育思想来，于是一个究本探源的工作必以那个反映于希腊的最古教育制度中的思想为出发点。

本篇从反映在远古时期的希腊教育制度中的教育思想出发，观察它直至《国家篇》产生以前的发展；然后仔细分析《国家篇》中教育思想的内容，最后简短地比较它和柏拉图《法篇》中的教育思想以及亚里士多德的教育思想。至于亚里士多德以后在历史方面已属于普通所谓"希腊化"时期，已超出严格的"希腊"以外[1]。在这一千年左右里，教育方面重要的乃是事业，譬如大学的产生。关于这些教育事业我们且从略，因此这一组演讲的内容分为以下三大部分：

（一）"哲人"（sophists）以前的希腊教育制度；
（二）"哲人"、苏格拉底、克塞诺封的教育思想；
（三）柏拉图、亚里士多德的教育思想。

第一　"哲人"以前的希腊教育制度

一　斯巴达的教育制度

在希腊各邦之中最先有教育制度的乃是那个以崇尚武力闻名的斯巴达。它的教育制度是很别致的。那个制度相传是出于莱喀古斯②，那个在纪元前九世纪为斯巴达制订法律的人。那个教育制度乃是用以实现一种特殊的教育方针的，即维持斯巴达在军事方面的优越地位。当时的斯巴达是征服者，为了控制四周被征服的人，它必须拥有精强的军队，于是国家的命运系于军队的训练，教育即被用以完成这工作。这个简单的教育思想很明显地在斯巴达的教育制度里透露出来。

斯巴达的教育是由国家管制的。我们可以讲，它从受教者的体质选择出发。当一个婴孩初生时，即由当地年长的人去检查他的体格；如若婴孩的形态是不正常的，或者健康是脆弱的，他或者即被抛弃在山中，以致死亡；或者被发给农奴教养，不再留为国家未来的公民。如若婴孩是强健的，则由母亲抚养，至七岁时交与国家教育。

斯巴达的儿童无论男女，从七岁至十八岁一律受国家规定的教育——体育（所差别的，只是女孩子在这期间夜晚仍旧住在父母的家里，男孩子离家居住于公共处所）。体育的科目有许多项别，它们逐步繁难。它们的目的在训练体格，培养勇气，利用简朴艰苦的生活以培植他们忍苦耐劳的精神。十八岁时他们成为"哀菲播斯"③,被派往乡间,担任侦察农奴的工作。十八岁至二十岁两年中他们受军事训练。每十日,他们的勇敢和体格须受一次检验。他们经常加入军队,由二十岁至三十岁驻防于国境上的堡垒中。

除去上述的教育以外,斯巴达注意培养它的未来战士的机智和敏捷的判断。关于前一层,譬如使那些正在受训练的儿童偷窃燃料、肉类和菜蔬,以备烹调之用,如若他们被破获了,须受鞭策,为了他们的不够机警,甚至罚去应有的餐膳④。关于后者,譬如突然的关于时事的询问,被问者须立即给一简洁的回答并附述理由。关于智慧方面的教育几乎绝无。据一种古代的记载⑤,一般的斯巴达人不能阅读;另一种记载⑥稍有出入,说他们只为了实用学习阅读。两种记载虽然参差,然而阅读不为斯巴达人所重视则为事实;国家所授的教程中不包括阅读一项。

这样的教育制度无论成于谁手,莱喀古斯或其他的人,这人关于教育的基本思想显然可见,即认教育为一种工具,它的职务在于为国家培植维持斯巴达军事上优越地位的公民;换言之,培植战士——培植男子成为英勇的战士,培植女子成为英勇战士的母亲。

二 雅典的教育制度

在希腊各邦之中,雅典是和斯巴达对立的。斯巴达以武功称,雅典以文艺胜。关于教育,克塞诺封也分别斯巴达和其他各邦,其中以雅典为最重要,我们这里也特别提出它来叙述。雅典的需要和斯巴达的不尽同,它不但需要有军事才能的公民,而且还需要适合于文治的公民,因此它的教育制度从梭伦(Solon, circa 640—559

B.C.)起即不只像斯巴达的单方面发展。纪元前七世纪的雅典也许已有学校,然而我们知道比较清楚些的是从梭伦时代起。相传他制订规程:每一个雅典的男孩子必须学习游泳和阅读,直至纪元前五世纪中叶,雅典的教育制度诚然经过了大的发展,然而始终未超出梭伦所指示的两大方向。

在普通所谓雅典教育初期(约当纪元前六世纪至五世纪中叶)里,雅典有以下几种学校:palaistra, didaskaleion, gymnasion。儿童七岁入palaistra,在那里学习游戏(英文中所谓games)以及初步体育;其中科目包括跑、跳、角力、掷标枪、掷铁饼等。儿童在这时期同时入didaskaleion,受音乐教育,所谓音乐除去乐器(最初乃是lyra)演奏外,还包括诗歌的吟唱。其后写读以及计算也成为那里所教授的科目;及至十四岁或十五岁,他们受毕初步的体育训练以后,富有的家庭再将子弟送入gymnasion,继续受两年或者更长久些高深的体育训练。从这个时期起,他们始可自由往来各处,和社会生活发生初次的直接接触;他们得入公共场所,往戏院观剧,往法庭旁听等等。从这一类的场合里他们受了无形的熏陶,以养成处理实际事件的才能和是非的判断。十八岁时,他们成为"哀菲播斯",从十八岁至二十岁受两年军事训练,第一年住于雅典附近的营房内,第二年驻防于边境上的堡垒中。

雅典初期教育制度所表现的教育思想,从这里看去也是很显然的,即它也认教育是一种工具,但它的职务不只在为国家培养战士,乃在为国家造就适合战时需要的以及承平时日的公民。

第二 "哲人"、苏格拉底和克塞诺封的教育思想

一 新教育的需求

上述的雅典教育制度继续有效直至"哲人运动"产生。当纪元前五世纪初期雅典的经济状况和政治状况产生了变动,泰米司托克勒(Themistokles, circa 514—449 B.C.)努力将雅典造成一个希腊的海上权威,影响所至,发展了雕典的海上贸易,结果产生出富庶的商人。他们不甘受治于传统的贵族政治,要求政权,结果建设了民主政体。再者,希腊和波斯抗争(492—479 B.C.),在雅典的领导之下终于战胜了波斯。雅典在各邦之中因此居于盟主的地位,政治的发展希望特多。在民主政治的雅典里,凡属公民具有参加政治的同等机会;在这均等机会下谁人成功,谁人失败,个人在政治方面的才能具有很大的决定性。雄辩才能尤为必备的才能之一。在民众的集会里谁能将自己的主张说服他人,将异己的政见驳斥无余,这人成功的机会也特多。雅典的传统教育不足以养成这样的才能,于是产生了新教育的需求,以应付这个新的环境。

二 "哲人"

满足这个要求,产生了一种人,他们自认为"哲人"[⑦],往来于希腊各大城市,以传授学术自命。他们实际上是当时的游行教师,

对于传播和沟通那时的学术,确实具有相当的功绩。他们所教授的科目,主要的乃是政治学⑧和辩论术或修辞学⑨,然而此外还旁及其他的学科⑩。普通的历史家对于"哲人"时常有不满的态度,这乃因为受了柏拉图的影响;事实上我们应当分别初期的"哲人"和后期的"哲人",前者如 Protagoras, Gorgias 等,后者如 Polos, Kallikles, Thrasymachos 等。柏拉图自己对于初期"哲人"虽已时常揶揄,然而还未极端驳斥和蔑视。从以下所讲里我们也不难看出这一事实的原因。

在初期"哲人"中,除去专门以教授修辞学自命的人,如 Gorgias⑪以外,其他的人也极注重辩难。这不仅从以"倾覆的论证"⑫名书一事实可见,而且还可从实际工作——如何攻击每一意见⑬——里可见,然而这只限于辩难的技术方面。至于技术的如何应用,正当的或不正当的,谋国家公益的还是谋个人私利的等等,在技术研求和教授里皆尚未决定。初期的"哲人"虽已提出"自然"和"设施"对抗⑭,然而他们在政治方面、道德方面还不是积极的破坏者。因为 δική 和 αἰδώς 仍然被视为群居生活中的不可缺少的两个成份⑮。这样,教育在初期"哲人"心目中主要的乃是传授劝说和辩难的技术,至于这个技术如何应用毫未决定。

在后期"哲人"里情形究不相同。"人为万事万物的权衡"在初期"哲人"里原只应用于认识方面⑯;在后期"哲人"里却移用于政治和伦理上去,因而发展为实践方面极端的个人主义。后期"哲人"在政治方面以强权为正义,一切作奸犯科的行为,凡是权力足以济恶的,皆是公正的⑰,因此他们认暴君为标准的享有幸福的人⑱。所谓幸福,经过最后的分析,不外乎情欲的满足⑲;使人达到这个目的的乃是修辞学[20],他们即是这一学科的教师。

从这里我们可见在整个的"哲人运动"里,由初期以至后期,发展出一种教育思想,即认为教育乃是传给受教育者一个劝说和辩难的工具,以满足个人的情欲。这是纪元前五世纪中叶以来,希腊教育思想的一个猛烈的潮流,它和以前的教育思想立于冲突的地位。以前的教育思想,无论实现于斯巴达的,或雅典的教育制度里的,皆以国家为中心,教育乃为国家培养公民;"哲人"的教育思想,则以个人为中心,谋个人的发展。

三 苏格拉底(470/69—399 B.C.)

比上述的那个思潮产生较迟、然而还和它同时并存的乃是其他的教育思潮。除去集大成的柏拉图的教育思想以外,我们在这里必须特别提出的乃是苏格拉底和克塞诺封的思想,至于伊索克拉底,他专门发展初期"哲人"以来的修辞学[21],在这里可以从略了。苏格拉底也生长于这个需求新教育的时期里。除去三次服役参加战争而外,他的毕生精力事实上皆用于教育雅典人[22]。虽然他否认他曾经教过人,而且,甚至以为教育是不可能的;但后一层并非绝对否定教育,乃只是否定某种教育。从古以来流传于苏格拉底名下的学术思想甚多,然而我们确实知道是他自己的则甚少。这些稀微的历史知识里的一点,乃是苏格拉底的伦理的知识主义[23]:他认为 $\alpha\rho\epsilon\tau\eta$ 即是知识。所谓"阿勒台"除去相当于中文里所谓"道德"一意义以外,还兼含中文里所谓"才能"的意义。"阿勒台"有属于政治方面的,有属于伦理方面的,它们虽然是知识,而且知识又是最能教的,然而苏格拉底却认为,人只能自己去探求它,却不能由他人传授㉔。所谓教育不可能,仅指不能传授;至于采取另一方式,辅助他人以探求知识,苏格拉底不但认此为可能,而且还是他数十年来实际上所做的。这个方式乃是"谈话"㉕,在"谈话"里他引导雅典青年去探求政治方面、伦理方面的基本知识。因此教育对于苏格拉底,乃是用"谈话"的方式引导人去探求知识,这样,教育的中心是个人,所欲成就的乃是知识。

四 克塞诺封(Xenophon 440 B. C. —?㉖)

从以上所讲的可见,关于教育,苏格拉底的思想和"哲人"的思想并非完全不同。他和"哲人"一样在传统的教育不足以应付时代的需求时,供给一种新的教育。他和"哲人"相异之点乃是:他不注意个人的情欲方面,而注意知识方面。克塞诺封是一个极其崇拜苏格拉底的人,然而为其智力所限,他不但不能深刻了解苏格拉底的整个思想,甚而在教育方面不自觉地却和他所崇拜的人立于反对的地位。克塞诺封在他那部貌似历史小说的著作㉗里,事实上叙述他自己的政治理想,其中假托为波斯教育的一段乃是他私人教育思想的记载。他反对关于智慧方面的教育,他以为雅典安全之所以受动摇,乃由于人民智慧方面的觉悟。在积极方面,他不但主张回复到"哲人运动"产生以前的教育制度,甚而主张斯巴达式的、单独培养战士的教育。这也非出于偶然,因为他自身曾服役于斯巴达军队中多年。在纪元前399年为雅典放逐以后,即寄居斯巴达,采取了他的居留地的生活习惯,而且让他的两个儿子在斯巴达的教育下培养成人。

这样,克塞诺封在教育思想方面是纪元前四世纪里的保守派。

他在"哲人运动"已经昌盛了几十年以后,仍想违反当时的教育思潮——不但反对"哲人",甚而忽视了苏格拉底——采用斯巴达式的教育。教育在他的心目中和在斯巴达的制度里实现了的一样,乃是单独为国家培养战士的公民。

第三　柏拉图(428/7—348/7 B.C.)和亚里士多德(384/3—322 B.C.)的教育思想

一　柏拉图《国家篇》中的教育思想

希腊教育思想直至克塞诺封止已经是很发达的了。从一个观点去分类,我们可以辨别国家主义的教育——为国家培养公民的教育(斯巴达、雅典、克塞诺封)和个人主义的教育——培养个人的教育("哲人"和苏格拉底);从另一观点去分类,我们可以辨别培养勇气的(斯巴达、克塞诺封),满足情欲的("哲人")和探求智识的教育(苏格拉底)。这些教育思潮表现了许多个别的观点,诚然是很复杂丰富的了,然而它们仍不过只是山中的细流浅涧,仅为气象万千的巨川作些片面的准备。从一深处入手,从分析人性入手,将它们综合起来,不是机械的排列,而是有机的融合,成为一个体大思精、首尾一贯的教育哲学系统:这个伟大的工作在柏拉图的《国家篇》里始告完成。它不仅集以前教育思想的大成,而且成为以后希腊教育思想的源泉。一千余年的西洋古代思想史关于教育方面,在这里达到它的最高峰。我们在以下几段里的任务,即是分析它的内容。

1. 教育在理想国中的重要

（一）理想国的组织　这里所谓《国家篇》在国内普通称为《理想国》。"理想国"一名词若用来翻译这篇著作的篇名是不合适的，因为它将篇名中所无的意义，就篇中一部分的内容增加进去。然而如若它只用来表示篇中的一部分思想，却是适宜的，因为在这一篇"谈话"里，柏拉图确实借着苏格拉底的唇舌表达他自己的政治理想。为了明瞭教育在柏拉图的政治思想里的重要性，我们先看这个理想国家是怎样构成的。

关于理想国的构成，我们在这里不详细叙述了，只将它的最重要几点举出来。理想国的结构基础于个人不足以自给和分工两点上。离群索居的个人能力不足以生存，因此个人必结合成团体共同生活。在这团体中各人分担不同的职业，以达到生存的目的。依照柏拉图的意见，国家是这样起源的[23]。然而分工的效用不仅如此，它还使工作专精[24]，理想国的组织即由此决定。它由三个不同的阶级：统治阶级、卫士阶级和生产阶级组成；每一阶级皆有一定的职务[30]，统治权完全掌握在统治阶级和卫士阶级手里，生产阶级毫无参预政治的权利。另一方面经济权完全操纵在生产阶级手里，其他两阶级不得自营私产，生活所需完全取给于生产阶级。这是柏拉图理想国的组织，这样的国家他认为是完善的国家。

（二）政权和智慧　这样一个政治权和经济权分配不均的国家，如何能是完善的国家？这一点对于一个 modern student of politics，几乎是一件不可了解的事。柏拉图究竟的意思是怎样，这里且从略。我们现在直接探求另一问题的答案，即这样一个由于言词建立的理想国家，依照柏拉图自己的意思，是否能实现于实际世界里? 他自己承认理想国的实现很困难,然而却非决不可能的事。这只须一个"稀微"的变动即成。那即是或者哲学家成为统治者,或者统治者优秀地、充分地研究哲学。这话不只是在今日,即在二千三百年前,听来已觉可笑。柏拉图自己也知道这点,然而他有理由这样主张,他深信人类的艰苦不会消失,除非政权与智慧集于一身[31]。但是它们如何才可以集于一身呢?

柏拉图的答案是:依赖教育。具有爱好智慧性情的人诚然很少,然而实际世界里并非毫不一见。但是优秀的天性若得不到适当的教养,则所产生的结果愈坏,大奸大恶的事迹从不出自庸才[32]。从这里可见教育在柏拉图的心目中是双层重要的,在消极方面,教育防止优秀的天性遭受摧残,流为奸恶。在积极方面,它发展优秀的天性,使它得到智慧,以实现理想的国家。第一点已经重要,第二点尤其重要。

(三)国家的统治与绝对价值的认识 理想国的实现必须政权和智慧集于一身。这里所谓智慧有一定的意义;它指关于"善之相"($\dot{\eta}$ $\tau o\tilde{\upsilon}$ $\dot{\alpha}\gamma\alpha\theta o\tilde{\upsilon}$ $\iota\delta\acute{\varepsilon}\alpha$)[33]或绝对的善的认识。希腊哲学中所谓"善"乃是我们现在所谓的"价值";柏拉图所谓"绝对的善"即指绝对价值。以上那个听来可笑的思想事实上只是讲,统治国家的人必须认识什么是绝对价值。如若我们要了解,何以柏拉图认为国家的统治和绝对价值的认识有不可分离的关系,这里就必须牵涉到他的纯粹哲学[34]。在《费都篇》里,柏拉图以为一切美的事物是由于绝对的美而成为美的[35],那是就着事物自身所讲的。在主观方面和那个思想相当的必然是《国家篇》里所主张的:只有从认识绝对价值方能认识有价值的事物[36],但是绝对价值的认识只有借助于教育。这样,我们从深一层见到教育在柏拉图思想中的重要。

以上所言的还只限于认识有价值的事物和分辨有价值的与有负价值的事物。然而统治者的职务远超过于静的认识和分辨;他的职务尤其重要的乃在动的实行,乃在有价值事物的创设和有负价值事物的遏止。完成这一方面的职务,他必须先认识什么是价值。认识了绝对价值以后,方可以它为榜样,将国家和人民安置于妥善的秩序中㊲,正如木工看着床和桌的模型制造床和桌㊳一样。因此,人类的艰苦永无消失的一日,除非政权和智慧集于一身。它们的集合维系于一点上,即在教育未来的统治者。因此理想国的实现和人类艰苦的除去,完全依赖教育。这是《国家篇》里所讲的高等教育。我们以下即循序先讨论它。

2. 国家、个人和心灵

(一)政治结构和心灵结构　　以上分析的结果还不过只是表面的,如若要深一层了解所谓理想国的实现依靠教育未来的统治者,我们必须从柏拉图思想中更深的一方面入手。从以上所讲的已可见到,教育和政治在柏拉图思想中的密切关系;我们即从这一点出发分析。以上所讲的那个由三个阶级组成的国家,柏拉图认为是完善的国家。国家既是完善的,它必是聪慧的、勇敢的、有节制的和公平的;所谓四大道德㊴必皆存在于这样的国家里。它们是不同的阶级所分有的或是它们所同有的道德㊵。公平这一道德是三个阶级所同有的,它表现于"各治其事而不过分作为"里㊶。所谓不过分作为,乃指不做超出一人自己范围以外的事,那是违反分工的原则的。

正如理想的国家有三个不同的阶级,个人的心灵也由三个不同的部分组成,即理智、毅力(θύμος)和情欲。它们相当于国家里的统治、卫士和生产三个阶级[42]。四大道德怎样存在于国家的三个不同阶级里,它们也同样地存在于心灵的三个不同成分里[43]。

(二)承载关系　这是《国家篇》中几个最为人所知道的学说之一,然而彻底了解它的意义,却不是尽人皆能的。这里所牵涉的不只是国家和心灵,如一般人所想象的,乃是国家、个人和心灵。他们中间的关系且让我们分析:公平的国家乃是这样的一个国家,在它里面各阶级只做自己的事,而不做超出它自己范围以外的事。阶级乃由个人组成,如若每阶级只做自己的事,而不做超出它自己范围以外的事,则此阶级内的各个人必皆如此;如若每人皆如此,这乃由于他内心里的和洽,即理智决定取舍,毅力推动此决定,情欲恭顺地奉行。理智、毅力和情欲各司其事,无一越出其范围,却只在它所特有的范围内活动。处于这种状况下的心灵,我们必也称它为公平的心灵。因为公平只表现于"各治其一己之事,而不做过分的事"里;在和洽的心灵里各部分正是如此。这样,若有公平的国家,必先(非时间的先)有公平的个人;若有公平的个人,必先(同上)有公平的心灵。反之,若有公平的心灵,即有公平的个人;若有公平的个人,即有公平的国家。这只是就着公平的、完善的理想国言。若再就着由此堕落的政体分析,情形也皆如此,这里且从略。

以上的分析将国家、个人和心灵的关系清清楚楚揭露出来。他们不是隔离了并立的三件事物,乃是一层一层累叠的三个层次。他们诚然有符合的关系,然而他们的关系不只是符合;如若我们说,他们是相互平行的,反倒不如说,他们是彼此承载的。最基本的层次是心灵,最高的层次是国家,中间的层次是个人。若有怎样怎样的国家,必先(非时间的先)有怎样怎样的个人;若有怎样怎样的个人,必先(同上)有怎样怎样的心灵。反之,若有怎样怎样的心灵,始(非时间的始)有怎样怎样的个人;若有怎样怎样的个人,始(同上)有怎样怎样的国家。三者一有俱有,一无俱无。从这里我们看到柏拉图《国家篇》中国家概念的特点:即国家的基础在个人,个人的基础在心灵;因此国家以心灵为基础,内心的状况乃是国家的超政治基础(meta-political ground)。

(三)心灵教育　从这里回顾以上第1段的结果,我们可以更深一些了解柏拉图的思想。由国家、个人和心灵的承载关系,可见柏拉图认为完善的国家只不过是完善的心灵——各部分各在其特有范围内充分发展而达到彼此间和洽地步的心灵——在政治方面的表现。因此政治方面的改善必求之于超政治的基础。所谓理想国的实现,依赖未来统治者的教育,还只是就着外表立言,未曾达到问题的核心;究本穷源地看去,它乃依赖教育,以培养出完善的心灵。所谓教育未来的统治者使他认识绝对价值,以治理国家,乃只是从表面上陈述更深一层的教育。这乃是教育这人心灵中的理性部分,使它实际上具有治理国家不可或缺的智慧。这样,柏拉图《国家篇》中的教育,或更严格点讲,其中的高等教育,完全着眼于心灵[44]。

3. 地洞譬喻和它的意义

(一)地洞譬喻　我们以上已经重复称道:"柏拉图的教育"。说"柏拉图的教育",仿佛我们已经知道柏拉图的教育概念一样。但是所谓"教育"在柏拉图的思想中,究竟指什么?这个问题以及更进一步的问题,即柏拉图的教育采取如何道路,我们皆须仔细研究。这两个问题在《国家篇》中皆有明白的解答。柏拉图先用通俗的、文学的譬喻来表示他的思想,随后再用专门的、哲学的词句来详细解说。我们在这里也随从这个由浅入深的步骤。

这个譬喻即是那个至今犹负盛名的地洞譬喻㊺。在地面下有一个洞,这洞的一面向着地面,洞口有一条路倾斜着通入洞中。洞内有许多人,他们生来即被捆缚在那里。他们背向洞口,面向洞壁坐着,手足、头项皆不能转动,在他们后面砌成了一片墙,横贯洞中。沿着墙有一条路,路上往来者担荷着各种器物;在这一条路和洞口中间燃着一团火,火光将那些器物的影子射到洞的后壁上,这些影像乃是那些洞中囚徒唯一能见的事物,他们即认为这些影像为事物自身(参看下图)。现在如若有人将洞中囚徒解放一人,使他手足头项皆可转动,并且引导他向地面上走,去观看那里的事物。因为捆缚在地洞中的人有生以来视觉即习于昏暗,不能忍受太阳的光明,所以这人由洞中向地面上是深觉痛苦,尤其是如若他骤然进行;他既到了地上以后,起初他的目力尚不能直接观看太阳或地面上的物件,只能看它们在水里的影像;其后他逐渐由观看物件的影像以至观看物件,最后乃直接观看太阳。既认识了太阳以后,再回到洞中来解放其余被捆缚着的人。

(二)地洞譬喻的意义　为了了解这个譬喻,我们必须多少提

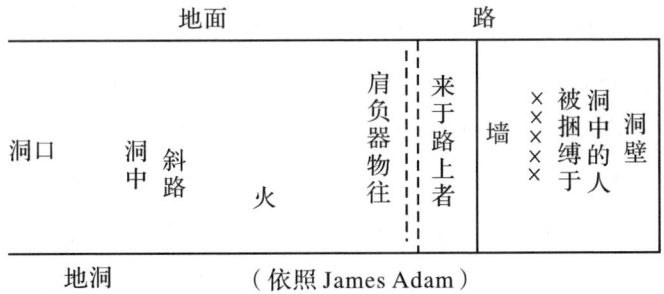

到些柏拉图的纯粹哲学。在柏拉图以前的希腊哲学家中即已有人根据人类认识的种类,区别万有为感觉对象和高级认识对象。柏拉图采取这种区别,还再加以更详细的分辨[46]。所谓感觉对象,柏拉图也名它为变动的事物[47],即指个别事物。所谓高级认识对象,乃指另一种"有"。在柏拉图的哲学里,"相"即属于此[48]。"善之相"或绝对价值乃是高级认识对象中的最高峰[49]。在以上地洞譬喻里,洞壁上的影像乃指个别事物,地面上的事物乃指高级认识对象,太阳乃指绝对价值;在洞中捆缚得丝毫不能移动的人,即是我们自己。洞中所见只是影像,若要认识绝对价值,必须先将目光从洞壁上转移到地面上去。这个地洞譬喻的意义,扼要讲来乃是:(1)人生来即专注意于感觉对象,(2)唯有依赖引导,特别是适当的引导,方可获得高级认识,尤其是关于绝对价值的认识。

4. 柏拉图的教育观念

(一)消极的教育概念 一个平素做事欲收速效的人,听到柏拉图的地洞譬喻,将要毫不思索地责备柏拉图:何以他是如此累赘。来到地洞中解放囚徒,引导他出洞去观看太阳的人,自己必然已经观看过太阳了,为何他不直截了当地将他关于太阳观察所得讲授给捆缚在洞中的人,却反要费许多周折,将洞中的囚徒引导至洞外,结果仍然不外乎获得关于太阳的认识?这样的责备出于浮躁。柏拉图未始不知道这个简便办法,然而他认为这个方法在此应用,乃是一个昧于人性的错误。这里就是柏拉图教育概念中的消极一方面。他以为真正的知识或智慧不是制成的物品,仿佛市场上的商货一样可以直接授与的。"哲人"为自己宣传:凡听过他的演讲的人,即可获得智慧[50]。这点对于柏拉图,如若不是欺骗,乃是一个根本的错误。在丧失了视觉的眼睛里,医生可以使视力重生;但教育却不是将心灵中所无的知识由外面增加进去[51]。若用现代的词句来讲,柏拉图否认教育是知识的灌注。

(二)积极的教育概念 在《国家篇》里,柏拉图以为关于绝对价值的认识,虽然是心灵中所无,然而获得这个认识的能力却已存在于心灵里[52]。它乃是心灵中理性部分的机能[53]。柏拉图在这里称它为心灵中最优秀的部分[54],教育并非将这能力由外面纳入心中,乃是引导它到正当方向,任其发展。若用地洞譬喻中的词句来讲,教育乃是使集中于洞中影像上的目光转移到太阳上去。这个思想柏拉图用他的一句名言表达出来:即教育非它,乃是"心灵转向"(περιαγωγή τής ψυχής)[55]。这是柏拉图《国家篇》中教育概念的积极一方面。

(三)"回忆"与"心灵转向" 我们这里特别提出来:这个积极的教育概念是《国家篇》中的,因为在《国家篇》以前著成的"谈话"中,他的教育概念与此不同。那个前一期的教育概念却是我们为了了解《国家篇》中的教育思想所必须讨论的。在《曼诺篇》中关于教育,柏拉图的主张有两点:一是消极的,知识传授是不可能;一是积极的,所谓学习乃是"回忆"。消极的一点并非根本否认教育;事实上它乃是和《国家篇》中相同的思想,即否认教育是真正知识的灌注。至于积极的一点乃是一个不同的思想,它建筑在另一个玄学基础上。这里我们又须多少提到些柏拉图的纯粹哲学了。在《曼诺篇》以及和它相近的"谈话"里,柏拉图以为在心灵深处隐藏着关于万有的知识[56]。所谓心灵深处即是下意识,由意识中沉落到下意识里去的是遗忘了的;若遇着适宜的环境,这遗忘了的知识我们还可回忆起来。知识原来存在人心中,只是隐而不显;它并非由外注入,因此所谓教育只是用适当的方法,譬如有技术的询问,使学习者回忆起他所遗忘的[57]。这个思想和《国家篇》里的差别如下:在《国家篇》里,柏拉图不再认为在心灵里隐藏着知识,只认为在它里面有获得知识的能力。心灵不再是知识内容的负荷者,只是知识能力的负荷者了。从这玄学思想的变迁出发,我们方可了解柏拉图教育概念的变迁。既然在心灵里只有空洞的(无内容的)知识能力,一方面即无可回忆(因为无知识内容),因此教育不能是引起回忆;另一方面使这能力向着亚当的方向发展,即可获得知识,因此教育乃是"心灵转向"。

5. 教程

(一)课程表　教育所采取的途径必然随着教育概念变迁。教育既不再是引起"回忆",乃是"心灵转向",那么用以引起"回忆"的问答自然也不再合用;教育必然采取其他道路。新的方法必须能转移心向,能引导囚徒从注目于洞壁上的影像到直接观看太阳。所谓引导不能是骤然、突然的,因为习于昏暗的目力不能接受太阳的强光;一向惯于注视洞壁上影像的眼睛不能立即观看太阳,必须先从观看水中的影像开始。适宜的引导势必注意此点。这样,转移心向不是一件比较简单、朝夕可成的事;反之,它必经历一长期的、步骤井然的过程,因此柏拉图制订了一张详细的课程表。

这张课程表是怎样制订的?它包含些什么学程?教育的目的在使未来的统治者认识绝对价值,或用柏拉图自己的术语,以"善之相"以及一切其他的"相"为对象的学科乃是纯粹哲学[58]。因此这一学科当然列入课程表中。然而从以上所讲的我们已知道,人不能开始即研究纯粹哲学,必从其他学科开始,以为预备。这些学科是哪些学科? 它们是如何选订的? 柏拉图以他这一时期的哲学中心思想为根据,分当时的一切学术为两大类,其中一类是关于个别事物或变动的事物的;另一类对象乃是不变动的"有"[59]。前一类自然不能当选,因为学程的职务是将趋向个别事物的心灵转移到趋向绝对价值。在后一类学术中除去纯粹哲学以外,所余的只是数理学科,因此这张课程表包括以下的学科:"数学"[60]、几何学、天文学、谐音学、纯粹哲学。天文学和谐音学所以列入数理学科,因为前者在数以及形里研究纯粹的运动[61],后者在数的关系里研究音响的和谐[62]。

(二)数理学科作为预备课程　数理学科乃是纯粹哲学的预备学程,但它们如何为纯粹哲学作预备工作? 这是一个麻烦的问题,如若我们对这问题在《国家篇》里寻不出解答来,我们就根本不能了解那张课程表。柏拉图以数理学科为预备学程,他有一定的见解。他的思想对于细心研究的人,却也是很明显的。这里又牵涉到他的纯粹哲学了。依照柏拉图的意见,数理学科和纯粹哲学的差别,有以下两点:(1)数理学科由假设出发,推论由这些假设所产生的结果;对于这些假设自身不再加以解释。纯粹哲学虽也从假设出发,但不向下推求它们的结果,乃向上寻求它们的根据,以达到最高原理为止;因此对于一切能加以解释。譬如数学并不探求什么是奇数,什么是偶数,什么是形等等,却认它们为已知;纯粹哲学的任务却在把握每一事物的本性。(2)数理学科,譬如几何学,借用图形为工具以研究纯粹的形;纯粹哲学完全限于超感觉的范围以内,从不取助于感觉对象[63]。

从这里我们可以了解,何以柏拉图以数理学科为纯粹哲学的预备科目。教育的整个功用在转移心灵的方向,在将趋向于感觉对象即个别事物的心灵转移到纯粹哲学的对象方面去。表示这个转移,柏拉图常用的另一术语乃是:使眼光向上看[64]。然而感觉限于个别事物的范围以内,纯粹哲学却毫不取助于感觉对象;这样,感觉和纯粹哲学之间宛然有一鸿沟,问题乃在如何能沟通它们;否则心灵转向即根本无望。柏拉图以为这只有借助于数理学科,它们好似跨越鸿沟的桥梁。数理学科,譬如几何学,一方面以图形为工具,以研究纯粹的形;另一方面它假设已知什么是纯粹的形,以推求由这假设所产生的结果。图形自身即是感觉对象,因此几何学在这一方面和感觉保持接触;把握每一类事物的本性,乃是纯粹哲学的任务,因此几何学在另一方面和纯粹哲学保持接触。这样,几何学将趋向于感觉对象的心灵转移到纯粹哲学的对象方面去。如下图所表示。

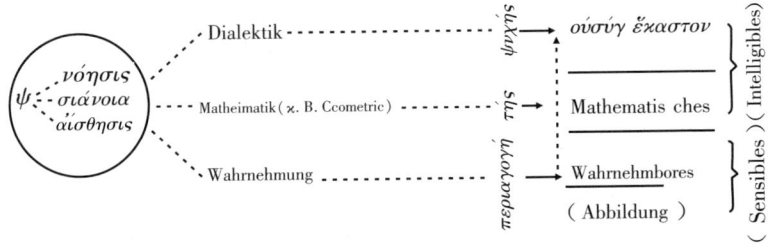

(三)学程的次序　关于那张课程表,还有一个学程次序的问题留待我们研究。柏拉图叙述各学程时所依的次序如下:"数学"——几何学(平面——立体)——天文学——谐音学——纯粹哲学。叙述的次序并非出于偶然,他认为学习的先后应当保持同一次序。从以上所讲的我们已知道,数理学科之所以是预备学程,是因为它们将趋向于感觉对象的心灵转移到纯粹哲学的对象方面去。于是这里产生了一个问题,即柏拉图是否以为"数学"的对象去感觉对象最近,去纯粹哲学的对象最远;几何学的对象次之,天文学的对象又次之;谐音学的对象去纯粹哲学的对象最近,去感觉对象最远?对这问题的否定比较肯定将要更符合柏拉图的意思些。因为他明白指出天文学的对象比较立体几何学的对象复杂;前者是运动中的立体,后者是单纯的立体[65],结构愈复杂的去个别事物愈近,结构愈简单的去它愈远。因此甲学程所以排在乙学程前面不是以各学科的对象自身结构的简单和复杂而定的,否则天文学应当排在立体几何学之前,不应当在它之后。但是学程的次序究竟由什么而定的呢?它乃是根据学习的难易而定的。凡是以结构愈复杂的为对象的学科皆以结构较简单的为对象的学科为基础(譬如天文学以立体几何学为基础)。后者应当先习,前者应当后习。这样,那张课程表的次序是以学习难易决定的。

6. 柏拉图《国家篇》中教育思想的特点

(一)三重结构和两重教育 经过以上几段的分析,让我们最后看看,柏拉图《国家篇》中的教育思想特点何在?在这篇"谈话"里有一个引人注意的现象:柏拉图在政治方面以为完善的国家由三个阶级组成;在心灵方面他认为有三部分,然而教育只有高等和初等两种,高等教育——我们以上所讨论的——是为教育未来的统治者而设的,目的在发展他们心灵里的理智部分;初等教育——我们在下节即将讨论的——是卫士所仅受的,目的在发展他们心灵里的毅力部分。然而却无一种教育为生产阶级而设目的在发展心灵里的情欲部分的。何以如此?生产阶级在柏拉图的理想国中决非是无足轻重的。国家里的物质供给完全依赖生产阶级,其余两阶级的衣食皆取给于生产阶级。情欲部分的要求柏拉图至少在《国家篇》里决未否定,因为国家的产生正是为了满足这些要求的。诚然,如若一个国家只能满足情欲的要求,它乃是"猪仔国家"[66]。然而问题不是使"猪仔国家"不产生,乃是在它产生了以后,化它为完善的国家。因此心灵中的情欲部分也应使之发展,只不应当使它单独发展。然而为何在《国家篇》里没有发展情欲的教育?

(二)初等教育　关于这个问题的解答必待我们讨论了《国家篇》中的初等教育以后。那里的初等教育包括两方面,即体育和音乐教育。体育初看起来仿佛只是为了身体[67],然而它究竟和音乐一样,也是熏陶心灵的[68]。初等教育是为卫士阶级设立的。卫士必须能抵抗仇敌,保卫国民,因此他们必须同时具有两种互相冲突的性情。其一是勇敢,另一是和蔼。对于仇敌必是粗暴,对于亲朋必是温柔。为了使这两种矛盾的性情融洽于一身,因此乃设体育和音乐教育。它们的职务在同时发展那两种性情,使受这教育的人免于偏激[69]。

(三)心灵中的毅力乃是国家里的卫士阶级的缩影;能尽职的卫士乃是能尽职的毅力在政治方面的表现。卫士的教育事实上乃是毅力的培养,培养的目的乃在辅助理性控制情欲。这样,柏拉图不仅认心灵由三部分组成,而且还以为情欲和理性处于对立的地位,它们又易陷于斗争。在这样的情况下,毅力由于它的本性诚然无问题地左袒理性;然而如若它未得到良好的教育,却反受了恶劣的教育,它也会站在情欲方面和理性斗争[70]。卫士的教育或毅力的培养,意义在此。

(四)缺乏第三种教育的原因　斗争的原因乃是情欲过分的发展。柏拉图在地洞譬喻里已经告诉我们,人生来即是趋向于感觉对象的。希腊文中的 αἴσθησις 一字不单指低级认识,而且兼指情欲,因此欲培养成完善的心灵,不必在发展理性和毅力以外再发展情欲,因为不待人有意如此做,情欲自己已在那里发展了。所以这里所顾虑的,不在它的退缩,乃在它的过分发展。欲将它的发展限制于它应有的范围以内,唯有发展理性和培养毅力。理想国的实现基于和洽心灵的养成。因此在《国家篇》里只有"转移心向"的高等教育和培养毅力的初等教育,而无发展情欲的教育。这样的教育诚然是偏重的,但只有借着这偏重的教育,始能养成各部分在应有的范围以内调和发展的心灵。

(五)整个人性的发展　　从以上所讲的,我们可以看出柏拉图《国家篇》中教育思想的特点。柏拉图也认教育是一种工具,但它的功用在平均地发展心灵中的各部分,亦即是发展整个的人性,却不在情欲、毅力或智慧的单独发展。只有整个的人性已经发展了,那时始有和洽的心灵,始有良善的个人,始有完美的国家。理想国的实现、道德的完成、人性的发展,完全依赖适当的教育。这样,国家主义的教育和个人主义的教育在此不再像以前彼此冲突,而是融合为一;培养勇气的、满足情欲的、探求知识的教育,在此不再像以前各不相容,乃成为整个教育计划的各方面。这乃是何以《国家篇》中的教育思想是希腊教育思想的最高峰,柏拉图集其前人的大成。

二　《国家篇》中的教育思想和《法篇》中的教育思想

《国家篇》中的教育思想属于柏拉图的中年,而至晚年《法篇》那篇著作里的思想变动已多。那些变动了的思想,凡是属于《法篇》中讨论范围以内的,皆见于这篇"谈话"里。在这篇晚年著作里,我们不再见到《国家篇》中的三阶级和心灵的三分说;但是它们和《国家篇》里的教育思想有密切的关系,因此仿佛那个集大成的教育思想在《法篇》里也改变了。尤其使人这样揣测的,乃是在那篇中,关于教育方面的"心灵转向"不再见到了。然而事实却与此相反,"心灵转向"一词虽然不再出现,然而基本思想却未变动。《法篇》里不再谈"心灵转向",它认为教育赋给一种"能力,由繁多的、差异的去瞻视单一的相"[71]。这两个不同的词句,却表示基本方面相同的思想。我们且作进一步的解释。

柏拉图中年的纯粹哲学和晚年的相差很多,然而《国家篇》里关于万有结构的基本一点却跟《法篇》里相同。在《国家篇》里柏拉图认为万有的结构是层次的,这乃是"心灵转向"万有论方面的基础。《法篇》里关于教育的基本思想,在万有方面也正预先肯定了一个层次的结构;因为一和多在这里表示高下不同的两个层次。所谓"由繁多的、差异的去观瞻单一的相",也正是《国家篇》里的"目光向上看",它包括整个的"心灵转向"。《法篇》里所讲的一——多诚然是相对的,不限于某某两个固定的层次;《国家篇》里的"心灵转向"也不是突然地由感觉对象转移到"善之相",乃是经过数学对象层次的。这是关于高等教育的;至于《法篇》里的初等教育,它也和《国家篇》里的相同,它包括体育和音乐教育。这实际上也就是"哲人运动"以前雅典已有的教育。

三　亚里士多德的教育思想

在亚里士多德的思想里和在柏拉图的思想里一样,教育是和政治不能分离的,因此亚里士多德也无关于教育的专著。他的教育思想只见于他的政治著作中,而且现在所传流的还是残缺不完[72];然而这个事实并不足以使我们对于他的这一方面的基本思想完全茫然。

在政治方面,亚里士多德以为,国家成为道德的国家,只有在那个时候,即参与政治的人是有道德的[73]。至于道德,他以为既非天生的(由于本性的),也非违反本性的;它乃是动向,须待我们去完成[74]。道德完成由于习惯和教育。这样,良善个人的养成依赖教育[75];教养良善的个人亦即是创建良善的国家;或良善国家的造成离不开良善个人的培养。在这里和在柏拉图的教育思想里一样,国家主义的教育和个人主义的教育二者之间不可能分别,更休谈彼此冲突了。

以上已经解释过了,"阿勒台"一字兼有"才能"的意义。亚里士多德以为人不仅可以分辨为身体和心灵,而且心灵还可以分辨为非理性的和理性的两个成份,它们各有特殊的才能。教育应当依随自然的程序先后发展它们,特别应注重的乃是心灵中最优秀的成份,即理性[76]。在这里正和在柏拉图的教育思想里一样,教育乃是发展整个的人性。

然而这里却有个些微的差别,这即是特别发展理性。这是苏格拉底的教育思想的发展。在《国家篇》中理性的发展虽然事实上得到特殊的待遇,然而明白地强调这一点却始自亚里士多德。另一方面,他虽然主张特别发展理性,但是这和发展整个人性的主张毫无妨碍。因为依照亚里士多德的思想,二者并无分别。特别发展理性,正是发展整个的人性;发展整个的人性,舍去特别发展理性则无它途⑰。这是亚里士多德教育思想的特点。在这里,一方面柏拉图发展整个人性的教育思想完全被采取;另一方面正在采取发展整个人性的教育思想里,苏格拉底的知识主义的教育思想得到充分发展。这一点使得亚里士多德的教育思想不只简简单单地是柏拉图思想的余绪,同时却为他在希腊教育思想发达史上争得一地位。

希腊教育思想的发展至此告一段落,至于以后"希腊化"时期内的大学成立等等,多属于教育事业方面,那已超出本组演讲的范围,这里从略。

注 释:

① 西洋古代史的分期,普通随从德国历史家 J. G. Droysen 以亚历山大大帝东征以后之时期为"希腊化"(渊源于希腊字 hellenizein)时代,以别于"希腊"(Hellas, Hellen)时代。
② Lykurgos:关于这人,历史家的意见还不一致,尚有人怀疑这人"历史"上的生存。然而斯巴达的教育制度究竟成于谁手,莱喀古斯或其他的人,对于我们这里所要讲的不是一个重要的问题;重要的乃是这个制度的内容,以及实现为这制度的教育思想。
③ ephebos:意为刚成年的人(eph-ebos,hebos 出于 hebe,意为"成熟",指十八岁的男子,他的姓名已登记于其所属区的姓名册子内,并已履行了公民宣誓的手续)。
④ Plutarchus, Life of Lycurgus.
⑤ Isokrates.
⑥ Plutarchus.
⑦ 比较 Plato, Protagoras 317B。
⑧ Plato, Protagoras 318E, 319A.
⑨ Plato, Gorgias 449A 以及以下注⑪。

⑩Plato, Protagoras 318E.
⑪Plato, Meno 95C, Gorgias 449A.
⑫*KATABAAAONTEΣ*(sc. λόγοι) 乃是 Protagoras 的主要著作, 至于此篇和 *AAHΘEIA* 乃为同一书, 参看 Diels, Frag. d. Vorsokratiker 4B1。
⑬Protagoras 在他的 *Antilogiai* 一书中曾用事例解明如何攻击每一意见, 以养成辩难的技术, 参看 Diels, op. cit. 74A21。
⑭譬如 Hippias, 参看 Plato, Protagoras 337D。
⑮Plato, Protagoras 323 C. ff.
⑯这乃是 Protagoras 自古闻名的 homo-mensura 学说(Diog. L. 9,51), 参看 Plato, Theaetetos 152A。
⑰比较 Plato, Gorgias 483B, 468E—469A; Republic I 338C ff。
⑱Plato, Gorgias 470D ff. ; Republic I 343C—344C.
⑲Plato, Gorgias 491E ff.
⑳Plato, Gorgias 466B.
㉑Isokrates(436—338 B. C.) 出于"哲人"Gorgias 之门。
㉒比较 Plato, Apology of Socrates 29E.
㉓Aristotle, Eth. Nicom. Z13, 1144b 19f, 29f.
㉔Plato, Protagoras 319B ff. , 参看 H. Raeder, Pls. Philos. Entwickung, S. 108; Plato, Meno 81D, E—82A, Phaidon 72E ff.
㉕διαλέγεσθαι 参看 Plato, Phaidon 73A。所谓 διαλέγεσθαι 即指问答。
㉖关于克塞诺封生活年数, 古代记载不一, 有谓享年八十, 有谓九十。
㉗Cyropaedia.
㉘《国家篇》II 369B ff。
㉙同篇 II 370B。
㉚同篇 II 372E ff。
㉛同篇 V 471C—473E。
㉜同篇 VI 491A—E。
㉝关于译柏拉图的术语 idea 和 eidos 为"相", 参看柏拉图《巴曼尼得斯篇》陈康译注, 39—41 页, 注 35。
㉞柏拉图所谓 dialektike methodos 或简称 dialektike 相当于现在哲学中的纯粹部分, 即万有论、认识论等等。
㉟Plato, Phaedo 100D.

㊱Ⅵ 505B f. ,506A.

㊲《国家篇》Ⅶ 540A。

㊳同篇 Ⅹ 596B。

㊴即 σοφία,ανδρεία,σωφροσύνη 和 δικαιοσύνη。

㊵《国家篇》Ⅳ 427E ff。

㊶同篇Ⅳ 433A。"τὸ τὰ αὑτοῦ πράττειν καὶ μὴ πολυπραγμονεῖν…"

㊷同篇Ⅳ 436A—441C。

㊸同篇Ⅳ 441C—442D。

㊹关于《国家篇》中的初等教育,见以下第六段第二节。

㊺《国家篇》Ⅶ 514A ff。

㊻同篇 Ⅵ 509D ff。

㊼to gignomenon(τὸ γιγνόμενον) .

㊽和 τὸ γιγνόμενον 对待的 τὸ ὄν,其中包括"相"和数、形等等(亚里士多德在叙述柏拉图哲学时特称后者为 τὸ μεταξύ)。

㊾《国家篇》Ⅶ 532A—B。

㊿Plato,Protagoras 318A.

㉛《国家篇》Ⅶ 518B. C.

㉜同篇 Ⅶ 518C。

㉝参看同篇 Ⅶ 530C。

㉞同篇 Ⅶ 532E。

㉟同篇 Ⅶ 518C。

㊱Plato,Meno 81C,Phaedo 99E ff. 此外参看 Phaedr.(此篇著作期间虽已较迟)249B。

㊲Plato,Phaedo 72E ff. ,which refers to Meno 81C ff.

㊳参看《国家篇》Ⅶ 534B—C。

㊴同篇 Ⅶ 533B—C。

㊵arithmetike,此字在柏拉图著作中不指加、减、乘、除的计算,乃指关于数的学说(arithm(os) -e-tike) ,相当于我们现在所谓算学的乃是 logistike。

㊶《国家篇》Ⅶ 529D。

㊷同篇 Ⅶ 531C。

㊸同篇 Ⅵ 510B—511C et al。

㊹同篇 Ⅵ 529B。

(65)同篇 VII 528A—B,D—E。

(66)同篇 II 372D。

(67)同篇 II376E。

(68)同篇 III 410C。

(69)同篇 II 374E—375E,III 411A—412A。

(70)同篇 IV 439D,440E—441A,至于“斗争”概念比较 440B,那里柏拉图讲 ὥσπερ δυοῖν στασιαζόντοιν σύμμαχον...

(71)Plato,The Laws 965C.

(72)见其 Politics VII 13—17,其中所言断自体育和音乐教育,显然非全部教育思想之记载;余论今皆散失。

(73)参看 Aristotle,Politics VIII 13,1332a circa 32—35。

(74)Aristotle,Eth. Nic. II 1,1103a 25.

(75)Aristotle,Polit. VIII 13,1332a circa 39—40b circa 10.

(76)同书 VII 14,1333a 37;15,1334b 25。

(77)这个思想建筑在亚里士多德的心理学上,他以为 psyche(生命原则)在不同种类的生物里,它的内容的丰富和贫乏也不相同。高级生物的生活机能比较低级生物的丰富,前者除具有后者所有的机能而外还有新的机能。这个新的机能同时亦即代表高级生物的 psyche。动物除去营养机能而外,还比较植物多一感觉机能,因此动物的生命原则即以感觉为代表,它即是 psyche aisthetike。同样,人的生命原则即以理性为代表,它即是 psyche danoetike。因此发展理性即是发展整个人性。

(原载《学原》第一卷第五期,参照手稿作了增补)

论柏拉图的《巴曼尼得斯篇》

一

每一位研究柏拉图的专家都会毫不犹豫地承认,在柏拉图的"谈话"当中,《巴曼尼得斯篇》最难懂。在古代和现代,都有人从事说明这篇著作,可是至今我们还缺乏一种妥善的解释。这篇"谈话"的第一部分还比较简单,第二部分才造成重大的困难。这里的第一个问题是这个部分应当怎样理解,第二个问题是它与第一部分有什么样的关系。

关于第一个问题,无论在古代或近代,都有过两派解释,人们通常把其中的一派称为逻辑的,把另一派称为玄学的。每一派都有正确的部分和不正确的部分,而且这一派正确的地方恰恰是那一派不正确的地方。逻辑的解释把这篇"谈话"的第二部分当成仅仅是一些思维练习,虽然认清了推论的悬拟形式,却疏忽了实质内容。玄学的解释则相反。这派解释大都渊源于新柏拉图派。它根据八组(有些新柏拉图派学者认为有九组或更多组)推论建立起一个普罗提诺式的玄学系统。可是这些新柏拉图派解释者却没有觉察到,结论所根据的那些前提并不是断定了的,而是悬拟的。如果没有一个论断肯定这样一些结论的前提,是决不能认定结论客观有效的。可是全篇"谈话"无一处有这种肯定各组推论的前提全都同样客观有效的论断。既然没有这种论断,怎么能把一个正是根据那些结论建立起来的玄学系统归给柏拉图呢?由于决不能这样做,不仅新柏拉图派的解释站不住脚,其他一切不顾推论的悬拟形式硬把一个玄学系统塞进本篇"谈话"第二部分的解释也都站不住脚。

关于第二个问题,多数柏拉图学家认为,柏拉图让领导谈话的"巴曼尼得斯"在"谈话"第一部分里对少年"苏格拉底"的"相论"提出的那些反驳,在第二部分里全部被驳回了。确实有一些与第一部分里的论证类似的论证,在第二部分里又重复出现;可是那些论证并不是驳斥对"苏格拉底"提出的反驳的。[①]人们得到上述的看法,是通过了两个假定。第一,他们相信——但没有充分的根据——依据亚里士多德的记载,柏拉图持"相的分离观"[②]。第二,他们以为:柏拉图不能叙述人家斥责他对"相"所持的这种观点,除非他自己已经知道如何驳回那些反驳。可是驳回那些反驳就等于主张"分离观"。柏拉图既然在与《巴曼尼得斯篇》关系密切的著作《哲人篇》里批评了那些"爱相者",即持"分离观"的人,并且把"分离"评定为哲学的毁灭[③],难道能在《巴曼尼得斯篇》里仍然主张那种"分离"吗?

因此不能把这篇"谈话"的第二部分理解为驳回那些反驳。然而它与第一部分又有什么别的关系呢?在这个问题还没有得到令人满意的解决之前,提出把第二部分与第一部分拆开的办法,是十分自然的。事实上也有人这样做了;他们主张第二部分原是一篇单独的著作。可是这样一种办法在这里没有多大用处。因为这样做并没有解决那个问题,只是把它搁置下来,除非他们能进一步确定:把第二部分与第一部分合并的并不是柏拉图自己,而是某个别人。因为仍然可以问:柏拉图如果把第二部分与第一部分合并成了一篇,他让第二部分在全篇中起什么作用呢?

所以说,上述的两个问题都没有得到解决。既然这样,就不可能做到正确地理解本篇"谈话"。因此,一种新的解释无疑是十分必要的。

我们试图加以解释的时候,必须记得《巴曼尼得斯篇》是一篇纯哲学的"谈话"。这篇著作的有机统一只能建立在问题上。只有那些能够把握问题的人,才有可能理解这篇"谈话"的深意。因此决定我们理解的要素并不是博学,而是看出问题。

二

曾经有人提出过要求,认为要理解这篇"谈话"的第二部分必须从第一部分出发。这样做路线是正确的;不过出发点还必须放前一些,放在本篇的具有实质性的导言上,这就是芝诺反驳多元论者的那个推论。按照"苏格拉底"的综述,那论证是这样的:如果"是者"是多数的,它的各部分就必定彼此既类似、又不类似。但这是不可能的。因为"类似者"不能不类似,"不类似者"也不能类似。因此假定"是者"为多数是错误的。④这段导言看起来不很重要,却是进入这篇著作中所讨论的问题的唯一入口。所谓芝诺的论证,是以一个基本假定为依据,认为"相反者"之间有一种"分离"。这里包含着本篇"谈话"的中心问题,即"相反者"能不能相互结合。从这个问题产生出本篇"谈话"的其他一切主要问题。

围绕着这个中心问题,在本篇的开头,"苏格拉底"与"芝诺"进行了分析。少年的"苏格拉底"以为应当分开两类"相反者",即事物的相反性质和相反的"相"。我们并不是不知道个别事物具有这样一些性质,这是一种熟知的现象。例如"苏格拉底"身上可以分左、右、前、后、上、下,所以他是多。另一方面他却是一个单一的人。相反的性质"一"和"多"在人身上就相互结合。其他相反的性质也是如此,同在人身上一样,它也在其他一切个别事物如石头、木块之类上面一同出现。指出这一现象,当然不会令人惊异,可是如果有人指出,相反的"相",如"类似"和"不类似"、"多"和"一"、"静"和"动"等等,能够互相混合,又能彼此分开,那一定使人吃惊⑤。这个中心问题,按照"苏格拉底"所进行的划分,又分化为两个小问题,即相反的性质在事物上相互结合的问题,以及相反的"相"相互结合的问题。芝诺以为,指出"相似"和"不相似"按照多元论的论旨必定在事物上同时出现,乃是反爱利亚派哲学的观点所用的一种"归谬法";少年"苏格拉底"不同意"芝诺"的这个说法,但他却承认自己不能理解,"类似之相"与"不类似之相"等等怎样能互相混合。

为了说明那种现象,"苏格拉底"提出了一种"相论",而且是一种"相的分离观"。按照这种分离观,有各种独立存在的"相"。通过分有这些"相",事物具有着相反的性质。例如分有"类似之相"的事物类似,分有"不类似之相"的事物不类似。分有这两个"相"的同一事物既类似、又不类似⑥。为了"拯救现象"($\tau\grave{\alpha}\ \varphi\alpha\iota\nu\acute{o}\mu\varepsilon\nu\alpha\ \delta\iota\alpha\zeta\acute{\omega}\zeta\varepsilon\iota\nu$)而提出的这种"相"与事物的"分离",在爱利亚学派加以否定之前,却是很好理解的。由于"苏格拉底"一方面愿意承认现象,另一方面又不能理解相反的"相"的结合,所以他不可能让"相"寓于事物之内,而必须把它放到事物之外;这样,通过"分有""相",相反的性质就能出现在事物上面。这样一来,相反的"相"虽然仍旧彼此分离,相反的性质却在一件事物上会合了。

"分离"以"相"与事物的"对立"为前提。如果把飘浮在实际以外的"相"与事物的关系统统割断,那些与事物割裂的"相"就无法完成给事物的性质当基础的任务了。所以"苏格拉底"假定了"分有",以便把隔离开的"相"和事物重新连接起来。拯救那种现象的努力,主要分三个环节:"相"和事物"对立","相"和事物"分离",事物"分有""相"。这三个环节,从谈话领导者"巴曼尼得斯"对"苏格拉底""相论"的精确表述中可以清楚地看到[7]。

三

要贯彻那种"相论",一定要先肯定这三个环节。设法解决相反的性质怎样能在事物上相结合的问题——这是从原始问题发展出来的——,本身又招来了三个问题,即"对立"问题、"分离"问题、"分有"问题。"谈话"第一部分里"巴曼尼得斯"的批评就是针对着这三点。

"巴曼尼得斯"确定了"苏格拉底"假定什么"相"来拯救现象之后[8],就立刻进而讨论"分有"问题。我们对"分有"只能有两种想法:事物要末"分有"整个"相",要末"分有""相"的一部分。但是这两种思想上的可能性,仔细看来没有一种是实际上也可能的。作为整体的"相",怎样能在众多事物的每一个里,而它自身却是唯一的?坚持"相"的唯一性,就带来"相"必定分为部分的后果。这样就引起了过渡,从讨论第一种思想可能性过渡到讨论第二种思想可能性了。"分有"在第二种说法里也有它的困难。一样东西怎么能通过"分有""大自身"的一部分,即比"大自身"小些的部分,而成为大的呢?一样东西又怎么能通过"分有""等自身"的一部分,即比"等自身"小些、因而不等于"等自身"的部分,而成为与别的东西相等呢?还有,一件东西通过加上"小自身"的一部分,怎么能变得比以前并不大些,倒是小些呢?由于古代人的想法同近代人相反,认为"小自身"是小的,"等自身"是相等的[⑨],"巴曼尼得斯"很容易就对那些问题作出了否定的回答。因此事物既不能"分有"整个"相",也不能"分有""相"的一部分。难道此外还能以其他的方式"分有"吗?在"谈话"的第一部分里,就以这个问题结束了关于"分有"问题的讨论[⑩]。

接着就批评"对立说"。"对立说"实质上是"分离说"的先驱。如果依据相同的形象,把同样表现为"大"的多数事物与一个"大之相"对立起来,那就必须依据同样理由把大的事物和"大之相"与第二个"相"对立起来;而且必须反复作出这个假定,直到无穷[⑪]。这一论证的说服力是系于"相"的"同名"。如果"相"与事物,例如"大自身"与大的事物,在内容上是不能区别开的,那么通过假定一个"相"与众多同类事物对立,就不能不假定第二个"相"与第一个"相"和事物对立,再假定第三个"相"、第四个"相",一直下去,因为在前一项和后一项里都存在着 $\mu\acute{\iota}\alpha\ \tau\iota\varsigma\ \acute{\iota}\delta\acute{\epsilon}\alpha\ \acute{\eta}\ \alpha\grave{\upsilon}\tau\acute{\eta}$[这一"相"本身](即:"是大的")。在原始假定里就必然地蕴涵着它的无限重复;由于"无穷尽后退",就永远不能达到第一原理,因而无法解释现象。

为了避免这个结果,少年"苏格拉底"试图把"相"当作思想放到意识里。他想以此防止"相"的无限增多,同时在另一个范围内仍然维持原来的对立。古代人不知道概念对象与存在对象的区别⑫,所以谈话领导者"巴曼尼得斯"很容易就把"相"从意识里拿回,放到"是界"。他论证道:思想却有对象,这对象乃是"是者"。作为思想对象的"是者"恰恰就是"相"⑬。

最后又作了一次努力,试图把重新放进"是界"的"相"理解为模型。模型与摹本的关系是"类似者"与"类似者"的关系,而这种关系按照假设只能来自分有同一个"相",所以这里再一次应用了所谓"第三人"论证。这样,就把"相"和事物对立的困难从各个方面指出来了⑭。

到此为止,"巴曼尼得斯"反驳少年"苏格拉底""相论"的话,都还没有接触到真正的困难。这就是"分离"说所带来的困难。从"相"与事物分离必然得出一条结论,即:"相"不在我们这里,也就是说,不属于我们的世界。"相"与"相"彼此有联系,但与我们的世界无联系。"我们的"也只是与"我们的"有联系,与"相"无联系。例如"主子之相"和"奴才之相"只是彼此有联系,某个主子也只是与某个奴才相联系;"主子之相"与某个奴才既无联系,某个主子与"奴才之相"也无联系。理想的知识与"相"的关系,我们的知识与我们的世界的关系,也是这样。由此得出的最后一条结论是:一方面,"相"是我们不能认识的,另一方面,我们的世界神是不知道的,虽然神具有理想的知识⑮。因为认识全靠主体与对象相联系,而把"相"放到事物之外就割断了"相"与事物的联系,这样,就指出了"分离"说的无用,因为它声称某某东西可以"拯救现象",而这东西却是我们不能认识的。怎么能从一种根本不能认识的东西出发呢?"苏格拉底"企图用事物"分有"飘浮于实物之外的相反的"相",来说明相反的性质在事物上结合,这个企图至此完全垮台了。

到本篇"谈话"第一部分结尾为止,这些材料已经够我们用了。在这里我们大体上发现了五个未解决的问题。第一个是关于相反的"相"的相互结合的,第二个是关于相反的性质在事物上的相互结合的,第三个是关于"相"与事物的对立的,第四个是关于"相"与事物的分离的,第五个是关于事物分有"相"的。这些问题大都已经详尽地提出,从反面已经说了很多话,但是还缺少正面的解决。应当采取的解决方向也已经点出了,就在"巴曼尼得斯"的警告中;他警告人们不要放弃"相",这是人们面临所提出的那些困难时可能会做的⑯。就是说,必须维持"相"的假定:重要的仅仅是应当以什么方式理解"相",才能说明"苏格拉底"所提出的那种现象,而不致像"苏格拉底"那样招来其他的困难。这种对于"相"的正确理解,我们在"谈话"的第二部分里遇到了。

四

"苏格拉底"在"谈话"的第一部分里表示,希望有人能向他指明相反者在"相"里的结合,就像"芝诺"的论证——但目的完全不同——指明"相反的"在可以感觉的领域内相结合一样⑰。这个愿望现在在第二部分里得到了满足。"巴曼尼得斯"在这里详尽地分析了在什么条件下相反的"相"彼此结合,在什么条件下不结合。这一分析表现为八组悬拟的推论。推论过程是以"一"的各种情况展开的[18]。就"如果一是",以及"如果一不是",各做出四种假设。四组推论的结论涉及"一",其余四组的结论涉及"其他的"(τὰ ἄλλα)。"一"是"一之相"的简称[19],表示某一个"相",以这个"相"为例,代表"谈话"第二部分里所讨论的其余一切"相"。

第一组推论。前四组推论有一个提法一样的假设:"如果一是",但重点不同。第一组推论里抓紧"一",重点只落在"一"上[20]。这里真正假定的只是"一",而不是"是"。因此这个作为起点的假设等于说:如果一是一[21],实际上则是:εἰ ἓν ἕν[如果一一][22]。

这个前提首先推出的结论是:"一"不是"多"。因此"巴曼尼得斯"否定"一"有一系列相反的性质。根据论证,"一"不是整体,并没有部分,因而既无首端,也无末端,也无中间;它是无界限、无形状的,既不是圆的,也不是直的;它不在任何处所,既不在"其他的"里,也不在它自身里;它一方面不在过程中,既不在性质变化中,也不在空间运动中,另一方面也不是不变的。因为它不在任何处所[23]。

真正说来,这个前提留给"一"的只有"是一"。由此可以推出"一"的自同性。但是连这种性质也必须明确地给它否定掉。就是说,它一方面既不与"其他的"、也不与它自身相同,另一方面又既不与它自身、也不与"其他的"相异[24]。由此得出另一条结论:"一"并无另外一系列相反的性质。就是说,它无论与它自身还是与某一"其他的"都既不类似、也不不类似,既不相等、也不不相等(即既不大些、也不小些),既不同龄(即既不老些、也不少些)、也不同龄[25]。根据最后一点可以推出,它不在时间里。它并不现在是,也不过去是,也不将要是;所以"是"对它根本不合适[26]。甚至于连

"是一"也必须给它取消掉;因为否则它就"分有""是"了㉗。与"不是者"是不能有任何联系的;所以既无关于"一"的称谓、也无关于"一"的言语、知识、知觉、观念㉘。

这就指出了,在什么条件下相反的"相"不相互结合。就是说,如果"一"只是"一",即孤立的、封闭的,"一"和"多"这一对相反的"相"首先不相结合。然后从这个孤立再得出:下列的相反的"相"不在"一"上会合,即:"全体"和"部分"、"运动"和"静止"、"同"和"异"、"类似"和"不类似"、"等"和"不等"等等。此外这组推论还推出一个非常重要的结论:"相反的"的彼此分离使孤立的"一"成为无性质的,给"一"剥夺和取消了"是"。

第二组推论。第二组推论用来当作出发点的假设,表面看来与第一组的一模一样,即"如果一是"。但是这一回抓紧的不是"一",而是"是"㉙。由于重点这一挪动,真正的假设实际上就是另外一回事了。当作基点的不再是孤立的"一",而是与"是"结合的"一",即"是的一"㉚。

根据具有这一新意义的假设推出"一"与同它相反的"多"结合。"是的一"是一个整体,以"一"和"是"为组成部分。由于每一个组成部分又是一个"是的一"(τὸ ἓν ὄν)或一个"是者"(τὸ ὂν ἕν),所以那当作基础的"一"就是一个"多",而且是无限的"多"㉛(如果把"一"了解成抽象的,结果也是一样㉜)。由于"是的一"的部分为整体所包围,所以在"一"上既结合着"整体"和"部分"这对"相反者",而且结合着"有限"和"无限"这对"相反者"㉝。除此以外,"巴曼尼得斯"还加上一系列会合在"一"上的"相反者"。就是说,"一"有首端、末端和中间;它是直的,又是圆的;它在它自身里,又在"其他的"里;它是不变的,又在过程中;它既与它自身、又与

"其他的"相同,并且既与它自身、又与"其他的"相异;它既与它自身、又与"其他的"类似并且不类似;它既接触它自身、又与"其他的"接触,又不与它自身和"其他的"接触;它既与它自身、又与"其他的"相等,又大于和小于它自身和"其他的"㉞。而且,它当然在时间中,因为它是㉟;所以它变为、并且是老于和少于它自身,又与它自身同龄,与"其他的"的关系也是这样㊱。由此推出,它分有过去、现在和将来。所以它曾经是、现在是并且将来是㊲。末尾,又给它添上了认识论上的性质;有关于它的知识、观念、感觉等等㊳。

这就指出了相反的"相"在什么条件下相互结合。就是说,如果"一"分有"是",它就与同它相反的"多"合而为一。然后,那些在假定"一"孤立时彼此分离的"相"就在"一"上会合。正如"一"的孤立取消了"一"本身一样,"一"只是在那些"相"的结合中才有它的完备的"是"。

我们在第一部分结尾遇到的那五个业已提出的问题中,第一个关于相反的"相"如何结合的问题在这里得到了解决。这样,"苏格拉底"的愿望也就得到了满足;因为已经指出了相反的"相"怎样才相互结合,怎样才彼此分离。解决问题本来就在于分别条件,就此而论,我们可以认为,这就是把各种思想上的可能性合计一番。

可是从万有论的角度一定要问:柏拉图对这两组推论的互相矛盾的结论采取什么态度?他认为两个结论同样合乎实际情况吗?有些柏拉图解说者,尤其是新柏拉图派的,认为那两个结论同样地构成这篇"谈话"第二部分里所谓柏拉图玄学系统的肯定环节。可是柏拉图自己的话却与此相反。他借"谈话"的一个角色"巴曼尼得斯"之口着重地表示怀疑第一组推论的结论能不能是合乎实况的,并且通过"巴曼尼得斯"的交谈者之口表示他不相信[39]。因此,依照柏拉图的看法,合乎实况的只是与第一组推论的结论相矛盾的第二组推论的结论。

这里应当搞清:那个结论的不符实况,是出于什么原因? 要末是由于推论不对,要末是由于假设不真。重新从重点不同的假设来推论,就表明柏拉图认为那并不是由于推论不对,而是由于假设不真。此外,这一点还有一件事实作佐证,就是第二部分里有一个论证以第一部分里的一个论证为前提[40]。如果柏拉图认为那个推论过程不对,就不会拿它当前提了。所以说,柏拉图的看法是:"相"(在这里是"一之相")的孤立虽然在思想上是可能的,但这个可能的思想并不符合存在[41]。

这最后的一点乃是真正的柏拉图思想。如果拿本篇"谈话"较前的一处,即"巴曼尼得斯"警告人们不要放弃"相"的那一节[42],与第一组推论的结论对比一下,就可以看出。如果柏拉图认为"相"在存在上是孤立的,因而是不存在的(第一组推论),他怎么会通过"巴曼尼得斯"警告人们在哲学研究中不要放弃"相",而不与此相反,警告人们不要假定"相"呢?

第二组推论里还有一点引起我们注意,就是不仅有关于那个"存在于'相'的联系之中的'一'"的高级知识,而且还有感觉等等。这一点需要加以说明,我们只能以后补作。

附录。第二组推论和第二组推论之间还有一节(155E—157B),通常被看作第一、二两组推论的总括或中介。按照这个看法,这一节的作用应当是从"绝对的一"向"是的一"过渡。

初看起来这个解释似乎挺合适,可是细看就发现有几点同它矛盾:1. 原文很明显,这节讲的"一"是在时间中[43];可是恰恰相反,孤立的"一"被否定了具有时间性质[44]。2. 这节讲的"一"既静又动[45];然而正好相反,孤立的"一"既不静又不动[46]。3. 柏拉图已经断定了孤立的"一"是不能以任何方式把握的[47],怎么会又写一节来讲"'绝对的一'向'是的一'过渡"(Max Wundt 语)呢? 4. 这段开头已经表明,这里讲的是"是的一",即第二组推论的"是的一"[48];结语又再度强调了这一点[49]。所以说,这个插在中间的一段既不是前两组的总括,也不是它们的中介,而仅仅是第二组推论的附录。

这个附录分两部分。第一部分从"一"的静态性质推导出"一"所具有的一系列动态性质(产生和消灭,类似化和不类似化,增长、萎缩和等量化)。论证大致如下。从第二组推论看出,在假设"如果一是"中,事实上是以"是的一"为基点。这样的一个"是者"一方面是一和多(并且分有时间),另一方面却既不是一又不是多。"是的一"真正说来是一个"相的集合体"。它是"一",因为这"相的集合体"是一个单一体;而它又是"多",因为它是"一"和"是"构成的。可是另一方面,"一"尽管与"是"结合,本质上却并不连到"是"上面,它的本质中并不带着"是"[50]。因此它本质上并不是两个组成部分的统一体。就前一种关系,即就它与"是"构成一个集合体来说,它就必然分有本质。就后一种关系,即就它不以"是"为本质组成部分,因而在本质上并不与"是"构成一个集合体来说,它就必定不分有本质[51]。所以"是的一"有时分有、有时不分有本质。它必定在一个时候采纳本质,在另一个时候舍弃本质。那采纳就是产生,这舍弃就是消灭[52]。当"一"采纳本质时,"是的一"就产生了;当"一"放弃本质时,"是的一"就消灭了[53]。于是产生和消灭就到了"一"上。第二组推论又进一步推出,"类似"和"不类似"、"等"和"不等"即"大于"和"小于"、"动"和"静"之类"相反者"也到了"是的一"上面。"是"就是完成了的"变"[54];于是"是的一"就经受到各种质的、量的和空间的变化[55]。

这一附录的第二部分分析了上述各种情况的 μεταβολή [变更],并且得出结论说,变更只出现在"突然"中[56]。

这一附录的真正意义,我们只有在考察了两组紧接在下面的推论以后才能了解。这里只预先提出一点:这一附录实际上是讨论一种过渡,但不是从"绝对的一"到"是的一"的过渡。

第三组推论。第一、二两组推论里结论是关于"一"的,第三、四两组推论里结论则是关于"其他的"的。第三组推论相当于第二组,第四组相当于第一组。第三组推论以假设"如果一是"为基点,而且重点放在"是"上。由此首先推出,"其他的"虽然异于"一",却也分有"一"。因为 τἆλλα[其他的]是有部分的,而部分只是整体的部分。整体和每个部分都是"一"。因此"其他的"分有"一"。于是相反的性质"一"和"多"、"整体"和"部分"就相互结合在"其他的"上[57]。"其他的"不仅是多,而且还是无限多[58]。通过分有"一",它作为整体,获得了对部分的限制,作为部分,获得了彼此之间的和对整体的限制[59]。从出现在"其他的"上的 ἄπειρον[无限]和 πέρας[限制]这对"相反者"首先引出相反的性质"类似"和"不类似"[60],然后引出更进一步的"等"和"不等"、"动"和"静",这些都是"一"所具有的。柏拉图通过"谈话"中的角色"巴曼尼得斯"之口断言,其余的一切"相反者",即前两组推论中一并讨论的那一些,也都可以给"其他的"立刻推导出来⁶¹。

无论"其他的"这一简称,还是详尽的说法"异于'相'的性质"($\dot{\eta}$ $\dot{\varepsilon}\tau\dot{\varepsilon}\rho\alpha$ $\psi\upsilon\sigma\iota\varsigma$ $\tau o\tilde{\upsilon}$ $\varepsilon\dot{\iota}\delta o\upsilon\varsigma$)⁶²,在这里都是指事物⁶³。第三组推论强调在什么条件下事物具有相反的性质。这就是:只有一个"相"与另一个"相"(在这里是"一"和"是")相结合,相反的性质才一同出现在事物上。因为它们是由于"其他的"分有"一"而出现在事物上的。如果"一"本身不存在,"分有"就根本不可能了。它存在正是以它与"是"结合为基础(第二组推论)。这一结合就决定了相反的性质在事物上联系在一起。

第四组推论。这一回又要同第一组推论一样来理解那个假设"如果一是"⁶⁴;因此这里是以孤立的"一"作为基点。从这种孤立就得出了"一"与"其他的"之间的分离。由于这二者("相"和事物)加在一起就包括了全部"是者",所以根本没有什么第三者可以帮它们联系起来⁶⁵。这样,它们就毫无相互结合的可能性了;它们是完全分离的。由于完全分离,"其他的"就没有前一组推论推出在它上面一同出现的那一切相反的性质了⁶⁶。

这就指出了在什么条件下事物没有相反的性质,即:如果"一"是孤立的。从上述假设得出的结论与第三组相反。第四组与第三组的关系,正如第一组与第二组的关系。通过某种强调以"一"的孤立为基础的假设,按照柏拉图自己的看法,正如我们在上面已经确定的,虽然在思想上可能,却并不符合存在。正如从强调"一"孤立的假设得出的结论对"一"不真一样(第一组推论),从强调"一"孤立的假设得出的结论对"其他的"也必定不真(第四组推论)。所以第三组推论是符合实际情况的。事物具有相反的性质,就像第三组推论告诉我们的那样。

寄簃文存	沈家本
中国婚姻史	陈顾远
中国法律在东亚诸国之影响	杨鸿烈
孔门理财学	陈焕章
上海工业化研究	刘大钧
乡村建设理论	梁漱溟
中国经济原论	王亚南
金翼	林耀华
幼稚园教材研究 幼稚教育新论	张雪门
近代中国留学史 近代中国教育思想史	舒新城
THE ECONOMIC PRINCIPLES OF CONFUCIUS AND HIS SCHOOL	Chen Huan-Chang
孔门理财学	陈焕章
THE GROWTH AND INDUSTRIALIZATION OF SHANGHAI	D. K. Lieu
上海工业化研究	刘大钧
THE FINANCING OF PUBLIC EDUCATION IN CHINA	Ronald Yu Soong Cheng
中国教育财政之改进	陈友松

【第六辑 四十种】

齐如山国剧论丛	齐如山
先秦文学 中国文学史讲义	游国恩
中国文学批评史（上、下）	罗根泽
中国文学发展史（上、下）	刘大杰
宋元明讲唱文学	叶德均
晚照楼论文集	马茂元
汉书窥管	杨树达
欧化东渐史	张星烺
西域史地考古论集	黄文弼
中国疆域沿革史	顾颉刚 史念海
先秦诸子系年	钱 穆
古器物中的古代文化制度	徐中舒
中国社会之史的分析（外一种：婚姻与家族）	陶希圣
唐代长安与西域文明	向 达
古代神话与民族	丁 山
小屯、龙山与仰韶	梁思永
中国史纲	张荫麟
岳飞传	邓广铭
胡惟庸党案考	吴 晗
等不等观杂录	杨文会
欧阳竟无内外学	欧阳竟无
中国佛教史	蒋维乔
中国宗教思想史大纲	王治心
理学纲要	吕思勉
汉魏两晋南北朝佛教史	汤用彤
两汉经学今古文平议	钱 穆
墨学源流	方授楚
中国哲学大纲	张岱年
中国伶人血缘之研究 明清两代嘉兴的望族	潘光旦
中国乡约制度	杨开道
藏族宗教史之实地研究	李安宅
中国封建社会	瞿同祖
法律教育	孙晓楼
财政学总论	陈启修
社会主义经济论稿	孙冶方
变态心理学派别	朱光潜
旧石器时代之艺术	裴文中
中国教育财政之改进	陈友松
THE SYSTEM OF TAXATION IN CHINA IN THE TSING DYNASTY, 1644-1911	SHAO-KWAN CHEN
清代中国的税收制度	陈兆鲲
VILLAGE AND TOWN LIFE IN CHINA	L.K.Tao Y.K.Leong
中国的乡村与城镇生活	陶孟和 梁宇皋

MODERN DEMOCRACY IN CHINA	Mingchien Joshua Bau
中国民治主义	鲍明钤
THE GOVERNMENT AND POLITICS OF CHINA	Ch'ien Tuan-sheng
中国的政府与政治	钱端升
THE POST-WAR INDUSTRIALIZATION OF CHINA, INDUSTRIAL CAPITAL IN CHINA	H. D. Fong
战后中国之工业化 中国之工业资本	方显廷
LAW AND SOCIETY IN TRADITIONAL CHINA	T'ung-Tsu Ch'ü
中国法律与中国社会	瞿同祖

【第四辑 三十种】

中国旧小说考证	胡 适
文心雕龙札记	黄 侃
卢前曲学论著三种	卢 前
孟姜女故事研究及其他	顾颉刚
中国目录学史	姚名达
校雠学	向宗鲁
唐五代西北方音	罗常培
中国文法要略	吕叔湘
清史探微	郑天挺
中国文化史（上、下）	陈登原
中国文化与中国的兵	雷海宗
佛学研究十八篇（校点本）	梁启超
中国景教	朱谦之
德国古典美学	蒋孔阳
神学四讲	赵紫宸
法律哲学导论	居 正
民国司法志	汪楫宝
国际法大纲	周鲠生
罗马法原论（上、下）	周 枏
马克思的政治思想	吴恩裕
欧美各国现行宪法析要	龚 钺

经济史：历史观与方法论	吴承明
从古典经济学派到马克思	陈岱孙
中国历史上的基本经济区	冀朝鼎
中国教育改造	陶行知
平民教育与乡村建设运动	晏阳初
中国教育制度沿革史	郭秉文
COTTON INDUSTRY AND TRADE IN CHINA	H. D. Fong
中国之棉纺织业	方显廷
KEY ECONOMIC AREAS IN CHINESE HISTORY	Ch'ao-Ting Chi
中国历史上的基本经济区	冀朝鼎
THE CHINESE SYSTEM OF PUBLIC EDUCATION	Ping Wen Kuo
中国教育制度沿革史	郭秉文

【第五辑 三十种】

词史	刘毓盘
元白诗笺证稿	陈寅恪
上古音研究	李方桂
从诗到曲（上、下）	郑 骞
训诂学概论	齐佩瑢
唐代进士行卷与文学 古诗考索	程千帆
南朝文学与北朝文学研究	曹道衡
先秦政治思想史	梁启超
中国史学通论	朱希祖
隋唐史	岑仲勉
中国地理学史（先秦至明代）	王成组
中国妇女生活史	陈东原
基督教与中国文化	吴雷川
中国天主教传教史概论	徐宗泽
道教史	许地山
论道	金岳霖
文化与人生	贺 麟

《中华现代学术名著丛书》

【第一辑 四十种】

马氏文通	马建忠
国故论衡	章太炎
王国维文学论著三种	王国维
吴梅词曲论著四种	吴 梅
中国中古文学史 汉魏六朝专家文研究	刘师培
中国文学批评史（上、下）	郭绍虞
甲骨文字释林	于省吾
中国俗文学史	郑振铎
汉语语音史	王 力
红楼梦辨	俞平伯
中国韵文史	龙榆生
汉魏六朝诗论丛	余冠英
台湾通史（上、下）	连 横
秦汉史	吕思勉
中国史学史	金毓黻
史学要论	李守常
中国通史简编（上、下）	范文澜
国史大纲（上、下）	钱 穆
中国史纲（一、二卷）	翦伯赞
春秋史	童书业
魏晋南北朝史论丛	唐长孺
明清社会经济史论文集	傅衣凌
西夏史稿	吴天墀
中国伦理学史（外一种）	蔡元培
新唯识论	熊十力
东西文化及其哲学	梁漱溟
科学与玄学	罗志希
中国艺术精神	徐复观
论逻辑经验主义	洪 谦
九朝律考	程树德
比较宪法	王世杰 钱端升
中国法律与中国社会	瞿同祖
中国民治论	鲍明钤
中国官僚政治研究	王亚南
通货新论	马寅初
中国经济思想史	唐庆增
中国厘金史	罗玉东
北平生活费之分析	陶孟和
论社会学中国化	吴文藻
第四种国家的出路	吴景超

【第二辑 三十种】

目录学发微 古书通例	余嘉锡
积微居小学金石论丛	杨树达
现代中国文学史（外一种:明代文学）	钱基博
等韵源流	赵荫棠
诗言志辨 经典常谈	朱自清
话本小说概论（上、下）	胡士莹

司马迁之人格与风格	李长之
道教徒的诗人李白及其痛苦	
明清史讲义（上、下）	孟森
国史要义	柳诒徵
中国南洋交通史	冯承钧
通史新义	何炳松
魏晋清谈思想初论	贺昌群
中国救荒史	邓云特
认识论	张东荪
科学方法论 科学概论	王星拱
中国哲学史大纲	胡适
知识论（上、下）	金岳霖
法相唯识学	太虚
陈康：论希腊哲学	陈康
康德的知识学	齐良骥
中国文化的展望	殷海光
中国道教史	傅勤家
监狱学	孙雄
中国法制史概要	陈顾远
新政治学大纲	邓初民
财政学	何廉 李锐
中国之棉纺织业	方显廷
中国田制史	万国鼎
南洋华侨与闽粤社会	陈达
文化人类学	林惠祥

【第三辑 三十五种】

中国小说史略 （外一种：汉文学史纲要）	鲁迅
现代吴语的研究	赵元任
古典新义	闻一多
谈艺录	钱锺书
唐诗综论	林庚
中古文学史论	王瑶
中国近三百年学术史（新校本）	梁启超
通鉴胡注表微	陈垣
隋唐制度渊源略论稿 唐代政治史述论稿	陈寅恪
中国古代社会研究	郭沫若
古史辨自序（上、下）	顾颉刚
安阳	李济
绿营兵志	罗尔纲
东汉的豪族	杨联陞
佛道散论	蒙文通
中国哲学史（上、下）	冯友兰
艺境	宗白华
西方美学史（上、下）	朱光潜
近代唯心论简释	贺麟
康德学述	郑昕
历代刑法考（上、下）	沈家本
中国商事法	刘朗泉
中国近百年政治史	李剑农
中国政治思想史（上、下）	萧公权
中国国民所得（一九三三年） （外一种：国民所得概论）	巫宝三
中国棉纺织史稿	严中平
当代中国社会学	孙本文
乡土中国 生育制度 乡土重建	费孝通
滕固美术论著三种	滕固
中国古代服饰研究	沈从文
A GRAMMAR OF SPOKEN CHINESE	Yuen Ren Chao
中国话的文法	赵元任

这就说明了"苏格拉底"在第一部分里提出来试图加以拯救而没有救成的那个现象。这一现象的根据就在于"相"的"联结"（$\varkappa o\iota\nu\omega\nu\iota\alpha$）[67]（在这里是"一"和"是"的"联结"），而不在于"相"的彼此分离。"苏格拉底"想用"相"的分离来说明这个现象，可是这样做适得其反（虽然他所主张的分离还不是"相"与"相"的分离，而只是"相"与事物的分离）。因为他所假定的分离（用第四组推论里的术语说是"一"与"其他的"的分离）正好排除了事物具有相反性质的可能性，像第四组推论明白显示的那样。（从这组推论里也看得很清楚，"相"与事物分离是由于"相"的孤立。）我们在第一部分结尾所遇到的五个问题中的第二个现在解决了，同时也搞清了为什么"苏格拉底"的解决办法在原则上是错误的。

五个问题还剩下三个。但是对这三个问题无法作出正面的解决。因为按照柏拉图的看法，这三个问题是"苏格拉底"的"相论"所招来的无法克服的难题。这里，要紧的只是应该怎样理解"相"，才能在新的理解中不致陷入原来的困难。这种新的理解已经包含在第三、四组推论里面，只消把它明白表述出来。"巴曼尼得斯"继续举出"其他的"所具有的相反性质时，在第三组推论里说到"类似"和"不类似"这一对时就停止了；据说其余的性质如"同"和"异"、"动"和"静"等不难给"其他的"推导出来[68]。第四组推论里，论证是以同样的方式压缩了的；那里从下文"其他的"既不同也不异、既不动也不静、既不大些也不小些又不相等、既不产生也不消灭，就笼统地推出"其他的"没有任何别的相反性质[69]。这两组里暗示而不明言的意思，要从第一、二两组推论以及第二组推论的附录里已经明说出来的那种相反性质来理解，这就是："过去是"、

"现在是"和"将来是"。对第三组推论里暗涵的论证加以解释,就会得出结论:"其他的"既现在是、也曾经是、也将要是,即具有完备的"是";发挥第四组推论里暗涵的论证,就会得出相反的结论:"其他的"既不曾经是、又不现在是、又不将要是,即并无完备的"是"[70]。前一个结论与第二组推论的结论相应,后一个结论与第一组推论的结论相应。有如在第二组推论那里,如果相反的"相"彼此结合,"一"就有完备的"是",在第三组推论这里,如果相反的"相"聚在一起,"其他的"就有完备的"是"。有如在第一组推论那里,如果相反的"相"彼此不结合,"一"就不以任何方式是;在第四组推论这里,只要相反的"相"不聚在一起,就决没有一个具有如此这般性质的、是某样东西的"其他的";这样,"其他的"就是根本没有的[71]。"其他的"的存在正在于"相"的聚集,换句话说,"相"的结合构成了事物。这种对于"相"的看法,是与"苏格拉底"的主张完全不同的。"巴曼尼得斯"在第三、第四组推论里虽然是从未经分析的事物出发,却得出了事物的存在就在于"相"的聚集这一结论。

这种对于"相"的新看法,特点就在于化物为"相"。这一化,"苏格拉底"的"相论"所招来的三个困难就统统克服了。无论是"相"与事物对立所引起的困难,还是"相"与事物分离所造成的困难,都失去了存在的理由,因为"相"既不与事物对立,也不与事物分离,而是在"相"的联系中事物才有"是"。(构成事物的"相",用《哲人篇》的术语来说,就是"最普遍的种"。这样,它们也就不再与事物"同名"了。)现在,一切都归于"相"的联结。问题不再是事物怎样分有"相",而是"相"怎样互相结合。因此分有问题已经变成了"相"的联结问题,或(用柏拉图在别处使用的一个术语说)

κοινωνιᾶτῶν γενῶν[种的联结]问题。因此花费了很大的气力来指出"相"怎样互相结合,怎样不互相结合[72]。

如果从这里回顾一下第二组推论的附录,那才懂得它的真正意义。那组推论指出,一个"相"如何首先与另一个"相"("一"与"是")结合,然后与其余的"相"结合。第三组推论得出的结论是:事物无非是一个"相的集合体"。附录讨论"是的一"。"是的一"既是由两个"相"构成的,那就表明它是最简单的"相的集合体"。它构成了"相"与事物的结合点。因此,附录虽然事实上讨论了一种过渡,却并不是"'一'从一个状态到另一个状态"(Max Wundt语)的过渡,而是"相"到事物的过渡;它并不是第一组推论和第二组推论的中介,而是第二组推论和第三组推论的中介,正如它在文章中的位置所标志的那样。

附录的主题正是这样一种过渡,这一点从另一方面考虑也很明白。一件事物的特点就在于它有产生和消灭的过程,有性质变化的过程,有萎缩和增长的过程,有空间运动的过程。随着这四项过程进入"是的一",可以说才有一个事物的萌芽。附录正是为了推演事物的各种动态性质而努力。

我们说,依据第三、四组推论的结论,事物乃是一个"相的集合体";这种解释在一个矛盾的解决中得到了证实。第二组推论的结语断言,不仅有关于"一"的知识,而且有关于"一"的感觉等等。按照我们的认识的实际情况,把"是者"分为可以由高级知识把握的和可以由感觉把握的,这种分法,苏格拉底以前的哲学家们已经打下了基础,柏拉图在《费都篇》和《国家篇》里就是这样做的[73]。αἰσθητόν[可感觉的]只是个体或事物,νοητόν[可知的]只是"普遍者"或"相"。柏拉图在第二组推论的末尾把"一之相"说成不仅是高级知识的对象,而且是感觉的对象,岂不是很大的矛盾吗？νοητόν[可知的]怎么能同时是 αἰσθητόν[可感觉的]呢？这种认为"相"兼有两重对象身份的看法,只有在一个条件下才能得到说明,就是柏拉图不再主张"相"与事物迥然不同[74]。事物不再是一种与"相"有原则区别的东西,不再与"相"对立,它本身就是一个"相的集合体"。因此,与"是"相结合的"一之相"同时既是高级知识的对象,又是感觉的对象:它是高级知识的对象,因为它是"相"；它又是感觉的对象,因为它和"是"一起构成一个（虽然是最简单的）"相的集合体",这正好就是最起码的事物。

第五组推论。在第四组推论的末尾,不仅那些从中心问题发展出来的问题基本上已经得到了解决,而且已经克服了"苏格拉底"的"相论"招来的那些困难。到此为止的研究全都是以肯定语气的前提为出发点。但是完备的推论必须既从采取肯定形式的假设出发,又从采取否定形式的假设出发,像柏拉图在上文中通过"巴曼尼得斯"之口特别强调过的那样[75]。从这里起,我们看出了后四组推论的任务就在于为前面的作补充。

在前四组推论那里,通过挪动重点,实际上作了两个不同的假设；从这里起,在后四组推论里,则根据不同的意义,实际上以两个彼此不一样的前提为基点。第五组推论的出发点是否定式的假设"如果一不是"。否定在这里并不是绝对的,而是相对的,而且应该理解为相对于"其他的"；"不是"等于"是其他的"。因此当作基点的是:"一"异于"其他的"[76]。"是其他的"是"不是",但"是其他的"却又是"是"；所以相对地"不是的一"就既与"不是"有结合,又与"是"有结合[77]。由此首先得出"一"与"同它相反者"即"多"的联合[78]，然后得出另外一些"相反者"的联结[79]。

这就表明，在"一不是"的条件下，推出了与第二组推论相同的结论。结果的相合并不是出于偶然，而是出于必然的。第五组推论包含一个讨论"是者"和"不是者"的重要段落。根据这段讨论，"不是者"为了充当"不是者"，需要一根能把"不是"固定在它上的纽带；这根纽带就在"不是"的"是"里面。δεομός[需要]这个词在这里是形容保险的[80]。无论"是者"还是"不是者"，都必须在第一种情况下不仅包含着"不是"的"是"，而且包含着"不是"的"不是"，在第二种情况下不仅包含着"不是"的"不是"，而且包含着"不是"的"是"。只有给"是者"的"是"和"不是者"的"不是"从相反的方面（就是说，在第一种情况下通过"不是"，在第二种情况下通过"是"）保上险，前者才有完全的"是"，后者才有完全的"不是"[81]。第二组推论讨论"一"，是从它的"是"这一环节；本组推论讨论"一"，则是从它的"不是"这一环节。两组推论的出发点虽然不同，却都是以"一"为对象，因此必定得出同样的结果。所以第五组推论补充了第二组，因为它是从另外一个观点陈述同一对象的。

第六组推论。第六组推论的假设虽然还是"如果一不是"，在这里却不能把"是"看成相对的，而要看成绝对的。所以，当作基点的是"根本不是的一"[82]。由此得出结论："一"既没有这种性质，也没有那种性质[83]。这就表明：在 ὅτι οὐδαμῶς οὐδαμῇ ἔστιν οὐδέπῃ μετέχει οὐσίας τό γε μὴ ὄν["不是者"在无一样式里、无一情况下是，也不在任何样式里分有"是"]这一条件下，没有什么相反者互相结合。第六组推论的结论在这一点上与第一组的相合，决非只是出于偶然。"一"的孤立在第一组推论里引到了"一"本身的取消，"一"的绝对"不是"在本组推论里引到了"一"的孤立。"孤立"

和绝对"不是"互相蕴涵,可以说构成了一个蕴涵系统的两极。以二者之一为出发点的推论过程,必然要跑到另一极,也必然要通过同一个中间环节。所以第六组推论补充了第一组,因为它是从另外一个观点指出同一事态的。

第七、第八组推论。两组都以"如果一不是"为基点。从第七组推论得出了与第三组相同的结果,其区别在于那里讲的是"是",这里讲的是"表观"[84];从第八组推论推出了与第四组相同的结果,补充的是:"其他的"也不表现出具有如此这般的性质[85]。这就表明:相反的性质在什么条件下表现出与事物相结合,在什么条件下不表现。

现在要搞清对第七组和第八组的假设应当怎样理解。两组都假设"如果一不是";但是这假设在两组里各有另外一个意思[86]。在第五组推论里基点是"一"的相对"不是",第六组则以绝对"不是"为前提。如果第七组推论得出结论:"其他的"表现出和"一"相结合[87],推论的基点就不是绝对的"不是"了。如果是绝对的,"一"本身就根本不存在,"其他的"也就不能表现出与"一"相结合[88]。所以其中的基点与第五组的推论相同,即相对的"不是"。既然"不是"必定要末是相对的,要末是绝对的,并且在第七组和第八组推论里不能是一样的,那就只剩下一个可能:最后一组推论里是以绝对的"不是"为基点[89]。

这就搞清楚了:从"一"的"是"推出"其他的"的"是"(第三组),从"一"的(与"是"隔绝[第四组]或)绝对"不是"推出"其他的"的绝对"不是"(既非"是"又非"表现")(第八组),从"一"的相对"不是"推出"其他的"的"表现"(第七组)。"其他的"的"是"、"表现"和绝对"不是"相应于"一"的"是"、相对"不是"和绝对"不是"，前者以后者为基础。第三组推论从一个"相"即"一"的"是"这一环节，推到事物的"是"，第七组推论从同一个"相"的相对"不是"这一环节，推到事物的"表现"，以补充第三组。第八组推论强调指出，在一个"相"（例如"一"）绝对"不是"的条件下，事物就不"表现"，以此补充第四组。

　　认为事物只存在于对认识主体的关系中，乃是近代唯心论中的流行看法，与古代的思想方式却相距甚远。与此相反，按照希腊人的观点，事物既在认识关系以外，又在这种关系之中。在前一情况下，它是一个"是者"（τὸ ὄν）[90]或"生成者"（τὸ γιγνόμενον）；在后一情况下，它是一个"表现者"（τὸ φαινόμενον）或"可感觉者"（τὸ αἰσθητόν）。第三组和第四组推论已经分析了在什么条件下事物是作为"是者"，在什么条件下不是。如果要对实际作出完备的说明，那就必须用"表现者"的推导来补充"是者"的推导。这种补充工作正是第七、八两组推论所进行的，第五、六两组则使分析"相"的联系的工作完备化。

五

　　对于我们在本文开头提出的两个问题的第一个，即本篇"谈话"的第二部分应当怎样理解，现在已经有了答案，就是：这一部分的任务在于举出各种条件，表明在哪些条件之下，相反的"相"，以及事物的相反性质，互相结合，在哪些条件下则不结合。在举出条件的时候，凡属可以设想的情况统统加以考虑，同时也点出哪种思想上可能的情况符合实际，哪种不符合。八组推论中有四组得出消极结论的,只是在思想上可能,并不同时在实际上可能,即第一、四、六、八组;另外四组结果与那些结论相矛盾的,不仅在思想上可能,同时也符合实际情况,即第二、三、五、七组。后四组中第二、五两组讨论"相",第三、七两组讨论事物。第二、三两组从一个"相"即"一"的"是"这一环节出发;第五、七两组的出发点则是同一个"相"的(相对)"不是"这一环节。

上述问题的第二个,即第二部分与第一部分有什么样的关系,在这里也得到了回答。"相反者"是否相结合这一原始问题,在它的两个分化出来的形态里得到了解决。同时也产生了一种对于"相"的新看法,使对立问题和分离问题自动消失,分有问题变成了"相"的联结问题,在几组推论里已经连同解决了。这篇"谈话"有一种经过深思熟虑的统一性:绪论讲问题的提出和分化,第一部分讲解决问题的尝试,以及对这一尝试的批评,第二部分讲问题的妥善解决。只有那些抓不住中心问题的人,才觉得这部著作缺乏统一性。

这里要问:柏拉图究竟是怎样想到这个问题的呢?要给这个问题找到一个答案,必须越出本篇"谈话"的范围,这是作出上述解释时必须严格避免的。现在柏拉图学家们都一致同意:在柏拉图的著作中,《巴曼尼得斯篇》和《哲人篇》属于同一个写作时期,而且前者比后者先写成。《哲人篇》中最重要的是关于 κοινωνία τῶν γενῶν[种的联结]的学说。五个 μέγιστα γένη[最普遍的种]实际上是三对⑨;每一个最普遍的种都既与同它相反的最普遍的种相结合,又与其他最普遍的种相结合。无论在写作《哲人篇》的年代,还是在那以前不久,"相反者"的结合问题必定是柏拉图哲学研究的主题。柏拉图在《巴曼尼得斯篇》里提出这个问题并深入研讨其分化形态,是非常自然的。

　　抓住了中心问题,对"谈话"角色的配置也就很容易理解。在介绍问题的历史资料中,最切合这个目的的是反对多元论者的芝诺论证。在试图解决这个问题的时候,通过"苏格拉底"之口提出了一种"相论",这种"相论"以后要遭到反驳的。可是,如果加以反驳的人不是一位大哲学家,那就很不合适了。而柏拉图如果不让巴曼尼得斯,而让另外一位苏格拉底以前的哲学家执行这项任务,那位哲学家就必须对芝诺的观点表明态度。那就要岔出去很远了。所以,"谈话"角色的配置要根据中心问题来理解;随便编造一个理由来加以解释,是无助于正确理解这篇"谈话"的,只会起相反的作用,使这篇万有论上最重要的柏拉图著作更加难以领会。

注　释:

① 参看《巴曼尼得斯篇》144C、D 与 131A、B;150A—C 与 131C—E;150C、D 与 133C—134A;159B、C 与 130B;159C、D 与 131A—E。
② 参看本文作者的《亚里士多德论分离问题》(柏林 1940 年版)绪论 3C。
③《哲人篇》248A 以下和 259D、E。
④ 127E.
⑤ 129B—E.
⑥ 129A.
⑦ 130B.
⑧ 130B—E.
⑨ 参看 150B、C。
⑩ 131A—E.
⑪ 132A、B.
⑫ 因此产生 ψευδής ή δόξα [虚假意见] 问题。
⑬ 132B、C.

⑭132C—133A.

⑮133A—134E.

⑯135B、C.

⑰129D—130A 及其他处。

⑱137B.

⑲在 129B 与 D 谈到事物分有"相"的地方,即以 ἓν[一]代表 εἶδός τι ἑνός [一之相]。这一点可以比较以简称 ομοιότης[类似]代表 εἶδός τι ομοιότητος[类似之相],129A。"谈话"第二部分的推论过程以"一之相"的各种情况展开,这是毫无疑问的。这一点可以比较 137B。

⑳εἰ ἓν ἔστιν[如果一是],137C。

㉑参看 137D。

㉒参看 142C。

㉓137C—139B.

㉔139B—E.

㉕139E—141A.

㉖141A—E.

㉗141E.

㉘142A.

㉙142B.

㉚142B、C.

㉛142C—143A.

㉜143A—144E.

㉝145A.

㉞145A—151E.

㉟即它有时间中的"是"。参看 151E—152A。

㊱151E—155C.

㊲155C、D.

㊳155D.

㊴142A.

㊵152A 以 141A—C 为前提。

㊶因此虽然可以把推论看成对各种思想可能性的一番合计,却不能看成仅仅是这样一番合计,而是合计一番,再进而决定哪种可能性与存在相符,

哪种不相符。那些推论当然不是思想练习，这在上面已经点出了，从下文还会看得很明白。本来，以悬拟形式表达出来的，也不必然就是思想练习；因为关于"是"的因果关系的研究也是以悬拟的形式来进行的。

㊷135B、C.

㊸155E.

㊹141A.

㊺156E.

㊻138B—139B.

㊼142A.

㊽155E.

㊾157B.

㊿正因为"一"的"是"不就是"一"，所以"一"与"是"结合。142B、C。

(51)155E.

(52)成问题的是这种解释确实包括着一项很大的困难，就是它从"一"和"是"与"不是"的同时结合中引出 γένεσις［产生］和ἀπόλλυσις［消灭］，而那两个过程只有从先后相继的结合中才能推出。可是正因为这样，它是符合柏拉图的思想的。因为这一混淆是柏拉图式的；同样的推论错误在下文 162B、C，我们又再次遇到了。

(53)155E—156B.

(54)参看 152B—D.

(55)156B 以下。

(56)156C—157B.

(57)157B—158B.

(58)158B、C.

(59)158C、D.

(60)158E—159A.

(61)159A、B.

(62)至于ἡ ἑτέρα τοῦ εἶδους［异于"相"的］就是"其他的"，我们是从 158B、C 的上下文联系中看出的。

(63)参看 129A，130E，131E，132A，132C，132D（二次），133A。Max Wundt 的 Platons Parmenides，S. 2 所举出的段落不准确。

(64)参看 Stallbaum 对此的说法：nam ἓν εἰ nune idem est quod ἓν εἰ ἓν ἔστιν

［因为"如果一是"在这里就是"如果一是一"］。
㊻159B、C.
㊼159C—160A.
㊽在《巴曼尼得斯篇》里，κοινωνία 用作术语仅见于 152A 和 166A，其分词形式见 158D。
㊾159A、B.
㊿160A.
㋀从"其他的"既不类似又不不类似(159E)、既不相等又不不相等（即既不大些又不小些，160A），按照第一组推论里的论证（140E—141A），就推出它既不与此同龄又不老些又不少些。从这个结果，按照141A—D，就进一步推出"其他的"不在时间里。再按照141D、E，就由此更进一步推出："其他的"既不现在是、又不曾经是、又不将要是，亦即以任何方式是。同样地也该补上一个论证，推出结论："其他的"曾经是、现在是并且将要是，或具有完备的"是"。
㋁160B 依抄本 B 读 καὶ οὐ δέν[又不]。πάντα τέ ... πρὸς ἑαυτὸ [相对于它自身……既是一切]概括第一、二两组推论，καὶ πρὸς ... ὡσαύτως[也同样地……相对于"其他的"]概括第三、四两组推论。
㋂这就说明了为什么"谈话"的第二部分长达"绪论"和第一部分加在一起的三倍左右。
㋃例如《费都篇》79A，在《国家篇》VI 509D 又作了进一步发挥。
㋄把"相"和事物尽可能地挪近，是柏拉图晚期"谈话"中的一般倾向。这一点可参看《费莱布斯篇》26D 的名言：γένεσις εἰς οὐσία[本体的产生]。
㋅135E—136A.
㋆160B—D.
㋇161E—162B.
㋈160E—161A.
㋉161A—163B.
㋊《曼诺篇》98A 也是这样。
㋋162A。注意要把完全的"不是"与绝对的"不是"区别开来。
㋌163C.
㋍163C—164D.
㋎164B—165E.

(85)165E—166C.

(86)第七组里从假设ἓν εἰ μὴ ἔστι[如果一不是]推出结论：οὐκοῦν τό γετοιοῦτον...ἓν φαίνεσθαι ἀνάγκη...καὶ ...πλήθει ἄπειρον ἓν ἕκαστον φανῆναι...[这样的一个，岂不……必然表现为一，……而又……每一个表现为无限多]（165B、C）；第八组里却说：ἓν ἄρα εἰ μὴ ἔστιν，οὐδὲ δοξάζεταί τι τῶν ἄλλων ἓν εἶναι οὐδὲ πολλά[如果一不是，任何其他的就不被想象为一和多]（166A）。两组的结论既然相矛盾，其假设必定不是一个意思。

(87)165B、C.

(88)因为什么都不能与“不是者”发生关系；参看上面 142A。

(89)这是与其余三组一致的。在第一和第二、第三和第四、第五和第六组推论中，词句相同的假设都有不同的意义。

(90)广义的 τὸ ὄν 见《费都篇》99B 等处。

(91)五个μέγιστα γένη[最普遍的种]是ὄν[是]，ταὐτόν[同]，ἕτερον[异]，κίνησις[动]和 στάσις[静]。如果把收进ἕτερον[异]的 μή ὄν[不是]算上，实际就是三对：ὄν—μὴ ὄν[是—不是]，ταὐτόν—ἕτερον[同—异]，κίνησις—στάσις[动—静]。参看《哲人篇》251A 以下。

（译自 Chung-Hwan Chen，Über Platons Dialog Parmenides，北京大学文科研究所油印论文第 20 种，1943 年 12 月，昆明。英译文发表于 The Classical Quarterly，Oxford 1944）

"少年苏格拉底"的"相论"考

一

我们都知道,研究哲学史有两个必备的条件:系统哲学方面的训练和客观的态度。如若缺第一个条件,我们只可见到一种哲学思想的表面,不能抓到它的问题,更不能了解这种思想的究竟意义。如若缺乏第二个条件,我们的解释只是出于"想当然耳",甚至流为一种曲解。但是研究西洋古代哲学史,虽然这两个条件齐备,仍然是不够的;此外还有第三个条件,即古文字学①方面的预备工作。因为古代哲学中的一种思想往往牵涉到古文字学方面的问题;这种思想的了解又往往以这些问题的解答为先决条件。

关于这点,柏拉图的《巴曼尼得斯篇》给我们一个很好的实例。这篇"谈话"是柏拉图著作中历来公认为最难了解的②。它所以难于了解,固然因为它的内容深奥;但它牵涉了几个哲学内容以外的问题,也是它使人在这篇里不易寻出头绪来的原因。这些问题中的两个是专属于古文字学方面的。它们是:(1)"少年苏格拉底"所代表的"相论"③究竟是谁的?是柏拉图自己的?还是他转述他人的?(2)"巴曼尼得斯"对这学说的批评出于何人?此外另一个问题是关于古文字学和哲学双方面的:即这篇"谈话"里的第二部分和第一部分的关系是什么？如若我们对于这三个问题不能有所答复，我们对于这篇的内容即无从有任何意见；如若我们不能正确地解决这些问题，我们即根本不能了解这篇里的哲学。如若我们不能了解这篇里的哲学，我们即不能了解柏拉图的、亚里士多德的整个的理论哲学以及普罗提诺(Plotinos)的玄学思想。如若我们还未忘记，这三位大师远对于中世纪、近对于现代哲学的关系是如何重要，我们即可以见到，以上所述的三个问题，为了认识西洋哲学思想二千多年以来的流变，我们是不应当忽视的。

这三个问题中的第一个问题的解答，足以直接地影响第二个问题和部分地影响第三个问题的解答。本篇即谋解答这第一个问题。

二

我们以上关于《巴曼尼得斯篇》所提出的三个问题，决不是我们的发现；它们皆是老的问题。但柏拉图学家关于第一个问题受了种种的蒙蔽④，以致认本篇"谈话"里"少年苏格拉底"所代表的"相论"即是柏拉图自己的。Henry Jackson 忙于搜求本篇"谈话"和《费都篇》、《国家篇》中的相同点⑤。Hans Raeder 在他那本在近几十年来研究柏拉图哲学的著作里颇为人重视的书里简约为以下三点：

(1)"相"是整一的，非集合的；

(2)它是不可见的，只有思想可以达到的；

(3)它为事物所分有。

根据这三点,他以为"少年苏格拉底"的"相论"和《费都篇》—《国家篇》里的"相论"严密符合已显然了⑥。

这三点诚然皆是"少年苏格拉底"的"相论"和《费都篇》—《国家篇》里关于"相"的解说所有的相同点;但我们必须仔细考察,是否这三点即足以证明"少年苏格拉底"的"相论"即是那两篇"谈话"里的"相论"。

(1)"相"是整一的、非集合的——不但依据《费都篇》,"相"是这样,即是《会饮篇》中郑重提出的"相"的四个积极性质,其中两个属于这一方面⑦。但我们这里不应当急急地下结语,应当回忆以下的事实。柏拉图在《哲人篇》和《政治家篇》里不辞劳瘁地、甚至使人厌倦地反复以实例解释他的"分解法"⑧。这反复的意义乃是:柏拉图彻底地自觉,他的新方法是思想史上的一个新发现。人类的思想活动里还未有过这样的"分解",因此他不避繁琐地反复陈述。"分解"的对象是"相"。于是方法的发现影响了"相论"的内容:"相"不是整一的了,乃是集合的⑨。这是西洋哲学史上第一次发现"相"是集合的。第二次的发现是在亚里士多德的《物理学以后诸篇》里。他在柏拉图仔细地解释了"分解法"以后又详细地指出来,"相"如何是集合的⑩。这两件事实表明在《哲人篇》、《政治家篇》、《物理学以后诸篇》问世以前在方法方面还从未有人知道"分解法",在内容方面还从未有人想到"相"是集合的。这样,人类的思想在那时关于这一点还未由笼统达于解析;如若有任何"相论"在这两人的新发现以前产生,它必然地以"相"为非集合的、整一的。所谓任何"相论",即是说,不限于柏拉图的"相论"是如此。因此,"少年苏格拉底"所代表的"相论"虽然和《费都篇》里所言的"相"同是整一的、非集合的,但这一点并不足以证明他的"相论"

即是《费都篇》里的"相论"。⑪

（2）"相"是不可见的，只有思想可以达到的——柏拉图诚然以"相"为思想的对象，或正确点说，为高级认识的对象⑫，而非感觉的对象。这个意见且不仅见于《费都篇》和《国家篇》，乃散见于他的其它著作中。但仅根据这个相同点，人还远未能证明"少年苏格拉底"的"相论"即是《费都篇》和《国家篇》里的"相论"。"相"的肯定不直接地出于实际经验，乃是根据实际经验推论的。我们感觉所及，只是个别事物，我们永不能感觉普遍的、永不能感觉"相"。因此每一种"相论"必以"相"为高级认识的对象，不是感觉的对象。历史上的事实可以佐证我们所说的。根据亚里士多德的记载，苏格拉底是历史上第一个寻求人事方面的"普遍者"的人，且欲在"定义"里认识它⑬。在柏拉图的哲学里，"相"的所指即是苏格拉底所寻求的；只有引用"相"这个名字是柏拉图创始的⑭。这样（若我们借用后起的术语），我们可以说，苏格拉底即以"相"为高级认识的对象。不但在柏拉图以前情形是如此，即在柏拉图以后情形仍然是如此。在亚里士多德的认识论里"指证"（$\alpha\pi\acute{o}\delta\epsilon\iota\xi\iota\varsigma$）的基础是"定义"⑮，"定义"的对象是"相"⑯。这样，亚里士多德也以"相"为高级认识的对象。这只是就"相"的肯定方面讲，再从"相"的否定方面看，情形亦与此无异。西洋哲学史上第一个反对肯定"相"的人所持的理由即是：人不能看见"相"⑰。这样，凡是肯定"相"的人莫不以"相"为"只有思想可以达到的"，否定"相"的人也以"相"为"不可见的"。历史上还未有一人作相反的主张；相反的主张在事实上也是不可能的。因此人不能根据这个相同点主张"少年苏格拉底"的"相论"即是《费都篇》和《国家篇》里的"相论"，正如我们不能根据这相同点主张亚里士多德的《分析前篇》

（Analytica priora）和《分析后篇》（Analytica posteriora）里的关于"相"的学说即是这两篇"谈话"里的"相论"一样。

（3）"相"为个别事物所分有——这一点也和以上两点一样，不足以证明"少年苏格拉底"的"相论"即是《费都篇》里的"相论"。凡是以"相"为原理解释个别事物的，不能不同时承认"相"和个别事物有关系；否则即陷于自相矛盾。《巴曼尼得斯篇》中所谓"分有"（μεθέξις）即指"相"和个别事物间的这个关系。因此它只是一个空泛的名词，单单这一个名词还远未曾讲出这个关系究竟是怎样的一种关系。关于"分有"的讨论在这篇里反复出现[18]也就因此。这样，人不能因为这篇里用了这个和《费都篇》里相同的名词，便主张"少年苏格拉底"的"相论"即是那篇里的"相论"。如若那个论证的方法有效，我们都知道，亚里士多德有时也用这空泛的名词，譬如《物理学以后诸篇》Z12，1037b18—20，那么人岂不也可以主张那里关于"相"的学说即是《费都篇》里的"相论"么？但事实上如若有人主张，我们必然异口同声地斥为荒谬。

《巴曼尼得斯篇》和《费都篇》以及《国家篇》诚然有上述三个相同点，但他们不足以证明"少年苏格拉底"所持的"相论"即是那两篇"谈话"里的"相论"。这样，传统的意见不能维持其有效性；原有的问题因之要求新的解决。

三

前人的失败是我们研究的指南针；我们正应当从他们的失败里学习解决当前问题所应采取的方法。他们的失败不是因为他们所根据的理由错误,乃是因为他们所根据的理由不充足。他们所举出的相同点诚然无误,但这些相同点太宽泛,不足以证明"少年苏格拉底"所持的"相论"即是《费都篇》或《国家篇》里的"相论"。我们如若要比较两个"相论"是否是同一个学说,我们应当就他们的特点着眼,不能只从它们的普通性质着眼。如若他们的特点相同,虽然还未必即能证明它们是同一个学说,但去此证明已十分接近;反之,如若他们的特点不相同,它们即非同一个学说。因此欲解决我们当前的问题,表面上的观察于事无补;只有内容的审慎分析方可发现特点;特点发现了以后,方可比较。

《巴曼尼得斯篇》中叙述"少年苏格拉底"的"相论"十分简略。但除了这篇以外,关于"少年苏格拉底"的"相论",我们更无其它的记载,因此我们的分析只能以本篇中所载的为根据。依据这篇,那个"相论"的基本思想严格地讲起来只是下面的几句话:

("巴曼尼得斯"对"少年苏格拉底"说:)"且对我讲你自己会如你所说的这样么,一方面相自身,一方面分有这些相的,它们相互分离?离开了我们所有的类似,你想还有什么是类似的自身么?"[19]

这些问题"少年苏格拉底"都肯定了。从这里我们可以发现,他的"相论"由以下几点组成。

(1) 一个"同名的"($\dot{o}\mu\omega\nu\acute{u}\mu o\nu$)"相"和一类个别事物的对立;

(2) "相"和个别事物的分离($\chi\omega\rho\iota\sigma\mu\acute{o}\varsigma$);

(3) 个别事物对"相"的分有。

这第三点,个别事物对"相"的分有,虽然是组成这个"相论"的一个重要成份,但却不是它的特点。因为所谓分有只空泛地表示

"相"和个别事物之间的关系;但凡是一种"相论"皆必须肯定它们中间的关系。关于这点,我们以上(二.3.)已讲了。

这第一点,一个"同名的""相"和一类个别事物的对立,也非这个"相论"的特点。西洋哲学史上一切"相的玄学"(Formmetaphysik)莫不如此(唯有老年的柏拉图方才超脱这个窠臼,严格地讲起来,那已不是一种"相论"了[20])。譬如亚里士多德虽然一方面攻击"同名"这一点[21],另一方面仍然以"人之相"和个别的人对立,"马之相"和个别的马对立,以及"房屋之相"、"健康之相"等等和个别的房屋、个别的健康对立等等。

以上三点里只有这第二点,"相"和个别事物的分离,是"少年苏格拉底"的"相论"所有的特点。因为凡是一种"相论"必然地肯定一个"同名的""相"和一类个别事物对立,但并不必然地肯定"相"和他们分离。"分离"是希腊哲学里的术语 χωρισμός 的翻译,但在希腊文中表示"对立"的是 παρά εἶναι。虽然 χωρισμός 不能离开 παρά εἶναι,但 παρά εἶναι 并不预先肯定 χωρισμός。在柏拉图、亚里士多德这一时期中的希腊哲学里,我们至少可以举出两种"相论"来,它们虽然肯定和那些个别事物对立的"相",但同时并不主张"相"和它们分离。其一是普通人知道的亚里士多德的玄学,它以个别事物乃"相"和"材料"的结合[22],因此"相"在个体之内[23]。另一是普通人少知道的 Eudoxos 的哲学;它以"相"和个别事物的混合解释后者的性质[24],这样,"相"也不和个别事物分离。"相"和个别事物的分离并非一切"相论"所必然主张的;但"少年苏格拉底"的"相论"却这样主张,于是这个主张即成为他的"相论"的特点。

但所谓"分离"究竟是什么意思?这个问题的答案我们可以从

《巴曼尼得斯篇》里另一处看出来[25]。分离是个别事物存在的形式;甲乙两个物体是在空间里分离了独立存在的。肯定"相"和个别事物分离,即是将我们在实际世界里所认识的物体间的关系加到"相"上去;这样,将"相"物体化了。所以在以上所讲的那个特点以外,"少年苏格拉底"的"相论"还有一个特点,即"相"的物体化。

"少年苏格拉底"将"相"物体化了,这是事实,并非只是我们的解释。证明这一点的是"巴曼尼得斯"批评"少年苏格拉底"的"相论"时所用的那个"无穷尽后退"(regressus ad infinitum)的论证。这个论证建筑在"相"和个别事物的混淆上。柏拉图所以让"巴曼尼得斯"应用这个论证,即是因为"相"在那被批评的学说里已先物体化了。关于这一点我们在另一处已详细讨论[26],此处且从略。

"少年苏格拉底"的"相论"还有第三个特点。"巴曼尼得斯"由于他的询问确定了某类事物"少年苏格拉底"肯定其有"相",某类事物他否定其有"相"。这样无异给我们一张"相表"。从这张"相表"里,我们发现那个"相论"的第三个特点。这张"相表"如下:

(甲)数学方面的"相"——如"相似"、"一"等等——和伦理方面的"相"——如"公正"、"善"等等——是他无问题地承认的;

(乙)自然物的"相"——如"人"、"火"等等——是他所不能决定有无的;

(丙)卑贱的事物——如头发、污泥、秽物等等——的"相"是他极端否认的[27]。

仔细地分析这张"相表",还要等待以后[28],现在我们且先比较(甲)和(丙)。伦理方面的"相"皆是一种价值,比如"公正"、"善"

等等。数学方面的"相"也各有它的完备性,所以也是一种价值。另一方面,卑贱的事物如污泥、秽物皆是无价值的。"相"的肯定和否定显然以价值为标准。以价值分别彼此,不是万有论(Ontologie)的看法,乃是目的论的看法。从万有论来看,若有价值的事物有"相",无价值的事物也必同样的有"相"。因为事物虽有有价值和无价值的区别,但它们皆是"有"(τὸ ὄν—Seiendes)。万有论(Ontologie)即单从这一点去看事物,所以不以价值分别彼此。目的论却不同,它只能肯定有价值的事物有"相",必须否定无价值事物的"相"。因为如若无价值的事物也和有价值的事物同样地有"相",那么无价值的事物以它们的"相"为目标,追求这些"相",结果必致世界上卑贱的事物越趋卑贱,这是违背目的论的根本意义。所以从目的论的眼光来看,否认卑贱事物有"相"必是毅然决然的[29]。"少年苏格拉底"即是如此。所以他的"相论"不是以万有论为背景的,乃是以目的论为背景的。这目的论的背景即是他的第三个特点。

我们将这三个特点简单写出如下:
(1)"相"和个别事物的分离;
(2)"相"的物体化;
(3)目的论的背景。

四

"少年苏格拉底"的"相论"所有的特点既已分析出来,次一步的工作乃是以这三个特点为标准来考查那个"相论"究竟是否是

《费都篇》里的"相论"。《费都篇》里有一段话看起来仿佛和"少年苏格拉底"的"相论"是同一个学说。柏拉图在用"回忆（ἀνά-μνησις）说"论证心灵在人生以前即存在时[30]，讲到他的"相论"。那里是就"等之相"和相等的本条、相等的石块讨论的。木条、石块只是相对的相等，只有"等之相"是绝对的相等。这一类的话已是在其它"谈话"里常常有过的；但那篇里关于"相"的新见解乃是以下的一句话：

"但是我们由于我们的感觉必然地在心里有这思想，即我们感觉里的一切相等的物体追求那个等之相，然而不及它"。[31]

我们且分析这句话。第一，既然"我们感觉里一切相等的物体追求那个等之相"，那么"等之相"即是相等物体追求的对象，即是它们的目的。第二，既然相等的物体追求"等之相"，"然而不及它"，那么在它们和它之间即有个"距离"。那篇里以"等之相"为实例所讲的不仅对于这一个特别的"相"有效，乃是关于一切的"相"有效[32]。这样，那个"相论"有以下两个特点：

（1）"相"是个别事物的目的；

（2）"相"和个别事物之间有一"距离"。

《费都篇》的"相论"所有的特点既如上述。我们请比较那篇里的"相论"和"少年苏格拉底"的"相论"：〈1〉《费都篇》里的"相论"乃是一种目的论；它肯定"相"为个别事物追求的目的以解释实际世界：这个形形色色的世界只存在于个别事物对"相"的追求里。我们以上（三.3.）已见到，"少年苏格拉底"的"相论"是目的论的。现在的分析使我们进一步了解，何以那张"相表"是如此。《费都篇》里的目的论的"相论"乃是以数学方面的"相"——"等之相"——为出发点,再推广到伦理方面的"相"[33]。在那张"相表"里(三.甲.),无问题地承认的也就是这两方面的"相"。同一张"相表"里的第二项(三.乙.)也是以目的论为转移的。据《国家篇》,善是人追求的对象[34],但据同一篇,善乃是万有的最后原理[35]。这样,追求善的不只是人,因此不易决定,是否除善以外还有"人之相"以为人单独追求的目标,正如相等的物体有"等之相"为它们单独追求的目标一样。其它自然物也可同样地解释。这样,"少年苏格拉底"的"相论"和《费都篇》的"相论"就目的论这一点看是很相近的。〈2〉但这两种"相论"的相似仅止于此。《费都篇》里的"相论"的另一个特点是:"相"和个别事物之间有一"距离"。"少年苏格拉底"的"相论"的另一特点是:"相"和个别事物的分离(三.1.)。这"距离"和分离,粗粗看起来仿佛相似,但仔细的研究指出它们的根本不同来。据《费都篇》,相等的物体只是相对的等,虽然它们追求"等之相",希冀也成为绝对的相等;但它们终不能变为和"等之相"一样的完备,它们终不及它。所谓"距离"即存在于这个"不及"里。这样,(甲)《费都篇》里的"距离"只是完备和不完备之间的"距离",只是程度方面的差别(或许是性质方面的差别),而非空间里的"距离"。(乙)个别事物追求"相",虽然终不及它,但那"距离"却可无穷尽地缩小。"等"也许不是最合宜的例子,但如若我们就伦理方面的"相"看,譬如"善",善人可以无止境地变为更善。但"少年苏格拉底"所主张的"相"和个别事物的分离,(甲)那个分离却非程度上的差别(也非性质方面的差别),它乃是以个别事物存在的形式加到"相"上去所产生的结果。它实际上乃是空间的"距离",虽然即是"少年苏格拉底"自己也不能讲

"相"在何处㊱。(乙)因为"相"和个别事物的分离只基础于错误的比拟上,并非二者之间真有一空间上的"距离",因此个别事物存在的形式虽然加到"相"上去,但"相"和个别事物间的"距离"仍是不能缩短或延长。这样,"少年苏格拉底"的"相论"里的"相"和个别事物的分离,迥非《费都篇》里的"相"和个别事物之间的"距离"。这样,两个"相论"也非同一个"相论"。

《费都篇》里的"距离",依我们的解释,只是程度上的差别。也许有人不愿将这篇的"距离"和《巴曼尼得斯篇》里的"分离"这样分开,因而怀疑柏拉图可否有如我们所解释的"距离"的思想;这样,我们请这人注意《国家篇》里的那句使柏拉图学者煞费苦心不易解释的话。那句话事实上只表达和《费都篇》里的"距离"同样的思想。柏拉图在那篇里借着"苏格拉底"的唇舌用太阳来解释"善之相"以后,接着说:善并不即是"有",但在尊荣和能力方面仍超过"有"㊲。他的用意是将善的位置特别提高,"有"已高出一切分化了的"有"了,但善仍然超过了"有"。在这超过里即有一"距离",这"距离"非它,乃是尊荣和能力程度上的差别。在《费都篇》里"距离"本寄托在"相"和个别事物之间的,在《国家篇》里却在善和"有"之间了,这可说是这个"距离"由万有结构里的较低层次进到较高的层次。两篇"谈话"里的"距离"虽有层次高低的不同,但主要的思想只是同一个,即是这"距离"。《国家篇》里的"距离"只是《费都篇》里的"距离"的提高。正如那篇里的"距离"并非善和"有"的分离,同样,这篇里的"距离"也非"相"和个别事物的分离。

(3)"少年苏格拉底"的"相论"还有另一特点,即"相"的物体化(三.2.)。这点只是"相"和个别事物的分离的另一方面。如若人将个别事物存在的形式加到"相"上去,认"相"是和个别事物分离的,同时"相"也物体化了。另一方面如若人将"相"物体化了,这物体化了的"相"存在的形式亦必如个别事物存在的形式;这样,人必认为"相"和个别事物分离。上面我们已指出《费都篇》里的"距离"并非"相"和个别事物的分离;这样,那篇里的"相论"并未将"相"物体化。所以就"相"的物体化这一点看,"少年苏格拉底"的"相论"不就是《费都篇》里的"相论"。

这两个"相论"虽然不是同一个"相论",但它们有密切的关系。《费都篇》里的"相论"本是一种目的论;"少年苏格拉底"的"相论"即是以目的论为背景的,并且它即以《费都篇》里的目的论为背景。那张"相表"对于"相"的去取完全以《费都篇》里的目的论为主。这一件事实足以证明"少年苏格拉底"的"相论"乃是深受《费都篇》里的"相论"的影响形成的。

五

柏拉图学者以为"少年苏格拉底"的"相论"和《费都篇》以及《国家篇》里的"相论"符合(二)。因此将"少年苏格拉底"的"相论"和《费都篇》里的"相论"比较了以后,我们还须将它和《国家篇》里的"相论"比较。普通地看起来仿佛是不可能的,如何这个"相论"能和那两篇"谈话"里的"相论"符合?因为它们里的"相论"自身是不尽同的。这固然一方面因为人仅就空泛几点比较,但另一方面恰巧"少年苏格拉底"的"相论"也非始终一致的。以上的比较(四)仅根据它的基本思想和那张"相表"。但"少年苏格拉底"在受了"巴曼尼得斯"的批评以后,复给他的基本思想一个新的解释:他以"相"为模型($\pi\alpha\rho\dot{\alpha}\delta\epsilon\iota\gamma\mu\alpha$),个别事物为仿本,分有为"被造得类似相"[38]。这样解释了的"相论"和《国家篇》里的有相似处。

《费都篇》和《国家篇》的"相论"不同点乃在——用亚里士多德的术语——"动因"的不同[39]。《费都篇》以"相"为目的解释实际世界:这个世界所以是这样这样的,乃因为个别事物追求"相"。这个追求的发动不在追求者这一方面,乃在追求的目的那一方面;后者有一种吸引力,以促动前者。这是希腊哲学中目的论的基本思想,无论其为亚里士多德的"不动的动者"[40]的思想或普罗提诺的"回转说"[41],皆莫不如此。《国家篇》里的"相论"就迥然不同。"相"乃模型[42],是那篇的基本思想。从地窟里挣扎到地面上的"囚徒"观望了光天化日下的世界以后,必仍回转到地窟里去,解救其余的"囚徒";受了长期教育的优秀分子也不能优游于玄想里,仍必担起实际生活上的职务来[43]。这些人即是国家的理想治理者;他们的职务即是以他们所认识了的"善之相"为模型建设国家。国家的建设无异于日用器物的制造;一床一桌的产生也皆是木工对"床之相"和"桌之相"的仿造[44]。这样,《国家篇》里的"相论"有三个重要成分:"相"、个别事物和"工匠"($\delta\eta\mu\iota\text{o}\upsilon\rho\gamma\text{ó}\varsigma$)。"工匠"是"相"和个别事物之间的沟通者;个别事物所以形成,它的动因不是"相",乃是"工匠"。《费都篇》即将动因放在"相"内,此外并不再须"工匠";世界即由"相"和个别事物组成。"工匠"乃是《国家篇》里的"相论"的特点。

"少年苏格拉底"另样解释了的"相论"和《国家篇》里的"相论"相似处是他以"相"为模型,个别事物为仿本;但他不采取"工匠"的概念,却欲用一种关系以沟通"相"和个别事物。这关系是事物"被造得类似相"。然而没有"工匠",事物如何能"被造得类似相"？这显然是个奇特的见解；它似乎是不应当产生的。但不仅《巴曼尼得斯篇》中的那节里未提到"工匠"已足为以上解释的根据,而且亚里士多德对这样见解的批评即从"工匠"的遗漏出发㊺愈说明以上的解释是适合的。既然"工匠"是《国家篇》里的"相论"的特点,但"少年苏格拉底"的"相论"却刚刚缺少这"工匠"；因此他的"相论"并不和《国家篇》里的"相论"符合,如柏拉图学者根据几个空泛的相同点所想象的。

但"少年苏格拉底"何以会有这奇特的见解呢？这事实可以从我们以上所言的得到解释。"少年苏格拉底"深受《费都篇》里的"相论"的影响。他一方面欲借《国家篇》里的"相论"来维持他自己的"相论",但为《费都篇》里的思想方式所束缚,以致忽略了"工匠"；结果成为这样一个既和两篇"谈话"里的"相论"各有相似处,但和它们皆不相同的见解。

六

关于"少年苏格拉底"所代表的"相论"究竟是谁的这一问题,以上研究的结果是一个消极的答复：即它既非《费都篇》里的,也非《国家篇》里的"相论"。若只为了解《巴曼尼得斯篇》,我们仅有这个消极的答案也就够了。因为它实际上已告诉我们,"少年苏格拉底"的"相论"不是柏拉图自己的,乃是转述他人的。然而所谓"他人"究竟是谁？这个问题自身是值得研究的。但因为古代的记载缺乏,关于这问题一个彻底的答复事实上不可能；然而在相当范围以内我们来必不能对它多少有些解答。

　　凡是稍涉猎过柏拉图的初期"谈话"的人，大约总还记得以下一件事实：即在这些篇著作里和"苏格拉底"谈话的人时常误解他的问题。所问的是普遍者，但所答的只是附属于这个普遍者下面的一个特殊事例[46]。最荒谬，使人难忘的是"哲人"Hippias 对"什么是美？"的答案——"美丽的少女！"[47]这事实的意义乃是柏拉图借此指出苏格拉底在思想方面远超过他的同时人。这些人的意识尚停滞在朴素阶段里，只知个别的，根本不能了解普遍的。和这样的意识比较，《巴曼尼得斯篇》第一部分中的"相论"已进一步了。它已能将"相"和相当于"相"的个别事物分开，不以后者为前者；但它还未能完全超脱朴素意识的阶段，还不能认识"相"是另一种"有"，它将"相"物体化。

　　朴素的意识只能认识"有"的一种形式，即个别的。个别的是独立自存的，因此产生一个不自觉的假设：只有独立自存的才是"有"。这个假设直至亚里士多德，而且还在他的《物理学以后诸篇》中最晚著成的一部分里始被指明出来，而且被指明为谬误。因为不只是独立自存的是"有"，不独立自存的也是"有"[48]。这就是说：万有并不只是个别的。在这个假设未被指明以前，朴素的意识却还在它的隆盛时期，"相"的物体化是件极其自然的事。这样，如若我们以所谓"少年苏格拉底"的"相论"产生于历史上的苏格拉底时代以后，亚里士多德指出那谬误以前，大约不致错误的。

　　这只是就一般希腊人关于"有"的意识如何发展看，再从另一方面我们还可以更确实点、更精密点规定那个"相论"产生的可能时期。依据亚里士多德的记载，苏格拉底是历史上第一个寻求人事方面的普遍者的人;所谓"相"乃渊源于苏格拉底的普遍者[49]。这样,任何的"相论"必产生于普遍者在历史上初次被发现以后。那么"少年苏格拉底"的"相论"必产生于历史上的苏格拉底以后,《巴曼尼得斯篇》著作以前。

我们再尝试进一步考查,那个"相论"是这时期中谁的学说。它的特点之一是"相"和个别事物的分离[三.2.]。这个分离乃是将在个别事物方面所认识的存在形式加到"相"上去。这样,"相"和个别事物分离一如个别事物相互分离。在上述的时期中历史上有谁持这样的见解么?从亚里士多德和柏拉图派学者(Platoniker)的讨论里我们可以知道,柏拉图派学者中有些人确实持这样的意见。他们以为"相"是和个别事物分离的,并且正如个别事物相互分离那样分离[50]。因此我们很可以相信,所谓"少年苏格拉底",事实上即指那些柏拉图派学者。这和以上(四)所得的结果——"少年苏格拉底"的"相论"深受《费都篇》的影响——是很相合,因为柏拉图派学者深受这篇重要"谈话"的影响是件自然的事。

这里还有一个问题待解答:即如何由《费都篇》的"相论"发展到"少年苏格拉底"所代表的"相论"?"相"的物体化[三.2.]是那个"相论"所有的特点之一。对于那个将"相"物体化了的意识,《费都篇》里的"距离"是不可理解的,因为那个意识尚未能完全超脱朴素的阶段,它还未能纯粹地认识"相"。这样,非空间的"距离"势必被误解为空间里的距离。其结果乃是"一方面相自身,一方面分有相的,它们互相分离。"以上所说的那些柏拉图派学者大约由于误解《费都篇》里的"距离",以造成那在《巴曼尼得斯篇》中由"少年苏格拉底"所代表的"相论"。但因为缺乏古代的记载,我们不能直接证明其确实是如此;然而相反的解说则更没有根据。

七

关于"少年苏格拉底"所代表的"相论"究竟是谁的这一问题,从积极方面我们只能解答这一些;我们不但无法考查出那些柏拉图派学家的名字,甚至"少年苏格拉底"乃代表哪些人,也只根据亚里士多德的一句普通人不注意的话。从那句话里我们除了知道他们的"相论"主张"相"和个别事物的分离以外一无所知。因此我们虽然很可以相信所谓"少年苏格拉底"即是那些人,但我们究竟未能严格地证明。至于对同一问题的消极解答——即"少年苏格拉底"的"相论"既非《费都篇》又非《国家篇》里的"相论"——却是证据充足的。

然而为了解《巴曼尼得斯篇》破除障碍的,却就是这个消极的解答。因为柏拉图学家(Platonforscher)所持的和我们的结论相反的见解,在古文字学方面和哲学方面皆产生困难,因而不能使人正确地了解柏拉图这一篇伟大的"谈话"。在古文字学方面,因为他们以"少年苏格拉底"的"相论"是《费都篇》、《国家篇》里的"相论",于是以为"巴曼尼得斯"对于这个"相论"的批评不出于柏拉图。有人以为这批评来自 Megare 学派[51],有人以为出自亚里士多德[52]。第一,关于 Megara 学派我们所知极少,更无一古代流传下的记载可以直接证明那些柏拉图学家的意见。第二,以"巴曼尼得斯"的批评出于亚里士多德更是无稽之谈,因为柏拉图著这篇"谈话"的时候,差不多正是那十七岁的少年亚里士多德刚从故乡来到雅典入"学院"的时候㊷！再在哲学方面，因为柏拉图学家以《巴曼尼得斯篇》的第一部分里所批评的"相论"是柏拉图的，于是寻求他对这批评的反驳，以维持他原来的学说。因为如若他不自信——柏拉图学家这样论证——他自己的学说不为这批评所伤，他何能自述这个批评呢㊸？寻求反驳的方法有两种。一在柏拉图的其它著作里寻㊹，一在本篇"谈话"的第二部分里寻㊺，这都是徒劳无功。他们根本忽略了以下一件事实："少年苏格拉底"的"相论"主张"相"和个别事物的分离，如若柏拉图反驳那对这个"相论"的批评，维持原来的"相论"，那么即是维持"相"和个别事物的分离。但在和《巴曼尼得斯篇》著作时期接近的《哲人篇》里，柏拉图自己斥这样的分离为摧毁哲学研究㊻，他如何能在《巴曼尼得斯篇》里却反维持这哲学研究的摧毁？

这一切困难，从我们的研究结果里皆根本不会产生。"少年苏格拉底"的"相论"是柏拉图转述他人的思想，这样，批评这个"相论"的"巴曼尼得斯"即代表柏拉图自己。那篇"谈话"的第二部分里主要人仍是"巴曼尼得斯"，因此仍代表柏拉图。这样，第一部分和第二部分的关系并非反驳，乃是相成。"少年苏格拉底"的目的——用希腊哲学中的术语讲来——乃是"拯救现象"，但他采取了错误的途径。"巴曼尼得斯"在第一部分里指出"少年苏格拉底"的错误来，在第二部分里完成他自己的"拯救现象"。此中详细情形俱见我们在《柏拉图巴曼尼得斯篇》的注释中。

注 释：

①Klassische Philologie，暂从俗译这词为"古文字学"，但严格讲来，这个译名

决不适当。

② "Dabei wird allgemein zugestanden, daβ wohl keine andere Schrift Platons, sowohl an sich selbst wie im Rahmem seiner Philosophie, schwer zu deuten ist."——Max Wundt, Platons Parmenides, 1935, S. 1.

③ 即所谓 Ideenlehre 或 Theory of Ideas。柏拉图所用的字是 ἰδέα, εἶδος。旧译"观念"、"概念"、"理型"、"理念"……或是谬误，或是不当。这字的原义与 μορφή 相同（参看 Platonis resp. Ⅱ. 308 D），且暂译为"相"。关于"相"的学说暂名为"相论"。——至于每个"相"，譬如"善"的"相"，"相似"的"相"……在柏拉图是用 ἡ τοῦ ἀγαθοῦ ἰδέα, εἶδος ὁμοιότητος ……术语表达；这些术语暂译为"善之相"，"相似之相"。

④ 第一，其它"谈话"里的"苏格拉底"代表柏拉图自己，因此人以为《巴曼尼得斯篇》里的"苏格拉底"也同样地代表柏拉图自己。但"苏格拉底"在这篇里所处地位和 Charmides, Menexenos, Lysis 等等在其它"谈话"里所处的地位相同，"巴曼尼得斯"在这篇里所处的地位和"苏格拉底"在其它"谈话"里所处的地位相同。因此第一点是思想习惯的蒙蔽。第二，西洋哲学史家传统的意见是：柏拉图主张"相"和个别事物分离。《巴曼尼得斯篇》里的"少年苏格拉底"也主张"相"和个别事物分离；因此认"少年苏格拉底"代表柏拉图。但这个传统的意见不可靠（其详参看 Chung-Hwan Chen, Das Chorismos-Problem bei Aristoteles, Berlin, 1940 尤其是绪论第三节），因此第二点是传统意见的蒙蔽。

⑤ Henry Jackson, Plato's Later Theory of Ideas, Journal of Philology, XI p. 296 (1882).

⑥ Hans Raeder, Platons Philosophische Entwickelung, 2 Aufl. Leip-zig 1920, S. 305.

⑦《会饮篇》211B. αὐτὸ καθ' αὑτὸ μεθ' αὑτοῦ μονοειδὲς ἀεὶ ὄν。这虽是就"美之相"讲的，但适用于一切的"相"。这四个性质中的前两个表示"相"不和其它的有关系，因此它非由这关系组成。它乃是纯粹的一，非集合的。

⑧《哲人篇》、《政治家篇》中的 διαίρεσις。

⑨ κοινωνία τῶν γενῶν。《哲人篇》215 A ff。

⑩《物理学以后诸篇》Z12, 1037 b 27 ff。

⑪《哲人篇》、《政治家篇》，在《巴曼尼得斯篇》以后著成（参看 Friedrich

133

Über-weg, Grundriss der Geschichte d. Philos. herausg. v. K. Praechter, S. 189),所以"少年苏格拉底"的"相论"产生于"分解法"以前。

⑫ νόησις 的对象,譬如《国家篇》VI 511D。

⑬《物理学以后诸篇》M4,1078 b 17—19。

⑭《物理学以后诸篇》A6,987b 7。

⑮ 参看《分析后篇》II 3,90b 31—32。

⑯《物理学以后诸篇》Z5,1031a 11—12。

⑰ Antisthenes apud Simplicius in Aristotelis cat. ed. Kalbfleisch 208,28.

⑱《巴曼尼得斯篇》130E—131E,132C—133A。

⑲ 130B。

⑳ 虽然"相"这个名词仍然沿用,但所讲的不是"同名的""相",乃是"最普遍的种"(μέγιστα γενη《哲人篇》254C)。实际上那也不是一种"相论",乃是一种范畴论了。

㉑《物理学以后诸篇》B2,997b 8—12,《尼各马可伦理学》I6,1096a34—b2。

㉒《物理学以后诸篇》Z3,1029a 3—5. et. al。

㉓《物理学以后诸篇》Z11,1039a 29。

㉔《物理学以后诸篇》A9,99la 14—17。

㉕《巴曼尼得斯篇》131B。

㉖ 陈忠寰:《分离问题》§ 12,bes. C。

㉗《巴曼尼得斯篇》130B—D。

㉘ 本篇第四节。

㉙ 参看 J. Stenzel, Studien z. Entwicklung d. pl. Dialektik usw. 2Auf. Leipzig S. 16。

㉚《费都篇》72E ff。

㉛《费都篇》75A。

㉜《费都篇》75C,D。

㉝ 同上。

㉞《国家篇》VI 505D。

㉟ ἀρχή ανυποθέτες,《国家篇》VI 510B. 同篇511B。

㊱ 参考亚里士多德:《物理学》III 4,203a 8—9。

㊲《国家篇》VI 509B。

㊳《巴曼尼得斯篇》122C,D。

㊴亚里士多德:《物理学》Ⅱ 3,194b,29,30et al. 。

㊵κινοῦν ἀκίνητον《物理学以后诸篇》A6,1071b。

㊶ἐπιστροφή,普罗提诺的玄学主要的乃讲论由"一"下降以至世界;伦理学、认识论主要的乃讲论人回转至"一",与"一"合一。

㊷παράδειγμα 这字见于 Ⅸ 592B。—παράδειγμα 作术语用参看《蒂迈欧篇》28A,B。

㊸《国家篇》Ⅶ 519C ff. 。

㊹《国家篇》Ⅹ 596B。

㊺《物理学以后诸篇》A9,991a 20—27;陈忠寰:《分离问题》§50。

㊻譬如《拉凯斯篇》190E,《卡尔米德斯篇》159B,《欧绪佛洛篇》5E,《曼诺篇》,71E,《国家篇》Ⅰ331E,甚至《泰阿泰德篇》176C,D。

㊼《大希比亚斯篇》287E。

㊽《物理学以后诸篇》M3,1077b 31—32。

㊾《物理学以后诸篇》M4,1078b 17—32。

㊿《物理学以后诸篇》M10,1086b 16—17。第一人称多数(βουλόμεθα),意为"我们柏拉图派学者"(参看 Werner Jaeger, Aristoteles, S. 190 ff.)。

㉛譬如 Hans Raeder, a. a. O. S. 306, 307。

㉜Er. Überweg, Unters. ü. d. Echtheit u. d. Zeitfolge pl. Schriften-usw. 1861, S, 181 u. a.

㉝据 W. Jaeger, a. a. O. S. 1。

㉞Edward Zeller, Philos. d. Griechen Ⅱ 1,4. Aufl. S. 745。

㉟Schleiermacher, Plat. Ⅰ 1, S. 48;Ed. Zeller, a. a. O. Ⅱ 1,4. Aufl. S. 745。

㊱譬如 M. Wundt, a. a. O. S. 82. "So werden die Einwände über-wunden, ohne daβ sie im Einzelnen widerlegt zu werden brauchten."

㊲《哲人篇》259D,E。

（原载《巴曼尼得斯篇》作附录，
1944,商务印书馆）

柏拉图"相论"中的"同名"问题

约在一月以前,美国康奈耳大学希腊哲学教授 Gregory Vlastos 寄来他关于《柏拉图巴曼尼得斯篇》的一篇文章,讨论所谓"第三人论证"。远在去年夏季,他曾托他的同事 E. A. Burtt 教授来函讨索拙著《柏拉图巴曼尼得斯篇》一文的英译稿。我们在那篇短文里未将中文本(《巴曼尼得斯篇译注》,出版于重庆商务印书馆)里的注释完全纳入,因此他此次复要求对他所解释的论证表示一些意见。他关于"第三人论证"本身的分析却很精密,但他的主要解释我们不能赞同。在友谊的信札里自以谦和为主,因此我们只将我们的看法隐约地写给他。在西洋哲学家中,柏拉图和中国人最有缘,加以 Jowett 的译文优美,于是中国有许多柏拉图学者。我们用这个良好的环境,将那信中的浅薄见解,或增或减,在此披露出来,就正于本土的学者,以免人讥诮我们只在它处信口雌黄了。

所谓"第三人论证"在《巴曼尼得斯篇》中应用了两次。其中第一次——比较更重要些的一次——见于132AB。其要义如下:当人见到许多大的事物时,譬如 $m_1, m_2, m_3, \cdots$,人见到共同的大,柏拉图称之为"大之相",譬如 M。当人见到 $m_1, m_2, m_3, \cdots M$ 时,人定不同样地见到另一共同的大,譬如 M_1。以此类推,结果"大之相"将有无数的多(即在 $m_1, m_2, m_3, \cdots$ 以外复有 $M, M_1, M_2, M_3, \cdots$)。Vlastos 分析出来这个论证有两个假设,其一他名为 Self-Predication of Ideas，另一为 Nonidentity。他的分析完全是对的，只是关于第一个假设的来源和它在柏拉图"相论"里的重要性，他未曾看清楚。我们即就这两点答复了他。

他所谓的 Self-Predication，事实上即是古代所谓的 Homonymon。这原是柏拉图自己所用的字。这字的字义是"同名"。亚里士多德用这字叙述柏拉图的"相"，意谓"相"和相关事例内容方面无差别。(Die Idee ist von den Einzelfällen inhaltlich nicht zuunterscheiden.)所谓相关事例，譬如公正的人、公正的事；柏拉图认为还有一个"相"和它们相当。公正的人、公正的事，共有的名字是"公正"，和它们相当的"相"的名字也是"公正"。因此"公正的人是公正的"、"公正的事是公正的"，同样"公正之相是公正的"，此即 Vlastos 所谓的 Self-Predication of Ideas，也就是亚里士多德所谓的"同名"；其中着重点是"相"，在内容方面和与其相关的事例毫无差别。

这"同名"正是亚里士多德对柏拉图"相论"的攻击点之一。他说：那些设立"相"为原因的人原是寻求实际事物的原因的，随后他们造出和这些事物数目相当的"相"来；仿佛一人要数数目，嫌所要数的太少了不能数，将它们增多了以后方能数一样。……每个"相"和事物是"同名"的，存有于它们之旁(Met. A 9,990a 34—b 8)。这是亚里士多德的很有名的批评之一；在德文里我们称它为 Vetdoppelung der Wirklichkeit("现实的重叠")。实际世界里所有的，譬如公正的事物；柏拉图为了解释这现象，设立"公正之相"做它们存有的原因。"公正之相"和公正事物内容方面完全相同。这个内容假设为"甲"，原来只有一个以"甲"为内容的存有，现在增设为两个。现实因此重叠起来。于是亚里士多德挖苦柏拉图说：

原来的数目太少了,不好数;现在增加了一倍,可好数了!

亚里士多德又另造了一个名词来打趣柏拉图的"同名"的"相";这名词是 auto-hekaston("每个自身")。这个名词的创造,直接以柏拉图自己的词句为底本。柏拉图称每一个"相"为"……自身",譬如"公正之相"为"公正自身","善之相"为"善自身"等等。不但如此,柏拉图又普遍地称"相"为"存有者自身"(auto ho esti)。于是亚里士多德打趣他说"每个自身"(Eth. Nic. I6,1096a 35)。"那些主张相的人造了和生灭事物同类的相,人自身,马自身,将自身这一字加到感觉对象上去"(Met. Z16,1040 b32—34)。普遍地讲:每个自身。以"每个自身"来解释"每个",实在太方便了;哪有这样方便的事!万应灵丹本是不治一病的。因此这一名词将"相"的"同名"的困难透彻暴露出来。

我们在以上两节里从亚里士多德的批评中察看柏拉图所主张的"相",它是"同名"的。如若有人怀疑这样的方法在此应用是否可靠,——因为亚里士多德在这一点上尽可误解柏拉图,甚至妄诬柏拉图——我们请他听听柏拉图自己所讲的话。柏拉图借着苏格拉底的口吻对 Protagoras 讲:如若有人问你和我……公正(抽象名词)是公正的(形容词)还是不公正的,我回答他:是公正的,你呢?……(Prot. 330C)。

这样,柏拉图主张"相"是"同名"的,毫无可疑。"同名"的"相"不但是亚里士多德攻击之点,而且它自身有很显著的困难。譬如"第三人论证"里所用的例子"大之相"。大的事物是大的,譬如大的人、大的山,等等。所谓大的人,意思是这个人的身材超过一般人的身材。如若一般人的身材是 n 尺,这人的身材是 n + a 尺。所谓大的山或其它大的事物,情形与此相同。如若"相"和事物"同名",正如人是大的、山是大的、"大之相"也是大的。大的人是 n + a 尺,"大之相"是多少尺呢？这个问题在"同名"的假设之下乃是逻辑上必然的问题,它毫不荒谬;但对这问题的肯定答复,无论你讲多少尺,皆是荒谬的。因为普遍的大(allgemeines Großes)并非可量的。"第三人论证"所有假设之一,即是这个同名。如若柏拉图知道这个假设是错误的,"第三人论证"有某一种意义;如若不知道,这论证有另一种意义。由于这个论证意义的不同,影响到《巴曼尼得斯篇》的全篇的解释。柏拉图究竟知道还是不知道呢？

这个问题我们不能凭空讨论。我们不能这样讨论:譬如上述的那种荒谬,思想家如柏拉图怎能不知道呢？但是如若他知道这个荒谬,他怎样能在"第三人论证"里还假设它呢？……我们应当就着事实去看。我们已经知道,至少在《普罗泰哥拉篇》里毫无问题的,柏拉图认为"公正之相"是公正的。我们须探究他如何达到这个结论。

根据亚里士多德的记载:柏拉图的"相论"起源于赫拉克利特的"万物皆流"和苏格拉底的"普遍的"("普遍的"自然是亚里士多德自己的名词)。苏格拉底所寻求的普遍的,柏拉图名之为"相"(Met. A6,987a 29—b8)。苏格拉底所寻求的普遍的,只限于伦理的范围以内,因此亚里士多德的记载可靠;柏拉图所承认的"相"最初只是伦理方面的,这和事实也正相符;在柏拉图的"谈话"之中所谓"苏格拉底的谈话"多以伦理的"相"为对象。这些伦理的"相",柏拉图并未将它们认为只是普遍的。每一个"相"和那些相关事例的关系并非只是"一和多"的关系。"相"是相关性质的完备(Vollendung der betreffenden Bestimmung);它和后者的关系尤其重要的是完备的和不完备的之间的关系。譬如美的事例诚然是美的,但是在某一点上它总有欠缺,因此它不是完备的美。至于"美之相",它就和美的事例不同。它并非在某种关系里美,某种关系里丑;它乃是由于"本性美"(Symp. 210B sg.)。在初期"相论"中,柏拉图诚然也论及伦理以外的"相",譬如数理方面的、物理方面的:那些"相"他同样认为是相关性质的完备。因此"相"的内容和相关性质的内容相同;其差别只在于完备和不完备。因此如若美的事物是美的,"美之相"也是美的,而且是完备的美。这样产生了"相"的"同名"的假设。所以"苏格拉底"毫不迟疑地说:"公正之相"是公正的。"公正之相是公正的",仿佛有一种自明性。这个自明性也即渊源于此。

如若有人怀疑我们的解释,即柏拉图在初期"相论"里主要是认"相"为相关性质的完备,请让我们举出以下两件事实来证明。

在《费都篇》里,柏拉图指出在日常生活中我们可以见到相等的木块或相等的石块,但是此外还有"等之相"。这些木块或石块诚然是相等的,但是它们并非完全相等;它们和"等之相"比较还有欠缺;正是由于这个欠缺,相等的事物乃以"等之相"为目标,追求它,以期成为和它同样的完全相等。但是这个目的始终不能完全达到,因此它们永远追求。柏拉图以这样一个目的论的"相论"来解释宇宙里的永恒变动。宇宙里所以有永恒变动,是因为"相"是完备的,事物是不完备的;不完备的追求完备的,但是始终不能达到完备的地步。因此永远追求。《国家篇》有同样的思想。那里柏拉图讲:一切心灵追求"善"。这也正因为"善之相"是完善的,一切事情皆非完善的,但皆希望达到完善的地步。由此可见,柏拉图认为"相"是相关性质的完备。这个思想以后改变了些外形,在亚里士多德的哲学里重复出现;在这一个思想的发展里,人可很清楚地看出以上的解释无误。(其详参看拙著 Das Chorismos-Problembei Aristoteles, S. 163 ff. , Berlin 1940.)

另一件事实是《巴曼尼得斯篇》中"少年苏格拉底"的不敢承认有"污秽之相"。"少年苏格拉底"不敢承认这点,因为他"深恐坠入无底深渊毁灭了自己"(130C、D)。这是什么意思?其故如下:"少年苏格拉底"所以如此,正因为"相"被认为是相关性质的完备。假设有"污秽之相",它必是污秽达于完备地步的。依照《费都篇》、《国家篇》里的目的论的"相论",宇宙间一切污秽的事物永恒地追求这"污秽之相",以致变成更污秽,更污秽些!试问这样一个世界成为怎样一个世界?其中尚有何价值可言?目的论的基本动机乃是将这宇宙解释为一个有价值的宇宙。如若承认有"污秽之相",其逻辑的必然结果乃与目的论的基本动机相背驰。这是何以"少年苏格拉底"逃避这样一个假设的原因。由此可见,在初期的"相论"里,柏拉图认为"相"是相关性质的完备。

这里目的论的"相论"的缺点暴露出来了。如若有价值的事物,如美的事物、公正的事物、善的事物等等,皆各有和它们相当的"相",逻辑上便要求有负价值的事物,如污秽的事物,也必有"相"。但是如若承认有"污秽之相"呢?这个宇宙便日趋于负价值一方面。这样,目的论的"相论"由于它的内在的逻辑毁灭了它自己。这是所以在后期的"相论"里柏拉图不再认"相"为相关性质的完备,为不完备事物追求的目标。那些"相"和相关事物的关系只是"一和多"。"相"既然不被认为是相关性质的完备,那个在这假设之下的"相"和它们"同名"的自明性也就不存在了。因为只有"公正之相"被认为是完全公正的,"公正之相是公正的"这句话才有它的自明性。现在"相"和相关事物的关系只是"一和多",

因此这个自明性也就消失了。

不但如此,在后期的"相论"里"相"乃是些——用柏拉图自己的话讲——"最高的种"。这些"种"《哲人篇》只举出五个来,但是《巴曼尼得斯篇》中的第二部分所讲的皆是(关于这些"种"参看我们那篇短文《论柏拉图的〈巴曼尼得斯篇〉》)。柏拉图所谓"最高的种"是些——用我们自己的名词讲——飘浮的或自由的普遍者(Schwebendes Allgemeines, freies Allgemeines)。所谓"自由的普遍者",譬如同、异、一、多等等,不固定于某一特殊种类的事物,它们属于这一类,也属于那一类,它们飘浮于各类之间。至于"善"、"美"、"公正"等等,每一个固定地专属于某一类。因此这些飘浮的"相"不再和这一类、那一类的事物"同名"。这样,后期"相论"中的"相"不供给亚里士多德打趣的机会;它也免于《巴曼尼得斯篇》中"第三人论证"的困难。

然而我们却不可因此设想柏拉图的"第三人论证"乃是故弄玄虚,并非他的真意。因为"第三人论证"用以攻击"同名"的"相论"是有效的,它正是根据"同名"的"相论"的前提去攻击它。对于一种思想,正当的批评正是依照它的内在的逻辑将它里面所蕴藏的结果推演出来,以暴露其困难。

由此可见"相"的"同名"这一思想在柏拉图的"相论"发展中的重要。如若我们要了解柏拉图的学说,不能不先了解他的"相论";若要了解他的"相论",必先了解它的发展;若要了解"相论"的发展,必先了解"同名"这一思想的内容,它的来源和它的放弃。这种工作,我们希望在以上扼要地做过了。

(原载《大陆杂志》第九卷第十期,1955年11月)

柏拉图年龄论研究

一

大思想家和普通人所有的区别之一乃是：大思想家从同一事物所有的不同方面去观察这一事物，普通人仅从这些不同方面里的某某方面去观察。结果乃是：普通人的见解多囿于一隅，不能超脱种种的束缚，譬如培根所谓的四种"偶像"。大思想家不执著一方面，不以成见为依归，只任问题的引导，从各方面观察一事物。这样的大思想家，西洋哲学史给我们不少的榜样，其中尤以柏拉图最足为代表。柏拉图是一个伟大的问题思想家，不是一个玄学系统的构造者。他怎样从不同的方面去观察事物，这在他的"谈话"《巴曼尼得斯篇》里表现得很清楚。然而普通人的观察是武断的，因此他们对于不武断的观察思想，不免格格不入；结果他们在这篇里随处发现所谓"诡辩"。柏拉图关于年龄的分析，尤不能免于这样的评语，这里我们即研究这个年龄论，看看它的内容究竟是怎样。

那篇"谈话"里关于年龄的分析虽然以"一"为对象，然而除去两个以"一"为专题的论证①以外，所言皆是普遍有效的，而且许多

论证自身即是普遍的[②]。除去那两个论证以外,我们可以将那里的要义简括地列为以下普遍的七点:

1. 凡在时间里的皆变得比它自己年老些。
2. 凡在时间里的皆同时变得比自己年少些。
3. 凡在时间里的皆永远是比自己年老些。
4. 凡在时间里的皆永远是比自己年少些。
5. 凡在时间里的皆与自己有同一年龄。
6. 年龄的差别是一成不变的。
7. 年龄的差别永远变更。

    a. 年老些的对于年少些的永远变得比以前年少些,

    b. 年少些的对于年老些的永远变得比以前年老些,

    c. 但前者永远不是年少些,

    d. 后者永远不是年老些。

从表面上看这七点,我们似乎应当同情于那些解释柏拉图的人,认这仅只是些诡辩。我认为这七点之中至少会有以下七个矛盾:即1和2,3和4,1 2和3 4[③],1 2 3 4和5,6和7,7a自身,7b自身。但让我们缓下判语,直至我们已经透彻地研究了这七点以后再说。我们以下的研究分两步骤:1. 从思想方面了解这七点的意义,2. 从历史方面考察,这样的了解是否正确。研究哲学史必须的条件,一是思想,一是能客观地思想。这后一点比较前一点尤为重要,否则必不免于以甲意为乙意,甚至以己意为人意,这第二步骤即针对这"想当然耳"的弊病。

二

（一）1 和 2（Parm. 141 A—C, 152 A—B）——第一点：凡在时间里的皆变得比自己年老些。柏拉图达到这个结论是由时间出发的。时间永远向前进，由过去而现在而将来。凡在时间里的皆随着时间流动，因此它变得比自己年老些。这里柏拉图只指出那个一般人所熟悉的现象来；我们关于甲和它自己在年龄方面的关系所知的也正是这一点，因此这里不发生任何困难，人皆了解他的意义。

然而他由此推论："那变得比自己年老些的同时也变得比自己年少些。"这似乎已是"诡辩"了；事实上却不然，这个思想的最后基础乃是一个精密的分析。柏拉图第一步就着时间分析"异"的关系，譬如我们讲：甲异于乙。这里只笼统地讲出甲和乙的"异"的关系来，未曾顾及两个关系者的"异"在时间里的价值。现在让我们将这时间里的价值也收入分析的范围以内，假设：乙已经是异于甲了，那么，甲怎样异于乙呢？它不能刚变得异于乙，如若甲仍在刚变得异于乙的历程中，乙还未已经是异于甲，但这和原始假设冲突，因此不可能这样；如若乙已经是异于甲了，甲必也已经是异于乙了。如若乙刚变得异于甲，甲必也刚变得异于乙……。这个分析的结果，普遍地讲，乃是：甲和乙所以相异的，在时间里必有同样的价值。所谓在时间里有同样的价值，乃指："甲是……"，"乙是……"；"甲刚变……"，"乙刚变……"等等。"异"的分析引导柏拉图到以上那个基本原理，他第二步即应用这原理以达到以上七点中的第二点。在陈述他的这个第二步骤以前，请用一个具体的事例以显明他的论旨：假设甲、乙二人所有的财富相等,甲利用他的资本生产,渐有盈余,这样他变比乙富些。"富些"是"异"的一种,是财产方面的"异",是相当于"穷些"的差别。甲"所以"比乙富些的乃是财产的差别。据以上分析的结果:应用财产的差别在时间里必有同样的价值,于是甲变得比乙富些,同时乙变得比甲穷些;但甲和乙原来是贫富相同的,正像甲变得比乙富些,甲变得比自己富些,正像同时乙变得比甲穷些,同时乙变得比他自己穷些。这个事例正好解释柏拉图所用论证中的第二步骤,他指出"年老些"是"异"的一种,乃是年龄方面的"异",乃是相等于年少些的差异;甲所以比乙年老些的,乃是年龄的差异。年龄的差异在时间里必有同样的价值,因此如若甲变得比乙年老些,同时乙变得比甲年少些,那么,当甲变得比自己年老些时,同时乙变得比它自己年少些。

这个结论超出常识的范围以外,从表面上看起来,它和事实冲突。事实上明白地告诉我们,一个去年二十岁的人今年变为二十一岁了,但他并不同时变为十九岁。但另一方面,分析"异"的关系所得的结果乃是:甲和乙所以相异的,在时间里必有相同的价值。这样,如若其中一个关系者变,另一个必然和它相应地变。在一种情形里一个变,另一个不和它相应地变,而且后者变正是前者变的条件。这里仿佛理论和事实冲突。若果如此,事实是不可侮的,理论必然错误,然而它们是否冲突?

仔细的研究告诉我们,情形并非如此:理论和事实并不冲突。两个关系者虽然同时相应地变,但变的种类不同。这里的分别可借用亚里士多德的名词来表述。一个关系者"由己的"(καθ' αὐτό)变,另一个"依它的"(κατὰ συμβεβηκός)变。请回到我们以上的例子:甲由于财产的增加变得比乙富些,乙的财产虽然并无损失,然而他却同时变得比甲穷些。同样,甲随着时间的流动前进了,他变得比自己年老些;但他每一个逆着时间的后延(那是一件不可能的事),他却变得比自己年少些。在这两个情形里,前一种变是"由己的",后一种是"依它的"。后者虽然是依附前者的,但没有后者的依附,前者根本不可能。(试问:如若乙是和甲同样贫富,甲能在变得比乙富些的历程里么? 如若甲是和他自己同年龄,甲能在变得比他自己年老些的历程里么?)所以在这一点上,后者是前者的条件,后者是不变的变。因为它不变,所以二十岁的人变为二十一岁,却不同时变为十九岁;但另一方面正因为它变,这人才变为二十一岁。

(二) 3 和 4(ibid. 152 B—E)——这第三点:凡在时间里的皆永远是比自己年老些。在我们眼中和在柏拉图时代的希腊人眼中不同,那时的希腊人生长于一种特殊的思想背景里,依照那种思想,"是"和"变"是严格分开的:凡是"是的"不"变",是"变的"不"是"[④]。亚里士多德建立万有论始明显打破了那种偏见[⑤]。现在凡是受过这方面训练的人皆不认以上的第三点和第一点为不可并容的了,这即是讲我们也可接受这第三点。在它里面有一个我们所熟悉的现象被陈述出来,然而我们究竟有几人能了解这现象呢?

柏拉图解释这现象分以下三个步骤:他首先指明:凡是在时间里的在现在皆是比自己年老些。这一点我们可以借助下图来解释:

    ——→变动历程的方向
    ×————×————×时间
    过去 现在 将来
    ——→时间流动的方向

时间流动,凡在时间里的,譬如甲,皆随着它变年老些。时间的流动是由过去到现在,由现在到将来。因此甲变动的历程必经过现在,当这个历程达到现在时,甲停止变年老些,它不变年老些,它已变成年老些,它是年老些了。何以如此呢?因为凡是一个变动皆是从一 terminus a quo(起点)到一 terminus ad quem(终点);变动的历程即存于其间。当变动者尚未达到 terminus ad quem 时,这个历程继续进行;当它达到这点时,变动的历程即完结。所以,如若甲仍向 terminus ad quem 进行,它还在变年老些的历程中;当它达到这点时,这个历程即完结,由过去出发的变动历程即以现在为 terminus ad quem。所以当甲达到现在时,或用柏拉图自己的话,"当它为现在所执者"时,它已变成年老些,它即是年老些了。

柏拉图次一步指出:甲无论在何时,那个时候皆是现在。这话的完全意义我们不能立即了解,然而我们已可见到以下一点:就是在普遍所谓的时间的三部分——过去、现在和将来——里,"现在"独占特殊的位置,如若"甲无论在何时,那个时候皆是现在"。这即谓:甲不在将来和过去里。我们只从这一点出发,考求以上一语的意义。

甲如何不在将来里?譬如普遍所谓某物将在二分钟后产生,乃指当时间流动二分钟以后,这事乃产生。当这事产生时,将来已不是将来,乃是实现了的现在。再如普遍所谓:某事在三百年前已产生,乃谓在时间的活动达于三百年前那个阶段时,这事刚产生。当这事产生时,那时候尚是未消沉了的现在,尚非过去。这样,任何的无论在何时,那个时候皆是现在。

这里我们必须分别两种不同的现在。这里所谓的现在不是固定的现在(譬如一九四二年四月十四日二十三点钟十三分当写这字时),乃是流动的现在。固定的现在不能伴随甲经过甲存在的整个时间,它只能在时间历程中某一横断面上(cross section)伴随它。流动的现在不限于这个历程中任何一个横断面;时间在这历程的任何横断面上时,它自身即是现在。因此甲无论在何时,那个时候皆是现在,流动的现在。

柏拉图由于第一个步骤指明:凡是在时间里的在现在皆是比自己年老些;由于第二步骤指明:凡是在时间里的无论在何时,那个时候皆是现在;由此他第三步推论:凡是在时间里的永远是比自己年老些。

这里所谓"是比自己年老些"乃指"变得比自己年老些"。因此以以上第一点和第二点为根据(参见二、(一))产生出第四点来:凡在时间里的皆永远是比自己年少些。

(三)5(ibid.141 C—D,152E)——这第五点:凡在时间里的皆和自己有同一年龄,这也是我们所熟悉的一个现象;在这点上普通人也可同意柏拉图。柏拉图关于这点的思想也很简单,依据 1 和 2,凡在时间里的皆变得比自己年老些和年少些,依据 3 和 4,凡在时间里的皆永远是比自己年老些和年少些。这里所谓"是",如我们以上已指明出来的,乃指"变成"。由此柏拉图推论:无论怎样变成,变成怎样,它们所占据的时间不能比甲自己在时间里的持续长一秒或短一秒;反之,乃是和它同样长短。这样它和它自己有同一年龄。

(四)由 1 至 5 点皆就着年龄视察甲和它自己的关系,其中初看起来,仿佛是矛盾的,事实上只是从不同的方面对这个关系的视察。1、2 和 3、4 之间的矛盾并非实有的。因为所谓"是"只是"变成",这样"变"和"是"并非分开的,乃是互通的;这就是柏拉图的那句名言"变入于是"($\gamma\acute{\varepsilon}\nu\varepsilon\sigma\iota\varsigma$ $\varepsilon\grave{\iota}\varsigma$ $o\grave{\upsilon}\sigma\iota\acute{\alpha}\nu$)⑥所表示的。1 和 2、3 和 4 之间的矛盾也非实有的,它只是"变"和"变成"的两方面:1 和 3 里的"变"和"变成"乃是"由己的",2 和 4 里的乃是"依它的"。1、2、3、4 和 5 之间矛盾也并非实有的。这是因为"由己的变成"和"变成"以及"依它"的"变"和"变成"乃是这同一个年龄的内容。

三

(一)6(ibid. 154 A—C)——这第六点:年龄的差别是一成不变的,这也是一个我们所熟悉的现象。柏拉图叙述它如下:如若甲比乙年老些,这年龄的差别生成是多少,即永远是多少,以后再不变更。甲不变得比乙更年老些,乙也不变得比甲更年少些。具体地讲,如若某甲比他的弟弟某乙早生一年,一年、两年或八年、十年,以至千千万年以后,甲比乙仍只年长一岁,乙比甲仍只年幼一岁。

这只是从表面上了解柏拉图的话,然而这话还有更深的意义。从第一点我们知道:凡在时间里的皆变得比自己年老些。这样,甲和乙皆夹在时间之流里向着将来移动。但它们只各自地变得比自己年老些,并不相互间变得年老些和年少些,它们中间的年龄差别永不增加或减缩。在这个事实里蕴藏着一个原则,即它们在时间里移动的速度相等。如若我们将所谓年龄不只限于生物的一个特征,却认它为指示任何在时间里持续的久暂(柏拉图所谓年龄在这里原不是狭义的),这样,不但以上所言的某甲和他的弟弟,不但任何两个生物,而且凡是在时间里的一切,它们在时间里移动的速度皆是相等的。

如若我们再追求这个结论的意义，问：何以万事万物在时间里的移动皆有相等的速度？我们必然作以下的解答：只在一个条件下它们可以如此，即它们在时间里的移动没有私自的速度。它们以时间流动的速度为速度，这不是一句无色彩的话，乃是一个具有特质的思想；柏拉图自己的思想事实上是否达于这一点，我们不能确定；然而这点和以上所讲的却有密切的关系。以上我们已见到：任何的无论在何时，那个时候皆是现在。如若任何的在时间里的移动以时间流动的速度为速度，那么，它的移动历程里的一切互相衔接的阶段，皆依次垂直于时间流动历程中的许多互相衔接的阶段。整个的时间只是现在的流动；时间历程中的每一阶段皆是现在。这样，当任何的在它的移动历程中每一阶段上时，它皆在现在里。

我们虽然不能决定，柏拉图确实主张万事万物在时间里的移动以时间流动的速度为速度，然而无疑地他主张：甲和乙在时间里移动的速度是相等的，譬如比乙年长一岁的甲永远只长一岁，乙永远只年少一岁。柏拉图不仅明晰见到这一点，而且还认它是一个普遍原则的殊例，这个原则乃是："相等的加于不相等的时间或其他的——永远造成相等的差，如原来所差的"；或用数学公式写来：$(a+x)-(b+x)=a-b$

（二）7（ibid. 154A—155B）——第六点：年龄的差别是一成不变的。这是普通人所见到的，虽然他们不如柏拉图见得这样深远。第七点：年龄的差别永远变更……，看起来似乎和6冲突，这一点是普通的人认为"诡辩"的；然而这在事实上却不是"诡辩"。第六点中所谓差别，用数学名词表达，乃指"差"。第七点中所谓差别乃指"甲和乙年龄之'差'一成不变，但它们的年龄之'比'永远变更。"表达柏拉图关于第七点中 a 和 b 两条的思想最好用现代的数学方式。

7a：年老些的相对于年少些的永远变得比以前年少些：

设 a 代表甲的年龄,

b 代表乙的年龄,

a > b

x 代表任何时间,

a∶b 代表甲的年龄比乙的年龄。

$$\frac{+x}{a+x : b+x} \qquad \frac{a}{b} > \frac{a+x}{b+x}$$

若 x 的数值愈大, $\frac{a+x}{b+x}$ 的数值愈小,这乃表示甲的年龄对于乙的年龄之"比"随着两人年龄的增加永远变小些。我们再回到以上所举的实例：甲长于乙一岁,当甲两岁时,乙一岁,甲比乙年长两倍；当甲三岁时,乙两岁,甲比乙只年长一倍半；当甲四岁时,乙三岁,甲比乙只年长一倍又三分之一。……这样的,甲相对于乙每一年变得比以前年老得少些。在这意义里他永远变得比以前年少些。

7b：年少些的相对于年老些的永远变得比以前年老些：

设 b∶a 代表乙的年龄比甲的年龄,b < a

$$\frac{+x}{b+x : a+x}$$

$$\frac{b}{a} < \frac{b+x}{a+x}$$

若 x 的数值愈大, $\frac{b+x}{a+x}$ 的数值愈大。这乃表示乙的年龄对于甲的年龄之"比"随着两人年龄的增加永远变大些。这样乙相对于甲,每一年变得比以前一年年少得少些。在这意义里变得比以前年老些。

7c 和 7d：——

无论 x 的数值如何大，

$$\frac{a+x}{b+x} > 1,$$

$$\frac{b+x}{a+x} < 1,$$

这样 $\frac{a}{b} > \frac{a+x}{b+x} > 1$

$\frac{b}{a} < \frac{b+x}{a+x} < 1$。

所谓"年老些的相对于年少些的永远变年少些"，乃指甲的年龄对于乙的年龄之"比"永远变小些，然而他们的年龄之"差"并不变动。所以年老些的仍然是年老些，并不变成年少些的或是年少些。同样情形关于所谓"年少些的相对于年老些的永远变年老些。"

（三）6 和 7 两点皆就着年龄观察甲和乙的关系，它们看起来仿佛是互相冲突，不能并存；然而这在事实上却不然。第 6 点所谓：年龄的差别是一成不变的，乃指两个年龄之"差"。第 7 点所谓：年龄的差别永远变动……乃指两个年龄之"比"。"比"的变动有不同的两个方向：其一是数值低落，譬如 $\frac{a}{b} > \frac{a+x}{b+x}$（第 7 点 a 条）；另一是数值高涨，譬如 $\frac{b}{a} < \frac{b+x}{a+x}$（第 7 点 b 条）；然而两个年龄之"比"无论向何方向变动，皆丝毫不影响那两个年龄之"差"。这样，6 和 7 视若矛盾，但事实上乃是对于甲和乙在年龄方面所有的两个不同关系的观察。7a 并不自相冲突，因为所谓年老些的相对于年少些

的变得比以前年少些,乃指甲的年龄对于乙的年龄之"比"数值低落,并非甲的年龄减小;由于相反的理由,7b也并非自身冲突。

四

我们现在已将当前研究里的第一步工作做完了。我们已从思想方面去了解以上的七点,发现它们里视若矛盾的事实上并非矛盾,乃是从不同方面的观察。完成这个研究,还有第二步工作要待我们去做,即从历史方面考查柏拉图的思想是否如我们所解释的。(a)因为"是"只是"变成",所以在关于甲对于他自己在年龄方面的关系里(二),所有五点之中第一和第二两点乃是中心的部分。依照我们的解释,第一点里所讲的"变"乃是"由己的",第二点里所讲的乃是"依它的"。现在我们即须考证这样的分别确实是柏拉图的。(b)关于甲对于乙在年龄方面的关系(三),我们用了以下三个数学公式解释:

$$(a+x)-(b+x)=a-b,$$

$$\frac{a}{b} > \frac{a+x}{b+x}, 假设 a>b,$$

$$\frac{b}{a} < \frac{b+x}{a+x}, 假设 a>b。$$

现在我们即须考证这三个公式确实是柏拉图所知道的。

(一)我们以上已讲明这"由己的"和"依它的"乃是亚里士多德的名词。不但名词是他的,而且他还将这两个名词所指示的区别应用于变动上去。在《物理学以后诸篇》中,他贬低关系的地位,以它为最非本质的。他所持的理由乃是在以下四种范畴："本质"、"数量"、"性质"、"处所"里皆各有一种特殊的变动,在关系里却缺此。"因为不取助于变动",一个关系者"一时将或为大些的又一时小些的或同等大小的,当另一个在数量方面变动了时"⑦。这样,后一个关系者的变动是"由己的",前一个的是"依它的"。但这只是亚里士多德的思想,我们不能即由此推论柏拉图也有这思想。然而胡适之先生的那句名言:"凡是一种思想皆有它的历史",若应用在这里,我们必自然的去寻求亚里士多德的这个思想的来源。

关于关系的分析,在亚里士多德以前的哲学家中贡献最多的,就现在的知识所及,乃是柏拉图。于是我们必先向柏拉图的著作里去寻找,在《Theaet. 篇》中有以下一段话,那是假托苏格拉底对 Theaet. 讲的:"……我有某样体高,并且我是比你高,我在一年之内可以不取助于体高的增或减;以后我将不比你高,不是我缩小,乃是你长大。在这种情形里,我以后将是我以前所不是的,然而我未变动。"⑧这里也是两种不同的变:Theaet. 的变是"由己的",苏格拉底的是"依它的"。这一节显然是亚里士多德的那个思想的来源,即从最微末的、不重要的地方也可看出;因为这里的例子是体格高度的变更,即是数量方面的变更。然而柏拉图在那里所著重的,不是这个"依它的"变。他叙述了关于"由己的"变的三条原则⑨,然后再指出这"依它的"变来,并且感觉困难,因为它和那三条原则冲突。这点表示柏拉图首先发现了"由己的"变,以后始发现"依它的"变,但他在著作《Theaet. 篇》时还未能同样地看待这两种不同的变。

《Theaet. 篇》因为是纪念在纪元前三六九年的战争中受伤因而

殒命的 Theaet. 的⑩，大约作于此后一、二年间。《巴曼尼得斯篇》的著作时期，现在的柏拉图学者中大多数承认是在《Theaet. 篇》以后，约在纪元前三六六至三六〇之间。我们很有理由设想：柏拉图在著《Theaet. 篇》时，在"由己的"变以外发现了"依它的"变，但尚未能立即将它和"由己的"变同样看待；但在此后几年间先入的见解势力消减，于是在著《巴曼尼得斯篇》时认它和"由己的"变同是事物里所有的两种不同的变。这样，这两种变动发现的历史线索分明呈现在我们面前，即从《Theaet. 篇》至《巴曼尼得斯篇》至亚里士多德的《物理学以后诸篇》。

（二）我们在（三）里应用了三条数学公式去解释以上七点中第六和第七两点。那三条公式在现在诚然是差不多尽人皆知的，然而在柏拉图的时代是否已发现，柏拉图是否知道它们，还是尚待研究的问题。如若我们不能证实这两点，以上的解释完全犯了哲学史的人所应避免的毛病，所谓"时代错乱"。诚然，柏拉图自己的词句⑪暗示我们这些公式；然而为了审慎，让我们不即以这暗示代替我们所应当寻求的证明，以免犯了治哲学史的人应当避免的第一弊病，即"要求前提"。待至我们从其它出发点证明了以上两点以后，在这个稳固的基础上，我们方可认那些词句不仅是暗示，乃是那些公式的文字陈述。我们先研究

$$(a+x)-(b+x)=a-b$$

在亚里士多德的《分析后篇》里，他常举这一条公理：如若由相等的减去相等的其余相等⑫为例。既是常被举为例子的，必是人普遍知道的。因此有些数学史家推论，在亚里士多德的生徒当中，必已有某本几何原理教科书存在，那条公理以及亚里士多德所举的数学方面的其它例子皆在里面。这本几何原理大约即是 Theudios

所编纂的⑬。这个推论是很可置信的,我们且随从他们假设这一点。如若在 Theud. 的几何原理里载有上述那条公理,而人也知道下一公理,即如若相等的加于相等的其和相等;因为后者即是前者的还原。他如若知道后一公理,也必不能不知道:如若相等的加于不相等的,其和仍如前不相等;因为如若人知道相等的必同时知道不相等的,相等的即是非不相等的,我们以上所用的那条数学公式亦即是这条公理。

依据 Proklos 的《欧几里得几何原理》卷一注,Theud. 乃是(在欧几里得以前)编纂几何原理的人。他和 Eudoxos 等人在柏拉图的学院里共同研究⑭,James Adams 根据 Allman(Greek Geometry from Thales to Euclid, p. 178)以为 Eudox. 和他的生徒住在学院里工作,约当柏拉图的第二次和第三次往叙拉古之间,即纪元前三六八至三六一年⑮。在那个整个时期或其中的一部分里,Theud. 必也在学院里,否则他不能在学院里和 Eudox. 等人在那里共同工作。那个时候差不多正是柏拉图著《巴曼尼得斯篇》的时期。这样,柏拉图必从 Theud.(如若他不从它处)知道:如若不相等的加于相等的其和仍如前不相等。因此,柏拉图自己的词句我们即可认为是这条公理的文字陈述。

但柏拉图是否也知道以下的两条数学公式呢?

$$如若\ a > b$$

$$\frac{a}{b} > \frac{a+x}{b+x},$$

$$\frac{b}{a} > \frac{b+x}{a+x}$$

因为它们皆是关于"比"的,要解答这问题,我们应先参考《欧

几里得几何原理》第五卷。那里没有这两条公式,但却有以下一命题[16]

$$a:b = ma:mb$$

"乘"和"加"并非根本不同的,乃是希腊人已经知道的。从柏拉图我们即可见到 $2 \cdot 1 = 1+1, 3 \cdot 1 = 1+1+1$[17]。这样 $m \cdot a$ 即等于 a 加 a 加至 m 次, $m \cdot b$ 即等于 b 加 b 加至 m 次。于是

$$\frac{ma}{mb} = \frac{a+(m-1)a}{b+(m-1)b},$$

那么

$$\frac{a}{b} = \frac{a+(m-1)a}{b+(m-1)b}$$

但 a 和 b 的数值不等,因此 (m-1)a 和 (m-1)b 的数值也不等。那么 V15〔编者按:V 即《欧几里得几何原理》卷五〕的意思,乃是如若以这两个不等的数,即 (m-1)a 和 (m-1)b 分别假定加于 a 和 b 上去,由加所得的两数之"比"等于这两数所加到的两数之"比"。如若一个数学家发现了这个公理,他必自然地问:如若以两个相等的数加到 a 和 b 上去,$\frac{a}{b}$ 的数值和新得的"比"的数值有什么关系?这个问题引导他发现:在这情形下,原来的"比"和新得的"比"数值不等,即:

$$\frac{a}{b} \neq \frac{a+m}{b+m} \quad (\text{如若 } a \gtreqless b)$$

这个公式就是我们以上用以解释第六点和第七点的。这样,发现欧几里得的《几何原理》V15 的人必然知道:

如若 $a > b$

$$\frac{a}{b} > \frac{a+x}{b+x},$$

$$\frac{b}{a} < \frac{b+x}{a+x}。$$

《欧几里得几何原理》卷五,依据一个失了姓名的同卷注释家所说,乃是"柏拉图的先生 Eudox. 的发现"[18]。这样,Eudox. 必知道这两个公式。至于它们何以不见于《欧几里得几何原理》卷五中,理由很显明,那书卷五是以比例为对象的,比例乃是"比的相等"[19],因此它们是 ex definitione 不能收入。

那位注释家以 Eudox. 为柏拉图的"先生",这点是否事实,对于我们当前的问题无关,且置不究。从以上我们已经知道他们两人的关系是怎样密切,这已是证明:如若 Eudox. 既然知道那两个公式,柏拉图却不知道,是件不可能的事。然而也许 Eudox. 发现 V15 是在他离开了学院以后;即使事实真是如此,这不足阻止柏拉图知道几何学方面的新发现,何况这发现又是他的"先生"(?)、"学生"(?)或老朋友 Eudox. 的!我们皆知道柏拉图是怎样重视几何学的人[20],Eudox. 殁于柏拉图之前[21],因此 Eudox. 的发现柏拉图不会根本不知道的。

五

从柏拉图的"年龄论"我们可以明白看出,怎样对于年龄这一点,普通人的见解囿于一隅,柏拉图却看到各方面。甲和他自己在年龄方面的关系,本有两方面,它们以"由己的"和"依它的"变为基础。普通的人因为不能认识"依它的"变,只见到甲变得比自己年老些这一点;但柏拉图见到了这两种不同的变,见到甲同时也变得比自己年少些。甲和乙年龄方面的差别本有两种:普通的人只见到它们的"差",柏拉图却同时也见到它们的"比"。事物自身本有这两方面,除了习惯的见解以外,还有任何其他的根据只承认其一不承认其它? 然而正因为突破这种习惯的见解,柏拉图的年龄论反而被那些囿于这习惯的人指为"诡辩"。这里隐藏着一个哲学史研究的原则,即研究者自身在系统哲学方面造诣的深浅决定他对于伟大哲学家了解的精粗与真妄。

注 释:
①编者案:原稿湮漫,本注阙漏。
②同①。
③同①。
④同①。
⑤同①。
⑥Phileb.
⑦Aristotle, Metaphysica N1, 1088a 29—35.
⑧Theaet. 155 B—C.
⑨Ibid. A—B.
⑩同①。
⑪同①。
⑫同①。
⑬T. L. Heath: A History of Greek Mathematics, Cambridge. Vol. 1. p. 355.
⑭同①。
⑮The Rep. of Plato, Vol. II, p. 124.
⑯同①。
⑰同①。
⑱同①。
⑲同①。

⑳同①。
㉑Eudox. 殁于355B. C. Diog. VIII 90；Plato 殁于347B. C. Diog. III 1.

（根据未刊原稿）

柏拉图的有神目的论

麦克伦敦(Mc Lendon)博士以《没有神的柏拉图》这个惊人的题目,向我们有趣地说明了柏拉图有神论思想的发展。他告诉我们:"我对他〔柏拉图〕有这样一种看法,我发现他这位从事系统发展的思想家在进行一项伟大的实验,试图使他的思想臻于完善,先采取一种方式,然后又采取另一种方式,而始终摆脱不了阿那克萨戈拉所抱的那些希望。"①"一种方式",照他说就是"他中年的某种理性无神论,即一种目的论"。"在《费都篇》中,我们发现柏拉图中期是深思熟虑地、高度理性地背叛有神论。"另一种方式是柏拉图"晚年的理性有神论"。②

麦克伦敦的文章里总共有三个要点:(1)柏拉图中年的即《费都篇》和《国家篇》中的无神论;(2)他晚年的有神论;(3)从无神论发展到有神论,这是二者择一所造成的结果。首先,我们不能同意麦克伦敦说的"《费都篇》中背叛有神论",虽然他正确地看到了这篇对话中的目的论。可是他的着重点恰恰是摆在所谓背叛上的。在我们看来,柏拉图的目的论和他的有神论并不是对抗的,或者用两个更精确的术语说,以"相"为中心的目的论和以"神圣心灵"为中心的目的论并不是对抗的。意思就是说,《费都篇》中的"相"(eidetic)③目的论和有神目的论并没有对抗。其次,从"中年的无神论"转变到"晚年的有神论",也不是出于单纯的选择,而是柏拉图思想的内在必然性所决定的。一旦有了《费都篇》中那种思想情况,柏拉图便不能再选择麦克伦敦所设想的第一种方式,变成"德谟克利特式"的自然哲学家了。在本文中,我将说明这两点看法。至于柏拉图晚期对话中有有神论,是没有人会否认,也不能否认的。

一

我们从麦克伦敦开始解释《费都篇》的地方、也就是从这篇对话中"苏格拉底"说到他年轻时的故事开始:

> 当我年轻的时候,克贝斯,有一种强烈的愿望,要想知道那部分称为研究自然的哲学;要想知道事物的原因,以及事物为什么存在,为什么生成和毁灭。这在我看来是一种高尚的职业……④

对这些属于研究自然的物理因果关系的问题,以及对逻辑—数学问题的思考,将他引入完全无知的状态。在他对这种机械的思想方式表示不满以后,他又说:"但是在我心里有了一种新的方法的某些模糊观念,不能再承认别的了。"⑤这就是在《费都篇》中放弃了对现象作机械论解释的地方。⑥有趣的是这个"苏格拉底"在这时候已经有模糊观念的"新的方法",竟然逃过了注释这篇对话的人的注意。这种方法是什么? 它的否定方面是清楚的:它是一种和"苏格拉底"说他不能承认的机械论方法不同的方法。但是它的肯定性质是什么呢？

让我们暂时搁下这个问题，先听听"苏格拉底"下文是怎样说的：

> 后来我听到有人读一本阿那克萨戈拉的书，他说，心灵是一切事物的安排者和原因，我很喜欢这个看法，它看来真是可以十分赞美的……⑦

"苏格拉底"从有人读阿那克萨戈拉书真正听到的，只是这句话："心灵是一切事物的安排者和原因"，没有别的。这是一个一般的命题，却是一个具有有神论性质的命题。⑧听到这个有神论的命题，"苏格拉底"喜欢了。为什么呢？仅仅因为这是一个机会，使他可以回答那个困扰他的问题，再没有别的了吗？

我们还是先追随"苏格拉底"的故事吧：

> 我对自己说，如果心灵是安排者，心灵将把一切事物安排得最好，将每一个特殊事物摆在最好的位置上；我论证，如果有人希望找出任何事物的生成、毁灭或存在的原因，他必须找出什么状态对那事物的存在或动作和遭受是最好的状态；所以，人只要考虑什么是对他自己或别的东西是最好的，他也会知道那最坏的，因为同一门学问理解好和坏两方面。⑨

这里有两个推论。第一个推论的意思是世界是有目的的，一切事物无论作为整体或是个别的，它们的现实存在便是最好的。第二个推论是,宇宙的原因论解释必然是目的论的。⑩这两个推论都不是"苏格拉底"从阿那克萨戈拉书中听来的,而是他自己推论出来的。如果这两个推论不是照阿那克萨戈拉的学说,⑪而是照它们实在的情况正确理解,便不会毫不迟疑地将 deuteros plous〔第二次航行〕(下文将更多论述)解释为经过深思熟虑背叛无神论的。因为在那个情况下会说柏拉图背叛了他自己的学说。那样,在被假定为先于"理性的有神论"的"理性的无神论"以前,还要加上一个在先的有神论;而决定由这一个转变为另一个的"选择"也可以有双重根据了。这样,整个发展变成如此偶然,以致人们需要一再校正他的全部解释。

然后"苏格拉底"又继续说:

> 我很高兴,以为在阿那克萨戈拉那里已经发现了一位我所期望的指明存在原因的导师了,我想象他会先告诉我大地是扁平的还是圆的;至于哪一种是真的,他还要说出其所以如此的原因和必然性……我想我还会继续问他关于太阳、月亮和星辰……以及它们的回归和各种主动和被动状态,为什么它们都是最好的……我想,当他给我详细说明每一个和全部的原因以后,他还会对我解释对每一个事物什么是最好的,以及整体的"善"是什么。⑫

在这一节中,"苏格拉底"先表示他的高兴,这将我们引回到当他第一次听到阿那克萨戈拉书时所经验到的那种感情。⑬上文我们提出有关这种感情的问题,在这里得到回答。他喜欢阿那克萨戈拉的"心灵是一切事物的安排者和原因"这个一般的命题,因为这正是他所期望的解释。⑭

他在什么时候开始有这种期望的？这不会在他已经不满于机械论方法以前，也不会在他已经听到读阿那克萨戈拉的书以后；它只能正好在这二者之间。正是在那个时候，像他告诉我们的，他有了一个"新的方法的模糊观念"。⑮这种新的方法和阿那克萨戈拉关于心灵的一般命题很可能是基本相同的。"苏格拉底"听到时感到喜欢，是因为这个一般命题和他的期望是一致的；但在那个时候，对于这种心灵的原因论，他还只有模糊的观念。如果我们对这种"新的方法"的阐明是可信的——至少没有正面的根据来反对它——那么，在这篇对话中以所谓"理性无神论"反对的，被认为是"深思熟虑地、高度理性地背叛"的有神论，实际上是"苏格拉底"自己的立场。这就是说，当他对机械论方法感到不满以后，立即有了一种有神的因果关系的观念。不过这还只是一个模糊的观念，所以他希望阿那克萨戈拉会更明白清楚地告诉他。

不仅模糊观念要成为一种学说还差得很远，而且这个一般命题，直到它被证明能详细地说明事实以前，它的真理性是不能得到承认的。所以"苏格拉底"希望阿那克萨戈拉会在个别事例的应用上证明他那个一般命题。他要自己去读阿那克萨戈拉的书，他读后的印象是这样的：

> 我抱着多大的希望，又感到多么失望！我再读下去时，发现这位哲学家完全放弃了心灵或任何别的秩序的原则，而是回复到气、以太、水以及别的稀奇古怪的东西了。⑯

接着他就嘲笑阿那克萨戈拉——如他之留在监狱中而不逃跑的例

子。然后他将阿那克萨戈拉和别的伊奥尼亚自然哲学家合在一起加以谴责：

> 我奇怪,他们竟不能将原因〔心灵求善的决心〕和条件〔形体〕区别开来,后者是多数人在黑暗中感觉到、总是弄错或叫错的。⑰

这些就是"苏格拉底"对阿那克萨戈拉感到的失望,也是对他的批评。后者的错误简单说就是:他像别的自然哲学家一样,绝对没有用目的论解释自然的观念——尽管在事实上,他和自然哲学家相反,提出了"心灵是一切事物的安排者和原因"这样的一般命题。这难道是一个"强有力的反对有神论的论证"吗？我们以为柏拉图否认这个一般命题有真理性的根据只在于:这样主张的人并没有用它去解释具体实例的意思,难道不是正当的吗？再说,我们不应忽视这个事实,即在整个这一节中,"苏格拉底"认为目的论的解释比机械论的解释好。下一段话可以证明这一点：

> 我可以将他〔阿那克萨戈拉〕比作这样一个人,开始他一般地主张心灵是苏格拉底动作的原因,但当他要努力细致地解释我各种动作的原因时,他却说我坐在这里是因为我的身体是由骨头和肌肉造成的……这就是为什么我以弯曲的姿势坐在这里的原因——这就是他要说的……忘记提到真正的原因,即雅典人认为给我判刑是合适的,因此我认为留在这里服刑是比较好、比较正确的……在所有这一切中,正是把原因和条件搞乱了。实际上,可以说如果没有骨、肉以及身体其它部

分,我便不能实现我的目的。但如果说我这样做是因为身体的部分,而且心灵也是以这种方式活动,并不是选取那最好的东西,那便是粗心的、懒惰的说法了……他们没有想到责任和善的力量;而这正是我乐于学习的原则,如果有人会教我的话。但是我既不能自己发现它,也不能从任何别人那里学到这最好的本性。如果你喜欢,我可以告诉你探究原因的第二个最好的方式。[18]

这是一个目的论解释的例子,说明将真正原因的心灵和只是作为条件的物质东西相对比。无论如何,目的论决定一个事物,是从对这事物好的观点看的。而在那个时候,"苏格拉底"至多只能将这类目的论的解释扩充到一切人类活动。即使这样扩充到人类活动以后,也还不足证明他要从阿那克萨戈拉关于心灵的一般命题中得出有神目的论。"苏格拉底"完全清楚他无力证明它,坦白地承认这个事实。这种坦白承认和背叛有神目的论当然是不同的。一位真正的哲学家——柏拉图当然是一位这样的哲学家——因为自己不能证明一个论点为真理,只有模糊的观念,难道能说这是他拒绝这个论点的态度吗?对于一个正常的心说,它拒绝一个论点同时又期望这个论点,在心理上是可能的吗?如果这些问题不能肯定,那么,以上引文不能构成柏拉图在《费都篇》中反对有神论的另一有力论证。

如果这个结论还不能被接受,最后就只能用 deuteros plous 这个短语的字义来解决了。这个通常说法是指"其次的最好方式"。[19]上引乔伊特(Jowett)的翻译是严格的。这"其次的最好方式"就是下文立即提出的"相"原因论。这种原因论对于什么说是

"其次的最好方式"呢？答复是清楚的。它是仅次于那个"苏格拉底"既不能自己证明，也没人能教他如何证明的有神目的论。这种失败就是他为什么要采取"其次的最好方式"的理由。他将有神目的论理解为 protos plous[第一航行]，这 protos，不仅在时间上而且在价值上是最好的。⑳所以在第一种方式和第二种方式之间，在有神目的论和《费都篇》中，"相"目的论之间并不是对抗的。它们其实只有价值的不同，高级价值归于有神目的论，虽然柏拉图实际提出的只是一种"相"目的论。柏拉图想要有神目的论，可是在他当时还无法建立这种有神目的论时，"相"的目的论则不失为能实现同样任务的一种可能的手段。在建立这种有神目的论以前，还需经一段长途跋涉，其起点正在《费都篇》中，除了 deuteros plous 本身外没有别的。现在我们说明从《费都篇》的开始点一直到柏拉图后期对话的有神目的论的发展过程中各个显著的阶段。

二

（一）"苏格拉底"在他的 deuteros plous 中第一次提出他的假设方法。假设就是假定"相"存在。"有绝对的美，绝对的善，绝对的大，等等；承认了这一点，我希望可以对你说明原因的本性……。"㉑原因的本性是什么呢？我们可以引用他的回答如下：

> 我不能想象除了绝对的美以外，还有任何美的事物能够是这样的；美的事物所以能够美，是因为它分有绝对的美——

对每一事物我都要这样说。㉒

假定有一朵美的玫瑰花,它所以美,是因为它分有了"美之相"。"美之相"是原因,玫瑰花有这种美的规定性,是因为它分有了这个"相"。这是一种"相"的原因论,和将原因归于颜色、物理形态之类的机械论解释不同。㉓

分有(metexis)是某种静止的事情,是一种状态。在玫瑰花有(echei)美这种规定性以前,它必须先获得(metalambanein)这种规定性。这样便将我们引到这个问题的动态方面:玫瑰花怎样变成美的?这个问题,在《费都篇》里作为"苏格拉底"早年的探索经历最初提出来时,有静态和动态两个方面。它探求生成和毁灭的原因,不亚于探求存在的原因。㉔这里提出的"相"原因论只能应用于存在的问题。要解释变化的问题,这个原因论还需要进一步说明。

(二)事实上,在同一篇对话的另一处更为精确地说明了这一点。在那里,"苏格拉底"说到回忆,并举"等之相"为例:

> 那么,在我们第一次看到等的事物以前,必然先知道"等";回想到一切显得等的事物努力要达到绝对的等,但总是不如它。㉕

在这里我们不讨论柏拉图的回忆说,引起我们兴趣的只是这段引文最后那句话。麦克伦敦在《费都篇》这段话中看到柏拉图的目的论,这是正确的;但是他不认为这值得分析。我现在也不再重新分析,只将以前曾经公开分析过的结果㉖再提出来。这句话中包括四个因素:(1)显得是等的事物,即物质的东西如木头和石头的相等部分;(2)等之相;(3)显得是等的事物努力要达到绝对的等;(4)它们不如它。

木头的部分是相等的,按照一般的"相"原因论,它们之所以有等的规定性是因为它们分有绝对的等。分有的原因是什么呢?是它们努力要达到绝对的等而又不如它。这并不是说它们的努力完全没有任何肯定结果,而是它们只能得到一定程度的等的规定性,但不能完全。这种努力便是它们分有绝对的等的原因。可是这种努力(oregesthai)是没有原因的吗?它的原因便是它的对象,它的 telos[目的],即 orekton[努力要达到的东西],在当前的情况中,这就是"等之相"。这样,物质的事物获得一种规定性,是由于它分有了相应的"相"的结果,是以这作为 orekton 的"相"为原因的。[27]

这是对变化所作的目的论解释,而且是"相"目的论,因为这个目的论是以"相"为中心的。这也是"相"原因论的更完满的表述。它不仅应用于变化的问题,也应用于存在的问题;因为一种物质事物的规定性的存在也就是它变化的终止。一切物质事物都努力要达到完全的"相"的状态,但永远达不到那样完全。所以自然界中有一种永恒的努力。为要解释这种永恒的变化,以及随之而来的解释存在,柏拉图在《费都篇》中——还没有他所期望的、当时不能建立的有神目的论的时候——便以一种"相"目的论作为 deuteros plous。

(三)这种 deuteros plous 开始于《费都篇》,到《国家篇》中的"善之相"达到顶峰:首先,在《费都篇》中假设的"相"被归为"非假设原则"的"相"。第二,在这里,彼此互不联系的不同的"相"的因果关系在一个作为最后原因的"相"中统一起来,从这个"相"得到它们的存在和实在性，同样也得到它们被认知的力量。[28]

这个"非假设的原则"是以什么性质成为最后原因的呢？也是目的的性质吗？比起刚才所说的两点来，我们更关心这个问题的回答。让我们先听柏拉图自己的说法：

> 这个["善"]就是每个人的灵魂所追求的，也是他的一切活动的目的……——像这样的、如此伟大的原则，在我们的国家里将一切事务都托付给他的那最好的人，难道可以处于无知的黑暗中吗？[29]

这段引文需要作些解释。首先，"人的"这词在希腊原文中并没有相应的词，乔伊特添上它是从上下文可以说出道理的。那么，这个最后的原则，作为目的因的"善"仅限于人类活动领域吗？这个问题从柏拉图的话中看来可以得到肯定回答，因为他就说那么多。但是所假定的这种限制也有困难处。第一，它是建立在一种没有说出来的论证的基础上的。第二，柏拉图在《国家篇》这一部分中专门注意理想的统治者的教育问题，要希望他在这里考虑那些远离政治的别的事情，认为"善"也是它们的目的因，是不合理的。第三，如果万物的最后原则"善"只能在人类活动中起目的作用，那样它能以什么别的因果形式去作用其他事物呢？我们不要忘记，"善之相"除了善以外没有别的性质，正象"美之相"除了美，"正义之相"除了正义以外没有别的性质一样。[30]第四，"善"作为目的因，作为orekton，要假设灵魂的存在，这个理由是不能反对的。因此结论是"善之相"的因果关系不能超出有生命的事物。因为《费都篇》中出现的"相"目的论是默默假定万物有灵论的，这是从伊奥尼亚的自然哲学[31]一直延续下来——通过柏拉图,甚至直到亚里士多德的。[32]如果我们将这一切都考虑在内,《国家篇》中的"善之相"便显得是一种普遍的目的因了。所以,deuteros plous 在这一方面也达到它的顶峰。

(四)但正是在柏拉图这一篇"相"目的论得到很大成功的著作中,"相"的另一个概念,即作为原型的"相"的概念也变得重要了。让我们看看这是从哪里开始的。确实,《费都篇》中默默假定的万物有灵论取消了通常说的生物和无生物的区别,使"相"甚至可以成为没有生命的事物的目的因。可是,还留下一种区别,这就要求我们特别注意人们的创造活动。木头的相等部分努力要达到绝对的等,从物活论看这似乎是合理的;但如果说木头制造窗户的这一部分努力要达到"窗户之相",这样的物活论便是不可思议的。创造一个人工事物,从本义说,人的创造活动是必不可少的。柏拉图在《克拉底鲁篇》中清楚看到:是木匠将木头的这些部分造成窗户的。他是如何造它的?是碰巧吗?不是。

> 他不是指望那些自然适合做窗户的事物吗?——当然。假定在做的时候窗户坏了,他另做一个;他指望破的那个呢,还是寄希望于形式,照它另造一个呢?——指望后者。[33]

作为原型的"相"就是这样肯定的。"相"目的论必须以这种假设作为补充原因去解释 artefacta[人造物]的生成。

(五)"相"作为模型的概念和作为目的的概念并不矛盾,不仅因为它是后者的补充,而且因为作为原型的"相"在某种意义上也是目的。这便是为什么它们一起出现于那篇主要讲"相"目的论的

《国家篇》中看来并不奇怪的原因。但它们的目的方面却是次要的、低级的。"床之相"在一定意义上是用以造床的那部分木头的telos[目的],但它作为 telos 和《费都篇》所说"等之相"之为 telos 的含义是不同的;在后者,作为 telos 是这些木头的部分要努力达到的。我们还是根据《费都篇》中默默的假设。《费都篇》是假定物质对象有它们自愿的 telos,而在《国家篇》中,它们的 telos 是由工作者硬塞给它们的,在当前情况下,工作者就是木匠。当作目的因,模型的"相"(如床、窗户等)次于本来是目的的"相"(如等、美等)。何况,就它们的作用说,也低于工作者。工作者——木匠——在造床中担任的角色是非常重要的。没有他的介入,"床之相"便不能成为这部分木头的 telos,没有他的创造活动,木头便不能分有"床之相"。因为是工作者依据"床之相"制造床。㉞ 正象"床之相"同时是床的原型和目的,"善之相"也同样是理想国家的目的和原型。理想的统治者在处理公众事务和指导他们私人生活上都要依据这个原型。㉟

这样,从《费都篇》到《国家篇》的发展,通过《克拉底鲁篇》带进两个新的因素:"相"当作原型和当作造物者(demiurge)。这两个首次出现在《克拉底鲁篇》,然后在《国家篇》中变成重要因素,在那里,deuteros plous 达到它的顶峰。

(六)它们在《国家篇》中重现时,已不仅仅是《克拉底鲁篇》的复述。在《克拉底鲁篇》中,它们只不过是被假定了;在《国家篇》中,这种假定被逻辑地证明了。这证明就是用《费都篇》中教导的假设法。这些当作原型的"相"的存在是从一个更高的假设推论出来的。柏拉图说:"无论何时,只要若干个体有共同的名称,我们便假定它们有一个相应的'相'……"㊱用这种较高的假设将人造物当作原型的"相"的本体论状态逻辑地建立起来了。但是从这同一个假设也可以导致毁灭"相"目的论的结果。没有人比《国家篇》——在一个理想的国家以外,它还包括有病态的国家和病态的灵魂——的作者看得更清楚:在世界上还有不完善、恶、罪等等。每个不完善都有无数实例,若干相似实例有共同的名字。从而这更高的假设象假定正价值的"相"一样,逻辑地需要假定负价值的"相"。根据"相"目的论,"相"是事物努力,永恒努力所要达到的目的。如果假定负价值的"相"存在,进一步的结论必然是要永恒努力达到完全的负价值。这结论多么可怕!这是对《费都篇》所要的原始目的论——心灵将万物安排得最好,将每个特殊事物摆在最好的位置上㊲——以及对它的"其次的最好方式"的绝对毁灭。这种 deuteros plous 的发展现在会引到哪一种世界去呢!世界还是被安排得最好的整体吗?每一特殊事物还被安排在最好的位置上吗?"相"目的论现在终于达到这种学说的内在逻辑必然产生的危机了。

这个危机并不是我们自由想象出来的,它是历史事实。它记录在对话《巴曼尼得斯篇》中,在那里"少年苏格拉底"被这问题难住了:

> 苏格拉底啊,关于那些看起来可笑的,比如头发、污泥、秽物,或其他最不足重视的和最无价值的东西,你可也感觉困难,你会给它们每个都假定一个"相",或不能肯定吗?
>
> 苏格拉底说:决不,那些我们看见的,那些存在,如果相信有它们的某个"相",恐怕太荒诞了。然而这在过去已使我不

安,开始想并没有那种没有"相"的事物。后来当我刚停留在这一点上,我就逃跑,害怕坠入愚昧的深渊,毁灭掉我自己。我便逃到那里,到我们刚讲的有"相"的事物里,我消费时间研究那些。㊳

这种困难是明显的。一方面,逻辑不允许偏爱有价值的东西和蔑视下贱的东西;另一方面,如果承认"相"并不需要有所区别,结果便是苏格拉底清楚地看到的"太荒诞了"。结论是,如果要保存目的论——柏拉图没有别的办法——,它便不能建立在"相"的目的概念上。这样,deuteros plous 便变成不适当的了。

（七）"相"当作模型的概念对这问题有什么影响？当作原型的"相"在某种意义上也是目的。当用"相"目的论去解释事物已经被证明不适当时,能不能用当作模型的原因论代替它？让我们看看。在同一篇对话中对当作原型的"相"的概念也提出批评,那是：

> 他〔巴曼尼得斯〕说,但是如若个别事物是类似"相"的,那么在个别事物和"相"相似这点上,"相"不也必然类似个别事物吗？那类似的能不被认为类似于类似的吗？㊴

其结果就是 regressus ad infinitum〔无穷尽的倒退〕。所以这种批评看来和目的的"相"一样,是有同等毁灭性的。

但是有一种方式可以解脱这种困难。当作模型的"相"的概念的实在困难从后来亚里士多德对它的批评中可以看清楚。大意是说当作原型的"相"的概念要假定一个造物者;没有后者它便不能证明。[40]这样,第二种意义的目的论要在当作模型的"相"原因论维持下来,便只能在这样的条件下,即不能丢开造物者。事实上柏拉图也从来没有忘记他。第二,当作模型的原因论并没有留下说事物要永恒努力达到完全的负价值这样荒谬的结论,因为正是造物者将"相"归给质料,作为要在质料中实现的目的的。所以,当"相"目的论已经不适当时,当作模型的原因论看来可以是完成"相"目的论的工作的第二等方式。

刚才指出的这点当然表示当作模型的原因论比"相"目的论的优越性,它同时也表示为目的论解释的第二等方式。当模型的"相"起目的论作用时,这种因果关系实在是从造物者开始,而不是从"相"自身开始的。例如,床的构造如果用目的论解释,正当的解释并不通过当作原型的"床之相",毋宁是通过木匠,因为正是木匠在造床时以"床之相"作为床的目的。这样,要用目的论解释人造物的产生,不能停留在当作模型的原因论上,后者还需要有一个以造物者为中心的目的论。柏拉图在《国家篇》中强调了造物者的作用。在那里,这种新式的目的论虽然还被"相"目的论所掩盖,却是他的政治思想的基础。"善"自身确实是普遍的目的,因此它也是理想的统治者教育的目的。正是统治者将"善之相"在国家中实现;没有他们的活动,"善之相"只能在天上存在,不能在地上发现。[41]在人类创造活动中,起决定作用的是造物者,而不是"相"。这样,在 deuterous plous 破坏以后,在柏拉图思想中还留下的目的论是一种人—造物者的目的论。

(八)在《哲人篇》中,柏拉图发展了他的 diairesis[划分]法;创造活动的二分法给我们指出以下两个"亚属":

> 那么，让我们假定那些被说成是自然造成的事物是由神的技术造成的，而那些由人从这些东西造成的事物则是人的技术造成的。所以有两类创造活动，一类是人的，另一类是神的。㊷

在这里，作为造物者的神和作为造物者的人是平行地介绍的。后者是我们从《克拉底鲁篇》已经知道的。作为神圣造物者的神最早出现于《国家篇》，那里柏拉图将他当作"相"的创造者。麦克伦敦依照罗斯爵士没有将《国家篇》的这一段认真看待，这是正确的。㊸但在《哲人篇》里情况便不同了。第一，神的创造并非指"相"。第二，创造活动的二分法要引出"哲人"的最后定义。在这个论证中，神圣造物者和人相互平行论是必不可少的。所以柏拉图必然是严肃认真地对待"神圣造物者"这个概念的。正是这种平行论，在这里对我们是有意义的。

（九）对于我们现在的研究更为重要的是《费莱布斯篇》中的原因学说：

> ……宇宙中有强大的无限和适当的限制，这是我们常说的，正如说有不错的能力是安排年、季节、月份的主导原因一样，将这叫做智慧和心灵不是很正确吗？——很正确。㊹

这个心灵不是人的心灵，而是那个给予"我们的身体以灵魂，以及处理自己和医治疾病的技术……"㊺那是神圣的心灵。"苏格拉底"说，神圣心灵"属于被称为万物的四类原因之一。"㊻柏拉图在这里是将"原因"理解成和"工作者"一样的。㊼《费莱布斯篇》的原因论，我们将它先和《国家篇》的"善之相"比较，再和《哲人篇》中的创造术的二分法比较,才可以明白它的意义。(a)在《国家篇》中被认为是整个实在的非假设原则,"在尊荣和能力上优于存在"[48]的"善之相",在《费莱布斯篇》中却没有资格列入原因分类中去了。这是个大的变化,只要我们记得在《哲人篇》中是将创造能力定义为生成和毁灭的原因的,[49]就可以看到这个变化。这就是说,在早期对话中认为带来生成和毁灭的最大创造能力的"善之相",在《费莱布斯篇》中却被排除到各类原因以外了。这就是《巴曼尼得斯篇》中变得明显的"相"目的论的危机带来的结果。(b)在《哲人篇》中和人类造物者平行的"神圣造物者"的神,在《费莱布斯篇》中被宣告为万物的原因。这里,和在《费都篇》开始,《国家篇》中达到顶点,又在《巴曼尼得斯篇》破坏了的"相"目的论对照,我们有了一种有神的原因论。[50]这种原因论可能已经是有神目的论了,但是《哲人篇》和《费莱布斯篇》并没有给我们足够证据证实这个命题,我们还不满足于这样谨慎的概念,认为柏拉图发展到这一点还只达到有神原因论。在这里,有神原因论和当作模型的"相"的概念之间的关系还不清楚。达到有神目的论的下一步正在于澄清这两点。

(十)从《政治家篇》的神话里我们听到,"世界作为一个生物,最初从它的创造者接受理智。"[51]人类理智是从神那里来的,这和《费莱布斯篇》一样。关于神和作为原型的"相"之间的关系在这里是不知道的。到《蒂迈欧篇》才能找到我们所要的澄清。在这篇对话中,柏拉图提出他的"神圣创造"概念。主要对话人蒂迈欧告诉我们:"创造者的工作,无论他借助于不变的东西,以及照不变的模型造成他作品的形式和本性时,必然造得公正和完善……"[52]这个模型,柏拉图是指"相"的系统。㊳神圣造物主和当作原型的"相"的关系是没有明白说出来的:神借助当作模型的"相"创造世界,就象木匠借助"床之相"制造床,或借助"窗之相"制造窗。一方面是《蒂迈欧篇》的这段话,㊴另一方面是《国家篇》和《克拉底鲁篇》中的话,从措辞上对比,便可以正确表明神圣创造的概念是从哪里来的。这种转变必须有刚才分析过的《哲人篇》和《费莱布斯篇》中学说的发展。如果人的创造术是从神的创造术来的,而人造事物是以模型为创造典型的,那么,我们必须推出——因为存在的理由和认识的理由是次序相反的——神圣造物主以"相"的系统为模型创造世界。这正是柏拉图所说的。

蒂迈欧进一步说:"……世界由于神的天意赋予的灵魂和理智,真正成为一个生物。"㊿这里我们就有了一个一般的有神目的论的命题。但是从《费都篇》我们知道,一个一般命题必须能详细解释现象才能得到证实。而这点是柏拉图在那个时候做不到的,但是他现在忙于向我们详细说明那神圣造物者是如何直接或间接地"将万物安排得最好,将每个特殊事物摆在最好的位置上"。贯彻这些详细的解释本身便是一件工作,这里我们只能将这篇对话的结论中对整个世界的解释作为实例来引用:

> 现在我们可以说,关于宇宙本性的讲话有一个结束。因为当这个世界在有死的和不死的生物中达到完善时,它就这样变成一个可见的、有生命的事物,包括可见的——一个可以感知的神,他是那理智的、最高贵的、最好的和最完善的神的影子——这一在类上单一的、唯一的"天"。㊽

（十一）《蒂迈欧篇》只是一个神话；在《法篇》中柏拉图用逻各斯建立他的有神目的论。在这种形式上的不同外，还有质料的不同——更重要的是观点的不同。他在《法篇》中是从政治、社会观点讨论的，和《蒂迈欧篇》不同，后者着重的是自然现象（整个发展是从自然研究开始的）。但是这些都只是在柏拉图的有神目的论范围以内的变化，所以超出本文范围以外了。

注 释：

① The Journal of Religion, vol. XXXIX, p. 98.
② 同上书, p. 99。
③ 我们这里说的既不是"idealistic"［唯心论的］，也不是"ideologistic"［观念形态的］，所以用"eidetic"［ "相"的］这个词。
④《费都篇》96^a—97^b。为一致起见，本文引用柏拉图的著作，除另有指出者外，都据 Jowett 的译文。
⑤ Jowett 译文中"一种新的方法"，原文是 tin' allon tropon［别的方法］。"新的"这个词是他添加的，但和以下讨论没有什么关系。
⑥ 参看《费都篇》98A 以下，"苏格拉底"讥讽用他的骨、肉等结构解释他留在监狱中的原因；还有 100C, D 中蔑视认为颜色、物理形状等是事物之所以美的"断定的智慧原因"。
⑦《费都篇》97B, C。
⑧ 本文全部根据麦克伦敦的有神论概念："一个或多数心灵能有效地控制自然，它们的意志被认为是自然的原因，这是有神论的核心"。看前引书, p. 93。
⑨《费都篇》97C, D。
⑩ 在本文中，我们保持 aitia［原因］这个词的原始意义。这样，"目的论"便只是"原因论"的一种特殊形式。
⑪ 关于阿那克萨戈拉是不是目的论者的问题，可看 R. Hackforth: Plato's Phaedo, p. 125, n. 1. 当 W. D. Ross 爵士说："事实上，阿那克萨戈拉是处于发

现真正的精神原则和目的论原则解释的边缘上"(引自 Hackforth),他的意思是说阿那克萨戈拉还不是一个目的论者!

⑫《费都篇》97D—98B。

⑬《费都篇》97C。

⑭Kata noun emauton 是一个有名的格言式说法,表示"合乎人的兴趣",参看 Liddell and Scott:《希英大辞典》kata 条 B IV,1925—40 修订版。

⑮《费都篇》97B。

⑯《费都篇》98B,C。

⑰《费都篇》99B。

⑱《费都篇》98C—99D。

⑲参看 Liddell and Scott:《希英大辞典》deuteros 条 I。

⑳R. Hackforth 对 deuterou plous 的看法是正确的:"……任何用法都意谓它低于 protos plous。它是下一个最好的路程……。Protos plous 是要发现心灵对整个宇宙的详细活动——这工作是柏拉图多年以后在《蒂迈欧篇》中企图做的。逻各斯的方法低于这种方法。"前引书 p.137。

㉑《费都篇》100B。

㉒《费都篇》100C。

㉓《费都篇》100C,D。

㉔《费都篇》96A。

㉕《费都篇》75A—B。这一段话出现于"苏格拉底"提出他早年历史之前,人们不必介意,因为这里上下文次序并不表示学说年代的次序。

㉖参看麦克伦敦前引书,p.94。

㉗Chung-Hwan Chen, Das Chorismos-Problem bei Aristotles, S.15.

㉘《国家篇》509B。

㉙《国家篇》505D—506A。

㉚正是在这点上,亚里士多德嘲笑柏拉图的学说,将柏拉图的"相"说成是 autohekaston[同名的东西]。

㉛是从泰勒斯开始的。

㉜例如,他的有名的说法:kinei de hos eromenon。

㉝《克拉底鲁篇》389A—B。

㉞《国家篇》569B。

㉟《国家篇》540A。

㊱《国家篇》596A—B,《费都篇》101D。

㊲《费都篇》97C。

㊳《巴曼尼得斯篇》130C—E〔参照陈康中译文〕。

㊴《巴曼尼得斯篇》132C—133A〔参照陈康中译文〕。

㊵参看 Chung-Hwan Chen 前引书 pp. 104—5。

㊶《国家篇》592A—B,540A—B。

㊷《哲人篇》265B—E。

㊸麦克伦敦前引书 p. 94。

㊹《费莱布斯篇》30C。

㊺《费莱布斯篇》30A—B。

㊻《费莱布斯篇》30E。根据洛布古典丛书的读法,照 Harold N. Fowler 的译文。

㊼《费莱布斯篇》26E。

㊽《国家篇》509B。

㊾《哲人篇》265B。

㊿麦克伦敦(前引书 p. 93)讨论《国家篇》这段时说柏拉图认为神圣心灵并不对每件事负责,只对善的东西负责。Frieldrich Solmsen(Plato's Theology, pp. 63 以下)指出,柏拉图在《国家篇》中毋宁说是"修正"了有神原因论。他限制了神圣的因果关系并不表示他背叛有神论。他限制神圣能力是为了保障神圣的善可以面对恶的问题。

(51)《政治家篇》296D。我们引用《政治家篇》是为了与《哲人篇》和《费莱布斯篇》作对比,并不是说在那里表现的思想后于这两篇对话。关手《政治家篇》中神话的意义可参看 Solmsen 前引书 pp. 85 以下。

(52)《蒂迈欧篇》28A。

(53)参看 F. M. Cornford:Plato's Cosmology, p. 40。

(54)参看《蒂迈欧篇》28A、《国家篇》596B 和《克拉底鲁篇》389B。

(55)《蒂迈欧篇》30B—C。

(56)译文修改了 Jowett 的,因为他对原文采用不同的读法。

(译自 The Anglican Review, 1961)

柏拉图论如何获得"相"的知识

本文是研究柏拉图"谈话"中所述如何获得"相"的知识的一篇概述。所谓知识,是指那种在逻辑上和时间上都占第一位的知识,因为第二位的知识要以第一位的知识为前提。为简明起见,一概不引原著,也不引学者们的解释,留待详细文章发表时补入。

(一)在今生,学习是可能的,对可理解的东西获得直接知识是不可能的:我们从《曼诺篇》中关于学习的论题谈起。在寻求美德的正确定义屡次失败之后,《曼诺篇》提出了一个智者式的二难推论,认为学习或探究是不可能的,意指可理解的东西不可能学习,也不可能探究。为了避开这种二难推论,苏格拉底分别两种不同意义的学习或认识。我们现在并不现实地知道可理解的东西,可是那些现在为我们所有的灵魂却在生前已经知道它们,我们能够回忆起这种现在忘了的生前知识。学习无非就是回忆。所以,学习我们现在并不现实地知道的东西,是可能的。

这论题有两个方面。积极方面是它确定了学习是可能的;消极方面是它认为不可能获得直接的知识,以认清灵魂投生今世以前所知道的那些对象。这消极方面为积极方面所掩盖,始终含蓄不露。积极方面反复讨论,一直到这篇"谈话"结束,消极方面还没有接触到。

(二)如何说明这种含蓄的认识论悲观主义:这个关于学习的

论题里含蓄地认为不可能办到,在《费都篇》里则进而说明了为什么不可能。《曼诺篇》里的这个论题是从灵魂不死的宗教信仰推出来的,所谓不死就是灵魂一直不停地弃世、投生、弃世、投生……,以这两种状态交互地存在着。投生就是灵魂和肉体的组合结构的诞生。拿人来说,《费都篇》中"真正的哲学家"的描述就把投生说成灵魂和恶——即肉体——的混合。形体被认为恶,因为它是一切麻烦的来源,阻碍着哲学家获得那种占第一位的知识,即瞥见他所渴望的"相"、θεά[神]。这样一种组合结构当然不纯洁,所以那篇"谈话"得出的结论是:我们只要还活着,就不可能直接认识实在。"不纯洁的东西是不容许接触纯洁的东西的。"

哲学家仍然可以做的事情,就是使灵魂习惯于尽可能地从分散于肉体各处进而集中到一起,从而摆脱各种肉体污染,得到净化。灵魂与肉体完全分离就是死,这在他还活着的时候事实上是不可能办到的。他只能练习着死。练习着死并不是死;净化不能完全;他所渴望的知识只能接近,不能达到。当然,还有两种别的方法获得知识,即假设和回忆。第一种是从假定尚未获得的知识开始。第二种是复活曾经一度获得的知识,而并非获得它。因此,哲学家要达到目的,即瞥见"相",就只有等到死时。这就是认识论上的悲观主义。

(三)如何上升到瞥见"美自身":《费都篇》并没有具体地告诉我们:怎样使灵魂聚拢,或者怎样使它摆脱感官,以及怎样使它习惯于这样做。《会饮篇》中出现了一种做到瞥见"美自身"的明确方法。这方法分三步。爱美者要从横向的扩展认识出发,从爱一个美的形体扩展到爱一个又一个其他美的形体。在扩展中,他要集中注意这些形体之为美的"相似性",而不顾它们在每个形体所特有的特色上显示的"不相似性"。然后继续从一组扩展到一个又一个其他的组;这样做的时候也同样把注意力集中在一件事上,即这些组的各个分子都相似地是美的实例,也就是说,它们是 συγγενή[同类的],它们属于同一个 γένος[种]。爱美者集中注意它们的 συγγένεια[同类性],不顾它们的个体差异,就使他的灵魂摆脱了个体性,却还没有达到 γένος[种]。第二步是对这些排掉个体性的美的实例进行沉思,以巩固那种排除"不相似性"的习惯,为最后一步作准备。这一步是一个理智的飞跃。那时爱美者在沉思这些排掉个体性的、συγγενή[同类的]美的实例时作了充分准备,"蓦然见到"了"美自身"。这种情况发生时,他从这些作为关系一方的实例,沿着那以例证明其中"美自身"的本体关系的线索,在理智上运动到了关系的另一方,即"美之相"。

在投生以前瞥见"相",是《曼诺篇》和《费都篇》回忆说中回忆的基础,对于《会饮篇》中的"瞥见"并没有用处。那种"上升说"的作者把人这个组合结构看成一个整体,并不象《费都篇》中所比方的那样,把它看成因在狱中的灵魂成分,只有通过铁窗才能和外界交通。爱美者作为这样一个整体,凭着这种新发现的方法,就可以即在今生安然瞥见"美自身",不用等到死后。认识论上的悲观主义变成了认识论上的乐观主义。

(四)本体结构和认识结构乃是上升到瞥见"善"的背景:《会饮篇》中瞥见美的 μέθοδος[方法]推广为《国家篇》中上升到瞥见"善"的 μέθοδος。这一推广的开始,是对《费都篇》和《会饮篇》中 ὄντα[万有]分类观和认识分类观的系统化。我们发现,《国家篇》第五卷中万有结构和认识结构一一对应,就是系统化的结果。这两种结构是一分为二的,然后又进一步一分为二,而以"善之相"高踞万有结构的顶峰,作为万有的本原,将三种因果作用——认识的、存在的、价值的 $\alpha\H{\iota}\tau\iota\alpha\iota$[原因]——统一起来。这两个以"善之相"进一步统贯着的相应结构,就是推广了的"上升说"的背景。

(五)这上升有几个大的过渡:上升的开始可以追溯到《费都篇》中的灵魂投生。在那篇里,投生是灵魂和恶——即肉体——混合;在《国家篇》这里,则把它比喻为 $νοῦς$[心灵]"埋在烂泥坑里"。前一篇里,哲学家的工作是净化自己的灵魂,使它摆脱肉体的污染;后一篇里,教育者的工作是把受教育者的灵魂从变易界"拉到"存在界。灵魂在投生前的状态中还没有被肉体污染,是纯洁的 $νοῦς$[心灵]。灵魂投生后,这纯洁的 $νοῦς$ 就事实上受到类似肉体的感染了。那时,它的 $δύναμις$[能力]变成了 $δυνάμεις$[能力]中间的一种,即投生后灵魂的理性能力。灵魂的注意力重新转向正确的对象,$νοῦς$ 就遥遥地指向"相",它所起的作用是纵向的作用,方向朝上。灵魂的上升,就是凭借它的向上理性 $δύναμις$ 所发挥的纵向作用。

既然万有结构里有四个层次,认识结构里有四个阶段,这些层次和阶段彼此一一对应,那么,在这两种结构的每一种里,就同等地有三个边界位于相应的三对毗连段落之间。灵魂的上升运动就是通过这三个边界,或三次大的过渡,从最低的认识阶段即 $εἰκασία$[表象],经过 $πίστις$[相信]和 $διάνοια$[理智],到狭义的 $νόησις$[理性]。

出生后灵魂的最新认识阶段是 $εἰκασία$[表象],它在这个阶段的注意力放在火光照耀下洞壁上的平面傀儡上。在这种状况持续期间,它始终留在这个阶段。可是它进了一步,而且是 $ψύσει$[自然地]进了一步,把所认识的东西并不仅仅当作没有厚度的傀儡,而

当作原物的 εἰχών[仿品],就是说,当作立体傀儡的影子,这时它就沿着摹本与原本的万有关系的线索,凭着烂泥坑所埋 νοῦς[心灵]的 δύναμις[能力]具有纵向作用,在认识上离开摹本前进了。它开始向上运动时,就离开 εἰχασία[表象]的阶段了;它达到关系中的另一方时,就进入 πίστις[相信]的阶段。第一个边界,即 εἰχασία 和 πίστις 之间的边界,就这样穿过了。

πίστις[相信]的阶段是感性知觉的阶段,也是建立在这些知觉上的意见的阶段。这些知觉中间有些是引起问题的知觉,例如对于拇指、食指和中指这三个指头的知觉。食指比拇指相对地大些,比中指相对地小些。灵魂被这个知觉搞迷糊了,就问道:这个指头是大还是小? 这是一个指头还是两个指头?"一本身"是什么? 问后一个问题的时候,它位于 πίστις[相信]阶段和更高一个阶段之间的边界上。为这个问题寻求合适答案时,它从知觉到的一个东西,即食指或某个物质的东西,沿着物质时一个东西和算术的单位之间万有关系的线索,朝着关系的另一方运动;它正在离开 πίστις[相信]阶段。到了这条线索的末端,它就达到关系的另一方,即算术单位;于是它进入了 διάνοια[理智]的阶段。第二个边界,即 πίστις[相信]和 διάνοια[理智]之间的边界,就这样穿过了。

这个大的过渡,从表面看来,是由算术上的准备知识推动的;把灵魂从变易界向上拉到了本体界。这个果断的比喻,意思无非是指灵魂的注意力转变方向。教育并不使灵魂运动;灵魂是自己朝着这个或那个方向运动的;转变方向是帮助灵魂上升,这上升的完成是凭借着所埋 νοῦς[心灵]的 δύναμις[能力]有朝上的垂直方向。

进入 διάνοια[理智]阶段之后,灵魂的注意力就专注于各种数理科学的研究。灵魂一看到这些科学都同样是"假设知识"的实例,而把它们看成在这一方面 συγγενή[同类],就沿着固有关系的线索,在认识上向它们的"假设知识"的共同 γέ-νος[种]或"假设性"运动;正如在《会饮篇》中,爱美者把各种美的实例看成共同的"美之种"的成员时,就理智地沿着这些成员和它们的共同 γέ-νος[种]之间的关系运动,最后蓦然见到"美自身"。第三个边界,即 διάνοια[理智]和狭义 νοήσις[理性]之间的边界,就这样穿过了。把这些实例放在一起看,瞥见一个"相"时,就穿过了这条边界;瞥见"相"是依靠投生后灵魂的理性 δύναμις[能力]具有向上的直线作用,或者用教育的话来说,这是靠那种 σύνοψις[综览]式的辩证法的教育。

在《国家篇》里,"善之相"由于最为重要,乃是全部上升的最终目的;终于要达到瞥见它的。"善"与其他的"相"不同,不在于它是一个"相",而在于它至高无上,是万有的本原。万物是从这个"相"得到它们的那种 ἀγαθοειδής(看起来好)的共同状态的。灵魂达到这样一些 συγγενή[同类的]对象(即那些 ἀγαθοειδή[看起来好的]东西)时,就沿着例证关系的线索,或者反过来说,沿着 μέθεξις[分有]关系的线索,向"善"运动;或者用教育的话来说,理想国家的未来统治者们让这些实例集中到自己面前时,就凭着 σύ-νοψις[综览]瞥见"善之相",在这一瞥中见到它们在一起。这样就达到了整个上升的最终目的。

《会饮篇》中横向扩展到若干组美的实证,并加以沉思,以准备最后一跃;这种方法在《国家篇》里推广为多年研究数学实例,以准备第三次大的过渡。上升到最后瞥见"善"的出发点,在这篇"谈话"里大加扩展到包括各种各样有点好的事物。这一番扩展类似那篇早期"谈话"里的扩展,而且在方法上是从那里发展来的。这种推广并没有抹煞这两篇"谈话"里的程序基本相同;其不同是由于后者把万有结构和认识结构推广为上升的背景。

(六)过渡,就是摆脱或净化:从以上所述可以看出,这三个大的过渡是投生后的灵魂相继摆脱那些直接间接来自肉体化的认识方式的三个步骤,也是灵魂解除肉体感染的净化步骤。灵魂相继地向上过渡,首先从它初步的 εἰκασία[表象]认识阶段过渡到 πίστις[相信]阶段,然后再过渡到 διάνοια[理智]阶段,最后过渡到 νοήσις[理性]。在过渡中,它从那些低级认识阶段相应地摆脱出来,摆脱多少就净化多少。灵魂越过一道边界进入更高阶段时,就认识一些在万有层次上相应于它当时阶段的对象,所用的 δύναμις[能力]是它脱离原来较低阶段进入的本阶段所固有的。一个洞穴囚徒的灵魂从 εἰκαια[表象]阶段过渡到 πίστις[相信]阶段时,就认识到立体的傀儡,用的是 πίστις 的能力,而不用想象,它也就摆脱上一阶段的那些认识而得到净化了。同样地,当灵魂过渡到最高阶段时,它就凭着 σύνοψις[综览]认识到"相",摆脱低级阶段的各种认识,得到完全净化,虽然还是投生后的,却投生而不见累于各种肉体感染。

(七)从《曼诺篇》和《费都篇》起,经过《会饮篇》到《国家篇》,全都论述如何获得"相"的知识:得以瞥见"相"之后,灵魂可以从这些"相"作出一些关于它们自己或关于其他"相"的推论,以获得进一步的知识。"瞥见"是 σύνοψις[综览]所带来的,综览则是投生后灵魂发挥其纵向的理性 δύναμις[能力];推论是推理所获得的推断知识,在目前情况下,就是发挥横向的理性 δύναμις[能力]。前一种是第一位的知识,后一种是第二位的,因为推论如果是柏拉图意义上真,就必定不仅是逻辑上一贯或有效,而且也是认识论上真,即符合实际。这种符合是那"瞥见"本身所保证的。这里就回答了"相"的知识如何获得的问题,这就是:投生了的灵魂净化时,应用其向上的理性 δύναμις[能力],以 σύνοψις[综览]的方式获得了这种第一位的知识。

投生的灵魂就是进入肉体的灵魂。如果这肉体是人体,那就有人的灵魂肉体组合结构。只要还在投生状态中,人就还活着。这种灵魂净化了的人就是哲学家。这个结论可用哲学家的话表述如下:哲学家在今生获得第一等的知识。这样获得,《曼诺篇》中含蓄地、《费都篇》中明显地认为不可能。在《会饮篇》中才第一次证明,爱美者在教育指引下将得见"美自身";《国家篇》中大大地发展了以上那篇"谈话"的思想,认为瞥见最高的"相"即"善之相"最后将为哲学家所办到,哲学家就是释放了的地下洞穴囚徒,也是理想国家的未来统治者,他已经相继越过了三道边界,他的灵魂已经一步一步净化了。

(译自 Proceedings of International Conference on Chinese Philosophy, sponsored by National Taiwan University, Taipei 1985)

柏拉图哲学概论（讲课记录）

一　方法

（甲）ἀνάμνησις（anamnesis）。

普通译作"回忆"，这不算错。但柏拉图的原意，an 有由下向上的意思，μνήμη（mneme）才是回忆的意思。柏拉图是指觉察（consciousness 或 bewareness）的状态。他认为心灵有两部分，一部分处于觉察的状态，一部分处于非觉察（unconsciousness）的状态。我们对一件事情本来是认识的，后来忘记了，成为 λήθη（lethe）的状态，现在要将它提到 mneme 的状态去。

（一）《费都篇》中的 anamnesis。

在《费都篇》中，柏拉图举了六个例子说明回忆：

（1）由一件东西想到这件东西的主人、所有者；

（2）一个人有甲和乙两个朋友，现在看到甲，回想起乙来；

（3）由一件东西的一张图，回想起这件东西的主人；

（4）由这个人的像回想起另一个人；

（5）由这个人的像回想到他自己；

(6)从具体实例回想到"相"。

其中前五项都是具体事物,是日常经验范围的事情,最重要的是第六项,要从经验的范围上升到"相"的范围。具体说,看到两根木条或石块彼此相等,这都是等的特殊情况,由此回想到"等之相"。他要由此证明人已经预先有关于"等之相"的知识。这是什么意思?人所看到的个别的特殊的等,还不是绝对的相等,比绝对的等要差一些。这些特殊的等还有一种趋势,要向着绝对相等。由此可知柏拉图所说的 anamnesis 的意思:当我们知道具体的等时,已经将它们和绝对的等相比,所以关于"等自身"的知识已经包含在它里面了,否则就不能知道经验中的相等;要认识经验中的相等,只有在已经具有关于非经验的等的知识的条件下方才可能。不过这种知识原来已经遗忘了,现在又重新记忆起来。

分析一下这种 anamnesis,究竟包含多少成分?可作三角形表示:

A 是引起(刺激)回忆的对象,B 是回忆的工具——心灵,C 是被回忆的对象。如此,在 AB 之间必须有结合,否则就不能刺激回忆。这种结合,在前五项中都是 B

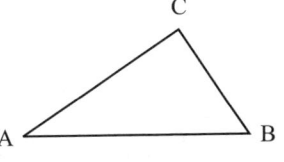

的感觉认识,在第六项中也是感觉认识,不过在其它方面已经有所不同。BC 之间也有联结,这就是先已经有的认识。AC 的关系在这六项中有不同,其中有的是彼此相似,有的并不相似。整个回忆是从 A 到 C,但要通过 B,即由 A→B→C。最重要的一点不同,是在前五项中 A 和 C 即引起回忆的东西和被回忆的东西都属于一个领域,即实在的事物,而在第六项中,引起回忆的是实在的东西,被回忆的却属于另一个领域,是非实在的东西了。

（二）《曼诺篇》中的 anamnesis。

《曼诺篇》中，为了证明回忆，柏拉图借用"数学童子"，要他回答：已知一正方形，其边长为2；求另一面积为原来正方形两倍的正方形，其边长是多少？这个童子虽然没有学过数学，但经过启发，能够说出正确的答案。这个例子可以和《费都篇》一样画三角形表示，但三角形的三点和三边，二者有很多不同。A 在《费都篇》中是可感觉的对象，在《曼诺篇》中却是某种数学的东西——已给的正方形；B 是回忆的心，二者一样；C 在《曼诺篇》不是"相"，而是另一数学的东西——另一个正方形的边。AB 的关系，在《费都篇》中是感觉的认识，在《曼诺篇》中却只是已给的一个正方形，要寻求另一正方形；BC 的关系，二者一样都是预先存在的知识；CA 的关系，《费都篇》中是相似或不相似，而在《曼诺篇》中，C 和 A 都是数学命题，但不是相似和不相似的关系，而是根据和结果的关系，逻辑上前提和结论的关系，这是最根本的不同。

（三）《曼诺篇》和《费都篇》中回忆说的比较和联系。

前面说过，在《费都篇》中举的六个例子中，前五项不过是为第六项准备道路；在第六项中，A 和 C 的关系是相似的关系，可是在《曼诺篇》中，A 和 C 的关系是根据和结果的关系，这是二者重要的区别之一。其次，在《费都篇》中，前五项都属于实在的事物，处于"可感觉的世界"之中。在第六项中，A 仍属于实在事物，C 却是"等之相"，它不属于"可感觉的世界"，而属于"理智的世界"。所以这个过程是从下一个世界出发，升到上一个世界，既有水平的过程，又有垂直的过程，跨越了两个领域。如下页图。

在《曼诺篇》中，是从一个正方形到另一个正方形，是一个水平的过程，都在同一个领域以内，即数学的领域，也属于理智的领域。

这样，我们可以将两篇中的过程联结起来，成为下图：

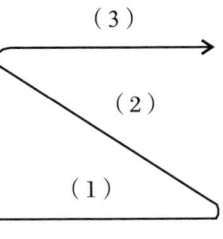

这样一根线就是从感觉世界进入理智世界。其中的线段(1)是从感觉对象到感觉对象，它们之间的关系是相似或不相似；线段(2)是从感觉对象进入理智对象，它们之间的关系是相似的关系；线段(3)发生在数学领域，是理智对象，它们的关系却不是相似或不相似的关系，而是根据和结果的关系，可以由这一理智对象认识另一理智对象。所以从整条线看，由感性事物出发，进到理智对象，并由此可以认识一切理智对象。这在认识论上有重要意义。

这里有个问题要注意：人是实在的事物，只能生长在时间空间之中，只能用时间空间的关系去表示那些并非时间空间的东西。这里说两个世界，而柏拉图并不是说理智世界是在可感觉世界以上或以外，很容易产生这种误解。

这里还有个问题：anamnesis 是将已经遗忘的知识提高到觉察的状态。这必须有个前提，即肯定有预先存在的知识，否则回忆就不可能。B 和 C 之间必须有联系，这联系就是预先存在的知识。这个预先存在的知识是回忆说的认识论基础。除了这一点外，还必须有本体论基础，即 A 和 C 必须有联结。"相"和具体事物必须有关系和联结。即使在《曼诺篇》中，A 和 C 同属理智领域，也必须有关系和联结，就是数学上的根据和结果的关系。没有这种关系便不能产生回忆。

总起来讲，柏拉图的 anamnesis 必须肯定两个基础，一是认识论的,一是本体论的。他必须讲明这两点,才能说明回忆。他在《曼诺篇》中利用了以前奥菲斯教徒讲的灵魂轮回,他们说一切存在都是同种的,属于同一家族。所以,灵魂在轮回的过程中认识了一切东西。因此结论是:如若灵魂认识了一件东西,就可以认知其余一切东西,因为一切东西都是彼此互相关联的。这在认识论中是很重要的一点。至于从本体论方面讲"相"和事物的关系,以后再讲。

(乙) ἐπαγωγή(epagoge)和 περιαγωγή(periagoge)。

(一)《会饮篇》中的 epagoge。

epagoge 由 epi 和 agoge 两个字组成,epi 表示向上的意思,agoge 是引导,epagoge 就是要引导向上去。

在《会饮篇》中谈到怎么认识"美自身"。要认识它,开始先爱一个美的身体(物体),从这个美的身体出发到爱别的美的身体,发现这个身体的美也就是别的那些身体的美。再由此出发,进一步爱美的灵魂,又发现了同样的美。再进一步,认识美的法律、美的知识或关于美的事物的知识的对象,又发现它们有共同的美的形式。到此地步还没有认识那个"美自身"。要认识"美自身",还需要再进一步,经过飞跃,才能认识那个纯粹的美。

分析这个过程,实际上包含的不止一种方法。第一部分的方法是 συνοπτικός(synoptic)。这个字的后面部分 optic 就是"看",前面的 syn-就是"在一起",合在起来,就是:将分散的事物合在一起来看的方法。这种方法在《费都篇》和《国家篇》中都有,是柏拉图的重要方法。看到在许多美的物体中,有一点是相同的,即美;再上升到灵魂这一层,法律这一层,知识这一层,都发现这个共同的因素——美。

在这过程中还有一个上升的方法。美的物体是一组事物,在这组事物中用 synoptic 方法找到它们的共同的美;美的灵魂是另一组事物,也可以用 synoptic 方法找到它们的共同的美。而这两组事物并不是在同一个层次上的,灵魂的层次比物体的层次要高一层。再上去是法律的层次、知识(科学)的层次,一层比一层高。在同一层中用 synoptic 方法认识它们的同一,还要在不同的层次中认识它们的同一。这样,整个就是一个向上的过程。

在这样一层一层向上升的过程中,到科学知识是最高层了,认识它们有共同的美,但这还不是"美自身"。要认识"美自身"不能用以上这些方法,柏拉图提出,这里要有一个"突然的跳跃"。以前无论哪个层次,都属于实在的东西。灵魂、法律、科学都不是物质的东西,但都属于实在世界,每一类不止一个,可以有各种不同的美的灵魂、美的知识,但"美自身"即"美之相"却只有一个。所以在前几个层次中,认识过程是渐进的,到"美之相"却必须要经过跳跃,才能达到。

这里讲的 epagoge,一般都译成"归纳",但实际上它和归纳还有不同。后来培根讲的归纳法,从许多经验事实,通过一些表和规定得出结果。但培根讲的归纳法中没有跳跃,得到的并不是柏拉图的"相"。

(二)periagoge。

peri 是"调转一个方向"的意思,periagoge 就是要引导它调转方向。这是柏拉图在《国家篇》中讲的一个方法,其全称是"心灵的转向",就是要引导心灵(soul)调转一个方向,得到高级认识,最后达到"善之相"。这也就是柏拉图的教育方法,他说,教育不是别的,就是要引导心灵转向。人生下来有种自然的倾向,趋向感觉(包括情绪、欲望等),它的对象是个别事物,不能由此认识"善之相"。这是两个不同的层次和领域,要将心灵从可感知的个别事物转到"相"去,这就是 periagoge。这个转变不是一朝一夕便能达到的,必须使心灵一步步向上,从低的层次向上提高。在这提高过程中,包括各种学科的训练,使人离可感知事物越来越远。所以,periagoge 和 epagoge 有密切的关系,但二者有不同。主要的不同在于,用亚里士多德的名词讲,epagoge 是通过不同的美的事实而得到"美之相",它是个别事物的形式,得到的是"形式因";而 periagoge 所要认识的却是"善自身",通过纯粹数学,即算术、几何、天文、和音等等得到,"善之相"不是个别事物的形式,而是个别事物的目的。《国家篇》持的是目的论的看法。所以这两种方法虽然有密切接触,却不完全相同。如果用"归纳法"勉强可以译 epagege,却不能译 periagoge。

(丙)ὑπόθεσις(hypothesis,假设)。

柏拉图所说的"假设"包括了现在通常所说的"假设"的意思,但还有一些是和通常的"假设"不同的意思。thes 是"放"的意思,hypo 是"在下"的意思,hypothesis 就是放下一件东西,以它作为推论的基础。我们用它作为出发点,去进行推论,寻求认识。柏拉图所说的"假设"有根本不同的两种,即从一点出发,可以从两种不同的方向去进行推论,一种是向上推论,一种是向下推论。

(一)《曼诺篇》中的假设。

向下推论的假设,就是我们通常在数学和自然科学中所作的假设。假设一种情况，以此作为原则，进行推论，看会得出什么结果。在柏拉图以前的古代数学家已经用这种假设的方法。柏拉图在《曼诺篇》中最初提出的问题是：道德是否可教？它是天生的，还是训练出来的？柏拉图在对话中叙述：曼诺提出这个问题以后，苏格拉底认为，不能这样讨论问题。如若一个人对于曼诺什么也不知道，他就不能知道曼诺是穷还是富。所以，必须先知道什么是道德，才能知道道德是否可教。苏格拉底说，现在先假设道德是知识，再讨论它是否可教。他说，这是数学上常用的方法：从假设出发，看会得出什么结论。从"道德是知识"这个原则出发，便会得出道德可教这样的结论，因为知识是可教的。从这里可以看到，柏拉图所说的假设方法和现代数学及自然科学的方法是一样的。但柏拉图得到这个结果以后，还要再回过来问这个假设——道德是知识——是否真。这就和数学家不同了。柏拉图自己清楚这一点。数学家假设奇数和偶数、角、图形等等，由此进行推论。而对这些假设本身，却不再去研究了；哲学家却还要去研究这些假设自身。这就是他在《曼诺篇》中讲的，在《国家篇》中讲到辩证法和数学的区别，也是讲这个问题。

（二）在《巴曼尼得斯篇》第二部分中，也是用假设的方法，这种假设也是向下推论的。不过和《曼诺篇》中所讲的也有不同。柏拉图在《巴曼尼得斯篇》第二部分作一种研究，他假设："如果一是"；由此可以推论出："一不是多"。这和《曼诺篇》一样。但柏拉图又讲：如果用假设的方法去作研究，不但应该从肯定方面出发，而且也应该从否定方面出发，假设"如果一不是"，同样推论其结果如何。这已经比《曼诺篇》所讲的多出一点。还不止此，他又从原来假设的主词（"一"）的对立面出发进行假设。这个"一"的对立面是"其它的",所以又作出一对假设:"如果其它的是","如果其它的不是",再进行推论。《巴曼尼得斯篇》第二部分中的假设比《曼诺篇》复杂得多。

（三）《费都篇》中的假设。

这是一种向上方向的假设。在一大段论述中,苏格拉底说他少年时研究自然,结果失败了。他读阿那克萨戈拉的书,说是努斯支配万物。现在只有采取"第二次航行",即不借助事物本身去研究。虽然我要认识的是事物,但我要逃回自己的心中去。这也是一种 periagoge。从自己心中研究事物,就是在自己心里选出一个逻各斯来,即我认为是最强的一种断定,肯定它是真理。这也是一种假设。如若事物是符合这逻各斯的,事物就是如此;如若不符合,就不是如此。柏拉图在这里要认识的是实际世界中的事物,但不从事物自身研究,却选一个逻各斯。事物如果不符合逻各斯,错误发生在事物而不在逻各斯。这是很奇怪的一点。这就是认为逻各斯是个标准,用它衡量实际事物,而不是用实际事物来衡量。这样,逻各斯不是从实际事物中得来,不是由实际事物建立的,必须用另外方法去证明逻各斯是真理。这便要再选另外一个逻各斯去证明原来的逻各斯。这不是向下的假设推论,不是去找原来逻各斯的结果怎样,而是去向上找原来逻各斯的根据。如果新找的逻各斯还需要证明,这样一直向上达到最后的一个逻各斯,它是自足的,不需要再证明了,便是最后的根据,最高的原理。所以,《费都篇》中的假设推论方向刚好和《曼诺篇》及《巴曼尼得斯篇》第二部分的假设推论方向相反。

(丁)辩证法。

柏拉图的"辩证法",从总的方面说,相当于后来哲学中所讲的形而上学和认识论。现在只是从方法论角度讲他的辩证法。

(一)《国家篇》中的辩证法。

柏拉图在《国家篇》中所讲的假设,事实上是从《费都篇》联下来的,但换了个名字,叫"辩证法"。柏拉图详细指出:哲学中的假设和数学中的假设不同,后者是向下方向的,前者是向上方向的。数学家提出假设以后就不再追问它是什么,哲学家的辩证法却是要向上去寻求这假设的根据。这在《费都篇》中就如此,要一步步向上,达到最后那一个不再是假设的原则。这就是《国家篇》中的辩证法。

《二》《费德罗篇》的辩证法。

在《费德罗篇》中,柏拉图讲了另外一种"合"和"分"的辩证法。συναγωγή(synagoge)和 διαίρεσις(diairesis)。前者就是将分散的、表现于不同的个别事物中的东西聚到一起。用以后亚里士多德的名词讲,在同一个"属"(species)中有许多事物,它们有相同的属的特征,将它们集合在一起,即在不同的实例中找出它们相同的因素来。同样的情况,在再高的一个层次,从不同的许多"属"中可以看出共同的因素,即"种"(genos)的特征。这就是柏拉图所说的 synagoge。在不同的个别的人张三、李四中看出他们共同的性质——人性。人性是分散于不同的人的,将它集合在一起,即是找出共同的因素来。更高一层,在人、牛、马中看出它们共同的"种"(动物)的特征。这是《费德罗篇》中所讲的辩证法的一个方面,

synagoge。上面讲《会饮篇》中的 synoptic 是将分散的东西看到一起,和 synagoge 相近,但有一个区别。synoptic 是用视觉看到,是一种直觉;而 synagoge 却要经过讨论,需要理性推理,是后来所说的"思想的样式"。《费德罗篇》中关于 synagoge 虽然讲得不多,但后来关于"分"却讲得很详细,反过来也就是 synagoge。柏拉图讲的 synagoge 实际上是后来亚里士多德逻辑的起源。diairesis 就是和 synagoge 相反的,从"种"出发,分为不同的"属"。柏拉图在《费德罗篇》中只提出这种方法的规律,这种方法的具体应用是在《哲人篇》和《政治家篇》。

《三》《哲人篇》的辩证法。

《哲人篇》是讨论什么是智者,即要为智者下定义。他用具体的实例来详细地讲这种 diairesis 的方法。他先从一个"种"或"相"(eidos)出发,将它分为两类:a 和非 a,a 是有确定性质的,凡不具有这类性质的、不属于 a 的都归到非 a;在 a 中又找出 b 和非 b,在 b 中又找出 c 和非 c,这样一直划分下去。如图:一直到最后的不可再分的"相"(atomic eidos)。这个不可再分的"相"就是所要定义的东西。定义就是将这些分出来的特征 a、b、c…等合在一起。a+b+c+…=定义。亚里士多德后来批评过柏拉图这个方法,但也仍以此为基础,得到

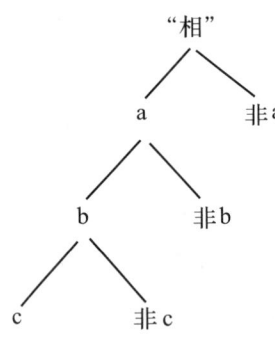

比较精确的定义的方法。在《哲人篇》中,柏拉图用的是"二分法",即总是分为 a 和非 a,b 和非 b 这样的二分。在《政治家》中便不再是二分,而是能分几类就分几类。柏拉图从方法上提出一点,即分类必须按照其天然的结构。如有可分之点,便应该不忽略地

分;但如没有可分之点,便不应该分。如分到"人",柏拉图认为不能再分下去,将人分为希腊人和外地人,因为这不是天然的。如数,不能分为"千"和"非千",因为这没有可分之点;只能分为奇数和偶数,这是自然的可分的。这就是《费德罗篇》中所讲的"分"的方面,是辩证法的一个方面。在《哲人篇》中,柏拉图也叫辩证法,但情况比较复杂,他认为辩证法应该解决两方面的问题。第一方面(Ⅰ)又可分为两部分:Ⅰa 是在这许多"相"或"种"中,其中有哪一些是可以互相结合的;Ⅰb 则是哪一些是不能互相结合的。第二方面(Ⅱ)也有两部分,Ⅱa 是应能看出来,在这些"相"中,有哪些"相"可以将其它的"相"合在一起;Ⅱb 是问在这样分时,分的根据是什么?辩证法所要做的事情,便是要回答这四个问题。从这里看出,《哲人篇》中所讲的辩证法已经同《国家篇》中所讲的辩证法有很大差别;从方法上可以看出,这是柏拉图的"相论"发展的两个不同的阶段。这些问题是什么意思?关于 Ⅰa 和 Ⅰb,柏拉图自己举例讲,比如字母,可以分为母音和子音,母音和母音或子音和子音不能相连,只有母音和子音可以拼成音节。辩证法便是要从万有中看出哪些可以连接,哪些不能。Ⅱa 是问哪些"相"可以把其它的"相"合起来?用后来的话说,便是在许多"属"中取一个"种","种"——动物能将人、马等"属"合在一起。人和马之间虽无直接联系,但它们不是隔绝的,它们有共同点,即动物。这便是 Ⅱa 所问的。Ⅱb 如果用以后的话讲,也很简单。传统逻辑的定义是"种"加上"属差"。柏拉图问万有分类的根据是什么,就是后来问的"属差"是什么。由此也可见《哲人篇》中的辩证法和《费德罗篇》中的辩证法关系的密切。Ⅰa 和 Ⅰb 的问题实际上是有关于 synagoge 的,将许多"相"合在一个"相"之下;Ⅱa 和 Ⅱb 则是分的问题。

二 "相"

(甲)"相"作为认识的原则和存在的原则。

柏拉图所说的"相"究竟是什么？这是个很麻烦的问题,有很多不同的回答。至少有两大相反的派别的解释,可以策勒(E. Zeller)和那托普(P. Natorp)为代表。策勒将"相"解释为存在的原则,作实在论的解释；那托普将"相"解释为认识的原则,是观念论的解释。那托普是曲解,但这是很有价值的曲解；他以康德的《纯粹理性批判》解释柏拉图的"相"。严格地讲,他们两个人都不对,但另一方面,又两个人都对。那托普除了将柏拉图加以康德化外,也讲对了。他们各自讲了柏拉图的一部分。在柏拉图的一些著作中,"相"是存在的原则,但根据另一些著作,"相"又是认识的原则。那托普和策勒的解释又都犯时代的错误,在柏拉图的时候还谈不上有观念论和实在论的区别。观念论 idealism 是柏拉图的名词,但柏拉图的"相论"和近代的 idealism 不同。

(一)《费都篇》。

《费都篇》中说,苏格拉底少年时研究问题,问万有的"原因"是什么。这"原因",既包括实在的、时间上的原因,也包括基础和根据。苏格拉底想要作目的论的解释,但是结果失败了；于是第二步逃到自己心里,找出逻各斯,选择其中最强的。他用"相"解释事物。但是,关于"相"和事物处于什么样的关系,他并不坚持；他只坚持：美的事物之所以美,是由于美。他用"分有"来说明事物和

"相"的关系。苏格拉底认为，如果说美的事物之所以美，是由于颜色、线条等，这是机械论的解释，他反对；他要用目的论的解释，说万有都由努斯安排，也没有成功；他只是用"美之相"去解释美的事物。这究竟有什么意义？本来，要解释和认识实在的世界，需要凭借实在的东西去认识，这是苏格拉底以前的哲学家所走的道路。但苏格拉底认为，沿这条道路越研究越不懂，便只有逃到心里去找出逻各斯来，作为标准；现象符合标准则是对的，不符合标准便是错的。它的对象在这里，柏拉图自己有个根本的假设：逻各斯是一种陈述或说法，内容就是"相"；我们借逻各斯理解事物，就是借"相"理解事物。所以，"相"一方面是事物的原因，另一方面也是我们心中的逻各斯的内容。怎样才能由心里的逻各斯去认识实在事物呢？必须有条件。如果第一，逻各斯的内容和事物完全不同，认识便不可能；第二，如果逻各斯的内容是"相"，事物的原因也是"相"，可是这两个"相"却不是同一的，这认识也不可能。因此，唯一可能的条件即这两种"相"是同一的，作为我们心中的逻各斯的对象的"相"，也就是作为实在事物的原因的"相"。在这种情况下，我们的心灵是处于"相"之下，以"相"为原因的；实在事物也是如此，所以二者相等。只有在这个条件下，才可以用我们心里的陈述去认识实在的事物。表面上看，这是闭门造车，出门合辙。它的条件是：这两种"相"是同一的，这才可能。这便是柏拉图在《费都篇》中讲的"相"，既是事物存在的原则，又是认识的原则。

（二）《国家篇》。

在《国家篇》中柏拉图更加深入地说明了以上这点。他说，理想国的统治者要接受一种教育，即要认识"善"。所谓"善"是什么？苏格拉底说，只能用比喻来讲。他说，在实在世界中有一个

"善"的子孙,就是太阳。柏拉图在《国家篇》中将万有分为感觉世界和理智世界两个范围。从太阳在感觉世界中的情况,可以推论我们所不直接知道的"善"在理智世界中的情况。在感觉世界中,我们要认识一件东西,必先看到它;要看便有几个条件:第一是要有某种能看的东西,即眼睛;第二是要有被看的对象;但单有这二者还不能产生视觉,需要有第三种因素,即光。有了光,眼睛才能看到;只有光照到对象上,这东西才能被看到。而光的来源是太阳,所以太阳既是看又是被看的对象的原因,它是视觉的这两方面的原则。由子孙可以看到它们的祖先即"善自身"在理智世界中的情形。我们有知识,也必须有两个条件:一是具有高级认识能力的某种东西,另一是可以被认识的理智对象,也还需要有第三种因素,柏拉图叫它"存在"。正象光照在物质的对象上,它们才能被看见一样,必须"存在"显示到理智对象中去,它们才能被认知。理智对象如果不是一种存在,它就是非存在,我们当然不能认识它。这个"存在"就相当于感觉世界中的光,这"存在"的来源就是"善自身"或"善之相"。这是柏拉图下的结论。太阳在实际世界中的作用,不止是知觉和被知觉的原则,同时又具有营养一切的作用。同样,"善"也不止是知和被知的原则,同时又是存在的来源和存在的原则。"善之相"既是实在事物的原则,又是其它一切"相"的原则。因此,"相"既是认识的原则,又是存在的原则。这是柏拉图在《费都篇》和《国家篇》中讲的,可见策勒和那托普各讲对了一部分。

（乙）"相"作为存在的原则。

柏拉图有些对话向实在论的思想发展，特别注重"相"作为存在的原则这一方面。

（一）"相"作为目的或终点。

这也是在《费都篇》中讲的。柏拉图说，在一些相等的木头、石头以外，还有"等之相"。我们不但看到它们（木头、石头）是相等的，还可以使它们更相等一点。（这个道理，在"等"上不大讲得通，"相等"很难说有程度的不同，如果用道德价值如善、美、勇敢等说，更容易些。）即它们比那个绝对相等（"等之相"）总差一些。相等的事物有一种趋势，要努力变成和绝对相等相同。但是，这种努力永远只能使它接近绝对相等，却不能达到它。这就造成事物的运动变化。在这段话中只举出"等之相"代表其它一切"相"，认为"相"是个别事物追求的目标，努力的方向；任何事物都有它固有的性质，但这种性质和"相"比较，总不如"相"，它们要努力达到"相"这个目标。所以"相"既是存在的原则，又是变化的原则；这个变化乃是存在的变化。总之，柏拉图认为"相"是存在的原则。

（二）"相"作为模型 παράδειγμα（paradeigma）。

最重要的是在《国家篇》、《蒂迈欧篇》和《克拉底鲁篇》。《克拉底鲁篇》讲织布的梭子的模型。在《蒂迈欧篇》中，柏拉图说创造宇宙的神以"相"为模型，创造了宇宙。现在讲《国家篇》中的模型说。在这篇对话中讲到"床之相"、"桌之相"，它们和"梭之相"一样，都是人造物的"相"。他说有三种床，一种不是任何人造的，是生于自然的，即"床之相"；第二种是木匠造的床；第三种是画家摹仿木匠所造的床而画的床的像。第三种价值最低，柏拉图批评了摹仿艺术。在柏拉图看来，"相"是最高的存在，木匠是以"相"为模型仿造的，已离存在远了一步；画家以木匠所造的床为模型，是摹仿的摹仿，离"相"更远，在存在中居第三位(《国家篇》第十卷)。所以，他认为"相"是实在事物的模型，实在事物是摹仿"相"造的。"相"是存在的原则。这是柏拉图在《国家篇》中的中心思想。《国家篇》认为，在理想的国家中，管理的人必须具有高级的知识，能认识"善之相"，还要有一切政治方面的道德，如节制、勇敢、正义等，都要以"相"作为模型，按照它来治理国家。所以，"相"是存在的原则。

上述(一)、(二)两项，以"相"作为创造的模型，和以"相"作为变化的目的，二者有相似处，模型也是目的，无论"床之相"或"善"都是目标。但这两个过程却有一点重要的差别。在《费都篇》中，整个过程只包含两项，一是"相"，一是"事物"，事物趋向"相"。而在《国家篇》中，"床之相"和人造的床，在制造过程中包括的不止这两项，还必须有第三项——工匠，木匠以"相"为模型，才能造出实际的床来。有了工匠，"相"和事物才联得起来。在《费都篇》中却没有这第三者，不需要创造者。"等"不是最好的例子，从道德方面看，要人成为善的，不需要别人强迫，主要由于自己。这是二者的不同。

(丙)"相"作为意识的原则或意识自身。

认识的原则也就是意识的原则。柏拉图的"相"发展的另一个方面，便是将"相"看作意识自身。

（一）在《费德罗篇》中，将"相"当作一种工具，用它来认识理智的对象。"用一个'相'将一切分散的合在一起"。所谓"一切分散的"，如美的性质分散在许多美的事物中，现在将它们合在一起，知道所有美的事物的共同方面。要在心中将它们合在一起，必须通过一个"相"。以前讲，美的事物之所以美，是由于"美自身"，即"美之相"；现在要认识在美的事物中的"美自身"，仍是要用"相"。所要认识的是一个"相"，用来认识它的也是一个"相"，仿佛是个悖论。但实际上，这两个"相"并不是同一意义的。在美的事物中的"美之相"是它们的一个共同的成分，无论心灵是否认识它，它都是存在的；所以它是客观的，被认知的，是独立于心灵的。而我们用来认识它的"相"，却是某种主观的东西，是在我们意识中的，是意识的原则。

（二）在《泰阿泰德篇》中，柏拉图不但将"相"作为认识的工具，而且作为意识自身。他区别"由"（by）和"通过"（through）。我们的感觉认识是通过感官，即感官作为中间物。但除此以外，我们还要认识这些感觉对象是"同一"的、"大"的、"小"的，就牵涉到比较，将不同的感觉对象统一到意识中，便必需由于某种东西。这种将意识统一起来的东西，柏拉图也叫作"相"。这在以后的哲学和心理学中是很重要的，康德的"摄觉"也是这东西。这"相"就是意识自身，但柏拉图讲得很少。

从以上两方面可以看出，柏拉图的"相"不单是客观的原则，而且也是主观的原则，是认识的原则。

三 "相"和事物

这是柏拉图哲学中很重要的一个问题。无论如何,"相"和事物的关系不是一个给予的事实,而是一种理论。"相"不是从实际经验中得来,而是思考得来的。它是真的,还是仅止是思想中的东西?因此,必须能说明"相"和事物的关系。必须能说明为了解释事物而假设的"相",如果不能说明这假设的"相"和事物的关系,这个假设就不对。

从十九世纪以来,这就成为争论的问题。差不多学者都同意柏拉图的"相"和事物是分离的。这就叫做"分离 χωρισμός(chorismos)问题"。以前的柏拉图研究者认为,至少在《费都篇》和《国家篇》中的"相"和事物是分离的。上面已经看到,柏拉图关于"相"有种种不同的说法。以"相"作为模型,可以说是和事物分离存在的。但这点在他的对话中至少不太重要,可以暂且抛开。关于以"相"作为变化的目的,可以看作是分离的。在相等的事物和"等之相"之间有个距离,可以设想是一种分离。柏拉图自己说是"相差"和"不及",实际上并不是指空间上的距离,而是指性质程度上的差别。在《国家篇》中有一点可以证明。柏拉图说,"善之相"超过了存在。这点究竟是什么意思?仿佛是一种超越,是一种分离。但柏拉图并不这样讲,他接着又加了一句:"在尊荣和能力上"。说"相"超过事物,这超过不过是力量大一些,格外尊荣一点,并不是空间上的距离;所以不是分离,只是程度上的不同。这样看,则柏拉图在《费都篇》和《国家篇》中并没有讲分离,只有差别,没有距离。如果误解为空间的距离,便成为分离。这是从古以来对柏拉图的误解,这种误解在他的学园中便已经产生。

这种分离的看法,是柏拉图自己在《巴曼尼得斯篇》中所批评的。在《费都篇》中,他讲,关于"相"和事物之间的关系,我并不坚持哪一种一定的关系。在《巴曼尼得斯篇》和《哲人篇》中他讲得更清楚:如若有人主张分离,哲学就要毁灭。如果以上讲得不错,柏拉图只承认"相"和事物之间有一种关系,他用"分有"这个词表示。而"分有"只是一种泛泛的、不确定的关系。这从亚里士多德的批评中可以看出。亚里士多德说,毕泰哥拉斯学派说"摹仿",柏拉图说"分有",都只是空洞的名词。但究竟如何分有?这是柏拉图的重要问题,他的转变在此。在《巴曼尼得斯篇》中讨论了分有的问题,柏拉图学者都认为这是关键。《巴曼尼得斯篇》是新旧理论的交替。新旧理论如何不同?《巴曼尼得斯篇》中批评分有的理论,说:如果分有,只有两种可能:或是事物分有了整个的"相",或是分有了"相"的部分。如果每个事物都分有整个的"相","相"便不止是一个,而是有多少事物便有多少个"相","相"便不是单一的;如果每个事物分有"相"的一部分,"相"便是有许多部分的,而不是单一的完整的。这两种分有的方式都违反了关于"相"的假设。而且,如果大的事物分有"大之相"的部分,部分小于全体,大的部分小于大,则是有大的部分的事物反而成为小了。(现在看,这是一种错误,"大之相"不是大,但在当时却还不认识这是错误。)照这样看,柏拉图原来的"相论"发生困难,既然"分有"不可能,"相"和事物没有联系,为什么还要承认"相"?这里必须作一修正。怎样修正?发生困难是由于承认了"相"和事物的对立。柏拉图修正这个错误,换了一个方向,不是从事物出发,而是从"相"出发,从最高的"种"出发。

在《巴曼尼得斯篇》和《哲人篇》中,柏拉图换了一个方向。在《巴曼尼得斯篇》中,柏拉图提出许多对不同的"相"或范畴;在《哲人篇》中,他提出"存在"和"非存在"、"动"和"静"、"同"和"异"六个最高的"种",它们互相连接,成为集体,连接越多内容越丰富,便是"相的集体"(complex or ideas)。这样的许多"相"集合在一起,便成为个别事物。"种"有普遍性较大和较小的,在《哲人篇》中就以字母代表"种",有些字母可以和别的字母联在一起,有些不能。上述六个"种"属于最普遍的"种",可以和任何"相"连接,有些别的"相"不能彼此相互连接。有些"相"如"人"和"马"不能相互连接,但"动物"既可和"人"连接,也可和"马"连接。这样,"相"和事物的不同仅只是性质的多少,"相"结合得越多,内容越丰富,便是个别事物。这里的重要问题是柏拉图不承认有 matter(物质、质料),他认为个别事物和"相"的不同,不是在于 matter,而是在于性质的区别。(matter 的概念是亚里士多德第一个发现的。)这样,柏拉图的"相论"就转变到认为事物只是"相的集体",没有"分有"的困难,根本不承认事物和"相"是对立的。

四 自然哲学

柏拉图的自然哲学主要在《蒂迈欧篇》。现在只简单讲它的要点和思想发展趋势。

(甲)《费都篇》中的"相"的目的论。

　　从泰勒斯以来,对自然作机械论的解释,还是作目的论的解释,成为两种对立的趋势。在《费都篇》中说苏格拉底少年时研究自然,对以下问题发生兴趣:宇宙万物是怎样生成和毁灭,怎样变化的,它们的根据是什么？他不满意以前机械论的解释;后来听到阿那克萨戈拉说努斯安排一切,他觉得很好,但读了阿那克萨戈拉的书又感到失望。苏格拉底说,仿佛问他现在为什么关在牢狱里,如果说是由于他身体结构如此,诚然不错,但不是主要原因。柏拉图区别两种原因,一是"条件",如果不满足条件便不能如此;但虽然满足了条件,也不一定如此;所说身体结构便属于这种条件。他认为真正的原因是苏格拉底认为这种刑罚对他是最好的。这就是目的论思想。如若宇宙间有个主宰将一切东西都安排成对这件东西最好,这是个价值的概念。不过苏格拉底想作这样的解释时却并没有成功。因此他进行第二次航行,假设"相"。美的事物之所以美,是由于"美之相"。用"相"解释自然现象,这就是《费都篇》得到的结果。在《费都篇》的另外一段中讲得格外清楚,就是说"相"是个别事物努力追求的目标、目的。相等的木头、石块不是绝对的等,不如"等之相";因此它们有种愿望,要努力达到绝对的等,但无论怎样,它们总有缺陷,达不到绝对的等。因此,它们永远在运动和变化的过程中。他就这样以"相"来解释自然界的运动。这就是"相"的目的论(idea-teleology)。

(乙)《蒂迈欧篇》的"努斯"的目的论。

在柏拉图的晚年著作《蒂迈欧篇》中,柏拉图提出了另外一种目的论的解释。这不是建立在严格逻辑的基础上,而是用神话的口吻。神(即努斯)是至善的,最完善的,他希望宇宙万物也像它自己一样完善,以此创造世界(不是创造某种观念性的东西)。而神要使世界有一种秩序,便以"相"作为标准,作为根据。这个思想可以从两方面看:一方面,神或努斯创造世界,世界的产生是由于神,因为神希望有完善的宇宙。《费都篇》中所没有成功的目的论——宇宙是由努斯指导安排的,现在成功了。这是价值的概念,宇宙要成为最高价值的。另一方面,神创造宇宙仍是以"相"为榜样,整个宇宙万物之所以如此,还是由于摹仿"相",所以,"相"仍然是万有的根据。用以后亚里士多德的话说,"相"是事物的形式因。从这两方面看,在《蒂迈欧篇》中,柏拉图不但实现了"努斯"的目的论(nous-teleology),而且也实现了《费都篇》中的"相"的目的论,将《费都篇》中尚未完成的也完成了。柏拉图达到了他最初的愿望。柏拉图的"相"原来是从苏格拉底所寻求的"普遍"发展过来的,不过苏格拉底的"普遍"只限于伦理方面,柏拉图将范围扩大到一切东西都有"相"。柏拉图在《蒂迈欧篇》中的目的论思想后来影响了亚里士多德。

留下一个问题:柏拉图在《费都篇》和《国家篇》中的相论,后来到《巴曼尼得斯篇》和《哲人篇》中变换了形式;但在《蒂迈欧篇》中所讲的又和《国家篇》中一样,以"相"为模型。怎么解释?因为柏拉图对"相"的看法不止一种,其中之一是以"相"为模型,为标准。

在《费都篇》和《国家篇》中的相论受到批评,是由于"分有"的关系,只要解决了"分有"的问题,就没有必要一定放弃原来的相论。伯奈特和泰勒是将《蒂迈欧篇》解释成毕泰哥拉斯学派的学说的。

(1945年在西南联大讲)

柏拉图的"辩证法"(讲课记录)

导 论

(一)历史的回顾。

甲、公元前五世纪的自然研究。

希腊哲学开始于伊奥尼亚的米利都学派,他们开始研究自然,解释自然现象,问万事万物的根源是什么。他们的解答是万物都由某一种质料产生,最后又回到这种质料去,这就是变化的物质基础。不过他们还没有着重研究变化即生成和毁灭本身。到赫拉克利特,伊奥尼亚哲学才稍微改变方向,同时注意到变化本身。赫拉克利特的学说可以用一句话说,即"万物皆流"。一切永远变动不居,所以是"流";用他自己的话说,就是"一个人不能两次踏进同一条河流",一切东西都在两种相反的运动中。因此他认为,所谓"存在"只是表面的,实际上没有"存在",一切都是变化。赫拉克利特将"存在"归为变化,所谓"是"实在不过是"变"。

在雅典的西方,意大利的巴曼尼得斯只承认存在,不承认变化,而且认为只有一个存在,不能承认和"存在"、"一"相矛盾的东西——"变化"和"多",即不承认实际世界,认为存在的性质是不变的一。

希腊哲学到这时候，两种意见直接互相冲突，因此到下一个时期所谓"年轻的哲学家们"（恩培多克勒、阿那克萨戈拉和原子论者）就注意到要调和二者。米利都学派要研究自然现象，巴曼尼得斯却不承认多和变，必须将二者调和起来。巴曼尼得斯论证存在不能产生，也不会毁灭；如果它产生，就只能从"存在"或"非存在"产生，这都是不可能的。年轻的哲学家们必须承认这点，承认有不生不灭的东西；另一方面，赫拉克利特说宇宙是多和变化的，他们也必须承认。他们达到的结果是：将巴曼尼得斯的唯一的存在分成无数个存在，承认"存在"是多。他们所说的构成事物的元素有和巴曼尼得斯所说的"存在"相似的性质，即其中每一个在主要点（不生不灭）上和巴曼尼得斯所说的"存在"相同；另一方面，他们又承认宇宙万物是生成和毁灭的。这样，他们调和了两派的意见，反对有绝对的生成和毁灭，承认有相对的生成和毁灭；即认为事物不是从"无"产生，而是从某些东西生成。

他们这样调和了两派的观点，也更深一层回答了米利都学派原来的问题，同时他们又另外解释了一点。由于元素的结合和分离成为事物的生成和毁灭，那么，什么是使元素结合和分离的原因呢？即什么是动因？恩培多克勒的回答是"爱"和"憎"，阿那克萨戈拉的回答是"努斯"——理性，原子论者则是对世界作机械论的解释。爱和憎是一种情绪，是心理现象，但实际上却仍旧是机械论的解释，因为恩培多克勒将爱和憎也看成是物质；他有时说元素是四种，有时说是六种，将爱和憎也看作是元素。努斯是理性，不是物质的，但在事实上，阿那克萨戈拉不过是在没有办法的时候才使用一下努斯。他只在宇宙最初产生时用了一下努斯，至于他解释别的一切的形成,仍然使用机械论的方法。总起来说,公元前五世纪的哲学,已经走到用机械论解释世界的道路上。

乙、哲人运动和苏格拉底。

哲人运动产生的原因是外来的,不是由于哲学内部的问题,而是由于哲学以外的政治和一般的文化原因。这时候的希腊在雅典领导下,战胜了波斯,交通发达。他们看到外国的道德观念、政治组织和本国不同,认为希腊或雅典所承认的道德和政治的概念,在事实上并不是天然的,而是人为的。另一方面,因为雅典在政治上变动很多,实行民主政治,人民有机会参加政治;政治家必须能得到人民的拥戴;为此,他必须先有口才,能表达自己的思想,使别人不能驳倒他。他要驳倒别人,必须具备修辞和辩驳的能力。而演讲的内容当然是关于伦理和政治方面的,因此需要伦理和政治的知识;以前的传统已经不适用了,要有新的内容。为了满足这种需要,就产生了一种人,他们自称为"哲人"。他们的共同点就是反对传统,是革命的。他们提出的看法,即"天然"和"人为"的对立。他们反对传统的伦理和政治观念,认为这种传统已经变成国家和个人行为的共同准则,他们提出反对。他们认为这些都是人为的,每个人对于这事情的意见是什么,它就是什么。因此,他们主张的是个人的道德,可以用修辞术将自己的主张讲出来,使旁人信服。这就是哲人们共同的情况。普罗泰哥拉是最初的哲人,他将他的伦理学建筑在认识论上,又将这种认识论建筑在形而上学上。他的著名命题是"人是万物的尺度"。这里的人是指个别的人。这是将伦理学建筑在认识论上,因为认识是由视觉器官所产生的向外的运动,视觉对象也有向外的运动,这种主观的和客观的两种相反的运动的结合产生视觉的认识。柏拉图在《泰阿泰德篇》中讲,这两种不同的运动产生认识,就是以赫拉克利特的流动说为基础的。

苏格拉底在许多方面和哲人们相似,有一点他们是相同的,即都是时代的产物。苏格拉底是反对传统的,同时他又是反对哲人们最强有力的人物。他反对盲目地、不经过自我反省地接受传统,认为应当自己对这些事进行反省。他和哲人们有根本的不同:哲人认为一个人对这件事怎么看,这件事就是这么样,认为个人的意见就是判断的标准;但是苏格拉底并不认为个人的意见就是真的,以为可以是完全错的。哲人根本不承认有绝对真理,认为只有相对的真理;苏格拉底则认为在个人的意见以外还有绝对真理。怎样从个人的意见中找出绝对的真理呢?苏格拉底以为只要彼此互相讨论,不同的意见互相控制,经过辩驳,减少矛盾冲突,达到一致。苏格拉底相信在每个人的心里有这种绝对的真理,不过他自己不知道,要经过讨论才能慢慢回忆起来。

苏格拉底承认有"绝对的正义"等绝对真理,是有一个假定的前提的,即承认有"绝对的正义"等等绝对的存在,这是哲人们所不承认的,他们只承认相对的存在。苏格拉底认为一件事情的是非不能以个人为标准,标准只能是绝对的存在、绝对的是非自身,并不是传统。

这就是当时希腊哲学的另一方面——有关伦理的情况。

丙、亚里士多德关于柏拉图哲学的报导。

亚里士多德在《形而上学》第一卷第六章中论述柏拉图的哲学。他说:柏拉图的哲学在许多方面随从毕泰哥拉斯学派和巴曼尼得斯,但有许多特点和他们不同。因为他年轻时先和克拉底鲁相识,对赫拉克利特的学说——一切感性事物都在变动中,对它们没有知识可言——是熟悉的,一直到后来他还坚持这一点。柏拉图又和苏格拉底在一起,苏格拉底苦苦地研究伦理问题,忽视了作为整体的自然界,而要在伦理事实中寻求普遍的东西,他是第一个人将思想注意到定义方面。柏拉图接受他的影响,认为定义的对象不是感觉认识的对象,而是一些别的东西,因为感觉对象永远在变,不能形成定义。这别的东西,柏拉图叫作"相";感觉对象是在"相"以外(παρά, beside),它们的关系是"分有"同名的"相"。只有"分有"这个词是新的;毕泰哥拉斯学派说事物是"摹仿"数而存在,柏拉图说它们是由于分有而存在,只是改变了用词。至于它们怎样分有或摹仿,他们并没有说明。

我们将问题的范围注意到辩证法方面,亚里士多德的这段话是最合适的。

(二)"相论"的辩证法。

亚里士多德说,苏格拉底寻求"普遍的",这"普遍的"柏拉图叫作"相"。这个报告在一定意义下是确实的,柏拉图是将"普遍的"叫作"相";不过在他以前,毕泰哥拉斯学派已经有称为"相"的。柏拉图关于"相"的学说,哲学史家称为"相论"(Theory of Ideas);但在柏拉图自己却将它叫作"辩证法"(dialectic)。"辩证法"这个词从柏拉图起到现在,已经用得很普遍了。它作为一个哲学术语,没有一个共同的意义,在哲学史上不同的哲学家使用它时给予不同的意义。现在要知道柏拉图使用这个词的意思。

辩证法这个名词是由动词 dialegesthai 来。"dialege"原来是谈话的意思,苏格拉底在谈话中提出问题,要求对话者解答,就由谈话变成问答、解答。他谈话的内容是关于伦理问题的,如"什么是正义"等。问这些问题,不是要对话者举出关于正义的个别事例,而是要求作出普遍的回答,即举出正义的定义来;用亚里士多德的话,就是要说出正义的本质(essence)来。这些"普遍的",柏拉图就叫作"相"。所以,用柏拉图的名词说,苏格拉底谈话的内容就是讨论"相"的;这种对话就成为关于"相"的问答,这种理论,柏拉图自己叫作"辩证法"。

解释柏拉图的"相",有两种趋势。一种是观念论的解释,以马堡学派的那托普(P. Natorp)为代表;另一种是实在论的解释,以策勒(E. Zeller)为代表。前一种解释是将"相"作为方法,借以解释具体事物,认为"相"不是客观的;后一种解释是将"相"看成客观的。这两种解释都各自把握了柏拉图"相论"中的一部分,而对另一部分作了不正确的解释。因为事实上,柏拉图的"相"有这不同的两个方面;一部分是客观的,和后来的概念(concept)不同。哈特曼(N. Hartmann)说,直到亚里士多德还没有关于"概念"的概念,到中世纪的波埃修斯(Boethius)才有。柏拉图的"相"是一种不同的存在,概念是依赖心的,"相"却是独立存在的。这可以说是柏拉图"相论"的主要方面;但另一方面,"相"又和意识(观念)相似,这又是策勒所忽略的。前者是主导方面,是我们所着重的。

后来哲学分为形而上学和认识论,但是在柏拉图哲学中还没有这种分别。在他的辩证法中既包括了形而上学或本体论,也包括知识论或认识论这两部分。"相"的客观方面包含了一个问题:是否有"相"? 它不像人、屋之类是可以由直接经验认识的,"相"是一种不同的存在,不是我们能够直接认识的。正如亚里士多德说的,我只能看到马,没有看到"马之相"。宇宙间是否有"相"? 很成问题。这属于辩证法中相当于本体论的部分。还要讨论另一部分,相当于认识论的方面。在这方面,照柏拉图看,不单要讲对于"相"的认识,还要讲关于实在事物的认识,即低级认识;在柏拉图的认识论中常常讲到对感觉事物的认识。在本体论和认识论这两个方面,我们着重讲本体论方面。

柏拉图提出"相论"的动机很多,我们只指出两个大的:一是希腊哲学的自然研究发展到对自然作机械论的解释,这是柏拉图所反对的。另一是哲人运动的个人主义的伦理学,这也是柏拉图所反对的。苏格拉底反对个人主义的伦理学,认为是非善恶的标准应该用一般的"善自身"、"正义自身"、"勇敢自身"去衡量,但是他只有信念而没有论证。柏拉图的辩证法就是走苏格拉底的这条道路,反对以上两个方面。在这两个动机中,我们主要讲前一方面。

第一部分 《费都篇》和《国家篇》中的辩证法

一 《费都篇》

(甲)研究自然。

(1)《费都篇》中,柏拉图让临刑(服毒)前的苏格拉底和人们讨论灵魂不朽的问题,将范围放大,牵涉到整个原因的问题。柏拉图插进苏格拉底报告一件他少年时经历的事实。哲学史家争论:所说的事情是不是苏格拉底自己的经验?因为亚里士多德说过,苏格拉底不留意自然的研究,那么《费都篇》中的这段话并不是历史上苏格拉底自己的经验,只能说是柏拉图自己的。但也有人认为这不是柏拉图的学说,而是苏格拉底的,甚至认为《费都篇》和

《国家篇》中的学说都是苏格拉底的。这派解释的代表是泰勒（A. E. Taylor）和伯奈特（J. Burnet）。伯奈特认为《费都篇》中这部分学说是苏格拉底的，因为这些问题全是公元前五世纪后半期所讨论的问题，苏格拉底的活动正在那个时候，所以他认为是属于苏格拉底的。这种论证没有说服力，因为五世纪以后的人仍旧可以研究这些问题，特别是柏拉图认为这些问题并没有解决。可以认为这是柏拉图自己的经历。

报告本身：苏格拉底讲，他年轻时有个大的愿望，要作自然的研究，因为这个目标看来很伟大，由研究自然可以知道每件事的原因：它们是从什么产生的，又消灭到哪里去，它们是因为什么才是（is）的。他说，我研究以下这些问题：

a. 当热和冷分化以后，是不是就产生了生物？这是雅典的阿凯劳斯（Archelaus）的问题。他将阿那克萨戈拉的努斯和阿那克西门尼的气的学说结合在一起，认为宇宙万物的产生是由于气变得浓厚和稀薄，当地面上积聚了稀薄的物质时，生物便产生了。

b. 一个人有知识，是由于用我们身体中的血去得到认识，还是由于火，由于气，或者是由于脑——即感觉在脑中产生了记忆和意见，这些固定以后便成为知识。说由血得到认识，是从恩培多克勒的学说来的。他说血是四种元素的混合，最纯洁的便是在人心中的血。认识便是人体内的同类元素去认识体外的同类元素，同类相知。由于火，是赫拉克利特的学说。他认为组成宇宙的本原是火，人的灵魂如果是干燥的，便是纯洁的。由于气，是从阿波罗尼亚的第欧根尼（Diogenes of Apollonia）来的学说。由于脑中产生感觉，从感觉产生记忆，由记忆产生高级的认识，这是阿尔克迈翁（Alkmaeon）的学说，他是医生。以上这些解释全是机械论的解释，柏拉图认为这些解释有问题。这个问题,就是将知识归为神经系统的活动,直到现在还是问题。

苏格拉底说,关于这些问题,我的能力不够研究,意思就是说,如果根据机械论的方法,这些问题就没有办法解决。由此可见,他对机械论的解释不满意,认为不能解决问题。他说,这样研究下去,不但不能增加我的知识,反而要减少;以前我所知道的,现在反而不知道了。以前对于人长大是怎么一回事,知道是由于饮食使肉长出肉,骨长出骨;现在要用机械论解释,人进了饮食怎么能机械地变成肉和骨头,讲不清楚。食物经过消化,还可以用化学解释,以后吸收,还可以用机械论解释;但消化吸收的食物怎么会同化(assimilation)成为肉和骨头,用机械论就讲不清楚。同化的问题是个重要的问题,因为这是人体生长的基础。

他说,还有一个问题也讲不清楚。如甲和乙两个人站在一起,甲比乙高一个头。这如果用机械论解释,甲是怎样比乙高的?说甲的高度比乙多一个头,是由于这一个头;可是乙比甲矮也是由于这一个头。高和矮是相反的,相反的东西却同是由于一个头,这不可理解。同样的道理,如10比8大是由于2,8比10小也是由于2,这同样是不可理解的。

(2)柏拉图对话中的苏格拉底提出以上这些问题后,接下去说:有一天他听见人们在念阿那克萨戈拉的书,说努斯是安排世界的,是一切事物的原因。(我们知道,在阿那克萨戈拉的学说中,努斯只是在最初的混沌中引起运动,只是始动的动因,和柏拉图在这里所叙述的有点不同。)苏格拉底说,他很喜欢这个说法。因为他对机械论的解释不满意,希望有另一种解释,努斯是目的论的解释,正是他所希望的。他自己就从此推论下去:如若努斯是安排世界的,它一定将宇宙安排成这样,使每件事物现在的状况一定就是对这件事本身最好的。比如,如果大地是平的,就因为平对于大地本身是最好的;扩大来讲,任何一件事物的产生和消灭,都是对这件事物以及整个宇宙都是最好的。这是柏拉图的苏格拉底自己的推论。这个推论就是:如果努斯是宇宙的安排者,它一定将万物都安排得最好。用中世纪的名词说,这是"人的比拟"。因为人做每一件事情,人的智慧设计,都将每一件事物作最好的安排。将人的智慧(努斯)放大,就是为整个宇宙设计的"努斯"。这就是目的论的解释。这种情况在哲学史上常可遇到,即使在认识论中,也有将人的认识情况扩大到非人的范围的(我们只能认识人自己的设计,不能认识宇宙的设计)。可以说,凡是目的论的解释,都是这样"拟人"的。比如莱布尼茨就说是在无限个宇宙中选择那最好的。

苏格拉底讲,这样推论以后,他自己很喜欢,就去读阿那克萨戈拉的书,希望找到详细的解释,结果却失望了。阿那克萨戈拉自己讲的,不过是最初的一个运动由努斯产生;这个运动发生以后,范围越来越大,牵涉到很多,各种轻重不同的种子的聚和散成为万物。所以,后来仍旧采用机械论的解释,和苏格拉底的推论相差太远。阿那克萨戈拉并没有充分利用他的努斯,仍旧用水、气去解释。苏格拉底说,正如人们说现在我(苏格拉底)坐在这里(狱中),其原因是我身体的构造这样,有肉、骨头,各处于这样的姿势。这种说法并没有能把握住我之所以坐在狱中的原因。我所以坐在这里,一方面,就雅典人看,认为判决我死刑是最好的;另一方面,就我自己说,我认为坐在这里比逃到别处去好。诚然,如果我没有肉和骨,便不能坐在这里;但单是肉和骨还不能说明我坐在这里的原因。他认为这种错误就是将严格意义的原因和必要条件混淆了。身体结构是必要的条件,却不是真正的原因。他嘲笑那些机械论者,说:如果不是因为"最好",我一定要将骨、肉、躯体带到别处去了。其它情况也同样如此。比如大地的位置,有人作机械论的解释,说大地浮在水上或气上,甚至说是神背着它。苏格拉底说,他们忽略了最重要的一点,将大地支持在现有位置上的是"善"和"必然",是为了大地的善。

(乙)"第二次航行"。

(1)苏格拉底对阿那克萨戈拉感到失望,因为他原来希望得到目的论的解释,实际得到的却仍是机械论的解释。他没有办法,只好作"第二次航行",——上面讲的自然研究,是第一次航行。在第一次航行中,他直接研究事物本身,如大地的位置、甲比乙高等等。这些研究得不到结果,他作第二次航行,就完全改变了,要"从实在的事物中转过来"。他说,这种转变首先是"要逃到逻各斯里面去"。他用了"καταφεύγω(katapheugo)"这个词,pheugo 是"逃"的意思,kata 是"向下",即向下逃到逻各斯中去研究事物。逻各斯,这里是说所讲的一句话,或将思想表现出来的一种方式,一种说法(statement)。在这逻各斯中去研究实在的事物。这是第二次航行的第一步。本来是在上面就事物本身研究事物,但第二次航行却是要离开事物转向逻各斯去。这些逻各斯或 statements 不是在事物中,而是在心里。所以是从实在的事物转向心里。这是第二次航行的第一步。

第二步是:逻各斯有许多种,现在要选择一种,对当前要说明的事物能够解释得最清楚。将它选择出来,这就是"假设"(hypothesis)。"假设"这个词就是从这里来的。柏拉图在《费都篇》中讲的"假设"和我们现在讲的假设的意义不同。现在的用法是：假设了这一点x，它能否成立，需要用事实去证明它，或用观察，或用实验，其中最重要的是要用事实检验它；如果假设和事实矛盾，它便不能成立。这是现在实验科学中所说的假设。但在《费都篇》中，并不是从假设推出结论，看这结论和事实是否符合。柏拉图在这里的讲法是：选定一个假设，再看事实；如果假设和事实冲突，他不说假设不对，却说是事实不真；如果事实和假设相符，事实才是真的。所以，不是由事实支配和决定，而是由假设支配和决定。（现代实验科学中的"假设"，也是从柏拉图来的，不过不是来自《费都篇》，而是来自《巴曼尼得斯篇》。）

（2）上面说的"逻各斯"很难懂。他的目的主要是解释宇宙现象即实在的事物，即使在第二次航行中也是如此。但在第二航行的第一步中，他却：第一，离开实在事物；第二，回到心里的逻各斯中。第一点已经很奇怪，因为目的并没有改变，仍旧是要解释自然事物；但要研究实在事物却不从事物本身去研究，反而要离开事物，这是很奇怪的。至于第二，要逃到人心的逻各斯中去，我们要研究的并不是心理现象，而是物理现象，不从物质的东西去研究，这就更奇怪了。如图表示：

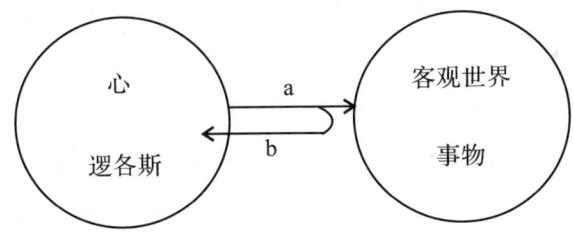

由a这个方向转为b这个方向。

如果作这样的解释：我们只看到事物的表面，还需要再深入下

去,那就应该是:

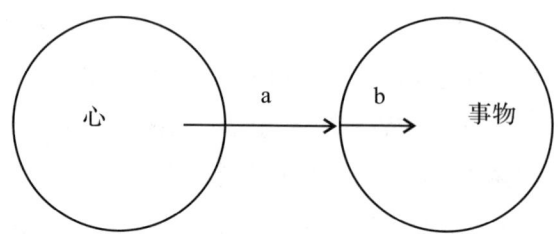

这样才能深入了解事物。但柏拉图不采用这样的方法,而是调转过来。他要回到心里,找到一个最强的假设。如果事实和假设矛盾,错误不在假设,而在事实。这样,柏拉图的方法似乎是错误的,但他却认为这个方法可以达到目的。

他这个方法预先有所假定,必须了解他的假定,才能理解他的方法。原来,他所说的这个"逻各斯",就是指我们关于"相"的知识(our knowledge of Ideas)。用"相的知识"代替逻各斯,比较好懂一点。问题是,在人的心里是否有关于"相"的知识?这是以柏拉图的整个"回忆说"为基础的。他在《曼诺篇》和《费都篇》中都讲:在每个人心里本来有关于"相"的知识,只是人没有意识到它的存在。在《曼诺篇》中,他是使用"数学童子"的方法让他回忆起来,而在《费都篇》中则用问答的方法。这种原来有的后来(出生后)被遗忘了的知识仿佛在潜意识中,现在经过问答,让它浮现到意识中来。这就是回忆 ἀνάμνησις(anamnesis),ana 是"向上"的意思。

本来是要认识事物,却回到"相的知识"中去。问题是:在心里的"相"的知识并不就是事物的知识,那么通过"相"的知识,怎么能使我们得到事物的知识呢?在这里还有另一个假定,即"相"和事物并不是没有关系的,"相"就是事物的原则(principle)。我们心里先有关于事物原则的知识,就可以通过它们认识事物。这里可以看出:我们研究事物,越研究越不懂,所以要回到心中的逻各斯去;这仿佛离事物越远,柏拉图并不认为如此,他认为"相"的知识就是关于事物原则的知识。这就是他要采用这条路线的理由。他认为以前的路线不对,如果事物和逻各斯有矛盾,错误的是事物,而不是逻各斯,因为逻各斯是事物的原则的知识,是不会有错误的。

(3)以上是一般地讲这种方法,柏拉图是用这种方法说明事物的原因的,即事物的因果关系的。他就是用目的因来解释。现在要找出一个逻各斯来,他举的就是"美自身",也就是"美之相"。以此作为假设,用它来解释因果关系问题。如果一个东西是美的,它的原因是什么?如若在美自身以外,还有美的事物,则这美的事物为什么是美的?他说,没有其它任何东西可以使一件美的事物成为美的。一件事物是美的,不是因为它有好看的颜色或形状,而是因为美的事物"分有"($\mu\varepsilon\theta\varepsilon\xi\iota\varsigma$, metheksis, participation)美。这"分有"的意义并没有明确肯定。他接着讲:我只是很简单地、朴素地讲,一种东西之所以美,只是由于"相"出现在事物中,或是由于"相"和事物有构通,或者是以其它的样式,这些我全不坚持,我只是说"美的事物成为美,是由于美"。由于美,就是由于"美之相"。这里可注意的有:第一,他说以这些或其它样式,我不坚持。即"相"和事物的关系,究竟是哪一种样式,他并不坚持。他虽然用了"分有",但它没有确定的意义,如果有确定的意义,就不能再是其它样式。他只是将这种不确定的关系叫作"分有"。第二,从此可以了解亚里士多德在《形而上学》中所报告的,他说,柏拉图认为"相"和事物的关系是分有,不过究竟怎样分有,他并没有解释。第三,柏拉图讲,事物和"相"的关系,我不管;我只说美的事物成为美,是由于美。这实际上是同义反复(tautology),没有说明什么问题。说"这东西所以大,是由于大自身",仿佛可以解决一切问题,实际上是什么问题都没有解决。这实在是柏拉图《费都篇》和《国家篇》中相论的弱点,但现在中国有些哲学家却受了他的这种思想影响。

以上柏拉图举出这些问题,说甲比乙高一个头,不能用一个头来解释。现在的解决办法是:甲比乙大是由于"大之相",乙比甲小是由于"小之相"。这种解决法有弱点,柏拉图自己没有觉察到。他只看到这样可以避免机械论解释中将两种相反的现象(大和小)用同一个标准(一个头)去解决的困难,现在是用两个相反的标准(大和小)来解决了,但又陷入同义反复。又如"二"的形成,可以是一和一相加,也可以是将一分割为二;现在说作为"二",是由于"二之相",这种解释是一种同义反复。

(4)柏拉图最初要解决的问题,是要解释自然现象。他不满意于公元前五世纪的机械论解释,而要将整个宇宙说成是努斯—理智所安排的。但它按照什么安排?他定了一个标准,即对每件东西最好的。以"善"(Good)为安排秩序的原则。这是柏拉图自己所希望的。他原来寄希望于阿那克萨戈拉,失望了;所以他要进行第二次航行,达到这样的结论,也并没有达到他自己的希望。因为他所得到的结果,并不是由于善或努斯,而只是由于相应的"相"。一件东西是美的,并不是由于努斯按照善的原则安排它成为美的,而只是由于"美之相"。这两种解释虽然都是非物质性的,但仍是有不同的。他所要达到的目的并没有达到,这是他的"相论"以后发展的一个关键。

(5)柏拉图在《费都篇》建立起来的假设,是事实必须服从的。

如果事实和它有矛盾,那就是事实错了。他认为假设只要一次建立起来,就不是现象所能推翻的。现在要问:何以知道这假设是对的?在此情况下,柏拉图讲,如果对假设一有问题,就可以不去理会它,而是再找出另外一个更高级的假设二,由这假设二去建设假设一,即假设二是假设一的根据。如果有人再对假设二提出问题,你可以去找一个更高的假设三。无论如何,你总可以在逻各斯中找一个更高级的假设。这样上升,一直达到一个自足的假设,即它一方面可以建立一切更低的假设;另一方面又不需要其它的假设来作为它自己的根据,建立它自己,因为它自己已经是自足的。这是一个向上升的方法,这一点要在《国家篇》中才发展出来。

二 《国家篇》

(甲)心灵的转向($\pi\varepsilon\rho\iota\alpha\gamma\omega\gamma\acute{\eta}\ \tau\widetilde{\eta}\varsigma\ \psi\upsilon\chi\widetilde{\eta}\varsigma$, conversion of the soul)。

在《费都篇》中,柏拉图要避开个别事物逃到逻各斯(关于相的知识)去;他在那里轻描淡写,仿佛是一件很简单的事情。而在《国家篇》中,这却发展成为一种艰难的、严格的过程,要经过多年科学训练才能产生。这个历程在《国家篇》中就叫作"心灵的转向"。

(1)本体论的和认识论的结构。

柏拉图现在要讲一种方法,怎样使心灵调转过来。要在一个怎么样的存在的结构以及人类认识的结构之中,调转方向才是可能的。这样的结构就成为这种方法的背景基础。

在《国家篇》中,柏拉图先将存在分为两类:一类是理智的存在,一类是可见的存在。但说"可见的",见只是感觉中的一种,他是以这种感觉代表一般的感觉,就是可感觉的存在。在柏拉图以前,早就有这种区别;柏拉图在别处也作这种区别,但将它叫作"变",和"存在"相对立。在《国家篇》第六、七卷中,柏拉图先作一条线,分为不相等的两部分:

I(可见的,可感觉的)	II(理智的)

它们是按照清楚和不清楚的比例程度来区分的。所谓清楚和不清楚,就是指存在的成分的多少。在理智对象中,存在的成分多;在感觉对象中,存在的成分少。存在和非存在是相对的两极,成为这条线的两个极端;在它们中间的就是存在和非存在的混合,即"变"。但这种混合有程度不同,越是接近存在的,就越清楚;越是接近非存在的,就越不清楚。

到第二步,将上面这条线的两段再各自分为两段:

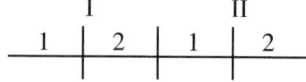

这些小段的划分也按照相同的清楚和不清楚的程度比例,即 $I_1:I_2 = II_1:II_2 = I:II$。$I_1$ 是印象(εἰκόνος, images),指一些实在事物的影子,I_2 是实在事物,如生物和人造的东西等。I_1 和 I_2 的关系是摹本和原型的关系。换句话说,I 和 II 的关系,也应该是摹本和原型的关系。

理智对象(II)也分为两部分,II_1 和 II_2。II_1 是心灵研究的对象,但心灵去研究它时被迫要用可感觉的印象去研究。II_2 研究的则是另外一些对象,心灵无需借助印象,而只是依靠逻各斯(论证)去进行研究。II_1 所研究的是数学的对象——数,以及几何学的对象——形,数和形的关系,以及它们的运动等等。II_2 研究的就是"相"。这就是《国家篇》中关于存在的结构,分为四段;也可以说是存在领域中的四个阶段。其中的 II_1 数学对象是介于"相"和个别事物之间的中间阶段。照亚里士多德的解释,这种数学对象一方面和个别事物相似,即每一类可以不止一个,有许多个;另一方面,它们又和"相"相似,即是不动的,这点正是和个别事物不同的性质,所以它们处于中间阶段。

以上是存在的结构,再看人类认识的结构。在讲存在的结构时,柏拉图也是从认识的观点出发的;所以相当于存在的四个阶段,人类认识也有四个阶段,一一对比相应。在认识的两大段中,I 是意见 δόξα,II 是知识 ἐπιστήμη。每一段也各分为两小段。I_1 是想象 εἰκασία,是人对于影子的认识;I_2 是信念 πίστις,是人对于实在事物的认识。II_1 是理智 διάνοια,II_2 是理性 νοῦς。理智和理性的区别是:理智不是严格意义的知识,而是从一个假设出发,推到结论,看结论是否和假设冲突;这里对假设的最后原则还不知道,只是假定这假设是真的,所以不是严格意义的知识,只是一种思维的讨论。

(2)洞穴的比喻。

通过这个比喻,可以看到柏拉图如何从《斐多篇》中很简单朴素的说法发展为《国家篇》中的心灵转向。即原来没有反思的,也就是没有哲学思想的人,怎么样一步步接受训练,达到哲学的认识。这些人原来像囚犯一样,被缚在洞底,背向洞口,面向底壁。在他们背后有一堵矮墙,矮墙后面是一群肩负各种器物往来的人,在这些人的背后是一堆正燃着的火焰。火焰将这些人和器物的影子以及囚犯自己的影子照在洞底壁上。囚犯只能看到这些影子,他们以为这就是真实的。现在的任务就是要将这样的人解放出来。

（3）这些囚犯实际上就是我们自己。

要将这些囚犯解放出来，第一步就是要使他们转过身来，这样，他们看到的就不只是影子了。但是，开始他们还只能看到洞内的事物，还不能向洞外看，因为他们的眼睛不习惯。所以要由人将他们一步一步引出来。先在洞中，然后走到洞外。刚出洞口，由于眼睛不习惯，不能直接看太阳。他们只能先看水里的影子，然后看洞外的事物，最后才可以看到太阳。

这里的一层一层就相当于柏拉图关于存在的结构的学说。洞里的影子是最下一层，即 I_1；洞里的事物相当于具体事物，即 I_2；到洞外以后，看到地面上的东西，相当于数学对象一层，即 II_1；再进一步，在夜晚看到天上的星星，即是"相"；到最后直接看到太阳，即"善之相"，才是最上层。普通的人没有反思的心灵，根本没有认识那存在成分最高的"相"，尤其不能认识最高的"善之相"，只能看到最下面的两层——实在事物和它们的影子，所以要解救他们。

（4）要解救这些囚犯，只能慢慢地一步一步地从洞里引出来。

这就是说，要解救没有反思的心灵，不能很快，因为他们没有习惯于认识存在，那太抽象了。必须有一定的程序，要经过许多年严格的训练才能完成。这种训练，柏拉图举出许多学科，如纯数学、应用数学，其中包括算术、几何学、天文学和音学等。在《国家篇》中列了一张课程表。我们平常看到的实在事物也是"相"的影子。我们要从这些感觉对象上升到理智对象，一直到"相"。这个上升的过程，这些学科，就是引导他们向上的。

在引导向上的课程中，数学占了很重要的位置。因为数学研究的对象居于"相"和个别事物之间,所以可以利用数学将二者沟通起来,从感觉对象转到理智对象,就可以引导向上。数学研究能够起这样的作用,柏拉图实际上有个确定的思想。这思想有两方面,一是从算术看,一是从几何学看。先从算术看。希腊人认为算术就是研究数的。柏拉图分析出两种感觉,一种感觉不刺激人心中的理智活动,另一种却刺激理智去活动。前一种感觉告诉心灵,它感觉到的事实不牵涉矛盾,不发生问题,不刺激理智去反思。比如视觉看到有三个手指,没有发现矛盾,是自身圆满的。后一种感觉所报告的事实自身牵涉到矛盾,发生了矛盾,这矛盾又不是感觉自身所能解决的,需要更高的认识能力来说明。比如说三个手指甲、乙、丙,其中乙小于甲又大于丙。这种感觉报告说手指乙既大又小,是一个矛盾。究竟它是大还是小？如果它既是大又是小,就引起问题:这"小——大"或"大——小"是什么？就要问到:什么是大自身或小自身？这就超出感觉以外,要刺激理智来回答这个问题。

为什么可以应用算术来引导心灵？因为关于数和整个世界的知觉都属于第二类感觉,会引起问题。为什么数会包含问题？柏拉图分别两种数,一种是可以用触觉接触,用视觉去看的数,是具体的数；另一种是纯粹的数。他说有问题的是指具体的数。具体的数如知觉到一个人、一张桌子,它们既是一又是多。苏格拉底是一个人,又有前后、左右、上下,又是多。所以要问:什么是一自身,什么是多自身？一和多是矛盾,这问题不是感觉所能解决,必须求助于理智。这就是数学对象在心灵转向中的作用,柏拉图仔细地说了这个过程。

另一个是几何图形,柏拉图也有确定的思想,但更容易忽视。

几何学研究总是要借助于图形去研究一个命题。比如说要证明三角形三内角之和等于二直角，你总得画一个或几个三角形来证明，无论你画一个怎样的三角形，总是一个特殊的三角形，人不能画出一个抽象的一般的三角形来，所画的三角形总是可以感觉到的，属于第二个阶段，即 I_2，是具体事物。但所得出的结果，却对于一切三角形都有效，是普遍的、一般的命题，已经进入第三阶段，即 II_1 了。这样就从具体事物转移到第三阶段，理智的领域，却还没有达到"相"。这一步柏拉图也是作了详细的叙述的。

（乙）"善之相"的辩证法。

（1）上面所说的数学研究，还没有能直接转移到理智领域去，必须依靠辩证的方法。柏拉图所说的辩证的方法，就是后来讲的哲学研究。它和数学研究有什么不同？柏拉图举出以下几点：第一，数学研究仍要以可感觉的事物作为工具，如作几何图形以及用具体事物来计数。而辩证方法却不需要从这些实在的事物出发。第二，数学研究不是给一种解释，给一个定义，而辩证法就是要给定义（逻各斯）。几何学先肯定一些东西，如三种不同的角（直角、锐角、钝角），算术肯定奇数、偶数等等，认为是已经知道的，不作解说。而辩证法最重要的一点，就是要讲出"为什么"来，讲出它的根据和理由。第三，数学研究是从假设出发进行推论，对这假设是不作说明和解释的。所以柏拉图说数学不是严格意义的最高知识，因为它只知道过程的中间和终点，而不知道出发点和开始。辩证的方法虽然也同样是从假设出发，却不是向下推论，而是向上。如《费都篇》中所说的，为这个假设找出一个更高的假设来，为低一级的假设作根据；由此向上一直达到最后的一个假设，它是自足的，不需要再为它找根据。在《国家篇》中讲，向上达到最后的假设，它再没有任何假设。这里可以看到从数学研究到辩证方法二者结合起来了，这条路线完全打通，整个历程也就完成了。但这里还留下一点：单知道理智中的"相"还不够，必须进一步达到最高的"善之相"，这个过程才真正完成。要达到"善之相"，就不再使用可感觉的具体事物，而是要使用"相"。辩证法就是要借助"相"，一步步地向上研究达到最高的假设，也就是"善之相"。这个最后的目的达到了，整个上升的路线也就完成。由此可见，他所说的辩证法，就是研究"相"的学问。

（2）辩证法达到最高的一级即无需再有假设的假设，就是"善之相"。在柏拉图的存在的结构中，"相"是最高的阶段，而"善之相"又是"相"的最高巅。（这不是从普遍性、一般性讲的，从一般性讲，则"存在"和"非存在"才是最高的；说"善之相"是最高的，是从目的论讲的。）柏拉图认为"善之相"是整个万有的原因。

这里看到：柏拉图在《费都篇》中希望达到的目的，现在部分地达到了。《费都篇》中希望解释每件事情所以如此，乃是因为这对它是最好（"善"）的，"善"是安排宇宙的原因。柏拉图在这里部分完成了任务（说是部分，因为还缺少努斯）。但说"善"是万有的原因，是不是说了一句空话？不是的，因为柏拉图是作了比较细致的说明的。

在柏拉图看来，"善之相"既是认识论方面的原则，又是本体论方面的原则。从认识论方面说，它是认识的原因。这又可以从两方面看：一、它是认识主体所以认识的原因；二、它是认识对象所以被认识的原因。柏拉图将"善之相"和太阳相比。如图：

没有太阳产生光线,就不可能有视觉和被看到的对象。同样的,如果没有真理和存在,在主体方面就没有知识,从对象讲就不能被认识。"存在"(τὸ ὄν, to on),任何事物,如果没有存在附着,就是非存在,绝对的不"是",不可被认知。"真理"(ἀλήθεια, aletheia),普通译为真理,希腊文还不只是这意思,它是 a-letheia "a"是"不"的意思,letheia 是从动词引申出来,主观方面的意思是"遗忘",客观方面的意思是"躲避我们的认识"。aletheia 就是不躲避我们的认识。就是说,如若我们所要认识的事物自身没有躲避我们认识的性质,我们便可以认识它。所以,对象必须有真理和存在这两个方面,我们才能认知它。是什么东西使对象有真理和存在呢?柏拉图认为是由于"善之相",善是真理和存在的原则,它也是知识和被认知的原因。

"善之相"不单是认识的原则,同时也是存在的原则。使一件事物"是"一件事物,怎么可能?就是由于"善之相"。他仍用太阳作比喻。太阳是实在世界上一切生物存在的原因,同样,每一个"相"之所以是"相",原因在"善"。("相"是事物的目的和价值,是目的因。)而"相"又是实在事物的原因,所以间接地讲,"善之相"又是实际世界上每件事物所以是如此的原因。这样可以回想到,在《费都篇》中,柏拉图希望达到的是:整个宇宙有个努斯在安排,使每件事情成为最好的。每件事情之所以如此,是因为这样对它最好。"善"便是使事情成为如此的原则。在《国家篇》中,柏拉图做到了这一点。他说,我们有正义的事物、美的事物等等,它们之所以有价值,就是因为它们和"善之相"有联系,如果毫无联系,它们便没有价值了。它们的价值是由于"善之相"。这样,《国家篇》完成了《费都篇》没有完成的任务,以"善之相"作为存在的原则。每件东西之所以如此存在,原因就在于"善之相",因此只要我们知道"善之相",就可以知道每件东西之所以如此。这样,"善之相"既是存在的原则,又是使我们的知识成为可能的条件,因此,它是存在和真理的原因。

总结起来,《国家篇》部分地完成了《费都篇》所要完成的任务,提出"善之相"是万物的最后原则。但有尚未完成的:《费都篇》中希望努斯和"相"(或"善之相")联系起来,《国家篇》中没有做到。这点是在以后的《蒂迈欧篇》中做到的,那里认为努斯是世界的创造者,以"相"为模型创造世界,努斯也就是神。《国家篇》的最高原则是"善之相",《蒂迈欧篇》的最高原则是神——努斯。问题在于《国家篇》中的"善之相"同《蒂迈欧篇》中的努斯的关系。有人将这二者等同起来,并不妥当。我们可以这样说:柏拉图自己没有能将这二者沟通起来,直到亚里士多德的《形而上学》才完成这个任务。所以,从《费都篇》到《国家篇》到《蒂迈欧篇》,一直到《形而上学》(最后到斯多亚学派),完成了一条用目的论解释的哲学路线,反对机械论的解释。

(丙)困难和问题。

柏拉图的辩证法发展到《国家篇》,出现了许多困难和问题。可以分两方面看。

(1)内在的问题。

在《费都篇》中，柏拉图以"相"为根据解释万物，"美的事物成为美，是由于美"。这是个同义反复，用这个公式可以解释一切，但在事实上又是一点也没有解释。后面的这个"美"（美自身，"美之相"）是原因，是根据，但为什么它能成为根据？我们一点也不知道。因为它的内容是什么，我们不知道。作为根据的"美"和美的事物究竟有什么差别？从内容上看不出差别，却说它们中一个是原因，另一个是结果，为什么不能倒置？看不出来。这就是所谓"同名的困难"。即"美之相"和美的事物名称相同，为什么一个是原因，另一个是结果？在《费都篇》中，柏拉图用了另一种说法："美的事物所以美，是因为分有美。"但它们如何"分有"？他没有说明。他说，"相"和个别事物的联系究竟以什么方式，他不坚持。亚里士多德批评他，说"分有"不过是一个诗意的比喻。这是柏拉图"相论"的内在问题之一。其次，在《费都篇》中有许多"相"；到《国家篇》将这一切"相"集合在一起，成为存在领域中的高级阶段；而在一切"相"之上的则是"善之相"。"善之相"是最高的、最后的，其它一切"相"都从属于它。但是，它们的从属关系究竟如何？其它一切"相"和"善之相"究竟是什么关系？我们也是不知道的。第三，在"善之相"以外的其它一切"相"，它们之间的相互关系如何？我们也是不知道的。

（2）外在的原因。

以上是柏拉图的"相论"内部存在的问题。除此以外，到《费都篇》和《国家篇》阶段，还产生另外一种事实，可以说是外部的原因，即他的学园内部误解了他的学说。可以叫作关于柏拉图的"相"的超越（transcendent）概念。有人误解"相"是超越的——说"相"是和具体事物分离存在的，即哲学史上著名的"分离问题"。许多研究柏拉图的学者认为他的"相"是和具体事物分离存在的。但是柏拉图自己，除了他曾经将"相"说成事物的模型外，没有一点可以说他将"相"说成和事物分离存在的。但是，这种传统的看法也不是偶然的，因为在柏拉图的思想中有些成分很容易使人误解这一点。在《费都篇》中，他将"相论"发展成为目的论的观点，认为"相"是实在事物所追求的目的。他还用"相"去证明灵魂的不朽，说人在感觉认识以前已经隐含有关于"相"的知识。如我们看到两个相等的东西，觉得它们不完全相等，还可以更相等一点，这里就包含有绝对的"等"，在相等的事物以外还有个"等自身"；相等的事物和"等自身"相比，总是差一些。美的事物、善的事物等等也都如此。所以，实在事物相对于"相"说，总是有缺陷的，它们要努力追求，尽可能变得和"相"一样。这种努力向上就产生了变动的现象。但无论它们如何努力，达到什么阶段，和"相"比较起来，永远有缺陷，要不断地追求和变动，由此解释实际世界的变化过程。这样，只有"相"才是完全的，实在事物总是不完全的。所以，在实在事物和"相"之间永远有一段距离。施坦策尔（J. Stenzel）认为，必须将"相"推得更远一些，它所有的存在的成分才大。事物和"相"之间的这种"距离"，本来不是指空间的距离，而是指完善和不完善之间的程度的差别，但很容易被误解为空间上的距离。如若被误解了，便成为两个彼此分离的世界，各自独立存在了。这就是《巴曼尼得斯篇》中所批评的。在亚里士多德的《形而上学》中可以得到证明，他说：在柏拉图学派中有些人主张"相"和事物分离，成为另一类存在。

同样，在《国家篇》中，"相"也有被人误解为超越的。柏拉图在讲"善之相"时，用了这样一个说法"超越存在"（beyond of being），被认为是"相"的超越性，以后就成为普罗提诺所说的"一"。但在柏拉图，并不是说"善之相"对于"相"是超越的，因为他下面还有一句话："在能力和尊荣方面"。他的意思是，"善之相"只有在能力和尊荣方面（也就是价值方面）超过一切存在，而不是说它存在于另外一个空间。这个思想和《费都篇》中的思想一样，但更为尖锐。这种"距离"也和《费都篇》中一样，并不是指空间的距离，所以不能说是超越的。如果将柏拉图的"相"认为是和实在事物分离存在的，便更增加"相论"的困难，即要说明"相"和现实世界又是如何联系的，这便是《巴曼尼得斯篇》要讨论的问题。

第二部分 《巴曼尼得斯篇》

一 批判（对话的第一部分）

（1）《巴曼尼得斯篇》的中心问题是：相反的东西是不是可以互相结合，这种结合是否可能？由这个问题发展到别的问题，如分有问题、分离问题、"相"和事物间的关系问题，以及"相"和"相"的关系问题，都可以得到解答。

芝诺认为存在是一，如果假设存在是多，必定产生许多不可能的结果。他认为如果存在是多，它们必然是彼此既相似又不相似；但相似和不相似是相反的，不能互相结合。这便是他的论据。少年苏格拉底认为相反的应分为两种，一种是事物所具有的相反的性质，另一种是相反的"相"；如果说前者不能相互结合，是不对的；但说相反的"相"不能相互结合，他赞成。实际事物中都具有相反的性质,芝诺认为不可能的,实际上是可能的,比如苏格拉底便既是一又是多。一和多是相反的性质,可以在同一个人中相互结合。这样就成为两个问题:一是相反的"相"是不是能相互结合?二是相反的性质如何能在事物中相互结合?如若由于事物分有两个相反的"相",它因而有两种相反的性质,可是两种相反的"相"却是不能相互结合的,只是一个具体事物可以分有这两个相反的"相",从而产生这两种相反的性质,这两种相反的性质在同一事物中结合起来。如图。

这便是少年苏格拉底的相论。他的要点是:

（一）事物和"相"的对立;

（二）"相"和事物的分离;

（三）事物分有"相"。

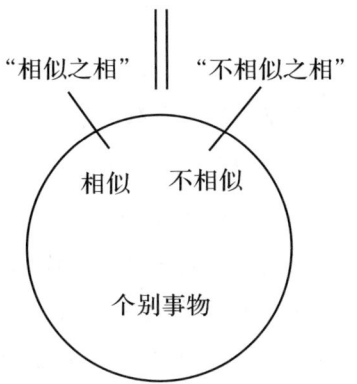

他为了要解释个别事物具有相反的性质,用了这三点。这是因为他既不承认相反的"相"可以互相结合,却又承认相反的性质可以在个别事物中相互结合,所以他费力作了这样的解释。

（2）"相"的表。

柏拉图反对对世界的机械论解释,要以目的论解释。因此在《国家篇》中发生"相"和事物之间以及"相"和"相"之间的关系问题;在《费都篇》中发生的"超越"的问题。

"相"是存在,事物也是存在。"相"和事物的关系是存在和存在的关系,也就是本体论的关系。(《费都篇》说"相"是事物追求的目的,事物追求"相"这个目的,即作目的论的解释。但《费都篇》中的目的论主要限于解释变化。）而在《巴曼尼得斯篇》中，柏拉图对本体论方面的兴趣增加了，对目的论的兴趣减少了。即他采用了本体论的观点（但也不是机械论的观点），这在他的"相"表中可以看出。

少年苏格拉底所承认的"相"有：数学方面的"相"，如"等之相"、"一和多之相"；伦理方面的，如善、正义、美等之"相"。自然物如水、火、人等是否有"相"？苏格拉底自己也不能确定。至于头发、污泥的"相"，少年苏格拉底不能承认，因为如果承认了，便要陷入很大的困境。少年苏格拉底的这张"相"表完全是从目的论的观点出发的。目的论就是讲从不完善的事物趋向于完善的"相"，所以不能承认污泥有"相"。如果宇宙中没有价值的事物趋向于没有价值的"相"，则宇宙越变越没有价值，目的论便讲不下去，目的论便和"相论"发生冲突。柏拉图在这里要给一个本体论的解释，如若我们对任何一类东西都承认有一个"相"，对没有价值的东西也应同样承认，便须承认有"污泥之相"。巴曼尼得斯（实际上是柏拉图自己）批评少年苏格拉底说，"因为你还年青，还照顾到一般人的意见"。这个"一般人的意见"，就是目的论的看法。柏拉图在这里着重本体论，但也不是反对目的论，只是给目的论限制一个范围。

（3）一直到《国家篇》，有个问题没有解决，即事物和"相"的关系。《费都篇》说就是"分有"，但关于分有的内容，柏拉图并没有解释，他放弃了详细的解释。但如果要作本体论的说明，这个问题就不能不加解释：究竟事物和"相"是什么关系？如果是分有，则分有的内容是什么？

在《巴曼尼得斯篇》中，柏拉图发现分有的困难。普通讲分有，只有两种可能：

(a) 每一事物分有整个的"相";

(b) 每一事物分有"相"的部分。

如若每一事物分有整个的"相",那是不可能的。因为少年苏格拉底认为每一类事物只有一个同名的"相";如一类善的事物只有一个"善之相"。"相"是单一的,个别事物却是彼此分离的。如果每一事物分有整个的"相",那么整个的"相"同时分在许多事物中,"相"自身就要分离。因为少年苏格拉底主张"相"的两个特性,一是单一的,每一类事物只有一个"相";二是完全的整体。这两点不能相容,即每一事物不能分有整个的"相"。

如若每一事物分有"相"的部分,那也不可能。柏拉图用了三个论证:

第一,一件大的事物分有"大之相"的部分,但大的部分总是小于"大之相"这个整体,部分便是小,这样,大的事物之所以是大,是由于小。这和前提冲突。

第二,如果相等的事物之所以相等,是由于分有了"等之相"的部分,但部分和全体是不相等的,所以也发生冲突。

第三,如果小的事物之所以小,是由于分有了"小之相"的部分,那也有问题。因为这样,小的事物(A)加上它分有了"小之相"的部分(a),得出:

$$A + a > A$$

只能使原来的事物变大起来,成为大的事物,所以也有冲突。

在这三个论证中,第一和第二是同一类型的,第三不是。但它们有一共同的前提,即认为"大之相"是大的,"等之相"是等的,"小之相"是小的。我们现在当然不这样想,但当时希腊是这样想的。柏拉图在《会饮篇》中说"美之相"是绝对的美。还有另外一个假设的前提,即认为"大之相"或"小之相"的部分是有大小的,而且部分比整体小。

所以现在有人批评说这些论证是胡闹,不配说是柏拉图自己的思想。事实上,这些论证中当然有诡辩,但对于柏拉图讲,它们却不是没有意义的。因为这些假设的前提并不是柏拉图自己将它们假造出来的,而是在少年苏格拉底的"相论"中,已经包含了这种假设。少年苏格拉底将"相"作为事物看待,认为"相"和事物一样,是有大小的,使"相"物体化了,它的部分当然也有大小。柏拉图批评少年苏格拉底的"相论"是以少年苏格拉底的"相论"中的观点为根据的。

由此得出结论:无论事物分有"相"的整体或部分,均不可能。这样,原来假设的"分有"就没有意义。《费都篇》和《国家篇》中的"相论"必须要改造。

(4)少年苏格拉底的"相论"还有一特点,即认为"相"和事物的并立、对立(juxtaposition)。说事物分有"相",必先承认事物和"相"的并立或对立,这也是任何一种"相论"都有的看法。所以,对这一点的批判可以说是对一切"相论"的批判。

如果我们看到有许多大的事物 $m_1, m_2, m_3 \cdots m_n$,在这些之外,相论假设有一个"大之相"M。这是所有的"相论"都这样主张的,《国家篇》中说,我们习惯于在一类事物上加以一个"相",以相同的名字叫它。大的事物和"大之相"是同名的,但它们是对立的。

柏拉图这样提出批评:如果在许多大的事物以外有"大之相",本来是为了解释 $m_1, m_2, m_3 \cdots$ 而假设 M;可是 M 和 $m_1, m_2, m_3 \cdots$ 又是同名的,从内容方面看,它们并没有差别;所以,为了解释 M 和

$m_1, m_2, m_3\cdots$,又需要假设另一个 M_1；而 M_1 和 $M, m_1, m_2\cdots$ 之间在内容上也没有差别，又需要有 M_2 来解释。

$$\underbrace{M}_{m_1, m_2, m_3\cdots m_n} \quad \underbrace{M_1}_{m_1, m_2, m_3\cdots m_n, M} \quad \underbrace{M_2}_{m_1, m_2\cdots m_n, M, M_1}$$

$$\underbrace{M_{n+1}}_{m_1, m_2\cdots m_n, M, M_1, M_2\cdots M_n}$$

这就是"无穷的倒退"，可以永远假设下去，没有结束。

这是少年苏格拉底的"相论"的困难，也是一切"相论"的困难，在柏拉图的《费都篇》和《国家篇》中也有同样的困难。困难在"同名"这点上，既然个别的大的事物 $m_1, m_2, m_3\cdots m_n$ 和"大之相"M，$M_1, M_2\cdots$ 是同名的，内容一致，便要发生这困难，可以无限倒退。因此，这种"相论"需要修正。

少年苏格拉底要维护"相论"，作了另外一种解释。他说，我们所谓"相"，只是我们的一个思想，作为思想，它只存在人心里。这样，巴曼尼得斯提出的批评不再存在。

少年苏格拉底这种尝试很聪明，因为他的"相论"必须肯定个别事物和"相"的对立，必须维护这种对立。但如果这种对立是发生在存在领域内，便发生以上被批判的情况；现在少年苏格拉底想使这种对立不限定在存在领域内，而使其发生在存在领域和思想领域之间。他想使这种对立只存在于两个不同的领域之间，可以不受以上的批评，保持"相论"的基础不被动摇。

将这种对立置于思想和存在之间，在希腊思想中还没有成为主要的潮流。（以后到近代哲学，认识论鲸吞了本体论，这才成为主要潮流。）古代的"相"和中世纪的"共相"，还没有成为概念，即在人心里的思想，如少年苏格拉底所说的情况。

少年苏格拉底希望这样解释,避免无穷的倒退,由此解救"相论"。但是巴曼尼得斯(即柏拉图)立即加以反驳。他说,这思想有没有对象?回答是当然有对象。既然有对象,这对象仍然是存在领域中的 M,仍然是存在领域中的对立,仍然可以发生无穷的倒退。这里可以看出古代希腊思想的特点。后来到中世纪,也问这思想(共相)有没有对象?如不承认,便是概念论、唯名论;如承认有,便是实在论。

(5)少年苏格拉底再作一个尝试,以维护"相论"。他说,也许事物分有"相",是事物被制造得类似"相"。用这样的解说,以上两个困难可以避免,仍旧能建设他的"相论"。

以上这些看法,全是从静止的角度,以解说事物怎么样"是"。这种解说也有困难。由于不能解说分有和对立,所以改采用一种动的看法,问事物怎么样"变"成为如此如此的,回答是因为它们被制造得如此。如在《国家篇》中所说的,木匠以"床之相"为模型,制造个别的床。这里,既不需要有另一个较高的模型,从而发生无穷的倒退;另一方面,从分有来说,在这种说法中,"相"的单一性和完整性也都可以保持住。所以,这种动的说明,可以将以上分有和对立的困难全解释掉。

但柏拉图又提出一个批评:如果事物被制造得类似"相",从这个假设的前提出发,事物被制造得类似"相","相"也要类似事物。这是没法不承认的,因为"类似"是一种相互作用的关系。"相"既然和事物相类似,它又需要有另一个"相"来解释。这样,以上所说的困难——无穷的倒退又出现了。这意思就是:以上所说两点——分有和对立,不单从静的观点去看有困难,从动的观点去看也有困难,没法解释。原来的相论不能维持。

（6）上述"分有"，是相论发生困难的内在原因，此外还有外在的原因，是旁人对柏拉图"相论"的误解，以为"相"是超越的，以为"相"和事物是分离的，就是分离问题。在《费都篇》中，柏拉图自己虽然没有主张分离，而且他还讲，关于事物和"相"之间的关系如何，我在此并不确定。但他在那里讲的几点却是可以引起误解的，即他以为"相"是事物追求的目标，目标和事物之间有一段距离。但这距离只是在完善程度上的差别，而不是空间的距离，但这被误解为"相"的超越。

柏拉图在《巴曼尼得斯篇》中批评分离问题。因为少年苏格拉底主张，一方面是"相"，一方面是事物，它们都是独立存在的。柏拉图的批评是：如若有"相"，它当然不在我们中间，不在这个实际世界。实际世界中的事物只和我们以及其它实际事物发生关系，不和"相"发生关系。"相"也如此，它只对其它"相"发生关系，而与实际世界无关。这样就将实在的领域分为两部分。

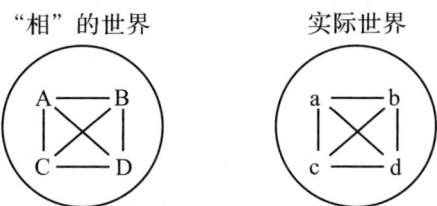

在这两个世界之间不发生关系，a 和 A，b 和 B 没有关系，成为两个完全隔离的世界。如果主张分离，而且又要理论上一致，必定要走到这一步。两个世界之间没有沟通，只能在每个世界以内发生关系。柏拉图举具体例子说明：在实际世界中有奴隶和主人，在"相"的世界中有"奴隶之相"和"主人之相"。主人和奴隶只是实际世界中的两个个体，他们和"相"的世界无关；"主人之相"只和

"奴隶之相"发生关系,和实际世界中的奴隶并没有关系。两个领域完全隔开了。

再从认识方面看。在实际世界中只有个别事物,我们以个别事物为对象得到的知识是个别的知识。而在"相"的世界中有以"相"为对象得到的"相的知识"或"知识之相"。"知识之相"和个别知识处于两个不同的领域中,因此我们——个别的人——没有"知识之相",而"知识之相"只能以"相"为对象,和个别事物不发生关系,实际世界的事物不能为"知识之相"所认识。

柏拉图进一步指出:正如《费都篇》所讲,"美之相"是完全的美,则"知识之相"也应是最完全的知识。但这种知识人不能有,因

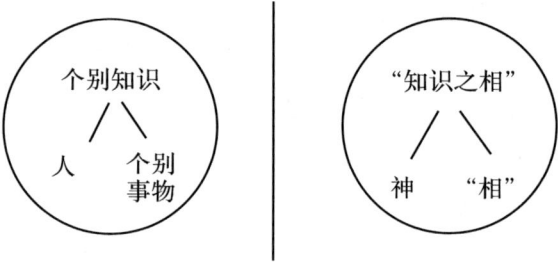

为实际世界中的人不是完善的;只有神才能有"知识之相"。神有"知识之相",可以认识"相",却不能认识个别事物,尽管他有最完善的知识。这是一个结果,另一个结果是:我们人只有个别知识,只能认识实际世界中的事物,却不能认识"相"。这就是说,如果人将"相"和事物分离开,会得出这样的结果:人不能认识"相",神也不能认识实际世界。这两点对于"相论"都是大的打击。

神不能认识实际世界,在希腊人看来已经是很大的问题。而人如果没有"知识之相"或"相的知识",怎样能假设有"相"?对"相论"说,这是一个致命的打击。这是从问题方面看,再从历史方

面看:"相"从它开始被人假设时起,已经被认为是一种高级的、精确的认识对象。根据亚里士多德的记载,苏格拉底是第一个寻求定义的人,他希望在定义中认识普遍、一般。这项工作由柏拉图继承下去,他将苏格拉底寻求的一般叫作"相"。这样可以看出,"相"从它开始起,便被认为是定义的对象,精确知识的对象,应该是最可知的。现在得到的结果却是:如果"相"和事物分离,人对"相"便不能有认识。这样,"相论"也就被毁灭掉。

柏拉图又从另一个结果讲,即主人和奴隶、统治者和被统治者的关系。神是统治者,但它却不能控制个别事物。这结果对希腊人说是完全荒谬的。从荷马以来,希腊的神一直是干涉人间事务的。由此看出,这些结果是荒谬的,证明它的前提有问题,即认为"相"和事物分离乃是错误的。

在《巴曼尼得斯篇》第一部分中,柏拉图借巴曼尼得斯之口批评了这样的"相论"。传统的对柏拉图"相论"的解释,认为柏拉图是主张两个世界互相分离,各自独立存在的。至少在《巴曼尼得斯篇》中,柏拉图自己决不会主张这种"相"的分离。因此主张传统解释的人要另找解释。

《巴曼尼得斯篇》第一部分结束时,一共留下了五个没有解决的问题:

一、相反的"相"是不是可以互相结合?

二、同一实在事物是不是能同时具有相反的规定性质?

少年苏格拉底希望用他的"相论"去解释这两个问题,但没有成功,反而又引起以下三个问题:

三、"相"和事物的对立;

四、分离问题;

五、分有问题。

这些问题都不能圆满解决,需要在第二部分修正。

二 《巴曼尼得斯篇》的第二部分

(1)《巴曼尼得斯篇》第二部分的形式很奇怪。柏拉图说,我们现在从一个假设出发,推论它的结果。他从最普遍的"一"作假设,先作肯定的假设,再作否定的假设:

I. 如果"一"是;

II. 如果"一"不是。

这里的"是"就是通常译为"存在"的。在这对假设中,柏拉图有时着重"一",有时着重"是"。和"一"相反的是"其它的"。以上一对假设又要相对于"一"自身和相对于"其它的"。以上一对假设又可以分为:

(I)相对于"一"自身;

(I)相对于"其它的";

(II)相对于"一"自身;

(II)相对于"其它的"。

这四个假设每一个都可以有肯定和否定。这样就有了八个假设和由此而来的八组推论,构成《巴曼尼得斯篇》第二部分的内容。

(2)第一组推论的假设是:如果"一"是。这里重点在"一",即"如果一是一",实际上是"如果一一"。这里假设的"一",只是"一"而不是其它任何东西,是将"一"从其它任何东西孤立出来。(这"孤立"也是分离的一种形式。)然后看会得到什么结果。

由这个假设得到的结果是:首先,"一"不是多,因为"一"和

"多"是相反的。其次,"一"也不是整体,没有部分。如若是整体,必然有部分,有部分的便是多而不是"一"。第三,不是整体,就没有起点、中点和终点,就是没有限止,也没有任何形状,也不在任何地方,既不在它自身中,也不在其它中;因此也就没有变动,既没有性质的变化,也没有空间的运动;但又不是永恒的,因为它不在任何地方持续存在。

这样,将许多肯定的规定性都去掉了,只留下一个"一是一"。它应该有自同一,但柏拉图连这点也不承认。因为它既不和任何其它的同一,也不和它自身同一。这样,"一"既不相似于,也不相等于,也不少于或老于它自身以及其它的;因此,"一"不在时间里,也不现在是,也不过去是,也不将来是。结果是:"一"根本不是(存在),没有"一"。

这里所说的"一"究竟是什么?柏拉图在这里说的"一"并没有太神秘的意义,只是简单地代表"一之相"。如"如果一是",即"如果'一之相'是",将"一之相"和其它的"相"孤立开来,其它的"多"、"异"等等,每一个都代表一个"相"。这组假设就是讨论"一之相"(或一个"相")和其它的"相"分离,将会得到什么结果。这里说的"如果一是"中的"是",代表"存在"。这个假设重点只在"一",就是将"一之相"和"存在之相"分离开来。这样的结果便是"一之相"和一切"相"都分离。绕了一圈,最后得到"一不是一"的结论。无论从这圈上任何一点出发,都可以得到相同的结果:如果任何一个"相"和其它的任何一个"相"分离,就和一切其它的"相"分离。由此还可以对本篇开始提出的问题作出回答,即:如果一个"相"和其它的"相"是分离的,则相反的"相"是不能相互结合的。这就是柏拉图从第一个假设推出的结论。至于柏拉图对这个假设的前提是不是肯定的？以下再讲。

（3）第二组推论的前提仍然是"如果一是"。不过这个假设的重点在"是"上。从这样的假设出发，得出一组完全相反的结论。

这一组的假设"如果一是"，重点在"是"（即"有"、"存在"），也就是"如果有一"，"一"必定是"存在"。如果"一"是"存在"，就是"一"加"存在"，是两个名词；因为"一"是"一个存在"，"存在"又是"一个存在"，所以它们是"多"，而且是无限的多，因为这两个"一个存在"又各自可以分为"一"加"存在"，各自成为"一个存在"，可以无穷类推，所以是无限的"多"。这"一个存在"既是整体，又有部分（"一"加"存在"）；既是有限，又是无限（因为它被部分所限制，而从数目上说又是无限）。它有起点、中点和终点，有各种形式；它占空间，既在它自身中，也在"其它的"中；既是永恒的，又有变动；它是永恒的，所以和它自身相同一，又和"其它的"相同一；它又有差异，是类似又不类似、是相似又不相似，是相等又不相等，有大于、小于等各种性质。它又是在时间里，现在是，过去是，将来是，所以它是完全的存在。这就是这一组推论得到的结论，和第一组得到的结论刚好相反。这里的结论是肯定的。

这两组推论会得到相反的结果，因为它们的假说在表面上一样，内容上却不同。这一组的假设不是相互分离，而是相互结合，"一"和"是"相结合。一个"相"和其它的"相"之间有结合，则"一之相"和与它相反的"多之相"可以结合，又和一切成对的相反的"相"均可以结合，结果这样的"相"存在，而且是完全的存在。

第二组推论的主要意义是：它说明了在哪一种条件下，相反的"相"能够相互结合。这样，本篇第一部分中五个留下的问题中的第一个问题，在此得到肯定的答复。因为这两组推论都是假设的，由此得出的结论是否客观有效？要看这假设的前提是否真。这是很重要的一点。对柏拉图的《巴曼尼得斯篇》有两派解释，一派以为本篇第二部分只是进行逻辑训练。他们没有注意到这些推论是不是客观有效的。另一派解释说这里有形而上学的内容，不止是逻辑训练。判断这问题要看柏拉图对这两组推论所得的结论是否认为是同等有效的。

柏拉图并不认为这些推论只是逻辑训练。他并不认为这两组推论是同样真的，并不认为这两组推论的结论都是形而上学上真的。他认为只有第二组推论的结论才是合乎事实的，即认为一切"相"是互相结合的，任何"相"均可以和别的"相"相结合。何以知道这是柏拉图的意思？在本篇对话中可以找到证明。一个结论之不真，可以由于两个原因：一是它的前提不真，而它的逻辑推理是正确的；一是它的前提是真的，而逻辑推理不正确。柏拉图认为第一组推论属于前一种情况，即它的前提不真，而它的逻辑推理是正确的。根据是：在其它推论中，柏拉图又重复运用了第一组中的逻辑推理。何以知道他认为第一组推论的假设不真？因为在第二组推论中，他给这个假设以新的意思，即改变了原来的假设前提。

另外一点也可以证明柏拉图自己认为第二组推论的结论是形而上学上真的。因为第一组推论的结果是毁灭了"相"，而第二组推论的结果则是肯定了"相"。在《巴曼尼得斯篇》中，柏拉图在批评了少年苏格拉底的"相论"以后说：你的主张有如此困难，但人不能不承认"相"。如若不承认"相"，便是"相"的毁灭。这就是说，柏拉图认为必须承认"相"，困难在于别的原因，不能因为有困难便放弃掉"相"。现在第一组推论的结果是毁灭了"一之相"。他不主张放弃"相"，他警告不能放弃"相"，还是应该承认有"相"。由此可见,柏拉图认为第二组推论的结果是形而上学——本体论上真的,第一组推论的结果不真。

以下各组也都如此。有半数推论的重点在"一",半数推论的重点在"是"。其结果和第一、第二两组相同,我们应该同样地理解。

(4)在第二组推论和第三组推论之间还有一小段,柏拉图学者对此有不同的解释。这里主要是发展出一些动的范畴来。在第一、第二组推论的范畴主要是静的,第二组推论以后他又推出一些动的范畴来,如生成和毁灭等等;认为"一"不但有静的性质,而且有动的性质。至于这里的假设中的"一"是什么意思,是属于第一组推论的"一",还是第二组推论的"一"？我以为是第二组推论的"一",即重点在"是"的一。

这一段插曲,有些柏拉图学者认为是第一组推论和第二组推论的调和。我们不同意这种看法。这一段既然插在第二组和第三组推论之间,它的作用在于沟通,使第一组和第二组的推论结果过渡到第三组和第四组。它的意义要在讲完第四组推论以后才能看清楚。

(5)第三和第四组推论的前提假设仍是"如果一是";但它的结论却是和"其它的"有关的。这个"其它的"是"异于一的",它是和"一"相对而言的,"一"是"相","其它的"便是实在事物。

第三组推论仍是从"如果一是"出发,这一假设和第二组推论的假设相同,重点在"是"。"一"和"是"有结合,由此产生以下结果:这里讲的"其它的" τἆλλα(talla)是多数。由此推论:此多数必有部分,既有部分也隐含有全体,所以是一个整体(实在事物的全体)。每一部分全是一,所以有相反的规定性:它既是部分,又是整体;既是一,又是多;既是无限,又是有限(部分被整体所限制,整体又被部分所限制);又是相似,又不相似。由此可以容易地推论出别的相反的范畴。——这是柏拉图用的方法,讲到重要的一点时他就不讲,让读者自己去猜。

要一切性质能属于"其它的",最后的根据是"一"和"是"(存在)相结合。如果"一"和"是"没有结合,根本没有"一","其它的"便不能分有"一",也就没有以上所讲的一切相反的性质。一切相反的性质要能够在"其它的"即个别事物中结合,有一个条件,就是一个"相"要能和其它的"相"相互结合。

(6)第四组推论的假设仍旧是"如果一是",重点在"一"上。因此与第一组推论的假设相同,不是"一"和"是"(存在)的结合,而是孤立的"一"。所谓孤立的"一",实际上就是将"一"和其它的分离开。所谓"一",在这里是一个"相",代表一切其它的"相";talla 代表一切实在事物。它们之间没有第三者(既不是"相",也不是实在事物),所以二者的分离是没有办法构通的。"相"和事物完全隔断,任何结合均不可能。在这情形下,一切相反的性质全不能属于"其它的",全不能在"其它的"里同时存在。所以,第四组推论的结果和第三组推论的结果相反。在以上四组中,第四组和第一组,第二组和第三组的假设相同,其结果也彼此相应地相同。

柏拉图究竟认为哪一种结论是客观上正确的呢?他认为这两种推论都有逻辑上的可能性,但从客观真实性讲,却只有第二、第三组才是。因为在本篇开始时,芝诺指出相反的现象不可能,苏格拉底不同意,他说:我苏格拉底既是一又是多。为了拯救这种现象,创立了他的"相论"。巴曼尼得斯批评了少年苏格拉底的"相论"以后,得出结论是要给这现象以新的解释。这就是在第三和第四组推论中给的。柏拉图的答案是：逻辑地讲，在一种情况下，"相"和"相"互相结合，相反的性质也可以在实在事物中相互结合；在另一种情况下，"相"和"相"不互相结合，相反的性质也不能在事物中相互结合。但现实情况是相反的性质在事物中互相结合，因此，"相"和"相"应是互相结合的，即只有第二组和第三组推论的假设是客观真实的。这是反证。

柏拉图在第三、第四组推论没有就一切步骤很详细地发展解释出来。这正是重要的一点。如果我们将柏拉图在这些推论中所包含的意思解释出来，就可以将柏拉图"相论"的新的方面根据他自己的思想加以补充。这就是按照第一组推论的思想一步一步地加以补充，便可得出："其它的"既不是相等，也不是不相等；既不年老些，也不年少些；既不是现在是，也不是过去是，也不是将来是。这样，"其它的"完全不是，"存在"并不属于"其它的"；也就是说，实在事物根本不存在。这是根据第一组推论得出来的，也是第四组推论所隐含的意思。

在肯定方面，即第三组推论可以按照第二组推论补充："其它的"现在是，过去是，将来也是，即"其它的"有存在。这是他的"相论"中新的思想：承认有"其它的"，而且所以有"其它的"，原因在于：一切相反的"相"在"其它的"中有结合。所以，"其它的"的存在，乃是以"相"的结合为基础的。如果"一"和"存在"没有结合，则其它相反的"相"不在"其它的"中结合，结果是"其它的"根本没有。如果"一"和"存在"结合，则一切"相"在"其它的"中结合。而且正是由于"相"的相互结合才构成为"其它的"即实在的个别事物。这和《费都篇》—《国家篇》的相论完全不同。那里认为事物和"相"是对立的，现在认为事物和"相"没有对立，事物是由"相"组成的。我叫它"多元范畴论",因为"相"等于以后的范畴——范畴原来的意思就是"存在"的最后原则。

柏拉图在《费都篇》—《国家篇》中,特别是在《国家篇》中所讲的"相论",可以叫"一元的唯善论",即以"善之相"作为最后的原则。这和现在所讲的完全不同。现在的最后原则不止一个,而是多数的。这是柏拉图前期"相论"和后期"相论"的一个主要区别。柏拉图所以要这样发展"相论",是因为少年苏格拉底要拯救现象,牵涉到三个问题,即上述的事物和"相"的对立、分离和分有问题。在这三点上受了批判,少年苏格拉底的"相论"不能维持了。这三个问题在柏拉图看来,乃是假问题,是少年苏格拉底的学说所产生的。柏拉图认为真的问题乃是相反的性质怎么能在一个事物中结合,以及相反的"相"如何结合的问题。以上三个问题是没法解决的,因为它们是人为的。如若这些问题是能解决的,少年苏格拉底的"相论"便可以成立。但柏拉图认为那是不能成立的。

从柏拉图的新的"相论"看,上述三个困难问题根本不存在,也无法产生。如对立的问题,少年苏格拉底说事物和"相"对立,但现在第三、第四组推论中根本没有这种对立,事物是由"相"的结合组成的;若不是这结合便根本没有事物。分离问题也就不存在,完全没有。分有问题也变了,不是问如何分有,而是问"相"如何相互结合组成事物。因此,怎样结合的问题便成为主要的问题,中心问题。柏拉图花了许多力量去解释:在什么情况下这些"相"互相结合,在什么情况下不互相结合。

主要的一点在于"相"的相互结合构成事物。依照柏拉图在这里的学说,个别事物不过就是"相的集体"(complex of Ideas)即范畴的集体。这样,不但少年苏格拉底的学说的困难不存在,连柏拉图自己在《费都篇》—《国家篇》中学说的内在困难(没有说明分有问题,也没有说明"相"和"相"之间的关系)也不存在。因为如果肯定"相"和事物,便必须解释这二者的关系,他将这关系叫作"分有"。其所以要说明这二者的关系,是因为其出发点是肯定了二者的对立。但在"多元范畴论"中,出发点并不是认为二者对立,所以根本不发生分有的问题。关于"相"和"相"之间的关系,在《费都篇》—《国家篇》中没有讲到,现在却讲得很清楚,原来的困难也就没有了。所以是用"多元范畴论"代替了"一元唯善论"。

但这样也产生了新的困难,即:实在的事物不止一个,也不止一种,不同种的事物有不同的性质;现在讲它们的组成成分是相同的,都是"相"。怎么会产生不同种的事物呢?在每一类事物中,个别事物——如这棵树和那棵树——怎么来的?这就是中世纪所说的"个别化原则"(principium individuationis)问题。既然组成成分是相同的,怎么会产生不同的个别事物?这不是柏拉图在《巴曼尼得斯篇》中所能解答的问题,要在《哲人篇》中得到相当的解决,虽然也没有完成。

讲了第三和第四组推论以后,再回头看第二和第三组推论之间,柏拉图附加的那段插曲,便可以了解它的意思。实在事物是"相的集体",作为"一",它"是",即"一"和"是"("存在")相结合,它是两个"相"——"一"和"存在"的集体,是最简单的集体。实在事物是"相的集体",其中包括很多个"相"。"作为存在的一"可以说是实在事物的萌芽,是最初步的事物。在这段插曲中,柏拉图所讲的就是由这最初步的萌芽推演出动的范畴来。实在事物最早表现的特性就是它们是运动变化的,有生成和毁灭,有生长和衰老,有性质和空间的变化,这些都是实在事物的特征。这段插曲就是从实在事物的萌芽推演出这些动的属性来,将各种相反的动的属性加到"作为存在的一"上去成为实在的事物。因此这段附录可以说是由简单的"相的集体"向实在事物的过渡。

柏拉图在《巴曼尼得斯篇》中发展了一种新的"相论",认为事物是由"相"组成的,这点还可以从另一方面来证明:在第一组推论中得出一个结果,即:对于"一",既不能有高级认识,它是不可知的;又不能有低级认识,对它不能有感知或意见。而在第二组推论中恰恰相反,对"一"既可以有感觉认识,也可以有理智的知识。高级认识和低级认识的区别,在苏格拉底以前便已经有了,认为可以感觉到的便不能由理智知道,反之亦然。理智认识到的是"存在",感觉认识到的是"变化"。在第一组推论中说对于"一",这两种认识都被否定,已经很奇怪;在第二组推论中,这两种认识被同时肯定,"一"既可以被感觉、也可以被理智知道,便更奇怪了。如何解释这一点?如果要解释《巴曼尼得斯篇》,必须顾到这个问题。

要解释这一点,只有在一个条件下,即:柏拉图在这里已经放弃了这种两分的认识,才能说"一"既可以被理智认知,又可以被感觉认知。事实上柏拉图就是这样看的。他在这里假设的是"一是",即"一——存在",从这个简单的"相的集体"发展成为实在事物。所以,"一是"就其组成成分讲是由许多"相"组成;另一方面,从它们的"结合"说,又是具体事物。前者("相")是理智的对象,后者(结合成的事物)又是感觉的对象。事物作为"相的集体",从"相"这面说,它是理智的对象;但从"集体"这面说,它就是感觉的对象。只有在这一情况下,上述问题才能得到解释。

这是一个很强的论证,证明上面说的"多元范畴论"是正确的。柏拉图在这里已经放弃了他在《费都篇》—《国家篇》中的辩证法——将"存在"和"变化"相区别。在《费莱布斯篇》中,柏拉图就讲"变化"进入"存在"。

(7) 以下四组(从第五至第八组)的推论是前四组推论的补充。它们的假设是"如果一不是"。它们和前四组推论的假设的不同在于:前四组推论的假设是肯定形式,后四组却是否定形式。

第五至第八组的假设字面相同,意义也不同。

第五组假设的否定不是绝对的否定,而是相对的否定——相对"非存在"。所说"如果一不是",不是说"一"绝对不是(绝对不是即绝对"非存在",根本没有"一"),而是说"一"是异于(不同于)"其它的"。(就是指"相"不同于实在事物。)如果是这样的"一不是",所得的结果和第二组推论的结果相同,就是说:相反的"相"可以互相结合。

第六组的假设"如果一不是",是说"一"绝对不是,所得的结果是否定的,和第一组推论的结果一样。

第七组推论的假设仍旧是相对意义的,和第五组的假设相同;第八组的假设和第六组的假设相同。第七组推论的结论和第三组推论的结论相同,但有一点不同:第三组推论的结论为,"其它的"是(有)一切相反的性质;第七组的结论却是:"其它的"显得是一切相反的性质。第八组推论的结论和第四组推论的结论相同,差别在于:第四组的结论是"其它的"绝对不是;第八组的结论是"其它的"显得是绝对不是。所以,第三、第四组的结论是讲"其它的"(实在事物)"是"或"存在";第七、第八组是讲"显得是"(表现为)。

为什么在讲了第三和第四组以后,还要再讲第七、第八组呢?因为第三、第四组是就实在事物作为"是"实在事物讲的,是从本体论角度讲的；而第七、第八组是以作为认识的对象的实在事物，就它们表现（显得是）如何讲的，是从认识论角度讲的。这种区别是希腊人的思想，希腊人以为"存在"既可以是相对于认识的主体即和认识的主体发生关系的，也可以没有这种关系；前者属于认识论，后者就属于本体论。

总上所说，柏拉图在《巴曼尼得斯篇》中认为"相的集体"就是实在事物。但实际事物是很复杂的，每一种事物有它的特点，有和另一种事物的差异，在每一种之中还有个别事物和个别事物的差异。单用"相"的结合解释，还不能完全说明。所以到《哲人篇》中，柏拉图将《巴曼尼得斯篇》中得到的多元范畴论又向前发展了，使上述"个体化原则"问题多少得到解答。也许他自己并没有完全觉察到这些问题。

第三部分　《哲人篇》

（1）柏拉图在《哲人篇》中谈话的目的是要为"哲人"（智者）下定义，结论是哲人只制造"象"，是研究变化，而现在是要研究存在。

巴曼尼得斯说存在是静止的，赫拉克利特却说是变化的。在《哲人篇》中，柏拉图批评那种主张"相"的人——他称他们为"相之友"，说他们一面主张存在，一面又主张变化；存在一定没有变化，变化才是变化。他说，存在和变化不能这样割裂开来，必须让变化进入存在，将这二者统一起来。所以他问："相"是不是可知的？当然是可知的。既然是可知的，它们就不是完全没有变化的，因为可知就是一种被动，其中已经包含有变化的意思，因此不能说存在不变化,它们在一定意义上也是变化的。但在另一种意义上,它们又不能变,因为它们是高级认识的对象,如果变化就使知识不可能。结论是既不能采取赫拉克利特的学说,也不能采取巴曼尼得斯的学说,必须象小孩子一样要这两方面。

这样就有"存在"、"动"、"静"三个"种",它们之间是什么关系?"动"和"静"是彼此相反的。"存在"一方面要"动",一方面又要"静",即它们不能和"动"、"静"割裂(分离);但又不能和"动"、"静"等同,因为"存在"既不是"动",也不是"静"。所以,它们中间不能没有一种联系。现在要解释这种联系。

柏拉图在《哲人篇》中除了批评"相之友"外,还批评了另外一派哲学家,他们主张表词只能和被表述的主词是同一的,如"人是人"、"善是善";如果不同一,如"人是善",他们认为不可能。他们只承认"甲是甲",反对说"甲是乙"。柏拉图批评了这一派的学说,也批评了"相之友"的学说,而发展了另外一种相论,即《哲人篇》中的"通种论"(κοινωνία τῶν γενῶν, communion of kinds)。这"种"(γένος)指最普遍的范畴,即"相"。它研究这些最高最普遍的"种"之间怎样相通。

关于最普遍的"种"之间的关系,柏拉图指出只有三种可能:

第一,一切"种"之间没有任何结合和联系;

第二,一切"种"都可以相互结合,每一个"种"都可以和其它一切"种"相结合;

第三,有些"种"相互之间可以结合,有些"种"相互不能结合。

柏拉图认为只能有这三种可能。但第一种看法只能在思想上有此可能,事实上不可能。如果说"存在"和"动"或"静"都不能结合,便是《巴曼尼得斯篇》所讲的那种"分离"。如果第一组推论的结果:"一"和"存在"没有结合,和别的"相"也都没有结合,最后就既是"一"也不是"一",使这"种"毁灭掉自己。万有之间的关系不能是这样的。第二种可能即任何一个"种"都可以和其它所有的"种"相结合,这也只有在思想上可能,实际上是不可能的,因为这样就要将一切全混合在一起了,"动"和"静"也就没有区别了。柏拉图认为以上两种看法在本体论上说都是不可能的;他认为只有第三种可能性才是客观有效的,即以为"存在"的本体论结构必然是第三种——有些"种"可以相互结合,有些不能。

(2)还需要进一步详细解释这"通种论",哪些"种"之间可以相互结合,以及如何结合。

现在已经有三个最高的"种":"存在"、"动"、"静",是不是还有别的?每一个都是和它自己相同一,即"同"于它自己;又和其它的不同,即"异"于其它的。这样便又得出两个最高的"种"——"同"和"异"。"异"就是"不是","动"不是"静","静"就是"动"的"不是",即"非存在"。这便是相对"不是",相对"非存在"(不是绝对"非存在")。这样就得出五个最高的"种",如果加上"非存在",就是六个最高的"种"。它们之间是有结合的,而不是相互分离的。柏拉图以"动"为例:"动"和它自身相同,即和"同"结合,又和其它的(不同于它的)不同,即和"异"结合。"动是"(有动)即"动"和"存在"相结合。他认为"动"和"静"也有结合,因为在某种情况下,"动"也是静止的。这是从物理学上说的,他想到某种类型的运动如旋转,是绕一定的轴运转,但在同一个地方,并没有改变位置。这是"动"和"静"的结合。其它几个普遍的"种"的情况也是这样。所以他的结论是:这几个最高的"种"每一个都"分有"了其它几个("参与"在其它几个中),其它几个"种"的性质包含在这个"种"中,如"动"、"静"、"同"、"异"的性质包含在"存在"中,诸如此类。但另一方面,"动"并不等同于其它几个"种"。说"动是",并不是说"动"和"存在"等同;当然,"动"也不等同于"静"。只是说"动"的性质包含了"静"的性质,并不是"动"的性质等同于"静"的性质。这就是说,这些最普遍的"种"并不是互相分离的,它们之间互相有关联;但它们每一个又都是独立的,和其它的"种"并不等同,每一个"种"的本质和其它"种"的本质并不是同一的。

这几个最高的"种",从它们的普遍性讲,是平行的,在同一平面上;并不是"存在"的地位特别高,其它几个属于它,即其它几个并不是在"存在"这个"种"下面的"属",它们之间的交通是一种同一水平的联结、结合。

(3)这些"种"相互结合的结果便是"种"的内容丰富起来了。如"存在"和"动"结合,它便不仅是"存在",而且是"动",还可以再和别的"种"结合,使其内容越来越丰富。这里就已经是"相的集体"了。"A-B-C-D"成为一个集合体,它既不是"存在"的成分,也不是别的"种"的成分,而是"种"的集合体。但是,这种集合体的内容虽然已经丰富,却还不能构成为一个具体的实在事物,如一张桌子。因为这些都是最高最普遍的"种",它们的结合是同一水平面的结合;它们还必须和别的、比它们较低的(普遍性较少的)"种"相结合。这种结合就不是同一水平面的,而是在两个平面之间的垂直的结合了。

现在看柏拉图在《哲人篇》中是怎么讲的。以上说过他提出有三种可能:

第一,一切"种"之间没有任何结合;

第二,一切"种"都可以相互结合;

第三,有些种可以相互结合,有些不能。用图表示如下:
(A) a|b|c|⋯|n;("|"表示分离)
(B) a + b + c + ⋯ + n;(" + "表示结合)
(C) (a + b + c + ⋯ + m) = A
 (n|o|p|⋯|z) = N

他认为(A)和(B)都不对,只有(C)才是符合实际的。现在问在(C)中,A和N之间的关系如何？如果A和N之间根本没有联结,完全相互分离,也就是将整个宇宙分隔为相互没有联系的两个部分,宇宙就不是一个整体了。所以唯一符合柏拉图意思的便只能是A + N。

何以知道柏拉图的意见是如此？他自己举例解说。他说,这一切"种"之间的关系可以用字母来解释:字母有母音和子音两种,母音可以和母音相联结,如a-e,a-i,相当于A组;子音不能和子音相联结,相当于N组;但母音和子音之间可以结合,如a-b,a-d,相当于A + N。所以说明A和N是可以结合的。在《哲人篇》251D-E中,对N组内各因子没有再作区别;而在254B中,他又说:有些"种"可以相互结合,有些不能;有些"种"又趋向只能同很少几个结合,有些可以同比较多一点的结合,又有些可以和一切结合,这就分得更详细了。这样看,在N中并不是彼此都没有结合的,仍可以有结合,不过只能和少数相结合。并不是一切子音都不能和子音结合,有些子音也可以和子音结合,如th,ks等。所以,有些子音如b、p只能和少数的音(主要是母音)结合,有些如t、h、k、s就可以和较多的字母(包括母音和子音)结合,有些母音则可以和一切字母结合。这样,在N组中,各因子的分离程度也有大有小,如bc的分离程度大,th的分离程度小。

这样,如果我们从 A 组中取出一个"种"a 来,从 N 组中取出两个"种"b 和 c 来;a-b,a-c 可以结合,而 b-c 不能结合,可以得到:

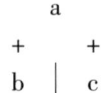

这样就得到两个"种的集体"a+b、a+c;因为 b 和 c 不能结合,这两个"种的集体"就互相区别开来了。这里的 a+b、a+c 就不是同一个水平面上的结合,而是在两个平面之间的垂直的结合了。这是两个最简单的集合体,这些简单的集体再和别的因子结合起来,内容越来越复杂,越来越丰富。这就是柏拉图心目中的关于"存在"的结构的大概情况,他自己没有详细讲,我们只能这样分析。

柏拉图认为在"存在"的领域中,既有分离,也有联结。在以上两个简单的"种的集体",a+b 和 a+c 中,它们的联结在 a 上,b 和 c 则是分离的。它们有一个结合点,即 a,它是一个较高的"种",将 b 和 c 分别联结了,而 b 和 c 则是分离的。这样,在"存在"领域中,既有联结,又有分离。

(4)柏拉图在《哲人篇》和《政治家篇》中应用分的方法求哲人和政治家的定义。在《哲人篇》中,他主要用的是二分法,即在对象中选择一个可分点 a,分为 a 和非 a,a 又再分为 b 和非 b,如此类推。

这样将 a,b,c…集合在一起,就是 A 的定义。如果这种方法可以得到真正的定义,必须定义对象本身有这种结构,这便是本体论的结构。

上面说,柏拉图在《哲人篇》中除批评了"相之友"外,还要批评那些哲学家,他们认为表词只能是和主词同义反复的,即认为只能说"人是人"、"善是善",而不能说"人是善"。柏拉图的目的是要反驳这种观点。二分法的定义部分地达到了这个目的。比如生物可以分为动物和非动物,动物又可以分为陆生的和非陆生的。人是陆生的动物。这就是"人"的定义。表词和主词并不是同一的,这种表词是有效的。这就反驳了那些哲学家的理论。但这还只能说

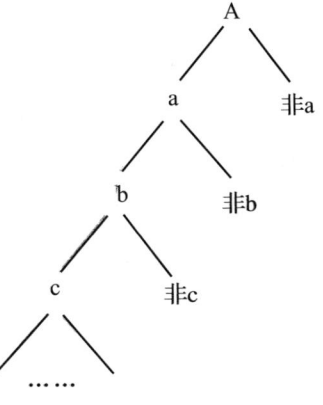

是部分地反驳掉。因为说"人是陆生的动物"虽然不象说"人是人"那样完全是同义反复,但"陆生的"和"动物"仍是"人"的定义的组成因素之一,仍旧是部分的同义反复。

现在问题是要说"人是善","善"并不是"人"的定义的一部分,"人"和"善"是否能结合,"善"能不能是"人"的表词?这是否是可能?如若只是两个词的结合,不问它的客观有效性,便不发生这种表词是不是可能的问题,因为词和词总是可以结合的。如果结合的词没有客观有效性,那就不过是空洞的词。要使这种结合在实在世界中表示某种东西,便要看在"存在"领域中,表词所指的东西和主词所指的东西是不是能结合。柏拉图在《哲人篇》中以"人坐"和"人飞"为例:"人"和"坐"可以联结,是客观有效的,而"人"和"飞"却不能结合。所以,象"人是善"这样的表词是否可能,就看在"存在"领域中"人"和"善"是不是能结合,能够结合,便可以有客观有效性。

如若"人是善"这一类型的表词可能,"人是恶"也可能,"人是白"、"人是黑"这种类型的表词全可能。"人"是最低的"属"(εἰδος），善、恶、黑、白等不是"人"的定义的组成因子，但它们可以和"人"结合。这种结合可以是复杂的，如人—善—白，人—善—黑，人—恶—白……。范围可以扩大，变得很复杂。如果将一切可能的表词都加上去，结果就是个别的人——苏格拉底。所以，最低的eidos和其它"存在"结合而成的集体，便成为个体。这是解决"个体化原则"的问题。

（1947年在北京大学讲，课没有完全讲完）

亚里士多德

传　略

亚里士多德于纪元前384/3年生于斯塔吉拉(Stageira亦作Stagiros)。父名尼各马可(Nikomachos)，母名菲斯底(Phaistis)。尼各马可乃马其顿王阿闵塔二世(Amyntas II)之御医。亚里士多德幼年似曾练习解剖。父母俱早亡，在其戚普罗克塞努(Proxenos)监护下受教育。

年十八岁往雅典入柏拉图学院，留学二十年。此二十年中，除研究哲学及自然科学外，讲授修辞学，攻击伊索克拉底(Isokrates)。此时期中亚里士多德学说方面之意见或已与其师有不同处。然所传师生情感破裂，则与吾人所知其他事实不能相容。348/7年柏拉图殁，亚里士多德及其同学塞诺克拉底(Xenokrates)同往阿索斯(Assos)。

此行之原因，以斯彪西波(Speusippos)被选为柏拉图学院院长，且学院中已先有数人在阿索斯。亚里士多德居阿索斯自立讲学，于其所著对话《论哲学》中对柏拉图学院表示其态度。在此与赫尔米亚(Hermias)相往来，且共同工作，后娶其侄女皮蒂亚斯(Pythias)为妻。居三年，迁往雷斯波斯(Lesbos)岛，泰奥弗拉斯特

(Theophrastos)之家乡也。

343/2 年受聘为马其顿亚历山大之师,此行对于此人人格之影响具深望焉。及亚历山大嗣王位,乃返斯塔吉拉,此后与此王之关系渐劣,然王对于其师之研究终多补助。

335/4 年亚里士多德重来雅典,创建学校,与柏拉图手创之学院对立。除演讲外,复与学校中人共同工作,其著述中所利用之材料至丰,并非一人之力所可收集。亚历山大王骤崩,雅典人以宗教之罪控亚里士多德,亚里士多德乃遁往其母之故乡卡尔吉斯(Chalkis),于 322/1 年殁于该处。

主 要 思 想

亚里士多德分认识为四种,最低之认识为感觉($\alpha \H{\iota} \sigma \theta \eta \sigma \iota \varsigma$),较高者为记忆($\mu \nu \eta \mu \H{\eta}$),再高者为经验($\H{\epsilon} \mu \pi \epsilon \iota \rho \H{\iota} \alpha$),最高者为知识($\H{\epsilon} \pi \iota \sigma \tau \H{\eta} \mu \eta$)。知识与经验之区别,即前者洞悉事物之因,而后者不能。哲学之职务在探求事物之因($\alpha \H{\iota} \tau \H{\iota} \alpha$)。据亚里士多德之分析,事物之因凡四种。此四因在西洋哲学中恒称为(甲)causa formalis;(乙)causa materialis;(丙)causa efficiens;(丁)causa finalis。(甲)指事物之本性,(乙)指事物之材料,(丙)指事物之动源,(丁)指事物之目的。譬如造屋,(甲)屋必有屋之本性,否则不成其为屋;(乙)又必有砖石充其材料;(丙)屋之本性必实现于砖石之中,然后始有屋。此实现之历程乃为建造,建造乃一种动作,必有推动此动作者,推动者乃类于建筑学之建筑师;(丁)当渠建筑时,必有固定目的,即造屋而不造其他事物是也。四因俱备,然后屋始产生。然亚里士多德之四因说解释生物较解释无生物尤合宜，兹请以人为例进一步分述此四因。

（甲）本性（τὸ τί ἦν εἶναι, εἶδος）——每一具体事物皆有许多性质，其中有为此类事物所必有者；有为此类事物虽有而不必有者。以人为例，人必为动物，必有双足，必无羽翼等等。然人之皮肤有白有黑，时而健康，时而病弱，前一类之性质为本性，后一类则为偶然性质（συμβεβηκός）。偶然性质不属于本性，本性非一单纯事物，乃合许多份子而成。界说（ὁρισμός, ὁριστικὸς λόγος, λόγος）以本性为对象，故人之界说为双足无翼动物，则双足、无翼、动物皆为组成人性之成份。但各成份之中复有差别，人固必为动物，然动物不必皆人；若马若牛俱为动物，是以动物性非人所专有，乃与其它动物所共有，是为人性中之普遍的部分；双足、无翼亦然。然双足、无翼二性质合并为一，双足而无翼，则为人所专有，不与其他动物共有，是为人性中别于其他动物之部分。人性中之普遍部分为"种"（γένος），其别于他种动物之部分为"差别"（διαφορά），"种"与"差别"合乃为人之本性。

（乙）材料（ματερία）——就以上所言，凡一具体事物必有本性。此所谓具体，在拉丁文为concretum，此西洋中世纪之学者用以译亚里士多德术语σύνολον之词也。故言具体事物，犹言甲乙二者合长（con-cretum）而为一整个（σύν-ολον）之事物也。具体事物所具成份之一为本性，其另一即为材料。以人为例，其材料乃肉、骨等是也。人性与肉、骨等合，始产生具体的人。

（丙）动源（τὸ ὅθεν ἡ κίνησις）——然人性与肉、骨如何合而为一？此乃一极困难之问题，不容许积极答复。亚里士多德之解答乃谓人性本潜伏于材料之中（如此仅将问题推远一步，并未能积极解答,此识者共见)。本性既潜伏于材料之中,材料即可实现此潜能(δύναμις)而成为一现实的(ἐνεργείαι)具体事物;实现乃一变动历程(γένεσις, κίνησις)。但材料不能自动,不能由于其自身推动此历程,此历程之动源既不存于材料之自身,则必在材料之外,是以若实际上有具体的人产生,则此变动历程必有推动之者。

此历程之推动者,亚里士多德时而谓为具体的人,时而谓为人之本性。从前说则动因为父,从后说则动因为此人之本性。二说虽措词不同,然所指则为同一事物,盖依亚里士多德之意,本性不离材料而独立存在,只寄存于材料之内,于是具体的人即是与材料合长为一之本性。如是则产生人之动源为其人之父之本性。父之本性与子之本性乃是寄存于不同材料内之同一人性,于是动源与本性是一而非二。

动源既与本性是一而非二,则在某人未生以前,其本性已先之而存在。此言本性,在原文为 τὸ τί ἦν εἶναι,其中之过去动词即所以表示此先在之意。

(丁)目的(τὸ οὗ ἕνεκα)——材料既得此推动力,于是实现其潜能之历程立即发动。此历程既开始,即不再须外力推动,乃自动进行。历程所趋,非无定向。人胎(κύημα)发生为人,马胎发生为马,从不变易。所以如此者,以历程既发动后,虽无在其后继续推动之者,然有在其前吸引之者,此即为目的。目的决定此历程之方向,历程继续向此方向进行,去潜能远,去现实近,终则达其目的而止,于是具体的人产生。其在昔日为材料者,在今日则为具体事物。在昔日为变动历程之目的者,在今日则为具体事物之本性,于是动源、目的皆为本性。同一事物在实现潜能之历程开始时为动源,在此历程进行时为目的,在此历程终止时为本性,四因化为二因,即材料与本性是也。

教　育

亚里士多德之四因说,广泛地解释个别事物之产生,因此人之产生问题亦同时解答;然尚未及人之特殊问题也。此问题之讨论乃其实践哲学之任务,其《伦理学》一书开卷即言:人之追求有其最后目的。此最后目的乃为至善,然何者为至善? 其答曰:εὐδαιμονία。(按此字原义乃得一贤良之神以为监护。)其意盖云良善生活也。其《政治学》一书中有言:国家以满足生活而产生,以促成良善生活而继续存在。所谓良善生活犹言"贤良之神监护"下之生活也(εὐρ ήν = εὐδαιμονία)。由是国家之目的在求其人民之良善生活。

然何种生活为良善? 一切价值皆存于工作(ἔργον)之中。譬如吹箫,譬如塑像,莫不皆然,人之价值亦存于活动(ἐνέργεια)之中。良善生活乃某种活动也。然人之活动种类繁多,有为生命之机能,有为感官之觉察,凡此皆非人所独有,乃与植物动物所共有。今生活亦不以有此而成良善,良善生活必为活动之专属于人之特性者。因此"贤良之神监护"下之生活,乃属于德性方面之心灵活动也(εὐδαιμονία =ἐνέργεια ψυχῆς κατὰ τὴν ἀρετήν)。国家之目的既在求其人民之良善生活,于是国家之职务乃在造成道德高尚之人。

实行此职务之方法乃为教育,因此教育必由国家掌之,不可任其操于私人之手,所设施必皆以造成此种人为目的。亚里士多德之教育学说流传于今日者,虽遗漏不完,然其要旨则昭昭然可见,即道德教育是也。

由此可知其教育学说深受其伦理学与政治学之影响;渠之教育主张即为其伦理学、政治学方面之基本思想所决定。而渠对于后世教育之影响,则在其主张道德教育也。

（根据未刊原稿）

《亚里士多德论分离问题》
(Das Chorismos-Problem bei Aristoteles)
一书提要

Das Chorismos-Problem(英文 the problem of chorismos,希腊字 χωρισμός 字义的翻译,在英文为 separation)在西洋古代乃是哲学上的一个主要问题,柏拉图和亚里士多德皆曾专门讨论过。因为现代哲学趋向于另一方面,所以哲学史上这一段重要史实除去希腊哲学史家以及 classical philologists 以外,其余学者对之皆少兴趣,甚而茫无所知。但是希腊哲学史家和 classical philologists 关于这一方面虽然略有解说,然而在本书出版以前,古代哲学史上的这一个部分尚缺少专门的研究,甚至已有的片段的解说又带有问题;因此关于这个 problem of separation 的详尽研究乃是事实方面所急需的,本书即为了满足这个需要产生的。

原书分详略不均的两部分,第一部分研究散见于柏拉图哲学中的 problem of separation,第二部分研究同一问题见于亚里士多德的哲学中的。原书重心在第二部分,第一部分仅为了解亚里士多德关于这一方面的思想而设。

在西洋学说界存留着这样一个传统的看法:认为柏拉图主张 separation of ideas,亚里士多德批评他,反对他。本书第一部分用历史方法证明:(一)柏拉图除去在某一方面以外并未如此主张,

(二)亚里士多德也未这样叙述过柏拉图的哲学,(三)亚里士多德所批评的主张 separation of ideas 的思想并非柏拉图的,乃是其他 platonists 的,(四)而且柏拉图自身即已批评主张 separation of ideas 的思想。从研究柏拉图关于 problem of separation 的讨论里,本书同一部分中又发现,柏拉图的 concept of chorismos 乃以"自足"为其主要成份(the essential moment of chorismos as Plato conceived it is "self-sufficiency"),柏拉图即以"自足"为标准对于 separation of ideas 的问题给一个否定的答案。

本书第二部分分析亚里士多德哲学中的 problem of separation。在柏拉图的哲学中原是一个笼统的 separation of ideas 的问题,在亚里士多德哲学中却分化为十六个不同的 problems of separation 了。亚里士多德对于它们的解答有些是肯定的,有些是否定的,然而这些肯定和否定有无一个一致的标准呢?

从这十六个问题的讨论中,本书寻出亚里士多德所谓的 chorismos 实有三大类型,这十六问题乃分属三大类型之下。本书又将亚里士多德用以表示这三大类型的术语汇集如下:(Ⅰ) χωριστὸν πλῶs, χωριστὸν τόπῳ, χωριστὸν χρόνῳ, χωριστὸν μεγέθει, χωριστὸν κατὰ μέγεθος. (Ⅱ) χωριστὸν λόγῳ, χωριστὸν κατὰ λόγον, χωριστὸν εἴδει, χωριστὸν τῷ εἶναι; (Ⅲ) χωριστὸν νοήσει。三大类型复有一共同的基础,即它们皆以 αὐτάρκεια 为其主要成份(这一结果乃由于分析亚里士多德的《政治学》中的一节得来),αὐτάρκεια 一字的意义乃是"自足"。第一类型表示存有方面的自足,第二类型表示定义方面的自足,第三类型表示思想或认知方面的自足;十六问题的解答,皆以有无三方面中任何一方面的自足为标准。

本书第一部分中已寻出柏拉图的 concept of chorismos 乃以"自足"为其主要成份；第二部分又确定了以下的事实：即亚里士多德对于统属于三大类型下的十六个 problems of chorismos 的肯定或否定皆以"自足"一性质为标准（甲和乙可否分离，皆以甲和乙分离以后是否自足而定）。因此亚里士多德的 concept of chorismos 和柏拉图的同一概念是一致的，这个概念乃是两人解答"分离问题"的基础。因此全书的结论如下：即在讨论 problems of separatjon 时，亚里士多德仍然是一个 Platonist，并非如传统见解所主张，以为他在这一方面乃是反对柏拉图的。

注 释：

* χωριστόν 乃是 chorismos 一字的同字根的形容词，义为 separated, separable, separate.

（根据未刊原稿）

从发生观点研究亚里士多德本质论中的基本本质问题*

有一件十分足以惊异的事,就是在亚里士多德的本质论里有一个异常显著、即待解答的问题,然而由古代直至现在,从未有人提出过它来,更谈不到解答的尝试,甚至满意的解答了! 凡是比较仔细阅读亚里士多德著作的人,不难见到这位哲学家的本质论见于《范畴篇》第五章中的和见于《物理学以后诸篇》第七第八两卷中的关于基本本质一点互相矛盾。在《范畴篇》里他认为个别物体,譬如个人,赵大,是基本本质;"埃多斯"($εῖδοs$ 此处作种类的种解)和"格诺斯"($γένοs$ 义为种类的类),譬如人种的种,动物类的类,是次级本质①。在《物理学以后诸篇》第七卷里他却认为"埃多斯"高于个别物体,个别物体次于"埃多斯",甚至直接称"埃多斯"为基本本质②。这一个矛盾现象毫无掩饰地呈现在那些著作的读者面前;然而竟无一人认明它的重要,将它作为亚里士多德研究里面的一个严重问题。虽然人人皆知道本质论是亚里士多德一切学说的中心,而且在这二千余年中解释这位哲学家的思想的书籍早已超出"一匹马的重量"③以外了!

这样一件足以惊异的事决非出自偶然,它的原因此处没机会详细讨论,我们只扼要的讲以下一点:关于亚里士多德的研究在时间上虽是这样长,研究的人虽是这样多,然而他们的研究同属于一个大的方式之下。他们二千余年来如一日地从系统的观点去研究它。既以他的著作为一个系统,矛盾的意见自然不能并容于其中。兴趣、偏见等等的心理因素势必影响研究者的视线,偏重矛盾意见中的一项,忽视、曲解甚至剔除其他一项:这些皆是很自然的事。然而它们皆不是问题的解决,相反的,它们乃是问题的毁灭。这乃是那件使人惊异的事存留至今的原因。

但是如若哲学系统的兴趣在我们的心里尚未能蒙蔽了我们的历史意识,我们自然会感觉到,选择旧有的砖瓦来另建新墙,结果不会完全符合原样的。现在的情形如此:如若我们不欲了解亚里士多德的思想则已,否则我们必须先了解他的本质论;如欲了解他的本质论,以上所述的那个矛盾问题我们必先求其解答;如欲解答这个问题,我们必须离开以往的道路,另辟研究的新方向。

所谓研究的新方向究竟如何开辟呢？从一方面看,也许这是一件极其平淡无奇的事。我们只须简单地将两手从眼皮上放下来,让我们注视事实。上述的两个矛盾思想,我们不利用其中的这一个或另一个,仿佛思想单位一样,来重构想象中的哲学史上曾有过的系统。反之,我们认为它们乃是亚里士多德数十年间哲学思考里的两个现象,认为它们同是历史上的所与(geschichtliche Gegebenheiten);在这样的情况下我们来研究它们。既然同是亚里士多德的思想,但是它们的内容却又互相矛盾,因此它们不能属于他的思想史里的同一时点。这就是讲,它们是先后产生的。研究一位哲学家的两个内容矛盾、在他的思想过程中先后产生的思想,唯一有效的方法乃是发生法(genetische Methode)。我们在本篇里即从发生的观点来研究上述问题。

第一 《范畴篇》第五章中的本质论

一 我们的出发点

以上所述的本质论中两个内容方面彼此矛盾的思想既是在亚里士多德的思想中先后产生的,究竟哪一个产生在先,哪一个产生在后?这层确定了以后,我们的研究方有一个稳固的出发点。我们的答案是:《范畴篇》的思想在先。

关于《范畴篇》前八章的真伪,学者间的意见虽然尚未一致(关于这一问题我们即将有一个缜密的解答);但是其中的思想内容大多数学者(甚至包括否认这篇著作成于亚里士多德的亲手的人在内)认为大体上确是亚里士多德自己的。怀疑这篇著作的人理由之一,乃是篇中举 Lyceum 一地名为例以解释处所范畴④。亚里士多德所创立的学校恰巧在 Lyceum,因此他们认为必指他自己的学校;然而就着这篇的内容言,他们认为如若这篇著作不是伪著,它只能表现他早年的思想,不能表现他创设学校以后的思想。但是在他的早年,学校尚未创设,他不能举 Lyceum 为例。因而他们怀疑这篇著作是出于亚里士多德的手笔。

但是这一理由颇为薄弱,亚里士多德的学校诚然创立在 Lyceum,然而 Lyceum 却并非因此始成为雅典城外的一个有名的地方。远在亚里士多德来到雅典以前,Lyceum 一地早已见于柏拉图初期"谈话"中:他记载苏格拉底在那里和人谈论⑤。并且这地名也见于其他著作家的作品里⑥。Lyceum 在亚里士多德的学校创立以前,必已是闻名之所了。因此《范畴篇》所举的 Lyceum,我们毫无根据认定它必然指亚里士多德自己的学校。篇中的内容既然只可是亚里士多德早年的思想,而 Lyceum 又不一定指他的学校,因此极其自然的解释乃是亚里士多德在他的早年著作中利用柏拉图著作中苏格拉底常去的地方为例,以解释处所范畴。举例必求明显,尤其是众人所易知的。柏拉图著作中的 Lyceum 刚刚符合这一条件。因此《范畴篇》中的思想和 Lyceum 一地名在篇中的出现并不彼此冲突。我们更不能因此即认为这篇是伪著,正如我们不能认为柏拉图的那两篇"谈话"是伪著一样,如若他的学校不创设在 Akademia,却创设在 Lyceum。反之,它却是亚里士多德的早期著作。这一件事实我们以下从发生的观点更可以看清。

《范畴篇》前八章既是亚里士多德的早年著作——或者我们谨慎点讲,它的内容属于亚里士多德思想的早期,我们即以这篇的第五章为我们研究的出发点。

二 《范畴篇》中万有的四分

亚里士多德在《范畴篇》中将万有分为四大类。他的分类原则是以下两条:

甲(1)为一个主词的谓语——(2)不为一个主词的谓语;

乙(1)附存于一个基体上——(2)不附存于一个基体上。

甲(1)、(2)和乙(1)、(2)合并,万有乃区别为四大类:

第一类,包括万有中凡为一个主词的谓语而不附存于一个基体上的,譬如人;

第二类,凡不为一个主词的谓语而附存于一个基体上的,譬如某某文法、某某白色;

第三类,凡为一个主词的谓语并附存于一个基体上的,譬如学科;

第四类,凡不为一个主词的谓语并也不附存于一个基体上的,譬如某人⑦。

分类原则甲乃是一条论理方面的原则,因为它以论理的称谓(logische Prädikation)为标准。分类原则乙乃是玄学方面的,因为它以附存(Inhärenz)和非附存为标准。"为一个主词的谓语"和"附存于一个基体上":这两句话在亚里士多德的著作中通常是同义的⑧,但是在这里它们的意义却不相同;否则以它们为标准,万有只能分为两类,却不能分为四类。

为了使这两条分类原则的意义确定,不致引起误解,亚里士多德随即对每条加以限制。所谓论理的称谓,他以为可有两种:一种是名字和定义的称谓,另一种是空名的称谓。前一种的例子,譬如"人是动物","人"这名字和人的定义同样可以用以称谓这一人和另一人。后一种的例子,譬如"物体是白的",我们只能以"白"这一个空名却不能以白的定义来称谓物体⑨。因为白是某种颜色;我们不能谓物体为颜色。这两种分别即是在他的其它著作中所分的本性称谓(Wesensprädikation)和偶然称谓(Akzidentelle Prädikation)。这里用为分类原则的,只限于本性称谓。这条原则这样限制了以后,它的使用乃在于划分普遍的和个别的。

关于分类原则乙,亚里士多德所加的限制如下:所谓附存于一个基体上,仅指附存于一个基体而非这一基体的构成份子⑩。这个限制的目的在此:亚里士多德在历史上是以反对相的离存(Chorismos)闻名的⑪。他认为"相"("埃多斯"的另一义)只附存于基体里,构成一个个体。原则乙这样限制了以后,它的应用范围不包括"相"在内,但只限于偶然性质。这样,它的使用乃在于划分附存的和非附存的(即自存的)。

在万有的四类里,第一和第四是非附存的,第二和第三是附存的;第一和第三是普遍的,第二和第四是个别的。在《范畴篇》里亚里士多德又将万有从另一观点分为十个范畴⑫。四类之中第一、第四两类统属于本质范畴,第二、第三两类统属于其它九个范畴。这样我们可以明白看出,本质和非本质之分乃以是否附存于基体上为标准。

三 基本本质

在本质范畴内,亚里士多德辨别两种本质:基本本质和次级本质。基本本质乃指可由感觉认知的个别物体,譬如这一个人,这一匹马⑬。以上所区分的四类万有中的末一类,附属于基本本质项下。它的特征已由分类的原则阐明:即不为一个主词的谓语和不附存于一个基体上。从这两个否定的特征,亚里士多德在《范畴篇》第五章里引绎出两个肯定的性质来:(1)在万有中基本本质乃是其它的主词,(2)它乃是其它的基体⑭。这两个论证共同有一个未曾明言的假设,即万有之中没有绝对的离存(absoluter Chorismos)。我们现在且就(1)来解释这个论证。以分类原则甲为标准,万有乃分成为一个主词的谓语的和不为一个主词的谓语的。我们以甲、乙、丙……表示前一组,以子、丑、寅……表示后一组。亚里士多德的结论,乃是子、丑、寅……即是甲、乙、丙……的主词。何以如此呢？甲、乙、丙……既是主词的谓语，它们的存有诚然肯定了它们的主词的存有；然而它们的主词并不因此即必定是子、丑、寅……，因为它们很可能相互作为谓语。但是在这一种情况下，子、丑、寅……乃和甲、乙、丙……截然分开；万有将为这绝对的离存切成两半。这样一种离存乃是柏拉图力辨其妄的⑮。亚里士多德在这里接受其师的意见，认为剖分万有为彼此离存的部分为不可能。绝对的离存既然事实上不可能，于是不为一个主词的谓语的（子、丑、寅……）自身即是那些为主词的谓语的（甲、乙、丙……）的主词。关于（2）的推论，情形与此类似，这里从简不赘。这样，在万有之中基本本质一方面是一切"埃多斯"或"种"和"格诺斯"或"类"的主词。另一方面它乃是一切偶然性质的基体。于是在万有之中一切其它的皆依赖基本本质；基本本质乃是万有的中心。

四 次级本质

从以上所得的结论，我们返观那两条万有分类的原则，我们看出：分类原则乙（附属于一个基体上——不附属于一个基体上）将基本本质和非本质即附属于其它范畴之内的偶然性质分开；分类原则甲（为一个主词的谓语——不为一个主词的谓语）的功用乃是在本质范畴之内将基本本质和次级本质分开。所谓次级本质，亚里士多德指"埃多斯"和"格诺斯"而言⑯。无论"种"，譬如人，或"类"，譬如动物，皆是某人的谓语，但某人却既不是人的谓语，也不是动物的谓语。

"基本"和"次级"两种不同的称谓已经隐隐表示价值的高下，

或在同一范畴里层次的高低了。基本本质价值最高,所属层次最高。亚里士多德说它是本质性最丰富的[17]。次级本质"种"和"类"之间也有价值高下的差别。"种"乃是较富于本质性的,"类"乃是本质性较贫乏的[18]。"种"和"类"高下的品评以什么为标准呢？标准仍是论理的称谓。正如人和动物是某人的谓语,因此人和动物是次级本质,某人是基本本质；同样,动物是人的谓语,因此"种"比"类"更是富于本质性些。这样,由感觉认知的个别物体、"种"、"类"在本质范畴内层次的高下,恰好成为以下一个比例,即"种"比"类"等于基本本质比次级本质[19]。由此可见在本质范畴内层次高下的划分有一原则:即愈普遍的层次愈低；个别的层次最高。由此生出一条附则:即普遍程度相等的层次相等；同是个别的所占层次相等[20]。在这里我们可以明明白白看出,亚里士多德在《范畴篇》内划分本质层次完全以论理的称谓为标准。

五　此性

亚里士多德在《范畴篇》里进而探求本质的其它主要性质。他举出此性来。所谓此性的"此"乃是一个信而不达的译名。这词在原文为"这里的这一个"。"这里的这一个"是一个指示代名词。亚里士多德讲话时常喜做手势以帮助表达语意。所谓"这里的这一个"也就是他以手指所指着的当前的一件物体。亚里士多德认为这里的这一个——譬如这一个人——有两个特点:它是不可分的,它是严格意义的一个[21]。这个思想我们可以解释如下:这里的这一个所有的性质是十分固定了的。赵大的性质已经比人(普遍的人,不单独指某一个人)的性质固定了,然而还可以有同名的赵大,因此还可分别为某某赵大,某某赵大。但是这里的这个赵大只有一个,比较泛泛的赵大的性质更固定了。所谓此性即指这样一个性质固定性。在《范畴篇》里亚里士多德认为此性只属于基本本质,而非次级本质所有。他的论证如此:基本本质,譬如这一个人,表示这里的这一个。至于次级本质,譬如人,在语言的形状上仿佛也表示这里的这一个;其实不然。因为它所表示的是任何人,并不限于这里的这一个。再如动物,它所表示的乃是任何动物,更不限于这里的这一个,如基本本质这一个所表示的。因此人或动物所表示的,毋宁是某一性质[22]。因此此性乃是基本本质主要性质之一。

人或动物所表示的毋宁是某一性质,这句话颇有困难,因为亚里士多德在以上已经承认"种"和"类"是本质了,虽然它们在本质范畴内属于较低的层次。于是他将这话随即加以修正,说它们也非单纯表示性质,譬如像白色仅仅表示白的性质,不及其它。"种"和"类"乃在本质上划定性质,它们表示某样本质[23]。亚里士多德关于"种"和"类"的思想在这里彷徨不定了!它的反反复复透露出他的思想上的困难来,他企图将"种"和"类"摈出本质范畴之外,但又不能。何以不能呢?因为一切属于非本质范畴(性质范畴、数量范畴……)以内的皆是附存于基本本质上的偶然性质,但是"埃多斯"和"格诺斯"并不附存于基本本质上成为它的偶然性质。何以企图将它们摈出本质范畴以外呢?原因乃是:它们并不指这里的这一个,乃指任何一个。这就是讲,人乃是任何一个人的谓语,动物乃是任何一个动物的谓语。由此可见亚里士多德在这里不但以普遍性为划分本质范畴内层次高下的标准,而且图谋以普遍性来分辨本质和非本质了。

六　离存性

本质所有的其余性质中除去那些和数量共有的以外，亚里士多德认为唯有以下一点是最足以表示本质的特性的，即在万有之中唯有本质可以具有相反的两个性质，但它仍为同一个本质。譬如赵大无论为恶为善，他仍为同一个赵大。其它事物，无论一个动作或某一状况，亚里士多德认为不能如此[24]。

这里仿佛有例外，譬如一句话似乎也能如此。因为如若人说："你坐着"，当你坐着时，这句话是真实的；你若站了起来，它就不真实了。真实和不真实是两个相反的性质，然而无论"你坐着"这句话真实或不真实，它仍是同一句话。亚里士多德的解答是：这两种情形不同，本质能接受相反的性质，乃由于它自己的变动。赵大是善是恶，乃由于他自己变动。但"你坐着"这一句话是真实或不真实，并不由于它自己变动；变动的是你，不是这一句话。严格讲起来，一句话并不能自发接受相反的性质。事实乃是，这句话的对象变动了以后，附带改变了它的性质。你由坐着站立起来，这一变动对于"你坐着"这一句话附带地产生了一个结果：即它原来是真实的，现在不真实了。但是善或恶两性质是赵大由于他自己的变动得来的[25]。

亚里士多德在这里分析出了变动中的两个矛盾的成份：更易和不变。赵大原来是恶的，现在是善了。亚里士多德认为，这里所更易的是偶然性质，善与恶；不变的是本质，赵大自身。因此本质乃是在偶然性质的更易中不变的。这样，更易中的不变乃是本质的特别性质。所谓"更易中的不变"是我们用以解释亚里士多德这

289

一思想的言词,若用他自己的术语表达,乃是离存性(χωρισμός)。本质是离去偶然性质自身存有的,然而它并非不具有任何一个偶然性质赤裸裸的存有,乃是偶然性质的更易不影响它的存有[26]。

这样一个离存性,亚里士多德在这里虽然笼统地称为本质的特性,然而他的着眼点只在于基本本质。这可从他解释他的抽象思想时所用的实例中无可怀疑地见出[27]。

七 《范畴篇》第五章中本质论的特点

《范畴篇》第五章中本质论的特点,不待详言已是很明显的了:即它特别着重可由感觉认知的个别物体或个别本质(Einzelsubstanz)。这个别本质乃是万有的中心。万有分为十个范畴,对于一切属于非本质范畴的,即对于一切偶然性质,它是它们赖以附存的基体;它们只依附着它方可存有。在本质范畴之内,对于次级本质——"埃多斯"和"格诺斯"——它是它们的主词。主词和基体在原文是同一个字(ὑποκείμενον),原义为基础,因此它是一切的基础。

范畴虽有十个,但它们并非平列的;本质乃是非本质的(das Nichtsubstantielle)的基础。这个本质中心(Zentralposition der Substanz)的思想为我们所稔知;它屡见于亚里士多德的著作中。但是在本质范畴之内,《范畴篇》第五章将重心加到个别本质上去,将它高举于"埃多斯"之上,认它为基本本质;甚至欲以个别性为标准,企图将"埃多斯"(更休谈"格诺斯"了)摈出本质范畴之外:这一切却是其它著作里未曾一见的。这样偏重个别本质原因何在?这并非如人所想象的,由于亚里士多德在《范畴篇》里注重经验。因为他在第五章里划分本质的层次时并非着眼于感觉认识,乃着眼于论理的称谓。因此关于当前问题的正确解答不待它求,即从以上所述的已经明白可见。这乃是,他在这里所采取的观点是论理的称谓。从这观点看去,主词是基础。因为若无主词即无所谓称谓,论理的称谓即根本不可能。主词是个别的,谓语是普遍的;主词是谓语的基础,因此个别的是普遍的基础。一切本性称谓的最后主词是个别的,因此个别的是一切"埃多斯"和"格诺斯"的最后基础。于是它的地位必然被提高,在本质范畴里高出于一切其它的之上,结果它被认为是基本本质。

第二 《物理学以后诸篇》第五卷第八章中的本质论

一 《范畴篇》中基本本质的特征

在我们进一步探讨见于亚里士多德其它著作中的本质论以前,关于《范畴篇》中基本本质的特征,我们作一个简明的重述,以便于以后的研究。在那篇里他认为基本本质是不为一个主词的谓语的;它也是不附存于一个基体上的。因为它有这两个特征,它才是万有的四类里的第四类。从这两个消极的特征,亚里士多德引绎出另外两个积极的来:基本本质是其它的的主词;它是其它的的基体(第一,三)。

它再用论证指明此性乃是基本本质的特征;次级本质不能具有这一性质(第一,五)。

最后他又举出更易中的不变来,并且着重此点,称它为最足以表示本质的特征的。所谓更易中的不变即是离存性。然而那一节里所谓的本质仅指基本本质(第一,六)。因此如若我们将从万有分类的原则即已显明了的两个消极特征和再从它们引绎出来的两个积极的特征合并,基本本质的特征总共有以下四个:

(甲)不为主词的谓语,而为谓语的主词,即最后主词性;

(乙)不附存于基体上,而为其它的所赖以附存的基体,即最后基体性;

(丙)此性;

(丁)离存性。

二 《物理学以后诸篇》第五卷第八章中本质的四义

和《范畴篇》里的本质论内容方面比较最相近的乃是《物理学以后诸篇》第五卷第八章中的本质论。我们首先分析这章的内容,再将它和《范畴篇》里的本质论比较,以确定这两种本质论在亚里士多德思想发展里产生先后的关系。

在这章里,亚里士多德列举出本质的四个意义来。所谓四义也就是说:有某某四类事物,它们是普通被认为是本质的。这四义乃是他集合他人和他自己的思想而成的,因此并不为他自己所完全接受。

第一,元素、一切物体、生物、天体以及它们的部分:它们皆被认为是本质。因为它们不是主词的谓语,乃是其它的的主词[28]。第二,一个物体的"内伏的是因"(immanenter Seinsgrund),譬如"普许凯"(ψυχή)对于生物[29]。第三,物体的界限(如线、面)和数等等;

有些思想家认它们为本质㉚。第四,充当定义对象的本性。它乃是个别物体的本质㉛。

以元素等等为本质乃是一个古老的思想㉜,但是亚里士多德对这样的见解表示同意㉝。它们皆是些可由感觉认知的个别物体。不但从这里所举的实例,而且从这里所讲的理由看,人可以无误地知道这一类本质正是《范畴篇》里所谓的基本本质。所谓"内伏的是因"即是"相"("埃多斯"的另一义)。以"相"解释"内伏的是因",亚历山大已经如此㉞;而且即从亚里士多德自己所举的例子——"普许凯"——看,亦可知其正确。因为"普许凯"乃是"相"㉟。因此第二和第四所指的乃是相同的,即事物的"埃多斯"("相")。至于以线、面、数等等为本质,亚里士多德特别标明是他人的见解,而且为他自己所不接受的㊱。因此他在本章中所承认的本质仅有两种。他用以下的话综合叙述它们:一是最后的主词,它不再为其它的的谓语;另一是那具有此性和离存性的,这样的乃是个别物体的"埃多斯"㊲。

三 两种本质论的异同

《物理学以后诸篇》第五卷第八章的内容既已分析如上,我们进一步比较这章中的本质论和《范畴篇》第五章中的本质论之间的异同。

(甲)亚里士多德在《范畴篇》第五章里所应用的两个重要概念:论理的称谓和附存,在这第八章里事实上仍然应用㊳。然而这里却有一个差别:在《范畴篇》里关于它们所提出的特别限制(第一、二)在这里未曾提出。那些限制不但未曾提出,而且至少关于附存,《范畴篇》中所有的限制在这里显然未被采用。因为亚里士多德认为"是因",譬如"普许凯",乃附存于个别物体之中;但是一件物体的"是因"乃是这件物体的构成成份,并非它的偶然性质。附存一概念的使用范围在这里兼及于"埃多斯"。于是《范畴篇》中所加的限制,亚里士多德在此未曾采用。关于论理的称谓情形如何呢?因为那篇中所分别的两种称谓(第一、二)在此未被提出,因此"乃是其它的的主词"一句话中所谓"其它的"不能仅指种和类,它必然兼包偶然性质。这样,附存和论理的称谓两概念应用的范围完全相等了。凡是附存于一个基体上的也正是它的谓语;凡是一个主词的谓语的也正是附着它存有的。因此《范畴篇》中基本本质所有的四个特征的前两个在《物理学以后诸篇》第五卷第八章里合并为一个,但亚里士多德仍从论理称谓的观点("不为其它的的谓语")将它表达出来,并且将它仍归属于个别本质。

(乙)第二个大的差别乃是关于"此性"的附属问题。《范畴篇》特别强调:"此性"仅为基本本质所有,它不属于次级本质。在这里,亚里士多德却认为它是"埃多斯"的性质,并不将它归于个别本质了。这样他认为"埃多斯"是内容十分固定了的——用他的术语讲——是不可分的。这一见解和他在《范畴篇》中关于同一性质的是不相同了。这个差异的原因乃是:在那篇著作里,他着眼于论理的称谓,"埃多斯",譬如人,可作任何一人的谓语;这里他着眼于"埃多斯"的所是的结构(Seinsstruktur)。"人"虽然可指任何一人,但是"人"的内容则是完全确定了的,它不再分为比较更小的种[39]。

(丙)由此生出第三个差别来。《范畴篇》中的次级本质,种之外还包括类;但在《物理学以后诸篇》第五卷第八章里,类并未出现于本质的四义里。原因在此:"埃多斯"既是内容固定不可再分的,

"格诺斯"乃是仍可再分的,譬如动物可以分化为人和它种动物。这就是讲:类的内容还未完全固定;它可以是这样,也可以是另一样。"此性"既然在本章里作为结论中第二类本质的特征之一提出来,因此缺乏"此性"的类,亚里士多德否认其为本质了。

(丁)第四个差别乃是关于本章里第二类本质所有的另一个特征的,即关于"离存性"。"离存性"在《范畴篇》中只属于个别本质,譬如个别的人(第一,六);但在本章里亚里士多德却将它归于"埃多斯"了。"离存性"诚然有许多不同的意义[40],它在这里所指为何,我们以下(第四,二,乙)还须仔细研究。然而两种本质论中关于这一性质的差别已足引起我们的注意了。

关于"此性"和"离存性"的所属问题,两种本质论中有上述的差别。我们若回想一想《范畴篇》第五章,亚里士多德在那里特别用论证指明"此性"只属于个别本质,而不为"埃多斯"和"格诺斯"所有,在本章里却刚刚相反地将它不归于个别本质,乃归于"埃多斯"。那一章认为个别本质,譬如一个人,不受偶然性质更易的影响,始终是同一个人,因此它有"离存性";但本章却认"埃多斯"是离存的。这样的差别几乎是矛盾。这是这两章中两种本质论所有的困难。亚里士多德是否能对此毫不觉察,安于这样的差异甚或矛盾么?对这问题的解答如何,我们以下(第四,二,丙)将可见着。

在这四个差别以外,两种本质论也有一个很重要的相同点:这就是在《范畴篇》里和在本章里皆未提及物质本质。本章中第一意义的本质,在本章的结论里亚里士多德重述它时,称它为"最后的主词,它不为其它的的谓语"。这句话显然不能解释为指物质本质。因为它所重述的乃是元素、物体、生物、天体和它们的部分,这些皆是个别本质。最末一项"它们的部分"也许有人要根据其它著作中所言解释为物质[41]。但是在那种情形下以前各项如何解释？至少物体、生物、天体，亚里士多德从未认为只是物质（所谓物质乃是犹待形成的，das noch zu Formende），但认它们已是复合的（aus Form und Materie zusammengesetzte）本质了。再从另一方面看，生物的部分在其它章节里虽可视为犹待长成一体（συνφύσις）的物质，但在本章中皆是个别本质。因为这里所立的个别本质的标准乃是：最后的主词，不再为其它的谓语。生物等等的部分皆符合这个标准。再者，我们应当注意所谓"不再为其它的谓语"一句话中的"不再"乃以《范畴篇》中所讲的论理称谓为背景。种虽是类的主词，但是它却仍为个别物体的谓语。个别物体呢，它只是主词，不再是其它的的谓语了。因此这个简短的字"不再"（μηκέτι）已足以表示本章里所讲的最后主词乃是个别本质，而非物质了。

四 《物理学以后诸篇》第五卷第八章中的本质论在亚里士多德的本质论全部发展中的位置

《物理学以后诸篇》第五卷第八章未曾提及物质本质，这点它和《范畴篇》相同。这个相同点对于确定这一章的内容在亚里士多德的本质论全部发展中的位置贡献很大。物质本质在本章里何以未被提出呢？亚里士多德毫无理由知而不言，因为本章的目的在详举本质一词所有的一切意义。因为不欲有所遗漏，甚至他人的见解，即使为亚里士多德自己否认其为正确的，这位哲学家也还将它和自己的思想并列出来。对于他人的见解尚且如此，对于自己的见解——物质乃本质的一种——何能固守缄默？这不但是一件我们不可理解，而且事实上不可能的事。

这样的缄默不言只有一个可能的原因：在撰著本章时，他还未有物质本质的思想，还未构成物质一概念，总言之，他还未发现物质。这一句话也许会引起一般人的疑虑，因为有些讲希腊初期哲学史的人岂不已经讲到物质了么？但是那些解说犯了思想史上所谓时间倒置（Anachronismus）的毛病。亚里士多德是第一个构成物质概念的人[42]，在某一篇里他构造这个概念，他如何构造，对于仔细研读他的著作的人皆明白无疑；我们在以下一段里即将讨论到。但在我们当前研究的这一章里他还未有这个概念，否则他毫无理由缄默不言。

我们这个解释自身已经足以成立了，然而此外我们还可从《物理学以后诸篇》它处得到一个有力的证明。亚里士多德在他自称为"本质研究"（即同书第七、第八两卷）里关于本质提出一个基本问题——什么是本质？——来。他首先将那个在《范畴篇》里占重要位置的、在《物理学以后诸篇》第五卷第八章中同样应用的标准——本质乃是最后主词——提出来，作为衡量"什么是本质"的尺度[43]。然而在这里他却立即加上按语，说："不应当如此；因为这是不够的，因为它自身含糊[44]。"这乃是说：若以这一标准来解答当前的问题，它是不敷应用的，因为它自身含糊。但是所谓含糊何在呢？亚历山大解释说：因为什么是最后主词这一点含糊不清；因为从一方面看起来，物质是一切的主词[45]。这个标准在《范畴篇》里重复应用，亚里士多德从未觉其含糊，在《物理学以后诸篇》第五卷第八章里他也未觉其如此，因为在那两处符合这个标准的只有个别物体，但在"本质研究"里当他提出这个标准时，他觉其有此缺点。何以如此？因为在这里物质已经被发现了。于是可以充当最后主词的，不是像在上述两处唯有个别物体，物质也能如此。因此若以最后主词为标准来衡量什么是本质，个别物体和物质皆有资格争执这充当本质的荣誉。因此这标准不足以决定去取。然而那个标准在《范畴篇》第五章和在《物理学以后诸篇》第五卷第八章里皆无此缺点，其原因乃是在撰著它们时，亚里士多德还未曾发现物质。

如若这个解释正确——事实上也无其它解释的可能——，那么由此可得一个关于本章和《范畴篇》第五章撰著时期的结论：它们皆不但成于《物理学以后诸篇》第七、第八两卷以前，而且也成于同书第十二卷以前。(《物理学以后诸篇》各卷撰著先后的次序和流传本中排列先后的次序并不相符，甚而有时同一卷之中各章之间的关系也是如此，因此必须审慎考订。) 因为第十二卷和第七、第八两卷皆讲论到物质，而且亚里士多德的闻名的本质三重说——即相、物质和复合物体皆是本质——在上述两种本质论中从未一见的，而在那三卷中的本质论里它却占个重要位置。

《范畴篇》第五章和《物理学以后诸篇》第五卷第八章皆是在同书第十二卷和第七、第八两卷以前撰成。前两著作撰成的先后又如何呢？这个问题的解答从我们以上的研究已不难见出了。我们在以上一节里已经举出四点来，那些是第五卷第八章中的本质论所异于《范畴篇》中的本质论的。然而即在这四点上，这章中的本质论和"本质研究"相同[46]。因此它的撰成必后于《范畴篇》第五章。亚里士多德所表达于《范畴篇》第五章中的思想在《物理学以后诸篇》第五卷第八章中已改变了许多，然而那时他尚未曾发现物质。因此这一章后于《范畴篇》第五章、先于"本质研究"撰成；它在他的本质论的全部发展上所占的位置乃在第五章中的本质论和"本质研究"的中间，以构成两者的过渡点。

第三 《物理学以后诸篇》第十二卷中的本质论

一 《物理学以后诸篇》第十二卷和同书第七、第八两卷撰著先后的关系

关于撰著的次序，在上一段里我们已经确定了这么多：《范畴篇》第五章和《物理学以后诸篇》第五卷第八章在同书第十二卷和第七、第八两卷之前撰成；第五卷第八章在《范畴篇》第五章之后撰成。但是第十二卷和第七、第八两卷撰著的先后次序如何呢？对于这个问题已有现成的而且可靠的解答，即第十二卷撰著在先[47]。然而我们在这里，在不将本文篇幅不必要地扩大这个条件下举出另外两个事实来，以作为我们所持同一主张的论据。第一，亚里士多德在第十二卷里用论证解明物质存有[48]；但在第七、第八两卷里他已预认物质存有，对它直接加以论说。在他的末期著作里，譬如关于生物学的著作里，物质仍是一个在使用中的重要概念。因此第七、第八两卷和末期著作同样预认物质的存有；存有的证明乃在第十二卷中，甚至在更前撰成的著作（参看下一节）里。第二，他在第十二卷里认为个别物体的构成要素有三，即具有（或相）、缺乏和物质[49]，但在第七、第八两卷以及末期的著作中只言相与物质。这个思想转变的线索可由发生法探明，此处不能详及。总之，第一、第二两项中所言第十二卷中的特点，同样是亚里士多德《物理学》第一卷里的中心思想；《物理学》第一卷学者间公认为是亚里士多

德的早年著作[50]。

二 物质存有和本质的三重

　　《物理学以后诸篇》第十二卷的内容乃是亚里士多德的有名的"神学"。他从分析个别物体即《范畴篇》中所谓的基本本质——《物理学以后诸篇》第五卷第八章结论中两类本质中的第一类——入手，分析它的构成要素和动因，以讲论到神。对于本文最重要的还不是那卷中第六章以下的神学内容，乃是以前五章中关于个别物体的分析。这里我们读到他的"本质有三，物质、埃多斯和复合物体"[51]的名言；这个意见他在"本质研究"里仍然维持着[52]。《范畴篇》和《物理学以后诸篇》第五卷第八章毫无一字提到物质；而在这里物质被列于两处所共同承认的本质之旁，形成所谓三重本质。这乃是一个新的思想。至于物质如何被认为是本质之一，我们还须讨论。现在先看亚里士多德如何论证物质存有。这个论证是必要的，因为——如我们以上所指明的——在亚里士多德以前哲学史上还未有物质的概念。

　　亚里士多德不但在《物理学》以后诸篇第十二卷中论证物质的存有，同样的工作载于他的《物理学》第一卷里。我们有事实作根据[53]，知道《物理学》第一卷在《物理学以后诸篇》第十二卷以前撰成，因此亚里士多德在这卷里将在《物理学》里已经发现了的物质重复作简短的证明，和在《物理学》里一样，这个论证乃是分析变异（Veränderung）的现象。一切变异皆是由相反的到相反的，即由甲变为乙，或由乙变为甲；然而甲自身并不变为乙，乙自身也不变为甲。因此必有另一者在，它由甲变乙，或由乙变甲[54]。再者，在变异里，相反的不存留，所以此外必有第三者在，存留于其中，以为受动者。这就是物质[55]。

现有宇宙形形色色，差别万端；若仅有物质如何能构成这样的现实宇宙？亚里士多德认为物质以外仍有其它原理。他在第十二卷里，和在《物理学》第一卷里一样，认为这些原理有二，他称它们为具有（中世纪的译名为 habitus）和缺乏（privatio）。所谓"具有"乃指某某积极的性质内容，因此他称它为相。所谓"缺乏"乃指这个内容的不存；然而这些内容虽不存，却还有相反的内容存在。具有和缺乏乃是一对相反的。物质若由此变为彼，乃成为某一物；由彼变为此，乃成为另一物。因此相、缺乏和物质乃是个别物体的三个构成要素[56]。个别物体已在《范畴篇》里和《物理学以后诸篇》第五卷第八章里被认为是本质了，依照本质中心的思想（第一、七）本质乃万有的基础，构成要素乃是构成体的基础。亚里士多德既以物质为个别本质的构成要素之一，因此他必也承认物质为本质，和认相——构成个别本质的另一要素——为本质一样。否则非本质的将成为本质的基础了，这和本质中心的思想格格不入。于是产生了三重本质的学说[57]。

三 个别本质的原因

亚里士多德在这里分别要素和原因。凡是要素也皆是原因，然而并非一切原因皆是要素。要素有三，已如上所述；但是原因有四。其中三个也就是那三种要素。其余一个只是原因，却不同时也是要素，这乃是动因（bewegende Ursache）。动因又分直接动因和最初动因。直接动因譬如个人,他乃是生育的直接的原因,建筑术乃是建筑房屋的直接动因。最初动因乃是宇宙里一切变动的来源[58],这乃是神。

亚里士多德所用以达到这个结论的论证我们扼要叙述如下,否则也许人会以为我们对于他的玄学中心的神学太略而不顾了。宇宙里有永恒运动,这不但可从理论方面证明,而且即从事实上也可得到根据。这个永恒运动乃是一重天或恒星世界的旋动。恒星世界即是运动者,一切运动皆有动因。但是这个动因自身若是被动的,那么它自身又有它的动因;由此类推必得一最初动因,它自身不是被动的,它却引起其它的的运动。这个最初动因乃是所谓"不动动者"(das unbewegte Bewegende)。它必是一个永恒的,一个本质,一个纯粹活动[59]。它是永恒的,因为它是永恒运动的原因。它是本质,因为被动的(恒星世界)自身是一个本质。它是纯粹活动,因为纯粹活动里只有现实,没有潜能的部分。如若这个最初动因只是能动的,现实运动不必定产生;然而事实上一重天的运动是永恒的。因此这个不动动者乃是不含物质的本质[60]。因为物质是毁灭的基础,但是不动动者是永恒不灭的,它乃是神[61]。

所谓"不含物质的本质"乃指埃多斯[62],然而神却不是种(埃多斯的一义),因为宇宙并非属于一个种的个体,譬如赵大之于人种。神也不可以被解释为内伏于物质之内以构成个体的相(希腊文所谓 $\dot{\varepsilon}\nu\text{-}\acute{\upsilon}\lambda o\varsigma\ \varepsilon\tilde{\iota}\delta o\varsigma$),因为亚里士多德的神学并非泛神论,他所谓的神乃是超越的。因此这不含物质的埃多斯(古代注释家所谓 $\dot{\alpha}\text{-}\acute{\upsilon}\lambda o\varsigma\ \varepsilon\tilde{\iota}\delta o\varsigma$)乃是另一种埃多斯,它是个别的。因此他所谓的神乃是个别的相的本质(Einzelformalsubstanz)。这样一个本质,亚里士多德在他的神学里认它为基本本质[63]。

四　本卷中本质论的特点及其对于亚里士多德本质论全部发展的关系

本卷中本质论的特点我们举出以下四个来：

（甲）亚里士多德认为神是不含物质的相。它不是感觉的对象，乃是高级认识的对象（原文 νοητόν）。但它并不像内伏于物质之中的相，是一类事物共同所有的本性；它乃是个别的。这样一个由高级认识认知的个别本质，亚里士多德在这里认为是基本本质。但在《范畴篇》里他以个别物体，譬如这一个人，这一匹马，为基本本质。这些虽也是个别的，然而它们乃是感觉的对象，并非高级认识的对象。高级认识的对象，种和类，在那篇里却非基本本质，乃是次级本质。这样，亚里士多德的本质论由《范畴篇》发展到《物理学以后诸篇》第十二卷时，基本本质已由感觉对象的层次提高到高级认识对象的层次了。但是依照本卷中的思想，即在这个高级认识对象的层次里也只有个别的才被认为是基本本质。在这着重个别的一点上，两种本质论仍旧相同，但是所以着重的原因却不相同。这个原因何在呢？对这问题的解答我们以下就可见到。

（乙）由《范畴篇》中的本质论发展到第十二卷中的本质论，其间痕迹显然可寻。亚里士多德在本卷里从《范畴篇》中的基本本质，亦即是第五卷第八章结论中第一类本质出发；他在这里只不过给它一个新的名称，称它为"由感觉认知的本质"。他首先分析它的构成要素[64]，再分析它的原因[65]，并特别着重动因，关于动因的仔细分析产生了他的神学[66]。因此他在本卷里的研究所采取的观点不再是像在《范畴篇》第五章中的了。这不再是论理的称谓(第一，七)，乃是实物分析(Real-analyse)；而且在这个分析里他特别着眼于动因，结果他发现了神乃是一切的最初动因。因为他坚定地主张只有个别的才能引起实际运动[67]，所以基本本质虽提高了一层次，然而在这一层次里的唯有个别的才能是基本本质。

（丙）在这个实物分析里，亚里士多德利用他的《物理学》第一卷里的成果，加以简略的论证，将物质一概念引用到他的本质论里来。于是在《范畴篇》及《物理学以后诸篇》第五卷第八章中所已肯定了的个别本质和埃多斯之旁，现在又有一种新的本质——物质本质——出现，构成本质三重说。本质三重说是本卷里的第三特点。

（丁）本质三重说里尤其重要的一点乃是复合本质一概念。《范畴篇》中的基本本质发展成为本卷里的复合本质了，这乃是亚里士多德本质论发展中次一阶段的基地。由此那个已由感觉对象层次提高到高级认识对象层次，但还置于其中个别的一方面的基本本质，更由此转移到内伏于物质之中的埃多斯；但那是同种异体里的共同本性[68]。这个次一阶段的发展情形如何，我们将在以下一大段里探讨。

第四 《物理学以后诸篇》第七卷第三章中的本质论及《范畴篇》中基本本质和次级本质、埃多斯位置的互换

一 三重本质的评价

在《物理学以后诸篇》第七、第八两卷里，亚里士多德专一讨论本质问题，并且称这两卷为"本质研究"。然而在前卷第三章里，他虽然提出什么是本质一问题来，但是他实际上所成就的乃是对于《物理学以后诸篇》第十二卷里所肯定的三重本质加以评价。他在这里提出了本质的两个标准来，那些皆是我们所熟悉的。首先提出的一个是：不为一个主词的谓语，而为其它的主词[69]。早在《范畴篇》中，最后主词性已经被认为是本质的标准了（第一，三），随后在《物理学以后诸篇》第五卷第八章中，它同样被认为是个别本质的特征，只不过是将《范畴篇》里的玄学标准的范围扩大收到这个范围——也扩大了的论理标准——里来罢了（第二，三，甲）。在第七卷第三章里和在第五卷第八章里一样，亚里士多德在扩大了的使用范围里[70]建立它为一个本质的标准。

若用这一个标准来衡量那已肯定了的三重本质之中究竟谁是本质，那唯有物质才可胜任。因为如若我们在思想里先将一件物质的物理性质抽去，再将它的几何性质抽去，所余下来的无它，只是那个为这些性质所范围的。因此从这一个观点看来，只有物质才是本质。物质自身既非这个，也非性质，也非属于其它任何范畴内的。然而一切其它的是个别本质的谓语，个别本质还是物质的

谓语[71]。

以最后主词性为标准,我们必然达到这一个结论:物质是本质。然而这是不可能的,因为离存性和此性显然最足以表示本质的特性[72]。这样,亚里士多德将离存性和此性作为本质的一个更严密的标准提了出来。离存性和此性在《范畴篇》里已早被认为是个别本质的两个特征(第一,五、六),在《物理学以后诸篇》第五卷第八章里,亚里士多德将它们合并起来作为埃多斯的特性(第二,二)。他在这里刚刚将这个合并了的特性举出来作为衡量本质的标准,于是产生以下的结论:埃多斯和复合物体看起来比较物质更是本质些[73]。

结论里关于埃多斯的一部分毫不引起我们的考虑;因为所建立的标准原来即是它的性质。但是关于复合物体,情形就不同了。它比较物质更是本质些,这自然不是由于它的最后主词性;因为以最后主词性为衡量标准,复合本质却刚刚逊于物质本质。亚里士多德既在结论中将它和埃多斯并列起来和物质比较,他唯有在一个条件下方能如此做:即他在这里认为离存性和此性也是属于复合物体的。离存性和此性属于个别物体,乃是《范畴篇》中的思想。然而这里却不只是一个被抛弃了的(第二,三,乙,丁)旧思想又被采用——因为从《范畴篇》到"本质研究",亚里士多德在这段时间里的成就已多了,它们对于此点自然不能无影响——而却是一个高一级的综合。

埃多斯和复合物体比较物质皆更是本质些。然而它们自身在本质范畴之内彼此之间的高下关系如何呢?亚里士多德在确定它们和物质的关系以后,随即讲明:复合本质乃是比较埃多斯次一等的[74]。类似的语句我们在同一章里已经读到了,但是在那里他乃根据复合本质中的物质内容推论的[75];这里却不然,它所以次于埃多斯的,并非由于它的物质内容,却是以离存性和此性为根据。因为亚里士多德刚才以这两个性质为标准,断定埃多斯和复合本质比较物质更是本质些。以埃多斯高于个别物体或个别物体比较埃多斯次一等乃是"本质研究"里的中心思想,这个思想在第七、第八两卷里我们常常读到[76]。不但如此,甚而亚里士多德明明白白称埃多斯为基本本质[77]。这是"本质研究"中特点之一,而且是极其重要的一点,因为它和《范畴篇》里的思想刚刚相反。在那里个别物体被高举于埃多斯之上,被尊为基本本质;埃多斯乃是比较它次一级的。这里呢,原先已经肯定了的高下关系刚刚倒转了过来:亚里士多德将埃多斯置于个别物体之上,认它是基本本质了。这两个冲突的思想从系统的观点无法解释,这一点我们在绪论里已经解说了;唯有从发生方面研究方可考明它们的真实关系。我们在以下即可获得一个发生方面的解释。

二 复合本质所有特性的由来

在《范畴篇》里个别本质原被认为不充当一个主词的谓语,乃是其它的主词。在"本质研究"里亚里士多德将这最后主词性归属于物质了。但是除去物质以外,个别本质仍是一切其它的主词。这一性质所属主体的变更,它的意义乃是:在"本质研究"里他认为在客观方面这一性质原始地属于物质,过渡地(Übertragenderweise)属于个别本质。正如最后主词性是由个别本质的两个构成要素之一——物质——过渡来的,同样离存性和此性必也由个别本质的两个构成要素之中的另一个——埃多斯——过渡来的。但是这只是泛泛的推论,还不是证明。一个精详可靠的研究不能只是些普遍的言论,因此我们必须逐一地探求这三个特性——最后主词性,离存性和此性——过渡的具体情形。

（甲）最后主词性的过渡:亚里士多德在《物理学以后诸篇》第七卷第三章讲,一切其它的是个别物体的谓语,个别物体是物质的谓语。这句用论理学的语句表达出来的思想,在同卷第十三章里亚里士多德用玄学的语句来复述它:所谓充当基体有两个方式,其一是个别物体,譬如生物,是一切性质的基体；另一是物质,是个别物体的基体[78]。在同卷第七章里亚里士多德分析变动,认为一切变动中皆包含以下三件事物:变动者、变动因、变动的始点和终点[79]。我们不难从这个分析的结果里认出《物理学以后诸篇》第十二卷中所讲的三种要素,四种原因来(第三,三)。所谓变动者即是那里所谓的物质,即变动的基体。亚里士多德在那里证明物质存有以后,随即举出变动的四个种类来。若用第七章的语句讲,变动的始点和终点或为本质,或为数量,或为性质,或为地点。亚里士多德称第一种为单纯变动[80]。这样单纯的变动——即本质的生灭——是以物质为基体。其余各种变动呢？譬如依照第七卷第十三章所言,乃是个别物体。这个差别并非第七卷第十三章里的思想和第十二卷里的彼此冲突,它的意义乃是:当物质由相形成个体时——即在本质产生的历程中——,未形的物质(ungeformte Materie)是基体；这个个别物体自身再在数量、性质、地点方面变动时,已形的物质(geformte Materie)是基体。因此最后主词性——或用玄学语句表述——最后基体性原始属于物质,当物质由相形成个体时,它乃过渡为个别物体的特性。

(乙)埃多斯的离存性:在《物理学以后诸篇》第五卷第八章的结论里,亚里士多德以离存性和此性为埃多斯的两个特征(第二,二)。但是所谓离存性何指呢? 关于亚里士多德所谓离存性,一般人所知实在太少了;他们除去亚里士多德所反对的相和个别事物离存一点而外,差不多只知道一个所谓"思想方面的或定义方面的离存"。但在第八章里所谓离存,显然不指埃多斯离开个别物体,仿佛另一个实物一样单独存在。因为在这里,结论中的第二类本质即是以上所举第二义和第四义的本质的复述,即指内伏的是因(第二,二)。因为关于离存性的认识范围太狭,有些注释家(甚而包括可敬的 Bonitz 在内)乃以思想方面或定义方面的离存来塞责了[81]! 这是一个不正确的解说。这个术语在这里——用我们在它处所造就的名词讲——乃指范畴间的离存(inter-kategorialer Chorismos);指埃多斯,本质的一种,和属于其它范畴的,如数量、性质等等的离存(其详参看注[81]中所引书五三页以下)。

这样,我们只不过确定了第八章中所谓离存的范围。它的内容究竟怎样呢? 埃多斯如何和数量、性质等等离存? 依照亚里士多德的思想、数量、性质等等的定义里包含本质,它的名字或定义[82]。但是本质的定义却不包含任何属于其它范畴的[83]。定义以本性为对象,埃多斯在这第八章里即指个别本质的本性,因此界说个别本质即是叙述它的埃多斯的内容。这个定义里不包含数量、性质等等。在这样的情形下埃多斯和一切属于其它范畴之内的离存。

(丙)离存性的过渡:埃多斯的离存性如何过渡为复合本质的特性? 这个问题不似最后主词性由物质过渡为复合本质的特性那样简单。我们不可忘记,亚里士多德在《范畴篇》所归于个别本质的离存性乃指似更易中的不变(第一,六),然而刚才所解释的埃多斯的离存性,乃指不包含于定义之中。因此所谓过渡,乃是由一个意义的离存过渡为另一个意义的离存。因此这不似最后主词性过渡的单纯,因为那里无论其为物质的特性或为复合本质的特性只有一个意义。离存性的过渡乃牵涉到形状的变更了。形状虽有变更,然而实质上它们仍是同一个离存性;否则即无所谓过渡,乃是新性质的产生了。我们现在探讨这个过渡的详情。

为了了解这个过渡的情形,我们最好就着亚里士多德的论理学看,虽然他的论理学的目的并不在于证明此点。他的论理学乃是万有论的论理学:一个判断表示两个存有之间的关系。三段论里的结论表示两个前提里的两个存有关系之间的另一个存有关系。三段论中的第一式是他所谓的基本式。在基本式里结论的质由大前提决定,在一个条件下,即小前提是肯定的。结论的量由小前提决定⑭。至于形态呢,我们只举出与我们当前讨论有关的来;和我们有关的在这里只是**必然**和**可能**两种。结论的必然性产生于大前提的必然性,结论的可能性产生于大前提的可能性;二者皆在一条件下,即小前提是必然的。

这里我们采用《范畴篇》里的一个例子,(加以语句上必要的变更)来解答我们当前的问题。

(一)1. 人是动物;2. 赵大是人;3. 因此赵大是动物⑮。

(二)1. 人不是四条腿的;2. 赵大是人;3. 因此赵大不是四条腿的。

(三)1. 人是苍白色的;2. 赵大是人;3. 因此赵大是苍白色的。至于形态呢,(一)1.、(一)2. 和(二)1.、(二)2. 皆是**必然**⑯。因此(一)3. 和(二)3. 皆是必然。(三)2. 也是必然。(三)1. 呢?

这乃是可能。人可能是苍白色的，但是并非必然是苍白色的。亚里士多德认为可能可转为（Umkehren 注意！亚里士多德这里所谓的 Umkehren 和主词及谓语二者的位置互换——那是普通所谓 Umkehrung 的——不同，因此我们用"转为"来表达）可能不[87]，可能不也可转为可能。他所谓可能判断的互转，乃指同一判断由可能转为可能不，或由可能不转为可能以后，它仍然和未转以前一样适合于表示同一个存有关系[88]。（三）1. 即是这样的一个可能判断，因为"人可能是苍白色的"和"人可能不是苍白色的"同样适合于表示人和苍白色之间的存有关系。

可能，依照亚里士多德的思想，乃介乎必然与必然不之间[89]，它的意义即是"未定"。可能既非必然，也非必然不。（甲）人非必然是苍白的，因为苍白色并非他的本性的一部分。这即等于说：苍白色并不包含于他的定义之中，而是被摈出于他的定义之外的。（乙）人也非必然不是苍白的。因为苍白色如若加入到他的本性里去，也并不毁灭了他的本性，譬如像四条腿的，这如若加入到他的本性里去，人即不再是人。假设人的定义是两条腿的动物，苍白色诚然不包含于人的定义之内，然而这个不包含并非必然不包含。《物理学以后诸篇》第五卷第八章里所谓的埃多斯的离存性，其意义乃是数量、性质等等不包含于个别本质的定义之内；或从存有方面讲，不包含于它的本性之内，却被摈出它的定义之外，它的本性之外。从这里我们可知（三）1. 里的可能性即表示埃多斯的离存。于是我们更进一步见到所谓数量、性质等等被摈出个别本质的定义之外的"被摈出"乃是不"必然的被摈出"，或说，并非必然不包含。

从（三）1. 产生出（三）3. ; 它的形态也是可能。赵大可能是苍白色的,他也可能不是苍白色的。无论他是或不是苍白色的,他仍然是赵大。这就是说:苍白色的有无,它的更易,并不影响赵大之为赵大。这样一个更易中的不变,即是《范畴篇》里所讲的个别本质的离存性(第一,六)。

这样,个别本质的离存性产生于埃多斯和数量、性质等等的离存性。当物质为埃多斯形成为个别本质时,埃多斯的离存性乃过渡为个别本质的离存性,同时并改换了必须改换的形状。这样的形状改换何以是必须的呢?因为物质是变动的基础,个别本质由于它的物质成份必然地有变动。因此埃多斯和数量、性质等等的离存实现于物质之中,即成为在数量、性质等等偶然性质的更易中而不受其影响的存有;此即是个别本质的离存性。因此,这样的过渡,亚里士多德只能在已经发现了物质以后才可主张。这乃是何以在《范畴篇》里和在《物理学以后诸篇》第五卷第八章里,他将离存性或归于个别物体或归于埃多斯,却不能获得贯通的原因。那种意见的差别,甚或矛盾,在这里得到一个高一级的综合。

(丁)此性的过渡　在《物理学以后诸篇》第十二卷中的本质论里,亚里士多德才开始讲物质本质(第三,二)。在同卷里[90],他实际上否定物质具有此性,在那里他着眼于生物;凡是仅仅由于接触而未长成一个的只不过是些物质。这一块物质还不是这一个生物,它还未具形相。生物所有的性质在它里面还未固定(此性的意义参看第一,五)。埃多斯是生性(Natur),是性质固定了的一个,是发生的目的。当物质为埃多斯形成为个别生物时,此性即实现于物质里;这才有这里的这一个。至于个别本质的此性来自埃多斯,亚里士多德在他的《心理学》第二卷的开端,用极其简练的词句讲出:另一种本质是埃多斯,"由于它,一个物体乃被称为这里的这一个"⑨。此即谓：埃多斯的此性由于物质的受形（Formung de Materie）过渡为个别本质的此性。

三　结论

我们在以上甲、乙、丙、丁四节里逐一地仔细探求最后主词性、离存性和此性怎样过渡为个别本质的特性。三个性质之中，离存性和此性的过渡对于我们在本文中所欲解答的问题最为重要。这个解答现在已经明白可见了。在《物理学以后诸篇》第十二卷里，亚里士多德的本质论已将《范畴篇》中的基本本质从感觉对象层次提高到高级认识对象层次了，但还在其中的个别的一方面（第三，四，甲）。当那个本质论再发展到同书第七、第八两卷中的本质论时，基本本质再由高级认识对象层次中的个别的一方面移转到其中普遍于同种各个体的（das dem gleichartigen Einzelnen Gemeinsame）了。这一演变的原因乃是："本质研究"虽然仍和"神学"一样采取实物分析的观点，然而亚里士多德在这里不象在"神学"中着眼于动因（第三，四，乙），乃着眼于构成要素。在"神学"里已经产生了本质有三：相、物质和复合本质的学说（第三，四，丙），个别本质已经化为复合本质（第三，四，丁）。个别本质的构成要素也就是相和物质，由此产生了第七卷第三章中的发展。因为复合体的特性既然也是构成要素的特性，前者必然产生于后者（第四，二）。这些特性中的两个——离存性和此性——既是最足以表示本质特征的性质（第四，一），于是复合本质必然次于它的构成因素埃多斯，因为它乃是复合本质的离存性和此性的来源。这样，《范畴篇》里本质范畴之内的高下位置，在"本质研究"里倒转过来了，埃多斯成为基本本质。

从系统观点看来不可并存的、两个彼此矛盾的思想,我们从发生观点寻出由此到彼的演变线索来,那个矛盾在此得到一个发生方面的解释。这两个思想不但可以并存,而且必然同样存在的。我们不必再执着象腿,说这是全象,或者执着象耳,说这是全象;我们已经见到象的各部,并且知道它们如何组成全象。

四　可能的批评和它的解答

我们以上的解释,预期有这样一个批评。有人会指责我们,说我们所谓的个别物体和埃多斯在本质范畴里位置的互换,乃由于我们将埃多斯一字的两个意义混淆。这字在《范畴篇》里作"种"解,在"本质研究"里作"相"解。因此,在《范畴篇》里个别物体是基本本质,种是次级本质;在"本质研究"里相是基本本质,个别物体次它一等。这里的思想和那里的思想完全不同,根本并无那个所想象的位置互换。

这样的一个批评,并非毫无考虑的价值。为了给它一个解答,我们必须在这里解释种和相在亚里士多德心目中的关系。"埃多斯"一字诚然有"种"和"相"两个意义。它在《范畴篇》里和在"本质研究"里意义不同,一作"种"解,一作"相"解,如本文的可能批评者所言。(然而,这也只是相对的说法;严格地讲,在"本质研究"里"种"、"相"二义并见。)然而种和相的差别,在亚里士多德的思想里并不如一般人所想象的。我们首先须辨明他们所谓的种不是什么:第一,它不是概念。传统论理学里讲概念,认为种、类等等皆是概念。但是亚里士多德认为种、类等等皆是客观的存有(objektives Seiendes)。第二，种不能离存，它乃内伏于个体之内（比较他的名言 τὸ εἶδος τὸ ἐνόν, Metaph. Z. 11. 1037a29），不象那些主张埃多斯离存的柏拉图派思想家所主张的[92]。因此种乃是内伏于个别的之内的存有。这样，它和相的差别并不如此悬殊，像一个认种为概念的现代人或一个认种是离存的古代思想家所将主张的。

　　这些只是消极方面的讨论。但是种和相在亚里士多德的思想中，积极方面的关系究竟如何？对于这个问题，我们回答：在他的思想里，种的内容和相的内容是相同的。个别物体由相和物质构成；它的性质内容可区分为三部分：本性（Wesen）、专有性质（Eigentümlichkeit）和偶然性质（Akzidenz）。偶然性质产生于物质[93]；专有性质虽然不包含在本性里，却是由本性引申出来的[94]；本性就是相[95]。甲乙两个个体——譬如赵大和钱二——是同种的，依照他们的偶然性质，他们彼此不同；依照他们的本性，他们彼此相同，同属于一种。甲乙同属于一种，甲乙即同样地具有这一个种的一切性质；但甲乙彼此相同乃依照他们的本性，因此种的内容和相的内容是一而非二。

　　再者，本性乃是我们的名词用以翻译亚里士多德的一个术语（τὸ τί ἦν εἶναι）的，这个术语里所含的一个过去式的动词即是那个有名的"哲学的过去式"（philosophisches Imperfekt）；它表示一个个体在它产生以前的所是。（这乃是何以黑格尔就着 Wesen 和 gewesen 字源上的关系翻译亚里士多德的这个术语为 Wesen 的原因）因此问：赵大的本性是什么？即是在问赵大产生以前是什么？在赵大产生以前，相还未曾在这块物质里实现，这里尚无偶然性质（依照这类性质，赵大所以异于钱二的）。这里所有的只是种的内容（这是赵大所以是人的）。因此种的内容和相的内容是一而非二。

再者，以上两条也许有人觉得所讲太提空了；且让我们再严格根据亚里士多德的词句另作一个解答。他在《物理学以后诸篇》第五卷第八章里讲解本质四义时说：本质的另一意义是本性，它的叙述乃是定义[96]。这是讲本性乃是定义的对象；定义的内容表示本性。但是定义的内容依照亚里士多德的思想是什么呢？那是我们大家所知道的——如若不是直接从他自己的著作里，至少间接从传统论理学里——即类和种差。亚里士多德的论理学是万有论的论理学，因此类和种差不但是定义的内容，而且它们在存有方面构成种；种即是类的最后分化[97]。讲出类和种差或讲出种的内容，即是界说本性。本性即是相[98]。因此种的内容和相的内容是一而非二。

由此可见，在亚里士多德的思想中，种的内容和相的内容是同一个内容，这个内容即是埃多斯。这一个同一的内容，这一个同一的埃多斯，在《范畴篇》里亚里士多德从论理称谓的观点看，认为在本质范畴之内，它的位置次于个别物体；在"本质研究"里他从实物分析的观点看，认它为基本本质，个别物体次它一等。这样，在《范畴篇》里所肯定的个别物体和埃多斯的高下位置，在"本质研究"里倒转过来了。这样一个倒转，乃是亚里士多德的本质论从《范畴篇》到"本质研究"发展的内容。我们以上已将这个发展的线索逐步地分析出来。

注　释：

* 编者按：本文讲亚里士多德的"本质"，一般均译为"本体"或"实体"；本文讲的"基本本质",一般译为"第一本体","次级本质"即"第二本体";而一般译为"本质"的,本文译为"本性"。

① 参看本文第一、三、四。
② 参看本文第四、一。
③ 这是中世纪时人嘲笑 Thomas Aquinas 的话,说他不识希腊文,但是关于亚里士多德的哲学却写成许多书籍,重量等于一匹马的重量了。
④ Cat. 4,2a 2.
⑤ Euthyph. 2A. Euthyd. 271A.
⑥ Aristophanes. Pax 357. Xenophon, Hellenica I. 1,33.
⑦ Cat. 2,1 a 20—b9.
⑧ 在亚里士多德的论理学的著作里,καθηγαῖσθαι 和 ὑπάρχειν 两个字彼此互换着使用。——此外参看本文第二、三、甲、和第四、一。
⑨ Cat. 5,2a 19—34.
⑩ Cat. 2, la 24—25.
⑪ 其详见 Chung-Hwan Chen, Das Chorismosproblem bei Aristoteles (以下简称 Chorismosprobl.)。
⑫ Cat. 4,1b 25ff.
⑬ Cat. 5,2a 11—15.
⑭ Cat. 5,2a 34—35.
⑮ Chorismosprobl. S. 31 ab.
⑯ Cat. 5,2a 15—19.
⑰ Cat. 5,2b 17.
⑱ Cat. 5,2b 7,3b 33—34.
⑲ Cat. 5,2b 17—21. 所谓"一切其它的"在这里只指种和类。
⑳ Cat. 5,2b 24—28.
㉑ Cat. 5,3b 12—13. 所谓"严格意义的一个"参看 Metaph. V,6. 1016b 31—1017a 2。
㉒ Cat. 5,3b 10—18.
㉓ Cat. 5,3b 18—21.
㉔ Cat. 5,4a 10—21.
㉕ Cat. 5,4a 21 至章末。
㉖ 参看 Chorismosprobl. S. 51 ab。

㉗Cat. 5, 4a 18—21. "一个个别的人,他是同一个人,有时变白,有时变黑,有时热,有时冷,有时恶,有时善。"

㉘Metaph. V, 7. 1017b 10—14.

㉙1017b 15—16. 普许凯 Psyche 无适当译名;依亚里士多德的意思它乃是生命的原理。

㉚1017b 16—21.

㉛1017b 21—23.

㉜Metaph. XII, 1. 1069a 28—30.

㉝Metaph. VII, 2. 1028 b8—13.

㉞Alexandri Aphrodisiensis in Aristotelis Metaphysica Commentaria 701, 35—37.

㉟Metaph. VII, 10. 1035b 14—16.

㊱《物理学以后诸篇》末二卷即驳斥这类思想。

㊲Metaph. V, 7. 1017b 24—26.

㊳亚里士多德在叙述本质四义中前三个意义时,他仍然应用这两个概念(1017b 10—23),只是动词 ἔνειναι 改变为 ἐνυπάρχειν 而已。

㊴所谓 ἄτομον εἶδος。

㊵这些不同的意义在 Chorismosprobl. 里详细地分析出来。

㊶譬如 Metaph. XII, 3. 1070a 10—11, VII 16. 1040b 5 ab.

㊷亚里士多德是哲学史上第一个人将 ὕλη 一字用为哲学上的术语,柏拉图应用这字仍从其原义(作"木材"解)。在思想方面 Anaximander 所谓的"无限"和亚里士多德的"物质"颇相近,但不相同。柏拉图的 ὑποδοχή 只在功能方面相当于亚里士多德的物质,因为柏拉图的那个术语乃指空间(χώρα)。

㊸Metaph. VII, 3. 1029a 7—9.

㊹同处 9—10 行。

㊺a. a. O. S. 464. 4—6.

㊻参看本文第四的一。至于格诺斯在"本质研究"里不再被认为是本质,参看第七卷第十三章以下。

㊼Jaeger, Arisototeles, S. 229ff.

㊽参看本文下一节。

㊾参看本文下一节。

㊿参看 Ueberweg-Praechter, Die Geschichte der Philosophie des Altertums, S. 361.

51见以下注57。

52比较 VII,10. 1035a 2. VIII 1,1042a 26—30。

53在《物理学》里物质是否是本质尚为未决的问题(I,1,191a 19—20),在《物理学以后诸篇》第十二卷里它已被肯定为本质了。

541. 1069b 3—7.

552. 1069b 3,7—9.

562. 1060b 32—34.

573. 1070a 9—13.

584. 1070b 22—35.

597. 1072a 19—26.

606. 1071b 20—21.

617. 1072b 30.

62参看 Phys. I. 9. 192a 34。

63基本本质一词虽不见于第六、第七章中,然那两章中的思想皆认为神是万有的基础。这名词不仅见于同卷第八章 1073a 30(但是 Jaeger 原书页 366—369 以为这章是以后补入的),而且见于同书第四卷第三章 1005a 35 那里,所指即是神,同书六卷第一章 1026a 40 意义亦相同。

64第十二卷第二章。

65同卷第四章。

66同卷第六、第七、第九三章至于第八章,参看以上注63。

67同卷第五章 1071a 17—23。

68Metaph. VII,7. 1032a 24—25.

691029a 8—9.

701029a 8—9 在同卷 13,1038b 5—6 里重复叙述时,乃用玄学语句表达出来。

711029a 10—24.

721029a 27—28.

731029a,29—30.

743. 1029a 31.

751029a 5—7.

㊆譬如 VII,6.1032a 5,1031b 11.14.1037b 3—4。

㊆VII,7.1032b 1—2;10.1037a 28,b 2.

㊆5—6.这里所谓ἐντελέχεια乃指实现了的个别物体。

㊆1032a 12—15.

㊆2.1069b 9—14.

㊆参看 Chorismosprobl. Anm.150。

㊆VII,1.1028a 35—36.

㊆13.1038b 23—29.

㊆比较中世纪的 Vercus memoriales Barbara Celarent Primae Darii Ferioque.

㊆Cat.3,1b 12—15.

㊆参看 Chorismosprobl. S.59 Anm.168。

㊆Anal. Pr. I 13,32a 29—32.

㊆参看 12,32a 36—38。

㊆这点可从可能的本性看出(12,32a 18—20)。

㊆2.1070a 10—12.

㊆De Ani.1.142a 8—9.

㊆关于此点参看 Metaph. VII,14. 详细情形见 Chorismosprobl。

㊆VI,2.1027a 13—15.

㊆V,30.1025a 30—32.

㊆VII,7.1032b 1—2.

㊆V,8.1017b 21—22.

㊆VII,12.1037b 29—1038a 30.

㊆VII,7.1032b 1—2.

(原载《大陆杂志特刊》第一辑)

亚里士多德《范畴篇》中的本体学说

共相问题是西方哲学史上著名的问题之一。中国哲学家对此也并不陌生。在战国时期,它已经是中国哲学喜欢讨论的一个主题,而且是采取这种方式的:这一个别事例中的坚(或白)和那一个别事例中的坚(或白)是同一的还是不同的？有一位杰出的辩证论者否认它们的同一。西方共相问题的历史上最初三位重要人物就是苏格拉底、柏拉图和亚里士多德。如果搞清楚这个问题在他们那里是如何发展的,对于研究中国哲学史上同样问题的人当然不会无益。下面我们试图分析亚里士多德《范畴篇》①中的本体学说,说明其中所包含的"第二本体"概念和苏格拉底、柏拉图的联系。

(一)《范畴篇》这部简短的著作中,亚里士多德在分析各个范畴以前,先提出两条分类原则:

(1)可以表述一个 hypokeimenon;

(2)在一个 hypokejmenon 中。②

用这两条的肯定形式(1a,2a)和否定形式(1b,2b)相互组合,将事物分为四组:

第一组的标志是 1a 和 2b,如:人;

第二组的标志是 1b 和 2a,如:某某语法知识,某某白;

第三组的标志是 1a 和 2a,如:知识;

第四组的标志是 1b 和 2b,如:某某人。③

这两条原则的意义不清楚,必须对它们作些解释。首先,要注意亚里士多德使用 hypokeimenon 这个词是多义的。它在(1)中是指某某东西所表述的那个主词(subject),而在(2)中却是指有某某东西附存在其中的那个基质(substratum)。因此,这两条原则是性质完全不同的:一个是逻辑原则,另一个是形而上学原则。

由于亚里士多德的逻辑是一种本体论的逻辑,所以常常是同一个东西既可以用逻辑的术语来表示,也同样可以用本体论的术语来表示;这一个所表示的意思和那一个完全一致。④这样,凡是表述一个事物的也就在它之中;凡是在一个事物之中的也就是表述它的。⑤但在《范畴篇》中规定的这两条原则却意谓着彼此不同;⑥要不然它们的组合便不会将事物分成四组了。所以,每一条原则必定有它自己固有的不同应用领域。

亚里士多德并没有忘记告诉我们每一条原则的应用受什么样的限制。我们先考察逻辑的原则。他区分了两类表述,一类可以叫"同名同义的(synonymous)",另一类可以叫"同名异义的(homonymous)"。在第一类表述中,宾词的名称和定义都可以表述主词,例如,"人"就是可以这样表述个别的人的;而在第二类中,只有宾词的名称可以表述主词,它的定义却不行,例如,"白"就是这样表述形体的。⑦他的这种分法实际上就是区分本质的宾词和非本质的(或偶性的)宾词。⑧只有这种本质的可表述性和它的反面不可表述性,才构成这种逻辑分类原则的两个相反的形式。

为了确定"在基质中"这个形而上学原则的精确含义,亚里士多德立即加上:它的意思是:"在某物中并不是作为某物的部分,不能离开它而存在。"⑨意义上作了这样的限制以后,这条原则便只涉及偶然属性,它们和基质的逻辑关系便被这条逻辑分类原则忽略了。

(二)在《范畴篇》第五节,即论本体的那一节中,亚里士多德断言有两类——也只有两类——本体,就是:头等意义的本体或"第一本体",和次等意义的本体或"第二本体"。⑩第一类包含个体事物,如个别的人,个别的马,具有如下否定规定性:不能表述任何主词,不在任何基质中。⑪所以它属于《范畴篇》第二节所划分的第四组存在。"不能表述任何主词"这个否定规定,将这一组和第二组同第一、第三组区别开来;而另一个否定规定"不在任何基质中"将它和第一组同第二、第三组区别开来。这两个规定结合起来,就是第一本体不同于其它本体的标志。

由于这两个否定规定的结果,就将两个肯定规定归给第一本体:一切别的东西或是可以表述它的,或是在它之中的。⑫引出这条结论的那个没有说出来的推论看来就是:既然存在的东西要末是可以表述主词的,要末是不能表述主词的,那么,由于我们默认存在领域中没有根本的chorismos[分离],后者就正是前者最后可以表述的。⑬同样的,在基质中的,分析到最后,正是在那自身不再在任何基质中的。当这两个规定彼此分开时,不止属于第一本体,而且也属于别的事物;可是这两个肯定规定相结合时,便只能是第一本体的标志。所以,只有既是最后主词又是最后基质的东西才是第一本体。因而亚里士多德得出结论说:"如果第一本体不存在,任何别的东西都不可能存在。"⑭

(三)第二本体,首先是那些有第一本体即个体在其中的本体,

就是 εἴδη[种]，⑮正如第一本体在属中是个体那样。所以，"个体性"这一属性不仅将两类本体区别开来，而且也是决定它们第一、第二的等级的。

除了"属"，亚里士多德在这里承认"种"也是第二本体。⑯正如第一本体是作为 μάλιστα λεγομένη οὐσία 或简单说是 μάλιστα οὐσια[最强本体]区别于第二本体那样，"属"是作为 μᾶλλον οὐσια[较强本体]区别于 ἧττον οὐσίχ[较弱本体]的"种"的。⑰为了确定后一种区别，他提出两点理由。第一，"属"和"种"相比，和第一本体的关系较近。从定义看就明白了。如果要说明一个个别的人本质是什么，就会提出一种（我们）更能认识的、⑱更为对象所固有的东西，说他的"属"——"人"，而不说"种"——"动物"。因为"属"——"人"更是个体的人所特有的，而"种"——"动物"却比较一般，是人和别的动物所共同的。⑲

其次，将第一本体称为本体最适当，因为这是"属"和"种"的基础。而"属"又是"种"的基础。正如第二本体是表述第一本体的，"种"是表述"属"的。这样，在表述方面，以下四项中间有一种类比："属"之于"种"，正如第一本体之于第二本体。⑳我们在《范畴篇》的这个地方发现了一条普遍的规则，对本体范畴中各个层次都有效。这就是：一个东西越是普遍，本体性就越少，等级就越低。所以，他将个体性当作本体性的尺度。㉑从这条规则得出另一条规则：那些同等普遍的，或者同样是个体的东西，占有的等级是同样高的。所以那些互不隶属的"属"，在本体性上并无高低之别。个体事物也是如此，一个个别的人和一头个别的牛在本体性上是毫无多少差别的。㉒

（四）亚里士多德接着又提出本体的进一步典型规定。但是他第一个说到的是"同名同义的表述",㉓严格说来这并不是一个典型规定。因为一方面,这只是第二本体的标志,而不是第一本体的标志;㉔另一方面,它却是"属差"的标志,而属差在这里是不列入第二本体的。㉕这样,这种规定性就不仅是本体的标志了,所以我们不需要详细讨论它。

亚里士多德然后提出另一种规定,这是本体所独有的。他指出,第一本体——或者不如说是第一本体的名称——是指 τόδε τι。㉖这个短语的辞典意义是"这里的这一个"(this here),或者用正规英语说,是"this"(这一个)。他是这样论证他的论点的:第一本体,例如某一个人,说的就是"这一个"。这是无可争辩的。因为这里所指的那个东西,是个别的,而且数目上是一个。㉗但第二本体就不是如此。例如,当我们说"人"或"动物"时,我们的说法似乎是指一个"这个",实际上与其说是 τόδε τι, 还不如说是 ποιόν τ〔这样一类〕。㉘因为"人"或"动物"这些词,并不象"某一个人"那样,背后是一个单一的事物,"人"和"动物"都是表述许多主词的。㉙"属"和"种"的名称都不表示一个"这个";"这一个"乃是第一本体的名称所指的。这样,"是这一个"这种属性仅仅属于第一本体,将它同"属"和"种"区别开来了。

从这个论证可以看清楚亚里士多德《范畴篇》中的 τόδε τι 概念包含着两个意思,即"不可划分"和"只有一个"。㉚"不可划分",从方法论说就是"不能进一步划分",从本体论说就是"不能进一步分成亚属"。㉛"只有一个"在这里是用和它对立的"可以表述许多主体"来说明的。㉜这样,τόδε τι 便是这样一种东西,它的存在被严格地规定为:既不容许进一步划分,也不能表述任何别的东西。这个意思英文是用"this"来表示的。"thisness"在这里就被亚里士多德当作第一本体独有的标志。

（五）说了这两种并非本体所独有的规定性以后，[33]亚里士多德又提出一种专门属于本体的规定性。他是这样描述的：本体可以容纳相反的属性，但它自己还是同一个。不是本体的便不能如此，例如颜色和动作便不能这样。但是一个个别的人，他是同一个，却可以有时白，有时黑，有时热，有时冷，有时好，有时坏。[34]

看来似乎还有例外，如说法和意见。因为同一个说法在不同的时候可真可假，意见也是这样。[35]可是，本体和说法有区别。本体当它自身变化的时候能够容纳相反的属性；但一个说法却只有当它的对象发生变化而它自身仍然不变时才接受相反的属性。[36]谁如果将这种属于本体的标志归到说法或意见上去，便要造成错误。因为一种说法或意见被说成能够容纳相反的属性，并不是因为它自身发生了相反的变更，而本体之所以如此却是因为有这样一种变化。[37]

亚里士多德认为专门属于本体的这个标志，只属于第一本体；这从他自己举的例子就可以明白了。[38]

（六）分析了亚里士多德《范畴篇》中本体学说的内容以后，我们要作些一般的考察：第一，我们可以指出这种学说的特点。这是容易看出来的，在这篇著作中，亚里士多德着重的是个体性。他将个别事物宣称为第一本体。他将个体性作为衡量本体性的尺度，用来决定本体范畴的等级。这里认为个别事物是第一本体，甚至还先于 εἶδος ["属"、"相"、"形式"]，这就表明这种学说是一种个体主义（individualism）学说。第二，这种个体主义学说和《形而上学》第七卷、第八卷中的本体学说很不协调，是有矛盾的。这个矛盾可以使有些亚里士多德学者产生怀疑，以为《范畴篇》是伪作。

但是这并不能成为否认这篇著作真实性的充分根据。㊴现在让我们研究一下这篇简短著作中的本体学说是如何形成的。

（七）为了理解这种个体主义学说，最好看看下面这句话："第一本体之所以最适于称为第一本体，是因为它是所有别的东西的基础。"㊵从上下文可以知道"所有别的东西的基础"这一短语在这里是有毫不含糊的意思的，就是指"其它作为表述主词的东西的基础。"㊶因此，这种个体主义乃是从逻辑的表述观点观察事物得出的结果。但是亚里士多德为什么要认为表述的主词是第一本体呢？要回答这个问题，我们必须稍稍回顾一下历史。

在传统称为亚里士多德《形而上学》的这组著作中，关于"相论"（theory of Ideas）如何产生有三种说法。它们实质上是相同的，只是在细节上有所不同。根据他的报告，柏拉图的相论是在两个人影响下产生的：一是克拉底鲁，他代表赫拉克利特可感事物不断流动的学说；一是苏格拉底，他寻求普遍的定义。柏拉图主张知识必然是关于某种不同于可感事物的东西的。这些东西他称为"相"。㊷亚里士多德又告诉我们：苏格拉底并没有将存在归给和可感事物分离的共相，是别人将它们分离开，㊸并且作为本体的。㊹

亚里士多德自己毫不踌躇地接受这种学说的认识论方面，因为他赞成苏格拉底的办法，并且发现形而上学方面未免走得太远，没有必要。按照他的意见，对于知识来说，如果有某种不是可感的东西，可以表述可感事物，那就已经足够了；将这些东西和可感事物分离开是大大超出实际需要的。因为这种 chorismos 是"相论"所涉及的困难的原因。㊺所以亚里士多德提出共同的述词来代替自存的"相"；㊻因为这些共同的述词是知识的可能性实际需要的。

亚里士多德在《分析前篇》的逻辑分析中将命题分为述词和述

词所说明的东西。㊼这样,表述是以有表述的主词为条件的。这个作为 hypokeimenon 的主词在述词背后,是它的本体论基础。所以,表述的主词先于述词——这是我们在亚里士多德《物理学》第一卷中看到他明白说出来的结论。㊽既然柏拉图的"相",从表述的逻辑观点看,不过就是共同的述词而已;㊾所以,按照亚里士多德,它们后于它们的 hypokeimenon,即表述的主词。因此,"相"不能是人们认为是的那个东西——本体,㊿即亚里士多德认为是 πρώτως ὄν [第一存在]的 οὐσία;(51)表述的主词,说到底,那最后的表述的主词,那永远不会自己又成为述词的主词,倒是本体,(52)因为它们是在先的,这就是个别事物。(53)

在每一类范畴中都可以发现这种共同的述词。那些属于第二级范畴的共同述词都可以表述"种",而"属"是可以表述第一本体的,正如其余的东西都可以表述第一本体那样。(54)只要第一本体的"种"和"属"是表述的主词,它们就是本体。但当它们转而表述个别事物时,个别事物才是本体。由于个别事物的述词——它们的"种"和"属"——在其它组表述中自身是主词,所以个别事物必定是高一级的本体,"属"和"种"在本体性上是后于它们的。既然"种"是表述"属"的,它当然比"属"低一级。最后,凡是绝对是述词而决不能是任何表述的主词的,便根本不是本体。这些结论的根据是亚里士多德对苏格拉底所寻求的普遍的东西作出的逻辑解释,这种解释是和柏拉图的形而上学解释相反的,亚里士多德解决认识论问题时用共同的述词代替了自存的"相"。但是这些结论,除了最后这个在"最普遍者"学说(55)中发展的以外,都是《范畴篇》中本体学说的内容,并且在《分析前篇》中仍旧没有任何变化地暗含着的。㊶这样，亚里士多德《范畴篇》中的本体学说，一方面和苏格拉底—柏拉图的辩证法相联系；另一方面和他的早期分析篇相联系，并且和他的其它早期著作中的思想一致。㊷因此，我们不能同意曼申(S. Mansion)的意见，他认为"《范畴篇》中的学说离开柏拉图最远，由此可见这篇著作不是真的，因为我们不能将它摆在亚里士多德思想发展的任何时期里面。"㊸

注 释：

① 现代的亚里士多德研究者已经提出《范畴篇》的真伪问题，其中耶格尔(Jaeger)虽然认为这篇著作是假的，但他也承认："内容上大多数细节都是亚里士多德的"(Aristoteles, S. 45 Anm, 1.)。这里我们感兴趣的正是《范畴篇》的思想内容。几年以前我们研究过这篇著作的真伪问题，得出这样的结论：它的第一部分（直到 11^b7）中的思想没有不是亚里士多德的。所以，这里也承认这部分所表述的思想是真的。我们在这里自然不能摆出我们的全部证据，也没有必要这样做。我们表明本文中提出来考察的《范畴篇》中每一思想真正属于亚里士多德的办法，是将它和其它从未有人质疑的亚里士多德著作联系起来，加以比较。至于《范畴篇》所属时期问题，看以下注㊳。

② 这些分类原则是亚里士多德的，参看《形而上学》，第五卷第八章。在《形而上学》那一章中，亚里士多德事实上还是用这些概念来讲的，只是去掉了它们的相互限制（即将说明），使它们所说的一致。那里所说的本体的四种意义中的前三种，在这里仍是用 καθ' ὑποκειμένου τινὸς λέγεσθαι 和 ἐν ὑποκειμένῳ τινὶ εἶναι ["表述主体"和"在主体中"]这样的话说的（$1017^b13—14, 15, 16—17$）；只是措辞有些不同，如亚里士多德用 ἐνυπάρχειν[内在]代替 εἶναι[在]。《范畴篇》中将表述限于本质的表述的说法，在《形而上学》的这一章中放弃了；因为在 "ἄπαντα δὲ...τἆλλα"["所有这些被称为本体，因为它们不是表述主体的，而是由其它的表述它们"]这句话（$1017^b13—14$）中的 τἆλλα [其它的]是将《范畴篇》中的

偶然属性($τὰ\ ἐν\ ὑποκειμένῳ$)也同样包括在内了。同样的,把"内在"局限于 $μὴ\ ὡς\ μέρος$[不是部分]的说法也放弃了,因为作为生物的一"部分"的灵魂也可以说是 $ἐνυπάρχον$[内在]($1017^b\ 16$)。

③《范畴篇》第二节 $1^a20—^b9$。至于这种分类是否真是亚里士多德的,看来引起困难的是第二组。因为我们没有看到亚里士多德在别的地方将本体以外的其它范畴区分一般和个别,而在第二组中却包含"个别的白"之类的一切东西。但这种区分还真是他的。亚里士多德在《分析前篇》(第一卷第二十七章,$43^a25—32$)中从表述的观点将东西分为三类。正如第二类包含一切范畴中最高的一般即范畴自身,第一类包含一切范畴的个体,不仅是个别的本体,也包含个别的性质如个别的某某白等等,虽然在那里举的例子只有个别的本体。

④例如,本质(essence)和定义(definition),见《形而上学》第七卷第四章 $1030^a6—7$ 和鲍尼兹的注(Bonitz: Aristotelis Metaphysica Vol. II. p. 308—9)。

⑤参看拙著:《On Aristotel's Two Expressions: $καθ'\ ὑποκειμένου\ λέγεσθαι$ and $ἐν\ ὑποκειμένῳ\ εἶναι$》,Phronesis Vol. 2—no. 2,1957。

⑥但是这并不能成为怀疑这种区分是否真实的根据,因为《正位篇》第四卷第六章 $127^b1—3$ 提出了在一种特殊情况下同样的区分。

⑦《范畴篇》第五节 $2^a19—34$。参看同书第一节 $1^a6—12$,那里为"同名同义"下了定义,在 $3^b5—9$ 中是在特殊情况下使用这个术语;而在第一节 $1^a1—6$ 中为"同名异义"这个术语下了定义。

⑧因为"同名同义"的表述可以使人认识那些主词所固有的属性;而"同名异义"的表述却只能使人认识那些真正属于它而非它所固有的属性。参看《范畴篇》第五章 $2^b30—36$,那里我们看到特殊情况下的这种区分。我们是用"本质的和非本质的(或偶性的)表述"来说明这两个术语的,看《正位篇》第一卷第九章 $103^b35—39$。

⑨《范畴篇》第二节 $1^a24—25$。这个意义"在某物中的"并不形成这个事物的本质特性的任何部分(参看《范畴篇》第五节 $3^a29—32$);这就是亚里士多德称为 $συμβεβηκός$[偶然属性]的。

⑩两类本体——"第一本体"和"第二本体"的概念,不能成为否认《范畴篇》真实的充分根据。可看 Zeller: Die Philosophie der Griechen, II. Teil 2. Abt. 4. Aufl. S 67 Anm 1,再可看以下注㉑。

⑪《范畴篇》第五节 2ᵃ11—14。这是真正的亚里士多德思想,看以上注②。

⑫《范畴篇》第五节 2ᵃ34—35。"表述的主词是本体"这个命题,是我们在亚里士多德几种著作中都遇到的。如《形而上学》第五卷第八章 1017ᵇ13—14, 23—24, 第七卷第三章 1029ᵃ8—9,《物理学》第一卷第七章 190ᵃ36—ᵇ1。

⑬如果不是这样,存在领域里就会有一种 chorismos,将存在分为两个互不联系的部分。这正是柏拉图在对话。《哲人篇》251D—252A 中说到并加以拒绝的那种 chorismos。可参看拙著德文版 Das Chorismos-Problem bei Aristoteles, Berlin, 1940, S. 31—32。有兴趣于这个问题的人可以参阅 Stenzel 的两本著作: Plato's Method of Dialectic, 1940 英译本和 Zahl und Gestalt bei Platon und Aristoteles, 1 Aufl. 1923 以及 Cherniss: Aristotle's Criticism of Plato and the Academy。在这里,亚里士多德也假定这种 chorismos 是不可能的。

⑭《范畴篇》第五节 2ᵇ3—6。这是典型的亚里士多德思想,参看《形而上学》第十二卷第五章 1071ᵃ1—2。

⑮看下一个注。

⑯《范畴篇》第五节 2ᵃ14—19。这是地道的亚里士多德思想,看以下注㉑。

⑰μάλιστα λεγομένη οὐσία[所谓最强本体]这个术语可以和《范畴篇》第五节 2ᵇ17 对照,但是中间的分词[指 λεγομένη,所谓]在那里没有,只在 2ᵃ11—12 中可以看到。至于简化形式 μάλιστα ουσια 可以和《形而上学》第十二卷第三章 1070ᵃ 20 对照。正如从术语 οὐσία πρώτως λεγομένη 简化出 πρώτη ουσια[第一本体]一样(看《范畴篇》第五节 2ᵃ11—12 以及 35),也从 ουσια λεγομένη 简化出 μάλιστα ουσια。无论怎样表述,这个术语都有纯客观的意义;无疑地,亚里士多德用这两种表达的意思是相同的,即有更多的本体性。另外两个术语 μᾶλλον ουσια 和 ἧττον ουσια[较强本体和较弱本体]也都是客观的;它们相应地表示有较多和较少的本体性,这是从《范畴篇》中它们出现的段落(第五节 2ᵇ7, 3ᵇ33—34)可以看明白的。

⑱那"本来更能认识的"在这里就是"种",参看《分析后篇》第一卷第二章 71ᵇ33—72ᵃ4。

⑲《范畴篇》第五节 2ᵇ8—14。在《范畴篇》中亚里士多德认为 εἶδος["属"]和 γένος["种"]都是一般的,虽然后来他将一般性只归给"种",而不归

给 εἶδος，参看《形而上学》第八卷第十三章 1038ᵇ10—12。

⑳《范畴篇》第五节 2ᵇ15—22。

㉑《范畴篇》中将第一本体和第二本体作了区别，并将"种"列为低级的本体，这一点成为亚里士多德研究者们怀疑这篇著作真实性的根据。δεύτεραι οὐσίαι[两重本体]的说法可看以上注⑩中所引 Zeller 的书。作为本体的"种"在本体性上不仅低于个别事物，而且也低于"属"，这种看法无疑是亚里士多德的，至少属于他的思想发展的某个阶段。这种看法在《分析前篇》再次出现，实质上是相同的，虽然在那里没有使用"第二本体"这个词。在那一节中，亚里士多德同样从表述的观点出发，将所有东西分为三类：最后的主词即可感觉的个体事物如张三、李四；最后的述词即范畴；以及在它们之间的如"人"、"动物"等等（第一卷第二十七章43ᵃ25—32）。最后的主词是个体事物，即本体。为了证明这一点，我们不从《范畴篇》引证，以免循环论证之嫌，只指出《形而上学》第五卷第八章1017ᵇ10—14。《范畴篇》中的第一本体也正是《形而上学》那一章中所讲的那些东西。元素等等则是ἄτομοι οὐσίαι[不可分的本体]（这是亚历山大注释亚里士多德《形而上学》时用的名称，见 Hayduck 编的本子 p.373, 14—15）。这里也同样可以将它们称为第一本体；因为同样是以逻辑的表述作为本体性的标准的（1017ᵇ13—14）。最后的述词就是那些被剥夺掉任何本体性的东西。那些中间的则看它们是多少组表述的主词，从而具有多少本体性。在这个主词层次中，"属"比较接近第一本体，"种"离开较远；所以"种"比"属"的本体性低，而它们二者在本体性上又都低于可感觉的个体事物。这就是亚里士多德在《范畴篇》这里所说的意思。

有趣的是，这里可以看到：根据《分析前篇》中的学说（这不过是《范畴篇》中本体学说的逻辑结论），"本体"这个范畴本身并不是本体；因为它是任何其它特定本体的最后述词。但是亚里士多德还能认为它是什么呢？

㉒《范畴篇》第五节 2ᵇ22—28。

㉓《范畴篇》第五节 3ᵃ33—ᵇ9。

㉔因为第一本体永远不能是述词。

㉕参看《范畴篇》第五节 2ᵇ29—30。

㉖《范畴篇》第五节 3ᵇ10—12。这一整节（3ᵇ10—23）中，思想并没有精密表达出来。看到第 14 行提到 τῷ σχήματι τῆς πορσηγορίας[用讲话的方

式来说],可以肯定亚里士多德并不是认为在所有东西中第一本体都意谓着τόδε τι,它的名称才这样。

　　第一本体是τόδε τι这个论点是地道亚里士多德的,可参看《形而上学》第三卷第六章 $1003^a8—10$,第七卷第十三章 $1038^b35—1039^a2$,第八章 $1033^b21—22$ 。

㉗《范畴篇》第五节 $3^b10—13$ 。这个论证之证明这个论点,只是在一个条件下,即:τόδε τι 等于不可分的、在数目上是一的东西。

㉘《范畴篇》第五节 $3^b13—16$ 。但是这个词——亚里士多德立刻把他那些极端言词修改了一下——并不只是指一种性质,象"白"这个词那样,而是规定那种涉及某一本体的性质的,因为它的意思是指 ποιόν τινα ουσίαν [本体规定的性质] $3^b18—21$ 。这个思想是亚里士多德的,参看以上注㉖中引述《形而上学》章节。

㉙《范畴篇》第五节 $3^b16—18$ 。第16行的ἕν[一]是ἕν ἀριθμῷ[一个量]的缩写(参看 3^b12)。

㉚参看以上注㉗。

㉛ἄτομον[不可分的]是从柏拉图借来的词,柏拉图在他的 diaresis[区分法]中用了这个词。

㉜参看以上注㉙。

㉝就是说,本体没有和它相反的($3^b24—32$),并且不容许有程度上的不同($3^b33—4^a9$)。这二者也属于量($3^b27—32$,第六节 $5^b11—15$, $6^a19—25$)。

㉞《范畴篇》第五节 $4^a10—21$ 。

㉟《范畴篇》第五节 $4^a21—28$ 。我们在这里遇到的"真"的概念,和别处所说的是一样的,如《形而上学》第六卷第四章 $1027^b20—33$ 。

㊱《范畴篇》第五节 $4^a28—^b4$ 。

㊲《范畴篇》第五节 $4^b4—16$ 。

㊳《范畴篇》第五节 $4^a18—21$ 。注意到以下事实是很有意思的:在偶然属性的变化中持续不变的概念,和《形而上学》第七卷中论证质料存在的思想($1069^b3—9$)是一样的;但在《范畴篇》第五卷 4^a10 以下,本体的 μάλιστα ἴδιον[最强殊相]却成为讨论的对象,本来我们期望在这里会说出亚里士多德有名的 ουσία ὑλική[质料本体](例如,参看《形而上学》第八卷第四章 1044^a15 ,第九卷第七章 1049^a36)或质料,但在整个《范畴篇》中,没有一个字提到质料本体。从这个事实可以看到,这篇论范畴的论文

并非不可能是早期写的,即亚里士多德还没有得出三重本体时(《形而上学》第十二卷第三章 $1070^a9—13$)写的。我们可以假设《范畴篇》中在偶然属性的变化中持续不变的思想正是引起发现质料概念,因而发现三重概念的思想,也许是没有错的。

㊴这种矛盾的实际意义,参看拙著 Aristotle's Concept of Primary Substance in Books Z and H of the Metaphysics, Phronesis, Vol. 2—No. 1, 1957。

㊵《范畴篇》第五节 $2^b37—3^a1$。

㊶参看 $3^a1—6$。2^b38 行中的 ὑποκεῖσθαι 意为"是一切其它东西所表述的 ὑποκείμενον",同行的 τοῖς ἄλλοις ἅπασιν 是指除本体外的一切其它东西,这两点是明显的。只需注意到"一切其它东西"不仅包括第二本体,而且包括非本体,即属于第二级范畴的东西,参看 3^a4。然后要看到:(一)第一本体的两个标志,即"是表述的主词"和"是基质"二者结合起来,就将第一本体和一切其它东西区分开了,亚里士多德在这里是着重第一个标志的。(二)第二级范畴中的个别情况及相应的一般的区别,如 1^a27 行中 τὸ τὶ λευκόν[这个白]和 τὸ λευκόν[白色]的区别,这里已经放弃了。如果亚里士多德没有保持这种区别,则性质、数量等等的个别情况就不会包括在 2^b38 和 3^a1 所说的"一切其它东西"之中(因为"这个白"之类也不是可以表述任何主词的);但在上下文中看不出这种除外。第二级范畴中的这种区别一旦放弃,便只有第一本体才能是表述的最后主词,象我们看到《物理学》第一卷第二章 185^a31 中所说的那样了。就是根据这一点,所以断言这类事物最宜于称为第一本体,因为它们是表述的最后主体。除了是表述的最后主体外,就不能推出是第一本体的结论。

㊷《形而上学》第一卷第六章 $987^a29—^b8$。καθόλου[一般]当然不是苏格拉底的,而是亚里士多德自己的术语。

㊸《形而上学》第十三卷第四章 $1078^b30—32$。

㊹《形而上学》第十三卷第九章 $1086^a32—34$。作为"本体"讲的 οὐσία 这个术语是亚里士多德的;柏拉图用来标明"相"的 ὄντως ὄν[存在的存在,being of beings],和亚里士多德的术语 οὐσία 颇为相当,二者都是指真正的存在。

㊺《形而上学》第十三卷第九章 $1086^b2—7$,《分析后篇》第一卷第十一章 $77^a5—7$:"所以,证明并不必然意谓着'相'或'一'的存在是在'多'之外,却是必然意谓着'一'的存在的真正意义是可以表述'多'。"虽然在

亚里士多德的著作中，παρά［在……之外］并不总是表示 chorismos（参看上述拙著 Das Chorismos-Problem pp. 124—125），但它在这里 77ᵃ6 是表示 chorismos，和《形而上学》第十三卷第四章 1078ᵇ16 用的意义相同，那里是表示 chorismos 的（参看以下第 15 行就出现 ἐχώρισαν［分离］这个动词）。

㊻参看以下注㊾。

㊼参看《分析前篇》第一卷第一章 24ᵇ16—17。

㊽《物理学》第一卷第六章 189ᵃ31—32。

㊾显然这实际上是亚里士多德的意见，特别是我们看到他在《尼各马可伦理学》中将柏拉图《国家篇》中的主要的"相"即"善之相"称为共同的述词（第一卷第六章 1096ᵃ32—33）。

㊿《形而上学》中有一节，即第七卷第六章 1031ᵇ15—18，不仅证实了我们这个特殊的解释，而且证实了本文提出的亚里士多德对于第二本体的全部解释。所以我们来详细讨论一下这一节。这一节是："同时也很清楚，如果有某些人所说的那种'相'（即本体，参看 1031ᵃ30—31），那就不是作为本体的基质（当'表述的主词'讲的 hypokeimenon）；……因为这些'相'必定是本体，但并不是可以表述基质的……"（根据 Ross 的译文）。但是根据亚里士多德的意见，"相"必定是可以表述基质的，不然的话，"相"和基质的联系必定被割断，而这种 chorismos（ἀπολελυμέαι ἀλλήλων, 1031ᵇ3）的最坏结果就是毁灭了"相自身"，1031ᵇ3—14。所以"相"不能不是可以表述主词的。从这个前提得出了相反的结论。与其把"相"认为本体，不如把表述的主词认为本体。

亚里士多德又作出进一步的结论："如果它们存在（即如果'相'是表述主词的），那就只能是作为被分有而存在。"Methexis［分有］是一个柏拉图的术语；但是 κατὰ μέθεξιν（Ross 正确地翻译这个词的意思为"被分有"）在这里用的意思和第七卷第十五章 1040ᵃ27 中的 μεθεκτή相同，后者表示的意思和 ἐπὶ πολλῶν κατηγορεῖσθαι［表述多数的］相同。（因为只有在这个意义上，1040ᵃ25—27 才成为一个论证。）这样，上引这句话最后的意思就是："相"如果不是可以表述主词的，那就不会 sua natura［凭自身］存在；它们存在的权利，从逻辑观点考虑，毋宁说在于它们是共同的述词，这是以上注㊺所引《分析后篇》第一卷第十一章 77ᵃ5—7 中亚里士多德告诉我们的。照这个意思理解，柏拉图的"相"便不再是"相"，而

335

只是 κοινῆ κατηγορούμενα[共同的述词]。用这种方法,亚里士多德将柏拉图的“相”以共同述词的形式保留在他的逻辑中,从而拯救了他的老师的“相”因 chorismos 而造成的毁灭。

(51)πρώτως ὄν[第一存在]作为一个 terminus technicus[术语]出现在《形而上学》第七卷第一章 $1028^{a}30$。本体在一切东西中占第一位,这是亚里士多德的一个中心思想;我们发现在《形而上学》第十二卷第一章 $1069^{a}18$—24,第四卷第二章 $1003^{b}16$—18,以及第七卷第一章中讲得很清楚。

(52)亚里士多德在《物理学》第一卷第二章 $185^{a}31$ 中就说:“因为任何东西都可以表述为主词的本体。”

(53)在《形而上学》第四卷第四章 $1007^{a}33$ 以下,亚里士多德提出两点理由说明必定有某个最后表述的主词,并在 $1007^{b}16$—17 作出结论:必定有某个表示本体的东西。而且,按他的论证,这某东西就是个体事物,如苏格拉底。

(54)《范畴篇》第五节 $3^{a}1$—6。

(55)τὰ μάλιστα καθόλου[最普遍的]就是 τὸ ὂν καὶ το ἕν[“存在”和“一”],《形而上学》第三卷第四章 $1001^{a}21$—22,参看 $^{a}28$—29,第十卷第二章 $1053^{b}20$—21。它们不是本体,参看第七卷第十六章 $1040^{b}16$ 以下。

(56)看以上注㉑。

(57)关于这个一致,参看前引拙文 Phronesis, Vol. 2—No. 2, 1957, βp. 46—47。

(58)C. J. De Vogel: Greek Philosophy, Vol. Ⅱ. p. 42。(很抱歉,我们还没有机会直接读到 Mansion 的著作。)如果我们以上分析可靠,亚里士多德的发展中就确实有一个提出《范畴篇》中本体学说的时期。这种学说确实“离柏拉图最远”,柏拉图的“相”本来是ὄντως ὄν[存在的存在],被换成了共同的述词,因而是后于个别事物的。但在另一方面,仍和他的老师保留某种联系,柏拉图自己偶尔也从表述的观点来看“相”,将它们说成是 κατὰ παντὸς[对于一切],例如《曼诺篇》76A。可能亚里士多德的 καθόλου κατηγορούμενον[一般述词]或λεγόμενον[述词]是以柏拉图的观点为基础建立起来的。就是因为以上这些理由,《范畴篇》的真实性是无论如何不能否定的。

(译自 Chinese Culture Vol. I. No. 4, 1958)

论亚里士多德的两个说法：

καθ' ὑποκειμένου λέγεσθαι 和 ἐν ὑποκειμένῳ εἶναι

(它们在《范畴篇》第二章 1ᵃ20—ᵇ9 中的意义及其扩大)

有人①一再提醒我们注意弗里茨(Kurt von Fritz)教授对里克(L. M. De Rijk)博士的著作《存在范畴在亚里士多德哲学中的地位》的书评。②在这篇书评中，弗里茨告诉我们说，里克"责备古代注释家菲罗波努斯(Philoponus)，因为他说亚里士多德在《分析后篇》第一卷第二十二章 83ᵃ30—35③ 中'张冠李戴地'用 καθ' ὑποκειμένου λέγεσθαι(表述主体)代替 ἐν ὑποκειμένῳ εἶναι(在主体中)"，弗里茨试图指出里克对菲罗波努斯的攻击是错误的。④我们没有看到里克的书，对他的意见不能说什么。但是如果我们直接来看菲罗波努斯的注释，就可以看到他并没有谴责亚里士多德"张冠李戴"的用法。因为他写的是 καὶ τοῦτο, φησίν, ὑποκείσθω, τὸ ὅσα μὴ σημαίνει οὐσίαν, ἐν ὑποκειμένῳ τινὶ ἔχειν τὸ εἶναι。他只是依照《范畴篇》用 ἐν ὑποκειμένῳ εἶναι 去解释 καθ' ὑποκειμένου λέγεσθαι。然后又为他的解释辩解道：τὸ γὰρ "καθ' ὑποκειμένου" ἐνταῦθα συνήθως ἀντὶ τοῦ "ἐν ὑποκειμένῳ" λαμβάνειν(M. Wallies 版，241. 20—22)。他的注释是没有什么可以指责的；如果我们对他说的还不满意，那只是我们还需要进一步知道亚里士多德在什么情况下惯于用一个说法代替另一个说法，以及这种说法的替换是否有理。如果有理,弗里茨把它看成"张冠李戴"就不对了。⑤研究这个"张冠李戴"问题,可以从分析《范畴篇》第二章 1ª20—ᵇ9 中 καθ' ὑποκειμένου λέγεσθαι 和 ἐν ὑποκειμένῳ εἶναι 这两个说法的意义开始。

在《范畴篇》第二章中,亚里士多德主要是讨论事物的分类;而(Ⅰ)καθ' ὑποκειμένου λέγεσθαι 和(Ⅱ)ἐν ὑποκειμένῳ εἶναι 在这里是作为分类的两条原则的。根据它们的肯定形式(Ⅰa,Ⅱa)和否定形式(Ⅰb,Ⅱb)的结合,事物可以分为四组:

第一组的标志是 Ⅰa 和 Ⅱb,例如:人;

第二组的标志是 Ⅰb 和 Ⅱa,例如:某某语法知识,某某白;

第三组的标志是 Ⅰa 和 Ⅱa,例如:知识;

第四组的标志是 Ⅰb 和 Ⅱb,例如:某某人。⑥

这两条原则的意义是很不清楚的,每一条都需要作些解释。首先,我们立即注意到 ὑποκειμένου 这个词是多义的,它在(Ⅰ)中是指那个为某物所表述的主词,而在(Ⅱ)中却是指有某物存在于其中的基质。这样,这两条原则的性质完全不同:一条是逻辑原则,另一条是形而上学原则。不论逻辑原则和形而上学原则的明白区分是不是亚里士多德作出的,事实上这里提出的这两条原则意谓着它们是彼此不同的。不然的话,它们的结合便不能将事物分成四个不同的组了。因此,每一条原则必定有它自己的不同应用领域。

我们可以先来确定逻辑原则的精确意义。在《范畴篇》中,亚里士多德区分了两类表述,一类可以叫做"同名同义的",另一类是"同名异义的"。在第一类表述中,述词的名称和定义都是可以表述主词的,例如,"人"便可以用这种方式表述个别的人;而在第二种表述中,却只有述词的名称可以表述主词,它的定义不能表述主词,例如,"白"便是以这种方式表述形体的。⑦事实上,他是以这种分别表示本质的表述和非本质的(或偶性的)表述。⑧只有本质的可表述性和它的对立面不可表述性才构成这种逻辑区分原则的对立形式。所谓本质的可表述性,用我们自己的话说,便是可以包括的意思。因为这里所说的可以表述主词的,便是将主词作为一个个别情况包括在内的,例如,"人"便是可以表述张三的。

意义上加以这样限制,逻辑原则的肯定形式(Ⅰa)的应用便限于普遍者(第一和第三组),而它的否定形式(Ⅰb)的应用便限于相应的个别情况(第二和第四组)。在第一组中,对主词作出肯定的述词,是作为本体范畴中的普遍者,例如"人",包括它的特殊情况即个别的人。在第三组中,虽然可表述性是指包括关系,和第一组相同,可是这里的 ὑποκειμένου 是指任何次级范畴中的事物,而在第一组中却只是指本体。这方面更重要的是要看到,《范畴篇》并不认为任何"种"与"种"之间的,以及范畴与范畴之间的表述是真正的表述(因为在一个"种"与"种"之间的表述中,述词只是"同名异义"地对主词作出肯定),——这个特点是四组共有的,但在第三组中比较容易被忽视。例如,知识是"同名同义"地可以表述特殊知识的,但只是"同名异义"地可以表述灵魂。可是《范畴篇》中认为真正的表述的,只有"同名同义"的、也就是本质的表述。在第四组即个别本体这一组中,受到否定的可表述性也是指可以包括的意思。亚里士多德提出这种不可表述性的理由是:这里说到的事物是 ἄτομα καὶ ἓν ἀριθμῷ[不可分的、数目上是一的]。⑨个别本体不能表述任何别的事物,是由于没有一个特殊事例能够用"不可分的、数目上是一的"东西来表述。第一,在一级范畴以内,从包括关系说,它不代表任何东西。第二,它也不可以表述任何次级范畴的东西,这不仅是因为刚刚提到的那个理由,也是因为范畴与范畴之间的表述不被认为真正的表述。在第二组中,包括个别的性质、数量等等,其所以否认它们有可表述性,理由是和个别本体的情况相似的。⑩

亚里士多德也没有忘记告诉我们应当在什么意义上理解形而上学原则,即"在基质中"。这就是说,在某物中而并非作为它的部分,又不能和它分离存在。⑪这种解释本身需要作些分析。一个事物的部分就是组成它的东西,或它的成份。成份必须在组成物中,如果成份不在其中,便不会有任何组成物。但是,当某物甲并不形成乙的一个本质部分却在乙中时,这种inesse[内在]的性质就完全不同了。甲只是一件事实,不是必然的,只是偶然的,因为它和乙是不相干的。但是,另一方面,对于甲自身,乙又是注定了的,因为甲不能和乙分离存在。这样一种inesse,实际上是某物和它赖以存在的基质之间的一种事实上的而非本质的联系。这种联系亚里士多德称为 συμβεβηκέναι[并立]。所以,《范畴篇》中提出来作为形而上学的区分原则的ἐν ὑποκειμένῳ εἶναι,是指"并存"。

意义这样限定以后,这个原则的肯定形式(IIa)的应用限于 συμβεβηκότα[并立者](第二和第三组),它的否定形式(IIb)的应用限于本体(第一和第四组)。在第二组中,inesse正是指上述的意义,例如,一块木头所具有的特殊白色是在木头之中;它和它的具有者所处的无非是一种事实上的联系。那个基质,即那块有这种特殊白色在其中的木头,则是本体。第三组中的 inesse,意思是一样的,但是这里有一个重要之点要注意。例如,那个有一种普遍性质在其中的ὑποκειμένου,和所要表述的ὑποκειμένου是不同的。例如表述这个特殊白色的"白",并不是在它所表述的主词中,而是

论亚里士多德的两个说法:καθ' ὑποκειμένου λέγεσθαι 和 ἐν ὑποκειμένῳ εἶναι

在一个作为个别本体的形体中。所以,那个有 συμβεβηκός——普遍的或特殊的——在其中的 ὑποκείμενον 总是个别本体,而普遍者所表述的 ὑποκείμενον 却并不总是个别本体,有时甚至根本不是本体;它可能只是任何次级范畴的东西。在第四组中,是否认个别本体有 inesse 的,因为它们没有这种并存关系;毋宁说它们是别的东西赖以存在的那种东西。在第一组中,也否认所谓第二本体即"种"和"属"有这种 inesse,因为它们和个别本体的联系并非只是事实的,而是必然的、本质的。

经过以上分析,ὑποκειμένου 这个词的含糊不清之处就弄清楚了。这个词,不仅在逻辑原则中是指主词,在形而上学原则中是指基质,象以上指出的那样;而且用于基质的意义时,只指个别本体,用于主词的意义时,可以最后指个别的本体或者个别的性质、数量等等。因此,《范畴篇》中表现的亚里士多德思想的特点是很明显的:τὸ ἐν ὑποκειμένῳ ὄν [那在本体中的],即普遍的和特殊的 συμβεβηκός,是不可以表述 ὑποκειμένου [本体] 的;第一组中的 τὸ καθ' ὑποκειμένου λεγόμενον [那表述主词的],即第二本体是不在 ὑποκείμενον [本体] 中的。这样,《范畴篇》中这二者的区别就清楚地划分出来,而且不能忽视了。亚里士多德以本体为实在的中心那个著名论点,就是建立在这种区分上的,那就是:μὴ οὐσῶν οὖν τῶν πρώτων οὐσιῶν ἀδύνατον τῶν ἄλλων τι εἶναι· πάντα γὰρ τὰ ἄλλα ἤτοι καθ' ὑποκειμένων τούτων λέγεται ἢ ἐν ὑποκειμέναις αὐταῖς ἐστίν [如果第一本体不存在,其它任何东西都不可能存在。因为它们或者是表述主体的,或者是在主体中的]。[12]这也是《正位篇》中的背景,那时亚里士多德说:ἔτι εἰ ἐν ὑποκειμένῳ τῷ εἴδει τὸ ἀποδοθὲν γένος λέγεται,καθάπερ τὸ λευκὸν ἐπὶ τῆς χιόνος.

ὥστε δῆλον ὅτι οὐκ ἄν εἴη γένος· καθ' ὑποκειμένου γὰρ τοῦ εἴ δους μόνον τὸ γένος λέγεται. ["在主体中"如果用于"种"和它的 "属"的关系,如用于雪的情况中的"白",它就不是"种"了。"对主 词作表述"只用于"种"和它的"属"之间的关系。]⑬

这一区别确实不是机密,很早以前就有人注意到了。菲罗波努斯在注释亚里士多德《分析后篇》83ª30—35 时是将它记在心上的。弗里茨认为以 κας' ὑποκεμένου λέγεσθαι 代替 ἐν ὑποκειμένῳ εἶναι 是"张冠李戴"时,也是依靠它。可是在我们看来,还没有人对这一区别的根据作过透彻的分析。而这种分析是必不可少的;没有这个准备工作,就会对我们讨论的"张冠李戴"问题无从下手。

这一区别的最后根据是:《范畴篇》中对"可表述"和 inesse 是从狭义理解的,前者局限于能包括的意思,后者局限于并存。"可表述"的概念受到这样的限制,显然太狭窄了。只要认为唯有本质的表述才是真正的表述,我们的知识便必然分裂成许多分散的系统,有多少范畴便有多少系统。这种割裂的困难是由于拒不承认一个范畴以内不同"种"之间的表述是真正的表述,只要承认一个更高的"种"可以本质上表述不同"种"的一切"属",便可以部分地克服这种困难。这样,在每个范畴内,最高的"种"或范畴本身,便可以本质上表述这一范畴内的一切东西。但是这种向上推进的本质表述不能无止境地进行下去;它只能限于本范畴自身以内。所以在每一个范畴以内都会有一个封闭的表述系统;形象地说,这些金字塔式的系统既不能在它们的尖端上统一起来,因为没有一个共同的述词可以本质上表述它们全体;⑭也不能在它们的基础上统一起来,因为每一个范畴中也没有一个最后的主词能够本质上表述的。这种困难是由于拒不承认范畴之间的表述是真正的表述,

论亚里士多德的两个说法：καθ' ὑποκειμένου λέγεσθαι 和 ἐν ὑποκειμένῳ εἶναι

这也是由于拒不承认"种"之间的表述所致。只要主张这种狭隘的表述概念，这种困难便是不能克服的。结果便是，我们真正的知识就不能不割裂成许多个金字塔式的系统，其中任何两个之间都绝对不能有本质的联系。

这种狭隘的可表述性概念，以及它的荒谬结果，是和亚里士多德的论证科学的概念相冲突的，也是和他作出许多贡献发展起来的科学相冲突的。对于他来说，论证科学的目的便是用公理来证明"种"的属性。⑮所证明的"种"的属性和"种"自身必定是不同"种"的，这就是说，论证科学包含着"种"之间的表述。他大大推进了的那些生物科学有许多命题，其中也包含一些范畴之间的命题，其主词涉及一些生物，这些生物就是本体。如果还没有形成较宽的可表述性概念，他便不能这样思考论证科学，也不能推进生物科学。事实上，亚里士多德是有一个较宽的概念的。⑯

《分析后篇》中他发展了一种表述学说。在那里他开始讨论时，对肯定说了三个不同的例子：（1）τὸ λευκὸν βαδίζειν［白的在走］，（2）τὸ μέγα ἐκεῖνο ξύλον εἶναι［大的是木头］，（3）τὸ ξύλον μέγα εἶναι［木头是大的］或 τὸν ἄνθρωπον βαδίζειν［人在走］。（第一章第二十二节83ᵃ1—4。）他认为，前两种要么根本不是表述，要么只是一种偶然方式的表述，他只承认第三种才是真正的表述。然后他立下一条普遍的规则：ὑποκείσθω δὴ τὸ κατηγορούμενον κατηγορεῖσθαι ἀεί, οὗ κατηγορεῖται, ἁπλῶς, ἀλλὰ μὴ κατὰ συμβεβηκός· οὕτω γὰρ αἱ ἀποδείξεις ἀποδεικνύουσιν. ὥστε ἢ ἐν τῷ τί ἐστιν ἢ ὅτι ποιὸν ἢ ποσὸν ἢ πρός τι ἢ ποιοῦν τι ἢ πάσχον ἢ ποὺ ἢ ποτέ, ὅταν ἓν καθ' ἑνὸς κατηγορηθῇ.［述词是常常严格地表述主词的，而不是偶然地表述的。因为论证依赖这种表述的力量。

343

因此一个述词或者是构成主词的本质特性,或者是性质,或者是数量,或者是本质关系,或者是主动,或者是被动,或者是位置,或者是时间。](83^a18—23)这样,真正的表述就要在本质表述——这是《范畴篇》中承认为真正的表述的唯一的一种——上再加上某种范畴间的表述,其主词属于一级范畴,述词属于次级范畴。这里理解的真正的表述,意思要比《范畴篇》中的宽些。

如果记住《范畴篇》中的 τὸ λευκόν[白]和 τὸ τὶ λευκόν[这个白的]的区别,即任何次级范畴中普遍者和特殊事例的区别,便会将下列句子ἔστι δ' ὡς μὲν τὸ λευκὸν τὸ κατηγορούμενον, ὡς δὲ τὸ ξύλον τὸ οὗ κατηγορεῖται[白作为述词的典型,木头作为主词的典型](83^a17—18)中的 τὸ λευκὸν 了解为普遍的白,这句话是用来说明特定范畴间的真正表述的。我们接受这种意义吧。⑰ τὸ λευκὸν 在这里是当作述词的,对主词作出肯定。述词所肯定的主词和述词自身,在这里是用 τὸ ξύλον[木头]和 τὸ λευκόν 为例表明的;这并不象《范畴篇》承认的严格意义的表述所要求的那样属于同一范畴,而是属于不同的范畴,一个属于一级范畴,另一个属于次级范畴。《范畴篇》认为在本体中的,现在却表述本体。所以,同一个普遍的 συμβεβηκός 对一个个别本体,同时既保持可表述关系,又保持 inesse 关系。结果是,《范畴篇》中将真正的表述限制于用普遍者表述相应个别情况的那种表述。这一限制在这里消失了;因为普遍的属性是可以真正表述个别本体的。

这种限制的消失造成的结果,便是将真正表述的概念从本质表述扩大为特定的一种范畴间的表述;或者根据事实得出,不仅在能包括的意义上理解可表述性,而且也在并存的意义上理解可表述性。因为用 λευκόν[白]表述 ξύλον[木头]时,这个陈述并不是

论亚里士多德的两个说法:καθ' ὑποκειμένου λέγεσθαι 和 ἐν ὑποκειμένῳ εἶναι

说木头是一种特殊的白色,而是说木头是白的。

如果说 τὸ λευκον 时,可表述性的意义并不限于能包括,那么,说 τὸ τὶ λευκόν 时,为什么不也一样呢？为什么第二种情况不和第一种情况一样,可表述性也表示能并存(συμβεβηκέναι)呢？我们对整个问题进行考虑,是并没有理由给这个问题作一个否定的回答的;而且事实上亚里士多德也没有作否定的回答。在《分析后篇》发挥表述学说的那一节中,他告诉我们:ὅσα δὲ μὴ οὐσίαν σημαίνει, δεῖ κατά τινος ὑποκειμένου κατηγορεῖσθαι, καὶ μὴ εἶναί τι λωυκὸν ὃ οὐχ ἕτερόν τι ὂν λευκόν ἐστιν [那些并不表示本体的述词,必然是某些别的主词的述词;而且没有任何不同时不是白的东西能够是白的] (83ᵃ30—32)。就是对这一节的说明,有人认为菲罗波努斯据此谴责了亚里士多德"张冠李戴"地用 καθ' ὑποκειμένου λέγεσθαι 的说法代替了 ἐν ὑποκειμένῳ εἶναι 的说法。⑱我们就来分析这一节。亚里士多德向我们肯定地说,决不能有一个白的东西只是白的,而不是任何别的东西。假定这里有个白的东西(W),它同时又是别的东西,即一块木头(ξ)。ξ 既然是个白的 W,那就是白的,至少偶然地是白的。这个白,ξ 的白,而非任何其它东西的白,是特殊的白,乃是 τὸ τὶ λευκόν(λ)。这样,λ 就是 ἐν τῷ ξ ὡς ὑποκειμένῳ [在 ξ 这个主体中]。既是 ξ 中的一个偶性,就必定是表述 ξ 的(δεῖ κατά τινος ὑποκειμένου κατηγορεῖσθαι [必定是表述某个别的主词的])⑲——这是从一个 συμβεβηκός [偶性] inesse 于一个本体中必然得出来的)。就在大概半页(柏林版)以下还有一段话和这段话平行,提出了一点,对我们现在的讨论起决定性作用;提得非常明白,没有人认为它是"张冠李戴"的实

345

例。这段话是：οὐδὲν γὰρ τῶν τοιούτων(sc. συμβεβηκότων) τίθεμεν εἶναι ὃ οὐχ ἕτερόν τι ὂν λέγεται ὃ λέγεται, ἀλλ' αὐτὸ ἄλλου [巧合的东西（即偶性）是表述某些和它自身不同的东西的，其它的巧合也是表述其它的不同东西的]（83ᵇ22—24）。不仅在《分析后篇》有这种思想，我们还可以看到在《物理学》第一卷中也有否定方式的例子，在那里，亚里士多德否认 συμβεβηκότα 的自存，他说：ἐὰν διακριθῶσιν, ἔσται τι λευκὸν καὶ ὑγιεινὸν ὃ οὐχ ἕτερόν τι ὂν οὐδε καθ' ὑποκειμένου[如果分离开，"白"和"健康"便不是主词的述词了]（第四章 188ᵃ7—9）。

这样，在当前的情况下，τὸ ἐν ὑποκειμένῳ[在主体中的]个别的 συμβεβηκός[偶性]，是表述一个本体的。《范畴篇》中将真正的表述限制于以普遍者肯定其个别情况的那种表述，这一限制在这里又不见了。因为特殊的"白"是真正表述木头的；它既不是普遍的"白"，又不是肯定"白"的一种特殊情况的。

既然坚持特殊的 συμβεβηκός，例如 τὸ τὶ λευκόν 并不表述本体，有甚于坚持普遍的 συμβεβηκός，例如 τὸ λευκόν 并不表述，[20] 也许就没有必要进一步考察第一种情况的问题了。《分析后篇》中有一节用来讨论论证中能不能有一个无限的前提系列，亚里士多德表明，无论从某一主词向上的述词系列，或是从某一述词向下的主词系列，二者都不是无限的。第一个系列不是无限的，因为那些范畴形成了上限；它们是最后的述词，而不是主词。第二个系列也不是无限的，因为在本体范畴中，个别事物形成了这个系列的下限；它们是主词，从来不是述词。在一个次级范畴中，从《范畴篇》中的可表述性概念来看，可以期望亚里士多德说 τὸ τὶ λευκόν 之类形成下降系列的下限；因为这篇短文中认为它们是最后的主词，从来不是述词。可是,亚里士多德在《分析后篇》中实际说的却和可以期望的完全不同。他让所有次级范畴中的从某一述词向下的主词系列不断地向下,可以说通过它们的每一个界限,直到最后,到一级范畴即个别本体才达到极限。㉑这样,表述的这两个不同系列在它们的共同主体即个别本体中相遇了;个别本体被认为是所有这些规定性如性质、数量等等的唯一支持者。正是这个个别本体曾一度被认为是基干,而关系(以及其它次级范畴的规定性)被认为是它的分枝。㉒如果我们将这个本体论图形和那个认识论图形相比较,即和从《范畴篇》中狭隘的可表述性概念必然会得出的一大堆互不联结的知识金字塔的图形相比较,我们便可以清楚地看到,这种狭隘的概念是大大不适合实在,不适合我们真正知识的对象的。因而,将这个概念加以扩充,便是事实上必须的了。

很可能《分析后篇》的这段话里并不是将每个次级范畴的最后主词设想为个体,τὸ λευκόν 和 τὸ τὶ λευκόν 之类的区别根本不是亚里士多德作出的。在这种情况下,如果坚持说:根据亚里士多德,τὸ τὶ λευκόν 之类只是在本体中,而不是可以表述本体的,那就格外不合理了,因为他一点也没有想到个别的 συμβεβηκός。

由此我们得出结论:τὰ ἐν ὑποκειμένῳ ὄντα[那些在主体中的],即一切 συμβεβηκότα,不论是普遍的还是个别的,象《范畴篇》中设想的那样,根据亚里士多德的其它著作如《分析后篇》和《物理学》第一卷,㉓也就是 τὰ καθ᾽ ὑποκειμένου(本体)λεγόμενα[表述本体的]。将这个结论反过来也可以说。考虑一下亚里士多德解决 chorismos[分离]问题的方式,就很明白了。㉔这个著名的问题起源于柏拉图的思想,从亚里士多德的范畴学说的观点去看,便表现出不同的样子。㉕于是柏拉图的"相"便转化成为性质、数量、关系等等,用《范畴篇》的术语说,都是第二本体。亚里士多德否认它们有严格意义的分离(χωριστὸν ἀπολῶς)。它们都没有独自的存在,都是在个别本体中的。因此,inesse[内在]是从广义去理解的,不仅仅限于 συμβεβηκός 的 inesse,或并存;因为一个个别本体的本质"部分"也被认为是在它之中的。所以,εἶδος["属"]和 γένος["种"]不仅是 καθ᾽ ὑποκειμένου[本体]λεγόμενα[表述本体的],而且也是 ἐν ὑποκειμένῳ ὄντα[在本体中的]。

要证明我们上述结论言之成理,还必须考虑一下亚里士多德用来表示 inesse 的术语,至少稍加考虑。Inesse 并不是只用 ἐν ὑποκειμένῳ εἶναι 来表现的,这种用法由于在《范畴篇》中用过而众所周知了;他也同样用别的词来表现它。ἐν ὑποκειμένῳ τινὶ εἶναι 是《范畴篇》中提出的形而上学原则,在该书 1ª24—25 行又用 ἔν τινι ὑπάρχον 来加以解释。㉖所以在那里 ἔν τινι εἶναι 和 ἔν τινι ὑπάρχειν 的意思完全一样,后者是作为前者的同义词用的。当 inesse 只用一个分词表现,而不用一个介词短语 ἔν τινι 来补充时,从 τὸ ἐν ὑποκειμένῳ (ὄν) 这个短语,就很自然地造出个分词 ἔνον 来。ἔνον 这个词是用来表示 εἶδος inesse 于具体事物之中的;ἡ οὐσία γάρ ἐστι τὸ εἶδος τὸ ἔνον, ἐξ οὗ καὶ τῆς ὕλης ἡ σύνολος λέγεται οὐσία[本体是一种内在的形式,从它和质料得出具体的本体](《形而上学》Z 卷第十一章 1037ª29)。因为 ὑπάρχειν ἔν τινι 和 εἶναι ἔν τινι 是同义的,所以我们发现和 ἔνον 平行的另一个词 ἐνυπάρχον,可以表现成分在组成物中的 inesse 的,例如《形而上学》Λ 卷第四章 1070ᵇ22。这个词也可以和一个介词短语 ἔν τινι 合用,例如《形而上学》Δ 卷第八章,表现 οὐσία 和 εἶδος 在个体中的 in-esse,㉒ 而 Z 卷第十三章 1038ᵇ18 则表现"种"在"属"中的 inesse。㉓ 还有,它可以放在一个与格词前面,例如 Z 卷第十三章 1038ᵇ29,来表现形式本体的 inesse。所有这三个词——ὑπάρχον ἔν τινι, ἐνον 和 ἐνυπάρχον (ἐνυπάρχον ἔν τινι 或 ἐνυπάρχον τινί) 用来表示 in-esse,并不亚于 ἔν τινι εἶναι,而且,直接或间接地表示 εἶδος、γένος 或《范畴篇》称为第二本体者在个别本体中的 inesse。既然这些词用于上述联系时,确实是完全同义的,我们就没有理由将亚里士多德的 inesse 概念限制于用 ἔν τινι εἶναι 这个说法的段落。另一方面,我们如果将这四个词以上述方式使用时理解为同义词,便能理解它的内在学说的全貌了。上一节得到的结论是建立在这个语言方面的根据上的。

总结起来说:一方面,τὰ ἐν ὑποκειμένῳ ὄντα (ὑπ-άρχοντα, ἐνυπάρχοντα,或者简单地说 ἔνον, 在本体中的) 也就是表述本体的; 另一方面, τὰ καθ᾽ ὑποκειμένου λεγόμενα (表述本体的) 也是在本体中的。结果是: καθ᾽ ὑποκειμένου λέγεσθαι 和 ἐν ὑποκειμένῳ εἶναι 这两个说法彼此一致,《范畴篇》中是在不同的意义上用来指同一对象的。因此,在语言上用第一个说法代替第二个说法是完全有哲学根据的;无论在所谓菲罗波努斯谴责了亚里士多德的那段话中,还是在弗里茨认为发现了这一点的那些段中,我们都发现不了什么"张冠李戴"。㉙

注　释:

①是由两位美国学者在私人信件中提出的。

②The Philosophical Review LXIII. no. 4, pp. 600—5。
③《分析后篇》83^{a}30—32,下文注⑱的那一段引证了。
④注②引书 p. 601 以下。
⑤弗里茨教授引用《分析后篇》第一卷第四章73^{b}5—10 作为"张冠李戴"的另一个例子(上引书,p. 602)。
⑥《范畴篇》1^{a}20—^{b}6。
⑦《范畴篇》第五节 2^{a}19—24,参看同书第一节 1^{a}6—12,那里为"同名同义"下定义;以及 3^{b}5—9,那里是在一种特殊情况下使用这个词;还有第一节 1^{a}1—6,那里是为"同名异义"下定义。
⑧因为"同名同义的"表述使人认知主体的那些固有的(οἰκείως)属性;而"同名异义的"表述却只使人认知那些真正属于主体却又不是主体所固有的(ἀλλοτρίως)属性。
⑨《范畴篇》第二节 1^{b}6—7。
⑩还有别的理由表明这两种情况的不可表述性(《分析后篇》第一卷第二十二章 83^{a}1 以下),但是亚里士多德在《范畴篇》中没有说到它们。
⑪《范畴篇》第二节 1^{a}24—25。
⑫《范畴篇》第五节 2^{b}5—6(据牛津版)。
⑬《正位篇》第四章第六节 127^{b}1—3。
⑭τὸ ὂν καὶ τὸ ἓν κατὰ πάντων μάλιστα λέγεται τῶν ὄντων["存在"和"一"是最能表述一切存在的](《形而上学》B 卷第三章 998^{b}21,I 卷第二章 1053^{b}20—31),这是真的,但是它们不能本质上表述事物,它们也不是"种"(B 卷第三章 998^{b}23—27,K 卷第一章 1059^{b}31—34)。τὸ ὂν[存在]中包含 τὸ ἓν[一],反之亦然;这是一个起点,一切别的东西之被称为ὄντα[存在者],就是比照着它(Γ 卷第二章 1003^{b}5 以下)。
⑮参看《分析后篇》第一章第七节 75^{a}39—^{b}2。
⑯甚至在《范畴篇》第五节中才偶尔放弃那种限制,不再将真正的表述局限为"同名同义的"或本质的表述,我们在那里找到打破这种狭隘界限的一个例子(2^{b}37—3^{a}6。显然,^{b}38 行的 ὑποκεῖσθαι 是指 ὑποκείμενον εἶναι καθ᾽ οὗ τὰ ἄλλα ἅπαντα λέγεται,而^{b}38 行的 τοῖς ἄλλοις ἅπασιν 和 3^{a}1 行的 τὰ ἅμα πάντα 则指所有别的东西,除了第一本体以外的一切东西,也就是第二本体和属于次级范畴的东西。)
⑰可能亚里士多德在这段话中没有想到《范畴篇》作出的 τὸ λευκόν[白]和

τὸ τὶ λευκόν[这个白的]的区别。如果他真的没有这里不作区别地说到的 τὸ λευκόν 的话，当然适用于普遍的白，即任何普遍的 συμβεβηκός。如果与此相反，他作了这种区别，和 τὸ τὶ λευκον 对比的 τὸ λευκόν 也能这样说。所以在这两种情况中，不论他在这里有没有作这种区别，如果将 τὸ λευκόν 的意思理解为普遍的白，是不会错的。

⑱见本文第一节。

⑲人们可以反驳我们的解释，说所讨论的这段话中用了 κατά τινος ὑποκειμένου καιηγορεῖσθαι[表述主词]，就是"张冠李戴"，而亚里士多德的意思应该写成 ἐν τινι ὑποκειμένω[在主体中]。如果孤立地看这个短语，这种反驳可能是正确的；但从这第二十二章的上下文看，就不对了。这里的上下文中是将"木头是白的"这个范畴间表述的特定形态认为是真正表述的。这里留下来唯一要考虑的问题是：这样表述的述词可不可以既是普遍的 συμβεβηκός，也是一个特殊的 συμβεβηκός？而那个先于它的问题，即一般的 συμβεβηκός 是否可以表述本体（见注⑰），是已经解决了的。我们对刚引用的这段话的分析，就是对这第二个问题的肯定回答。

⑳看上引 Philosophical Review, p. 602。

㉑《分析后篇》第一章第二十二节 83^{b}12—17, 11—12，参看亚里士多德自己概述的表述学说，以及 Ross 的注释（Aristotle's Prior and Posterior Analytics p. 579）。在《分析前篇》第一章第二十七节中，亚里士多德的看法更象是《范畴篇》的看法，不象《分析后篇》的看法，虽然他在那里为说明表述的最后主词而提供的例子（Kleon 和 Kallias）都是个别本体。

㉒《尼各马可伦理学》第一卷第六章 1096^{a}20—22。的确，此处亚里士多德在次级范畴中只说到关系：τὸ καθ' αὑτὸ καὶ οὐσία πρότερον τῇ φύσει τοῦ πρός τι[存在自身即本体，在本性上先于关系]。但是 οὐσια[本体]是 πρώτως ὄν[第一存在]，并且先于一切次级范畴（《形而上学》Z 卷第一章，Λ 卷第一章 1069^{a}19—21）。所以这个比拟可以同样地用于其它一切别的次级范畴。

㉓在以上分析和引用过的段落外，我们还可以再增加重要的两段：《形而上学》Δ 卷第八章 1017^{b}13—14，Z 卷第三章 1029^{a}8—9。在这两段中，τὰ ἄλλα[其它的]都包括 συμβεβηκότα 和所谓第二本体。

㉔参看 Chung-Hwan Chen, Das Chorismos-Problem bei Aristotle Berlin, 1940。

㉕Chung-Hwan Chen,同上书 p. 44。

㉖还有一处是《范畴篇》第五章 3ᵃ32。

㉗《形而上学》Δ 卷第八章 1017ᵇ15,那里同一个词是用来表现 αἴτιον τοῦ εἶναι[存在的原因]的 inesse,即在个体中的 εἶδος(《形而上学》Z 卷第十七章——Δ 卷提出的例子是 ψυχὴ τῷ ζῴῳ[动物的灵魂],参看 Z 卷第十章 1035ᵇ14—16)。

㉘这个 inesse 在 Z 卷第十四章 1039ᵃ27 中甚至直接用 εἶναι ἐν τινι 表达出来,比较同章的五个其他例子,即 1039ᵃ33—34,34—ᵇ1,7,10,14。

㉙扩大可表述性的概念和 inesse 的概念就是"习惯地"用 καθ' ὑποκειμένου λέγεσθαι 代替 ἐν ὑποκειμένῳ εἶναι 的根据,这种代替是菲罗波努斯在他的注释中注意到,波尼兹在他的 Index Aristotelicus pp. 798ᵇ43—52 中说明了的。关于用 ἐν ὑποκειμένῳ εἶναι 代替 καθ' ὑποκειμένου λέγεσθαι,波尼兹在他的 Index 上写道:"contra vero numquam genus id quod καθ' ὑποκειμένου λεγέιαι dicitur ἐν ὑποκειμένῳ εἶναι"[从"种"来看时,便把"在主体中的"说成"表述主体的"],pp. 798ᵇ 52—53,那里他没有考虑 ἐν ὑποκειμένῳ εἶναι 的同义的说法(这样的考虑也是超出了索引的范围的)。如果我们对上一段话的语言学讨论是可信的,那就不能把用 ἐν ὑποκειμένῳ ἐνυπάρχοντα 之类代替 καθ' ὑποκειμένου λεγόμενα 说成"张冠李戴"了。

(译自 Phronesis,Vol 2. No. 2,1957)

亚里士多德《形而上学》Z卷和H卷中的第一本体概念

每一个仔细研读亚里士多德著作的人都会发现,其中对第一本体有不同的理解。在《范畴篇》中,他宣称个体事物是第一本体,在《形而上学》Z卷和H卷的"本体讨论"中,却宣称eidos(形式)是先于个体事物的第一本体。前一种看法的标准出处,大家都知道是《范畴篇》第五节;表明后一种看法的章节很多,见于以下各处:Z卷第七章,$1032^b1—2$;第十一章,1037^a28、$^b2$;第十三章,$1038^b10$①;第十一章,$1037^a5$②;第十一章,$1037^b3—4$;第四章,1030^a10;第六章,1032^a5,1031^b14;第三章,$1029^a6—7, 31$。对于第一本体的两种不同的理解彼此冲突,是明显的事实。这一事实要求作出持平的解释。正确的解释有没有作出过呢?

用否认《范畴篇》为真作的办法,并不能把这个难题解释掉。因为赋予个体事物以最高本体性,就表明了一种个体主义倾向,而这种倾向并不限于《范畴篇》,它倒是亚里士多德早期著作中的典型思想③。首先,我们在《物理学》第一卷中发现这种与《范畴篇》中相同的看法,即认为个体事物是本体④,本体在底下托着形式(或者在其他情况下托着缺失),而且是先于形式的;eidos(质料也一样)的本体性甚至成为一个问题,他在那里很难证明eidos是本体⑤。另外还有一个突出的情况,见于所谓亚里士多德的"神学",

即他的《形而上学》Λ卷。那里也是个体主义占优势;不仅在第二部分(第六—十章)最高本体即神是一个个体⑥,而且在第一部分(第一—五章)可感觉的本体也在万有中占据最高位置,并且,在一定的情况下,个体主义甚至转化为唯名论⑦。这种基本上是个体主义的看法,在不同的情况下都以不同的方式有所表现,并非仅仅表现在《范畴篇》这一特殊场合,它与《形而上学》Z卷和H卷中认为eidos是第一本体的看法是不协调的。因此上述的这一冲突势必要用另外一种办法来解释。

这里可用的方法是发生学方法。我们对亚里士多德的第一本体概念进行了一番发生学的研究,并且理出了它的发展线索。但在本文里我们仅限于分析他在"本体讨论"中的第一本体概念。

Z卷在两章简短的引论之后,第三章开始列举"本体"这个词的不同意义,以便进行详细的讨论。亚里士多德首先提出其中的四种:本质,共相,种,以及主体或基质,然后把这第四种再分为三种:质料,形式,以及这二者的复合。⑧后三种我们是熟悉的,见于《形而上学》Λ卷,即三重本体⑨。由于本质和形式是合一的,所以事实上只有五种东西配当本体⑩。讨论的目标在于解决它们的竞争;第三章是讨论《形而上学》Λ卷⑪的三重本体的。从这一章末尾所达到的结果来看,那里要回答的问题并不在于三种中的哪一种是本体,哪两种不是,而在于哪一种比哪两种更是。⑫

这些讨论与《形而上学》Λ卷的联系看来是明显的;但是在另一面它们又联系到亚里士多德的其他更为靠前的著作,即《范畴篇》第五节和《形而上学》Δ卷第八章⑬。为了决定这一竞争,相继提出了两个标准。其中之一是:"本体就是最后的主体"⑭,另一个是:本体就是那个"被认为主要拥有'可分离性'和'这个性'这两项的东西"。⑮我们发现《范畴篇》⑯中正是用这两点作为本体的标准或特点,《形而上学》Δ卷第八章中⑰又略加变更而未损及其内容。它们现在又重新在 Z 卷第三章中充当了标准。

用第一个标准衡量,这一本体地位的竞争将决定得有利于质料。因为在那种情况下,如果质料不是本体,我们就无法知道什么别的东西会是本体。因为把一个可以感觉的事物拿掉一切属性时,仍然留下的是质料。这些属性有些是质的,有些是量的,即长、宽、高。我们把它们也通通拿光,就发现只留下那个受它们限制的东西了。因此,在那些以这种方式考虑问题的人看来,只有质料必须是本体⑱。在这里,亚里士多德是从"质料是基质"的观点来论证的。既然本体论意义的 ὑποκείμενον [基质] 和逻辑意义的 ὑποκείμενον [表述的主词] 在他看来具有同样的外延,他就也用逻辑的说法来描述质料的特征:"其他的事物是表达本体的,本体却是表述质料的"。⑲这样一来,个别本体在《范畴篇》里原来被看成万物中最先的,现在就被认为后于质料了。⑳因此得出结论说,只有质料必须是本体。

"然而这是不可能的。因为可分离性和这个性二者被认为主要属于本体。结果,"亚里士多德得出结论说,"形式和具体物被认为是本体,有甚于质料。"㉑这一段落的论证很值得注意。他应用"是表述的最后主词"这一本体标准作出的决定,并没有被他当作最终定论加以接受;结论还受到另一个标准的进一步约束,即"可分离性和这个性"的制约。用这第二个标准来评判,形式和具体物就是本体,有甚于质料了,因为后者与这个标准不合。㉒很明显,在这个论证中,亚里士多德是把第二个标准看得重于第一个;只有第二个标准具有决定力。为什么他在这里这样做,而在《形而上学》Δ

卷第八章中并没有这种偏袒呢？其所以如此的原因,是出于以下的考虑:Z卷第三章得出结论,认为质料是本体,有甚于其他一切,这是根据一个前提,即"表述的最后主词是本体",然而这个前提的弱点后来显露出来了。为质料争取本体地位的主张虽然有一定的根据,得到无可争辩的校正,这个逻辑推论的结果从本身看却还是亚里士多德不能毫不跨踬地接受的。因为质料在他心目中指的是什么呢？根据Z卷第三章,质料既不是一个"这个",也不是一种性质,也不是任何给存在物下定义的东西。这就是说,质料是没有任何规定性的东西。它既然没有任何正面的规定性,也许可以指望它具有某些反面的规定性。可是它连反面的规定性也是没有的。[23] 因此质料是毫无实在内容的;它不是任何东西,也就是说,它不是东西。我们怎样能指望他主张这样一种东西是本体呢？因为本体是第一存在,这是他在更前的一章[24]里告诉我们的。我们怎样能指望本体在他心目中是那样一种东西,没有任何规定性,没有任何确定的内容,而任何别的属于次级范畴的东西却是如此这般的,或者有如此这般的规定的？

诚然在亚里士多德看来这样的质料不是东西,但是"不是东西"的意思并不等于绝对不存在。从现实看,确实它不是东西,但是它潜能地是一切具体物。质料虽然毫无那种仅限于现实的实在规定性,而另一方面,它确是富于可能性的[25],我们发现他仍然不能无保留地承认它是本体。既然现实先于潜能[26],现实地如此这般的东西就该是本体,有甚于仅仅潜能地如此这般的东西了。所以"只有质料是本体"这个结论在这里被看成不可能的,得出这个结论所用的标准被认为是不充分的[27],也就是说,它在这个问题上不能作出最后决定。因此结论必须受另一个标准的制约。在《形而上学》

Δ卷第八章里,除了第一个标准以外,还有第二个标准。既然在Z卷第三章中已经暴露了那个从第一个标准最后推出的推论是不充分的,因而剥夺了这个标准的力量,现在就轮上使用第二个具有力量作出最终定论的标准了。

亚里士多德用第二个标准评判,最后回答了Z卷第三章提出的那个问题,即:认为形式和具体物是本体,有甚于质料。[28]这样,质料与它的两个对手相比,在争取本体地位的竞赛中真正失败了,不过它的失败只是相对的;亚里士多德无意于说质料在一切方面都不该有本体性。[29]它的失败是由于它没有现实地得到规定;但是尽管如此,它潜能地却是一个"这个"。所以它潜能地是本体,虽然现实地不是。[30]

根据这个道理,应当承认形式是本体,这是不问自明的;"可分离性"和"这个性"已经在《形而上学》Δ卷第八章[31]中列为本体的特点了。

值得在这里详细讨论的是那个涉及具体物的结论;可以感觉的个体事物正和形式一样,在这场竞赛中对质料占上风。说它应该有这个特权,显然并不是由于它是表述的最后主词,像《范畴篇》和《形而上学》Δ卷第八章中所承认的那样,因为在那种情况下,它和质料一样居于不利地位;其所以如此,是由于它与现在采用的第二个标准相合。也就是说,"可分离性"和"这个性"这两个特点,是具体物的属性。在《形而上学》Δ卷第八章中则相反,它们被认为是形式的属性,不是个体事物的属性,甚至否认它们为个体事物所具有,虽然《范畴篇》中认为它们是个体事物的典型规定性[32]。现在由亚里士多德把它重新赋予了《范畴篇》中的原主,我们发现这就调和了《形而上学》Δ卷第八章和《范畴篇》第五节在上述两个特点方面的矛盾。

然而,这并不是这位哲学家简单地返回他在《范畴篇》第五节中的旧观点,倒是综合了两个矛盾的观点。因为这时已经打开一条新路,对可以感觉的事物有了新的看法;他写作 Z 卷第三章时的看法不再仅仅是《范畴篇》和《形而上学》Δ 卷第八章中的看法了。这个重要的观点是下述方式产生的:Λ 卷从分析可以感觉的本体开始,这就是《范畴篇》中的个别本体。可以感觉的本体是有变化的;而变化是涉及质料的。这样,质料就从亚里士多德的"第二哲学"引进了他的"第一哲学"。㉝从这个引言往下推,就重新承认了质料是本体,中间经过 eidos 和个体事物,这是《形而上学》Δ 卷第八章㉞认为本体的两个类型的,也就是三重本体的概念。和这联系在一起,就打开了一种对于可感觉事物的新看法。可以感觉的个体事物从那时起就不再被看作第一本体,像《范畴篇》中那样,而被看作具体本体,由形式和质料组成的本体。㉟总起来说,一个组合物如果具有与它的组成部分相同的属性。这些属性就只能得自它的组成部分。这不仅是逻辑必然的,也是历史上合乎亚里士多德对于具体物及其组成部分在共同特点方面的关系的概念的(参看下文)。这些特点他认为得自它的组成部分,即形式和质料。所以,他在 Z 卷第三章中认为"可分离性"和"这个性"不仅属于形式,而且属于具体物时,这样做的理由无非是认为具体物的这些规定性得自形式。在这个意义下,把"可分离性"和"这个性"重新赋予具体本体乃是综合《范畴篇》第五节和《形而上学》Δ 卷第八章中所表明的两种互相矛盾的意见。

还应该详细指出,在亚里士多德心目中,具体本体所具有的那些与组成部分相同的规定性是怎样得自组成部分的。为了充分证明我们的解释,我们从《范畴篇》和其他讨论本体的著作中赋予个体事物的那个规定性开始,这就是"ὑποκείμενον"。这个词的辞典意义是"在底下的"。在亚里士多德那里它有双重意义,即"主词"和"基质"。具体本体从它的质料取得这种规定性。一旦发现了质料,亚里士多德就在 Z 卷里这样说:一切事物都是表述本体的,而本体却是表述质料的。㊱这个说法他后来又用本体论的词句代替逻辑的词句复述为:有两种方式的"在底下"。一种方式是一个可感觉的事物,例如一个动物,在底下托着各种感受;另一种是质料在底下托着现实,即在底下托着形式。㊲那"在底下"的意义,亚里士多德用变化的分析作出了说明。每一件变化的东西,都是通过某物变,从某物变,变成某物的。这最后一个"某物",可以是一个本体,也可以是一种数量或性质,或者是一个位置。㊳这样的分析我们不但在《形而上学》Z 卷中见到,而且在 H 卷中也见到,他在那里把本体的变化名为"单纯的 genesis[产生]"。�439在单纯的 genesis 中,是质料在底下托着变化,在其他各种变化中,是具体本体在托着。因此同样是质料在底下托着全部四类变化。作为单纯的质料,即形式在其中实现之前,它在底下托着单纯的 genesis;作为赋予了形式的质料,即所谓实现之后,它在底下托着全部其他三类变化。然而那赋予了形式的质料,或形式在其中实现了的质料,正是具体本体。这样一来就是具体本体在底下托着各种感受。它是从质料,通过形式在质料中的实现,得到它这个"在底下"或"充当基质"的规定性的。

我们现在来看具体本体的"可分离性"和"这个性"怎样从它的形式得来,这是我们在这里更加关心的。我们先看"可分离性"。

具体事物的"可分离性",就在于它在它的偶性变化中持续不变。㊵可是《形而上学》Δ 卷第八章和 Z 卷第三章中赋予形式的那种"可分离性"又是什么意思呢？它的意义必须首先确定下来。这个问题迷惑了古代的亚里士多德注释家们；无论是阿斯克勒标（Asclepius），还是阿夫罗狄西亚的亚历山大（Alexander of Aphrodisias），都不能作出确定的回答。逍遥学派在这方面的传授已经中断了；他们仅仅满足于猜测。㊶在现代注释家中间，波尼茨（Bonitz）在这一点上颇有人信从，他把 Δ 卷第八章上 χωριστόν [可分离的] 这个字解释为 χωριστόν τῷ λόγῳ [按照定义可以分离的]，而且认为这话是指"与质料分离"。㊷可是这不能是这里这个字的意义。因为"可分离性"在 Z 卷第三章中是赋予一般实体的；形式和具体事物都是本体的实例。如果"可以分离"在一种情况下是指"可以与质料分离"，那就在另一情况下也该是这个意思。可是亚里士多德怎能认为具体本体可以与它的质料分离呢？因为按照定义这是荒谬的。这样问题就仍然存在：既然上述的两段话都提到了形式，形式可以与之分离时是什么呢？不知道 τινος [那一些] 指的是什么，谁也不能充分理解 χωριστόν [分离者]。

解决困难的关键并不是我们完全不能找到的；正好相反，我们可以在上述两段话的上下文里找到它。在 Δ 卷第八章和 Z 卷第三章里，亚里士多德都把本体与非本体分开加以研究。所以那两段话里归给形式的那个 chorismos [分离] ㊸是与次级范畴有关系的。在 Z 卷第三章里，它用在具体事物的场合和用在形式的场合意思是一样的。然而，具体事物与次级范畴的 chorismos 怎样来自其形式的 chorismos 呢？

在《形而上学》Z 卷中讨论本质,同时也讨论定义的时候,亚里士多德在第五章里提出了对偶词能不能下定义的问题。为了举例说明所谓对偶词,他举出他心爱的例子塌鼻。塌和鼻的关系不同于凹和鼻的关系,而同于雄和动物的关系,以及相等和量的关系。他在那里意思是指讨论的主题在于专有物。[44] 然后他又说:在专有物的定义里一定要出现专有物的定义或名称;没有这个就说不清专有物,例如,不提动物就不能给雌下定义。[45] 这个类型的定义亚里士多德以为是添加定义;对一切次级范畴都是这样下定义的。正如不提数目就不能给奇数下定义一样,不提本体就不能给性质下定义,[46] 因为性质是本体的性质。[47] 可是反过来,给本体下定义时,却毋需插进任何次级范畴来说明。[48] 因为他在《物理学》中告诉我们一条规则:如果一个词出现在另一个词的定义里,则这个词的定义中毋需包含后者的定义。[49]

亚里士多德认为定义相应于本质;前者是后者的语言表达。对其中之一适合的,也当然相应地适合于另一个。他用这种方式经常可以互换地讨论本质和定义,尤其在 Z 卷这些章中是这样做的。[50] 用本体论的方式说,一个具体本体的本质并不包含任何属于次级范畴作为它的组成部分的东西。[51] 形式就是本质。[52] 因此形式中并不包含任何次级范畴作为它的组成部分;在这个意义下,说它与数量、性质等等的 chorismos[分离],是可以理解的。

形式实现在质料中时,那新产生的组合体就从形式得来它的 chorismos。这一新状态下的 chorismos,就在于个体事物在它的偶性变化当中保持不变。它在这场变化中相继保持其本质同一,是由于偶性对它的本质毫无贡献(形式的 chorismos)。这样,形式在质料中实现时,它的 chorimos 就转移到组合物中。这样一来,组合物就可以与它的偶性分离了。[53]

“这个性”乃是个体事物的另一规定性,亚里士多德也曾认为个体事物就是具体本体,因而也把它追溯到了形式。至于他如何主张这一规定性派生于后者,我们考察一下《形而上学》Λ卷中的一段话,是可以看得十分清楚的。他在那里宣布了他对三重本体的理解如何,因而对具体本体的理解如何,虽然那时并没有从这一派生作出逻辑推论。

我们发现那里把质料描述成“现象中的‘这一个’,因为一切凭接触而不凭有机统一来说明特点的事物都是质料和基质”,而把形式描述为“自然,这是运动所奔赴的‘这一个’或积极状态”。[54]在前一个场合他实际上是说,质料还是一个高级规定性的材料时,就不是“这一个”;虽然它显得是“这一个”。这一现象是由于误把它的潜能状态当成了现实状态。[55]正如我们在别处更清楚、更确切地说过的那样,它并非现实地是“这一个”,而是“潜能地”如此。“这个性”则相反,它属于形式,而且是现实地属于形式。[56]

这段话是用目的论观点描述的,这是Λ卷的一般特征。亚里士多德此处心里想的是自然物。质料对于一个自然物来说潜能地是“这一个”,因为它既然还没有现实地具有专有的形式,就还没有成为一个有机的统一。[57]可是,当形式的规定性成为现实时,它会是什么,这现实又是怎样达到的呢?由于这两个问题并没有由亚里士多德提出,所以答案也是没有的;他在Λ卷这里致力于另一些问题。然而,用亚里士多德的思想是很容易给这两个问题完全回答的。形式规定性在质料中的实现,在这个特定场合,就是质料奔赴一个确定目的的运动,这目的就是专有的形式。达到了这个目的,即上段刚刚引的那个为运动所奔赴的physis[自然]时,形式规定性就实现了,质料就不再是质料了;它变成了一个自然物。现在它是一个如此这般地规定了的具体实体,是一个"这一个"了。这新产生的组合物的"这个性"是派生于它的形式的,通过形式对它的质料施加的现实塑造。

亚里士多德在另一个地方说明他怎样理解三重本体,简要地告诉我们:"质料本身并不是一个'这一个'……是凭着形式,才说质料是一个'这一个'的"。[58]如果质料被说成"这一个",那并不是当形式与它处在任何关系、一切关系中的时候,仅仅是当质料被形式塑造的时候。那时质料就不再仅仅是质料,而是被形式塑造了的质料,即一个组合物。这个具体事物不是从别的东西而是从它自己的形式得到它的"这个性"的。[59]

这样一来,正如具体本体从质料取得它的三个典型规定性之一,即"作为最后的主体或基质"一样,它也从形式引来它的另外两个规定性,即"可分离性"和"这个性"。因此,在应用前一个规定性作为标准来评定这场本体地位竞赛的时候,质料就处在本体的首位,具体事物后于质料。[60]但是,在应用其他两个规定性作为第二个决定性标准来评定的时候,推出的结果就成为:形式当然是本体,具体物是派生的本体。因为这两个规定性原来是形式的规定性,只是通过形式在质料中的实现,它们才也进而属于具体事物。因此亚里士多德的新 eidos 概念是在 Z 卷这里产生的,这个概念是他晚期本体学说的典型特点。他的晚期学说主张 eidos 是第一本体。它是第一位的,先于具体本体,具体本体是后于它的。这种对第一本体的理解与《范畴篇》第五节中提出的完全不同。就是这种不同形成了上述的冲突,我们试图对这一冲突作出解释如上。[61]

注 释：

① 还有一种读法：以 πρῶτον 代替 πρώτη。
② 一种特殊情况，参见《形而上学》Z 卷，第十章 $1035^b14—16$。
③ "早期"是指《形而上学》Z 卷和 H 卷以前。"早期著作"，我们是就此处涉及的范围，指《物理学》第一卷，《形而上学》Λ 卷，还有《范畴篇》。这种以 Z 卷和 H 卷为一边、以 Λ 卷为另一边的年代关系，也是 Jaeger (Aristcteles，第一版，1923) 的说法，不过我们得出这个结论是根据另一些考虑，这些考虑由于篇幅所限，这里不能谈了。

至于《范畴篇》的真伪问题，现代亚里士多德考订家们曾经讨论过，其中就有 Jaeger，他虽然主张这篇论著是伪作，却仍然承认"大部分细节在内容上是亚里士多德的"(Aristoteles，S 45 Anm. 1)。我们在这里感兴趣的正是《范畴篇》的思想内容。我们去年研究了它的真伪问题，并且得出结论，认为这篇论著的第一部分(11^b7 以前) 没有一种思想不是亚里士多德的。因此那一部分表达的思想的真实性，将在这里得到承认。我们当然不能在此处提出我们的证明；那样做会使我们离开正题。——《范畴篇》的年代学是与它的真实性有密切联系的。它如果真实，就不能不是早年所写的。

④ 这也是《形而上学》H 卷的学说，见第八章，$1017^b10—14$。
⑤ 在Ⅰ卷第二章，$185^a31—32$，第七章，$191^a8—12$ 这样的段落中。"本体"这个词亚里士多德是指个体事物(《物理学》第二卷中也是一样；本体是 τὰ φύσει[自然物]，第一章，$192^b32—33$)。个体事物是表述的主词，它本身是第一位的东西，先于它的述词(第六章，$189^a31—32$)。后者是 eidos 和 steresis [形式和缺失]。eidos 和 steresis 确乎是指发生变化的那些范畴的对立双方，正是由于这个道理，其中也包括各种本体形式。

《物理学》第一卷没有回答 eidos 是不是本体的问题，第七章 $191^a19—20$(我们如果纯粹从课题的观点来考虑这个问题，就会看出亚里士多德不能证明它是这样，因为"本体没有反面"这个论题是《范畴篇》第五节 $3^b24—27$ 中建立的，又复述在《物理学》这一卷中，即第一卷第六章，$189^a32—34$，排除了这个问题的肯定回答)。在《形而上学》B 卷第六章 $1003^a8—9$ 上(这一段是公认为早于 Z 卷和 H 卷的)，亚里士多德甚至主张只有个体事物是本体，而共相并不是本体。参看《范畴篇》第五节，$3^b10—16$。

⑥Zeller 也是这样理解亚里士多德的精神："亚里士多德也认为神圣的精神是一个纯属形式而无质料的东西。所以他把这个东西并不看成一切形式的总体，并不看成万物的普遍精神本体，而看成一个个体的东西，在这个东西旁边，其他一切个体事物都作为同样多的本体而具有其存在。" Die Philosophie der Griechen ... Ⅱ Teil 2. Abt. 4. Aufl. S. 323。

⑦《形而上学》，Λ 卷，第五章，$1071^a19—24$。

⑧《形而上学》，Z 卷第三章 $1028^b33—36$，$1029^a2—5$。注释家们感到吃惊，居然把形式列入 ὑποκείμενον。Bonitz 暗示说，这是由于经常把质料、形式二者之合连着说，以致说走了嘴（参看 Ross 注 1029^a2）。但是这个说法也出现在 H 卷第一章，$1042^a26—31$。以一模一样的方式重复同样的说法，很难说这仅仅是说走了嘴。ὑποκείμενον 在这里指主词，也同样指基质（看 $1028^a26—31$ 所下的定义）。例如 ζῷον［动物］是表述个别的人如张三的，也同样是表述 εἶδος ἄνθρωπος［人类］的。

在这一点上，人们可以对我们的解释提出反驳说，这里举的例子 εἶδος ἄνθρωπος［人的 eidos］中的 εἶδος 意思是"属"，不是"形式"，而他所列举的，在本段说的那些 ὑποκείμενα 当中，除了质料和具体物以外，正是形式。那我们就要问：ζῷον 是不是表述人的 εἶδος 的？否定地回答这个问题，就意味着在亚里士多德看来，"人性"并不是一个以"动物性"为基础的更发达的结构，或者说，"人"并不是"动物"的一个分化，然而这显然不是他的看法。（参看《论灵魂》里他的 ψυχή［灵魂］概念："理性灵魂"是"感觉灵魂"的一个更发达的形式。）对这个问题的肯定回答是证明我们的解释正确的。

真正使我们反对者感到麻烦的是：虽然 εἶδος 有两个不同的意义，即"形式"和"属"，这是亚里士多德所承认的，他却在他的著作中并没有总是分得一清二楚。一个人解释哲学家的原文，却要求分析得胜过这位哲学家本人，那当然做错了。

⑨《形而上学》，Λ 卷第三章，$1070^a9—13$。

⑩《形而上学》，Z 卷第七章，$1032^b1—2$；第十章，1035^b32；H 卷第四章 1044^a36。

⑪《形而上学》,1028^{b}37—1029^{a}1。

⑫《形而上学》,1029^{a}29—30。

⑬参看注释③。至于《形而上学》Δ 卷的写作年代,一般公认为作于早期。

⑭《形而上学》,1029^{a}8—9。

⑮同上书,1029^{a}27—28。

⑯《范畴篇》第五节,2^{a}34—25,3^{b}10 以下。这种在偶性变化中的保持不变乃是个体本体与其偶性的一种 chorismos[分离],参看 Chung-Hwan Chen, Das Chorismos-Problem bei Aristoteles, Berlin, 1940, S. 50,52 Anm. 132。

⑰《形而上学》,Δ 卷第八章,1017^{b}23—26。所谓变更,我们是指区别《范畴篇》中的 καθ' ὑποκειμένου[表述主词]和 ἐν ὑποκειμένῳ[在基质中],此处从略。

⑱《形而上学》,1029^{a}10—19。

⑲《形而上学》,1029^{a}23—24。

⑳同上书 1029^{a}31。Alexander 在注释中把 ὑστέρα[在后]理解为 ὑστέρα τοῦ εἴδους καὶ τῆς ὕλης[后于形式和质料]。——在一定的方面具体本体后于质料,这是亚里士多德发现质料以后的实际主张。下文将指明可以感觉的个体事物如何从质料得到它那种作为最后主词或基质的规定性。

㉑同上书,1029^{a}27—30。

㉒参看《论灵魂》第二篇第一章,412^{a}7。亚里士多德在《物理学》第一卷第七章 190^{b}25—26 里说,质料是 τόδε τι μᾶλλον[大大的这一个],他把它与 στέρεσις[缺失]相比。《形而上学》Λ 卷第三章 1070^{a}9—10 里说,质料就 τόδε τι οὖσα τῷ φαίνεσθαι[显现的这一个]。Schwegler(Metaph. des Aristoteles)对此很吃惊,暗示要改动一下传统的读法,在 τόδε τι[这一个]前面加个 μή[非]字。这表明他不能理解原文的本意。亚里士多德的质料,除了中世纪搞出来的 materia prima[第一质料]以外,是有两个方面的。对具有高一级规定性的本体说,它是质料,对于具有低一级规定性的东西说,则它本身就是一个本体。例如,头一方面是一个动物的质料,另一方面对于肉、血等等材料来说,它又是一个具体本体,一个"这一个"。这样一来,同一个头在一方面(即作为质料)并不是一个"这一个",因为它仍然没有动物的高一级规定性,然而它看起来又是一个"这

一个",因为它(仅仅在第二方面)已经具有某种规定性,即"是头"这一规定性。这种现象的产生在主观方面是由于我们误把第一方面的质料当成第二方面的。所以 Λ 卷这段话并不是看起来那样使人吃惊,因这话实际上是说:作为质料的质料并不是 τόδε τι。至于"非 τόδε τι"的确切含义可看注释㉚。

ὕλη[质料]不是 χωριστή[分离的],可以看《论产生和消灭》,第二卷第一章,329ᵃ8—13,29—32。

㉓Z 卷第三章,1029ᵃ20—26。其确切含义见下面注释㉕。

㉔同上书第一章,1028ᵃ30。

㉕注释㉓中提到的 Z 卷第三章 1029ᵃ20—26,只能从这个有限制的意思来理解。因为否则亚里士多德的意思就会是:从他的真理概念看(例如《形而上学》Θ 卷第十章 1051ᵇ3—5),每一事物都表述质料,但是没有一件能真正表述它,如果质料不仅现实地不是个东西,而且潜能地不是个东西的话,而它又是表述的最后主词!

㉖撇开其他次要段落,主要看《形而上学》Θ 卷第八章,这是亚里士多德为这个论点作证明的地方。

㉗Z 卷第三章,1029ᵃ9。

㉘Z 卷第三章,1029ᵃ29—30。

㉙因为在那个 περὶ οὐσίας λόγοι[论本体的说法]中仍然把质料称为本体,见 H 卷第一章 1042ᵃ27(参看下一个注释),第三章,1044ᵃ15,以及一些晚于这些 λόγοι 而又有密切联系的著作,例如 Θ 卷第七章,1049ᵃ36。

㉚《形而上学》,H 卷第一章,1042ᵃ27—28,和第二章,1042ᵇ9—10,后者是联系到 H 卷第一章,1042ᵃ26—28 并加以解释的。

㉛《形而上学》Δ 卷第八章,1017ᵇ25—26。

㉜参见注释⑯、⑰。

㉝《形而上学》,Λ 卷第一章,1069ᵇ9。亚里士多德发现质料,是在《物理学》中,有甚于在《形而上学》的 Λ 卷。对于质料存在的证明,《物理学》第一卷里要早于《形而上学》Λ 卷,这有下列事实证明:他用分析变化的办法证明质料存在,又将变化进一步分为四类,相应于本体、性质、数量、位置这四个范畴(第二章:1069ᵇ9—14)。亚里士多德在分析变化的《物理学》第一卷中除了上述四个范畴外,又举出另外两个:关系和何时(第七章,190ᵃ3—36)。在他晚期著作如《形而上学》H 卷第一章 1042ᵃ32—ᵇ3 中,

放弃了《物理学》第一卷里那样的变化六分法,却保留着《形而上学》Λ卷中那种四分法。所以,在变化的分类方面,前者异于晚期著作,后者与晚期著作一致。因此,《物理学》第一卷中的变化分类法是早于《形而上学》Λ卷中的,与此密切联系的对质料存在的证明,也是前者早于后者的。

亚里士多德在《论产生和消灭》中确实也对质料的存在作了论证(第一卷第六章,$322^b16—19$)。但是由于这篇短论文中多次提到《物理学》第一卷中的说法,我们有理由得出结论说,这篇论文晚于那一卷。因为这些提到的话不可能全都是后来加的。这些提到的话如下:《论产生和消灭》第一卷第三章,$317^b13—14$ 提到《物理学》第一卷第六——九章(参看 Joachim 注该处),前文第一卷第五章,320^b18 提到《物理学》第一卷第七章(不是《形而上学》Z 卷第七章,如 Joachim 注该处所想),前文第二卷第一章 329^a27 提到《物理学》第一卷第四——九章。

把《物理学》第一卷第六章 $189^a22—26$,《形而上学》Λ 卷第一章 $1069^b3—7$,和《论产生和消灭》第一卷第六章 $322^b16—19$ 拿来互相比较一下,是很有趣的。《论产生和消灭》这段话的后一部分复述了《物理学》那段话,而它的第二部分则重复《形而上学》Λ 卷中那段话。《论产生和消灭》的这整段话看来是把那两段话拼起来的,因此后于那两段。

㉞《形而上学》Λ 卷第三章,$1070^a9—10$。

㉟《形而上学》Λ 卷第三章,$1070^a12—13$,Z 卷第一章,1029^a3 等处。

㊱《形而上学》Z 卷第三章,$1029^a23—24$。

㊲《形而上学》Z 卷,第十三章,$1038^b5—6$。参看 Θ 卷第七章,$1049^a27—36$。

㊳《形而上学》Z 卷,第七章,$1032^a13—15$。

㊴《形而上学》Λ 卷第二章,$1069^b9—14$;H 卷第一章,$1042^a32—^b3$;第二章,1042^b7。

㊵参看注释⑯。

㊶Alexander 在上引书 375.29 和 Asclepius 在 Arist. Metaph. Libros A-Z Commentaria ed. Hayduck 319.27 都对《形而上学》Δ 卷第八章 $1017^b25—26$ 作了注,提出若干不同的解释。这些解释只有两种彼此一致,其余的都是相异的。这就暴露出逍遥派在 Δ 卷这段话方面的传授已经在这两位注释家的时代中断了:他们只是在猜测这段话的意义。

㊷Bonitz 在此处的说法为 Schwegler 和 Ross 注释这段话时所依从,他引《形

而上学》H 卷第一章,1042ᵃ26 以下,认为是与此平行的话,并对后者注释道:“for-mam cogitatione modo,nec re ac veritate sejungendam a materia”。

㊸参看 Chung-Hwan Chen 上引书 S. 55,那里把这种 chorismos 名为“范畴间的分离”。

㊹《形而上学》Z 卷第五章 1030ᵇ14—23 这里讲的 τὰ καθ' αὑτά[那些作为自身的]就是《分析后篇》第一卷第四章 73ᵃ37—ᵇ4 说的第二种意义的那些东西。它们事实上是ἴδια[专有物]。

㊺《形而上学》Z 卷第五章 1030ᵇ23—26。

㊻同上书,1031ᵃ2—4。从这里举出的那些平行例子可以明白看出,τοῦ ποιοῦ, οὐ γὰρ ἄνευ οὐσίας[不提本体就不能给性质下定义]这句话是不用说的。参看下一个注释。

㊼同上书,第一章,1028ᵃ18—20,参看 Γ 卷第二章 1003ᵇ6—10。

㊽参看注释(51)。

㊾《物理学》,第一卷第三章,186ᵇ23—25。

㊿即第四——六,十——十二章。

(51)这种解释似乎有一点困难,这就是:和“种”合起来构成“属”的“属差”,为什么不属于一个次级范畴呢?我们可以举出亚里士多德心爱的例子ζῷον δίπουν[两足动物]作为人的定义。为什么 δίπουν[两足]不是一种性质呢?的确有若干个段落(例如《形而上学》Δ 卷第十四章,1020ᵃ33—ᵇ1;《正位篇》第四卷第二章,122ᵇ16—17;第六章 128ᵃ36—39;《物理学》第五卷第二章,226ᵃ28)认为“属差”是性质,然而这种看法与他认为本体是一切东西的第一位这一中心思想相调和(例如《形而上学》Λ 卷第一章开头,Z 卷第一章)。因为组成部分按定义是先于组合物的。如果属差是性质,那它就会先于所定义者,即先于本体了。因此我们在他的晚期著作中发现了一段(Z 卷第十三章,1038ᵇ23—29),他在那里强烈否认这一点,以为这不仅不可能,而且是荒唐的。我们现在讨论的正是他在同一个 Z 卷里表达的一些思想。

(52)见注释⑩。

(53)参看 Chung-Hwan Chen 上引书 S. 58 以下,那里是用亚里士多德三段推论的方式引出这个结论的。

(54)《形而上学》Λ 卷第三章,1070ᵃ9—12。

(55)参看注释㉒。

(56)《形而上学》H 卷第一章,1042ᵃ27—29。

(57)从亚里士多德把ἐνέργεια 和 δύναμις 区别开来作为两个对立的存在方式(《形而上学》Θ 卷第六章,1048ᵃ30—32)看来,质料是不能以任何方式脱离形式的;它总是潜能地有一个形式结构,虽然不是现实地有。形式在质料中实现,从那种区别看来,就是质料已经潜能地是的那个东西的现实。

(58)《论灵魂》第二卷第一章,412ᵃ7—9。

(59)参看 Alexander, Questiones edidit Ivo Burns Ⅱ. 24, 75. 3—5。〈εἰ ἡ〉 ὕλη καθ' αὑτὴν οὐκ οὖσα τόδε τι, κατὰ τὴν μορφὴν καὶ τὸ εἶδος ἂν δέξηταί τε καὶ σχῇ, ἤδη λέγεται τόδε ἀπὸ τοῦδε τοῦ εἴδους ἑκάστῳ τῶν ἐνύλων τὸ εἶναι τούτῳ.

(60)参看 Alexander 注 Z 卷第三章 1029ᵃ31(看注释⑳)。只有在作为最后的主体或基质这一方面,具体本体是后于质料的,因为在其他两个方面亚里士多德刚刚说过,具体本体和 εἶδος 一样是本体,有甚于质料。

(61)由于难以取得国外书籍,我们在本文已经结束时才得到 Cheriss 的 Aristotle's Criticism of Plato and the Academy。在该书的 pp. 366ff.,他研究亚里士多德的若干重要思想,这些思想也是我们的研究对象。我们在这里不能详细讨论 Cherniss 的看法。对于同样的一些亚里士多德思想,他的解释和我们的显然不同,特别是他对亚里士多德归给形式以及具体物的 chorismos 的讨论为一方,我们对二者的关系的解释为另一方,彼此不一样。这一实质上的差异也许不是与另一差异无关,这就是方法上的差异。Cherniss 不想一想,要讨论 χωριστόν 的意义,不论是哪种情况的 χωριστόν,都必须先问它和什么东西分离,而我们则是从这个问题出发的。因为 chorismos 至少涉及两项;它是某物和另一物的分离。只要这两个关系项有一个还没有弄清,就难以对相应的关系取得恰当的认识。因此,找出这两种情况下的 τινος[什么东西],对于理解那两种 chorismos 的关系不仅是必要的,而且是决定性的关键。

(译自 Phronesis vol. 2, No. 2, 1957)

亚里士多德哲学中一个为人忽视了的重要概念

翻开任何一本讲亚里士多德哲学的书籍来,我们总可发现以下的记载:亚里士多德讲相,讲质料,又讲种、类和种差,以及如何类和种差构成种,种或相和质料构成个别的复合物。凡此种种几乎是哲学常识了,无待赘言。然而在这些概念、这些学说以外,还另有一个重要的概念。它不仅是在讲亚里士多德哲学的一般书籍中未被人提及,而且即在专门讨论他的玄学的著述中也为人忽视。不独在德国如此,在其它国家亦然;不但在现代如此,在古代未尝不然;总之,这一概念是从古以来为人所忽视的!这一概念在亚里士多德的著作里未有专名,我们曾经为了便于讨论起见,称它为U-niversales Konkretum①,在中文里且写为"普遍的复合物"。"普遍的复合物"一概念在亚里士多德的思想中确实是奇特的;如若人从系统的观点去看它,愈见其格格不入。事实虽然如此,但它不失为一个真实的亚里士多德思想(ein echt aristotelisches Gedankengut)。

历史方面没有偶然的事,这一概念为人所忽视也自有其原因。第一,亚里士多德解说它甚少,而且未能足够地加重他的解说。第二,它和以上所举的那些为人所易知晓的概念和学说虽有密切的关系,然而它却不能和它们调协一致而不引起困难。因此如若人欲将亚里士多德的思想纳入系统的型式中,削足适履,势所必然。

二千余年来人即是从系统观点去研究亚里士多德的,于是"普遍的复合物"一概念在人陈述他的哲学时,通常被牺牲了。

然而这一概念在他的思想里太重要了,我们不能任其隐而不显,因此我们在本篇里特别提出它来讨论。我们舍弃了传统的系统观点,将从发生的观点去阐明它的内容和它在亚里士多德思想里所引起的困难,以及某些困难所得到的解决。

一

亚里士多德哲学中众所周知的概念是"个别的复合物",那是由"相"和当前的质料(Griech. ἐσχάτη ὕλη)所构成的个别物体;然而我们在这里却特别提出另一概念——"普遍的复合物"——来。为了免除人的疑虑,以为我们在这里虚构历史,让我们先举出这一概念的标准出处来。此即是《物理学以后诸篇》三卷第十章页 $1035^{b}27$—31:

> 人、马以及其它同样驾乎个体之上的,共同用于叙述各类的个体,但其自身并非本质,乃是此一定义(按即谓相)和这普遍的质料合成。苏格拉底已是一个个体了,但他则由于当前的质料,同样解释适用于其它个体。

让我们逐步分析这几句话的意义。(1)这里亚里士多德一方面讲出个体,譬如个别的人,苏格拉底;一方面讲出——如以人为例——驾乎个体以上的人。这驾乎个体以上的人并非个别的人,乃是用于陈述"某甲是人"一语句中的宾辞所表示的对象。它不是苏格拉底,或某甲、某乙,乃是和他们对立的人;它是普遍的。(2)个别的人,依照亚里士多德的解释,是人之相(Form des Menschen)或人性,和当前的血、肉、筋、骨等等所构成。普遍的人呢,依照以上所引的话,也是由于人性和质料构成;因此它也是复合物。然而它的质料成分却非当前的血、肉、筋、骨等等,乃是普遍的感性质料。(3)这普遍的人含有普遍的感性质料,因此它不是相,不是人性,因为相中不含有感性质料。(4)因为构成它的质料是普遍的感性质料而非当前的感性质料,所以它不是个体。总结以上四点,以上徵引的一段话所讲的既非相,也非个体,也不是任何本质,乃是和这些性质不同的另一存有(Seiendes);它是普遍的复合物。

这是"普遍的复合物"一概念的标准出处,然而这一概念决非 ἅπαξ λεγόμενον。还在《物理学以后诸篇》Z 卷著成以前,我们在 K 卷中已见到同一概念了②,虽然那里的叙述不如此处的简明。在 K 卷中亚里士多德讨论自然研究范围。他讲自然研究也和其他研究一样,应当先认识研究对象的本性;以此为原理,再作进一步的研究。本性由定义以认识。于是他继续讨论定义。他举出两种型式不同的定义来。其一有如凹形,另一有如凹鼻(Griech.: σιμόν)自然研究中的定义应如后者。所谓凹鼻乃是具有凹形的鼻子。凹形表现于感性质料——血、肉、筋骨——之中,方有凹鼻;离开感性质料,只有凹形,并无凹鼻。凹形之中不含有感性质料;然而感性质料却是构成凹鼻不可缺少的成分。一切自然物皆相当于凹鼻,皆以感性质料为其构成分子。因此在自然物的定义里,人不但叙述相(本性),感性质料也必被列入③。这样,自然物的定义必须并举相和感性质料。

在他的《物理学》卷二里，亚里士多德讨论自然研究的对象时，同样应用凹鼻的例子来解释自然物和数学对象的不同。自然物不似凹形，乃相当于凹鼻：在它们的定义里人必须举出感性质料来④。

《物理学以后诸篇》K卷中的思想在E卷里详尽地表达出来。那里亚里士多德明白指出，自然研究的对象是个别的自然物及它们的不和感性质料分离的本性。自然物相当于凹鼻，因此相和感性质料必须共同纳入定义之中⑤。这样的定义，如以人为例，岂非包含人性和感性质料二者的叙述？它的对象即是我们以上征引Z卷中的普遍的复合物。既然自然研究应当利用定义为原理，于是"普遍的复合物"一概念乃是亚里士多德的自然研究的基础。如此重要的概念我们岂能忽视！

二

这"普遍的复合物"一概念，无可讳言的，和亚里士多德的思想中通常为人所知道的，关于种、类、质料和个体的学说不能调协。依照那个学说，类由种差逐渐分化以成为种，种和当前的质料共同构成个体。但是这个普遍的复合物（1）不是类，因为种并非由它分化而成。（2）它不是种差，因为它并不分化类。（3）它不是种，因为它并非类的分化。（4）它不是种下更低级的种，因为亚里士多德认为种是分化至于极端，不能再分化的。（5）它不是一个个体，因为个体里所含的质料是当前的质料，普遍的复合物里所含的质料是普遍的感性质料。（6）它不是当前质料，因为它是普遍的。（7）它不是当前质料的类，因为它里面包含着相为另一成分。（8）它不能和种对立,因为和种对立的是当前的质料。如若亚里士多德的通常为人所知的种、类、质料和个体的学说是一个系统,那么这个普遍的复合物和这一系统格格不入;这个系统里无一处所可以容纳它。这一点我们从附列的图可以很明白地看出来。

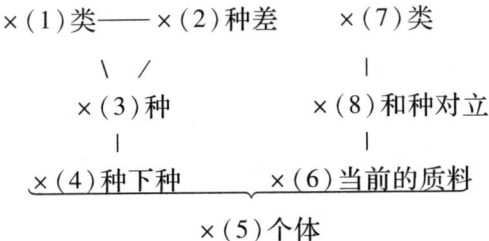

此外,"普遍的复合物"一概念在亚里士多德的思想中还有其它的困难。亚里士多德告诉我们苏格拉底在定义中求普遍的知识,柏拉图接受了它[6];将它和感觉对比,前者的价值远过于后者的价值[7]。亚里士多德承受了这个传统,认为严格意义的认识(Wissenschaft)的对象是普遍的[8]。但是在万有论方面,它以为本质乃是万有的中心,它是基本的存有(Griech.: πρῶτος ὄν),然而在亚里士多德的早期的本质论里,基本本质却是个体[9]。于是普遍地产生了一个困难:最严格的认识却不是以最基本的存有为对象的认识,最基本的存有却不是最严格的认识的对象。在《物理学以后诸篇》Z卷中,在自然研究方面这个困难变为格外明显。在以上所引的同卷十章中的一段话里,亚里士多德明白讲出普遍的复合物不是本质;然而它却是自然研究的对象,如我们以上所见的。个别的自然物不是自然研究的对象,然而它们却是感性本质,早期的本质论中所谓的基本本质。这样,认识论和万有论之间的牴牾,由于"普遍的复合物"一概念的简明陈述,在自然研究方面格外明显了。

这个困难在亚里士多德的思想里是否最后能得到解答呢？

三

如若人从系统的观点去看亚里士多德的哲学，处理这些由"普遍的复合物"一概念所引起的麻烦，最简便的方法是将它抛开不顾。但是我们从发生的观点去研究，因此不能闭目不视这个概念；反之，我们必须追寻它的发展的踪迹，看看在上一段里所指出的困难在亚里士多德的思想发展里是否曾经得到过解答。让我们先展阅《物理学以后诸篇》H卷第二章，在页1043ª14—19里写着以下一段话：

> 因此在下定义的人中有些解说什么是房屋时讲：石头、砖、木块，他们讲出潜能的房屋，因为石头、砖、木块是质料；有人讲：遮蔽身体和器具的处所，或其类似的，他们讲出了现实的房屋；还有些人将它们合并起来，讲出了第三种即复合的本质。

这里所谓复合的本质并不指个别的复合物或个体，就着当前的例子言，并不指这一座或另一座房屋（诚然个别的复合物通常也称为复合的本质），因为在Z卷里亚里士多德已经肯定地讲出，凡是个别的皆非定义的对象[10]。因此H卷里所讲的第三种定义的对象乃是普遍的复合物[11]。普遍的复合物在Z卷里被认为非本质的，在H卷里被肯定为本质了。这个发展从何而来？

在刚才征引的一段话里,石头、砖、木块是潜能的房屋,遮蔽身体和器具的处所是现实的房屋。这里触人心目的是亚里士多德用两个表示存有样式的名词,"潜能"和"现实"⑫来表示质料和相,这是一个在 Z 卷末和 H 卷里的普通趋势。在那里亚里士多德不再认为相和质料是两个不同种类的存有(zwei verschiedenartiges Seiendes),而认它们为同一存有的两个不同存有样式(zwei verschiedene Seinsmodi desselben Seiendes)。就着当前的例子——房屋——言,什么是房屋? 答:房屋是如此如此。所谓"如此如此"即指房屋的内容。这内容假设为甲,甲可以是潜能的,可以是现实的。潜能的甲是石头、砖、木块,它是质料。现实的甲是遮蔽身体和器具的处所,它是相。因此相和质料并非两个不同的存有,乃是同一个甲的潜能的存有样式和现实的存有样式。这样,质料和相不再被视为两个对立的存有(zwei gegenüberstehendes Seiendes),因此以上那个图不能表示亚里士多德在 Z 卷末和 H 卷里的相和质料的学说。这里根本并无存有的对立,只有同一个存有的内容。普遍的复合物在以上那个图里之所以格格不入,是因为它在彼此对立的相和质料的任何一方面不能获得一个位置,同时它也不能立于它们的中间。现在相和质料只是同一个存有的内容的两个不同的存有样式;普遍的复合物只是这同一内容在它的两个不同的存有样式里。因此"普遍的复合物"一概念不再引起以上所讨论的困难。

同一存有的内容,在潜能的存有样式里是质料,它是本质;在现实的存有样式里有相,它也是本质。普遍的复合物非它,即是同一内容在两个不同的存有样式里,这同一内容即是本质,因此亚里士多德无理由再否定普遍的复合物为本质了。于是产生出这一个变动来:即在 Z 卷十章里被否定为本质的普遍的复合物。在这里被肯定为复合本质了。

它既被肯定为本质,于是以上所提出的那个认识论和万有论之间的困难随之消逝。现在在自然研究方面,最严格的认识以最基本的存有——本质——为对象了。

以上我们简单的叙述了"普遍的复合物"一概念的内容,它在亚里士多德思想里的意义,并且讨论了它所引起的困难,寻出解决这些困难的线索。然而这一概念在亚里士多德的思想里终是一个困难的来源,在以上所提出的两个困难以外还有其它的困难。详细的讨论牵涉到亚里士多德以前的哲学。其中主要的情形曾见于拙著 Das Chorismos-Problem bei Aristoteles, Berlin 1940,此处且从略了。

注 释:

① 见篇末所提的拙著中。
② 《物理学以后诸篇》里的各卷撰著的先后和流传本中排列的次序不同。
　其详参看 Jaeger, Entstehungsgeschichte der Metaphysik des Aristoteles。
③ 7. 1064^a19-28.
④ $193^b35, 194^a7$.
⑤ $1025^b26-1026^a6$.
⑥ $A6, 987^a1-6$.
⑦ 譬如《国家篇》卷六中所言。
⑧ 例如 $K2, 1060^b20-21$。
⑨ 最显著的例如《范畴篇》章五。
⑩ $10, 1036^a2-5, 15, 1039^b27-29$.
⑪ 最有趣的是:Schwegler y. d. st. 见到这第三种定义的对象不能是个体,然而因为他昧于"普遍的复合物"一概念,他于是曲解 horoi 一字,说它不指严格的定义。

⑫Dynamis 和 Energeia，至于这两个名词指存有的样式，参看《物理学以后诸篇》卷 Θ 章 6 1048^{a}30—32。

（原载《张君劢先生七十寿辰纪念论文集》，一九五六年一月）

普遍的复合体——一种典型亚里士多德的实在二重化

"Verdopplung der Wirklichkeit"这个德文说法，是指柏拉图"相论"中受到亚里士多德批评的那种 ὁμωνυμία[同名]的困难。① 亚里士多德从来没有完全放弃柏拉图的"相"，只是把它改变成内在的"形式"。因此，那种 ὁμωνυμία 的困难，以及由此而来的二重化，在他自己的哲学里还依然存在。② 可是这种二重化原来是柏拉图的，并不是亚里士多德的。然而，有一种典型亚里士多德的二重化，造成了一些严重的困难，却一般地没有得到亚里士多德学者的注意。本文的目的就是揭示和讨论这种典型亚里士多德的二重化。

我们说的这种二重化，是在他所假定的普遍复合体中发现的。"普遍的复合体"并不是亚里士多德的名词，是我们在以前的那本讲亚里士多德的著作里③拟定的，用来表示他所设想的那一类复合体。把这种 σύνολον[复合体]表述得最清楚的标准出处见下：

ὁ δ' ἄνθρωπος καὶ ὁ ἵππος καὶ τὰ οὕτως ἐπὶ τῶν καθ'-ἕκαστα, καθόλου δέ, οὐκ ἔστιν οὐσία ἀλλὰ σύνολόν τι ἐκ τουδὶ τοῦ λόγου καὶ τησδὶ τῆς ὕλης ὡς καθόλου καθ' ἕκαστον δ' ἐκ τῆς ἐσχάτης ὕλης ὁ Σωκράτης ἤδη ἐστίν, καὶ ἐπὶ τῶν

普遍的复合体——一种典型亚里士多德的实在二重化

ἄλλων ὁμοίως.(《形而上学》Z 卷第 10 章,1035ᵇ27—31)④
[人和马,以及那些像这样普遍地用于个体的字眼,并不是本体,而是由这个特殊的定义和这个被当成了普遍的特殊质料组合成的复合体;从个体来说,苏格拉底是已经包含着最个别的质料的;其他的例子也是这样。]

亚里士多德在这里说到人、马之类。其中的每一个——我们举人为例——都有下列特点:1. 是普遍地表述人们的。2. 并不是本体。3. 是一个复合体。4. 是由(a) τουδὶ τοῦ λόγου[这特殊定义]和(b) τησδὶ τῆς ὕλης ὡς καθόλου[这当成普遍的特殊质料]组合成的。我们先从(4b) τησδὶ τῆς ὕλης ὡς καθόλου 开始。罗斯[W. D. Ross]正确地依从波尼兹[Bonitz]把 ὡς καθόλου 同 τησδὶ τῆς ὕλης 联起来与 τῆς ἐσχάτης ὕλης[最个别的质料]对比。⑤苏格拉底的最近质料是这些骨头、肌肉等等。它们是可感觉的质料。"这个被当成了普遍的特殊质料"⑥就是这些骨头、肌肉等等,或者是作为一般的可感质料。这并不是可感质料的特殊部分,也不是原初质料,也不是任何意义的可知质料。这是这个 σύνολον[复合体]的组成部分之一。另一个组成部分是 λόγος[定义]。(4a)中的 λόγος 意思等于 μορφή 或 εἶδος[形式或种],⑦在本例中即 εἶδος ἀνθρώπου[人的种]或灵魂。⑧特定意义下的 λόγος 和 ὕλη 构成一个特殊种类的 σύνολον(3)。它一方面异于形式,因为它并不是本体(2),而且因为它包含着形式作为它的组成部分之一(4a),并以一般的可感质料为另一组成部分(4b)。另一方面,它又异于可感的复合体,因为它并不是本体(2),因为它不包含可感质料的特殊部分,而只包含一般的可感质料(4b),并且它是普遍地表述属于这

381

一类的可感本体的(1)。既然它是一个复合体,又是普遍地表述的,就把它称为"普遍的复合体"吧。

这个普遍的复合体并没有得到施威格勒[Schwegler]和波尼兹这样的近代重要的亚里士多德《形而上学》注释家们注意。就我们所知,也没有引起一般亚里士多德学者关注。罗斯是第一个促使人们注意它的学者,并且把它命名为"materiate universal"[质料化的普遍]。⑨但是即便罗斯似乎也没有对它作出充分的分析。他把它等同于《范畴篇》中的次级本体。⑩从我们以上的分析看得很清楚,普遍的复合体不能就是次级本体,说得确切一点,不能就是"属"。因为它在它的四个特点的后三个上是异于"属"的。

然而罗斯又把"质料化的普遍"理解为等于 λόγος ἔνυλος[有质料的公式]⑪,这时他是对的。只是我们必须把这个"等于"弄得更清楚些,因为 λόγος ἔνυλος 这个说法是有歧义的。希克斯[Hicks]说,"ἔνυλος[有质料的]这个复合形容词,与 ἔνυδρος[有水的]相比,可以顺当地理解为两个意思:(1)内在于质料,(2)有质料在其中,《形而上学》1033ᵃ5 显然有利于后者。"⑫这两个意义中的第一个比较自然,⑬希腊注释家们常常采取这个词的这个意义。可是亚里士多德本人用这个词倒是采取第二个意义的。⑭也应当注意到,虽然 ἔνυλος 这个词的两个意义彼此很有区别,用一个意义的 ἔνυλος 来说的那个东西却并非必然不是另一个意义的 ἔνυλος 所说的那同一个东西。这是很明显的,因为根据《论灵魂》中对忿怒、温和、恐惧等等的典型用法,是既有在它们的定义中提出的质料,也是在质料之中的。⑮这样看来,普遍的复合体在作为 λόγος ἔνυλος 的第一种意义下,是合乎当形式讲的 εἶδος 的,而在第二种意义下,则是异于它的;同样情形,它也合乎并且异于当"属"讲的

εἶδος，因为当"一般的可感质料"讲的"质料"只是普遍的复合体的一个组成部分。

亚里士多德批判柏拉图学派时，有意发挥的正是这一差别。他说，"把一切事物都象这样化为形式，而排除质料，是徒劳无益的，因为有些事物确实是在特殊质料中的特殊形式，或者是在特殊状态中的特殊事物。"⑯因此这样一些事物的定义必须不仅提到形式，而且提到它们的质料，而形式的定义并不包含一般的可感质料。

为了说明这两个类型的定义，亚里士多德利用他所爱举的塌鼻子为例。他说，"在所定义的东西中间，也就是在那些'什么'中间，有些像'塌鼻'，有些像'凹'。这两者是不同的，因为'塌鼻'和质料连在一起（塌鼻是一个凹的鼻子），而凹是独立于可以知觉到的质料的。如果这样，一切带质料性的东西就在本性上类似于塌鼻——例如鼻子、眼睛、面孔、骨头，以及一般的动物：叶子、根、茎，以及一般的植物（因为这些东西〔即鼻子、眼睛等等本身，或那些'什么'〕没有一样可以不管运动来下定义——它们全部有质料），这就很清楚，为什么我们必须在自然事物中寻找那个'什么'，并且给它下定义。"⑰

以上的话不仅适用于这个类型的定义，即作为逻辑程序的定义，而且同等地适用于它的本体论对方，即"应当是的那个什么"。⑱正如塌鼻子的定义既提到凹，又提到鼻子本身，塌鼻子的"那个应当是的什么"也是这样，σύνολον τι ἐκ τουδὶ τοῦ λόγου（即τῆς κοιλότητος）καὶ τησδὶ τῆς ὕλης（即 τῆς ῥινός）ὡς καθόλου.〔是由这特殊的定义（即深义）和这当成了普遍的特殊质料（即皮壳）合成〕既然自然物类似于塌鼻子，它们的"什么"就是普遍的复合体，构成"自然哲学"领域内的定义的对象。"自然哲学家"直接考察的就是这种普遍的复合体。如果他也分别地关心形式和质料，那是因为普遍的复合体是由这二者组成的。[19]

这个解释是不是与亚里士多德自己的话相矛盾呢？他说，"自然哲学家研究那些分离存在而并非不可动的东西。"[20] 它们是特殊的自然对象，可以感觉到的本体，如人、马之类，本身之内具有运动和静止的本原。[21]这些并不是普遍的复合体。因为后者既不分离存在（第一种意义的 ἔνυλος），也不是可以动的。

可是真正的困难并不在此。因为自然对象是可感觉到的对象，是个别的本体。作为个体，它们是不能定义的，"它们只能借助……知觉而被认识；它们通过全部实现过程的时候，存在还是不存在是不清楚的，它们得到陈述和承认，永远是借助普遍的表述。"[22]自然物不能是科学考察的直接对象；自然研究的完成要通过一般的命题为中介。根据亚里士多德的真理观，命题之为真，是在它们的肯定或否定符合实物本身的关系的时候，[23]关系构成了这些 ἀποφάνσεις[判断]的对象。自然考察的进行要通过一般的命题，这些命题是以普遍的复合体为直接对象，而间接涉及可以感觉到的复合体即个别事物的。[24]

这样看来，普遍的复合体是亚里士多德的物理科学概念所不能缺少的，[25]实际上，它早在《物理学》的第二卷就已经出现了，然后出现在他的其他著作中。[26]罗斯把普遍的复合体称为质料化的普遍，当作《形而上学》Z 卷第 10 章中的重要创新之一。[27]其实这在亚里士多德的思想中并不是什么新东西。罗斯发现它在那里是一项创新，是因为他没有注意它与亚里士多德《物理学》的联系。然而使普遍的复合体具有重要意义的正是这个联系。

普遍的复合体——一种典型亚里士多德的实在二重化

虽然普遍的复合体并不是《形而上学》Z 卷第 10 章里的一项创新,它却是哲学史上的一项创新;它是柏拉图所没有的,亚里士多德以前任何人都没有。柏拉图不需要它。他在《蒂迈欧》篇中认为可感事物是"相"在"承受者"上的反映,"承受者"对可感事物的"什么"并无本质的贡献,只是给"相"提供了一些斑痕以便反映罢了。因为这个原故,"承受者"如果完全没有形式,它所起的作用就最佳。"相"是足够穷尽可感事物的本性的;除了"相"以外,不需要任何别的本原来说明一物是什么。所以在柏拉图那里只有"相"是根本的本原,并没有普遍的复合体这样一种东西。它在他那里不能有,那里也并不需要它。

亚里士多德那里则不一样。相当于柏拉图的 ὑποσοχή[承受者]的,是亚里士多德建造可感事物的 ὕλη[质料]。这位学生不但把老师的"相",而且把他的"承受者"一点一点拉到可感事物上,这样就有了具体的本体。在亚里士多德看来,一个具体本体的质料与具体本体本身的关系,要比柏拉图那发生反映的承受者上的斑痕与反映本身的关系亲密得多。

亚里士多德引进质料,起初确实只是为了给变化提供一个承受活动的 ὑποκείμενον[基质]。[28]但是他很快发现这种纯粹被动的功能是很不够的。在他的自然目的论中,即《物理学》第二卷中,亚里士多德给质料加上了悬拟的必要性。他举出人工制造物来加以说明。他告诉我们,"如果没有一些具有必要性的事物,产品是无法出现的,但是这种必要性并非出于这些事物(除了作为产品的质料);产品是为了一个目的而出现的。"这个必须有质料来实现的目的并不是在质料中,而是在定义中。规定性来自作为目的因的形式。例如锯子的目的是切割。"然而要实现这个目的只有用铁做

锯子才行。"㉙

质料一旦赋予了悬拟的必要性,就只能设想它能够反过来为形式规定其实现的条件。如果要锯子发挥它的功能,锯子的形式就必须实现在铁里,而不能实现在木头之类里面;如果要船舵发挥它的功能,它的形式就必须实现在木头里,而不能实现在铁之类里面。就是由于这个原故,亚里士多德在这部书的较早的一节里就已经承认了形式和质料的相互关系。㉚这种相互关系在《形而上学》H 卷㉛里又得到了再度肯定,并且在《论灵魂》里形成了亚里士多德自然主义灵魂观的基础。㉜

这表明亚里士多德完全了解质料在可感本体的结构中所起的重要作用。因此,自然哲学家进行考察时,必须借助于把质料放进 καθόλου λόγος[一般定义]之中。这种看法是亚里士多德早在《物理学》第二卷最后一句话里表明的:因为定义里有某些部分是它的质料。既然定义包含质料,㉝定义的对象就是"某种由这个特殊定义和这个当成普遍的特殊质料所组成的东西。"

就是这样,亚里士多德达到了他的普遍复合体。他把质料引入可感本体的结构,从而逻辑地作出这样一项创新,对于他来说,这是多么合乎道理啊!

现在我们来看看这项创新在他的形而上学里造成了什么困难。如果我们把他同他的直接的、伟大的前辈们比较一下,这件事就会变得非常明显。苏格拉底以前以及与苏格拉底同时的希腊人不能分别例如美的意义上的美丽和一个美丽的姑娘,虔诚意义上的虔诚和一件虔诚的行动,如处置被认为曾犯杀人罪的亲生父亲,等等。苏格拉底促使人们注意这些例子里每一个的首项内容,并且寻求它的定义。柏拉图给这些普遍者取名为"相"③,并且把"相"的名单扩展,从人事方面的一直推到可感事物的,例如梭子的"相",床的"相",自然物的"相",像亚里士多德所报导的那样。㉟这样,我们在柏拉图这里就见到了"相"与可感事物对峙。亚里士多德嘲笑自己的老师,把他比作那样一种人,认为数目小了不好数,把它加倍才数得清。因为"相论"在每一情况下都假定一个"相",与相应的事物同名,来解释这个事物。㊱这就是对于实在二重化的著名非难。

可是亚里士多德本人又怎么样呢?他是作了普遍复合体的假定的。这不是把可感的复合体二重化了吗?按照他的看法,柏拉图派错在试图把质料排出自然界,就像数学家把它排出数学界那样。离开了质料,一个自然对象的"相"是不能穷尽这个自然物的本性的。因为这必然是一个"这中的这",㊲像塌鼻子那样。所以他把自己的普遍复合体想成对柏拉图派的改进。可是他所设想的这种改进却带来了一个后果,就是普遍的复合体又使可感的复合体二重化了,甚至于比柏拉图的"相"还要更厉害。亚里士多德认为柏拉图的"相"是超越的,而他自己的普遍复合体是内在于事物之中的,这样说也没有说出什么不同;因为把一物的"是什么"加以二重化毕竟是一样的,不管这二重化的是在可见世界以外还是以内。㊳

更坏的是亚里士多德只是把柏拉图的"相"改头换面,放进可感事物之中,却根本没有放弃它。他保留它作为一个类型的定义的对象,而以他的普遍复合体作为另一类型的定义的对象,后者是由形式和一般的可感质料组成的。于是我们在亚里士多德那里看到——让我们回到人的例子——:第一,一个个别的人,这是人人都承认的;第二,人的形式,这是把柏拉图的"相"改头换面;第三,普遍的复合体人,这是亚里士多德的创新。如果认为数目小不好数,把它扩大一倍是不是容易数了呢?

然而最坏的还是引进普遍复合体动摇了亚里士多德形而上学的基础:把实在分为种—属—个体的分层结构,㊴这是他进一步发展他老师的思想。普遍的复合体既然是普遍地表述个别实例的,就应该在这个有等级的万有体系中占据某个高于个体的地位,可是并没有地位给它。它不能排在高于"属"的等级上,因为它不是"属"的"种";它也不能排在"属"的同级上,作为另一个"属",因为并没有什么 διαπορά[差别]把二者彼此区别开来;它又不能排在低于"属"的下级,因为它并不是"属"的"亚属";可是在种—属体系中再没有第四种可能的排法了。逻辑的结论只能是这样:如果保持普遍的复合体,就会造成亚里士多德形而上学体系的崩溃。

我们可以想到,如果把普遍的复合体并不理解为一个客观的实物,像我们做过的那样,而把它了解为一个概念,那么,上面列举的那些困难就会统统立刻消失。因为那样一来,这二重化就会变成可见复合体在心中的表象,而对象在心中的表象是不需要列进客观秩序的结构之中的。然而,在哲学上可以提请作这种概念论的解释,在文字上却不可能这样做。因为亚里士多德本人就这样说:

δῆλον δὲ χαὶ ὅτι ἡ μὲν ψυχὴ οὐσία ἡ πρώτη, τὸ δὲ σῶμα ὕλη, ὁ δ'ἄνθρωπος ἢ τὸ ζῷον τὸ ἐξ ἀμφοῖν ὡς καθόλου. Σωκράτης δὲ καὶ Κορίσκος, εἰ μὲν καὶ ἡ ψυχὴ Σωκράτης, διττόν(οἱ μὲν γὰρ ὡς ψυχὴν οἱ δ᾽ὡς τὸ σύνολον), εἰ δ᾽ἁπλῶς ἡ ψυχὴ ἥδε καὶ ⟨τὸ⟩ σῶμα τόδε, ὥσπερ τὸ καθόλου [τε] καὶ τὸ καθ᾽ ἕκαστον. [也很清楚，灵魂是一级本体，形体是质料，人和动物是二者的组合，都是从普遍来看的；而苏格拉底或科里斯柯，甚至苏格拉底的灵魂，可以称为苏格拉底，有两个意义（因为有些人从这样一个词了解为灵魂，有些人则了解为复合体），如果了解为这个特殊的灵魂和这个特殊的形体，个体就类似于普遍的复合体了。]

见 Z 卷第 11 章，1037^{a}5—10。这一段是与关于普遍复合体的那个标准段落平行的，本文从那一段开始，并且比较精确地说出了他的看法。根据他的看法，有两类 σύνολον [复合体]，一类是普遍的，一类是特殊的，互相关联着。正如后者是一个实物一样，前者也是一个实物。在这普遍的复合体里，那特殊的复合体，即可感的本体被二重化了。这是典型亚里士多德的实在二重化。[40]我们感到吃惊，这二重化并没有引起亚里士多德学者们的注意，尤其是它在亚里士多德形而上学中所造成的那些困难方面。

注 释：
① 《形而上学》A 卷第 9 章，990^{a}34—38。
② 例如《形而上学》Z 卷第 10 章，1035^{b}6—8。二重化请看注㊳。
③ Das Chorismos-Problem bei Aristoteles. Berlin, 1940.
④ 伪 Alexander 并不懂这段话；他把 ὕλη 和 εἶδος 分别解释为 γένος ["种"] 和 διαφορά [差别]：ἀλλ᾽ ὥσπερ ὁ Σωκράτης ἐκ τουδὶ τοῦ εἴδους καὶ τησδὶ τῆς ὕλης ἐστίν, οὕτω καὶ ὁ καθόλου ἄνθρωπος ἐκ τῆς ὕλης ἤτοι τοῦ γένους αὐτοῦ καὶ τοῦ εἴδους ἤτοι τῶν διαφορῶν ἂν εἴη, οὐκ ἐν

ὑπάρξει δὲ ἀλλ' ἐπινοίᾳ 见 Alexandrii Aphrodisiensis in Aristotelis Metaphysica Commentaria ed. M. Hayduck, Berlin 1891, pp. 509. 5—8, 又见 11—12。这个解释有两点困难：1. ὕλη ὡς καθόλου，普遍复合体的两个组成部分之一，即人，是与个别人的质料（如卡利亚的这些骨头、肌肉等）相反的，不能等于人的"种"（genus），即动物。2. εἶδος，普遍复合体的另一个组成部分，不能等同于 διαφορά。我们虽然看到亚里士多德本人在《形而上学》Z 卷第 12 章 1038ª26 把 τελευταία διαφορά 与 εἶδος 等同起来，但他作这一等同只是因为 τελευταία διαφορά[最后的差别]暗暗地包含着"种"。如果把普遍复合体情况下的 εἶδος 等同于 διαφορά，把另一组成部分 ὕλη 等同于"种"，在这个 σύνολον[复合体]里"种"就出现两次了，一次是暗藏在等同于 διαφορά 的 εἶδος 里，一次是明摆的，作为质料（质料是等同于"种"的）。罗斯注解《形而上学》这段话时完全不考虑伪 Alexander 的解释，是十分正确的。

Asclepius 对这段话的理解优于伪 Alexander。他没有像后者那样等同起来，而且准备对比 τησδὶ τῆς ὕλης ὡς καθόλου 和 τῆς ἐσχάτης ὕλης，即苏格拉底的 ὕλης（Asclepii in Metaphysicorum Libros A-Z Commentaria ed. M. Hayduck Berlin 1888, pp. 415. 26—33）。不过他的注解太短，没有穷尽这段话的全部意义。

⑤Hermann Bonitz: Aristotelis Metaphysiea Bonn 1849 vol. II p. 336. W. D. Ross: Aristotle's Metaphysics Oxford 1924, ad 1035ª30. 事实上这个解释是返回到 Asclepius 的；参看上面那条注。

⑥罗斯的译文："this particular matter treated as universal."，本文所引亚里士多德著作的全部译文都是根据牛津版全集。

⑦伴随着 καθ' ἕκαστον δ'ἐκ τῆς ἐσχάτης ὕλης 1035ᵇ30 καὶ τουδὶ τοῦ λόγου 是从前一行了解的。所以个别的人，苏格拉底，是由 ὕλη 和 εἶδος 组成的。参看 I 卷第 9 章，1058ᵇ10：ὁ δὲ Καλλίας ἐστὶν ὁ λόγος μέτα τῆς ὕλης[卡利亚是定义加质料]和 H 卷第 1 章，1042ª27—30 ἄλλως μὲν ἡ ὕλη...ἄλλως δ' ὁ λόγος καὶ ἡ μορφή...τρίτον δὲ τὸ ἐκ τούτων[这在第一种意义上是质料……在第二种意义上是定义和形式……在三种意义上是二者之合]。从上面一段话看就很清楚，λόγος 用在这样一些上下文中，就是 μορφή 或 εἶδος 的同义语。参看 R. D. Hicks (Aristotle: De Anima, Cambridge 1907) ad De an. 403ᵇ12；这两段《形而上学》的话就是联系

到那里的。在我们现在这段话里,ὁ δ'ἄνθρωπος...(Z 卷第 10 章,1035^{b}27 sq.)是由 τουδὶ τοῦ λόγου καὶ τησδὶ τῆς ὕλης ὡς καθόλου[这特殊的公式和这被当成普遍的特殊质料]组成的。作为这里的一个组成部分的 λόγος,和作为个别人苏格拉底或卡利亚的组成部分的 λόγος,是同一个 λόγος,只有 ὕλη 在这两例中是不同的。因此 1035^{b}29 的 λόγος 是指 εἶδος。

⑧参看 Z 卷第 11 章,1037^{a}5—7,引文见下。
⑨前引书,vol. Ⅱ p. 197。
⑩前引书,vol. Ⅰ p. ci。
⑪见注⑨。
⑫Ad De An. Ⅰ 1,403^{a}25(前引书 p. 199)。
⑬参看《论天》Ⅰ 9,278^{a}24 τὸν(λόγον)ἐν τῇ ὕλῃ τῆς μορφῆς[质料中的形相的公式]。
⑭《论灵魂》Ⅰ 1,403^{a}25,参看上下文。Hicks(同书)指出,"这是 Bonitz 在他的索引提到的唯一的一段话"。
⑮见上注。
⑯Z 卷第 11 章,1036^{b}22—24。
⑰《形而上学》E 卷第 1 章,1025^{b}30—1026^{a}4,参看《物理学》卷二第 2 章,194^{a}3—7。
⑱同书 1025^{b}28—30,δεῖ δὲ τὸ τί ἦν εἶναι καὶ τὸν λόγον πῶς ἐστὶ μὴ λανθάνειν,ὡς ἄνευ γε τούτου τὸ ζητεῖν μεδέν ἐστι ποιεῖν[我们不能不指出本质是什么以及它的定义,因为不这样做就不能进行研究]。亚里士多德用这些话引出我们刚刚引过的那段话,讨论两个类型的定义的差别。问题既涉及本质又涉及定义,所以两个类型的定义之间所指出的差别也相应地出现在两类实物之间,即 εἶδος 和普遍复合体之间。这是很好理解的,因为这正是用亚里士多德的本体论逻辑推出的结论。
⑲《物理学》卷 2 第 2 章,194^{a}12—17。
⑳《形而上学》E 卷第 1 章,1026^{a}13—14。
㉑《物理学》卷 2 第 1 章,192^{b}8—15;《形而上学》Z 卷第 11 章,1037^{a}14—17。
㉒Z 卷第 10 章,1036^{a}2—8,参看 15,1039^{b}29 以下,特别是 1040^{a}1—5。
㉓《形而上学》Γ 卷第 7 章,1011^{b}26—27;E 卷第 4 章,1027^{b}18—23;Θ 卷第

10章，1051^{b}1—9。

㉔亚里士多德在《形而上学》H卷第2章，1043^{a}14—19里说，διὸ τῶν ὁριζομένων οἱ μὲν λέγοντες τί ἐστι οἰκία ὅτι λίθοι πλίνθοι ξύλα, τὴν δυνάμει οἰκίαν λέγουσιν, ὕλη γὰρ ταῦτα οἱ δὲ ἀγγεῖαν σκεπαστικὸν χρημάτων καὶ σωμάτων ἤ τι ἄλλο τοιοῦτον προσθέντες τὴν ἐνέργειαν λέγουσιν. οἱ δ᾽ ἄμφω ταῦτα συντιθέντες τὴν τρίτην καὶ τὴν ἐκ τούτων οὐσίαν［所以，在那些从事下定义的人中间，把房子定义为石头、砖头、木料的是在说潜能的房子，因为那些东西是质料；而那些主张它是容纳财物和人口之类的则说的是现实。还有那些把两者并起来说的，说的是二者组成的第三类本体］。那些用第三种方式下定义的人说的是复合体本体。这似乎与Z卷第10章1035^{b}29的话发生矛盾，在那里亚里士多德说到了不是本体的普遍复合体。这两段话是可以彼此相容的，它们一定是这样"cum libros ZHΘ unam 'methodum' fuisse appareat［看来Z、H、Θ卷是用同一'方法'的］（参看 Entst. d. Met. 108）"（W. Jaeger 在他的 Aristotle's Metaphysics Oxford 1957 中对《形而上学》1045^{b}32 的注），只要我们用上面的解释去理解就行，这就是：καθόλου λόγος 直接以普遍的复合体为对象，间接涉及复合本体。

㉕料想会有人用概念论观点对我们的解释提出批评。我们将在本文的末尾讨论它。

㉖《物理学》卷2第2章，194^{a}12—17；《形而上学》E卷第1章，1026^{a}5—6；《论灵魂》卷一第1章，403^{b}7—9；参看《论动物的部分》卷一第1章，641^{a}14—17, 29—31，在那里亚里士多德强调形式，反对苏格拉底以前哲学家们的片面性，以及《形而上学》Z卷第11章，1036^{b}24—32，那里强调质料，反对少年苏格拉底和其他柏拉图派分子的片面（参看《物理学》卷2第2章，193^{b}35—194^{a}12）。自然研究与它的有关主题关系如何，后来在Z卷第11章1037^{a}14—17里又复述了，因为在《物理学》和上面提到的其他著作里已经发表过看法。

㉗前引书 vol. I p. c。

㉘《物理学》卷2第6章，189^{a}22—26。这个 τι τρίτον［第三类］（参看189^{b}1）是个 ἑτέρα φύσις［另一种物］189^{a}28—29（即一个异于相反者的 φύσις），是 ὑποκείμενον［基质］^{a}31，即质料性的基质，它的功能是 πάσχειν［承受活动］189^{b}18—19。参看《论产生和消灭》卷一第6章，

㉙卷 2 第 9 章,199^{b}34 以下,特别是 200^{a}7—15,参看《动物的部分》卷一第 1 章,642^{a}6—13;640^{a}32—34。
㉚第 2 章,194^{b}9。
㉛第 2 章,1043^{a}12—13。不仅在 Z 卷第 10 章里"为 H 卷中承认质料与形式有最紧密的关系作了准备",像罗斯前引书 vol. I p. cvi 所设想的那样;这个意思在《物理学》里已经有了;参看上一个注。
㉜《论灵魂》卷二第一章,412^{a}19—22,^{b}11。
㉝200^{b}7—8.
㉞参看《形而上学》A 卷第 6 章,987^{b}1—8。
㉟《形而上学》Λ 卷第 3 章,1070^{a}18—19。
㊱《形而上学》A 卷第 9 章,990^{a}34—^{b}8。
㊲参看《形而上学》Z 卷第 11 章,1036^{b}22—32 以及《物理学》卷 2 第 2 章,193^{b}31—194^{a}7。
㊳况且,亚里士多德在他从实在二重化着眼对"相论"进行批评的那段话里(《形而上学》A 卷第 9 章,990^{a}33—^{b}8),根本没有重视"相"的 χωρισμός[分离]。他指责柏拉图和柏拉图派分子的错误在于 καθ' ἕκαστον γὰρ ὁμώνυμόν τι ἐστι[给每样东西一个同名的东西],即假定一个 αὐτοάνθρωπον[人本身]来解释个别的人,假定一个 αὐτοίππον[马本身]来解释个别的马,或者假定一个 αὐτοέκαστον[每样东西本身]来解释每样东西,仅仅是 προστιθέντες τοῖς αἰσθητοῖς τὸ ῥῆμα τὸ αὐτό[给可感事物加上个所谓"本身"](《形而上学》Z 卷第 16 章,1040^{b}33—34;《尼各马柯伦理学》卷一第 6 章,1096^{a}34)。这就是二重化的困难。

在亚里士多德那里,A παρὰ B [A 并列于 B]并非总是意谓着 A χωριστόν ἁπλῶς τοῦ B [A 与 B 绝对分离](这一点在上面注③所提到的那本旧作里,我们已经讨论过);παρὰ 在这里不能有那个意思。我们现在把整句话抄出来:καθ' ἕκαστον γὰρ ὁμώνυμόν τι ἐστι[καὶ παρὰ τὰς οὐσίας](1)〈τῶν τε ἄλλων ὧν ἐστιν ἕν ἐπὶ πολλῶν, (2)〈καὶ παρὰ τὰς οὐσίας,〉(a)καὶ ἐπὶ τοῖσδε(b)καὶ ἐπὶ τοῖς ἀϊδίοις [给每样东西一个同名的东西/并列于那些本体/(1)其他情况下也都是多上有个一,(2)〈并列于那些本体,〉(a)不管是现世的(b)还是永恒的](990^{b}6—8 按 Jaeger 的读法。括号内的数字和字母是我们为解释方便而加的)。那个

ὁμώνυμόν[同名的东西]在这两种情况里都有:(1)涉及一些属于次级范畴的东西,(2)也涉及一些可感的本体,不管(a)在地上(b)还是在天上(参看《形而上学》Λ卷第1章,1069ª30—33 三类本体的后二类)。假如把 παρά 看成 χωριστὸν ἁπλῶς[绝对分离]的符号,这 ὁμώνυμόν 在两种情况下是不一样的:在第一种情况下没有 χωρισμός,而在第二种情况下有。这个分别当然不是亚里士多德心里想划的。因为他如果把批判真是针对着这个分离,就没有理由只在两种情况之一提它。正好相反,亚里士多德的这句话意在告诉我们,在这两种情况下,都是同样的二重化,他暂且放开分离不说,因为这是进一步的问题。παρά 在这里的功能只表明在每一类可感本体的旁边(不是空间意义的),有个东西与它同名(即同本性),复述所讲的那个本体是什么。

㊴我们暂且撇开亚里士多德的神学,那是与普遍的复合体无关的。

㊵可能有人会迂阔地反驳说,亚里士多德的二重化只是把可感的本体二重化了,并不是整个实在的二重化,因为作为全体的实在不仅包括本体,而且包括那些属于次级范畴的东西。我们的答复是:按照亚里士多德的说法,属于次级范畴的东西并非存在于可感范畴之外,所以全部普遍的复合体就二重化了整个的实在。

(译自 Phronesis vol.9(1964))

论亚里士多德《形而上学》K 卷第 7 章 1064ᵃ29 中的 τοῦο ὄντος ᾗ ὄν καὶ χωριστόν

传统的亚里士多德《形而上学》中的一段话,这位哲学家在那里区分了理论科学的三个分枝。原文如下:

1064ᵃ28　　　　　　　　ἐπεὶ δ' ἔστι τις ἐπιστήμη
τοῦ ὄντος ᾗ ὄν καὶ χωριστόν, σκεπτέον πότερόν ποτε τῇ φυ-
ᵃ30　σικῇ τὴν αὐτὴν θετέον εἶναι ταύτην ἢ μᾶλλον ἑτέραν. ἡ μὲν
οὖν φυσικὴ περὶ τὰ κινήσεως ἔχοντ' ἀρχὴν ἐν αὑτοῖς ἐστίν,
ἡ δὲ μαθηματικὴ θεωρητικὴ μὲν καὶ περὶ μένοντά τις αὕτη,
ἀλλ' οὐ χωριστά. περὶ τὸ χωριστὸν ἄρα ὂν καὶ ἀκίνητον
ἑτέρα τούτων ἀμφοτέρων τῶν ἐπιστημῶν ἔστι τις, εἴπερ
ᵃ35　ὑπάρχει τις οὐσία τοιαύτη, λέγω δὲ χωριστὴ καὶ ἀκίνητος,
ὅπερ πειρασόμεθα δεικνύναι. καὶ εἴπερ ἔστι τις τοιαύτη
φύσις ἐν τοῖς οὖσιν, ἐνταῦθ' ἂν εἴη που καὶ τὸ θεῖον,
καὶ αὕτη
1064ᵇ1　　ἂν εἴη ⟨ἡ⟩ πρώτη καὶ κυριωτάτη ἀρχή. δῆλον τοίνυν ὅτι
τρία γένη τῶν θεωρητικῶν ἐπιστημῶν ἔστι, φυσική,

μαθηματική, θεολογική. (K. 7, 1064^{a}28—^{b}3)

[既然有一门学问,处理那种作为存在并且可以分离的存在,我们必须想想它和物理学是相同的还是不同的。物理学处理那些自身具有运动原则的东西;数学是理论的,是处理那些静止的东西的学问,但是它的对象是不能分离存在的。所以,关于既能分离存在而又不动的东西,也有一门学问,和以上两门不同;如果有一种具有这样性质(我是说能分离和不动的)的本体,我们将试图对它作出证明。如果世界上有这样一类东西,它必然是神圣的,而且必然是第一的和占统治地位的原则。这样,显然有三种理论学问——物理学、数学、神学。(据 W. D. Ross 英译)]

从这段话的最后这一句可以明白看出,我们这段引文开头的第一个子句ἐπεὶ δ' ἔστι τις ἐπιστήμη τοῦ ὄντος ᾗ ὂν καὶ χωριστόν[有一门学问,处理那种作为存在并且可以分离的存在],亚里士多德就是指神学。所以,τὸ ὂν ᾗ ὂν καὶ χωριστόν[作为存在并且可以分离的存在]——这是一种奇怪的组合——必然是指神。早在1888年,那托普(Natorp)已经发现这个短语有困难了。① 他认为不仅 K 卷第二部分(第八章 1065^{a}26—结尾)是伪作,连第一部分也是伪作。② 在他否认这篇著作真实的理由中,就有一条说它将"1064^{b}3 行中的 θεολογική[神学]等同于'第一的'和'普遍的'学问……(1064^{b}11)"。那托普说,"在这里,我们是大大地混淆和弄错了两种了解,正确的和错误的。"因为将这二者等同起来,是新柏拉图学派的思想,不是亚里士多德的。③

曼雄女士(Miss S. Mansion)感到"K 卷的陈述……极端混乱",

论亚里士多德《形而上学》K 卷第 7 章 1064ᵃ29 中的 τοῦ ὄντος ᾗ ὂν καὶ χωριστόν

这一等同使她也否定 K 卷第七章,说它属于亚里士多德的一个学生,这个学生不理解存在的类比学说。④

但是,另一方面,正因为这一 ὂν ᾗ ὂν 和 χωριστόν 的组合,梅尔兰(Merlan)认为"没有比 K7,1064ᵃ28—ᵇ3 更好的段落了",以回答 S. 曼雄说他用新柏拉图主义解释亚里士多德的批评。⑤穆司肯斯(Muskens)在梅尔兰以前就着重这一段,企图以这一组合为根据,证明 K 卷在时间上先于 E 卷第一章。⑥梅尔兰在他的《从柏拉图主义到新柏拉图主义》一书中还没有重视这一段,但在后来写的论文中,面对曼雄的批评时,发现穆司肯斯是有用的盟友。根据梅尔兰的意见,穆司肯斯是以一种理解来处理这一段的,"这种理解完全证实了 ὂν ᾗ ὂν 的'新柏拉图主义'特色。"⑦

以上简述了亚里士多德研究家们对于 K 卷中我们引用的这段话的意见,由此可以看清:对"亚里士多德《形而上学》的对象是什么"这个问题的回答,是和 ὂν ᾗ ὂν καὶ χωριστόν 这一短语的解释不可分地联系着的,也可以了解澄清是何等必要。梅尔兰抱怨得很对,他说:"对这一段话,史威格勒尔(Schwegler)、波尼兹(Bonitz)和罗斯(Ross)(现在我们还要加上特利果 Tricot)作了很好的注释,也等于没有注释。"⑧这些注释家写他们的著作时,大多数已经感到需要解释这个术语,但他们没有像我们今天所感到的这样迫切,因为已经有了上面指出的意见分歧了。正是这种意见分歧将我们引入以下的两难境地:如果接受穆司肯斯和梅尔兰对于这个短语的解释,便必然要接受一个新柏拉图主义化的亚里士多德学说。我们是不是准备跟随这位新柏拉图主义化的学者呢?他自己就坦白承认他的结论是从他所解释的《形而上学》Γ 卷和 E 卷第一章中得来的,而在这两处以外还有许多别的章节可以据以作出不同的解释。⑨ 另一方面,如果接受那托普和 S. 曼雄的见解,便必须不管那些首先由勃朗迪斯(Brandis)、⑩ 后来又由别的学者提出的肯定 K 卷第一至第二章真实的论证,特别是耶格尔反对那托普的论证。⑪ 所以,这里实在有一组对立:正题——我们必须承认 K 卷第一部分真实,因而也承认 ὂν ᾗ ὂν καὶ χωριστόν 这个短语真实。反题——我们不能承认它真实。但是,我们如果不希望放弃找出亚里士多德《形而上学》的对象实际上是指什么的企图,便必须作出决定。因为我们如果不能回答这个问题,又怎样能研究他的"第一哲学"呢?

这就是我们现在的处境。有什么办法可以摆脱这种两难境地？如果有办法可以摆脱,这办法不能是别的,只能是研究这一组合本身。τοῦ ὄντος ᾗ ὂν καὶ χωριστόν 这个说法是很有困难的；注释家们觉察到这一点,宁可将它摆在那里不加解释。这一组合是惊人的,就我们所知,除了 K 卷第七章以外,在亚里士多德著作中还没有任何别的地方看到过。但是单见一处并不是怀疑原文的理由,何况所有的抄本在这处的读法是一致的。所以,原文真实看来是没有问题的。

这一组合难道真是不能作任何怀疑的吗？——当然,这话不是从哲学观点说的,而正是从原文本身说的。

我们可以仔细地考察一下原文。亚里士多德在这一段中致力于以下列方法将三种理论学问——物理学、数学和神学——区分开来:(a)神学这门学问处理的是(1) τοῦ ὄντος ᾗ ὂν καὶ χωριστόν (1064^{a}29)。(b)物理学处理(2) τὰ κινήσεως ἔχοντ' ἀρχὴν ἐν

论亚里士多德《形而上学》K 卷第 7 章 1064ª29 中的 τοῦο ὄντος ᾗ ὄν καὶ χωριστόν

αὐτοῖς[自身具有运动原则的东西](^{a}31)。(c)数学处理(3)μένοντα[常存的](^{a}32)但又(4)οὐ χωριστά[不能分离的](^{a}33)。关于神学,又说它是处理(5)χωριστόν[可分离的]和(6)ἀκίνητον[不动的](^{a}33)。这样,我们一共有六点可以将这三门学问彼此区分开来。

这六点彼此间的关系如何？第(2)点和 κινητά[动的东西]是一样的。它和第(6)点合在一起分别成为 κινητόν 的肯定方面和否定方面。第(1)、(4)和(5)点合在一起分别属于 χωριστόν 的肯定方面和否定方面。和 E 卷第一章 1026ª8,9,15 行的相应段落对比,K 卷中的 μένοντα[常存]意思就是 ἀκίνητα[不动的]。所以,第(3)点和第(2)点、(6)点属于同一组。这样,这六点被归为两组,每一组都从肯定方面和否定方面来考虑,就是：

(A) κινητόν[动的]——ἀκίνητον[不动的]（第 2,3 和 6 点）;

(B) χωριστόν[可分离的]——ἀχώριστον[不可分离的]（第 1,4 和 5 点）。

它们不是新的,不过是《形而上学》E 卷第一章中那个著名的标准,亚里士多德是用它来区分这三门理论学问的。

但是,(α)在 E 卷第一章中,物理学的特征不仅被定为处理 οὐκ ἀκίνητα(它和 κινητά 是同义的),而且也被定为处理 χωριστά 的(1026ª13—14)。⑫而在 K 卷第七章中,它的特征却只是处理 κινητά。(β)在 E 卷第一章中,神学的特征不仅是处理 χωριστά,而且也

399

处理ἀκίνητα（1026ᵃ1）。在 K 卷第七章 1064ᵃ33 中也是这样,但在 1064ᵃ29 中,ἀκίνητον 这个词却没有出现。在 K 卷中说到物理学时少了 χωριστά 这个词并不必然表明一种遗漏,因为不能说由于亚里士多德后来在 E 卷第一章写了 κινητά 和 χωριστά 这两个词,他在 K 卷中也必须这样写。⑬但是在 1064ᵃ29 中没有 ἀκίνητον 却不一样,我们本来可以期望那里会有这个词,因为它在 1064ᵃ33 中是有的,那里是复述 1064ᵃ29 中已经说出的神学对象。所以,在那里它是被漏掉的。

从另一个观点来考虑,也可以得到同样的结果。在神学的情况下,χωριστόν 是从"属"上将这门学问和数学区别开来,数学是处理 οὐ χωριστά 的。如果在 ᵃ29 行中没有 ἀκίνητον 这个词,亚里士多德在 1064ᵃ28—30 中能用什么将神学和物理学从"属"上区别开来呢?用 χωριστόν 吗?这是不可能的。因为在 K 卷的这段中,物理学只以 A（κινητόν—ἀκίνητον）为特征,而不以 B（χωριστόν—ἀχ-ώριστον）为特征,ὂν ᾗ ὄν（我们按照 1064ᵃ29 行的传统原文）正是以这个 A 从"属"上不仅将神学和物理学相区别,而且同样和数学以及任何别的学问相区别,因为这是"种"的特征（参看 K 卷第七章 1064ᵃ3—4）。那么,根据这三行即 1064ᵃ28—30,神学和物理学就没有"属"的区别吗（而它和数学却有一个"属"的区别的）?这在学问的分类上是完全不可能的。亚里士多德刚刚用这种分类法先将理论的学问从"种"上和实用的学问、生产的学问区分开,然后又从"属"上将神学和物理学、数学区分开。⑭这种从原文上的思考,表明在这里即 1064ᵃ29 中应该有 ἀκίνητον 这个词或它的同义词,但是这里却没有。

也许可以说:虽然 1064ᵃ29 行中没有 ἀκίνητον,可是 ᵃ33 行中是有的。所以,神学和物理学的"属"的区别在 K 卷的这一整章中根本没有缺少。这种解释使得我们发生进一步的怀疑。第一,为什么亚里士多德在 ᵃ29 行中要省掉这个词,而后来在 ᵃ33 行复述时又将它保留下来呢？如果我们考虑到,正是在没有这个词的这句话 (1064ᵃ28—30) 中,亚里士多德从"属"上将神学和物理学区别开来,那么,这种省略就显得更没有道理了。第二,将 ᵃ29 和 ᵃ33 对照一下,便发现更多问题。为什么亚里士多德在 ᵃ33 行中省掉了 ᾗ ὄν？为什么不将 ἀκίνητον——假定这个句子本来要保留 ἀκίνητον 的——和 χωριστόν 一起写在那里,而是取消了它？这就使人们怀疑 ᵃ29 行中 ᾗ ὄν 的读法。可是那个 ὄν 并不像是 ἀκίνητον 的讹写,因为这两个词的差别太大了,讹误几乎是不可能的。

我们继续进一步考察原文吧。1064ᵃ33 行中的 τὸ χωριστὸν ὂν καὶ ἀκίνητον 在 ᵃ35 行中用 χωριστὴ καὶ ἀκίνητος(即 οὐσία [本体])复述的。亚里士多德用 τὸ χωριστοῦ καὶ ἀκίνητον 和 χωιστὴ καὶ ἀκίνητος(οὐσία) 二者是指和他在 K 卷第二章 1060ᵃ24—27 中所说的同样的东西,那里他断言必定有一个原则,即具有这种本性的本体,就是神。那一段是：

ἔοικε γὰρ καὶ ζητεῖται σχεδὸν ὑπὸ τῶν χαριεστάτων ὡς οὖσά τις ἀρχὴ καὶ οὐσία τοιαύτη. πῶς γὰρ ἔσται ιάξις μὴ τινος ὄντος ἀϊδίου καὶ χωριστοῦ καὶ μένοντος.

[因为这样一种几乎大多数优秀思想家都认为存在的原则和本体,看来是存在的,如果不是有某种永恒的、分离的和

常存的存在,如何会安排有序呢?(据 W. D. Ross 英译)]

几行以后,亚里士多德提出另一个问题时,心里还有这样的看法,认为所寻求的原则必须有刚才提到的这些特点,他这样写道:εἰ δ' αὖ τις τὰς δοκούσας μάλιστ' ἀρχὰς ἀκινήτους εἶναι…θήσει…[如果另一方面我们提出所谓最不变的原则……神……](第二章,1060ᵃ36—37)。在 K 卷第二章的这两段中,μένον[常存的]和ἀκίνητον[不变的]是同义词,可以交换使用。所以同样的,一方面是 K 卷第七章 1064ᵃ33 和 35 行中的ἀκίνητον 和ἀκίνητος,另一方面是 K 卷第二章的μένον,二者是同义词,可以交换使用。这两个词的交换使用还可以在 K 卷第七章 1064ᵃ32 和 E 卷第一章 1026ᵃ8,9,15 行中看到。所以在 K 卷第七章 1064ᵃ29 行漏失的这个词可能就是μένον,它和ἀκίνητον 是同义词,而且可以和它交换使用的。

如此考虑使我们想到在短语ἐπιστήμη τοῦ ὄντος ᾗ ὂν καὶ χωριστόν 中的ὄν,是不是早期的μένον 的讹写。这个ἐπιστήμη τοῦ ὄντος ᾗ μένον καὶ χωριστόν[研究那常存的并能分离存在的学问]的结构和ἡ φυσικὴ καὶ τὰς ἀρχὰς θεωρεῖ τὰς τῶν ὄντων ᾗ κινούμενα καὶ οὐχ ᾗ ὄντα[物理学研究那些作为运动的而不是作为存在的东西的属性和原则](K 卷第四章 1061ᵇ29—30)相似。这就是神学的合适定义。在 K 卷第二章 1060ᵃ26—27 行中,神是被表述为τινος ὄντος ἀϊδίου καὶ χωριστοῦ καὶ μένοντος[某种永恒的、分离的、常存的存在]。

这种讹写可能产生于早期,因为所有的抄本都有这样的可疑读法。这或者是由于μένον 和ὄν 这两个词部分相同,抄写人习惯于 K 卷中的 ὂν ᾗ ὄν 这个术语而造成的错误,或者是由于 μένον 这个词的前三个字母在他抄录的以前本子中已经漏失。

作了这些纯粹是版本上的考察以后,我们可以再加上一个语言学上的考察。将 ὂν ᾗ ὄν 和 χωριστόν 组合在一起,对亚里士多德很难说有任何意义。他说 A 是 χωριστόν[可分离的]等等时,通常是心目中有另外一个东西,A 和它是分离的。这个东西可以表达出来,也可以不表达出来。如果表达出来,一般是用名词的生格表达的,但有时也以带某个前置词的前置对象表达。如果这个东西没有表达出来,可以从上下文去理解。在我们面前的这段话中,τὸ ὂν ᾗ ὄν 是讲所有的ὄντα[存在物]的,它又能和什么分离呢?对于亚里士多德说,神是 χωριστός;他是非物质的,所以他和物质或物质事物分离。但物质和可以感知的本体都是ὄντα。⑮ 被理解为 τὸ ὂν ᾗ ὄν 的神能和什么东西分离呢?回答是:它和什么都不能分离。⑯ 没有 τὸ οὗ χωριστόν[不可分离的],它自身便根本不是 χωριστόν。所以,τό ὂν ᾗ ὄν καὶ χωριστόν 这个组合是自相矛盾的,对亚里士多德说,不能有任何意义。

注 释:

① Thema und Disposition der aristotelischen Metaphysik, Philosophis che Monatshefte, Bd. 24.
② 上引书和 Über Aristoteles Metaphysik K 1—8, 1065ᵃ26, Archiv für Geschichte der Philosophie, Bd. I. H. 2(1888)。
③ Thema usw. S. 64—65,特别是注㊻。
④ Les apories de la Métaphysique aristotélicienne, Autour d'Aristote. Recueil d'étude de philosophie ancienne et mediévale, offert à Monseigneur A. Mansion

（1955）p. 160 注⑥⑦。
⑤Name und Gegenstand der Metaphysik, The Journal of Hellenic Studies vol. 77 pt. 1（1957）p. 88 和注。
⑥De ente qua Ens Metaphysicae Aristoteleae Objecto, Mnemosyne, Tertia Series vol. 13（1947）p. 133.
⑦上引书 p. 89。
⑧上引书 p. 89 注⑦。
⑨Merlan, From Platonism to Neo-Platonism（1953）p. 144.
⑩Brandis, Über die aristotelische Metaphysik, Abhandlungen de Berliner Akademie（1834）.
⑪Studien zur Entstehungsgeschichte der Metaphysik des Aristoteles, S. 63—89.
⑫不论我们依照抄本读作 ἄχώριστα，或是依照 Schwegler 的订正作 χωριστά，对本文是一样，因为无论哪一种方式都属于 B 组（χωριστόν—ἀχ-ώριστον）。
⑬我们以为在时间上 K 卷第七章先于 E 卷第一章。
⑭《形而上学》K 卷第七章 1064^{a}10 以下。
⑮K 卷第三章 1061^{a}8 行中的 τὸ ὂν ἅπαν［所有存在］，甚至 Γ 卷第二章 1003^{b}10 行中的 τὸ μὴ ὄν［非存在］都可以计算在内。
⑯除非依照 Merlan 的例子，将 τὸ ὂν ἢ ὄν 看作一个成分，"不看作形容词，或者某个别事物的性质，或者宾词"（From Platonism to Neo‑Platonism, p. 142）。这样，我们又将回到那个两难境地，而我们必须从那里解脱出来，才有可能从原文研究亚里士多德的"第一哲学"。

（译自 Phronesis vol VI, 1961）

亚里士多德哲学中"哀乃耳假也阿"（Energeia）和"恩泰莱夏也阿"（Entelecheia）两个术语的意义

本篇取材于拙稿 Untersuchungen über die aristotelische Lehre von der Dynamis und der Energeia als Quasimodalprin-zipien 中之第二章，它是近年来工作结果的一部分。

这是一个奇特的现象：亚里士多德的哲学在欧洲的研究已有二千年左右[①]，单是古代的注释，现存的比较中国的十三经注疏恐怕还要多[②]，然而直至现在还未有一本严格的研究亚里士多德万有论的书[③]；仿佛这学科不是他的"理论哲学"的中心一样；更未有人想到从发生的观点去研究他的万有论的思想，仿佛散见于他的几十年的著作之中的思想由于神迹似地成于一霎那间。

这现象虽然奇特，然而历史上的事实没有出于偶然的，这现象也有它的充足根据。所谓经院哲学的父亲 Thomas Aquinas 在哲学方面祖述亚里士多德。经院哲学在德国的最后代表乃是 Christian Wolff。一七八一年以后 Kritik der reinen Vernunft 夺取了 Philosophia prima sive ontologia 的地位；从此哲学研究离开了亚里士多德，走上了另一条道路。结果是普遍的（中世纪所谓 Universalis）化为概念；Sein 消灭于 Bewußtsein 里；唯心论侵吞了万有论。在这样哲学空气里养成的哲学史家，在系统哲学方面不自知地已有了成见，不能认识万有论方面的问题④;直至 Nicolai Hartmann 从马堡学派里挣扎出来,开辟了新万有论研究的方向以后,亚里士多德哲学的研究始有机会从一偏的哲学环境里解放出来,它始有机会重复认识原有的问题,始有机会客观地工作;因此在这个解放运动产生以前,亚里士多德万有论的研究是蔽于环境难能的。

亚里士多德的哲学在古代被视为系统乃是很自然的事,因为弟子、再传弟子、数传弟子必然这样看待创建这一学派的大师。及至中世纪将基督教建立在亚里士多德的哲学上,更必然地将后者系统化。这个趋势毫无变更地随着时间前进,直至 Werner Jaeger 始产生了空前的改革⑤。新研究方法的发现不但为他获取了国际间的盛名,而且建立了他在亚里士多德哲学研究史上不移的地位。他以为我们应当将发生方法(genetische Methode)应用于研究注重发生的哲学家自己身上去。在他以前的人只知道注意系统,因此从发生观点研究亚里士多德的哲学还未能有。然而 Jaeger 的研究只是普遍的,他并未能依着问题研究各部门。出于他的门下的 Solmsar 在这个研究趋势里完成了他的 Entwicklung der aristotelischen Logik und Rhetorik,然而亚里士多德在当时是一部具有生命的百科全书;他的思想的其他方面还待人用同一方法去研究。在这些部门里尤以万有论为最重要,因为它不仅是万有论一学科的始祖,而且也是亚里士多德哲学的中心。

然而从 Jaeger 门下训练出来的人未受 Hartmann 的哲学训练,虽然已能做历史方面的研究工作,但还未能认识万有论方面的问题;从 Hartmann 门下训练出来的人,未受 Jaeger 的历史研究训练,虽然已能认识万有论的问题,但仍不能做历史研究的工作。因此在二千年的亚里士多德哲学研究史上,至今还无一人从发生的观

亚里士多德哲学中"哀乃耳假也阿"(Energeia)和"恩泰莱夏也阿"(Entelecheia)两个术语的意义

点去研究亚里士多德的万有论。

现在的情形是：一方面这个研究工作正待人去做，另一方面却无适当的人材献身于这样的工作。为了不使这个无结果的僵局继续延长，以致我们忘了自己学和识的浅薄，不揣谫陋地来作一个尝试。亚里士多德认为适中的行为是合于道德的，然而在两种失中的行为里，过分却优于不及。我们当前的举动却是出于宁使力不足而尝试，勿教力有余而退缩的精神，因此以下的工作有以自解了。

我们的动机虽然是 Demut 的避免，然而却不敢好大喜功；我们并不想在一篇文章里研究亚里士多德的全部万有论。相反的，本篇的范围只限于亚里士多德万有论里面的一部，即是关于"准是态论"的；然而却还不是研究这一部门的本身，只是完成研究这一部门的两个预备工作之一。所谓"准是态论"乃是一个尚未见过的名词，我们铸造此词，以表示亚里士多德关于第拿米斯(Dynamis)和哀乃耳假也阿(Energeia)或恩泰莱夏也阿(Entelecheia)的学说⑥。后两个术语（以及它们同字根的文法上的变形字）正和第一个术语（以及它的同字根的文法上的变形字）一样，有许多不同的意义。我们若要严格地了解亚里士多德的准是态论，必先考察每一术语有几个不同的主要意义，辨别其中准是态的(Quasimodalbedeutung)和非是态的(Nichtmodalbedeutung)意义，以及它们在发生方面的关系。这乃是一个预备工作，这工作做完以后，方可研究准是态论本身。这个麻烦琐碎的预行工作，即是在学术方面不厌倦的德国学者中还未有人去做；然而若不预先完成此点，即贸然地谈论亚里士多德的准是态论，正如建屋沙上，基础不坚。关于"第拿米斯"的研究自成专章⑦,这里从略;本文只限于"哀乃耳假也阿"和"恩泰莱夏也阿"方面。

一

研究这两个术语的不同意义,必须收集每一术语应用于每一意义里的标准词句,以便比较。但以无希腊文字模排印,唯有不录原文,只举出每一词句在亚里士多德(柏林普鲁士学院版)全集中的页数行数以便读者复校。

(甲)(子)(一) Metaph. XI 5, 1071^a8(哀⑧)

(二) Metaph. XI 5, 1071^a5(哀)

(三) Metaph. VIII 6, 1048^a31(哀)

(四) Metaph. VI 3, 1039^a7(恩⑧)

(丑)(一) Metaph. VI 13, 1038^b6(恩)

(二) Metaph. VII 2, 1043^a6(哀)

(三) Metaph. VII 3, 1043^a35(哀)

(四) De an. II 2, 414^a17(恩)18(恩)

(乙)(一) Phys. III 1, 201^a10(恩)

(二) Metaph. X 9, 1065^b16(哀)

(丙)(子)(一) De an. III 2, 425^b29(哀)31(哀两见)

(二) De an. II 5, 417^b1(哀两见)

(三) De an. II 5, 417^b20(哀)

亚里士多德哲学中"哀乃耳假也阿"(Energeia)和"恩泰莱夏也阿"(Entelecheia)两个术语的意义

(丑)(一) Metaph. XI 6 1071^{b}20(哀)22⑨(哀)
(二) Metaph. XI 8, 1074^{a}35(恩)
(三) De an. III 5, 430^{a}18(哀)

仅从以上所举各条中的词句,我们已可看出"哀乃耳假也阿"和"恩泰莱夏也阿"至少在三种甚至在五种不同意义里使用;它们主要的用法也不出于这几种,但是究竟的涵义如何,现在还未清楚,我们必须逐一讨论。

二

"哀乃耳假也阿"或"恩泰莱夏也阿"用于第一,(甲)一类的词句里时,它的意义乃是"现实"。这是它的准是态的意义,和"第拿米斯"的准是态的意义——"潜能"相对。"哀乃耳假也阿"或"恩泰莱夏也阿"在这一类用法里表示一种由于历程所达到的状态;使用的范围是复合本质。亚里士多德所谓复合本质(hé sunolos ousia,中世纪译为 substantia concreta)乃指个别事物。它的质料以相(eidos)为目的,趋向于相,直至它达到这目的时,复合本质乃处于完成目的的状态里(En-tel-echeia)了⑩。然而这两个术语中的任何一个又可用以简单地表示这状态,但不必牵涉到达到这状态的历程;或者虽然也牵涉到一个历程,但一个性质完全不同的历程⑪。在后一种情形里,上述术语使用的范围是相(以上参看第一,(甲)(子)(一)条词句)。

作"现实"解的"哀乃耳假也阿"或"恩泰莱夏也阿"和作"潜

409

能"解的"第拿米斯"表示万有中的两个普遍原则。在《物理学以后诸篇》第十一卷中,亚里士多德还未能确指它们是何种原则,然而在同书第八卷里他却明白解释"哀乃耳假也阿"为:"一物在非如我们名为潜能状态里的存有"[12]。(第一,(甲)(子)(二)(三)各条词句)

这样,亚里士多德认为现实和潜能乃是两个存有状态的原则,因此他为后世哲学中所谓是态(Seinsmodi)立下了历史上的基础。然而他所谓的现实和潜能,却还不即是后世所谓三种是态(Notwendigkeit, Wirklichkeit und Möglichkeit)之二,因此它们还不是是态,只是准是态。它们和是态最大的分别,乃是潜能概念里含有目的的成份[13],因此在现实概念里也是如此,这是后世哲学中潜能和现实两概念里所无的。

"恩泰莱夏也阿"作现实解时,很具特性的使用,乃是以上第一,(甲)(子)(四)里所举的。那是一个论证的结语,论证的目的在证明一个本质不能由两个现实本质组成,亚里士多德借用事例来论证,其要义如下:倍潜能地由两半组成,但两半成为现实的两半,倍即分裂。

亚里士多德不仅用"现实"一词来状述相,却还直接叫相为现实,正如他不仅用"潜能"一词来状述质料,却还直接地名质料为潜能(以上参看第一,(丑)(一)(二)各条词句)。但是现实和潜能只是存有的状态,相或质料如何能只是状态而非内容(Inhalt)?这乃是一切细心研读《物理学以后诸篇》第八卷的人所必有的问题;他们如若不能知道,这个简单的命名以一个整个的特殊学说为背景,即无希望了解那一卷书。那学说的要义乃是"最近的质料"[14]和相在内容方面是同一的⑮;然而它们却不是同一事物,而是有差别的。因此它们的差别只有寄托在存有的状态里了。既然如此,那么相和质料的存有状态即足以相对地表示相和质料二者自身。因此亚里士多德乃简单地名质料为潜能,相为现实。

因为普许凯(即普通所谓灵魂,原义指生命的原理)对于身体,即同于"相",对于质料。因此在《物理学以后诸篇》中用以表示相的现实一词和用以表示质料的潜能一词转用以表示普许凯和身体。由此成为亚里士多德的著名的普许凯的定义(见以上(甲)(丑)(四))⑯。再从这里产生出两个结果来:一方面亚里士多德彻底反驳了前人的轮回说⑰,另一方面建立了每一生物所有的严格的整一性⑱。

三

"哀乃耳假也阿"或"恩泰莱夏也阿"一术语用来界说历程时(或在同类的使用里),它的意义不是现实,乃是实现。那个有名的历程的定义如下:"潜能的有,像是潜能的有,它的历程乃是恩泰莱夏也阿"(见以上第一,(乙)(一))或"哀乃耳假也阿"(见以上第一,(乙)(二))。这个定义里最重要的一词乃是"像是" hēi;亚里士多德恐怕人不了解他的意思,特别举例加以解释。譬如铜,诚然它潜能地是人像,然而铜,像是铜,它的"恩泰莱夏也阿"并不是历程,因为是铜和是潜能的并非同一事物⑲。这个解释至少在用中文写出来,比较它所要解释的格外费解了。然而亚里士多德的意思却是很清楚,根据他的质料说,"最近质料"譬如铜,同时有不同的两方面。它潜能地是另一物,譬如人像;现实的是这一物,即是当前的这块铜。实现不以现实的是为主,只以潜能的是为主[20]。因此一件实物,像是这一件实物,它的"恩泰莱夏也阿"并不是历程;只有潜能的有,像是潜能的有,它的"恩泰莱夏也阿"乃是历程[21]。

"恩泰莱夏也阿"或"哀乃耳假也阿"的一个意义是现实,另一是实现。两个意义之间的区别,和潜能对照,可以从以下一个论证里明白地看出来。亚里士多德就着建筑这一事例认为建筑的历程和实现是同一的,但建筑的产生,即房屋和实现不同。理由如下:当有了房屋时,那具有成为房屋的潜能的事物即没有了;但另一方面,当还有些具有成为房屋的潜能的事物在那里时,建筑的历程永远向前进行[22]。当房屋构成了时,那些具有成为房屋的潜能的事物已经彻底实现了;它不再潜能地是房屋,乃现实地是房屋。这是现实的一个特征:即现实的是(一物)不包括潜能的(同一物)于其中。另一方面,建筑的历程只有在那些具有成为房屋的潜能的还未完全实现为房屋时,仍继续进行;因此只有潜能的有时,方有实现。这样,以下乃是实现的一个特征:即实现里永远包含潜能,潜能的成份虽永远减少,以无为限。

实现的这一个特征,可以从亚里士多德何以认历程为实现的动机上看出来。亚里士多德既将"有"分属于各[23]范畴[24],再将统摄诸"有"的各范畴就着存有的状态划分为二:潜能的有和现实的有[25]。然而历程既不能专属于某一范畴,又不能专属于某一存有的状态:因此将它置于潜能未现实之间[26],共同隶属于本质、数量、性质、处所四范畴之下[27]。历程即是实现,即是由潜能进入现实的过程。因此实现以潜能为起点,以现实为终点,其中除在终点一点以外,实现永远包括不同成份的潜能和现实,前者由最大限度降至最小限度，后者由最小限度增至最大限度。

四

"哀乃耳假也阿"或"恩泰莱夏也阿"的一个意义为现实，在那意义里，它相关于作为潜能解的"第拿米斯"，并且和这意义的"第拿米斯"对立。"哀乃耳假也阿"或"恩泰莱夏也阿"的另一个意义为实现，在那意义里它仍相关于作为潜能解的"第拿米斯"，但包含这一意义的"第拿米斯"。"哀乃耳假也阿"或"恩泰莱夏也阿"的再一个意义是活动，在这意义里它既相关于作为潜能解的"第拿米斯"，又相关于作为能力解的"第拿米斯"[28]。最后这一意义——活动——又分别为二：一个指一活动，同时既是能力的施用，又是潜能的实现（参看以上第一，（丙）（子）（一），（二），（三）各条词句）；另一指纯粹活动，既非能力的施用，也非潜能的实现（参看以上第一（丙）（丑）（一），（二），（三），各条词句）。

"哀乃耳假也阿"或"恩泰莱夏也阿"作为第一种活动解，最常见于亚里士多德的《心理学》中，尤其是关于感觉的部分。亚里士多德已经在《物理学以后诸篇》中讲明，感觉乃是一种与生俱来的能力[29]；事实上它是一种"被改变的原理"[30]，虽然动物在感觉时，并非遭遇一种毁灭性的感受[31]。能感的具有感受的能力，就着这具有能力一点，它是现实的，因为它现实地有这能力[32]。但就着这能力还有待于施用一点，它只是潜能的[33]。因此一个能感的动物同时具有两种不同意义的"第拿米斯"：即（感觉的）能力和（施用这能力的）潜能。正如两个不同意义的"第拿米斯"在能感的上面聚合，同样,感觉能力的施用同时也就是那一潜能的实现,它们共同构成感觉活动。"哀乃耳假也阿"使用于动词形式里,尤足以表示这里所解释的意义(比较以上第一,(丙)(子)中的(二)和(三)以及见于(一)里的这个术语的动词形式和名词形式)。这里我们引以下几句话以证明我们的解释完全吻合亚里士多德的原义。他在《心理学》中这样讲:"当具有听觉能力的施用这能力,具有发出音响能力的发出音响时,同时产生了实现了的听觉和实现了的音响。我们呼前者为闻,后者为声"㉞。这样,能力的施用,同时也就是潜能的实现。

"哀乃耳假也阿"或"恩泰莱夏也阿"用以表示上述第二种活动——即既非能力的施用,也非潜能的实现——或纯粹活动时,有一定的范围,它的所指是"努斯"㉟(以上参看第一,(丙)(丑)(一),(二),(三)各条词句)。这个术语很早即用作此义,那还远在亚里士多德的思想进入他的万有论时期以前㊱。亚里士多德那时从一宇宙论方面的问题——运动的问题——出发,寻求运动的原理。既有恒久不灭的运动㊲,必有一能运动的原理㊳。然而若仅有此原理,还不足以产生恒久不灭的运动,因为能运动的不必即施用这能力;若它不施用,即无运动。即使它施用这能力,如若它的所是㊴只是能力,还未必有恒久不灭的运动产生。因此它的所是必即是活动,而且必然无质料,因为质料是毁灭的基础。既然有恒久不灭的运动,这运动的原理必也是恒久不灭的,因而它必是活动㊵。此所谓:不但它的所是是活动,而且它自身不是任何其他的,只是纯粹的活动。从这里可以见得很清楚:"哀乃耳假也阿"用在这里的意义里,表示纯粹的活动;那种活动既非能力的施用,也非潜能

亚里士多德哲学中"哀乃耳假也阿"(Energeia)和"恩泰莱夏也阿"(Entelecheia)两个术语的意义

的实现㊶。这一活动亚里士多德从许多方面规定它的性质㊷，最后认它是"努斯"㊸，或严格点，是努斯的活动，即"诺哀锡斯"，而且是以"诺哀锡斯"自身为对象的"诺哀锡斯"㊹。

"哀乃耳假也阿"在同一意义里用于亚里士多德的《心理学》中（以上参看第一，（丙）（丑）（三）条中的词句）表示主动的"努斯"㊺。

五

直至现在，我们所做的工作只限于同时辨别"哀乃耳假也阿"和"恩泰莱夏也阿"两个术语所有的不同意义，我们还未有暇顾及这两个术语相互间的关系。这个关系乃是本段和以下几段研究的对象。我们必须首先将问题辨别清楚，以免工作的混乱。第（一），我们从意义方面问：它们有无不同的意义？第（二），我们从发生方面问：某一术语产生在前，某一术语产生在后？或者更精细些，我们采取以下的方式研究这发生方面的问题：本篇的目的只在完成一个研究亚里士多德的准是态论的预备工作，既然"哀乃耳假也阿"和"恩泰莱夏也阿"两个术语中的每一个皆有准是态的和非是态的意义，所以我们的问题应当特别着重准是态的方面。于是问题（二）化为以下的几个小问题：（1）它们的准是态的意义同时还是先后产生？如若先后产生，哪一个意义在前，哪一个在后？（2）每一术语的准是态的意义和它的非是态的意义谁先谁后产生？（3）如何由先产生的意义发展到后产生的意义？

关于问题（一）——意义问题——我们从比较字句入手，以求解答。亚里士多德的《物理学以后诸篇》卷十第九章和他的《物理学》卷三第一、第二、第三，三章之间的密切关系久已为稍稍研究亚里士多德哲学的人所共知了。不但前者里所有的皆见于后者里，而且甚至两处的字句皆无甚变更。我们且将"哀乃耳假也阿"和"恩泰莱夏也阿"两个术语见于那两处的举出四个例子，排列如下，以资比较。

（1）Phys. III 1, 201^{a}10（恩[46]）＝＝（一）Metaph. VIII 9, 1065^{b}16—17.（哀）

（2）Phys. III 1, 201^{a}27（恩）＝＝（二）Metaph. VIII 9, 1065^{b}22.（恩）

（3）Phys. III 1, 201^{b}9（哀）＝＝（三）Metaph. VIII 9, 1065^{b}33.（哀）

（4）Phys, III 1, 201^{b}31（哀）＝＝（四）Metaph. VIII 9, 1066^{a}20.（哀）

（1）里的"恩泰莱夏也阿"在（一）里变为"哀乃耳假也阿"。然而仅此还不足以证明两个术语是同意义的。因为以下的解释是可设想的：凡认《物理学以后诸篇》卷十第九至第十二诸章是由旁人节录亚里士多德的《物理学》卷三中数章而成的人[47]皆可这样解释，即人在节录时将原有的"恩泰莱夏也阿"改窜为"哀乃耳假也阿"。然而（2）和（二）的比较却使这个解释发生困难，因为何以（二）里仍旧保存（2）里的"恩泰莱夏也阿"，不似（一）以"哀乃耳假也阿"更改（1）里的"恩泰莱夏也阿"？再者（三）和（3）的关系以及（四）和（4）的关系还与（二）和（2）的关系相同，却不似（一）和（1）的关系，这一层也增加那个解释的困难。尤其重要的乃是：（3）里所讲的是（1）里所讲的一个殊例，然而在（3）里却和在（一）

里一样,即(1)里的"恩泰莱夏也阿"变为"哀乃耳假也阿"了。这里不容许同样的以"节录时的改窜"来解释,因为这无节录时改窜的人——因为从未有人怀疑这两章节不是同出于亚里士多德一人的手笔。既然(1)和(3)的差别不能如此解释,为何(1)和(一)的差别必出于改窜?再者,如若人以为"恩泰莱夏也阿"和"哀乃耳假也阿"的分别正如(1)和(3)所表示的,即前者指普遍的,后者指特殊的。这个解释的错误只须比较(4)和(1)及(3)即可发现了,因为(4)普遍地讲历程正如(1)一样,然而那里却和(3)相同用"哀乃耳假也阿"一术语,却不像(1)用"恩泰莱夏也阿"一术语。以上所指出的现象只容许一个解释,即两个术语用为同义字,因此在并行的章节里或用同一个字或用形式不同而意义相同的两个字。

至于这两个术语用为同义字一结论我们也可由于比较第一节里所举的章节得来。

在那些章节里第一,(丙)(丑)(一)和(二)的比较值得我们特别提出。在(一)里是"哀乃耳假也阿",在(二)里是"恩泰莱夏也阿"。W. D. Ross 认为这里有个分别,然而那个分别事实上只存于他对于那两处的论证的误解里,并不存于那两处的论证自身里[48]。如若有人仅凭幻想认为"恩泰莱夏也阿"只应用于静的意义里以表示状态,不应用于动的意义里以表示历程;我们对于他只有一个简单的答复,即请他将亚里士多德自己在他的《物理学》卷三第一章里所下的历程的定义重阅一次,那里写着的是"恩泰莱夏也阿"。那个定义即是"恩泰莱夏也阿"一术语用于动的意义里的标准出处(locus, classicus)(以上参看第一,(乙)(一)词句)。总之,"哀乃耳假也阿"和"恩泰莱夏也阿"用为同义字,它们之间的区别不在意义方面,乃在发生方面。这样我们已经进到两术语之间的发生方面的问题了。

六

足以供给我们研究这一问题的材料极其稀少,我们只有以下两条可作根据。因为二千年来还未有人从发生方面逐步地研究亚里士多德的万有论,因此它们的价值至今还未有人尽量地分析出来。因为顾及排印时的困难,不能抄录原文,然而这两条却又是以下研究的基础,万难省略,只有试译如下:

Metaph. VIII 3, 1047^{a}30—32 "哀乃耳假也阿"一字即我们将它和"恩泰莱夏也阿"同置一处的,是由动的意义进到其它方面,因为"哀乃耳假也阿"看起来最是动。

Ib 8, 1050^{a}21—23 因为工作是目的,"哀乃耳假也阿"是工作,所以就着工作所言的"哀乃耳假也阿"一字引伸到"恩泰莱夏也阿"。

这是关于亚里士多德的这两个术语仅有的字源方面的记载。从它们里我们发现以下几点:

1. "哀乃耳假也阿"一术语最初用于动的意义里,它所指示的事实上乃是 energein 所指示的[49]。

2. 它的意义引伸到"恩泰莱夏也阿"的意义。

3. 它的意义的引伸是这样的:即在有些情形里欲达的目的是工作,因此在工作中(en-ergeia)同时即达到目的了(en-tel-echeia)。

4. "恩泰莱夏也阿"一术语有一静的意义,它表示由 energein 所完成的状态。

此外还有一普遍的事实我们在这里必须顾及,在亚里士多德的现存著作中,"恩泰莱夏也阿"一术语和"哀乃耳假也阿"不同,它从未在动词形式里和我们相见;而且亚里士多德即无此字的动词。这事实指示我们:这一术语的名词,不是从动词构成的[50],和"哀乃耳假也阿"的情形不同。在后一情形里名词显然是从动词构成的[51]。然而另一方面,"恩泰莱夏也阿"却也用于动的意义里,譬如用于历程的定义里(参看以上第一,(乙)(一))。因此这一术语的动的意义直接由它的静的意义引伸出来[52],却不出自同字根的动词(因为无此字)。因此在以上四点之外,我们应当补充第五点:

5. "恩泰莱夏也阿"一术语在动的意义里的使用,由它在静的意义里的使用引伸出来。

以上五条总结如下:"哀乃耳假也阿"和"恩泰莱夏也阿"各有一动的意义和静的意义。在前者里,动的意义的使用是基本的,静的意义的使用是次等的;其中发展的道路是由动的意义的使用到静的意义的使用。在后者里,静的意义的使用是基本的,动的意义的使用是次等的;其中发展的道路是由静的意义的使用到动的意义的使用。

七

"哀乃耳假也阿"和"恩泰莱夏也阿"每一术语各有一静的使用和动的使用。当它们在静的使用里时,它们和用于准是态的意义里的"第拿米斯"相对,它们的意义是准是态的,即"现实"相对于潜能。在动的使用里时,它们的意义是非是态的,即"实现"和"活动"。"哀乃耳假也阿"的非是态的意义先于它的准是态的意义产生。在"恩泰莱夏也阿"一术语里情形则相反，它的准是态的意义先于它的非是态的意义产生。

至于在"哀乃耳假也阿"一术语的非是态的意义里，"实现"还是"活动"产生在前，我们且不必肯定（这样的肯定也出于我们当前研究的范围）；然而我们很有理由承认"活动"中的一义，即"纯粹活动"，最先产生。

和我们当前研究最有关系的乃是这一术语用于非是态的意义里的另一义，即"实现"。它每次在这意义里应用时，皆已肯定一术语其意义为"现实"，因为现实乃是由潜能的是进到现实的是的过程。当"哀乃耳假也阿"最初用为"实现"意义时，它所肯定的、作为"现实"解的那个术语不能是它自己用于静的意义里；而是另一术语，即"恩泰莱夏也阿"。因为"哀乃耳假也阿"乃是由动的意义引伸到和"恩泰莱夏也阿"同义，即引伸到静的意义，"现实"。当这意义引伸的历程初开始时，它还未有这静的意义。那时它所肯定作为"现实"解的术语乃是"恩泰莱夏也阿"。因为只有如此，它始可在这一历程完成时变为和"恩泰莱夏也阿"同义。从这里我们得到以下的结论：作为"现实"解的"恩泰莱夏也阿"一术语在同一意义的"哀乃耳假也阿"之先产生。

在以上，我们首先确定"哀乃耳假也阿"和"恩泰莱夏也阿"每一术语有几个不同意义，并且详细讨论了每一意义（第一段至第四段）然后再指出它们之间的区别不在意义方面（第五段），乃在发生方面，并且解答了这方面的三个问题（第六和第七两段）。本篇所要做的工作已尽，因而结束于此。至于研究亚里士多德准是态论的本身，乃是后一步的工作，不属于此 Prooimion 了。

亚里士多德哲学中"哀乃耳假也阿"(Energeia)和"恩泰莱夏也阿"(Entelecheia)两个术语的意义

注 释:

①如若我们从 Andronikos 计算起,他约于纪元前七十年生于 Rhodos,乃"环行学派"(Peripatetikoi)的第十一世首领(Ammonius, De interpretatione 5, 29;Elias 117,23;113,19)或亚里士多德以后第十世首领(Amminanal pr. 31.13)。他收集编订印行亚里士多德的著作,从他开始产生了古代关于亚里士多德著作注释的工作。

②现存者皆收集于 Commentaria in Aristotelem graeca edita consilis et auctoritate academiae litterarum regiae Borussicae(Berolini 1882—1907)中。全部共二十三厚册又附刊三册。

③至今仅有 Brentano, Von der vierfachen Bedeutung des Seienden bei Aristoteles 一书,从书名即知其所注重的乃是字义,却不是有(Seiendes)自身。书的范围很狭,并未将关于每一意义的有作详尽的分析。

④参看 Chung-Hwan Chen, Das Chorismos-Problem bei Aristoteles. Vorwort S. IV-V(Berlin 1940)。

⑤W. Jaeger, Studien zur Entwicklungsgeschichte der Metaphysik des Aristoteles (Berlin 1912);Aristoteles(Berlin 1923)。

⑥我们译 Seinsmodus 为"是态"。Dynamis 和 Energeia resp. Entelecheia 在亚里士多德的哲学里不即是是态(其详参看本篇第二节),因此铸一新词:Quasi-einsmodus,译为"准是态"。

⑦现已用中文写出,载在最近即将出版的《哲学评论》,张真如先生六十生日专号内。两篇事实上关系密切,虽然本篇远在该篇之前写成。(编者按:本文未付梓。)

⑧Energeia(及其同字根的变形字)且简称"哀",Entelecheia(及其同字根的变形字)且简称"恩",以下仿此。至于两个术语的关系以下有专段讨论,参看本篇第五至第七。

⑨据抄本 A^b 读如 Energeia。

⑩参看 Aristoteles, Metaph. VIII 8,1050^{a}15—16。

⑪所谓性质完全不同的历程乃指 Differenzierungsprozeß der Gattung。关于此点非数语所能讲说,其详另见,此处从略。

⑫我们现有的亚里士多德《物理学以后诸篇》一书不成于一时,其中各卷甚至一卷中的各章,产生的先后和现在书中编制的次序并不尽同。关于现实和潜能怎样由卷十一第五章中的学说发展为卷八第六章中的学说,其详另见,此处从略。

⑬见以上注⑩。

⑭Eschatē hylē 即中世纪所谓 Materia proxima,指"最近于我们"的质料。

⑮Metaph. VII 6,1045^{b}20—21,至于句中 pōs 指内容方面,其详另见。

⑯这个发展的痕迹显然可寻。在 Metaph. VI 10,1035^{b}14—16 里 psyche 和相(eidos)已认为是同一的了,在 VI 13 和 VII 2 里用"现实"以表示相(参看以上(甲)(丑)(一)、(二)),因此在 VII 3 里普许凯即名为"身体的现实"(参看以上(甲)(丑)(三)),由此发展为 De an. 中普许凯的定义。

⑰De an. II 2,414^{a}19—28.

⑱Ib. II 1,412^{b}6—8.

⑲Phys. III 1,201^{a}29—34;Metaph. X 9,1065^{b}23—27.

⑳Ib. 201^{a}28—29;1065^{b}22—23。句中 energeiai(Casus dativas) on 形容 auto。

㉑Ib. 201^{b}4—5;1065^{b}33.

㉒Ib. 201^{b}9—15;1066^{a}2—7.

㉓普通哲学史上讲亚里士多德所主张的范畴共十个,此说固然不是完全不符事实,然而只是盲人谈象,举其一隅。十范畴之说只见于 Topica(I 9,103^{b}27)及 Categoriae(4,1^{b}25)两著作中,其它章节里所举的范畴数目不一。譬如《物理学以后诸篇》卷四、第七章里所举的即不足十个(参看以下注㉔)。关于此点参看 C. Prantl,Geschichte der Logik im Abendlande I,S. 207 Anm. 316.

㉔Metaph. IV 7,1017^{a}22—27.

㉕Ib. 1017^{a}35—^{b}2.

㉖Phys. III 2,201^{b}33—202^{a}2;Metaph. X 9,1066^{a}22—27.

㉗Phys. III 1,201^{a}11—14 et al.

㉘关于 Dynamis 不同的意见另见(参看注⑦)。

㉙VIII 5,1047^{b}31—32.

㉚De an. II 5,416^{b}33—35,"被改变的原理"译自 archē metabolēs pathētikēs,此术语见于 Metaph. VIII. 1,1046^{a}12—13。

㉛De an. II 5,417^{b}2—5;III 7,413^{a}4—5.

㉜关于这一点，详细的讨论另见，此处只讲其主要的意义如下：亚里士多德将 Dynamis 分为两层，借用古代注释家的名词（Alexander Aphr., Aporiai kai lysai, III 3, 84, 33）即第一第拿米斯和第二第拿米斯。后者已是一种 hexis，因此是现实的。

㉝De an. II 5, 417^{a}6—9；感觉所以划分为潜能的和现实的，正是就着它的已经施用或尚未施用讲，参看原书同页第九至第十四行。

㉞De an. III 2, 425^{b}29—426^{a}1.

㉟Nous 这个术语在中文里不易意译，且暂音译，中世纪译此字为 intellectus。

㊱努斯一术语已见于 Metaph. X 6, 1071^{b}20（参看以上（I）（丙）（丑）（一）词句）和 8, 1074^{a}35.（参看以上（I）（丙）（丑）（二））。关于这术语的意义参看本篇第五段，Jaeger, Aristoteles 229ff. 已经证明此卷（第八章除外），在流传的《物理学以后诸篇》中产生最早。我们由不同的观点认为它属于亚里士多德万有论时期以前的"玄学神学时期"。这个结果和 Jaeger 的殊途同归，然而前者比较后者范围还更狭些，我们关于此问题研究的结果另见，此处从略。

㊲Metaph. X 6, 1071^{b}6—11.

㊳tis dynamenē meta lallein. 和 Metaph. IV 12, 1019^{a}15—16 里给作为能力解的"第拿米斯"以下的定义比较，可知这里所用的"第拿米斯"一术语，指能力。

㊴ousia 这里指 ti ēn einai 且译为"所是"。

㊵Metaph. X 6, 1071^{b}12—22。至于质料是毁灭的基础，参看 Metaph. VI 7, 1032^{a}20—23；VIII 5, 1044^{b}27—29，毁灭（phthora）乃 metabolē 的一种。

㊶潜能只寄托在质料里或复合本质的质料或成份里；因此无质料的即无潜能，同时"哀乃耳假也阿"即非潜能的实现。

㊷循着宇宙论方面的问题认它为 kinoun akineton（Metaph. X 7, 1072^{a}27ff），从玄学方面认它为神（ib. 1072^{b}26—30），再就着它是活动这一层看认它为生命、为愉快（ib. 1072^{b}15—17）。

㊸Ib. 1072^{b}18ff. 怎样由纯粹活动推论它是努斯，在《物理学以后诸篇》里亚里士多德未尝明讲；然而事实上这并非一个无根据的结论。这个思想的过渡点乃在所寻求的原理是"无物质的"一特性上，纯粹活动不寄托于质料上的，亚里士多德认为只有努斯才有。这个思想在他其它的著作里很明显。他在 De an. III 4, 429^{b}5；II 1, 413^{a}6—7 里讲：在普许凯的各种机能

中,只有努斯无一器官为它物质基础。在 De gen. anim. II 3,736ᵃ28 里从另一方面出发讲得更清楚:身体的"哀乃耳假也阿"和努斯的"哀乃耳假也阿"没有交通。

㊹noēsis noēseōs, Metaph. X 9, 1074ᵇ33—36.

㊺即所谓 intellectus agens,这是中世纪通行的译名,然而它却不是翻译亚里士多德自己的术语(因为在他的哲学里缺少这样一个术语),乃是翻译注释家的 nous poētikos(of Alex, aphr, De an. 140)的。后一术语乃系注释家参酌亚里士多德自己的名词 nous pathetikos(De an. III 5, 430ᵃ24—25)铸成的。

㊻参看以上注⑧。

㊼譬如 W. D. Ross, Aristotle's Metaphysics, vol. II, pp. 326, 331, 335。

㊽Ross 虽然也承认 energeia 和 entelecheia 用为同义字,然而却又要强为分别如下:From 1050ᵃ22…it appears that strictly speaking energeia means activity or actualization while entelecheia means the resulting actuality or perfection … For the most part Aristotle uses the words as exact synonymous … yet in X 6,7 whose God is viewed as the prime mover of the universe. He is called energeia, activity, but in 8, 1074ᵃ36, where the immateriality and perfection of His being is insisted on, He is described as entelecheia — Arist. Metaphysics vol. II p. 245. Ross 未尝仔细分析 X 6, 1071ᵇ20—22 里的论证。那个论证的着眼点和 X 8, 1074ᵃ35—36 一样在 immateriality,因此并无 Ross 所分别的分别。在前一论证里,1071ᵇ20—21 实际上应置于括弧中,它和主要的论证并无直接关系,它只证明 immateriality。主要的论证乃是由这 immateriality 以推论 energeia,在 8, 1074ᵃ35—36 一论证中亚里士多德以 entelecheia 证明 immateriality。两个论证建筑于亚里士多德的一个基本思想上,即 immateriality 和 energeia 或 entelecheia 之间有 mutual implication 的关系,因此可由甲推乙,也可由乙推甲。所以 energeia 和 entelecheia 在此仍为同义。考查 Ross 的出发点(1050ᵃ22 译文见本篇第六里)可知他将两个不同的范围未曾辨别清楚,从那出发点所可产生的结论并非 enteie、heia 用于静的意义,energeia 用于动的意义,乃是后者由动的意义引伸到静的意义。他急于从意义方面分别这两个术语,不知从它们关系中间的发生一方面去研究,然而那正是他的出发点所指示的。

㊾energein 是 energeia 的动词,从以下一类的字句里很容易见出名词和动词

(即 energeia 和 energein)可以通用,譬如 De an. 417ᵇ1, ib. 417ᵇ20(参看以上第一,(丙)(子)(二)、(三))。在 417ᵇ1 里 eis te energein 可以无疑义的改为 eis tēn energeina,而且后者是通常的形式。亚里士多德这里不用名词,而用动词,乃是因为用动词以和前面的动词(mē energein)相应。在 417ᵇ20 里 tes energeias 可以意义毫无改变地改为 tou energein。亚里士多德所以不用动词而用名词,乃因为这句开始是 oti tou men…若再用 tou energein 两个中性的 casus genitivus,容易引起混淆。

(50)在积极方面,Ross 依傍 H. Diels(Zeitschrift für Philologie XVII200—3)研究的结果揣测这词直接从 to enteles echon 或 entelōs echon 构成(Arist. Metaphysics vol. II, p. 246)。

(51)这一点我们也可从以上第一,(丙)(子)(三)一类的词句看出。

(52)我们不能采取相反的结论,即"恩泰莱夏也阿"的动的意义(其一为"实现"),由它的静的意义("现实")引伸出来。因为它的动的使用,譬如在历程的定义里预先肯定一名词,其意义为"现实"。但在亚里士多德的著作里除去"恩泰莱夏也阿"以外只有"哀乃耳假也阿"有这静的意义。然而后一术语的静的意义后于前一术语的静的意义产生(参看本篇第七段),因此假若"恩泰莱夏也阿"的静的意义由于它的动的意义引伸出来,那么这动的意义即根本不能产生。

(原载《学原》第一卷第七期)

亚里士多德的两个术语 Energeia 和 Entelecheia 之异同

读书必先识字,这仿佛是一句人人皆同意,不必再提出来讲的话了。然而事实究竟如何,如若所谓识字不仅指读出字音,尤其指了解字义?这句话如若应用于研读哲学书籍上,乃指了解每一个术语的意义和辨别每两个术语的异同。亚里士多德的著作传诵至今已二千多年了,然而读书必先识字这句话在这事例里人们究竟做到了几分之几?

在他的著作里有两个常用的术语 Energeia 和 Entelecheia,它们在他的思想里占怎样一个重要位置,我们可以从下面征引的章节里隐约想像得出来。它们的意义诚然已经有人比较精细地解释过,然而尚未详尽。至于它们之间的异同,那是从古至今皆有人努力去分别。然而,不幸的,这些分别却皆与事实不符。因此它们之间的异同乃是一个由古以来亚里士多德学者即欲解决,然而至今仍待解决的问题。我们在本篇里即尝试这一个久已开始尚未完成的工作。

一

那两个术语的差别向来被认为是意义方面的;人们还未曾想象过,怎样两个术语的差别可以是意义以外的。在这个假设之下产生出两大派别,但是它们的解说却是互相冲突。第一派始于亚里士多德的古代注释家。这派的解释,Bonitz 用以下的话报告我们:"… inde ita videtur Aristoteles ἐντελέχειαν ab ἐνεργεία distinguere, ut ἐνέργεια actionem, qua quid ex possibilitate ad plenam et perfectam perducitur essentiam, ἐντελέχεια ipsam hanc perfectionem significet, τὴν ἐντελέχειαν ὁ Ἀριστοτέλης ἐπί τῆς τελειότητος ἀκούει Schol. 358ᵃ 19"[①]。持相同的意见的在当代仍不乏人,那乃是牛津的亚里士多德学者 W. D. Ross。他在他的《亚里士多德物理学以后诸篇注释》里写着以下的话:"…it appears that strictly speaking ἐνέργεια means activity or actualization while ἐντελέχεια means the resulting actuality or perfection"[②]。

然而另一派的主张却与此相违背。Albert Schwegler 在他的和 Ross 相同对象的著作里将这一派的意见这样叙述出来:"daß Aristoteles zur Definition der κίνησις vorherragend und in der Regel nicht den Ausdruck ἐνέργεια, sondern den Ausdruck ἐντελέχεια gebraucht"[③]。

这两派的意见是正面的冲突。从意义方面解释这两个术语的差别也只有这两种。在我们未作进一步的研究以前,关于这两种意见我们已可作以下的预测,即:它们中间至少有一种与事实不符,甚而至于它们皆是错误。因为关于某某两个术语意义之间的差别,两个互相矛盾的解释不能同时皆正确,然而它们却可同时皆是不正确的。但是究竟谁是谁非,或者是两无一是? 这些皆须留待以下的研究来判明。

二

为了彻底解答这两个术语之间的同异问题,以及判别以上两种解释的是非,我们必须采取一条迂远的路途。所谓迂远的路途乃是首先确定每一术语所有的意义。这步工作做完以后方可比较它们的异同。确定它们的意义诚然是一个不可或缺的初步工作,然而这个工作本身却不必在这里完全叙述出来。为了尽量将篇幅缩短,关于每一意义,我们在这里只提出研究所得的结果来,不另作解释。至于每一意义的标准出处,我们皆详细指明。从那些出处里,凡对于亚里士多德的著作相当熟稔的人皆可领会我们未曾明言的意思。至于每一意义的详尽解释,只有留待它日我们的德文底稿付印时了。

Bonitz 在他的不朽工作 Index Aristotelicus 里 Energeia 条下写着这几句话:"Quoniam potentiae vel opponitur is motus et actus, quo res ad perfectionem naturae suae perducitut, vel ipsailla perfectio"④。他这样分别 Energeia 一术语的两种意义。前者表示某某活动、事物用以达到它的完满状况的;后者表示那完满状况自身。这样的分别直接以亚里士多德自己的话⑤为根据,当然是无误的。然而每一意义里还有更细微的类别,他却未逐条举出来。如若我们要做精细的工作,这些类别也得一一分析出来。

我们在这里将我们分析的结果列为以下的表,Bonitz 所辨别的第二种意义相当于以下表里的第(一)大类,他的第一意义相当于以下表里的第(二)大类:

甲、Energeia 的

(一)静的意义

一、现实(相对于"潜能""δύναμις"),例如 Metaph. VIII 6, 1048^a31,XI 5, 1071^a4,Phys. II 3, 195^b17,Metaph. VIII 3, 1046^b29。

二、现成、完成、完满等等,例如 Metaph. VIII 8, 1049^b25,De gen. anim. II 1, 734^c21。

三、表示相(εἶδος),例如 Metaph. VII 2, $1043^a6,12$。

四、表示心(ψυχή 和身 σῶμα 对立),例如 Metaph. VII 3, 1043^a35。

(二)动的意义

一、实现,例如 Phys. III 1, $201^b8,9$,Metaph. IX 9, 1065^b16。

二、表示认识活动(低级的——即感觉——以及高级的认识活动)。例如 Metaph. VIII 6, 1048^b34,De an. II 4, $415^a19,5,417^b20$, 417^b1(人类的 Eudaimonia 为高级认识活动,附属此条下)。

三、纯粹活动（意义太专门，解释此处从略，意指神，以及所谓 intellectus agens），例如 Metaph. XI 6，1071^{b}20，22，De an. III 5，430^{a}18。

Energeia 一术语在亚里士多德的著作里共有以上七种不同的意义。Entelecheia 一术语也有静的意义和动的意义。两种意义里所有的类别也和 Energeia 所有的相同，因此两个术语的意义一一相当。关于 Entelecheia 我们也列表如下：

乙、Entelecheia 的

（一）静的意义

一、现实，例如 Metaph. IV 7，1017^{b}1，Phys. III 1，200^{b}26，Metaph. VI 13，1039^{a}7。

二、现成、完成、完满等等，例如 De an. III 7，431^{a}3，PhysIII 2，202^{a}11，Metaph. VI 9，1034^{b}17，De gen. anim. II 1，734^{a}30。

三、表示相，例如 Metaph. VI 13，1038^{b}6，De an. II 2，414^{a}17。

四、表示心，例如 De an. II 2，414^{a}18，II 1，412^{a}27。

（二）动的意义

一、实现，例如 Phys. III 3，202^{a}14，16 201^{a}11，201^{a}17，VIII 5，257^{b}8。

二、表示认识活动，例如 De an. II 1, 412^{b}28, Metaph. VI 10, 1036^{a}7。

三、纯粹活动，例如 Metaph. XI 8, 1074^{a}36。

三

以上所举的例证并非完全出于偶然；相反地，如若我们将它们两两相较，就可见出，其中有许多是同一思想用两个不同的术语叙出，甚而至于其它字句几乎完全相同，只是在一处用 Energeia 一字，另一处用 Entelecheia 一字。这样的例子譬如以上所举的 Metaph. IX 9, 1065^{b}16（以上第二段甲（二）一项下）和 Phys. III 1, 201^{a}11（以上同段乙（二）一项下）。

这个例子足以证明以上所举两派解释里的后一派是错误的。因为依据那一派的意见，亚里士多德在给历程下定义时"显著地而且通常地"用 Entelecheia 一字；然而事实摆在我们的面前，在 Metaph. IX 9, 1065^{b}16 里，亚里士多德给历程下定义时，他却明明白白地写下了 Energeia 这一个字。

至于第一派的解释呢，它的命运并不比较第二派优良些。那位亚里士多德专家 Ross 说："Yet in X 6, 7, where God is viewed as the prime mover of the universe, He is called ἐνέργεια, activity, but in 8, 1074^{a}36, where the immateriality and perfection of His being is insisted on, He is described as ἐντελέχεια"⑥。但是亚里士多德自己在 X 6, 1071^{b}22 里所用的字却是 Energeia⑦。Energeia 在这里仍然表示永恒，不含有质料的本质即神；着重点同样是在他的不含有质料

这一特点上。

两派的错误有一共同的原因:人们以为 Energeia 和 Entelecheia 既是两个不同的字,它们当然不能毫无差别;但是这个差别他们只知道向意义方面去搜寻。于是有些人根据某一些意义去解释,另一些人根据另一些意义;因此产生出"象如树干"、"象如葵扇"一类的议论来。现在让我们注视事实吧!事实即是以上两张表所表示的:那两个术语所有意义完全相同。那些解释这两个术语的人所谓 actio 和 perfectio 其实乃是它们所有意义里的两种类别。事实既然如此,我们岂可再执著一部分意义以解释那两个术语呢?

四

如若不能,我们必须另作研究,从另一新观点出发研究。所谓新观点乃指字义的孳生。这个发生方法(genetical method)还未有人用于本问题的研究上;我们且作这一个新的尝试。

关于 Energeia 一术语字义方面的记载在亚里士多德的著作中仅有以下三条:

(一)ἐπὶ πλέον γάρ ἐστίν … ἡ ἐνέργεια τῶν μόνον λεγομένων κατὰ κίνησιν. Metaph, IX 1, 1046^{a}3。

(二)ἐλήλυθε δ' ἡ ἐνέργεια τοὔνομα, ἡ πρὸς τὴν ἐντελέχειαν συντιθεμένη, καὶ ἐπὶ τὰ ἄλλα ἐκ τῶν κινήσεων μάλιστα δοκεῖ γὰρ ἡ ἐνέργεια μάλιστα ἡ κίνησις εἶναι. ib. 3, 1047^{a}30—34。

(三)τὸ γὰρ ἔργον τέλος, ἡ δὲ ἐνέργεια τὸ ἔργον. διὸ κα τοὔ-

νομα ἐνέργεια λέγεται κατὰ τὸ ἔργον, καὶ συντείνει πρὸς τὴν ἐ-
ντελέχειαν. ib. 8, 1050ᵃ21—23。

这三条的含义我们且作以下的重述：

（一）Energeia 一字使用的范围比较单指动而言的为大。

（二）Energeia 一字我们常将它和 Entelecheia 并列，由动的意义发展到其它的意义，因为 Energeia 似乎最是动。

（三）因为工作是目的，Energeia 是工作，因此就着工作所言的 Energeia 一字趋向于表示 Entelecheia。

根据这三条条文我们作以下的推论：

一、（根据（一））Energeia 一术语不仅有单指动而言的意义。

二、（根据（二））它最初在动的意义里使用着。

三、（根据（二））它的意义然后发展为其它意义了。

四、（根据（三））它的意义的发展是这样的：在某某情形里工作是目的，用于动的意义里的 Energeia 是工作；因此凡是动的即"在工作中"（en-ergeiai），亦即"在完成状况里"（en-tel-echeiai）。于是 Energeia 和 Entelecheia 成为同义。

关于 Entelecheia 一术语，我们首先根据以下章节，例如 Phys. VIII 5, 257ᵇ7—8, De an. II 5, 417ᵇ7 等，作这样一个推论：

五、这个术语使用于静的意义里，它表示那由历程所引到的境地，目的完成的境地。

再根据亚里士多德《物理学》里所下历程的定义⑧，我们推论：

六、它在使用于静的意义以外还使用于动的意义里。

此外另一件普遍的事实我们须得注意。这事实乃是 Entelecheia 一字的字根从未在亚里士多德的著作里构成动词。这事实指示我们 Entelecheia 一字不是从动词孳生出来。再者 Diels 指明出来形容字ἐντελεχής 等于 τὸ ἐντελές ἔχων 一词⑨, Ross 猜想ἐντε. λέχεια 一字直接由 τὸ ἐντελές ἔχων 一词造成⑩。那个形容字和这个形容词皆表示状况，不表示动作，因此我们再作以下两条推论：

七、Entelecheia 一字在静的意义里的使用先于在动的意义里的使用。

八、动的意义的使用由静的意义的使用引申出来，比较静的意义的使用由动的意义的使用引申出来更为合理

这样，Energeia 和 Entelecheia 两个术语皆有动的意义和静的意义。前者的动的意义是原义；由此孳生出静的意义来。后者的静的意义是原义；由此孳生出动的意义来。

五

关于亚里士多德的两个术语 Energeia 和 Entelecheia 的异同，我们研究的结果总结如下：

一、它们皆有动的意义和静的意义，而且每一意义里所有的类别它们也皆同样的具有。因此它们在意义方面是无差别的。

二、但是它们并不因此即彼此毫无差异：它们的差异乃是在它们的动的意义和静的意义孳生方面。Energeia 由动的意义发展到它的静的意义；Entelecheia 由静的意义发展到它的动的意义。

注 释:

①Index Aristotelicus (Aristotelis Opera edidit Academia Regia Borussica vol. V)253^b39—43.

②Vol. II, p. 245.

③Bd. IV S. 222.

④Bonitz 同书页 251^a21—23。

⑤Metaph. VIII 6, 1048^b8.

⑥见注②中。1074^a36 原文如下: τὸ δὲ τί ἦν εἶναι οὐκ ἔχει ὕλην τὸ πρῶον ἐντελέχεια γάρ。

⑦全文如下: ἔτι τοίνυν ταύτας δεῖ τὰς οὐσίας εἶναι ἄνευ ὕλης· ἀΐδιους γὰρ δεῖ, εἴπερ γε καὶ ἄλλο τι ἀΐδιον. ἐνέργεια ἄρα。

⑧III 1, 201^a11.

⑨Zeitschrift für vergleichende Philologie XL VII 200—3.

⑩同书 vol. II, p. 246。

(原载《台湾大学文史哲学报》第一期)

亚里士多德哲学术语 Energeia[①] 的几种不同意义

每一个多少涉猎一点亚里士多德著作的人都知道,有若干对专门术语几乎在他的所有著作中都出现过。其中一对是 dynamis 和 energeia(有时是 entelcheia)。它们不仅是可以用来概括他的"第一哲学"的合宜题目,而且在他的思想的其它部分如物理学、心理学和伦理学中起了重要作用。既然他是以这两个概念为材料去构筑他那几种有影响的学说的,那就很自然,必须首先掌握这两个术语的不同意义,才能够理解他的哲学。

但是,即使取得这种预备的知识,也不是一件简单的工作。关于 dynamis 这个术语,亚里士多德在所谓"哲学辞典"[②] 中曾以一章来说明它的各种不同意义,然而还是很不够的。[③] 至于 energeia 这个术语情况更坏。因为在《形而上学》的同一卷中,甚至没有一章说明它的不同意义,然而事实上这种说明更有必要,因为 energeia 这个术语比 dynamis 使用的花样更多。希腊的注释家一般致力于单个段落的注释,我们不能期待从他们那里得到综合的说明;现代学者在这方面也没有给我们提供更多的帮助。连《亚里士多德索引》的有名编者波尼兹(Hermann Bonitz)也是如此,他对亚里士多德研究的贡献是得到广泛承认的。

现在,文明世界知识界的兴趣不再像十九世纪特别是在德国一度出现的那样,专注于这样的历史研究了。虽然问题的主观状况已经改变,但问题本身依然存在,仍然有待解决。所以现在还需要研究,不亚于从前,要找出亚里士多德使用 energeia 这个术语的不同意义,或者至少指出它当时的主要用法有多少种不同的含义。

波尼兹在他的不朽著作中对 energeia 这个词项下这样写道:" Quonian, potentiae vel oppositur is motus et actus, quo res ad perfectionem maturae suae perducitur, vel ipsa illa perfectio ἐνεργείᾳ λέγεται τὰ μὲν ὡς κίνησις πρὸς δύναμιν, τὰ δ᾽ ὡς οὐσία πρός τινα ὕλην Met. Θ6,1048^{b}8. Quod discrimen quamquamnon potest ubique accurate observari, tamen ad perlustrandam varietatem usus aptum est."[④]他的区分一般说是对的,但在哪一方面都显得不够。亚里士多德使用这个术语,主要至少有九种或十种用法;所以它主要有这么多不同的意义。它们的每一种是什么,彼此如何不同,以及亚里士多德用这个术语的一种或另一种含义去表述的是什么学说? 我们初看时是不清楚的。只有仔细分析使用这个术语的学说,才能完全理解这个术语在他的哲学中的用法。这便是我们在下文要做的。

(一)现实意义的 energeia

这个术语的众所周知的意义是"现实"。这种意义的 energeia 和"潜能"意义的 dynamis 相应。Energeia 和 dynamis,或现实和潜能,表示一对原则,按照亚里士多德,这对原则对整个存在领域都是类似地有效的。[⑤]它们并不像形式和质料那样是构造的原则,而是性质完全不同的原则。事实上,他认为它们是存在的方式。⑥所以它们是我们在后来的哲学中熟悉的样态原则的前驱。⑦可是他并没有将它们看作纯粹样态的;在他的现实概念和潜能概念中都包含有目的论的因素,⑧这在任何纯粹样态概念本身中都是不包含的。所以我们将这两个亚里士多德的原则叫作准样态原则。当这位哲学家使用 energeia 和 dynamis 这对术语表示带目的论色彩时存在样态时,可以说它们是用于准样态的意义。

(二)实现了的和完善的意义的 energeia

和现实意义密切关联的有这个术语的另外两种意义:"实现了的"和"完善的"。在前一种情况下,这个术语应用于那些在产生过程中的事物时,通常不容易将实现了的意义的 energeia 和现实意义的 energeia 区分开来。因为在那些事物中间,现实的就是成为现实的,也就是实现了的;反过来,实现了的也就是现实的。结果很难知道某一章节中 energeia 这个术语是否只有这种意义而不同时具有那种意义。在后一种情况下,完善的意义和实现了的意义是不能彼此分离的。因为按照亚里士多德,质料有一种自然倾向(δύναμις),要实际上成为规定的那样。这种现实的规定性,就是它的目的。当它已经变成实际上如此时,它的潜能就实现了,同时它也就达到了它的目的,那时它就是完善的了。⑨

(三) 应用于形式和灵魂的 energeia

既然 energeia 这个术语是用来表示产生的事物的,它的实现了的意义就一方面和它的现实的意义紧密相联,另一方面又和完善的意义不能分离;这样,它在这种情况(即 γιγνόμενα [产生] 的情况)下,通常是很难划定现实和完善这两种意义的界限的。但是当它用来表示那些不属于再要实现的东西时,它的意思毫不含糊地是指现实。正是在这种意义上,亚里士多德用 ἐνεργείᾳ [现实的] 这个术语作为形式(εἶδος)的标志。

形式不仅以这种方式来标志——这在亚里士多德学者中是众所周知的——而且也用这个术语的主格来标志;[10]正像质料不仅被描述为潜能的,而且被称为潜能一样。[11]形成这种命名法的背景的,是亚里士多德关于形式和最近质料的特定学说。在这里讨论这种学说,会将我们引上迷途;所以我们暂作保留,等别的机会再讨论它。

我们在这里要强调的是这个术语之应用于灵魂。灵魂和形体的关系有如形式和质料的关系。如果把后二者分别称为 energeia 和 dynamis,而把灵魂是看成形式的,[12]那就很自然地将 energeia 这个名称转给了灵魂。[13]有了这个灵魂概念,才建立起生物的严格统一性。[14]所以,empsychon [有生命物] 乃是一个统一体(或者毋宁说是一个具体的完整 σύνολον),包括是 dynamis 的质料(形体)和是 entelecheia[15] 或 energeia[16] 的形式(灵魂)。灵魂和形体的关系便不再像亚里士多德的某些先辈们所任意设想的那样,是两个事物的关系;现在,按他自己的意见,灵魂和形体乃是同一事物存在于两个对立的样态里。形式的学说之转变为这个重要的心理学说,是他的"本体讨论"⑰中准备好的。

(四) 实现意义的 energeia

Energeia 这个术语的准样态含义就有这么多,它的主要用法我们刚才讨论过了。以下我们转到这个词的非样态含义上,它的意义也有几种不同的色调。首先,我们认为这个词是用来规定运动的。在这种情况下,它不是指现实,而是指实现(actualization)。亚里士多德关于运动的有名定义是这样的:凡是潜能的东西,就其为潜能的而言,它的实现便是运动。⑱"就其为"($\tilde{\eta}$)这个说法是很重要的,他用一个具体的例子来说明。他指出,虽然铜潜能地是一个雕像,但是铜的 entelecheia(现实),⑲就其为铜而言,并不是运动的。因为是铜和是潜能地可以动,根本不是一回事;否则铜的 entelcheia 就已经是某种运动了。但是他已经说过,它们并不是一回事。⑳亚里士多德这话的意思是说:实现只和潜能地存在的东西有关,和实际上存在的东西无关。最近的质料,例如铜,潜能地是某个事物;但除开是这个事物以外,它还有另一面,它实际上是铜。实现和它实际上是什么无关,只和它潜能地是什么有关。㉑所以运动并不是一件事物之为实际上这一事物的实现(因为这方面它已经实现了),而是它之为潜能的另一事物的实现(因为只有这方面才可能实现)。

实现意义的 engrgeia 和现实意义的这一术语的不同在于:现实

是完全排除潜能的,而实现却总是包括潜能,虽然程度越来越低。

Energeia 这个词不仅用来表示潜能的存在者实现的过程,而且表示使它运动的过程。因此,亚里士多德是用同一术语表示主动和被动的。他是从下列过程达到这一点的,发生的只是单一的实现;这个实现同时既是主动者在被动者中实现,又是被动者通过主动者实现。[22]但是他所说的这种统一,并不意谓着两个过程是同一的,而是说它们在运动中符合一致。正如急剧上升的路和急剧下降的路虽然彼此不同,却只有一条路。[23]

(五) 应用于感觉和理智认识二者的 energeia

亚里士多德在他的心理学中用 energeia 这个术语既表示感觉又表示思想——或者确切地说理智认识。[24]我们先谈感觉。亚里士多德的心理学是能力心理学。凡机能在于感觉的,亚里士多德称为 aisthetikon,就是主体用以获得感官知觉的能力。[25]按照《论灵魂》中的解释,是将这种 dynamis 在某种意义上看成是承受或接受活动的能力,也就是一种被动的能力。[26]因为它是由存在于心灵以外的事物、由感觉对象引起作用的;[27]只是这里不要将"承受"或"接受活动"这话理解为被对方毁灭的意思,只能理解为由实际存在并且和它相似的东西保持那潜能地存在的东西。[28]

这种能力不仅是非样态意义的 dynamis(即"能力"),而且也是准样态意义的 δυνάμει(即"潜能")。因为凡是能够感觉的,即 aisthetikon,是潜能地如此,而感觉对象是实际上如此。[29]

因此,感觉乃是承受或接受活动能力的发挥,而且,其意义是:

由于这一发挥,原来是潜能地存在的,现在就保持在现实中;或者更准确地说,它那些标志实现了,便保持着。所以,感觉包含两个环节:承受或接受活动的能力,以及潜能的实现。亚里士多德将它叫作 energeia。

然后来谈理智。这就是灵魂用来思想和思考的那种理智,[30]并不是所谓的 intellectus agens[能动理智],亚里士多德认为那是独立的,和形体分离后自身永存的。[31]虽然在其他方面,感觉和理智认识是彼此不同的。感觉能力是获得感性认识的能力,理智则是深思熟虑的能力。[32]同感觉一样,理智认识在某种意义下也是承受。[33]所以,即便这种深思的能力,也可以看成一种承受和接受活动的能力。而且正像感觉能力是潜能地如此,而感觉对象是现实的一样,理智在某种方式下潜能地是所有的理智对象,而在它发挥作用以前,实际上并不是任何理智对象。[34]所以,正是由于主体和客体的共同标志同一,才有可能作出理智认识,这和感觉的情况一样。可是这里的"承受"或"接受活动"这一说法,不能理解为被相反者所毁灭,只能是这样的意思,即潜能存在者被现实存在者所实现,并在这一实现中保持着它的特征。因为凡是具有并发挥智慧的人是不会有所变更的;这一发挥只是将它发展成为现实。[35]所以,像感觉一样,理智认识也包含两个环节:上述意义的承受能力,以及潜能存在者的实现。因此,亚里士多德将这也叫作 energeia。

(六) energeia 这个词用于"主善"(chief good)的定义中

在亚里士多德的伦理学中,energeia 这个词又用来作为专门术语,表示灵魂的一种特定活动。㊱他探讨主善的性质时,得出结论说:人类的善——等于幸福(εὐδαιμονία)㊲——是灵魂遵照德行活动,如果有不止一种德行,就遵照最好的、最完全的德行活动。㊳

什么是最完全的德行和最完善的幸福呢？这是亚里士多德在《尼各马可伦理学》另一处说明的。完善的幸福就是理智的、遵照智慧的活动。这就是人的深思活动。�439所以,energeia 一词在这种伦理学说中表示的是理智的认识活动。这个词用在这里的意思,与其说是一种全新的意义,不如说是以上第五节所讨论的通常含义之一,是一种特殊的应用。

(七)纯粹活动意义的 energeia

我们以上指出了亚里士多德用 energeia 这个词表示被动的理智,它的两个特征环节是承受能力和潜能的实现。这个词又进一步用来表示一种活动,这活动既不是能力的发挥,也不是潜能的实现,并没有非样态意义的或准样态意义的 dynamis 作它的基础;也就是说,是一种纯粹的活动。我们看到亚里士多德关于神和所谓能动理智的学说中是使用 energeia 的这种意义的。㊵他在《形而上学》Γ 卷中所说的神学中,从讨论永恒运动的宇宙问题出发,得出结论说这种运动的本原必定是一种活动。㊶这种活动就是纯粹的活动。他又将它进一步等同于不动的动者、㊷理智、㊸神、㊹noesis 或思想,最后等同于思想的思想。㊺

这里采取 energeia 这个词的现实含义是没有意义的。因为这时这个为天和自然都依靠的本原[46]在他心中岂能只是一种存在的样态呢?[47]他诚然将神看作形式本体,[48]也将形式称作准样态意义的 energeia,但是不能将这种命名法转换成为神圣的。因为这种将形式称作 energeia 的学说,涉及最近质料,所以它不能应用在这里。[49]另一方面,神是一种有确定属性的本体,无论在什么意义都不仅仅是存在的样态。

在同样的意义下, energeia 这个词也用来表示 intellectus agens [能动理智]。[50]

(八) energeia 和运动

波尼兹所区分的 energeia 这个术语的两种意义,其实不过是准样态意义和非样态意义,前者在以上第一—三节中讨论了,后者在第四—七节中讨论了。energeia 这个词用于非样态意义时,有广义和狭义两种用法。第一种情况是指运动,以及感觉、思想或理智认识,寄托幸福的人类理智的深思运动,所谓"能动理智",不动的动者或神;按照亚里士多德,神就是思想的思想。[51]第二种情况指的也是这一切,但运动除外。就是因为这个理由,他有时主张运动是 energeia,有时又将运动和 energeia 对立起来。[52]后一种情况的 energeia,他常常以观看为例来说明。[53]我们的下一步工作是研究他如何将运动和 energeia 彼此区分开来。他所作区分是以下列三点为基础的:(1)运动是不完善的, energeia 是完善的;[54](2)凡置于运动中的是不完善的,已经实现的才达到完善;[55](3)运动是有快有慢的,

energeia 不是这样。㊽

（1）在《尼各马可伦理学》中，亚里士多德是这样论证的：每个运动（例如建筑活动）都要时间，在任何瞬间都是不完善的，只有最后建筑已经完成的一瞬，或者在运动经历的整个期间，才是完善的。另一方面，观看〔视觉〕在每一瞬间都是完善的，因为它并不缺少任何以后产生的东西可以使它的形式完善。㊾

《形而上学》中将运动又说成不完善的。这一回亚里士多德是强调运动的目的外在于运动。他指出，那种有限制的运动本身并不是目的，只是达到目的的手段，例如减肥。一个在进行减肥治疗的人，目的在于变瘦，当治疗过程还在继续时，他还没有达到预期的目的；但是到他变瘦的那一瞬间，过程已经结束了。所以减肥的目的是在运动以外的。那不是 praxis〔行动〕，至少不是完全的行动。所有的运动都像减肥运动那样，所以都是不完善的。另一方面，本身就包含目的在内的活动才是 praxis。㊿例如，"看"就是为了看，此外别无目的，因为运用视觉便是目的。㉘因而，当感觉主体看时，看的目的便同时达到了；所以，"在看和看到了是同时的"。㉙思想、快乐等也是这样，和减肥、走路等是相反的。前者都是 energeiai 或活动，后者则是不完全的运动。㉚

（2）《论灵魂》中是将运动和感觉区别开来的，其根据是这一个和那一个的主体有不同的规定。因为置于运动中的是不完善的，实现了的就已经达到完善了。运动是从潜能向现实的转变过程。㉛一件事还在运动中时，就没有完全实现，还没有达到它的目的；它还是不完善的。相反，一个看东西的人，当他在看的那一瞬间，就已经看了，已经达到他的目的了；所以这是完全的。

我们刚刚从亚里士多德的《伦理学》和《形而上学》中学到的那

个运动是不完全的,在《论灵魂》的同一章节中又得到一个解释。运动,按照《物理学》下的定义,是潜能存在者潜能地存在时的实现。任何潜能地存在的东西都是没有实现的,没有达到目的的,是不完善的。运动就是它借以达到目的的过程。因此,这个目的正因为还没有被在运动中的事物所达到,所以是在运动本身之外的;它超越于二者之外。在这种超越中,潜能存在者的不完善和运动的不完全都表现出来了。严格看来,它们是以下列方式彼此关联的。潜能存在者开始实现其自身时,就将它的超越目的也派给了它的运动。所以从运动中事物的不完善,可以推出运动自身的不完全。我们的解释在亚里士多德《物理学》中一节得到了明确的证实。[63]

（3）我们看到 energeia 和运动的第三种区别是以愉快为例来说明的。很明显,每一运动的快慢,如果不是由于它自身,至少是相对于别的事物;而另一方面,愉快却不是这样。虽然一个人得到愉快感是有快有慢的,但他具有它并无快慢之分。[64] energeia 的这第三个标志和第一个标志紧密相联。例如,愉快正和看一样,在每一瞬间都是完的。因为它是一个整体,任何时候都找不到一种愉快,它的形式会因延续得较久而完全起来。[65] 而一个运动的快慢正是由这运动要用多长时间通过一定时间来定的。[66] 无论快慢都要包括一定数量的时间单位;所以,它在每一瞬间都是不完全的。

总起来说:在亚里士多德的哲学中,energeia 这个术语的主要用法至少有九种或十种不同的意义。它们可以作如下分类:

I. 准样态意义:

1. 现实

2. 实现了的或

3. 完善的

4. 应用于形式

5. 应用于灵魂

II. 非样态意义：

A. 广义的

1. 实现

2. 应用于感觉

3. 应用于理智认识

4. 人类理智的深思活动

5. 纯粹活动

B 狭义的：A 中所有五种含义，除第一种外，这里都包含。

注 释：

① 现在物理学上当作术语使用的 energy（能）这个词是从希腊字 ἐνέρχεια 转写的，但是它的意义和亚里士多德使用的这个词完全不同。为了使人不至于将这个词的现代意义和亚里士多德使用的术语混淆，我们在这里宁愿用这个词的原形。

②《形而上学》Δ 卷第十二章。

③ 因为那里列举的并不完全包括亚里士多德著作不同章节中使用 dynamis 这个词的一切情况。最令人大为惊讶的是那里没有提到他的"第一哲学"中的 dynamis。

④ Aristotelis opera edidit Academia Regia Borussica, Vol. V 251^{a}21—27.

⑤《形而上学》Λ 卷第 5 章 1071^{a}3—5。

⑥《形而上学》Θ 卷第 6 章，1048^{a}30—32。

⑦ 它们不是纯粹样态原则，从一件事已经可以明白看出，这就是亚里士多德《形而上学》中并没有一个东西同 dynamis 和 energeia 合在一起形成三一体，可以表示"必然"这一样态。诚然他的逻辑学中讲了三种不同的样

态,但其中并没有确定的术语表示"实在"样态(而是干脆用动词 ὑπάρχειν[起头]表述它);但他的逻辑学著作中用 ὑπάρχειν 和 ἐνδέχεσθαι ὑπάρχειν[可以起头]表述的,和在他的"第一哲学"中用 energeia 和 dynamis 表述的东西是不同的。所以,energeia 和 dynamis 只能是样态概念的前驱,而非样态概念本身。参看下一个注。

⑧在亚里士多德的那些 dynamis 概念(潜能含义的)中,至少包含有如下的目的论因素:(1)按照亚里士多德,"质料"是这种意义的 dynamis 的承担者。如果一物潜能地是另一物,它的 dynamis 是由于它的质料成分。而质料有向往形式的自然倾向,它以实际上是规定的那样为目的,要象形式那样子。所以在他的潜能概念中,目的是一个重要的因素。(2)这种现实的规定性是质料的目的。例如,某棵树的种子以实际上成为这样一棵树为目的。如果这种变化所要求的条件满足了,它就会发展成这样一棵树。所以发展的基础就是这潜能意义的 dynamis。这就是他的潜能概念的第二个重要环节。这样一些目的论因素也包含在他的现实概念中,因为现实便是潜能所实现的状态。

⑨完善意义的 energeia,用于例如《形而上学》Θ 卷第 6 章 1049^{b}25,《动物的产生》第 2 卷第 1 章 734^{b}21,那里说到人或其它生物。因为一个人是由另一个人生出来的,而这另一个人在生命方面是完全发展了的,也就是说,是生命完善的。

⑩例如《形而上学》H 卷第 2 章 1043^{a}6,12。

⑪参看《形而上学》Z 卷第 16 章 1040^{b}6。

⑫《形而上学》Z 卷第 10 章 1035^{b}14—16。

⑬《形而上学》H 卷第 3 章 1043^{a}35—36,参看《论灵魂》第 2 卷第 1 章 412^{a}72—28。

⑭《论灵魂》第 2 卷第 1 章 412^{b}6—9。

⑮《论灵魂》第 2 卷第 2 章 414^{a}14—19。

⑯参看《形而上学》H 卷第 3 章 1043^{a}35。

⑰《形而上学》Z 卷第 10 章 1035^{b}14—16 中,将灵魂看成 εἶδος[形式];在 H 卷中,energeia 或 entelechia 常被用来表示 εἶδος(例如,H 卷第 2 章 1043^{a}6,12;Z 卷第 13 章 1038^{b}6)。所以 H 卷第 3 章 1043^{a}35—36 中将灵魂称为 ἐνέργεια σώματος τινός[某个形体的现实],《论灵魂》中的灵魂概念正是从这里来的。

⑱《形而上学》K卷第9章1065ᵇ16，参看《物理学》第3卷第1章201ᵃ10—11。将这些章节互相对比，便可以看出 energeia 和 entelcheia 用来给运动下定义时，是用这样的含义。

⑲看注⑱。

⑳《物理学》第3卷第1章201ᵃ29—34；《形而上学》K卷第9章1065ᵇ23—28。

㉑《物理学》第3卷第1章201ᵃ28—29；《形而上学》K卷第9章1065ᵇ22—23。这两句都采用 Aspasius 的读法 οὐχ ᾗ αὐτὸ ἀμ' ᾗ κινητόν[不是作为它自身，而是作为运动者]（参看 W. D. Ross：Aristotle's Physics, p. 537）。αὐτό[自身]是指ἐντελεχείᾳ ὄν[现实的存在]。例如，铜现实地是铜，它的实现并非就其为铜而言，而是就其为可以运动而言。

㉒《物理学》第3卷第1章201ᵇ4—5，《形而上学》K卷第9章1065ᵇ33。

㉓《物理学》第3卷第1章202ᵃ18—20，ᵇ19—22；《形而上学》K卷第9章1066ᵃ31—34。感觉情况下的这种统一性是在《论灵魂》第3卷第2章245ᵇ25以下讨论的。

㉔《论灵魂》第2卷第4章425ᵃ16—20；《形而上学》Θ卷第6章1048ᵇ33—35。

㉕Aisthetikon 被称为 dynamis，如《论灵魂》第2卷第3章414ᵃ32。

㉖δύναμις παθητική[被动的 dynamis]一词见于《形而上学》Δ卷第15章1021ᵃ15—16。

㉗《论灵魂》第3卷第7章431ᵃ4—5，第2卷第5章417ᵇ20—21。

㉘《论灵魂》第2卷第5章417ᵇ2—4。

㉙《论灵魂》第2卷第5章418ᵃ3—4。

㉚《论灵魂》第3卷第4章429ᵃ23。

㉛《论灵魂》第3卷第5章430ᵃ17，22—23。

㉜《论灵魂》第2卷第2章413ᵇ25用了 θεωρητικὴ δύναμις[理论能力]的说法，在那里等于理智。

㉝《论灵魂》第3卷第4章429ᵃ13—15。

㉞《论灵魂》第3卷第4章429ᵇ29—430ᵃ2，参看上文429ᵃ15—24，27—29，那里说理智是 δυνάμει εἴδη[潜能的形式]，就是 νοητά[理智的东西]。

㉟《论灵魂》第2卷第5章417ᵇ2—7。

㊱《尼各马可伦理学》第1卷第6章1098ᵃ7等处。

㊲《尼各马可伦理学》第1卷第2章1095^{a}17—20,第6章1097^{b}22—23。

㊳《尼各马可伦理学》第1卷第6章1098^{a}8—17。

㊴《尼各马可伦理学》第10卷第7章1177^{a}12—18。第6行的ἡ τούτιχ ἐνέργεια是ἡ ἐνέργεια τοῦ νοῦ(1177^{b}19),而κατὰ τὴν ἀρετήν是κατὰ τὴν σοφίαν(1177^{a}24)。

㊵《形而上学》Λ卷第6章1071^{b}20,22;《论灵魂》第3卷第5章430^{a}18。

㊶《形而上学》Λ卷第6章1071^{b}12—22。

㊷《形而上学》Λ卷第7章1072^{a}23行以下。

㊸《形而上学》Λ卷第7章1072^{b}18行以下。

㊹《形而上学》Λ卷第7章1072^{b}26—30。

㊺《形而上学》Λ卷第9章1074^{b}33—35。

㊻《形而上学》Λ卷第7章1072^{b}13—14。

㊼看上文。

㊽神在《形而上学》Λ卷第10章1074^{a}35—36中,被称为τὸ τί ἦν εἶναι τὸ πρῶτον。

㊾看上文。

㊿《论灵魂》第3卷第5章430^{a}18。

(51)除此以外还有一些别的事情,如生活、生活得好(《形而上学》Θ卷第6章1048^{b}25,27)也是用energeia表示的。

(52)参看《形而上学》K卷第9章1065^{b}16行中κίνησις[运动]的定义。

(53)例如,《形而上学》Θ卷第6章1048^{b}23—30。

(54)《尼各马可伦理学》第10卷第3章1174^{a}19以下;《物理学》第3卷第2章201^{b}31—32,第8卷第5章257^{b}8—9;《形而上学》K卷第9章1066^{a}20—21,Θ卷第6章1048^{b}21—23,28—30;《论灵魂》第2卷第5章417^{a}16—17。

(55)《论灵魂》第3卷第7章431^{a}6—7。

(56)《尼各马可伦理学》第10卷第2章1173^{a}31—^{b}4。

(57)《尼各马可伦理学》第10卷第3章1174^{a}19—29,14—16。

(58)《形而上学》Θ卷第6章1048^{b}18—23。πρᾶξις[praxis]这个词在第18行中是表示一切活动的,无论是自身包含目的的,还是目的在它们以外的;但是第21行中的这个词却只指前者。为了避免这种含糊不清,我们用"活动"表示一般意义的πρᾶξις,用"praxis"表示严格意义的原词。

(59)《形而上学》Θ 卷第 8 章 $1050^{a}23$—35。

(60)《形而上学》Θ 卷第 8 章 $1048^{b}23$(照波尼兹的读法)。

(61)《形而上学》Θ 卷第 8 章 $1048^{b}23$—25。

(62)看以上关于运动的定义。

(63)即《物理学》第 3 卷第 2 章 $201^{b}31$—33,参看《形而上学》K 卷第 9 章 $1066^{a}20$—22。

(64)参看注(56)。

(65)《尼各马可伦理学》第 10 卷第 3 章 $1174^{a}15$—19。

(66)参看《物理学》第 4 卷第 2 章 $232^{b}14$—20。

(译自 Philosophy and Phenomenlogical Research, Vol. 17, 1956)

麦加拉学派所谓的可能和亚里士多德所谓的可能

　　凡是稍稍懂得些传统论理学的人都知道，其中关于判断，除了质和量的分别以外还有所谓态（Urteilsmodi）的分别。态的分别不但在论理学里占个重要位置，其在中世纪的万有论中情形也正相同；那即是所谓是态（Seinsmodi）的分别。虽然传统论理学在现在只有历史上的价值，但是自从认识论的唯心论衰落以后，万有论的研究因而复兴；是态问题复成为哲学研究中一个重要问题。这是一个麻烦问题；我们可以说：是态问题历史的开端第一页即记载着一个争论。这是亚里士多德攻击麦加拉（Megara）学派所谓的可能（Möglichkeit），这个历史的第一页即是亚里士多德的《物理学以后诸篇》卷九第三章。如若研究问题必从研究历史出发，那么不但研究是态思想史的人，而且研究是态问题的人，都必自这一章里的争论出发。亚里士多德的《物理学以后诸篇》乃是——至少在欧洲文化中心的国家——研究哲学的人必读的书，但是有几个人将这一章书仔细分析过？其他的人且不讲，即是几个有名的——而且事实上在许多其它方面对于了解亚里士多德的书确实有贡献的——注释家如 Bonitz，Schwegler，Ross，也未能明白指出这章书里面的争执之点究竟何在。情形既然如此，我们虽欲偷安于人云亦云的习惯之下也不可能。您说，除去我们自己去研究这个问题，此外还有什么其它的方法?

为了读者的方便,我们且将这一章书的内容用中文——虽然中文是不够翻译希腊文的——复述如下:

亚里士多德在这章的开始即叙述麦加拉派关于可能的思想,他说:"有些人,如麦加拉学派,说:一件事物只有在现实时,才是可能的;当它并未现实时,它是不可能的。譬如一人不是正在建筑时,他即不能建筑;但是当他正在建筑时,他能建筑。在其它事例里,情形与此相合。"(1)

他随即加以批评:"讲这话的人所得的荒谬结果,不难看出。这是显然的:如若一人不正在建筑,他即将不是一个建筑师了;因为是一个建筑师即是能建筑。关于其他技术,情形与此相同。"(2)

"如若人在既往",他继续着说,"未曾学习过也未获得了这些技术,他不能具有它们;如若未曾消失了它们……也不会不具有它们;当建筑师停止了建筑时,他即将不具有建筑的技术,但是他再建筑时,他将如何复得了这个技术呢?"(3)

他又就着无生物讲:"在无生物方面的情形也是如此。如若它不为感觉者所感觉,它即将不是冷的或热的,甜的或者一切其它可感的了;结果这些人讲述普罗泰戈拉的理论。"(4)

他又从第三个事例作同一类的批评:"如若感觉者并未感觉,并未现实地运用感觉,它即将没有感觉能力。如若瞎子是没有视觉能力的——虽然由于他的本性他应有视力,而且正当他应有视力的时候并且他仍然生活着——人一天将瞎几次,聋几次。"(5)

他随即又从另一观点批评,说:"再者,如若不可能是能力的剥夺,凡未产生的将不能产生,这样一个人讲不能产生的存有或它将存有,他即错误;因为不可能刚刚指此。结果这些理论(即麦加拉学派所持的理论）毁灭了变动和产生，因为站立的将永远站立，坐着的永远坐着；因为坐者将不起立；因为不能起立的人不可能起立。"(6)

他于是下结论说："如若人不可以讲这些话，显然可能和现实不同；那些理论将它们混同，因此它们图谋毁灭一件不小的事。"(7)

"因此这很可以是：可能存有的不存有，可能不存有的存有。关于其它范畴亦然：可能走动的不走动，可能不走动的走动。"(8)

他继续讲出他所谓可能的标准和"现实"一词意义的演变，此处从略。

这是亚里士多德心目中的麦加拉学派关于可能的学说。依照他的批评，这派的学说确是荒谬之至：一个停止了建筑的建筑师即将不是一个建筑师；一个人每天瞎几次；站立的永远站立，坐着的永远坐着。这样，整个自然界像死了一般的凝固着，毫无一些生气之迹！然而这只是亚里士多德心目中的麦加拉学派关于可能的学说。这个学说是否确实如此的荒诞，它是否毫无一些足以维持一种学说立场的理由？为了解答这一问题，我们必先确定这派所持的可能概念。

要确定这个概念的内容，我们必须收集有关的资料，但是一切史料关于 Diodoros Kronos (cl. 307 B. C.) 以前的麦加拉学派的可能概念的只有《物理学以后诸篇》中的这一章。这仿佛我们必须摇着亚里士多德的大旗，附随在他身后声讨麦加拉学派一样。所幸这派学说的命运并不恶劣到这地步，因为即在亚里士多德的毫无同情的批评里，这个学说的真义还隐约地透露出来。只要我们细心分析，我们还可发现它。现在且让我们做这分析工作。

亚里士多德叙述这个学说开宗明义的第一句话是："一件事物只有在现实时，才是可能的，当它并未现实时，它是不可能的"（1）。这里值得我们注意的是：第一，这话的前半句，"一件事物只有在现实时，才是可能的。"如若这派只讲"一件事物在现实时，它是可能的"，那么它不会引起人的反对。因此这半句话中着重点乃在"……只有……才……"几个字。从这里引申出后半句话来："当它并未现实时，它是不可能的。"这是一个不平凡的思想，也就成为亚里士多德攻击点之一。

第二，亚里士多德明白叙述出这派的话来："一件事物只有在现实时，才是可能的"；然而这派是否也主张：一件事物只有在可能时，才是现实的？如若这派确实也如此讲，作为以上所引的语句的补充，那么这里就是一个更不平凡的思想了。因为这样地补充了起来，这派至少主张可能和现实的一致（Koinzidenz），如若它不坚持二者的同一（Identität）。这更是引起争论。这派是否确实有这样的主张？我们的回答是："确实有的。"亚里士多德虽然在第三章的开端未曾涉及此点；但是在本章的中部当他充满了胜利的气氛，建设他的可能和现实不同说，作为他对麦加拉学派批评的结论处，他指出他所认为这派的基本困难来说：这派将可能和现实混而为一，因此它图谋毁灭一件不小的事！（7）

从这里我们可以知道麦加拉学派的可能概念乃是：可能和现实是一致的（甚而是同一的）。亚里士多德的可能概念怎样呢？他的可能概念在这章里表现得明白了："可能和现实是不同的。"（8）

如若我们的分析仅止于此，我们还不能透澈地了解亚里士多德和这派争执的关键。我们必须确定这两个不同的可能概念的具体内容。先就麦加拉学派讲。依照这派的意见，可能和现实是一致的,但是它们怎样是一致的?这派解释它的基本思想时,以建筑为例:"一人不是在建筑时,他即不能建筑"(1)。他如何不能建筑?因为他虽有建筑的技术,但是如若没有建筑的材料,他不能建筑;如若没有资本,他不能建筑;如若没有地皮,他不能建筑;如若受政府法令的限制,他不能建筑;……如若他自己不决意建筑,他不能建筑;如若工人罢工,他不能建筑。他何时方能建筑呢?只在有了建筑的材料、建筑的资本……总之,只在一切条件全备的时候,他方能建筑。但在一切条件全备时,他即正在建筑了。因此"当他正在建筑时,他能建筑"(1)。

这个思想用普遍的言词讲起来乃是:任何一件事物是这一件事物,或成为这一件事物,皆有许许多多的条件。只有这些条件全备时,这一件事物始为可能。但在一切条件全备时,这一事物也就是现实的了。因此"只有在现实时,它才是可能的"(1)。如若这些条件缺一未备,"这一事物并未现实,同时它也是不可能"(1)。这是一个哲学理论,尽管从一般人的见解看去觉得它有些不顺眼;但是无论你赞成它或不赞成它,它决不是一套荒谬的言论。因为它有它的论据。根据它的论据,它并不像亚里士多德所批评的那样不值一顾。

然而亚里士多德的批评是不公平的么?也不是。因为从他自己的观点看去,麦加拉学派的可能概念的确会产生出他所指出的结果来。如要了解这点,我们必须具体地寻出他所谓的可能。他就着建筑一事例批评麦加拉学派。麦加拉学派说:"如若一人不是正在建筑时,他即不能建筑"。这话的意义在亚里士多德的心目中成为:"当建筑师停止了建筑时,他即将不具有建筑的技术"(3)。这样,"不能建筑"解释为"不具有建筑的技术"。一切技术创造的技术，依照亚里士多德的意见，皆是能力，详言之，以理论为根据的能力(《物理学以后诸篇》九卷第二章 1046^{b}2—3)。麦加拉学派所谓的"不能建筑"，在亚里士多德乃是不具有建筑的技术，损失了建筑能力。同样的思想我们看得更清楚些，乃是九卷第三章中另一处所讲的："不可能乃是能力的剥夺"(6)。于是一个建筑师不能建筑，只在他遗忘了建筑的技术，或由于其它原因他的建筑能力被剥夺了的时候；否则即使没有建筑材料、资本、地皮……，建筑师 exdefinitione 是能建筑的，像他是具有建筑的技术、建筑能力的人。至于建筑材料、资本、地皮……等等条件的未备并不足以构成建筑的不可能，它只妨碍实际建筑。在这种情形下建筑是可能的，只是未实现罢了。因此"显然的，可能和现实不同"(7)。

这个思想用普遍的语句讲起来乃是如此：一件事物是这一件事物，或成为这一件事物，皆有许许多多的条件，正如麦加拉学派所肯定的。但是这些条件之中的某一个的缺点，亚里士多德不像麦加拉学派，认为对于这一件事物的不可能是同样重要的。反之，他从它们中间选择出主要的来，其余的皆是次要的。譬如建筑，主要的条件是建筑的技术、建筑的能力；因此只要有了一个建筑师，有了一个具有建筑的技术、建筑能力的人，建筑即可能了。

亚里士多德的可能概念的特点和麦加拉学派的可能概念的特点，从以上的分析我们可以明白的见出了。亚里士多德的批评即是本着他自己的可能概念去推求麦加拉学派学说的结果。因此这是一件毫不足怪的事，如若他举出许多荒谬的结论来。这些结论之中最触人心目的乃是：一人每天将瞎几次(5)。我们且分析这一个批评作为这一类批评的代表。麦加拉学派认为一人不正在看时，他即不能看。它所谓"不能看"乃指看的条件未能一一皆备。

但是其中所缺乏的不一定是视力的丧失,也很可以是其它的条件,譬如缺乏光,或者这人闭目休息。但是根据亚里士多德的可能概念,一人不能看,乃是他丧失了视力。丧失视力是瞎,因此一人每天瞎几次。或者说得更荒谬些:每当他眨一眨眼时,他即瞎了一次。因为每当他正在眨眼时,麦加拉学派即说他不能看。这个"不能看",亚里士多德即解释为"丧失了视力",丧失了视力的即是瞎;于是每当一人眨一眨眼时,他即瞎了一次。但根据麦加拉学派的可能概念,一人尽可不停的眨眼,他也来必瞎了一次,虽然"视"这一件事未实现。

第二类主要的批评是:麦加拉学派的可能说"毁灭了变动和产生。因为站立的将永远站立,坐着的永远坐着;因为坐着的将永不起立……"(6)这个荒谬的结论并不从麦加拉学派的理论中直接产生出来,它乃是亚里士多德根据他自己的可能概念从麦加拉学派的理论中推求出来的。麦加拉学派诚然认为一人正在坐着时,他不能起立。所谓"不能起立"乃指起立的条件现在未曾全备;譬如这人的骨骼现在未有他起立时的位置。当他的骨骼的位置是如此如此时,他自然不能起立。但是当他的骨骼的位置不是如此如此,乃是这人起立时应有的位置时,如若其它的条件也一一皆备,他自然能起立,而且同时他也确实立起来了。因此这里所谓的"不能"仅限于现在,不涉及将来。现在坐着的在现在不能起立,并不必然地永远坐着,并不必然地在将来也不能起立。但是根据亚里士多德的思想,"不能起立"乃是起立的能力丧失了。如若一人起立的能力丧失了,他不但现在不能起立,在将来他也将不能起立,假使他丧失了的能力未尝恢复。

以上的分析明白告诉我们:亚里士多德和麦加拉学派关于可

能的争执,关键乃在彼此所有的可能概念不同。第一,麦加拉学派所谓可能乃指一切条件的全备;亚里士多德所谓的可能乃指主要条件的具有,能力的具有。第二,麦加拉学派所谓的可能仅限于现在,不涉及将来;亚里士多德的却兼及现在和将来。

如若以上的分析无误,麦加拉学派关于可能的学说并不荒诞;只有戴上了亚里士多德的眼镜去看,方觉其荒诞。在结束本文以前,我们再提出亚里士多德对麦加拉学派的第三类批评来。那是建设他自己的可能概念(可能和现实不同),攻击麦加拉学派的可能概念(可能和现实一致)的。针对着麦加拉的可能概念,他讲:"这是很可以的:可能存有的不存有,可能不存有的存有";"可能走动的不走动,可能不走动的走动"(8)。

这个思想颇有困难。第一:必然存有的自然也可能存有,但是可能存有的,依照亚里士多德的意思,是具有走动能力的;具有走动能力的也可能不走动。这就是说,具有走动能力的可以运用这能力,也可以不用这能力。同样,可能存有的也可能不存有(这不但是本章中的思想,而且它也是《分析前篇》里特殊的见解,所谓Möglichkeitsumkehrung)。但是,一方面,必然存有的可能存有;另一方面,可能不存有的不必然存有:结果

必然存有的——可能存有

        可能存有的——可能不存有

                可能不存有的——不必然存有

于是

必然存有的——　　　　　　——不必然存有

但是在麦加拉学派的可能概念里不隐含着这些困难。依照这

派的可能概念,可能存有的即是现实存有的;因此它不能是可不存有……。这样,这里(1)既不产生出以下的结果:必然存有的可不存有,(2)也不产生出以下的结果:必然存有的不必然存有。

因此,关于可能的解说究竟谁是谁非,麦加拉学派还是亚里士多德? 未易决断。

(原载《大陆杂志》第六卷第七期)

亚里士多德的变化分析和柏拉图的"超越相论"

一

耶格尔(Jaeger)在亚里士多德的《欧德谟篇》(Eudemus)中找到了柏拉图主义的证据,断言:"那时亚里士多德在形而上学方面是完全依从柏拉图的。"①后来他又发现了亚里士多德《劝说篇》(Protrepticus)的一段残篇(此后编为残篇第十三②),详细指出那里说的 αὐτῶν θεατής[形象本身]就是指柏拉图的"相",③这是研究亚里士多德的历史上第一次主张他的思想发展过程中有一段柏拉图时期。在反对这个观点的人中间,杜林(I. Düring)的说法大意是:"亚里士多德从来没有接受过柏拉图的相论。"④

(一)在讨论杜林的观点时,科尔内丽娅·伏格尔(Cornelia J. de Vogel)复述了他的问题,加上"超越的"(transcendent)这个词,使他的意旨更加明显。于是她问道:"亚里士多德究竟有没有接受过柏拉图的超越相论?"⑤增加这点是对的,因为根据亚里士多德《形而上学》M卷中的说法,柏拉图的"相"就是将苏格拉底的"普遍"超越化。⑥既然超越是"相"的突出标志,"柏拉图的相"暗含的意思就是"超越的相"。

（二）她讨论《劝说篇》残篇第十三是不是包含柏拉图的超越"相论"⑦时，从方法论的观点考虑亚里士多德在《物理学》第二卷中的肯定学说，也是正确的。既然问题是亚里士多德是否接受柏拉图的超越"相论"，如果从方法论的角度仅限于讨论亚里士多德对柏拉图的批判问题，而忽视亚里士多德自己思想中的肯定部分，是没有道理的。应该象考察破坏部分一样考察建设部分，看一看其中是不是有柏拉图"超越相论"的残余；而这不是从别的任何方面，只是从超越这方面来看的。算清这笔账，就可以证明他是接受了的；而从不利的批评推出他拒绝了所批评的学说，则是间接的推论，而且可从许多方面作出错误的推论，例如，可以忽视亚里士多德讨论 χωρισμός［分离］问题时所涉及的那些区别。现在我们就来考察这些区别。

（三）我用"超越的相"这个说法，是直接采自伏格尔的。可是，这个术语的意思还需要弄清楚，才能对所提问题作出明确的回答。不管伏格尔是怎么想的，我作这样的理解："超越的相"是翻译 χωρισταὶ ἰδέαι 这个术语的。这个术语原来不是柏拉图的，而是亚里士多德创造的。这一创造的语言根据很象《巴曼尼得斯篇》中的这句话：χωρὶς μὲν εἴδη αὐτὰ ἄττα, χωρὶς δὲ τὰ τούτων αὖ μετέχοντα［"一方面是相自身，一方面是分有这些相的，它们相互分离"］。⑧这是一种极端类型的分离，⑨即"相"和它们的特殊事例相互分离。柏拉图常用的那一种（虽然没有用专门术语表达）则是 τὰ ἴσα 和 αὐτὸ τὸ ἴσον［等和等自身］对立之类，重点摆在"相"的 χωρισμός［分离］上。⑩象《费都篇》这一节上下文用的 παρά［在……以外］是指超越。"等之相"超越了相应的等的实例，意思就是它和后者分离。别的"相"也是这样。

这是"超越的相"的一种含义。虽然它是最显著的含义,几乎是通常理解和强调的唯一的含义,但是还有两种含义必须和它区别开。例如,当木匠依照"窗之相"制造窗户时,⑪"相"不仅超越所要制造的木头窗户(甚至也超越已经造成的窗户),而且还超越木匠的心。这是柏拉图的实在论。另一处要想使"相"主观化的企图,立即就被拒绝了。⑫这是"超越的相"的第二种含义:"相"超越人心。

还有第三种含义。按照柏拉图在《蒂迈欧篇》中的"创世"故事,神依照可理解的模型创造世界。⑬因为 παράδειγμα[模型]必然涵蕴 χωρισμός,这是"超越的相"的另一种含义:它们超越神心。

但是,我们讨论亚里士多德是否接受柏拉图的超越的"相"时,如果心目中只有这三种含义,那就远远不够了。亚里士多德所想的分离问题是很复杂的。他区分 χωρισμός 的三种主要类型(称为 χωριστὸν ἁπλῶς, χωριστὸν λόγῳ, χωριστὸν νοήσει[单个的分离、定义的分离和理性的分离],前两个还有不同的名称)。⑭如果"超越"是 χωρισμός 的合适翻译,那也只适合于第一类的。本文将限于讨论第一类 χωρισμός,因为这就足以完成它的目的,如若考察所有这三类会远远超出本文的范围。

即使在这个范围内,也必须注意亚里士多德处理 χωρσταὶ ἰδέαι 或 χωριστὰ εἴδη[分离的"相"]问题时的另外三点。我们必须随时随地具体说明某一上下文中的以下几点:(1)那分离开的(τὶ χωριστόν)是什么,(2)它是与什么分离的(τίνος χωριστόν),以及(3)它是如何分离的(πῶς χωριστόν)。柏拉图学说中超越的三种含义都属于第 2 点,⑮但是并不完全和它符合。至于"与个别

463

事物分离"意义下的 τίνων[那一些]之间也有一些进一步的区别。

（四）从上述考虑得出：(1)为了证明亚里士多德从来不接受柏拉图的超越相论这一论点，必须指出在亚里士多德全部著作中任何讨论 ωἴδη（不论是柏拉图的"相"或他自己的"形式"）的 χωρισμός 问题处，作者都是绝对否定 χωρισμός，或者至少连相对的肯定也没有。(2)为了推翻这一论点，必须指出亚里士多德至少有一节讨论这一问题（不论是柏拉图的"相"或他自己的"形式"），并没有绝对否定 χωρισμός，或至少是相对地肯定了它。所谓"绝对"，就是说"不管那些涉及分离（χωρισμός）问题的 εἴδη 是什么，那些分离开来的事物是什么，也不管前者与后者的分离是怎样的"。所谓"相对"，就是"顾到每一场合的特殊情况。"本文将依照这些方法论的要求来评价杜林的论点。由于(2)并不需要考察亚里士多德的全部著作，我只限于讨论亚里士多德分析变化（γίγνεσθαι, γένεσις）的那些著名章节。

二

将 ὄντα[存在]分为若干范畴，是亚里士多德形而上学的基本原则。按照《范畴篇》，一共分为四组：(1)一级范畴或本体范畴中的普遍者；(2)次级范畴即量、质等范畴中的特殊属性；(3)次级范畴的普遍属性；(4)一级范畴中的特殊者。⑯从《范畴篇》的观点看，柏拉图的"相"必须归属不同的范畴。亚里士多德是不是接受柏拉图的超越相论，这个问题必须从这些区别来考察。首先我们要分析他关于第 2、第 3 组〔的次级范畴〕与一级本体 χωρισμός 的观点。

亚里士多德的变化分析和柏拉图的"超越相论"

（一）亚里士多德在《范畴篇》指出，凡属次级范畴的东西，包括普遍的和特殊的，例如 τό λευκόν[白]和 τὶ λευκόν[这个白]，都是内在于一级本体之中。既然《范畴篇》（如果是真作）必须属于他的早期著作，看来这种内在学说是有利于主张亚里士多德从不接受柏拉图的超越相论这一说法的。但是如果这样论证，得出结论便太轻率了。即使将这里涉及的文字问题搁在一边，[⑰]还是不能得出这样的结论。在《范畴篇》第五节最后一段，亚里士多德指出了本体（更精确地说是一级本体）的最显著的标志。只有一级本体在数目上是同一个，却能容纳相反的属性，例如，同一个人一时白，一时黑，一时坏，一时好。[⑱]他这样变是由于自身的变化。[⑲]当他坏时，φαῦλον[坏]这种性质内在于他之中，而 σπουδαῖον[好]的性质离开了他。当他变好时，好的性质在他之中，坏的性质离开了他。[⑳]这是对于偶然属性和第一本体的关系的动态说法，是对以上静态分析的补充。从这种动态说法看，还能认为亚里士多德是绝对否认一个坏、好等等的人如此这般时，好、坏等等和他分离吗？即使我们只看《范畴篇》中内在学说的结果，不考虑其中亚里士多德的目的何在，我们也最多只能说亚里士多德只是有条件地否认次级范畴的东西与一级本体分离。

（二）(a)由此开始，通过第三节，我们将分析亚里士多德对第二组 χωρισμός 的看法，确切点说，这就是一级范畴中的本体形式和个体本体的分离。我们现在转回到他的《物理学》，先考虑它的第二卷，因为伏格尔认为这一卷中的"自然目的论学说"具有不可忽视的重要性，是决定亚里士多德拒绝柏拉图超越的"相"这个问题的。她并没有详细讨论这一卷，只是认定这种学说很出名，最后企图用它来证明《劝告篇》残篇第十三中的 αὐτῶν θεατής 不可能指超越的"相"。我们可以引她的一段话:《物理学》第二卷中的"自然目的论学说"乃是"一种内在'目的'的学说,这目的在自然物中实现,就是它们的'本质'和它们的'善'——亚里士多德用这种学说代替柏拉图的'超越相论',这是《劝说篇》中已经明白的"。[21]我们将略去这段引文中有关《劝说篇》的部分,专门讨论《物理学》第二卷中的自然目的论。

首先让我们弄清楚她说的"自然目的论学说"是什么意思。如果她的意思是说自然物的 γένεσις[产生]有目的,那是正确的。可是,亚里士多德并没有说到"一种在自然物中实现的内在'目的',"只是说到每一个"属"有一个"目的"。人的产生有一个 εἶδος ἀνθρώπου[人之相],马的产生有一个 εἶδος ἵππου[马之相]作为它们各自的"目的",但并没有共同的为人、马等等发展所奔向(εἰςὃ)的"目的"或 εἶδος。

这只是一般的说明,还需要对自然产生的学说作更精确的解释。为此,下面这段话将是我们解释的基础:μέχρι δὴ πόσον τὸν φυσικὸν δεῖ εἰδέναι τὸ εἶδος καὶ τὸ τί ἐστιν;…μέχρι τοῦ τίνος [γὰρ] ἕνεκα ἕκαστον καὶ περὶ ταῦτα ἅ ἐστι χωριστὰ μὲν εἴδει, ἐνύλῃ δέ[自然哲学家了解形式或本质时应该了解到什么程度?……要了解每一个的目的,事物的形式是分离的,但不是和质料分离]。[22]了解形式要了解到用形式因、目的因和动因三者的经常一致来说明的"目的"。[23] ταῦτα 这个词罗斯没有解释清楚;它是指自然物产生的目的。就它们之为形式说,[24]它们是和 γιγνόμενα,也就是和产生背后的基质相分离的,但却是在产生者的体内的。人的产生的目的,作为形式,和那个还没有产生的他是分离的,但却在母亲体内。所以这一节否认人的 εἶδος 作为人的形式和母亲分离,却肯定人的 εἶδος 作为目的超越了那个在变化中尚未产生的东西。它必然是和产生的基质相分离,因为(借用伏格尔的话说)它还没有"实现"。如果它不是分离的,产生的基质就会不再是基质,而是一个新的人了。但是事实上这一刻还没有他。它如何能在一个还没有产生或存在的东西中呢?

要对亚里士多德的观点了解得精确一点,便必需考虑到现实和潜能的区别。当 γιγνόμενον [产生的东西] 在产生过程中还没有达到终点的时候,形式潜存于基质之中,却又现实地超越基质。既然亚里士多德认为现实先于潜能,所以他与其强调潜能的内在,不如强调现实的分离。[25]

同一 εἶδος 的两类状况 χωρὶς εἶναι [分离的存在] 和 ἐνεῖναι [内在的] 交换,同 τίνος [由什么] 和 τίνι [到什么] 变易一样,从上段引文后面的句子:ἄνθρωπος γὰρ ἄνθρωπον γεννᾷ [人生人][26]里更加清楚。这一句由《形而上学》Z 卷里的一段话[27]作了最好的解释,那里重复了这几个字,以说明那个作为动因的、具有"形式"意义的 φύσις [自然物],[28]就是同一个"属"的不同分子中的同一个 φύσις (在人的产生中,动因就是内在于父体中的形式)。这段话没有将动因的超越性象它的内在性那样清楚地说出来,但在《形而上学》Λ 卷中,二者是同样清楚地说出来的。ἐπὶ μὲν οὖν τινῶν τὸ τόδε τι οὐκ ἔστι παρὰ τὴν συνθετὴν οὐσίαν, οἷον οἰκίας τὸ εἶδος… [在有些情况下,"这一个"并不和复合的本体分离存在,如房屋的形式就是如此……][29] ἀλλ' εἴπερ, ἐπὶ τῶν φύσει [只在自然物中,它才分离存在]。[30]我们问:πῶς [为什么]? 亚里士多德回答说:τὰ μὲν οὖν κινοῦντα αἴτια ὡς προγεγενημένα, ὄντα, τὰ δ᾽, ὡς λόγος ἅμα[动因是先于结果而存在的,但作为定义的原因是同时存在的]。㉛动因(εἴδη)就其先于过程的最后结果 γεγονότα[所生成者],是和后者分离的,但作为形式因,是和 τὰ καθ' ἕκαστον[每一实例]同时的,也就是内在于其中的。

总起来说,关于自然产生范围内的 εἶδος,亚里士多德的看法是:(1)形式因意义的 εἶδος 是内在于它的个别实例(τὰ καθ' ἕκαστον)的,但不是无条件的。它是在那些现实地如此存在的事物之内,但又是和那些在产生过程中还没有生成的东西分离的。(2)作为动因,它是(a)在作为它的形式的产生者之内的,(b)又是和(ⅰ)那正在产生过程中的东西以及(ⅱ)产生出来的东西分离的。(3)作为目的因,它在(a)和(b)(ⅰ)中的超越和内在是和动因相似的,但在(ⅱ)中不同,它是作为 γεγονός[所产生者]的形式而内在于其中的。在任何情况中,亚里士多德的"自然目的论"并不取代柏拉图的"超越相论";在他的这种学说中,超越和内在都可以找到它们一一相应的位置,虽然在每一情况下都不是无条件的。较为适当的解释是:亚里士多德保留了柏拉图的"超越相论",作了这样一些变更,这是主题的不同所要求的。

(b)《范畴篇》中的第一本体,事实上是由自然物和人造物二者构成的,虽然那里没有举出后者的例子。(这种例子在亚里士多德著作的其它地方是很多的。)我们可以考察亚里士多德《物理学》第一卷的产生学说,以帮助我们理解他对于人造物范围内 χωρισμός 问题的看法。根据他分析的结果,变化是发生于相反者之间的过程;㉜凡是变化的东西,总是在起点上伴随着相反者之一面,而在终点上又和相反者之另一面伴随着。它并不是单一的东西,而是

ὑποκείμενον[基质]和 στέρησις[缺失]或 εἶδος[形式]的组合物。㉝在本体变化或"简单产生"如建造房屋的情况下，房屋建成前它的质料(ὑποκείμενον)如砖、石等是分开的，当房屋已经建成时，它们便安排停当，使房屋的形式体现在其中了。㉞广义地说，εἶδος和缺失合在一起构成任何一类变化中的一对相反者；它用来表示一级范畴中的变化时，便是狭义的本体形式。㉟所以，房屋的形式是在建成的房屋之中的。这是亚里士多德的观点，可以根据他将房屋说成 σύνθετον[组合物]㊱来证明。

可是，我们不能从这一点推出亚里士多德在这里拒绝了柏拉图的"超越相论"，因为——正如索尔姆森(Solmsen)的注说得很对——在这里，形式的状态是超越还是内在的问题，根本没有讨论到。㊲这样的学说似乎是偏离了柏拉图的"超越相论"，但它并不意谓着否认柏拉图的理论。

即使我们不顾索尔姆森的告诫，也必须考虑到另外一点：肯定内在，最后的根据是承认 γεγονός[所产生者]为 σύνθετον[组合物]。既然变化的东西从来不是单一的，永远是复合的，那它就在过程的终点上和形式合在一起，而在起点上和 στέρησις[缺失]合在一起了。这就是说，在起点上，形式是超越基质的。这里，在人造物和自然产生物中都一样，可以看到超越和内在，加上必要的情况，是毗连的。我们不能由此简单地得出结论说，亚里士多德在这里是接受了还是没有接受柏拉图的"超越相论"。

我们还必须问：人造物的形式，作为动因，和 τεχνικός[工匠]的关系如何？这种关系比自然产生物的形式作为动因和父亲的关系更为复杂。在某种意义上，前一种情况和后一种情况一样，形式并不是超越的。但是 πῶς[方式]却不同。建造房屋的动因是内在于房屋建造者之中,但并不是作为他的本体形式,而是作为一种技艺;可是产生人的动因在父体内却并不是作为一种 τέχνη[技艺],而是作为一种 εἶδος[形式]。既然技术或学问是一种 ἕξις[持有],一种性质,房屋的形式就是象一种偶然属性在个别本体之中那样的在工匠之中。这还不是人造物的形式和工匠之间关系的全部说明;这只是前一半,后一半还保留着。[38]

(三)为了完成这个尚未完结的讨论,我们先考察《形而上学》Z 卷第七章的一段,然后在下一节再讨论《劝说篇》。(这个次序不包含时间先后的意义。)在《形而上学》Z 卷第七章中,亚里士多德分析了另外一种人造物,即健康。健康的产生是一个由两部分组成的过程,第一部分是 νόησις[思想],第二部分是 ποίησις[行动]。问题是如何使病人恢复健康。νόησις 始于医生心中的健康定义,医疗技术。"既然'这个'是健康,如果人要健康,就必须首先出现'这个',即身体的均衡状态,而要出现这一点必须有热;医生这样思想下去,直到将事情归结到某件事",这是他能做的,然后他就做了。[39]在这里,νόησις 停止,ποίησις 开始。第二个过程的进行方向和第一个过程相反,最后达到病人身体中出现健康。在整个恢复健康的过程中,ποίησις 是依靠 νόησις 的。这和我们在上一节所得到的结论是一样的,就是:人造物的动因是 εἶδος ἐν τῇ ψυχῇ[心灵中的形式]或 τέχνη[技术]。

νόησις 是严格地由健康的本质所决定的,健康的定义也就是医师心中的医疗技术,因为他的思想即使有一点点偏离健康的本质,病人的身体中便不可能产生现实的健康。健康的本质,严格地说就是所恢复的健康的原因;[40]如果说医疗技术是原因,那只是因为这门学问依靠它的客观内容,即健康的本质而起作用。健康的本质作为知识的对象,是超越医生的心灵的。[41]这是一种 ὂν κυρίως, τὸ ἒξω, ὂν καὶ χωριστόν[固有的存在,外在的、分离的存在]。[42]这样,我们就先从作为性质之形式的 ἰδέα τῆς ὑγιείας[健康之相]转到技术或知识,然后又从知识转到作为 ἒξω ὂν καὶ χωριστόν[外在的、分离的存在]的形式。第二种转化正是柏拉图在《巴曼尼得斯篇》中用来驳斥"相"的可能主观化的。[43]看到了这种相似处,就很难说亚里士多德从未接受柏拉图的"超越相论"了。

对于健康的 εἶδος 能说的,对于房屋等等的 εἶδος 也同样能说。这些也是 ὂντα κυρίως[固有的存在],并不依靠工匠的知识,倒是工匠的知识依靠它们。从这一点我们就可以清楚看出,第二种转化为什么是亚里士多德的形而上学所必需的。建造房屋的知识或建筑术,作为动因,是先于要建造的房屋的。既然知识是一种 ἒξις[持有],而房屋是一种本体,那就会得出性质先于本体的结论——根据亚里士多德的看法,这是不可能的。[44]在第二种转化中,动因转到房屋的本质,而本质是本体。这样,和他的本体中心论形而上学发生矛盾的可能性就避免掉了。结果是:房屋的本质,作为动因,是超越那要建造的房屋的。

(四)《劝说篇》,尤其是残篇第十三是有关亚里士多德是否接受柏拉图的"超越相论"这个问题的最有争议的章节。这条残篇我们将在别处详细讨论,[45]这里我们只从亚里士多德对 ποίησις 的分析中作一般的推论。下面几点是所有学者都同意的:(1)在《劝说篇》残篇第十三中,亚里士多德说到法应当如何制定。(2)立法是一种模仿。(3)各种法所模仿的原型并不是经验法。和恢复健康,建造房屋或制造任何人造物相仿,我们可以推出:模仿的范型必定

471

不是任意想象的虚构,而是所要造的东西的本性,才能肯定得到预期的结果。因此各种要立的法所模仿的范型一定是理想的范型。[46]它们的原型性意谓着它们是超越的。这样,哲学家或真正的政治家立法时所注意的便不能是别的,只能是柏拉图的超越的"相"。[47]

三

在结束本文以前,我们想进一步考察亚里士多德在柏拉图的"超越相论"中发现的主要困难是什么,以及他实际上是怎样处理 χωρισμός[分离]问题的。这样做可以为《劝说篇》残篇第十三提供一个补充解释。

在亚里士多德批判柏拉图形而上学的主要资料《形而上学》A卷第九章中,他说: πάντων δὲ μάλιστα διαπορήσειεν ἄν τις τί ποτε συμβάλλεται τὰ εἴδη τοῖς ἀϊδίοις τῶν αἰσθητῶν ἢ τοῖς γιγνομένοις καὶ φθειρομένοις[超出这一切,还可以提出这样的问题来讨论:在世界上,"相"对于可感觉的事物,不论是永恒的或是有生灭的,究竟有什么贡献],因为(1)它们并不是物理对象变动的原因,(2)也不能有助于(a)这些对象的知识,或(b)它们的存在。[48](2)的理由是"相"并不是内在于物理对象的形式。(1)的理由是"相"既不是天体运动的原因,也不是有生灭事物产生的原因。变化的原因在第一种情况下是神,在第二种情况下是产生者或工匠。他们都是个体,而不是"相"。但是,我们在上面已经看到,在自然的产生中,动因要伸展到 φύσις[自然物],即内在于产生者之中的形式;在人造物中,动因则是当作学问意义的"相"(例如 ἰδέα τῆς ὑγιείας[健康之相]),它作为一种性质是内在于工匠之中的。除了宇宙运动的情况以外,柏拉图学说的困难全部在于"相"的 χωρισμός[分离]。这种 χωρισμός 是不可能的:ἀδύνατον εἶναι χωρὶς τὴν οὐσίαν καὶ οὗ ἡ οὐσία[本体和是其本体的东西分离开]。然后亚里士多德以论辩的问题作为结论说:πῶς ἂν αἱ ἰδέαι οὐσίαι τῶν πραγμάτων οὖσαι χωρὶς εἶεν。[所以,"相"作为事物的本体,如何能分离存在?][49]

但是,柏拉图为什么主张"相"的 χωρισμός 呢?要回答这个问题必须从分析柏拉图的"相"开始。柏拉图的"相",用亚里士多德的术语说,是形式因,是个体如此这般的原则。我们将"相"的这一方面叫作本质方面。[50] τῷ καλῷ πάντα τὰ καλὰ καλά[一切美的事物之所以美,是因为美]。美自身是形体、心灵、制度等等之所以美的原因,或者"等之相"是棍棒、石头之所以相等的原因。但是,没有一个美的实例不是同时也丑的,相等的棍棒、石头也总是不如"等之相"。"相"是完善的。这是"相"的另外一个方面,我们可以将这方面叫作理想的方面。在"善之相"这个首要的"相"中,这两方面表现得最为明显,它本身具有最高的价值,同时又是存在和变化的 ἀρχὴ ἀνυπόθετος[绝对的原则]。[51]

柏拉图为一件事所吸引,即事物是如此这般的,却没有一个事物是完善地如此这般的。为了解释这个现象,他便假设了具有本质和理想两个方面的"相"。他的解释是 μέθεξις[分有]学说。个体之所以如此这般,是因为它们分有了"相"的性质。例如,相等的棍棒分有"等之相",因而它们是相等的。可是,它们的分有却包含着在一定限度内获得相等属性的意思;所以,它们只是接近"相",永远不能达到完善的程度。这种接近是由于"相"有双重方面。本

473

质方面使事物和"相"相似,而理想方面却使这种相似不能和理想的完善完全一致。

这个双重方面虽然可以解释某些事实,却不能解释某些别的事实。就本质方面来说,"相"的性质是为特殊实例所分有的。"相"不能和它们分离。如果它不在它们之中,它们便不能是它们所是的那个。就理想方面说,"相"不能为事物所达到;"相"必定和事物分离。ἐνεῖναι[内在的]和 χωρὶς εἶναι[分离的存在]相结合有困难,在某些"相",例如窗、床之类东西的"相"中是明显的。但是柏拉图并没有详细说这些"相";他有兴趣的倒是"正义自身"、"善自身"、"美自身"等等这类的"相",这些也是理想。偏重于这一方面是容易理解的,因为他的"相"起源于苏格拉底下定义的那些东西,即 τὰ ἠθιϰά[伦理的东西]。[52]亚里士多德看到这个困难,并且以房屋为例说:如果房屋的形式和这所房屋分离,这所房屋便不会产生了。[53]他对于这种困难的一般说法,我们已经讨论过了。[54]在这类情况下,柏拉图的学说必须变更。

亚里士多德的变更就是将这两个方面分开,保留本质方面作为他的本体"形式",而舍弃理想的方面。[55]本体"形式"是个体所能达到的,达到时便内在于现实存在的个体之中。举例说,这个动物或者是人或者不是人。如果它是人,是得多一点少一点并没有区别。[56]ϰύημα[胎儿]只要还在发展过程,"人"这个形式便是超越它的,或者更精确地说,是现实地超越它的。它一旦达到了过程的终点,就是现实地形成如此这般的了,也就是说,形式是现实地内在于它之中了。超越是对 γιγνόμενον[正在产生者]说的,内在是对 γεγονός[已经产生者]说的。目的是否已经达到是有区别的,但是目的达到的程度高低却没有什么区别,因为本质是和价值分开的。

对于人造物的形式说,也是如此。亚里士多德批判柏拉图超越的"相"时,他的意思是必须将本体"形式"中的理想方面排出本质方面。

还有另外一组"形式",这是价值方面的"相"。它们是理想,只能靠近,永远不能达到。因此它们是永远超越的。在《劝说篇》残篇第十三中,哲学家或政治家仰望的就是这样的"相"。它们既然作为价值判断的标准,显然是价值方面的"相"。㊼从好的立法者立法时并不依靠经验法,就可以看清这种价值方面的"相"是不能达到的。其理由是没有一种经验法能达到理想的完善。它们或多或少地接近理想,最接近理想的便是最好的。㊽理想的方面需要永远超越。在这里,有双重方面的柏拉图的"超越相论"是完全正确的;它不需要变更,亚里士多德在《劝说篇》残篇第十三中干脆接受了它。㊾

四

(一)我们可以将所得结果综述如下:

(甲)作为次级范畴中共相的"相":

当其反面不存在时,它们是在这个或那个第一本体之中的(《范畴篇》)。

(乙)作为一级范畴中本体"形式"的"相":

(1)作为自然物的"形式":

  (a)作为形式因,$\varepsilon\tilde{\iota}\delta o\varsigma$ 是:

    (i)内在于产生者之中;

(ii) 超越于 γιγνόμενον[正在产生者];⑥⁰

(iii) 内在于 γεγονός[已经产生者]。

(b) 作为动因:

(i) 内在于产生者之中,作为它的形式;

(ii) 和(α)在产生过程中的东西、(β)所产生的东西分离。

(c) 作为目的因:

(i) 内在于产生者之中,作为它的形式;

(ii) (α) 和那在产生过程中的东西分离;

(β) 内在于 γεγονός[已经产生者]之中,作为它的形式(《物理学》第二卷,《形而上学》Λ、Z 卷)。⑥¹

(2) 作为人造物如房屋的形式,和(1)相同(《物理学》第一卷,《形而上学》Λ、Z 卷):

(a) 只有作为动因和目的因的 εἶδος 是内在于 τεχνικός[工匠]之中,作为他心中的技术或学问(《形而上学》Λ、Z 卷);

(b) 特点在于:作为人造物的本质,它超越于他的知识或技术(《形而上学》Γ、E 卷)。

附:作为非本体人造物的"形式":

(a) 作为人造的物理性质的形式,如健康,和(2)同;

(b) 作为价值的形式,它们超越于个别实例和创造者的心(《劝说篇》)。

亚里士多德没有讨论柏拉图"相"的超越性的第三个类型(超越于神心的"相")。但是从《形而上学》Λ 卷可以知道他的观点是:它们和神心分离,因为神根本没有想到它们。

(二)这张表清楚地表明,在所有讨论到的段落中,亚里士多德没有一处是绝对否认"相"的分离的。他要末是并不否认,要末是相对地否认而又相对地肯定它。只有把问题分析错了才能得出这样的命题,说亚里士多德总是接受柏拉图的"超越相论",或者说亚里士多德从来没有接受过它。这一个命题并不比那一个有理。没有人主张 A〔全称肯定〕命题。杜林为 E〔全称否定〕命题争辩。要反驳 E 命题,只要一个简单的 I〔特称肯定〕命题就够了。以上讨论到的每一种情况都为 I 命题提供依据。历史真相并不是杜林所假定的那样,毋宁说亚里士多德是有变更地接受了柏拉图的"超越相论",按情况需要对讨论主题中的区别加以分别对待。"相"作为本体论的"形式"时,他作了变更。这种变更见以上第二部分第一——三节。"相"作为价值的"相"时是理想,不需要任何变更,他干脆接受了柏拉图的学说(第二部分第四节,第三部分最后一节)。

注 释:

① Jaeger: Aristotle, translated by R. Robinson, 2nd cd, 1948, p. 53.
② 这条残篇(Iambl. Protr. 10), David Ross 收入他的"Aristotelis Fragmenta Selecta", 1945, 编号为 Fr. 13。
③ Jaeger: Aristotles, pp. 90—91, 特别是 p. 91 的注②。
④ 杜林除了他的"Aristoteles"1966 外, 别的著作有: "Problems in Aristotle's Protrepticus"Eranos, 52(1954), 130—171; "Aristotle in the Protrepticus", Revue d'Aristote, 1955; "Aristotle the Scholar", Arctos, Acta Philologica Fennicapp. 61—77; "Aristotle on Ultimate Principles from 'Nature and Reality'"; Aristotle and Plato in the Mid-Fourth Century, 1961, pp. 35—55。
⑤ Archiv für die Geschichte der Philosophie, 47(1965)261—298.
⑥《形而上学》$1078^b 30$—32。
⑦ 注⑤引书 pp. 181—184。我赞成的只是她的方法;至于(1)她对《物理学》第二卷的解释,(2)她的解释之应用到《劝说篇》残篇十三,和(3)关

⑦于《劝说篇》残篇十三中柏拉图要素问题的推论,我都不能同意。对于(1),参看下文 II,2a;对于(2)和(3),当另行解释。

⑧柏拉图:《巴曼尼得斯篇》130B2—3[译文见陈康译注《柏拉图巴曼尼得斯篇》]。可参看《形而上学》A9,991^{b}1—3。

⑨χωρισμός 这个字,英文通常译为"separation"[分离]。作为亚里士多德所用的一个哲学术语,它是指 independence[独立]。既然他将 χωρισμός 区别为不同的类型,"独立"的意义也就随之变化。不同类型的 χωρισμός 可看下一节。它的极端型是 χωρισμός ἁπλοῦς[单纯分离]。ἁπλοῦς 这个词表示这种类型的 χωρισμός 是基本的。亚里士多德是在这个意义上理解柏拉图"相"的超越性的。

⑩柏拉图《费都篇》74A9—12。

⑪柏拉图《克拉底鲁篇》389B 以下。

⑫柏拉图《巴曼尼得斯篇》132B—C。

⑬柏拉图《蒂迈欧篇》28E—29A。

⑭参看 H. Bonitz, Index Aristotelicus, p. 860^{a}22ff。

⑮柏拉图并未在 χωρισμός 方面对各种"相"作出区别,"相"都是同样超越的。

⑯亚里士多德《范畴篇》第二节 1^{a}20—^{b}6。

⑰主要的问题是:亚里士多德在《范畴篇》中是不是有意地攻击柏拉图的超越"相论"。我们没有证据肯定这一点。

⑱《范畴篇》4^{a}10—21。

⑲《范畴篇》4^{a}29—34,^{b}2—4。

⑳我们必须注意,这里有点含糊,有点困难。这说的性质究竟是 τὶ λευκόν[这个白],还是 τὸ λευκόν[白],还是二者不分,是含糊的。如果是 τὶ λευκόν,说 τὶ λευκόν 就是很不精确的。一个人有过的这点白,当他变成黑时就 χωρίς 了他,因为白不再存在了。如果是 τὸ λευκόν,便没有这样的困难,因为《范畴篇》一开始就说次级范畴中的普遍者是表述这些范畴中的特殊者的。如果这点白消失了,τὸ λευκόν 并不消失。如果它消失了,它如何还能表述别的那些点白呢?那些点白如何还能是白呢?这说不定就是亚里士多德后来放弃 τὶ λευκόν 和 τὸ λευκόν 的区别,以及所有次级范畴中的类似区别,甚至放弃使用 τὶ λευκόν 之类的理由或理由之一。

㉑前引伏格尔书,p. 282。
㉒《物理学》第二卷第二章,194ᵇ9—13。照 Ross 的读法。
㉓《物理学》第二卷第七章 198ª24—26。
㉔A. Mansion 在他的 Introduction à la Physique Aristotélicienne 2nd. ed. p. 204,n. 17 认为 194ᵇ9—15 是"难解的一节"。F. M. Cornford 在 P. H. Wicksteed 编并译 Aristotle's Physics, vol. I. p. 125, n. d. 中说:"这个句子(194ᵇ10—11)的读法和标点在古代注释家中是有争论的……"(参看 Ross ad. loc., Aristotle's Physics, pp. 510—511)。我采用 Ross 的读法和标点,但这并没有解决所有的难点。子句 καὶ περὶ ταῦτα ἅ ἐστι χωριστὰ μὲν εἴδει, ἐν ὕλῃ δέ(ᵇ12—13)还需要解释。ταῦτα 指什么? εἴδει 是什么意思? R. P. Hardie 和 R. K. Gaye(The Works of Aristotle, vol. 2)的翻译,H. Carteron(法文翻译)和 W. Charlton(Aristotle's Physics,Ⅰ,Ⅱ)对第一个问题都没有提供任何解答。Wicksteed 将它译为"形式",Ross 在他的注释中也是这样了解的(前引书 p. 510 和 194ᵇ10—15)。如果他们是对的,这里原文的意思就是 καὶ περὶ τὰ εἴδη ἅ ἐστι χωριστὰ μὲν εἴδει…这样便引到第二个问题,εἴδει 是什么意思? εἴδει 和 εἴδη 所指的不能是相同的东西。如果是相同的,这整句话能是什么意思呢? Ross 将 χωριστὰ εἴδει 译为"separable in thought[思想上分离]";Wicksteed 译为"conceptually…detachable[概念上……可分开]";Charlton 译为"in account[考虑起来]"。当然,亚里士多德真是常常使用 χωριστὸν λόγῳ 这个说法。但在这样的上下文中,λόγος 的意思是定义(参看《形而上学》H 卷第一章 1042ª28—29),它是客观的,意思和"思想上"不同,那是主观的。εἴδει 和"概念上"离得更远。亚里士多德相应于这些英文翻译的标准术语不如说是 νοήσει(例如《物理学》第二卷第二章 193ᵇ34)。如果这些译者和注释者是正确的,亚里士多德为什么不写成为 καὶ περὶ τὰ εἴδη ἅ ἐστι χωριστὰ μὲν νοήσει…? 这才是他通常的风格,而且意思也更为清楚。他没有理由要用一个晦涩的术语去表达一个清楚的东西。εἴδει 有客观的意义,它的意思是指"属上"或"形式上",和 ἀριθμῷ[数目上]对比(如《形而上学》Δ 卷第九章 1018ª6,参看同卷第六章 1016ᵇ31—32)。例如,同"属"的两个分子有相同的形式,是 ταὐτὰ εἴδει[形式上相同]而 ἕτερα ἀριθμῷ[数目上不同];不同"属"的两个分子有不同的形式,就是 ἕτερα εἴδει[形式上不同];同一个体则是 ἓν ἀριθμῷ[数目上一个]。

在所问的这个子句中，εἴδει 的意思和 ᵇ10 中的 εἴδει 必定相同，是"形式"。那么 ταῦτα 便不能指形式。它的意思是从前面 ᵇ11—12 那个子句推出的，再加上 Mansion 提出的补充（前引书 p.204，n.17）。它是指 τὸ τίνος ἕνεκα ἕκαστον，即自然物的产生目的。看来 εἴδει 可以有它通常的意义"在形式上"，因为人的产生的 τέλος [目的] 和马的产生的 τέλος 在类上是分离的。但是这里不能是这个意思，因为亚里士多德在上下文中并不着重"属"的不同类。从 ᵇ9 开始他说的是形式因和目的因一致。我将所问的这个子句理解为"作为形式，它们是分离的"——但是与什么东西分离呢？与那些以它们为目的的东西，也就是与 γιγνόμενα 分离（这类分离是 χωρισμός ἐπί γενέσεως [产生上的分离]。这个术语可以参看《形而上学》Γ 卷第二章 1003ᵇ29）。但是这些形式意义的目的是内在于产生者体内的。

㉕为了方便，可参看《形而上学》Θ 卷第八章；"在先"并不限于时间上的（"在先"的不同含义可参看《形而上学》Δ 卷第十一章）。至于强调现实有甚于强调潜能，可参看《物理学》第二卷第一章 193ᵃ7—8）。

㉖《物理学》第二卷第二章 194ᵇ13。

㉗《形而上学》Z 卷第七章 1032ᵃ24—25。

㉘《物理学》第二卷第一章 193ᵃ30 以下。

㉙省略的 1070ᵃ14—15，参看本文下面注㊳处和第二部分第三节。

㉚《形而上学》Λ 卷第三章 1070ᵃ13—17。

㉛《形而上学》Λ 卷第三章 1070ᵃ21—22。

㉜《物理学》第一卷第五章 188ᵃ19—ᵇ8。为了简短，我们可以略去中间状态。

㉝《物理学》第一卷第七章 190ᵃ13—16，ᵇ23—24，ᵇ11—13。

㉞一般可看 190ᵇ9 以下。οἰκία [房屋] 的例子是在 190ᵇ8 行提到的，εἶδος 在 ᵇ28 行提到，μορφή [形] 在 ᵇ20 行提到。

㉟这种意义的 εἶδος 可以用 190ᵇ20 行中的 μορφή 来证实。至于 μορφή 的意义可看《形而上学》Z 卷第八章 1033ᵇ6。

㊱《物理学》第一卷第七章 190ᵇ11。

㊲Solmsen：Aristotle's System of the Physical World，p. 86。

㊳《形而上学》Λ 卷第三章 1070ᵃ14—15。人造物的 εἶδος 是 τέχνη [技艺]，在《形而上学》Z 卷第七章中也是这样说的。看下一节中对于这一段的

讨论。

㊴《形而上学》Z 卷第七章 $1032^{b}15$ 以下，据 Ross 的译文。

㊵《形而上学》Z 卷第七章 $1032^{b}5$—6，11—14。ἰατρική［医疗术］是一种 λόγος，一种 λόγος τῆς ὑγιείας［关于健康的学问］。这种 λόγος 有客观的内容，即健康的本质。所以 ὑγίεια ἄνευ ὕλης［没有质料的健康］是 ὑγίεια ἔχουσα ὕλην［有质料的健康］的原因。医疗技术即 λόγος τῆς ὑγιείας 和它的客观内容的关系，看下一个注。

㊶参看《形而上学》Γ 卷第五章 $1010^{b}30$—$1011^{a}1$。亚里士多德在那里说到那作为感觉的原因并在感觉之上的基质在先。因为感觉不能是它自己的感觉，而是基质的感觉。和这种知觉的实在论相平行，他的认识论中有一种理智的实在论。理智知识和感觉知识一样，是可知者的作用（《论灵魂》第三卷第四章 $429^{a}13$—15）。在医疗术中，技术是由健康的本质决定的。所以后者乃是恢复健康的 τὸ αἴτιον τὸ ἀκρότατον［确切原因］。“确切原因”这个概念可看《物理学》第二卷第三章 $195^{b}21$—25，虽然在那里（因为是例证）只是从医术上升到技术。

㊷《形而上学》E 卷第四章 $1027^{b}31$，K 卷第八章 $1065^{a}24$。

㊸《巴曼尼得斯篇》132B—C。

㊹参看例如《形而上学》Z 卷第十三章 $1038^{b}26$—28。关于本体在先的论证可看 Z 卷第一章 $1028^{a}30$ 以下。

㊺见拙著 Sophia The Science Aristotle Sought。

㊻亚里士多德用柏拉图的术语 παράδειγμα［范型］同样是指 εἶδος，看《物理学》第二卷第三章 $194^{b}26$。

㊼不能将真正的政治家立法时所仰望的东西解释为“违反《分析后篇》A 卷第二章的背景”（Düring，Mid-Fourth Century，p. 48），因为在那一章中，亚里士多德是讨论证明的原则，这些原则决不能是任何城邦法律的原型。

㊽《形而上学》A 卷第九章 $991^{a}8$—14。

㊾《形而上学》A 卷第九章 $991^{b}1$—3。

㊿“本质”（τὸ τί ἦν εἶναι）这个词是借用亚里士多德的，但并不犯时代错误，因为这个亚里士多德的概念是来源于柏拉图的（参看《克拉底鲁篇》386A，D—E）。

(51)《国家篇》第六卷 511B。

(52)参看《形而上学》A 卷第六章 $987^{b}1$—7，M 卷第四章 $1078^{b}30$—31。

(53)《形而上学》Z 卷第八章 1033b19—21。

(54)本文第三部分第二节。

(55)柏拉图的"相"中的一组,即本体论的"相",是以这种方式转变为亚里士多德的本质的。说"分离",并不意谓着本质不好,而是说价值并不是 καθ' αὑτό[凭自身]属于本质的,虽然它伴随着属于本质。

(56)《范畴篇》第五节 2b26—27,3b33—4a9。

(57)Ross 编 Fragmenta, p. 48,5—7 行。

(58)Ross 编 Fragmenta, p. 49,10—23,8—9 行。

(59)这种解释并非不合《范畴篇》中的一般学说,即次级范畴中的共相内在于一级本体中。在那里,亚里士多德没有着意于价值的"相"。从他将 δικαιοσύνη[正义]看成 διάθεσις[状态](第八节 10b30—32)可以证明。他是从本体论的或心理学的观点出发,而不是从价值的观点出发的。

可以有人反对这种观点,指出在《尼各马可伦理学》中对道德的定义是ἕξις προαιρετική[选中的状态]……(第二卷第六章 1106b36)。但是作为ἕξις[状态]的美德只是它的一个方面,本体论方面;它还有另一个方面,即价值方面。这个双重方面是很明白的,只要看亚里士多德在给了道德的定义以后,为了防止出现的片面概念而添加的解释。他说:διὸ κατὰ μὲν τὴν οὐσίαν καὶ τὸν λόγον τὸν τὸ τί ἦν εἶναι λέγοντα μεσότης ἐστὶν ἡ ἀρετή, κατὰ δὲ τὸ ἄριστον καὶ τὸ εὖ ἀκρότης[就说明它的本质的本体和定义说,美德是一种居中状态,但就其最好和最正确的,它是一种极端。](第二卷第六章 1107a6—8)。

(60)关于 δυνάμει[潜能]和ἐνέργεια[现实]的区别,看上文第二部分第二节(a)。

(61)《形而上学》Λ 卷第九章 1074b23—27,33—34。

(译自 Phronesis Vol. XX, No. 2, 1975)

从柏拉图的"接受者"到
亚里士多德的"质料"

质料(Matter)概念是首先由亚里士多德引进哲学的。它在某些方面很象柏拉图的接受者(Receptable),其实并不是。本文企图说明亚里士多德的质料和柏拉图的接受者的关系。

我们先从《范畴篇》①开始,亚里士多德在那里用两个原则:καθ' ὑποκειμένον λέγεσθαι[表述主体的]和ἐν ὑποκειμένῳ εἶναι[在主体中的]对事物进行分类。然后他又区分出"同名异义"地表述主词的和"同名同义"地表述主词的。在第一种情况下,述词是部分或整体地表示主词的本质特性的;而在第二种情况下,它并不表示本质特性,只表示某个出现在基质中的东西,这就是偶然属性。例如,"同名同义"地表述一个形体的白色,是出现在这个形体中的。②因此,ἐν ὑποκειμένῳ εἶναι 是从静止观点来看 συμβεβηκότα[属性]和 ὑποκειμένον[主体]的关系。

ἐν ὑποκειμένῳ εἶναι 这个说法有一个确定的意义。根据《形而上学》Δ卷第二十三章,"甲有乙"意思是"乙在某个接受(δεκτικον)乙的甲之中",例如,身体有病。③所以,《范畴篇》中说某种颜色出现在一个作为基质的形体中时,意思就是说,那个基质,即那个形体,是接受——事实上已经接受了——这一定的白色的。④

《范畴篇》中将 δεκτικός[接受者]的特征进一步解释为 τὸ

ταὐτόν καὶ ἓν ἀριθμῷ ὂν τῶν ἐναντιῶν εῖναι δεκτικόν[保持数目同一又能接受相反者的东西]，这就成了本体的最明显的标志。⑤例如，同一个人这时白，那时黑，这时热，那时冷，这时好，那时坏，反过来也行，因为他从相反的一端变为另一端。这里亚里士多德说的是 συμβεβηκότα[属性]和 ὑποκείμενον[主体]之间的那种关系，不过是从基质的观点说的，因而重点摆在这种关系的动的方面。这种关系的静的方面是动的方面的结果。一个人已经从黑变为白，或是从不文明变为文明时，"白"和"文明"才在他之中。

亚里士多德在别处说过，ἄνθρωπον γίγνεσθαι μουσικόν[人变文明]的变化，同样可以表述为 τὸν μὴ μουσικὸν γίγνεσθαι μούσικον[从不文明变文明]。⑥所以，一个人从不文明变文明，事实上也就是 μουσικόι[文明]进入 ὡς ἓν ὑποκειμένῳ[作为统一主体的]他，而 ἄμουσον[不文明]从他那里消失。

这样，有两件事是 ὑποκείμενον 的标志。一方面 ὑποκείμενον 是 τὸ ἓν ᾧ τὰ συμβεβηκότα[诸属性的统一]；另一方面 ὑποκείμενον 是 δεκτικόν τῶν ἐναντίων[接受相反者的]，相反者出现在它之中，并从它那里离去。这样一个 ὑποκείμενον 概念是怎样形成的呢？这两个标志使我们想起柏拉图《蒂迈欧篇》中的那个接受者。ὑποδοχή[接受者]的定义就是 δεκτική[接受的]，也就是 τὸ ἓν ᾧ[统一体]。⑦

现在我们更仔细地研究一下柏拉图的"接受者"概念。在他的接受者学说的发展中，他首先否定通常所谓的自然物常住不变，或者更根本地说，否定苏格拉底以前哲学家所谓的元素常住不变。他认为所谓水其实并不是水，因为它是不停地变为土、气和火，然后又回到水的。人不能将这些东西叫作 τόδε[这个]或 τουτό[那个]，只能说是 τοιοῦτον[如此]。"只有说到那个东西，即所有这一切总是在它之中产生、出现又消失的，我们才可以使用'这个'或'那个'这样的字眼。"⑧有它们在那里出现的，就是接受者。在那里出现的是任何性质，热、白或任何一种对立的性质，以及这些对立性质的任何组合。柏拉图以这种方式将火分析为热、白等等的集体，说明它们出现在"接受者"中的哪一点上。⑨

每一个出现在这一点上的性质集体，从柏拉图的观点看，将它叫作火或水是错误的。但对亚里士多德说，这恰恰就是完全意义的个别本体。因为在《范畴篇》中我们看到，偶然属性出现在其中的就是个别本体。⑩这个 τὸ ἐν ᾧ 就是亚里士多德的 ὑποκείμενον。这样，亚里士多德的一个个别本体也就是柏拉图"接受者"中有性质集体包围着的一个点；⑪亚里士多德的 ὑποκείμενον 就是这个被包围的部分。τὸ ἐν ᾧ 和 τὸ δεκτικόν 这两个标志最初是属于"接受者"的，现在由于这种包围，便自然而然地成为基质的标志了。可是，这种包围也造成了区别，《范畴篇》中以多数的 ὑποκείμενα 代替了单一的 ὑποδοχή。

《范畴篇》中的基质还不是亚里士多德的质料；他是在《物理学》第一卷⑫中分析变化时，将变化概念从偶性变化扩展到本体变化，才得出质料的。《范畴篇》中考虑的还仅限于偶性变化。这一点不仅从那里举的例子可以看明白，而且从那篇论文的基本思想看也不能不如此。因为变化事实上意谓着它的起点和终点是相继地在一个主体内(ἕν ὑποκειμένῳ)。在从白到黑的变化中，先是 λευκόν[白]，后来是 μέλαν[黑]在形体内。但是按照《范畴篇》中所下的定义，本体形式是不在 τὰ ἕν ὑποκειμένῳ 之内的。⑬所以那篇论文中的变化不能包括本体变化。

从偶性变化出发，亚里士多德在《物理学》中问道："除非'文明'碰巧是'非白'或'黑'的一种属性，'白'如何能从'文明'产生呢？"⑭这个论辩式的问题目的是要得到一个否定的回答，说偶性变化只能在一对 ἐναντίωσις［相反者］中间发生，例如从黑到白，这个例子将我们带回到《范畴篇》。他又进一步说："这一点对别的东西也同样适用，甚至那些不是单一的而是复合的事物也服从这条原则。"他所说"复合的事物"就是房屋、雕像之类的东西。"房屋是由某些处于没有联系的缺失状态产生的。"⑮这样就从偶性变化扩展到本体变化了。他从而得出一般的结论："每一个产生或消失的东西，都是从一个与它相反的状态或中间状态产生，或者消失成为那个状态的。"⑯

在偶性变化和本体变化这两类变化中，每一类变化背后总有某个东西在支撑着，这就是 ὑποκείμενον 或基质。这两种情况的 ὑποκείμενα 有所不同，这是《物理学》中分得很清楚的；⑰但那里还缺少一个恰当的术语。他用同一名词"质料"同等地表示这两个 ὑποκείμενα。⑱但是在《产生和毁灭》中，他把接受产生和毁灭的基质叫作"最地道的质料"，把偶性变化的基质叫作"某种意义的质料"。⑲这一术语的分别是直接以上述《物理学》章节为根据的。

显然，"某种意义的质料"就是在背后支撑偶性变化的个别本体；⑳而"最地道的质料"则是在背后支撑本体变化的质料。后一种意义下的"质料"一词还有相对的用法和绝对的用法之分。同一个东西是质料还是个别本体，要看它相对于一个比它高一级或低一级的本体而定。例如，"动物的质料是它们的部分，整个动物的质料是异质部分,这些异质部分的质料又是同质部分,这些同质部分的质料则是所谓一切质料的元素。"㉑这就是"质料"这个词的相对用法。所谓元素也以某种东西做它们的质料,而后者却再也没有别的东西做它们的质料了。这就是"质料"这个词的绝对用法。这种用法指的是第一质料。至于 πρώτη ὕλη [第一质料]和 ἐσχάτη ὕλη [绝对质料]的区别,便超出《物理学》第一卷的范围了;亚里士多德在那里对于质料只作了一般的说明。㉒

第一质料是四种所谓元素所共有的。四种元素的每一种都以两对相反者(热—冷,干—湿)中的每一对的一方作为它的形式本原,它们的相互变化就是这些相反者之一或之二变为它们的反面。第一质料在它们的本体变化背后,是因为它在这些相反者背后;再说,它和这些相反者的任何一个是不可分的。㉓所以,只要有所谓元素,就有第一质料做它的质料;不采取所谓元素之一的形式的第一质料,是根本找不到的。这样,第一质料和所谓元素是范围相同的。

因为复合物是由元素组成的,而且根据亚里士多德,既没有和形体分离的虚空,在形体中也没有虚空,㉔所以第一质料在世界上到处散布,没有裂缝。㉕约阿欣(Joachim)注解亚里士多德的质料时讲得对:"我们倒是必须认为 ὕλη [质料]能以一切不同的密度充满空间,或者能够延伸和缩小而在连续性上没有裂缝。"㉖亚里士多德在反对那些主张有虚空存在的思想家时,宣告他的第一质料是单一的,因而也就包含了它的连续性没有裂缝的意思。他说:

ἡμεῖς δὲ λέγομεν ἐκ τῶν ὑποκειμένων ὅτι ἔστιν ὕλη μία τῶν ἐναντίων, θερμοῦ καὶ ψυχροῦ καὶ τῶν ἄλλων τῶν φυσικῶν ἐναντιώσεων, ... καὶ οὐ χωριστὴ μὲν ἡ ὕλη, τὸ δ᾽ εἶναι ἕτερον, καὶ μία τῷἀριθμῷ, εἰ ἔτυχε, χροιᾶς καὶ θερμοῦ καὶ ψυχροῦ。[我们的主张的根据是：相反的东西，热和冷以及别的自然相反的东西有同一的质料，……这质料和相反的东西并不分开，但它们的存在是不同的，为颜色、热和冷提供同一质料。]㉗

以颜色和热、冷为例，表明一切ὑποκείμενα[基质]，包括那些支撑在所谓元素的形式本原背后的，也包括那些支撑在偶然属性背后的，最后都是单一的质料，它是充满世界的。这样，第一质料就是最后的ὑποκείμενον，一切别的东西，包括本体形式和偶然属性，都直接地或间接地出现在其中，它直接地接受相反者即所谓元素的形式本原，间接地接受所有别的东西。㉘因此，第一质料真是τὸ πανδέχες[接受一切者]。㉙亚里士多德的这样一种πρώτη ὕλη[第一质料]学说，非常接近柏拉图的ὑποδοχή[接受者]。现在再度以τὸ ἐν ᾧ的单数替代ὑποκείμενα的多数。

可是，ὕλη和ὑποδοχή有重要的区别。《范畴篇》的基质学说和接受者学说的不同只在于τὸ ἐν ᾧ的数目上。《物理学》第一卷对质料作的一般说明和接受者学说的不同，是在数量不同以外又加上几个别的要点；而在亚里士多德的其他物理学著作中的第一质料学说除了保留τὸ ἐν ᾧ的单一性外，并没有放弃《物理学》第一卷中所说的那些区别。所以这一卷中的质料学说和接受者学说的区别最大。

现在我们看看在《物理学》第一卷中讲的质料的重要标志是些什么。

（一）那里引进质料概念以满足某种条件。变化总是在相反者（或居间者）之间进行的，但是相反者不能互相起作用；所以必须有一个和这二者不同的第三者,二者都作用于它。这第三者就是 ὑποκείμενον,㉚ 称为 ὕλη。㉛。因此,质料的功用便是 πάσχειν[变化的主体]。㉜

(二)在第九章中将质料定义为 τὸ πρῶτον ὑποκείμενον ἑκάστῳ, ἐξ οὗ γίγνεταί τι ἐνυπάρχοντος[每个事物的第一基质,事物是无条件地从它产生的]。㉝所以,ὑποκείμενον 不仅是形式或缺失的 τὸ ἓν ᾧ[统一],而且和形式一起组成自然物,并且内在于其中。

(三)质料的本性是努力追求形式。㉞质料的另一标志是它的潜能性。亚里士多德潜能概念的一个鲜明的特色是:潜能和可能不同,是比可能更多的概念。潜能是向着目的的。所以他在《形而上学》中说:ἡ ὕλη ἔστι δυνάμει ὅτι ἔλθοι ἂν εἰς τὸ εἶδος[质料以潜能状态存在,正因为它要达到它的形式]。㉟他在《物理学》第一卷中并没有从潜能和现实的观点去分析变化,㊱虽然在那里他是完全意识到这种样态区别的。㊲但是质料的这种追求目的的潜能性意谓着质料的 ἐφίεσθαι καὶ ὀρέγεσθαι αὐτον[趋向和引向形式],即追求形式。

《物理学》中提出的这三个标志,在亚里士多德的其他物理著作中也保持着,这些将他的质料和柏拉图的接受者区别开来了;后者不具有任何这样的特征。接受者既并不从其中或它以外的 τὰ εἰσιόντα καὶ ἐξιότα[出入者]"承当"什么,㊳也不能和"相"一起组成任何自然物。它也根本没有要求。

这些区别是如此重要,但它们又都植根于一个更基本的区别。这就是以柏拉图的"相"和他的"接受者"之间的关系为一方,以亚里士多德的"形式"和"质料"的关系为另一方,它们之间的区别。

柏拉图的"相"和"接受者"之间只有一种表面的关系,而亚里士多德的"形式"和"质料"之间却有更深刻的关系。

柏拉图的"相"是不进入接受者的。[39]进出接受者的是 τῶν ὄντων μίμηματα[摹仿者],也可以叫作 φαντάσματα, εἰκόνες[象、印象]。[40]在这三者中,φαντάσμα 是最重要的一个词,可是 εἰκός这个词却使我们直接想起《国家篇》中分割线段的第四节。这一节代表感觉对象的象,如水中的映象之类。假定有一棵树,河水流过它,树的影子反映在水面上。在那里我们就有了一个感觉对象的 φαντάσμα。柏拉图认为,感觉对象和比它们更高一级的存在的关系,正如它们的 φαντάσματα 和它们自己的关系一样。[41]然后他继续说明感觉对象怎么是"相"的 φαντάσματα。当然,他只能用比喻的说法。这样我们就可以想到他在《国家篇》第七卷开始时的那个著名的洞穴比喻。在那里,感觉对象表现为洞底墙上的影子。现在《蒂迈欧篇》中,柏拉图从分割线段那一节中所说的"水"和洞穴比喻中所说的"墙"得出他的 ὑποδοχή。接受者充当了 φαντάσματα 出现的条件,因为正如树的映象要在水面上出现一样,也必需有某种东西可以使象出现在其中。[42]"相"在接受者中产生 φανατάσματα,正如树将它的影子投射在水中。树将影子投射在水面上时,对水并不起作用;只是映象显现在那里而已。所以"相"和接受者只有一种表面上的关系。

但是亚里士多德的形式和他的质料之间的关系是不同的。质料被赋与形式,就是被形式所作用。形式被质料接受,后者就成为 σύνολος οὐσία[综合体]的质料成分。质料的 raison d'être[存在的理由]就是被赋与了这个意义上的被作用,因此当尚无现实的赋与时,质料要努力追求形式。所以上述三个标志都是从形式和质料的关系,也就是从赋与和被赋与的关系得出的。亚里士多德的这种赋与学说和他的老师根本不同。正是这种赋与将柏拉图的 ὑποδοχή 变为亚里士多德的 ὕλη。

现在我们概括起来说:亚里士多德的 ὕλη 概念是以柏拉图的 ὑποδοχή 概念为前史的。可以这样说,当超越的"相"被亚里士多德拉进接受者,成为内在的"形式"以后,老师的 ὑποδοχή 也就因此变成学生的 ὕλη:首先是变成"某种意义的质料",即《范畴篇》中的基质,然后变成《物理学》第一卷中的尚未分化的质料,最后成为亚里士多德其他物理著作中的第一质料。可是,柏拉图的接受者的特征在这个第一质料中都很好地保存着;因为 πρώτη ὕλη 在作为 τὸ ἕν ᾧ ἕν ἀριθμῷ καὶ πανδέχες[接受一切的、数目唯一的统一体]上非常象 ὑποδοχή。[43]

注 释:

① 我们认为《范畴篇》(直到 $11^{b}7$)是可信的。参看 Phronesis vol. II. p. 46。注 ③〔即《亚里士多德在〈形而上学〉Z 和 H 卷中的第一本体概念》一文〕。
② 《范畴篇》第二节 $1^{a}20—^{b}9$;第五节 $2^{a}19—34$。
③ 《形而上学》Δ 卷第二十三章 $1023^{a}11—13$。这是 τὸ ἔχειν[有]的四种含义中的第二种。τὸ ἔν τινι εἶναι[在某物中有]的含义和 τὸ ἔχειν 的含义是相似的,一致的。参看该章。
④ 这种解释的证明可以参看《正位篇》第六章第六节 $145^{a}33—37$。
⑤ 《范畴篇》第五节 $4^{a}10$ 以下。
⑥ 参看《物理学》第一卷第七章 $189^{b}34—35$。
⑦ 《蒂迈欧篇》49E7,50D1. 6,E5(ἔν αὐτῷ),参看 52C4。
⑧ 《蒂迈欧篇》49B7—50A2,Cornford 的译文。
⑨ 《蒂迈欧篇》51B4—6。

⑩《范畴篇》第五节 2ª34—ᵇ5。
⑪这种包围是一种限制或划定(ὁρίζεσθαι,这个术语可参看《形而上学》Z. 3. 1029ª18),这是由于柏拉图的"相"可以说已经被亚里士多德拉进接受者了。本文结尾将说明这一点。
⑫《形而上学》Λ卷中相应的章节就是《物理学》中原来的详细分析的摘要。
⑬《范畴篇》第二节 1ª24—25。
⑭《物理学》第一卷第五章 188ª35—36。本文所有引用亚里士多德著作英译文,都根据牛津英译本。
⑮《物理学》第一卷第五章 188ᵇ8—21。
⑯《物理学》第一卷第五章 188ᵇ21—23。
⑰参看《物理学》第一卷第七章 190ª31—33 中所作的语言区别。
⑱《物理学》第一卷第七章 190ᵇ23—25。因为ᵇ25行中的ἄνθρωπος[人]和 χρυσός[金子]是两种不同的ὑποκείμενα[基质],参看 190ᵇ13—17。我们很有趣地注意到,在《形而上学》Λ卷第二章 1069ᵇ8(ᵇ14)中,也是在这种含糊的意义上使用"质料"这个词的,那里是《物理学》中论证的摘要。
⑲《产生和毁灭》第一章第四节 320ª2—5。
⑳《形而上学》Z卷第十三章 1038ᵇ5—6。
㉑《动物的产生》第一卷第一章 715ª9—11。
㉒ὕλη[质料、物质]正是出现在《物理学》第一卷中的,但是没有作出进一步的区别,如ἐσχάτη[绝对的]—πρῶτη[第一的],γενητή[产生的]等等,甚至没有将它和ὑποκείμενον区分开,参看以上注⑱。下面引用的《物理学》第一卷第九章的质料定义中,πρῶτον ὑποκείμενον[第一基质]并不单指第一质料,而是指紧接的下一个。它既可应用于ἐσχάτη ὕλη[绝对质料],也可应用于πρώτη ὕλη[第一质料],没有明确的区分。第一质料正是那四种所谓元素的绝对质料。
㉓《论天》第四章第五节 312ª30—33;《产生和毁灭》第二章第一节 329ª24—32。参看《物理学》第三卷第五章 204ᵇ32—35。
㉔《物理学》第四卷第六—九章。
㉕小心一点,也许应该说,第一质料散布在月以下的世界各处,因为亚里士多德并没有告诉我们,第一质料也是一方面为四种所谓元素所共有,另一方面又为天体上的物质——以太所共有。
㉖Aristotle on Coming-To-Be and Passing-Away, text and comm. by H. H.

Joachim, p. 124.

㉗《物理学》第四卷第九章 217ª21—26。

㉘参看《形而上学》Ⅰ卷第四章 1055ª30，在那里，ὕλη 这个词是在一般意义上使用的。

㉙《论天》第三章第八节 306ᵇ19 行使用的这个词，就是指《蒂迈欧篇》中的接受者，参看该篇 50B8。

㉚《物理学》第一卷第六章 189ª22—26，35—ᵇ1 ἀναγκαῖον ...ὑποτιθέναι τι［相反的……基质］；第七章 191ª17—19 是第五、六分析的摘要。

㉛参看以上注⑱。

㉜《物理学》第一卷第六章 189ᵇ19。

㉝《物理学》第一卷第八章 192ª31—32。

㉞《物理学》第一卷第八章 192ª16—20。

㉟《形而上学》Θ 卷第八章 1050ª15。

㊱参看《物理学》第一卷第八章 191ᵇ27—29。

㊲参看《物理学》第一卷第二章 186ª3。

㊳《蒂迈欧篇》50B8、C1。但后面我们又读到 κινούμενον τέ καὶ διασχηματιόμενον ὑπὸ τῶν εἰσιόντων, φαίνεται δέ δι' ἔκεινα ἄλλοτε ἀλλοῖον。这可以同样理解为水面上的树影。细节可参看该文下一节。

㊴《蒂迈欧篇》52A1—3。

㊵《蒂迈欧篇》50C5，参看 52C1、2。

㊶《国家篇》第六卷 509E1—510A3。在 510E1—511A1 中，高一级的存在是几何图形，但在洞穴比喻中则是"相"。

㊷《蒂迈欧篇》52B、C。

㊸有人可能会讥笑我们说："你忘记了亚里士多德的 ὕλη 是 ἄμορφος［没有形式的］"。我们的回答是：亚里士多德的 ὕλη 确实是 ἄμορφος，但只是现实地 ἄμορφος，却是 δυναμένη ἄμφω［潜能地二者之一］（《形而上学》Λ 卷第二章 1069ᵇ14—15 等处），就是 τἀνάντια［对方］，在《物理学》第一卷中叫作 εἶδος καὶ στέρησις［形式和缺失］。这两个形式的规定性就是质料中的 δυνάμει［潜能］。

(译自 Memorias del XIII Concreso International de Filosofia, Vol. IX, Universidad Nacional Autónoma de México, 1964)

希腊时代科学的曙光

首先我们必须明白规定本文的范围。第一，所谓科学，我们乃指以一定的方法研究事物的某一类现象的系统知识。这是"科学"（special science）一概念来自亚里士多德的原义。第二，所谓科学的曙光，乃指某些种科学的起源和它们最初的一些发展；这发展以达到一个段落为止，时间方面大体上以希腊为主。如若一种科学在希腊时代还未产生，或虽起源于希腊，但其发展并未很高，这两种我们皆存而不论。因此本文所述只限于数学、天文学、物理学。本文未着笔以前，我们预计将解剖学、生理学、植物学也皆包括在内。至第一、第二两大段写成以后，它们所占篇幅超出范围已多，一再减削，仍然无足够篇幅以容纳上述三种科学，因此省略。

一

三十几年前国内流行着一种攻击哲学的话，大意如此：从历史方面看，哲学原来的范围很大，以后科学逐渐发达，它们先后脱离哲学独立；长此以往，哲学将有一日尽失其范围。因此哲学不可能。这是三十几年前的愚昧，本可不必再提；但是因为若从此说，科学的成立即是它和哲学的分家。我们这里讨论科学的起源，因此上述见解之谬在此不可不明白指出。所谓"谬"并非以一种主观见解去评衡另一种主观见解,乃指它和史实不符。所谓"哲学"在西洋原来叫作斐罗琐斐亚。但"斐罗琐斐亚"一字作"哲学"解至多是亚里士多德以后的事。这字的原义指心理方面爱好智慧的心情,再指追求满足这种心情的活动,再指由此活动所生的结果。在最后一意义里,这字泛指一切系统知识。亚里士多德分别第一斐罗琐斐亚(这一词笛卡儿仍旧沿用,作为他的书名:Meditationes de Prima Philosophia)和第二斐罗琐斐亚,意谓第一种知识和第二种知识。前者他用以指"神学"或万有论,后者指——用现在的名词——自然科学。它们各有各的范围,互不相涉。数学和它们对立。因此数学和自然科学本不属于哲学范围以内。若在科学和哲学的分离里寻求科学的成立,不只是缘木求鱼,乃是就着两个异姓的家谱找他们分家的线索,其荒谬可知!

科学虽自始即不属于哲学,然而它们却皆斐罗琐斐亚——爱智心情——的产品,它们皆是知识(此即上述谬误之由来)。这爱智心情不但是哲学的,也就是科学的心理渊源。但是这句话太宽泛,不能给我们关于科学起源问题一些具体的解答。我们还须追问这爱智心情是什么?这样的心情柏拉图已谓产生于惊愕。关于此点亚里士多德有更详细的记载。他说:以前的人和现在的人皆是由于惊愕开始追求满足他们的爱智心情。……惊愕的人自觉无知,因此研究学问以避免愚昧。显然,他们仅仅为了知识追求知识,丝毫无功利的目的。亚里士多德的这一段话也许有人还嫌其宽泛,不能具体地解明科学的起源。这样,我们必须将刚才那段话里所省略的再征引出来,作为补充。他说:那些惊愕的人最初对眼前易见的事物惊愕;后来逐渐前进,发生了对于比较更深奥的事物的困难：譬如关于日、月、星辰的，关于宇宙产生的，稍后他又讲：关于夏至和冬至，关于平方形的对角线和其边无公约数的等等，以及（据 Alexander of Aphrodisias）如何琥珀能吸引它物，虹的性质，和其它气象方面的问题。这里所举的问题全是希腊数学、天文学、物理学方面的问题，我们在以下第二大段里还要随处再提到。希腊人见到日、月的起、伏、盈、亏，宇宙的形成，二至的更迭，$\sqrt{2}$ 的数值，琥珀的吸引力，虹的现象等等不能了解，发生惊愕。其实这些现象无一非其它民族直接或间接所见到的，而且初见时，他们也皆不能了解的。希腊人和他们的差别在此：希腊人不将这些现象轻轻放过。由于惊愕，他们发觉自身的无知，欲避免无知乃进而研究。初步问题的解决又引导出较高深的问题来，再继续研究。问题唤起研究，研究获得解答，解答引致问题。更迭前进，科学于以产生，于以发展。

在我们进一步叙述上述几种科学在希腊时代的发展以前，我们在这里还得讨论关于科学起源的另一问题。从这个问题的讨论里我们可以进一步看清何以科学起源于希腊。普通有一说法，曾盛行于欧洲。其要意如此：数学、天文学是希腊人从埃及人和巴比伦人得来。据此说，数学、天文学不起源于希腊，乃起源于埃及和巴比伦。这说始于新毕泰哥拉斯学派，其去开始作数学和天文学方面研究的人泰勒斯（Thales 纪元前六世纪人）、毕泰哥拉斯（Pythagoras 纪元前六世纪人），已数百年！和泰勒斯、毕泰哥拉斯同时或稍后的人并未如此肯定地讲这话。希罗多德（Herodotus 生于纪元前六世纪后半期）只说埃及人在尼罗河泛滥以后，田亩的界线必须重复订定；埃及的几何产生于这量地的需要。据近人研究，埃及的几何实未超出一些量地的经验法则,算学也只限应用于实物的分配方面的。巴比伦人诚然保存日蚀、月蚀的多年记录,然而目的只在于占卜;他们注意到行星的运动,知道二分二至,但这一切多属于神话和民间传说。他们没有一个满意的历法。他们于必要时在年终加一个第十三月。八年一周期说、十九年一周期说皆是希腊人的创见(详下)。总之,希腊人从埃及人和巴比伦人确有所获;然而所获却非数学和天文学,乃是量地的法则和天象的记录。这一切使得希腊人惊愕,触动了他们爱智的心情,努力逃避愚昧,以满足这心理的要求,于是产生出几何学和天文学来。但是供给这些心理刺激的埃及人和巴比伦人在这两方面始终未能超出零碎经验的阶段。

如上所述,科学起源于希腊。然而每一种科学产生时具体的步骤怎样呢?详尽解答这一问题,我们所保存的文献不足。我们诚然知道些具体事实,但是它们不是同属于一种科学起源的。因此对这问题我们只能根据这些事实从多方面出发作一轮廓,以作解答。

埃及人和巴比伦人已经获得了许多几何和天文方面的经验。然而科学不就是经验,虽然它不离开经验。经验是零碎的知识,它来自个别的事物,它的效用也只限于个别的事物。科学则不然,它是普遍的知识,它的对象是普遍的规律。由经验化成科学乃是由一种性质的知识化为另一种性质的知识。这样的转变必须经过一个历程,那是所谓普遍化。埃及人和巴比伦人的几何和天文方面的零碎经验在希腊人手中产生出两种科学来,也就因为希腊人将这些零碎经验普遍化。这一点,在几何方面我们有明确的证据。在德谟克利特(Democritus c. 460 - 370 B. C.)的著作现存残篇里有一条这样讲:"我听过许多有学问的人演讲,但我由线构形,并附以证明,无一人可以超过我,即是那些被称为埃及捆绳子的人也不能。"所谓埃及捆绳子的人即是"埃及几何学家"!他们用绳子量成3、4、5单位的三边,拉成一个直角三角形。这样捆绳子的人对于直角三角形当然没有普遍的知识,难怪德谟克利特骄傲地说他们在构图和证明方面不能比他优越。他自己,无疑地可以证明直角三角形勾、股、弦之间的关系;因为毕泰哥拉斯已经发现了一条定理。毕泰哥拉斯到过埃及,并且传说他从埃及学到几何。他必然在那里获得用绳子拉成直角三角形的经验。然而这一点原始的经验在他的手中经过了普遍化,产生了所谓毕泰哥拉斯定理(详下)!

在现代科学里经验经过普遍化以后乃立为假设,假设用之于科学在希腊时代已然。在数学方面,柏拉图告诉我们假设已在普遍应用,他自己在研究几何问题时也应用假设。至于在自然科学方面,我们在以下还要看到希腊天文学里有两个重要的假设,研究天文学的人用以解释行星不规则运动的现象。

普遍化固然是科学不可缺少的一个步骤。然而普遍化的理论、假设,不必定即是真理;它很可能是普遍的错误。因为普遍化只根据部分的现象;普遍化了的理论也许并不能解释其它类似的现象。现代科学用以审核假设的乃是观察和实验。因此观察和实验是科学不可缺少的两种方法。但是这两种方法希腊科学家已在使用着了。还在希腊学说发达的初年,根据柏拉图的记载,泰勒斯即观察天象,因而跌到井里。这事足以表示天文研究从开始起,研究者即从事天象的观察,其注意力如此之集中,竟使他忘却面前的其它事物。关于观察自然现象的另一重要事实乃是克塞诺芬尼(Xenophanes 纪元前六世纪人)即用这方法支持他的学说。他指出在某某岛上、山上等处有海中动物的化石,其地必先为海。再在医学方面,希腊人观察病状的详细记载足使在二千数百年后玄学医疗犹扬眉吐气的国家惭愧而警惕。

在实验方面呢,希腊文献里还保存着一个标准型的实验。空气是无形无色的,我们生长其中,习而不察。恩培多克勒(Empedocles c. 493—433 B. C.)用一器具证明其为物体。这器具上面有一小孔,下面的底可以开关。他指出,若将这器具按入水中,非至器中的空气已由小孔散出以后,水不能进到它的里面去。恩培多克勒是一个诗人哲学家,又富于神秘性。这样性情的人还知利用实验证明理论,其他偏于理性的科学家利用实验更无待言。德谟克利特即是做系统实验的人;只因为文献不存,我们只知其概要,不能尽举其详罢了。

以上四点皆是我们从已经发达了二千数百年以后的科学来反观它产生的条件。古代希腊人不知今日的科学,他们当然另有看法。他们认为科学的要点乃是以求知为目的,不是以功利为目的。在我们以上所引亚里士多德的一段话里,他已经特别强调学问不是以实用为目的的。他以为人类有目的的活动有两种。一种是目的在外的,一种是目的在内的。前一种以这活动自身以外的事物为目的;因为目的既达,这活动即自停止。后一种即以这活动自身为目的;因此它继续不断向前进行,如若科学的目的在实用,目的既达,研究即停止。所以埃及人捆绳子去量地就如此断送了他们的一生,在他们中间不会产生出几何学来。希腊人研究科学,目的就在研究;因此科学继续发展。

科学研究的目的不在实用,乃是希腊学者间共同的见解。我们现在再举出两个故事来以证明此点。据说希腊某地有一次发生了灾疫,于是产生了一条神谕,说:若要免除灾疫,必须另建一所祭坛。其形状和原有的相似,但体积须增加一倍。这样的一个祭坛当时的工匠无法构造,因为这是一个当时尚无人能解决的数学问题,所谓立体加倍(duplication of the cube)。后来,这事传到柏拉图的学院里。柏拉图解释说:神的意思并非真要这样的一所祭坛;神将这一件工作置于希腊人之前,以谴责我们的忽视数学,不注重几何。柏拉图所以如此解释,乃是防止由于这一条神谕,人将实用当成科学研究的目的。如若人求解决立体加倍这一问题的目的在造一所祭坛,那么祭坛一旦造成,几何的研究势必中断。但是依照柏拉图的解释,祭坛虽造成功,数学的研究仍自进行不辍。

第二个故事乃是关于《几何学原理》集大成的编纂者欧几里得(Eucleides fl. c. 300 B. C.)的。这人不但是希腊最伟大的数学家之一,而且在世界科学史上也占一个千古不灭的位置。有人从他学几何学,学了第一条定理以后,问欧几里得说:从学习这些事物里我可获得什么实利呢?我们且听听这位大科学家对这问题的反应怎样。我想无人否认欧几里得懂得什么是科学;他的意见在这方面也许比较以上所讲的亚里士多德的和柏拉图的意见还更重要些。他听了这个问题以后,随即喊他的奴役:给这个人三毛钱去罢,他既然要从学问里取利!

总之,希腊人从形数方面、天文方面不易了解的现象里感到惊愕,自觉无知。为了满足爱智的心情,他们将从埃及人和巴比伦人得来的零碎经验普遍化了,立为假设,又利用观察和实验等方法创立了数学和天文学;他们的追求知识,其中不搀杂丝毫利欲,因此新建立的科学在他们的手中始终继续不停地向前进展。这个进展的途程我们在下面循序数述其梗概,同时多少也可看到每门科学产生的具体情形。

二

甲、数学

（一）泰勒斯　正如西洋哲学研究从泰勒斯发源，几何学的研究也以他为始祖。相传他已证明"对径分圆为两半"；此外他还证明了几条几何定理，即以后欧几里得《几何学原理》中以下诸条：卷一第五、第十五、第二十六，卷三第三十一。他的证明虽然未能每条皆臻完善，其中有为后人所改进的，甚至末一条是否确是他的成就尚有问题；然而他从以功利为目的的埃及人手中将量地的零碎法则改变成一种纯粹以求真理为目的的几何学，因此建设了西洋科学的非实利精神（disinterestedness），奠定了数理科学——因此一切科学——的基础，以至产生了现代化的国家。他不但使他自己成为千古不朽的人物，而且使得这藐小号称为人的动物自觉其伟大。所谓伟大并非自媚的夸张，乃指他可能的成就：只须他愿意脚踏实地埋头研究，这深奥无穷的宇宙，这里或那里，迟些或早些，终有为他发现一些真理的可能。他这样给人类一个瞻望未来的无穷希望，这希望的逐步实现乃是一切纯粹学问的发展史。这部发展史的初期乃是他的本土后继者的功绩。

（二）毕泰哥拉斯及其学派　循着时间的次序我们应当叙述毕泰哥拉斯。但是在学说方面他自己的和他的学派的成就，我们大部分不能分辨清楚；因此我们将他和他的学派并为一条，统称毕泰哥拉斯学派。

我们首先提出我们确实知道是毕泰哥拉斯自己的学说来。我们前面已提到那些埃及人，用绳子拉成 3、4、5 单位的三边的直角三角形。毕泰哥拉斯将这特殊现象普遍化了，发现了几何上一条定理：在直角三角形里对着直角的一边的乘方等于直角两边的每边乘方之和（即欧几里得《几何学原理》卷一第四十七定理）。

此外在音乐方面他自己发现了音程依靠算学比。

我们在以上已经看到，根据亚里士多德的记载，平方形的对角线和其边无公约数的现象引起希腊人的数学研究。这一现象在"毕泰哥拉斯定理"里从原理上说明。这学派对 $\sqrt{2}$ 的数值感觉特殊兴趣，研究出它的接近值来。以后关于无理数的研究由此开始。

毕泰哥拉斯学派研究的范围比泰勒斯研究的范围已经扩大了；它不只限于形，而且也包括数。欧几里得的《几何学原理》卷七至卷十研究数。置于第七卷前端的定义皆取自毕泰哥拉斯学派。

斐罗劳斯（Philolaus 纪元前五世纪人）分数为奇偶两种，复加一第三种——偶奇数。偶数的定义是：一个可以被分为两个相等部分，无一单位插于其中的数；奇数是：一个不可被分为两个相等部分且无一单位插于其中的。所谓偶奇数乃指奇偶数之积（比较 Eucl. Elem. VII Def. 9）。设排列 $2n+1$ 单位为一直线，分此线为两部，每部之数等于 n 单位，尚余一单位于其中。以上的解释对于不懂希腊数学的人不易了解，直至我们叙述了毕泰哥拉斯学派的记数法方可瞭然。

希腊数学中所用的记数法（notation）和我们现在所用的不同；即在希腊的记数法中几何记数法（所谓 figured numbers）复有两种。

其中一种是毕泰哥拉斯学派所用的（另一种是 Theaetetus 和欧几里得所用的）；这派用点子表示单位（仿佛中国骰子上所表示的）或用希腊字母 x 表示。点子排成直线，以构成几何图形。此即所谓直线数。由 1 开始的 n 个自然数皆可排成三角形，譬如 n = 10，所构成的三角形为

这是这一个学派所用的闻名的象征。它表示 10 由 1 + 2 + 3 + 4 构成。方数——这名词始于毕泰哥拉斯学派，至今沿用——代表我们现在用 n^2 所表示的数。它的构成如下：设有 n 个奇数点子，这派将排成矩（所谓 gnomon）形的 $n^2 + 1$ 个点子置于其相联的两边，譬如

如若四边形的边不相等，这派乃用长方形数来表示。它的构成如下：设所有点子为偶数，这派将排成矩形的偶数点子置于其相联的两边，譬如

其余多边形从略。

关于立方数，这学派所注意到的特性如下：在奇数系里由 1 开始，1 表示第一个立方数，其后的两个奇数表示第二个立方数，再后的三个奇数表示第三个立方数，……即：

$$1 = 1^3 \quad 3 + 5 = 2^3 \quad 7 + 9 + 11 = 3^3 \quad \text{etc.}$$

毕泰哥拉斯学派又建设了一种关于比例的学说，发现了十种不同的中项。其中前三种即算学的、几何的和谐音的比例。在第一种比例里 $(a-b=b-c)$ 较大项之比小于较小项之比，即 $\frac{a}{b} < \frac{b}{c}$。在第二种里较大项之比等于较小项之比，即 $\frac{a}{b} = \frac{b}{c}$。在第三种里 $\left(\frac{a-b}{c} = \frac{b-c}{c}\right)$ 较大项之比大于较小项之比，即 $\frac{a}{b} > \frac{b}{c}$。其余七种从略。

这学派的另一大贡献乃是一种方法的发现。这方法普通为面积的放置，其意义如下：我们说一个几何家放置一个面积在一根所与的直线上，如若一个相等面积的长方形或任何平行四边形在这根线上确确当当地构成；如若这平行四边形只构成在所与线的一部分上，这面积即被称为不够；如若所与线延长了以后，这平行四边形方可在它上面构成，这面积即被称为太多。这方法的应用即等于用几何方式去解决二次方程式。在欧几里得的《几何学原理》卷一第四十四、第四十五，卷二第五、第六、第十一，卷六第二十七、第二十八、第二十九等定理（proposition）可以看出这方法的发展。

（三）德谟克利特　毕泰哥拉斯学派已经寻出 $\sqrt{2}$ 的接近值来。到了纪元前第五世纪的中叶，德谟克利特撰有专篇讲论无理数。这位以几何学自负的科学家开始研究圆锥的体积。在他的研究里，他将"无限小"的概念介绍到希腊数学里来。他问如若圆锥为一平行于圆锥底的平面切开，两个切面相等还是不相等？如若它们不相等，圆锥的周围岂非不平，仿佛有阶层一般？如若它们相等,圆锥岂非由相等的圆组成,圆锥和圆柱体又有何差异? 后来欧多克索(Eudoxus c. 408—355 B.C.)证明圆锥的体积等于圆柱体的三分之一,如若它们的底相同,高相等。据阿几米得(Archimedes c. 278—212 B.C.)所言,德谟克利特已讲出这一点,只是未曾证明而已。

(四)希波克拉底(Hippocrates of Chios c. 470—400 B.C.) 在第一段里我们已提到立方体加倍的问题。希波克拉底研究这个问题,将它化为寻求两个中项比例数的问题。他认为如若在两根直线之间的联续比例里可以寻出两个中项比例数来(两根直线之一等于另一根直线的两倍),所与立方体的两倍即可寻求出来。这句原来用几何的口吻所讲的话,若用代数的方式写出,其意义如下:

如若 $\dfrac{a}{x} = \dfrac{x}{y} = \dfrac{y}{b}$

则 $y = \dfrac{x^2}{a} = \dfrac{ab}{x}$

消去 y, $x^3 = a^2 b$

由此 $\dfrac{a^3}{x^3} = \dfrac{a}{b}$

如若 $b = 2a$

则 $x^3 = 2a^3$

即以 x 为边的立方体两倍于以 a 为边的立方体。

当时几何学家还有另一问题,即求一方形,其面积等于所给圆的面积。希波克拉底求出方形的面积等于三种不同胐形的面积。他认为由此可以解决上述的问题。他的推论虽然错误,但是求出方形的面积等于三种胐形的面积确是他的贡献。所谓胐形乃指由两根弧线所构成的平面形。它的外弧可以等于、大于或小于半圆周;因此腽形有三种。

(五)希庇亚斯(Hippias c. 481—411) 希波克拉底以为可以解决,然而实际上并不能解决的问题即构一方形,其面积等于所给圆的面积,希庇亚斯由于发现一种曲线(所谓 quadratrix)可以求出答案了。用这一种曲线他也可以解决分任何一角为三份的问题。

(六)阿尔基塔斯(Archytas fl. c. 400—365 B. C.) 立方体加倍的问题,希波克拉底将它化为寻求两个中项比例数的问题。后一点当时的人也还未能寻出。因此他的成就只是将一较大的谜化为一个较小的谜而已。研究原来那个问题的人很多,后来柏拉图的朋友阿尔基塔斯由一个三度空间的构造寻出两个中项比例数来。

(七)泰奥多罗斯(Theodorus 约生于 460 B. C.)和泰阿泰德(Theaetetus c. 414—369 B. C.) 毕泰哥拉斯学派已经认识了$\sqrt{2}$,德谟克利特已有专著讨论无理数。柏拉图的数学教师泰奥多罗斯继续研究不尽根数。他个别地证明了$\sqrt{3}, \sqrt{5}$以及其他非平方数的根值皆是无理数,但他的研究只达到$\sqrt{17}$。

他的另一学生泰阿泰德继续无理数的研究,将它们分类。他的研究结果后来成为欧几里得的《几何学原理》卷十第九定理的基础。

此外他发现了八面体和二十面体。这两种多面体和正方体、角锥以及十二面体合称柏拉图的五个多面体;根据古代的一个记载,事实上并非柏拉图自己所发现的,八面体和二十面体乃是泰阿泰德所发现,其余三个乃是毕泰哥拉斯学派所发现的。现代人的研究以为泰阿泰德大约是第一个在理论方面构成这五种形体的人,毕泰哥拉斯学派尚未能完成此工作。

（八）柏拉图　柏拉图对于数学极感兴趣而且十分重视。根据一个晚出——十二世纪的记载,他曾在"学院"的门上写了以下的字句:凡未熟习几何学的人勿入。他的兴趣多在定义方面、方法方面。这里我们仅举出他所应用的所谓决定法(diorismos)来。这方法乃是决定解决一个数学问题的可能范围和条件。具体的情形见于他的《曼诺篇》。

（九）欧多克索　阿尔基塔斯的学生欧多克索是一个特出的天文学家和数学家。他在天文学方面的贡献我们另论,此处只讲他在数学方面的功绩。立方体加倍的问题:阿尔基塔斯寻求出两个中项比例数来解答它。欧多克索另辟途径,他用一种特殊曲线来解答这一问题。但他在数学方面最大的贡献乃是创造出一个关于比例的普遍学说来。毕泰哥拉斯学派已经建立了一种比例学说,包括十种不同的比例。但他们只限于有公约数的量。不尽根数的研究在毕泰哥拉斯学派里已经开始,经过泰奥多罗斯和泰阿泰德发展愈大。欧多克索的比例学乃通用于有公约数的和无公约数的量。它的重要由此可知。这学说以后收入欧几里得的《几何学原理》里,成为其中的第五第六两卷。

他的另一伟大的贡献乃是所谓竭尽法(method of exhaustion)的发现。这方法在希腊几何学里占一个极重要的位置。他的应用范围乃在衡量和比较曲线平面形、立体的面积和容积。他自己应用这方法寻求角锥的体积和圆锥的体积。

（十）欧几里得　欧几里得是在中国普遍闻名的了,因此关于他,我们可以简略叙述。《几何学原理》的编纂在欧几里得以前(譬如 Leon 或 Theudius 所编的)已早有了;然而他的编纂乃是集其大成。普罗克洛(Proclus)在他的欧几里得《几何学原理》注卷一里关于欧几里得下了一个确当的评价。除去《几何学原理》他还有许多其它重要的著作,我们只举出两种来(即他的 Conics 和 Phaenomena)。其中一种继续欧多克索的门人(Menaechmur)研究锥线,另一种研究运动球体的几何。

(十一)阿几米得　阿几米得用欧多克索所创造的竭尽法将希腊几何学带到最高峰。他应用这方法衡量圆、抛物线、球、圆柱体、球状体、锥状体等等。他隐约见到以后的积分。

(十二)阿波罗纽斯(Apollonius c. 262—190 B. C.)　几何学在希腊发展到这位普通称为"大几何学家"的阿波罗纽斯告一段落。他写了八卷书讨论圆锥。自他以后希腊几何学的黄金时代也即终止了。至于他的门人只不过发现几种特殊的弧线而已。

(十三)狄奥方特斯(Diophantus fl. c. A. D. 250)　希腊数学的其它方面,在这里值得我们特别提出的乃是属于代数一科的。我们以上已经叙述过毕泰哥拉斯学派的几何记数法。希腊的记数法一直是几何的。狄奥方特斯乃是第一个希腊人发明了一种记数法,接近代数的记数法的。他的要著是《算学》;在这著作里他给各种数下了定义。所谓各种数,除去 1 以外,乃是未知值的乘幂,他所举的乘幂达到自乘第六次。他以 M 代表 1,S 代表未知值,$\triangle'$ 代表二方,K' 代表三方……。他以→代表减。他解释正负相乘为负,负负相乘为正。在一条数学式子里如若有不同种的数,数的前后依乘幂的次序排列;再者,正数在前,负数在后。他指明如何解决一次方程式和二次方程式。他不注意方程式里的负根。他的问题大多是无定的或半决定的二次方程式。他的方法繁多而精巧;他的目的永远是求一正数的答案。在希腊数学家中他在代数方面的贡献特多,因此值得我们重视。

几何和代数以外,数学科学里希腊人多少也曾研究的乃是以下几部门:三角、球面三角(Hipparchus, Menelaus and Ptolemy 等人研究)和数的基本理论(由 Nicomachus and Theon 等人研究)。它们的内容不丰,我们此处从略。

乙、天文学

(一)泰勒斯 我们在第一大段里引了亚里士多德的一段话,解说科学起源于惊愕,由惊愕发觉困难。所谓困难,用我们现代的语句说,就是问题。这些问题之一是关于二分二至〔春分和秋分、夏至和冬至〕的。二分二至的问题也就是泰勒斯所研究的问题;相传关于二分二至他已有专篇论著。这样,正如几何的科学研究从他开始,天文学的研究也以他为始祖。关于他还有一重要事件,即是他预测过的一次日蚀。

(二)阿那克西曼德(Anaximander c. 611—546 B. C.) 宇宙的形成也是亚里士多德所提出的引起初期科学家惊异的问题之一。解答这一问题,阿那克西曼德创造了一种学说:他以为宇宙从一个旋动产生出来;世界非仅一个,乃有无穷数的多。日、月、星辰的现象,乃是初期天文学上的另一问题。阿那克西曼德的解释如下:星体乃是黑暗的环状物,其中有火,每一环状物仅由一个小孔透出光来。从地面上看去,这些透光的孔即是一颗一颗的星。地飘浮在空际,并无一物支持着它。它的形状类似小手鼓。这解释虽不正确,然而已接近地的球形了。他乃是第一个思考日、月的大小和距离的人,也是第一个人尝试画一幅人所居住的地面的图。

(三)毕泰哥拉斯及其学派　地是球形的一事实,毕泰哥拉斯随即发现了(后来巴曼尼得斯也如此主张)地面上各处皆有人住。因此有和我们对足而生的人;我们所谓"上"在他们乃是"下"。他认知日、月、行星各自在它们自己的圆圈里转动,在一种意义里,它们的运动和昼夜的旋转相反。他的后继者认为地也是一个行星。和其它行星一样,围绕着"中央火团"转动。天地谐音也是这一学派的学说。

(四)阿那克萨戈拉(Anaxagoras c. 500—428 B. C.)　阿那克萨戈拉知道了离心力,这是他的造诣之一。他以为星体事实是由于离心力从在宇宙中心转动的质料排出来的。他又发现了太阳只是赤热的石块。这样的看法现在是不足为奇了,然而我们须知当时一般人是以日、月、星辰为神的。月亮是土,自身无光,它的光是从太阳得来的。这在当时也是创见。

(五)麦通(Meton fl. c. 433 B. C.)　上面我们提到在巴比伦没有一种满意的历法。在纪元前四三三—四三二年麦通建立了一种新的"大年"说。在他以前,希腊已有八年一周期说和十六年一周期说。但他以十九年为一周期。这样,他将太阴月和太阳年关联起来。在每周的第三、第五、第八、第十一、第十三、第十六和第十九年加一闰月。十九年中一百一十个月是小月,每月只有廿九日;一百廿五个月是大月;每月三十日,每年 $365\frac{5}{19}$ 日 $\left((110\times 29)+(125\times 30)=6940;\frac{6940}{19}=365\frac{5}{19}\right)$。后来卡利普斯(Callippus c. 370—300 B. C.)在纪元前三三〇—三二九年发表七十六年一周期的学说,结果每年为 $365\frac{1}{4}$ 日。两说相差仅一日的

$\frac{1}{76}$日。从这里我们明白见到西洋科学即在初期已经是严格求精，决不以"差不多"为满足。

（六）柏拉图　柏拉图的天文学大体上是追随毕泰哥拉斯学派的。他在天文学上的大贡献乃是发现了一个重要现象。这现象是行星不规则的运动。这一现象柏拉图明显地觉察到，并将它指明出来，于是成为古代天文学上极重要问题之一。因此他开辟了以后长期的对于这一问题的研究。他的朋友欧多克索用一组同心球体的同时运动来解释这个不规则的现象。卡利普斯修改欧多克索的学说，假设了更多的球体。这同心球体的学说原是几何学的，亚里士多德将它化为机械的，他更增多了球体的数目以解释柏拉图所指明的现象。

（七）赫拉克利得（Heraclides c. 388—315 B. C.）　关于日、月、星辰运动的问题，赫拉克利得有了重要的发现。他以为太阳和恒星皆是不动的；地绕着它自己的轴心每十二小时转一周。他又以水星和金星为太阳的卫星，绕着太阳转。

（八）亚里司塔科斯（Aristarchus c. 310—230 B. C.）　我们以上已经见到毕泰哥拉斯学派认为地也是一个行星，绕着"中央火团"转。所谓"中央火团"实际上并无此物，只是这学派虚设的。到了亚里司塔科斯出，始建立了日中说。依照他的学说：地在一个圆周上围绕着太阳转；太阳处于这轨道的中心。他又将赫拉克利得已经发现的地绕轴心的自转和它的绕日公转联合起来。但是在他的仅存要著里他却在地中说的基础上讨论"日、月之大小和距离"。因此地中说在古代的天文学里从无一次决定性地失去了它的位置，虽然亚里司塔科斯的日中说在以后也有人（Seleucus C. 150 B.

C.)支持。

(九)阿波罗纽斯　自从柏拉图以来,行星的不规则运动成为天文学上的一个大问题。为解释这个现象,阿波罗纽斯分别讨论两种不同的学说。其一是离心圆的假设,另一是周转圆的假设。

(十)希帕库斯(Hipparchus 约生于190 B.C.)　继续阿波罗纽斯的研究的乃是希帕库斯。他不但注释了从柏拉图以来关于行星运动的现象的两部重要书籍(欧多克索的《现象》和 Aratus 的《现象》),而且从地中说的观点研究了周转圆论和离心圆论。在他的研究里,他系统地利用了三角学。他改进了观察天象的仪器,他又编了一部八百五十颗星的目录。他的最大贡献是发现了春分秋分的岁差。他获得了希腊最伟大的天文学家的称谓。

(十一)托勒密(Ptolemy 在 A.D. 121—151 年观察天象)　至纪元后约一百五十年托勒密完成了他的巨著(*Sytaxis*),希帕库斯的天文学从此得到一个固定了的形式。在这书里托勒密在离心圆说和周转圆说两种不同的假设下讨论太阳的运动和五个行星的运动。他在学说上成功为权威,希腊天文学发展至此告一段落。

丙、物理学

(一)亚里士多德以前的物理学研究　物理学的研究比较数学的和天文学的研究产生皆较迟。它成为一个界限分明的科学始自亚里士多德。希腊最古的学说家忙于研究自然和宇宙的产生;在物理学的范围以内他们只发现了一些零碎的事实(譬如泰勒斯发现了磁石的吸引力,毕泰哥拉斯发现了音程)。他们只有很少的普遍的理论,像原来由于凝结和稀薄化互相转变,元素的恒久的混合和分解,以及质料的不可消灭。赫拉克利特(Heraclitus fl. c. 500 B. C.)大约是第一个人,尝试叙述一条物理现象的通则。这通则就是"万物皆流"。

稍后,希腊人在物理学方面倒有了好的成就。阿那克萨戈拉创立了离心力的概念;恩培多克勒宣布了光是流动的,它从一处到另一处需若干时间。这两位科学家皆知道空气是物体性的。恩培多克勒更由实验证明此点。但是第一个做系统实验的人显然是德谟克利特;他的原子论在希腊的一切学说中最和现代的物理学理论接近。原子论的另一个创造者留基波(Leucippus fl. c. 440 B. C.)的理论也是极其重要。他认为无一件事物无故产生,一切皆有理论基础,由于必然的压迫。

(二)亚里士多德 到了亚里士多德,物理学乃成为一门界限分明的科学。他划定了物理学研究的范围,将它和哲学(即所谓"科学")及数学对立起来,成为理论学说的三大部门。他的物理学方面的见解载在他的《物理学》、《天论》、《生灭论》、《气象论》四种著作中。他认为物理学的对象是自然物。所谓自然物,它的特点是各于其内具有运动和静止的源泉。他所讨论的项目颇多,扼要如下:物质和"相"的四种原因,三种变动(生长和退缩,性质变化,空间运动)、处所、空间、空隙、联续、无限、运动的规律(譬如运动的速度依靠运动体的重量及某运动所经过的中间物之密度)、自然的运动和强迫的运动、原始动因、物理学在天体方面的应用、元素趋向其本位的运动等等。在他的力学里颇有些见解和现在物理学上的相近(譬如在这里我们见到 virtual velocity 的原理的萌芽,而且他有一种言论很像牛顿运动律的第一条)。他讲:在真空里如若一件物体运动,无人能讲它应在这里或另一处停止运动;如何在此处,不在彼处呢？因此它或者不动，或者继续运动直至一个更大的力阻止它。《力学》一书中包含许多力学方面的问题。此书虽然未必真正出于亚里士多德之手，然而其中包含不少见于其它真著中的思想。详细内容姑从略。

（三）阿几米得　奠定力学的科学基础的人乃是闻名的阿几米得。他建设了杠杆的理论，研究出许多物体的重心位置。这些物体譬如三角形的、四方形的、半圆形的、半球形的等等。在他的《浮物论》里他发明了流体静力学，设计了几条原理：一件固体飘浮在流体上面占据一个位置，在这位置里它的重量等于流体为它所挤去的部分的重量；一件固体在流体里所有重量比较它实有的重量轻，所轻的数量等于这流体为它所挤去的部分的重量。他更进一步指出：流体向上所加于飘浮其上的固体的力沿着一根线，这根线经过流体所被挤去的部分的重心垂直于流体的表面。以这些原理为基础，阿几米得在他的研究方面得了许多收获。

希腊力学在阿几米得的成就里达到最高峰。在他的后继中我们在这里只提出赫隆（Heron）的重要贡献来，即是空气弹性的发现，和蒸气力的发现。

希腊力学的发展至此已告一段落。至于物理学中其他部门如光学、声学、电磁学方面的成就在希腊皆不甚多，此处从略。

数学、天文学、物理学的起源和初期的发展主要情形略如上述。三种之中尤以数学和物理学为一切严格科学的基础。中国接受西洋科学与否乃是生死问题，无待多论。但是我们学习科学并不只是学习其成果，必须以了解现阶段的科学以后，继续促其进展。因此科学的起源和进展二者的原因和条件我们必须明瞭。具备同样的原因，满足同样的条件，我们方可期望将西洋科学移植到中国来。本文的目的即在供给一些关于上述三科的起源及其在希腊时期的发展的史料。

(原载《三民主义半月刊》第廿期)

希腊哲学对于现代自然科学及民主思想之影响

西洋有一句话说：除了空气日光以外，无一件事物不是渊源于古代希腊的。这句话自然不免太过份，然而在现代西洋文化里却含有许许多多希腊文化的成分。在现代西洋文化里自然科学和民主是两个很重要的成分，而且又是中国所急切需要的。今天我们即从历史发展方面去讨论它们。

一、希腊哲学与现代自然科学

甲、现代自然科学里的几个基本概念

自然科学以自然为研究对象。所谓"自然"（Nature），这里只限于无生命的（inanimate nature）、外在的（external nature），即普通所谓自然界（physical world）。我们现在先举出以自然为对象的科学里的几个基本概念。

（一）自然界的最后成分　从我们日常生活所接触的任何一件物体以至于太阳系，甚至太阳系以外的更大的体系，其中任何一现象皆属于自然界。这个范围就空间讲已是很大，就内容讲更是极

其复杂,其中所包括的物体形色不同,差异至夥。然而这些复杂差异的物体从自然科学的观点看来,只是相对于肉眼的;事实上它们乃是由于很少数的最后成分所组成。这些最后成分自然科学认为有数十种,即所谓元素。元素的单位在中国话里名为原子。原子原义乃是"不可分的"(atomon)。原子结合成分子。分子包括两个或两个以上同种类的原子,或不同种类的原子。后者乃是比较复杂的一种组织。当分子结合成结晶体时,那种组织则更复杂了。我们的地球乃是一个由分子结合成的,很复杂很复杂的组织。地球再和其它天体结合构成太阳系,太阳系再……,这些组织就愈加复杂了。虽然如此,但是它们却有共同的最后成分,这就是几十种原子。自然原子组织论(Bohr's theory of atomic structure)产生以后,"不可分的"(原子)不再是不可分了。它可分析为电子和质子(electrons and protons)。它们的数目在各种原子里不同。譬如在最轻的原子,氢原子里只有一个电子和一个质子,比较氢原子略重些的氦原子里有四个电子和两个质子在它的内心核里,此外还有两个电子在外围围绕着这内心核转动。从这里看来,原子种类的不同只是电子、质子的数目的差异和它们排列的不同。这样,水银变黄金不只是幻想,而是理论上可能的事。原子弹的产生给我们一个惊人的实例:人工可以破坏原子。这样原子的互化(mutual eduction)在理论上毫无问题。因此整个的外在的、无生命的自然界,无论其如何繁杂,只有两种最后成分,即电子和质子。

(二)自然律 电子和质子及由它们所构成的复杂程度不同的各级组织乃是自然现象的主体。自然科学根本假设自然现象中有一致性(uniformity of nature),一种表面上看起来也许是彼此差异的现象可能是在某一情形里彼此一致的个别事例。自然科学的工作即在从这些事例中寻求出它们的一致来。这一致性可列为条文,于是自然科学将它研究所得的结果以原则的形式叙述出来,即所谓自然律。

(三)数化自然　自然科学不但假设自然现象中有一致性,而且认为这些现象之间的关系乃是数的关系。因此自然科学将自然律用数学公式表达出来。这乃是化性质为数量,这样的数化自然(或用德文讲 Mathematisierung der Natur)乃是现代自然科学的重要点之一。

乙、希腊哲学对于现代自然科学的影响

我们在以上一大段里关于现代的自然科学举出三个基本概念来;现在我们逐一的探求它们的远源。

(一)希腊原子论与现代的原子学说　关于自然界最后成分一点,远在纪元前六世纪至五世纪中叶,希腊初期哲学已为现代自然科学奠定了基础。西洋哲学史上第一个问题即是:万物的最后的质料是什么?对这问题在这一时期里所给的最后的答案乃是希腊的原子论。依照这一派哲学,万物的最后质料乃是"不可分的"质料。这"不可分的"一名词在现代欧洲文里传写为 atom;原子即由此得名。这些不可分的质料或原子之间无性质上的不同;它们的差异乃在形状、位置以及排列次序的不同。这些希腊初期哲学已为现代自然科学里的原子学说画下了轮廓;应用现代的方法具体地研究乃是现代自然科学在这一段学说发达史的贡献。研究的结果认为自然界乃由数十种元素所组成;但是各种元素的原子所有的差别仅在电子、质子多寡以及排列的不同。这样现代自然科学

在这一点原则上未曾超出希腊原子论的范围。

（二）"相的玄学"与自然律　现代自然科学里的自然律和希腊哲学的关系却不如此直接。这里所谓自然律，不指任何自然研究所必须预先肯定的自然现象自身里的一致性，乃指自然科学依据其研究各类自然现象所得的结果制成的一条一条的原则。这一意义下的自然律乃是现代自然科学的特有品，乃是古代希腊哲学中所无的。虽然如此，但它却是从古代的"相的玄学"（metaphysics of forms）演变出来的，这一段演变史的关键乃是中世纪的一位阿拉伯哲学家，同时他又是亚里士多德学者。他批评这位古代哲学家的玄学，以为一个固定不变的"相"（eidos）不能解释一组继续转变的现象。譬如一个人，就着他的生命发展，乃是一组继续转变的现象。解释这样的现象，他以为只有一个"流变的相"（forma fluens）或者一个"相流"（flux formarum）方可完成这个任务。这是他的理想，然而他却未能创造出一个"流变的相"或"相流"的学说来。这个理想在现代自然科学实现了。现代自然科学放弃了那陷于不可解决的困难之中的"相"，发现了自然律的概念，制成了自然律，以解释自然现象。自然律，无论某一条，其中皆包含变数，因此它所解释的现象可用图解（graph）表示出来。图解中的一条线所表示的各现象乃是一组联贯差异的现象。一组继续转变的现象乃是一组联贯差异的现象；这现象在现代自然律可以无所遗漏地解释了，因此自然律实际上完成了那位阿拉伯哲学家所理想的"流动的相"的任务，虽然它自身并不再是古代式样的"相"。这样，古代的"相的玄学"，由于中世纪那位思想家的批评演变为现代自然科学里的自然律。在现在只有昧于这一段学说演变史的人才敢冒昧地回转到"相的玄学"去；也只有昧于这一段学说演变史的人对于这无知的复古才会钦佩赞赏。这乃是"新理学"在中国何以会走运的原因。

（三）毕泰哥拉斯派与数化自然　自然科学里的自然律乃是一条一条的数学公式；自然科学也即认自然现象间的关系，物理关系，即是数的关系。这种化性质为数量的见解以古代毕泰哥拉斯学派为其远源。这一学派中人数学方面的造诣特深，他们乃是数理科学的创始者。他们将这方面的成就应用于解释一切，他们以为万事万物皆以数为原则而形成。整个宇宙只是数和谐音。他们这样以数为玄学的基础，然而他们并不只耽于玄想，却有具体事实做他们的抽象学说的证据。他们对于谐音富有研究，他们指出如若声音的震动数符合谐音比例，那么这些声音即产生一个谐音。声音高低乃是物理关系，谐声乃是一种特殊的物理关系，然而他们却指出谐音乃是数的关系。这是西洋思想史上数化自然的第一页。又因为物体运动产生声音，于是他们推论天体运动也产生声音，而且行星运动所产生的声音合乎谐音比例，因此他们肯定有天空谐音。现代初年几个最伟大、与自然科学以后的发展极有关系的科学家之一开普勒还将这个谐音的音调谱出。所谓天空谐音在古代即有人对之提出疑问，这位科学家的谱调乃基础于一件臆想的事实。然而这一件自身无价值的事却说明了学说演变史上的一个重要事实。这就是现代自然科学的数化，乃出自古代毕泰哥拉斯学派。这段学说史的发展，开普勒乃是其中主要关键之一。

二、民主思想

甲、现代民主思想

关于自然科学我们且止于此。现在让我们察看一下,希腊哲学对于现代民主思想的影响。所谓现代民主思想,我们不泛泛地以一些关于民主的政论为根据,相反的,乃将我们取材的范围严格地限于那些确确实实引导至实际行动的民主思想。这才是最有力的民主思想,因为它实现了民主政治。因此这里所讲的现代民主思想乃以一七七六年《美洲独立宣言》及一七九一年法国国民会议的《人权宣言》为根据。

美洲独立宣言里这样讲:我们认为以下几点乃是自明的真理,即:一切人民被创造为平等的;他们的创造者赋与他们某些不可让渡的权利;这些权利乃是生活、自由、快乐的追求;为了获得这些权利,政府乃建设成功,政府从被治者的同意获得他们正当的权力。

人权宣言这样讲:就着人民的权利言,他们是生即平等,并且继续平等的。

又说:政府组织的目的乃是保全人民的天然权利,这些权利乃是自由、财产、安全,以及对于压迫的反抗。

又说:主权存于全体人民中,无一个人能运用权力而非明白得自全体人民的。

又说:一切人民有权亲自集合或由他们的代表制订法律。像他们在法律之前平等,他们皆同样地可以接受荣衔、职位,以及公共业务上的任命。

分析以上两篇宣言的节录,我们提出以下两点来:

(一)两篇宣言异口同声讲出人民是平等的;

(二)在它们所列举的人权里的共同点乃是自由。

荣衔、职位,以及公共业务上的任命的机会均等乃实现人民的平等。国家主权在民。政府的统治权得自人民的同意,因此被治者非受治于一人或一特殊阶级。全体人民直接或间接立法,全体人民共同遵守,这乃是人民受治于自己。免于人治,受治于己,这乃实现人民的自由。从这里可以看出,在实际上创造出了现代民主政治的民主思想里,平等和自由乃是两个重要成分。我们以下的任务乃在探求现代平等概念和自由概念产生的历史。

乙、古代的民主

民主政治以平等和自由为中心,这在西洋古代即已如此。关于希腊的民主政治,我们知道比较清楚些的乃是雅典的民主政治。现在我们即约略看看当时雅典的民主制度。

(一)雅典的民主制度　雅典是一个希腊的城邦。它的主权属于全体公民。公民总数不超过三万人;时常开公民大会,出席人数平均约六千人。这个团体的任务约略如下:宣战、媾和、批准条约、规定宗教的或其它大典的礼仪、制订国家长久大法,以及关于国家政策的、税收方面的临时律令,全体或分组听取和决定一切案件,无论属于民事的或刑事的,且能判决官吏死刑、罚金或流亡等罪。官吏的任职由于选举,除武职以外,皆用抽签。武职乃由公民大会票选。最高文职乃是九位执政,任期一年。同一职位一人不能担任两次；但是如若一人重复当选同一武职，他可以重复担任。尤其别致的乃是当时的立法机关。立法人员总数为五百人，雅典人民分十部。每部抽签选五十人。每部所选出的五十人组织一个团体，仿佛一个主席团，任期三十五日，轮流负责排置该时期内公民大会所应处理的事项。这主席团抽签决定一位主席，任期二十四小时。这位主席再用抽签法从不在主席团以内其它九部中选出九人，处理公民大会议程等事。

这样的制度有两点最令我们注意。第一是选举（除去武职以外）用抽签。第二是同一职位人数之多，任期之短。雅典人所以采用这样一个制度有两个目的。第一是为了保障公民政治上的平等。因为抽签乃是盲目的决定，一切公民当选的机会完全均等。第二是为了预防一人或一部在政治上独占势力，这所以保障公民的自由。

（二）古代民主政治的理论基础　雅典的民主政治即从以上极其简约的叙述里已可见出，是经过周详的思考，多方的考虑产生出来的。但是很奇怪，这个政治制度的理论基础几乎寻找不出来。伯里克利斯埋葬国殇的演讲词，也许有人为其修辞技术之高所感动，特加重视；然而事实上它通篇只是叙述和颂扬雅典的民主政治，却无一个论证讲明民主政治的理论基础。因此它只是一篇诉诸感情的美术文（所谓 Kunstprosa），而不是一个根据理性的民主政治哲学。美术文自然有它文学史上的价值，然而却不可以因为它在文学史上的价值也就给它一个政治哲学史上的地位。美术文和政治哲学各有各的区域，我们也就应当将它们的范围分开，不可以文辞为学说的标准。因此让我们在这里将那篇演讲词丢开；我们现在所寻求的乃是希腊的政治哲学。

除此以外，在现存文献中可以目为希腊民主政治的理论基础的，就我们的谫陋知识所及，唯有普罗泰哥拉的一段神话。这神话的内容我们用我们自己的词句扼要复述如下：神既创造了人和其它动物以后，于是分给他们各种特长，以保全他们的生命。有些动物有坚甲，有些有利齿，有些能飞，有些善跑。然而这些特长却无一件分给人类。为了人类免于灭亡，神乃分给他们敬畏与公平两种性质；这两种性质乃是团体生活的基础。因为每个人皆从神获得这两个优点，所以每一公民皆有权利参加政治。

这个理论并不坚强。它不但对于现代人，即是对于古代人，恐怕也不会发生作用，使他们赴汤蹈火为民主政治奋斗。事实上这个理论的产生远在雅典实行民主政治以后。所以它并非引导至实际行动的理论方面的原动力，乃是维护既成事实的一种解说。因此它和课堂上出题目做文章差不了许多，对实际无影响。

然而，此外在古代有无其它确实引导至实现民主政治的政治哲学呢？如若我们认为没有，大约不会十分错误。因为否则柏拉图在攻击民主政治时决不能一字不提的。

丙、古代哲学家对民主的批评

（一）苏格拉底的批评　但是普罗泰哥拉的文章并未做得十分中肯，他只解释了一切公民有权利参加政治，却未说明他们有能力参加政治。这就是苏格拉底批评雅典民主政治的着眼点。他讲：当雅典人开公民大会讨论技术事项时，譬如建筑房屋或造船，只有木匠和造船工匠所讲的话才有决定性，任何其它职业的人所讲的话皆不会被采纳，反受嘲笑，甚至大会主席命人将他拖出会场。然而如若会场中所讨论的是政治方面的问题,与会的人皆可随意发表意见,无论其为铜匠、靴匠、商人或船主等等。苏格拉底认为这是雅典所行的民主政治的大缺点。他以为处理一类事项需要一类专门知识。如将专门家和门外汉置于同一水平线上,以多数人的意见作政治问题的最后决定,事情必然搞糟。他所以反对雅典民主政治的理由在此。这就是他的知识主义应用于政治方面。

(二)柏拉图、亚里士多德对于平等的批评 这个注重专门知识的主张,柏拉图从苏格拉底接受了,而且由此创造出一个基础雄厚的政治学说来;反对民主政治乃是其中消极方面的一部分。他讲:民主政治诞生了,当一切官吏由抽签选举时。这样的平等,他以为乃是将相等的平均分给与不相等的。这个批评后来在亚里士多德的伦理思想里变为更严厉了。他分公平为两种:一是关于分配权利方面的,另一是纠正过错方面的。分配权利应以各人价值为比例,方是公平。纠正过错则一视同仁,不以违犯者的身份地位而定高下方是公平。但是在柏拉图、亚里士多德的眼中,人的价值是不相等的(苏格拉底的知识主义)。雅典的民主制度欲以抽签选举官吏来保障公民政治上的平等,这从亚里士多德的公平论看来,确违反了分配方面的公平。结果,民主政治里的平等乃是不公平的。

(三)柏拉图对于自由的批评 自由,柏拉图认为是民主政治的特征;但是这种自由在他的眼中实只是无统治。在他的理想国里,领导政治的乃是少数禀赋既优,而且又受过长期高深教育,经过实际训练的人;多数的人民乃是属于农工阶级的人,他们没有政治知识和训练。民主政治却是要杜绝独裁和特殊阶级专政,将政治机会平均地分配给各公民。从柏拉图的观点言,这乃是无统治。

不但如此,他又以为个人乃国家的缩影。民主政治的缩影乃是一个为欲望所左右的个人。在这样一个人的内心里,欲望成为不可违抗的主宰,它奴役了个人。理性在这人的内心里不能统治,因此这人失却了理性方面的自我管治。民主政治乃是这样一个为欲望所奴役的个人扩大的模型,它所实现了的自由乃是不自由。

柏拉图这样反对民主政治,实以当时雅典的情形为背景。雅典的政治大权掌握于公民大会。公民的总数不超出三万人,然而出席大会每次平均的人数仅约六千人左右,国家的大政即决定于这六千人。又因为开会频仍,出席者获得报酬,结果成为:有正当事业、勤勤恳恳工作的人不愿且不能常常出席;而出席的人乃是些懒惰、无职业、无知识的公民。国家大政即由他们中间多数人的意见所决定,或为又能言善辩、娴于政治技巧、操纵大会的人所左右。至于多数纯良优秀、实际上乃是国家的中坚分子的公民却为他们所统治。

丁、现代民主思想里的平等概念和自由概念的产生

以上我们已经考查出来,平等和自由乃是现代民主思想里的两个重要成份。现在又发现由于柏拉图和亚里士多德的批评——尤其是前者的批评——结果成为:民主政治里的平等是不公平,自由是不自由。这两位哲学家不仅领导了古代的思想界,而且也是中世纪哲学方面的权威。在这样的历史背景里,现代民主思想中的平等和自由两概念如何产生的呢?以下我们分别地作两个历史上的检讨。

(一)平等概念的产生 我们以上分析现代民主思想时只着眼

于美洲独立和法国革命，仿佛我们忽略了英国一样。所谓英国，还远在法国革命一百年以前。我们现在即从这一段历史出发研究。在一六八八年英国革命发生，次年国会迎威廉（William of Orange）入承王位。由于那张所谓 Bill of Rights，英国立宪政体的基础从此奠定，王室也再无破坏民治的企图。但这一次国会与王室的冲突开始于查理一世时代的内战。在当时国会方面，清教徒是一个重要成份，清教徒中间的独立派尤其是最一致最有力的分子。他们的意见乃是：一切基督徒，就着他们是基督徒一层看，皆是自由的平等的。因此他们对于一个基督教的国家里的事件应当有权过问，正如对于一个基督教的组织里的事件一样。他们的思想一方面传到美洲新英格兰的清教徒中间去，后来产生了美洲的独立。另一方面以后为洛克所采取，辗转影响了法国的革命。如若我们仔细查看他们的思想，我们很容易看出，他们所主张的政治上的平等乃由宗教上的平等推演出来的。

然而一切基督徒皆是平等的这一思想乃是现代的产品，从天主教的眼光看来并不如此。耶稣的大弟子圣彼得是第一任罗马主教，因此教皇自视为圣彼得的后继，他的世系直接上溯到耶稣自身。因此教皇在天主教里占一特殊地位；他乃是神和人之间的媒介，其他基督教徒的得救须靠他来和神沟通。因此并非一切基督徒——教皇和教皇以外的其他基督徒——皆平等。清教徒的宗教上的平等思想乃出自马丁路德。马丁路德否认教皇的特殊地位，反抗旧教，另立新教。他所持的理由之一是：每人在他的内心里可以直接和神交通，因此并不需要一位教皇做他和神之间的媒介。占据特殊地位的教皇既被否认，于是一切基督徒在宗教上的平等才建立起来。

马丁路德将宗教由外表移至内心,他那在内心里人神直接交通的思想乃渊源于中世纪的德国神秘派。神秘派的大师爱卡特以为人对于神的认识乃产生于人和神的合一。人在内心里和神直接交通的思想,乃建筑在人神合一的学说上。人神尚可合一,人在内心里和神直接交通自然无问题。然而在人神合一的学说上爱卡特还有他的前驱,那乃是古代的普罗提诺。虽然两人所谓的神名同实异。人神合一乃是普罗提诺学说的最高峰。这位哲学家所代表的新柏拉图派是合并柏拉图和亚里士多德的思想而成的。柏拉图已认人的最高理想乃是与神相似,由这人神相似后来发展为人神合一的学说。人神相似和政治上的平等,各就其本身看,彼此毫无相近处。然而它们却是这一段西洋学说发达史上的两端。如若我们以科学的名称来限制我们研究的范围,结果必然只能看到这段思想史上的前一半或后一半。于是现代民主思想里的平等概念如何产生将成为不可解决的谜了。

(二)自由概念的产生　现代民主思想里的自由概念并不如此源流曲折,而且它的产生又完全是另一状态。以上已经提出,现代民主思想里的自由概念乃指免受他人统治,而是人民自己统治自己。这个思想已经为洛克在他的一六八九年发表的两篇《政府论》中之一篇里发挥出来。他以为平等和自由普遍存在于初民时代。为了确实保障自由和生命财产,人民乃建设了国家。国家的任务在实行人民所订立的法律,以保障人民的自由。为了避免专制的危险,国家的权力应分开,不能掌握于一手,尤其是立法权和行政权。立法权乃国家的最高权,它来自人民,也始终属于人民。行政机关的任务只在实行人民所订立的法律。君主乃行政首领,如若他的措施违背宪法,人民为了恢复被侵夺了的权利,革命是正当的。这里洛克代英国的立宪政体辩护,同时更重要的是解释清楚,怎样在民主的国家里个人的自由和国家的秩序并存不悖。这不但为以后政治思想上的自由主义立下了基础,而且供给人民的革命(一百年后的法国革命)以理论上的根据。他所叙述的国家乃是一个民治国家,在它里面人民的自由得到充分的保障。所谓自由即是人民不受治于一人或一阶级,乃受治于人民自身。

但是这样一个自由的概念在现代如何产生呢?因为——如我们以上所见的——雅典民治所受的批评,基本一点即是人民的能力不足以统治自己。但在现代情形不同了,自由的概念有一现代人所创造出的光荣历史做它的背景。现代和中世纪的划分乃由于文艺复兴和宗教改革两大运动。在这两大运动中,现代人反抗中世纪传统的权威。这个反抗在十六世纪和十七世纪里在宗教方面,在哲学方面,尤其在自然科学方面皆产生出辉煌的结果,于是产生了十八世纪的启蒙运动。人深深自觉到理性的能力伟大,欲将同一理性,原先用于其它方面的,现在应用于人生各方面。整个人生由理性来阐明,由理性来管制,脱离传统的奴役。这种企图应用于政治方面即成为实现民主的努力。洛克乃是发动启蒙运动的人,在他的范围广大的著作里,常常提出脱离盲目的权威,受治于理性的个人自由的原则。因此现代民主思想中的自由乃是以理性为根据的。人民所以能自由,能脱离传统的权威,自己统治自己,因为理性已在过去许多方面表现出了伟大的能力。在政治方面谁能怀疑其不也是如此?因此现代民主思想中的自由概念乃从文艺复兴以来几百年来的辉煌历史中产生出来,它虽与古代的思想没有直接的渊源,然而结果却将柏拉图理想政治中最基本的一点:理性统治,收到里面来了。

批评古代民主的人以柏拉图为最烈，然而现代的民主却非古代的民主，现代民主思想中的平等概念及自由概念和柏拉图思想上的关系已如上述。假使这位希腊哲学家迟生二千余年，《国家篇》里对于民主政治的批评多少要有点变动吧！

三、自然科学与民主二者吸收的问题

以上我们已经讨论了希腊哲学对于现代自然科学和民主思想的关系，现在提出一个问题作为全篇的结论。

在现代西洋文化中，工业、自然科学和民主乃是很重要的部分，它们又正是中国所缺乏而且迫切需要的。工业以自然科学为基础，因此，自然科学和民主更是中国必先从西洋文化吸收的。但是文化是一个有机体，它的各部分密切联系着，甲文化里某一部分不能无问题地吸收到乙文化里来，正如园艺方面的接枝，并非一种树的枝子可以接到任何其它一种树上去，而继续生长的。同样，文化的吸收也只限于所欲吸收的和本土文化中的成份之间有一种"类似"（意谓 affinity）关系。那么，中国文化是否可以吸收西洋的自然科学和民主？

我们提出这问题乃由于以下的考虑。关于西洋文化输入中国，在明末清初已颇有可观，然而后来却由于许多原因几乎完全中断。这里暗示我们一个问题，即除去已经指明出来的原因以外，是否还有另一种原因。所举出的原因皆是后天的（a posteriori），此外是否还有先天的（a priori）原因。所谓先天的原因，乃指中国文化里是否含有些成份对于西洋文化中某些成份有排斥性。如若对这问题的答案是肯定的,那么即使当年没有那些曾经存在的原因,输入了的西洋文化仍会由于另一些机缘被排斥的。如若答案是否定的,那么,若无当年发生作用的原因,从那时起直至现在,西洋文化已可不断地输入且被吸收了。那就是讲:在第一种情形下,中国始终不能吸收西洋文化;在第二种情形下,中国迟早会吸收西洋文化的。自然科学和民主乃是中国所需的,但是中国文化是否可以吸收它们,对于它们没有排斥性?

这是当前一个极其重要的问题。我们怎样去寻求这问题的答案?这个问题答案是肯定的,还是否定的,将决定于一件事实,即中国文化里的成分和西洋自然科学及民主思想之间有无以上所谓的那个"类似"关系。解答这一问题我们却不可只注视西洋自然科学和民主思想的现阶段,因为凡是存有于时间里的事物皆有其历史。一阶段上的现象乃是已往的总和,历史的累积。因此欲明瞭事物甲在这一阶段上的现状,只有将它的历史发展分析出来。为了了解现阶段的自然科学和民主,所以我们在以上寻求希腊哲学对于它们的关系,如若在自然科学的历史过程中有一点和中国文化里某些成份有上述的那种关系。那么这一成份即可成为中国文化吸收西洋自然科学的出发点。如若这样的一个成份在中国文化里并不存有,那么,西洋自然科学终被排斥于中国文化范围之外,而不能为它所吸收;即使一时期可以输入相当丰富,中国人可以学习,而且学习得很好。关于民主思想情形也正和自然科学相同,中国需要自然科学和民主是无问题的。如若既需要它们,也能吸收它们,那么中国前途十分光明,我们只需努力输入即成。如若中国虽然需要它们,但却不能吸收它们,那么中国陷入一个矛盾的境界。

因此中国文化可否吸收它们，乃是一个极其重要的问题，我们在这里提出它来，希望大家研究。对于这个问题的解答，我个人丝毫无成见，完全以无知求解的心情请教于在座诸位先生以及对于本问题感觉兴趣而今天未尝与会的。至于我们以上关于希腊哲学对于现代自然科学及民主思想的影响，所讲的本不足以视为二者的演变史。以上所言，仅择要端，势必挂一漏万；而且所举的很可能错误丛出。然而如若我们将注意力唯一集中于本段里所提出的这个重要的吸收问题，那么，即使以上两段中所言无一是处，也不足以影响中国文化可否吸收自然科学和民主的问题，因为即使它们的演变史上无一点和我们以上所讲的相同，那么它们必也各有一部演变史，于是我们的问题仍是：中国文化中可否会有些成份和它们这部演变史里任何一个阶段之间有 affinity 的关系。

（在一次会上的讲演，原载《大陆杂志》第四卷第一期）

尼古拉·哈特曼(Nicolai Hartmann)

尼古拉·哈特曼是现代德国很少的几个重要哲学家之一。他的著作,除去关于哲学史方面的以外,关于哲学方面的,直到现在只印行了六种(详后)。这些书里所讨论的问题是:伦理学,价值学方面的;认识论方面的;历史哲学,哲学人类学方面的;翁陀罗已(Ontologie①)方面的。每本书都是既广博而又精深。所谓广博,乃指问题的众多;所谓精深,乃指分析的细微。若以书的篇幅和书的内容比较,不能不惊叹他表述思想技术之长;但以简朴文字陈述精微思想,同时也是他不辞劳瘁反复修正底稿的结果。他的尚未印行的学说,据著者所知,关于哲学问题方面的,还有自然哲学和美学。著者草此文不是将他的著作作一提要,乃是介绍他的学说。这就是说,不是将它一条一条地写下来,仿佛一篇账目一样;乃是将它活看,寻出这学说里很重要的几点相互间的关系,以及其中某点和以前某人的关系。这取舍的标准,第一是看某一点在历史上的地位如何;其次,所取只限于最基本的几点。

一

哈特曼的学说,就其自身言,已有介绍的价值了;但他的方法,尤其对于我们中国人格外重要。(这话并非无内容的,识者皆知这话意旨所在。)方法只存在于应用里,哈特曼的方法也只能从它的应用里发现,凡是从他仔细地做过几年研究工作的人皆可以见着方法灵活运用。其次,即在他的著作里,也容易看出这方法来。后者之中,以他的认识论一书为最。

这方法有三步骤:第一是现象(Phaenomen②)的描写和分析,他呼之为 Phaenomenologie;第二是讨论问题;第三是建设理论。哈特曼反复嘱咐人将现象和理论分清,由描写现象分析现象,进而讨论问题。所谓讨论问题,实际上是问题一步一步逼紧。问题讨论清楚以后,它的解决已事半功倍了。最应避免的乃是:由一理论出发,以解决当前的问题,而忽略现象。哈特曼很注意问题讨论,以为现在欧洲思想界对问题厌倦,进而懒惰了。救济这问题,他劝人从亚里士多德学习讨论问题的方法(aporein),由此可见他自己方法中的第三步骤是从亚里士多德学来的。至于第一步骤则直接取之于现象学派,这仅就其命名方面已可见了。其实描写现象和分析现象的大师,也是二千三百年前的亚里士多德。由 Husserl 经 Brentano 回溯到亚里士多德,这条线索是显然的。所以哈特曼方法的第一步骤也间接得之于亚里士多德。然而我们却舍了亚里士多德来介绍哈特曼。这取舍的标准不在今古新旧,乃在哈特曼将这三步骤组成一整个的方法昭昭告人。这就是讲:他不仅运用方法,而且还有方法的自觉。方法的自觉比较单纯的方法的运用,在思想历程上又进了一步了。

二

众人皆知哈特曼是出于马堡学派的。所谓出于马堡学派,就是说他和马堡学派分家了。但这分家的根本一点在哪里？F. H. Jakobi 对《纯粹理性批判》的评语是:"没有物如,人不能进入《纯粹理性批判》;但有了物如,人不能安于其中。"这个物如问题就是康德以后哲学上主要问题之一,不独玄学的唯心论由费希特至黑格尔皆将这物如解释去了,即是马堡学派的认识论的唯心论,也是让对象在意识里产生。万事万物(Sein③)消灭于思想里,认识论侵吞了翁陀罗己。但哈特曼是新翁陀罗己的创始人。万事万物不从思想里解放出来,则根本无翁陀罗己可言。因此哈特曼哲学中最主要的关键,在他的破万事万物依心的理论了。

认识论的唯心论的主要理论是:凡是对象总是意识的对象,离开意识无有对象;因此,Sein = Gegenstandsein = Bewusst-sein。哈特曼破这说的路途乃是在现象里指出那些不可知的成份来。他从各方面举出实例,比如由光波的震动产生视觉,物理学可以将光波的震动分析入微,心理学可以将视觉研究尽致,但我们始终不能知道如何由光波的震动进至产生视觉历程。这两种研究各趋一个方向,而它们不能合轨,在它们中间存有一 hiatus irrationalis,这一点无论由哪一条路都走不通,因此这是不可知的。这不可知的不仅存于物理和心理之间,它也存在于万有的其它方面,比如营养的现象也给我们一个好例子。哈特曼又进而在普通认为最理性的科学如数学、形式论理学里指出那不可知的来。在数学里比如"π"的究竟价值,在形式论理学里涉及中项(meson)的性质。这点情形复杂,此处且从略。我们大多数人平常不自觉地假设:凡是存在(Bestehen④)的皆是吾人所可知的,乃是一个唯理论的武断。这种学说以为事物的条理和充当我们认识工具的理性是一而非二,因此我们运用理性可以知道一切。哈特曼却刚刚从纯理性的学科——数学、形式论理学方面指出不可知的来,这正打着唯理论的要害。凡是存在的并不皆是我们所可知的;既有不可知的存在,那么唯心论的理论 Sein = Bewusstsein 随着破了。结果是:对象不仅有 Gegenstand-sein⑤,且有 Uebergegenständlichsein⑥;这就是说,有它的自在(Ansichsein)。这样,洒殷(Sein)从思想里解放出来了,新翁陀罗己的基础奠定了。哈特曼之所以破这派唯心论,从历史方面看起来,可说他是出于马堡的新康德派回到康德自己。他所谓不可知的,事实上即相当于康德的物如。

但哈特曼此举不只是回到康德,乃是另开一新局面。康德关于物如所讲很少,物如在他的哲学里,消极的意义比积极的多;康德的目的是指出认识的界限,物如好比可能经验的界碑。至于物如的积极方面如何,不属认识论范围以内,《纯粹理性批判》可置之不谈。其在哈特曼则情形不同,那从思想里解放出来的 Seiendes⑦ 是万事万物基本的一方面。这就是说:万事万物在基本上只是 Seiendes,它是积极的,它一被发现了以后,随即就有许多关于它的问题逼迫着人去研究,于是,"批判的翁陀罗己如何可能"一问题解决了,这一学科有了基础了,哲学方面开辟出一个新局面了。

但翁陀罗己是哲学学科中最老的一种学科,当哲学和数学、物理学对立成为理论的学科之一的时候,所谓哲学非它,即是翁陀罗己。哈特曼以 das Seiende als solches 号召,这就明明白白告诉我们，他是自觉地继承亚里士多德。那么我们为何不说他是复古，反说他是开新局面呢？我们知道亚里士多德不仅是翁陀罗己的建设者，同时也是论理学的建设者，他的论理学即是趋向翁陀罗己方面的。至中世纪这趋向变本加厉，于是这两种学科几并而为一；至C. Wolff，这个思想登峰造极，他公然以这两种名称并列为他的要著的题目。《纯粹理性批判》将唯理论的劣点暴露了，随着洒殷为人埋没在思想里，老的翁陀罗己已死亡了；哈特曼将洒殷从思想里解放出来。这解放出来的洒殷成为新研究的对象。这个新研究，因为在思想史上已蒙《纯粹理性批判》将唯理论的错误洗涤了，完全是个新的努力，因此哈特曼在哲学上开辟了一个新局面。

三

理论只能破除理论，不能破除客观事物，不能破除渊源于客观事物的问题。《纯粹理性批判》可以消灭唯理论的翁陀罗己，但不能动摇客观的事物；das Seiendes als solches 一朝被发现，翁陀罗己方面的问题也随着要求解决。所以在哈特曼的翁陀罗己里，许多在现代遭忽视了的问题又复兴了。在介绍哈特曼对这些问题的解答以先，须申明一件事：就是认识这些问题的本身须要历史方面相当的知识；若要将哈特曼对这些问题的解答加以评价，对这些问题的历史更不能不先明瞭。

哈特曼在他的《翁陀罗己之基础》一书里面，在第一步讨论了那最根本的问题：什么是 Seiendes 以后，随即提出"存在"（Dasein⑧)"如是"(Sosein)的问题。中世纪许多哲学家继承希腊思想分别宇宙的两方面,从我们认识出发呼它们为知识界(mundus intelligibilis)和感觉界(mundus sensibilis)。前者统为本性(essentia⑨),后者统为存在(existentia,⑩);凡存在皆非本性,凡本性皆非存在。于是存在与本性二者截然分开。哈特曼亦分事物为 Realsein⑪与 Idealsein,⑫这可与中世纪的二分法相比观;但他不以 essentia 和 existentia 分别为二者的特征,反之,他以为它们乃混合不分,贯穿洒殿的两部。他的论证从许多观点出发,所得的结果他名之为"本性与存在前进的一致"。请用他自己所举的实例来解释这术语的意义:比如一片树叶的存在乃是树枝的"如是",树枝的存在乃是树干的"如是"……进而至于 X 的存在乃是世界的"如是"。反之,世界的"如是"乃是 X 的存在……树干的"如是"乃是树枝的存在,树枝的"如是"乃是树叶的存在……总之,一个大体系的"如是",乃由于其中份子的存在构成;一个体系中一份子的存在,乃由于这体系的"如是"构成。是以存在和"如是"是一致的;但并非一事一物的存在即是它自身的"如是",也非一事一物的"如是"即是它自身的存在。存在和"如是"只是在一个向前进行的方向里一致,否则乃二非一。这样,"如是"和存在并非横分 Realsein 与 Idealsein 或 existentia 与 essentia 的特征,乃是直贯二者的共通性质。于是千百年来传统的思想至此被打破了。

但这不过是消极方面的。"如是"和存在既非分别 Realsein 与 Idealsein 的特征,那么这两个以什么分别呢?这属于积极方面了。哈特曼以为一方面是时间,一方面是普遍与特殊,因为他认出时间是实际世界的特征。于是哲学史上一个直贯数百年的问题根本上有了解决的可能。这点在下面讨论生理心理因果时还要再讲。

四

比较这本性和存在的区分，在历史有更根深蒂固的基础的，要数"可能"、"现实"、"必然"的三分了。可能、现实和必然是事物的三种状态（modi）。普通以为它们有程度方面的差异：凡是可能的，并不即是现实的，更不即是必然的；凡是现实的是可能的，但并不即是必然的；凡是必然的乃是现实的、可能的。这样的理论在哲学方面几乎被认为公理了，差不多从亚里士多德起直至数千年以来未有异议。但哈特曼将这问题的各方面仔细分析，发为一种相反的理论：在实际方面，可能、现实和必然三者聚在一起（Zusammenfallen）。只有实际上，可能的才是现实的，才是必然的；凡是现实的乃是可能的，乃是必然的；凡是必然的也是现实的，也是可能的。他主张这理论的理由简单如下：时间是一个向前流动的历程，在这历程里发生许多事件；一切事件皆在时间里随着它向前进行。在时间的一个横切面上已预伏了在未来将发生的事件的许多原因，虽然并非一切原因皆伏于此。在现在所已决定的只是在未来将有事件发生；至于这事件是甲，是乙，还是丙……皆尚未决定。甲既不必然，也非现实，却也不可能，因为乙、丙……同样有发生的机会；但所发生的只是一件事，若乙、丙……能发生，那么甲不能发生，因此甲是不可能。但我们讲：在未来所发生的事件可能是甲，可能是乙，可能是丙……这里所谓"可能"，并非实际方面的可能，乃是思想方面的可能。时间向前流动，在它里面每一刹那产生许多新事件，这些新事件帮助决定在最近将来将发生的事件。于是它们将在过去认为可能的逐渐摈除,最后只剩下一件来,此外皆是不可能,只有这一件是可能,因此它也是必然的。时间不断地向前推移,这可能的、必然的同时也是现实的。这样,Sein 的状态虽有三,但实际方面三者聚于一处。

在这一点哈特曼的贡献是有特别价值的,但他的功绩难望为一般人所了解,因为人若对于这问题的历史没有相当的认识,很难切实看出这贡献的价值来。这个状态问题有两方面:思想方面(论理方面)和实际(Real)方面。普通只见着前一方面,它是论理学方面的问题。康德严守中世纪以来的论理学的方式,他所讨论的也只是这一方面(Postulate des Gedankens)。这问题的实际一面呢?在古代也只不过有些稀微的讨论。这又必须回到亚里士多德了。他诚然一方面将论理的三状态提出,另一方面,Dynamis-Ener-geia(无可译)是他的翁陀罗已里几个基本概念之二,但它们并不同于实际方面的可能和实际方面的现实。所以严格讲起来,"实际的可能"(Realmöglichkeit)和"实际的现实"(Realwirklichkeit)两概念,亚里士多德还未有。再者,他没有第三个概念可与 Dynamis–Energeia 参合,以与论理方面的三种状态相应合。这也足以证明他对于"实际的可能"和"实际的现实"并未有严格的概念。亚里士多德以前有欧几里得(并非《几何学原理》编纂者)派对于这问题的实际方面有所主张,但就现在所存留的寥寥数语难以窥见这种学说的全豹。因此,哈特曼由于他精致的分析所严格确定了的实际状态的三概念,自有其不可磨灭的价值了。

五．

从上面关于哈特曼分析实际状态问题的叙述里我们已可很明显地看出他的宇宙观：这宇宙是决定的（Determiniert）。这里也许有人作如是的推论：若宇宙是决定的，那么宇宙的这一部分——人生也是决定的。人生既是决定的，则无建立目标的可言，也无选择工具和方法以实现目的的可能，意志自由是不可能的。但我们回想哈特曼在他的《伦理学》里已主张意志自由说了，是否他对于实际状态的分析推翻了他自己的意志自由说了？事实方面适得其反。他这分析不但不推翻他自己以前的学说，却反给这学说一个翁陀罗已方面的基础。依哈特曼看：（一）宇宙是决定的，但是只是一个全体在前一个时点上决定后一个时点上的全体，并非这全体向着一个固定的目标决定。宇宙既没有固定的目标，那么个人可以自立目标。因为只有在一个有固定目标的宇宙里，个人无力违反这宇宙的目标而自另立目标，宇宙目的论势必剥夺个人自由。（二）凡在时间里流动的都是一步一步决定的，前者决定后者，因此个人才能选择工具以实现他自己的目的。如若水之在上不能决定其就下，那么一个工程师即不能实现他建设自来水的目的。所以只有在一个严格地受着因果律支配的自然界里个人方有自由，方能选择工具以实现他自己所树立的目标。在这里我们很自然地联想到康德的因果与自然并存以及所谓"自由的因果"。

康德能在受着因果律支配的自然界里为自由留下一席地，乃是由于将自我与自然对立，由自我产生的动作在自然界里依着因果律进行,这个动作在自然界里是个创始(Anfang),自由即存乎其中。哈特曼的分析则更精细,他以为实际世界分为四阶层:物理的(无机的)、有机的、心理的、精神的。一个在物理阶层的有目的的设施,比如铺设自来水管,乃是一贯通两阶层的动作,这是由精神方面至物理方面,依稀仿佛康德所说的发源于自我在自然界里进行的动作。这里我们可以很容易看出哈特曼的自由说和康德自由说的关系,但这一点却非哈特曼这学说在历史上重要的一点。

若哈特曼的自由说只有这许多,那么他即碰着一个有几百年历史的问题。自从笛卡尔将宇宙分为 cognitio et extensio 以来,于是产生思维和广袤关系的问题。这问题在认识论方面成为事物如何能给我们感觉的问题,在伦理学方面成为我们如何能有目的的行为问题。后者乃是主张意志自由说的哈特曼无法避免而必须解答的。但他如何办呢?

六

这个问题将我们引到哈特曼的范畴论了。在哈特曼的学说中最使著者倾倒的,就是他的范畴论。但我们在这里无法细讲这学说。一般人(西洋人及中国人)对于范畴论的知识太少,对于它的历史和问题都不很清楚。Prantl 的论理学史疏忽甚多,Trendelenburg 的范畴论史也并未可以观止,但此外更无专史了。在这情况下,认识哈特曼的范畴论(洞悉其意义)是很困难,但他这学说的价值不仅存在于解决范畴论方面的问题,却也存在于由这范畴论解决其他问题里。现在只就自由意志问题讲些,聊以见他这范畴论的什一。

若我们检讨笛卡尔以来对于生理心理关系问题的解答,我们可以发现一共同点:无论是何人何派,霍布士或莱布尼兹、斯宾诺莎或苟林克斯,皆由一信念出发:生理和心理中间不能有因果关系。这就是说,他们都严守着笛卡尔的原意(disjunctio cognitionis et extensionis)。但哈特曼不从笛卡尔出发,却更进一步在最根本处着手。他问:为何生理心理中间关系不可能? 就著者所知,这问题在哈特曼以前还未有人提出过。这就是说,他在这里将数百年流传下来的假设推翻了。历史上诚然常常有人将心理的(das Psychische)先解释为物质的,或先将生理的(das Physische)物质的先解释为精神的(比如 Monadologie),而后再由此解答这生理心理因果关系问题。但这决非推翻笛卡尔的根本意见(思维与广袤的剖分),却正是在这意见束缚之下谋解脱。哈特曼则一方面承认心理和生理的构造不同(不将二者化而为一),却问这两个不同的构造之间因果关系如何不可能。

哈特曼分析的结果以为它们虽构造不同,但它们中间并非不可有因果关系。因果关系只有在一个条件下不可能,即是因果所牵涉的成份(Momente[13])只是心理的或生理的二者之一的范畴,而非同时渗透二者共通的范畴。但因果所牵涉的是些什么呢? 因果只存在时间里,只有历程(Prozess)处方有因果。但时间是分别 Realsein 和 Idealsein 的特征之一(参看三),生理的(有机的)和心理的是实际世界四阶层中间的两个(参看五),时间和历程都是心理的和生理的共通的范畴,因此直贯心理的和生理的因果关系并非不可能。这里须注意的乃是:这个直贯心理的和生理的因果不即是普通所谓的因果,不即是物理的因果。哈特曼在一处名这个因果为transphysische Kausalität。这超物理的因果诚然不是我们所能认识(参看二),但主观的不能认识和事物自身的不可能是截然二事。这样,一个从笛卡尔来的武断由于范畴的分析被铲除了,同时哈特曼的意志自由说得到了一个Ontologie方面的基础,因此较康德的"自由的因果"又深厚一层了。

七

最后讲几句关于哈特曼学说系统的问题。有些人讲,哈特曼在那里造系统了,但哈特曼不承认他自己造系统。读者看了以上数段也许要说,著者在那里代哈特曼造系统,著者决无此意。其实所谓系统有二意义:若从一理论出发,左右问题,曲解现象,使它们和这理论相合以成为一个思想上一贯的系统,这是哈特曼所最反对,所不屑为的。他常说:依着问题的路线思想比较构造一个玄学系统难多了!他的学说决非这样一个系统。以上数段也非代他构造系统,仿佛斯宾诺莎介绍笛卡尔一样(expositio est)。但宇宙是整个的,虽然这整个的宇宙并非我们所能尽知,但我们所知的以及我们所可知的却也不是客观方面毫无联络的。因为客观方面有这联络,所以若一个以问题为中心的哲学家研究的结果相互联系着,也是很自然的事。若讲哈特曼的系统,只有在这一意义里可言。

八

哈特曼关于哲学问题方面的著作：

1. Grundzüge einer Metaphysik der Erkenntnis, 1925.
2. Ethik, 1926, 2 Aufl. 1935.
3. Das Problem des geistigen Seins, 1933.
4. Zur Grundlegung der Ontologie, 1935.
5. Möglichkeit und Wirklichkeit, 1938.
6. Eer Aufbau der realen Welt, 1940.

> 1940 年 12 月 13 日脱稿于渝州。
> 不亲先生教诲已逾八周,奈何! 奈何!

注 释：

① 著者对于翻译素来不重视,尤其以为以中文译西洋哲学上的名词是大有问题。后一点也许不仅由于著者缺乏翻译才能,而这困难在客观方面有它的根据。比如 Ontologie 一字在中文中不易寻得相当的译名。识者皆知"本体论"、"形上学"、"万有论"等等都不能成为定译。根本困难乃是 on 和它的动词 einal 以及拉丁、英、法、德文里和它们相当的字皆非中文所能译,因为中文里无一词的外延(Umfang)是这样广大的。比如"有"乃中文里外延最广大的一词,但"有"不足以翻译 on 或 einai 等等。若人将"有"复译为外国文,则此点彰彰可见。"有"相当于 habitus, habere, 这两个字成为哲学上的名词乃是中世纪对 hexis, echein 的翻译。但 hexis 虽列于亚里士多德的范畴表中,却远在 usia, poion, poson (substantia, qualitas, quantitas)之下,这就是说:人、马、白、黑、多、寡等等皆非 hexis,也非"有"所能包括;但它们皆是 onta。再者,任一范畴皆是 on 的范畴,若以 on 之一范畴译 on 之自身,直如呼"人"为"少"、为"勇",呼"马"为"良"、为"白",错误显然可见。这也许不仅是翻译上的问题,进而牵涉到可怕的问题。但著者很希望这个困难是只由个人的学薄才寡所致。凡这一类字多不敢强译,唯有以音代替或是将原文写下,以待通人指教。

②此处且如此译,明知其并不十分确当!

③④见注②。

⑤⑥⑦见注①。

⑧见注②。

⑨见注①、②。

⑩见注②。

⑪⑫见注①。

⑬见注②。

(原载《读书月刊》第一卷第二期)

哲学自身的问题

在某一次哲学演讲会里,张东荪先生因为一个玄学问题之不能解答发生了苦闷。他将这个苦闷扩大到哲学自身上去,以致对哲学发生怀疑。这个怀疑在张先生自己也许只不过是一个修辞方面的技术,用以加重那个玄学问题的。然而这个技术不作为一个技术看,却反比那个玄学问题自身重要得多。因为它可以给哲学一个反躬自问的机会,引起哲学的自我批评。认识,无论是个人的还是超个人的,在最初的阶段里皆是直线的、向外的;它经过了相当的发展以后,方才折转方向以自身为问题的对象。中国在西洋的方式下研究哲学已有几十年的历史了,哲学家也应该不仅忙于创造玄学系统而采取一种批评的态度,对哲学自身加以评价。假使研究哲学,真如人所嘲笑的,乃是在暗室中寻找黑猫;哲学家岂不必须首先知道,那只猫确实是在那一间暗室里么?哲学的自我批评,除了在理论方面的重要以外,在实际方面当前也是急需的。现在许多大学里皆有哲学系,在研究学术、造就人才的旗帜下广招生徒,动机诚然极可钦佩;然而假如所寻找的那只黑猫并不在那一间暗室里,良善的动机岂不反要获得相反的结果么?哲学的反省,哲学的自我批评,只能在哲学家的思想里表现出来。至于我们这些兴趣只在哲学的历史方面的人,本来只应俯首恭听哲学家的宏论。然而专家总是审慎的,非至一鸣惊人,决不轻易启齿;但是问题却等候着讨论。在这青黄不接的时候,门外汉不妨轻浮些,吐露一些外行的意见,听说演戏方面有所谓"反串"的,本篇里的工作即作为"反串"吧!

一 哲学史上的问题和哲学问题

据说有人根据以下的理由认为哲学不可能:即以前哲学家的学说多是些谬误的命题。如若未有人如此主张,为了使问题尖锐化起见,让我们自己暂时这样假设:以前一切的哲学学说皆是些谬论。这样,哲学是否不可能?所谓不可能,乃指不可能成为一个严格意义的学科。我们的回答是:不一定。它或者是可能,或者是不可能。如若它是不可能,也不因为以前的哲学学说全是些谬论。它是否可能与此完全无关,乃基础于另一事实上。这个事实乃是有无哲学问题。

现在让我们进一步假设:不但以前哲学家的学说皆是些谬论,而且他们的问题也全是些由于字义不清所产生的混淆,事实上它们并非真实问题。让我们再进一步假设:不但以前人所陈述的哲学问题皆是如此,甚至以后任何一个可能的哲学家的陈述也皆莫不如此。这样,是否即无哲学问题,因而哲学不可能?我们的回答仍是:不一定。哲学也许可能,也许不可能。它的问题的有无和哲学家所陈述的是否确当,完全无关。

这里的情形是相当复杂,它决不如表面上看起来之简单。我们必须仔细分析,且先从分辨哲学史上的问题和哲学问题入手。任何一个问题——不只限于哲学问题——实际上之被提出,皆有许多条件。为了初步分析,我们仅举出其中一些最易见的来。在这些条件中有些自成一组,且名为甲组;其中的条件,譬如问题的对象。有些另自成一组,且名为乙组;其中的条件,譬如一时代的文化水准,一个人的教育程度、经验和学识的状况(其实一时代的文化水准即可在一人的最高的学识里反映出来),以及他当时的心理状态。问题的一切条件若不完全满足,一个问题不能被提出来。相反的,如若这些条件全备了,而且皆在合宜的状况下,它也就实际上被提出来。因此一个在这样的情形下未被提出的问题并非根本没有,否则这一切条件皆满足了它怎样能被提出来呢?因此这样的一个问题乃是可能的,只是未曾实际提出而已。那些条件乃是一个可能问题。实际上之被提出的条件,即现实问题的条件。它们中间,除了甲组的条件以外,其余的满足与否只影响可能问题之实现,并不影响未曾实现的问题之可能,即它们并不影响可能问题。至于甲组条件呢,它们不只影响现实问题,而且也影响可能问题。因为假如没有问题的对象,问题即无所指;因此根本不能有问题。正如甲组条件不只影响问题之实现,而且还直接影响问题之可能;乙组条件不仅影响问题之被提出,而且还直接影响现实问题的内容,这一层尤其是在一个关于人事方面的问题里可以看得最清楚,譬如怎样由于一个人的喜、怒、爱、憎、利害等等的不同,影响他对同一事物的反应,因此一个实际上所提出的问题的内容,不一定和那个可能被提出的问题的内容吻合。过去的哲学家,甚至未来的哲学家的问题皆是实际上所提出的问题;它们在内容方面和那些可能被提出的问题不一定吻合。前者我们称为哲学史上的问题,后者称为哲学问题。因此哲学问题之有无,不以哲学史上的问题叙述得正确与否而定,不以后者是否是真实问题而定。至于哲学是否可能,这只以有无哲学问题而定。然而有无哲学问题呢?

二 问题的基础——不配合的认识关系

为了解答这个问题,我们先进一步分析问题自身。以下是几件人人可以承认的事实:我们有认识,有认识的有认识机能。认识机能有它的结构,虽然我们不必知道,什么是我们的认识机能,更不必知道,我们认识机能的结构究竟是怎样。(认识机能的结构属于第一节里甲组条件项下。)此外我们也都承认:我们既然有认识,也有为我们所认识的。那个是认识的对象或事物,后者也有它的结构,即使我们不知道它的结构是怎样。

既然这些皆是些我们人人承认的事实,那么,这样结构的认识机能和这样这样结构的事物,或者(一)发生认识关系(gnoseologisches Verhältnis),或者(二)不发生这样的关系。譬如听觉和音响发生认识关系,听觉和颜色不发生这样的系。如若情形是:(一)这种关系或者是(甲)认识,或者是(乙)不认识,或者是(丙)部分的认识。(甲)的事例譬如人的认识机能相对于 $1+1$ 或者 $\sqrt{4}$。(乙)的事例譬如它相对于 $\sqrt{2}$。(丙)的事例譬如它相对于 $\sqrt{8}$。如若我们计算,在情形(甲)里我们知道它的究竟价值是多少,在情形(乙)里我们不知道 $\sqrt{2}$ 的究竟价值是多少,在情形(丙)里我们部分地知道它的究竟价值是多少。于是我们问:$\sqrt{2}$ 的究竟价值是多少。①这是一个问题,一个我们实际上提出来的问题。这个问题之所以可能,乃由于以下一事实:即这样这样结构的认识机能对于这样这样结构的事物有了认识关系（gnoseologisches Verhältnis），但就着认识这点前者和后者是不配合的；问题的基础——可能问题的基础亦即是现实问题的基础——即是这一种不配合的认识关系。

$\sqrt{2}$的究竟价值是多少，乃是一个我们不能回答的问题，然而问题却不只限于不能回答的。

三 以配合为根据的不配合

$\sqrt{2}$的究竟价值是多少？这个问题在什么条件下始能产生？显然它是不能在任何情况下产生的。譬如一个未曾学过开方的人即不会提出这样一个问题来。因此这个问题的产生只能在某些条件满足了以后。这里我们只举出几个和我们当前的讨论最有关系的来。它们是哪些呢？简单地讲起来，一个人必先认识了 2 这个数目，又认识了$\sqrt{}$。诚然 2 的认识和$\sqrt{}$的认识也只能在其它的、更基本些的条件满足了时始能产生。关于这些条件的条件我们这里从略。我们这里且仅就着上述的两个条件看，它们乃是积极的条件。然而如若只满足了这两个积极的条件，上述的问题还不会产生。此外还有消极的条件，即这人必然不认识$\sqrt{2}$的究竟价值；否则他即不再问$\sqrt{2}$的究竟价值是多少了。再者，他必然不只不认识，而且他还必定觉察了这个不认识了。这又是一个深一层的积极条件。这样，问题有以下的成份：（一）认识，（二）不认识，（三）不认识的觉察，问题乃是由于对于某些事物的认识而产生的对于另一些事物的不认识的觉察。人若提出什么是$\sqrt{2}$的究竟价值是多少一问题,他不但认识了什么是 2,什么是 $\sqrt{}$,以及不认识 $\sqrt{2}$ 的究竟价值是多少,和觉察了这个不认识;而且 $\sqrt{2}$ 的究竟价值是多少对于他成为问题,正是以他关于 2 的认识和关于 $\sqrt{}$ 的认识为根据。

人的认识机能的结构对于 $\sqrt{2}$ 的结构是不配合的,然而对于 2 的结构和对于 $\sqrt{}$ 的结构是配合的,否则人也不能认识它们。正如问题是以认识为根据的,不配合的认识关系是以配合的认识关系为根据的。否则人的认识机能的结构对于 $\sqrt{2}$ 的结构不能是不配合的认识关系了。总之,这样这样的认识机能的结构对于这样这样的事物结构在一些或有些方面是配合的,但在另一方面是不配合的;而且不配合是以配合为根据。这样以配合的认识关系为根据的不配合的认识关系,乃是问题的基础。可能问题的有无全看有无这样的基础。

四 相对的不配合和绝对的不配合

事件并不如此简单,以上的分析还不足以表明问题的详细性质,我们还得作进一步的分析。以下也是一件不容否认的事实:人类的以及个人的认识是累积的;它不但是累积的,而且还是进步的。累积的和进步的分别乃是如此,即所谓进步乃是直线的累积,这层在科学发展上可以看得最清楚,即在前一阶段里还未认识的,对于人还是一个问题的,在后一阶段里问题解决了,为人所认识了。因此在以前那些阶段里的问题,全是些可以解决的问题。如若认识进步到了一个阶段,它的内容不能再有直线的累积了,它那时的问题就是些不可解决的问题。认识达到这个极限的迟速,不必各方面保持同一步骤。譬如$\sqrt{2}$的究竟价值是多少,是不能为人的认识机能所发现的。远在纪元前四世纪,人已发现对角线和四方形的边之间的关系乃是 Inkommensurabilität（在当时人呼为 ἀσυμμετρία）。这样,问题有两种:一种是可能解决的,另一种是不能解决的。

我们以上认为问题的基础,乃是认识机能的结构对于事物的结构以配合的认识关系为根据的不配合的认识关系。现在问题既然有可解决的和不可解决的分别,那么以上那个结论仍嫌不够精密,必须再加以限制。如若认识是进步的,认识机能的运用也是发展的,它的结构在这发展的历程里某阶段上对于事物的结构不配合,但是在后一阶段上对于同一结构也许就配合了。因此这些不配合只是相对的。如若在它发展至于极限时,对于事物的结构仍然是不配合,那个不配合方是绝对的不配合。因此相对的不配合是可解决的问题的基础,绝对的不配合是不可解决的问题的基础。

五　事物结构中的 φ 方面

问题分析请止于此,我们进而研究有无哲学问题。所谓"哲学问题"在这里用作何义,已在第一节里解释了。至于问题中可解决的和不可解决的分别,在这里尚谈不到。如若以上所讲的无误,那么哲学问题的基础乃是人的认识机能的结构对于事物的结构的某一方面以配合的认识关系为根据的不配合的认识关系。所谓事物结构的某一方面，即指素来被认为是哲学研究对象的一方面。然而在我们研究有无这样的不配合关系一问题以前，我们必须查看事物可否有这一方面；否则我们犯了 petitio principii 的错误。

我们且看以下一些事实：这里是两张椅子，像是椅子，每一张和另一张相同。它们是相同的椅子。每一张椅子又同于它自己，它是自同的椅子。相同并不即是相同的椅子，自同也不即是自同的椅子。再者，相同异于自同。这里我们有以下五点：相同的椅子，相同，自同的椅子，自同，异。相同、自同、异，正和相同的椅子、自同的椅子一样，都是不可否认的现象。它们之间的关系在哲学史上属于哲学研究的范围以内。即使以前的哲学家关于它们各种不同的解说全是些谬论（如我们以上为了使问题尖锐化起见所假设的），然而它们自身都是些确有的情形，即使人将相同的椅子和相同、自同的椅子和自同混为一谈，不加辨别，甚至也不辨别相同和自同；然而同和异终必被辨别为有所差别的。因此异不能由于以上的混淆再和相同的椅子、自同的椅子并为一谈。反之，它乃是另外一回事，它也就是组成事物（譬如椅子）的一个成份。它以及和它类似的，相近的一切等等共同组成事物结构中某一方面。为了言词简便起见，我们且称它为 φ 方面。现在我们就问人的认识机能的结构对于事物的结构中 φ 方面，有无不配合的认识关系。

六　哲学问题的有无

在下列三种情形任何一种之下，皆无这样不配合的认识关系，这三种情形也就是仅有的可能情形：（甲）如若人的认识机能的结构根本不和事物结构中 φ 方面发生认识关系,自然也和它无不配合的认识关系。若无这样的关系,哲学问题即无基础,因此亦无哲学问题。(乙)如若它和事物的结构发生认识关系,而且对于它是完全配合的,这样只有认识而无问题,因此也无哲学问题。(丙)如若它和事物的结构发生认识关系,而且对于这结构的其他方面多少是不配合的,对于 φ 方面却是配合的,因此只有其它的问题而无哲学问题。人的认识机能的结构是如(甲),如(乙),如(丙),还是和(甲)、(乙)、(丙)皆不同呢?

我们先看情形(甲)。唯有以下一种的认识机能的结构才根本不和事物的结构中 φ 方面发生认识关系,即它的活动完全只限于低级认识活动的范围以内。所谓低级认识活动指在空间和时间以内,或仅在时间以内的个别的(Einzelnes),即所谓实际事物、对象的认识活动。何以一种认识机能的结构,其活动只限于这个范围以内,根本不和事物的结构中 φ 方面发生关系呢?原因在此:因为事物的结构中这一方面完全不在低级认识范围以内。譬如就着以上所举的例子言,我们不能以认识相同的椅子的活动认识相同;因为相同不是某时某地里的一个个别的,像相同的椅子是这样的一样。但是人的认识机能的结构,其活动不只限于低级认识活动范围以内;即使它不能认识什么是相同的内容(Inhalt der Iidentität),即它里面包含那些组成份子,至少它知道辨别相同和相同的事物(譬如椅子)。因此它并非根本不和事物结构中 φ 方面发生认识关系。反之,它和事物的结构中这一方面乃是发生关系的。

现在我们再看情形(乙)。即认识机能的结构不但和事物的结构发生认识关系,而且对于它是完全配合的。在这样的情形下,无任何问题的基础,因此亦无任何问题,也就无哲学问题。但是这种认识机能的结构是否即是人的认识机能的结构呢？如若它即是人的，那么人即成为 omnisciens，那种认识机能也就是 intellectus infinitus 了。但是我们很有理由承认，人只是 intellectus finitus，例证不待远求，以上所举的即足以证明此点：即人永不能像认识$\sqrt{4}$的究竟价值那样认识$\sqrt{2}$的究竟价值。

诚然，这只证明$\sqrt{2}$的究竟价值是一个问题；然而这个问题却不是一个哲学问题。因此人可以作以下的假设，即对事物结构中的数的方面，人的认识机构的结构有界限；但对事物的结构中另一方面，即 φ 方面却无界限。这样的假设将我们引到情形（丙）。

我们请看情形（丙）。这样的假设，就着现在学术上的情形看，很难符合事实。因为现在若将哲学和数学比较，显然人的 intellect 在前一种研究里远不及在后一种研究里适宜。相反的假设更为可靠：即人不是全知的，而且在哲学方面他的认识能力远逊于在数学方面。这就是说：人的认识机能的结构对于事物的结构中 φ 方面并非是完全配合的，如若它不比对于同一结构中数的方面更不配合些。如若情形是如此，即有哲学问题的基础。既有这基础，哲学问题即可能；因此亦即有哲学问题。

如若人过分的骄傲，他不甘于承认上述的界限，却自认是 intellectus infinitus。在这狂妄的假设下，人的认识机能的结构对于事物的结构中的 φ 方面必被认为是完全配合的了。即使情形真如人如此自许的，由以上曾经指出的那一件事实，在这样的假设下更足以证明有哲学问题。以上所举出的事实乃是：人的认识是进步的，因此即使人可有 omniscientia，这全知却非 uno intuitio 得来，乃是由于直线地累积的。这个直线的累积即已肯定了哲学问题，因为所谓直线的累积乃指由于问题的解决所产生的认识的增加。这样,在这假设之下,情形必被认为是如此的:即人的认识机能结构的运用在未发展以前和事物的结构中 φ 方面是不配合的,即至完全发展了以后,乃成为和它完全配合的了。因此除在这个发展历程的最后阶段上,在其余任何一个阶段上,人的认识机能的结构和事物的结构中 φ 方面皆是有所不配合的,因此在这样的一个骄傲的假设下,人更必须承认有哲学问题。

既然人的认识机能的结构既不合乎情形(甲),也不合乎情形(乙),又不合乎情形(丙),以下的结论乃是必然的:人的认识机能的结构对于事物的结构中 φ 方面有不配合的认识关系。这关系乃是哲学问题的基础,因此亦即有哲学问题。

七　问题和学科的价值

既有哲学问题,那么哲学即可能。它也自然可以成为一个学科,因为有问题,研究即可能,学科也就是在一定范围内的系统研究。

然而学科的价值高下不同。哲学学科究竟有多少价值?学科的价值决不由于它一时的成就而决定,因为那可以是偶然的。换言之,决不主观地依靠哪一学科的学者——人在万有里实在太渺小了,他算不得什么——乃是客观地依靠哪一学科的问题。如若一个学科的问题全是些不可解决的问题,它虽然不失为一种有固定范围的研究,然而这研究只是无穷尽无结果的追求。它也即是永远的徒劳无功,因此它在学术上的价值极其微小。如若一学科的问题皆是些可解决的问题,它乃居于另一极端,正如在第一种情形下的学科居于相反的极端一样。如若那一学科在学术上的价值极其微小,那么这一学科在学术上的价值应当是极其高大的了。初看起来似乎是如此,因为它可以完全成功。但是它大功告成之日,也就是它死亡之时。因为当它的问题皆解决了以后,它即再无问题,无可研究,乃陷于停滞状态中,失去了活力。它成为一组刻板的道理,它不能再是一个学科。它自己毁灭了它自己,因此它不能是理想的学科。如若一个学科的问题有些是可解决的,有些是不可解决的,它乃是理想的学科,它在学术上的价值也最大。因为一方面它的努力并非徒劳,另一方面它永无失去活力的一日。哲学究竟是哪一种学科呢？

八 哲学的价值

这个问题只有研究哲学问题是些什么问题,方可解答。第一,哲学显然有不可解决的问题。唯理论者不肯承认这一点,然而他们的狂妄实足以贬损哲学的价值。我们以上已经见到,人非 intellectus infinitus。不言其它,只是 $\sqrt{2}$ 的究竟价值是多少,他已不能认识了。人诚然可以设想,人的 intellect 对于事物的结构中其它方面,譬如数的方面,是有限的,而却单独对于事物的结构中 φ 方面是无限的。然而这样的假设,除去了哲学家的自大以外,更无其它足以考虑的理由。反之,相反的假设则更为可靠,即它对于事物的结构中 φ 方面也和对于其它的方面,譬如数的方面一样,同样是有限的。如若情形是如此,那么人的认识机能的结构即至完全发展了以后,对于事物的结构中 φ 方面仍然是有所不配合的,那里即是 intellect 的界限。在这界限边缘上的问题即是不可解决的问题。

第二,哲学既有不可解决的问题,它有无可解决的问题呢？对这一问题的肯定答复事实上以上第六节已经给与我们了。这里,让我们再详细点回答:有;而且更多。原因如下:它既有不可解决的问题,它必也有可解决的问题;不可解决的问题已肯定了可解决的问题,这点也许须要较详尽的解释。哲学问题所以是不可解决的,因为人的理性对它可以作矛盾的答复。这个问题的答复可以是 x,也可以不是 x。然而这究竟是 x,还是不是 x 呢？理性自身不能决断。因此甲说不能证明乙说为错误,乙说也不能证明甲说为错误。但是因为问题的对象辽远地超出低级认识范围以外,甲说和乙说皆不能从低级认识得到积极的或消极的证明。因此甲说和乙说陷于一种无结果的对垒中,这也就是理性自身的矛盾。因而这一类的问题是不可解决的问题。

这些问题全是些离开低级认识范围辽远的问题。然而人的认识皆从低级认识开始,人不能不由于相关的低级认识而凭空进入高级认识范围以内,所谓高级认识乃指以普遍的(Allgemeines)为对象的认识。譬如人不能辨别相同和相同的椅子,如若人不先认识了相同的个别的。这就是说:人的认识机能的结构对于事物的结构中 φ 方面里离开低级认识对象一方面辽远的部分不能发生不配合的认识关系,除非它对于同一方面里离开低级认识对象一方面较近的部分已经发生了配合的认识关系了。以上我们已经分析出来,不配合的认识关系乃以配合的认识关系为根据,问题乃以认识为根据。因此如若人的认识机能的结构对于事物的结构中 φ 方面是不配合的,它必然已经和同一方面与低级认识对象一方面之间的结构发生了配合的认识关系了。具体言之,如若相同的组成分子是些什么,对于人成为一个问题,这人必然已经辨别了相同和相同的个别的了。但是它们之间的辨别,乃是对相同和相同的个别之间的差别一问题的解答。因此若有相同的组成分子问题,亦即必然已经有了相同和相同的个别的之间的差别一问题。后者乃是可解决的问题,因为在相同的组成分子是些什么成为问题时,它必然已经获得解答了。相同的组成分子的问题也许还不是不可解决的问题,那些不可解决的问题离开低级认识对象的范围格外辽远,因此它所肯定的可解决的问题也愈多。这样,哲学如有不可解决的问题,它必有更多可以解决的问题。

九 玄学万有论和认识论

如若我们在另一篇文章里所讲无误,哲学当它初被建立为一个学科时,它乃是万有论或是玄学,附带一些认识论。因此,严格意义的哲学也只是万有论、认识论或玄学。玄学的问题,即使我们为了讨论的彻底,我们否认是像康德所举出来的那些,它们也必是些不可解决的问题。一方面因为关于它们,理性自身陷于矛盾;另一方面因为它们辽远地超出低级认识范围以外,理性自身的矛盾不能从低级认识得到——即使间接的——消极的或积极的证明。因此玄学的问题乃是永久研究的对象,永久徒劳无功的研究的对象。这样,玄学是价值很低的学科,也许我们称它为一种 intellektuale Romantik 格外合宜些。然而这只限于名实相符的玄学,至于那些无问题根据的玄思幻想,即使很精巧,也不过是 Gedankenspiel 罢了。

这样,玄学作为一种 intellektuale Romantik,从严格意义的哲学学科里提出去了,所余的只是万有论和认识论,它们如何呢?如若哲学不但可以成为一个学科,而且它还有很大的价值,那么万有论和认识论也皆是如此,因为它们从哲学成为学科以来,即是哲学。如若学说方面讲正统,那么在它们中间万有论是 πρώτη φιλοσοφία ["第一哲学"]唯一合法的后继。在最初,认识论的一部分只是附属于万有论里的。认识论应从万有论分开(事实上现已如此),它和万有论各自成为一个独立的、然而相互密切联系着的学科(因为他们各有各的问题范围)。这样,即使全部哲学史全是些谬论,哲学——即万有论——仍是可能的。

注 释:

① 所谓我们不能认识$\sqrt{2}$的究竟价值是多少,意义如下:我们不能认识$\sqrt{2}$的究竟价值是多少,像我们能认识$\sqrt{4}$的究竟价值是多少一样。因为后者我们可以正确地用一个数目 2 表示出来,前者则不能。诚然$\sqrt{2}$自身即已是一个数目,不必须另一个数目去表示它;至于它是多少呢?即$\sqrt{2}^2 = 2$。这样我们诚然认识了它的价值,但是这只是一个迂回的认识。我们认识它 als $\sqrt{2}$ potenziert ist, aber nicht $\sqrt{2}$ als solche。这在$\sqrt{4}$的情形则不然;我们不但在它乘方了以后认识它的价值,而且还认识它 als solche,即它是 2。我们所谓我们不认识$\sqrt{2}$的究竟价值和认识$\sqrt{4}$的究竟价值是多少,意即指此分别。

数学家对于$\sqrt{2}$并不问:什么是它的究竟价值,这因为他并不必须求出这个究竟价值来,方可计算;反之,他即将$\sqrt{2}$作为一个单位去计算,正如他不必将$\sqrt{4}$化为2(甚至不必求出任何一个置于括弧中的数目来)再去计算一样。然而这件事实只证明这样的不认识无碍于计算,并不证明$\sqrt{2}$的究竟价值是多少,已为我们所知。否则我们即可用其它的数字来表示它。所谓认识,本即谓用语言文字等等将所认识的正确地表示出来。

承胡世华先生的询问:所谓$\sqrt{2}$的究竟价值何指,我们乃追加这样一个说明。这些话对于数学家自然比篇中所说对于哲学家还要格外外行些。然而我们终难看出,怎样$\sqrt{2}$的究竟价值——其意义如以上所解释的——可以为人所知。因为在它后面隐藏了一个正方形的对角线和同一正方形的边是无公共衡量单位(inkommensurabel)的现象,正如纪元前四世纪里人所发现的。即使我们关于$\sqrt{2}$的意见是个错误,这并不牵动篇中的基本思想,因为$\sqrt{2}$的究竟价值是多少,只是一个例子;其初(第二节)只不过用以表示一个问题而已,以后(第四和第六节)乃用以例证人非 intellectus infinitus;为了达到后一点,我们也可以引用其它标准的现象(譬如生命的现象、感觉认识的现象等等)。但是我们不愿因例证而引起玄学方面无结果的纷争,因而避免,未曾援引。再退一步,即使人是 intellectus infinitus,以上的主要结论:哲学可能,可能成为学科,不但仍然可以成立,而且哲学势必被认为只有可解决的问题,因此从功利派的眼光看来,它的价值比我们所估计的还要更大些。

(原载《学原》第一卷第十期)

原理肯定问题

反省在个人心理的发展上是一个很迟的阶段；人必先有了许多行为和思想，然后方才反省。这就是讲，反省的对象若不先备，反省也不会产生。在人类的思想里情形也正相似，它必先已创成了许多种不同的哲学，然后方才有"反躬自问"的可能。前一种活动乃是向外的、直线的；后一种乃是向内的、折线的。西洋中世纪哲学术语 reflexio 中的 re-将这意义表述得十分清楚。

我们在本篇里讨论的问题乃是原理肯定问题（das Problem der Prinzipsetzung）。它也是向内的、折线的、反省的一种。"原理肯定"这一名词对于我们尚是生疏的，人还未发现它是一个重要的问题。因此这个标题即要求一两句解释。我们都知道，哲学的目的在解释事物。这解释的步骤乃是肯定某某为事物的原理；某某是事物的原理，因而有这形形色色的实际世界。哲学家的职务即在确定原理的内容，一部哲学史即是这种工作的实例。哲学研究已有了很长的历史，哲学系统已产生了不同的许多个，然而还未有一坚立不变的，它们时时增新以求臻于美满；它们活动的方向是向外的、直线的。在这情形下我们提出原理肯定问题。我们且将向外发展的思想折转向内，我们且不急急地去肯定什么是事物的原理，但先对于这问题的本身加以考察。我们且先解答这样一个问题：无怎样怎样性质的，方可肯定它为事物的原理？哲学史在这里可给我们很大的帮助。我们生存在今日,有几千年的哲学研究做我们的经验,前人的覆辙我们应当避免;而且正从他们的失败里,我们学习肯定原理的消极条件。这就是说,若我们肯定某某为事物的原理,它必无那一些性质,积极的确定原理内容必先之以这消极的工作,庶可免于徒劳无功。

一　我们不能肯定"特殊的"是事物的原理

哲学上的一切问题,回溯到最后皆是由于实际事物引起的。实际事物是个别的,那么哲学问题回溯到最后皆由于个别事物引起。问题虽然只附在这件或那件事物上,但问题所问的却不只限于这件或那件事物;它不问这件事物或那件事物何以如此,乃问这类事物何以如此。譬如休谟研究因果问题,他就着两个特殊弹子分析它们的两个特殊运动,但他问的问题不限于这两个特殊弹子的特殊运动,而是关于一切连续着的运动的;他问它们中间可有因果关系?凡是哲学上的问题皆是如此,它所问的不是"特殊的",因此对这问题的所答也不能是"特殊的"。因为"特殊的"只是在时间里一次产生的,在时间里只产生一次的不能是那在时间里产生无量次数的事物的原理,所以我们不能肯定"特殊的"是事物的原理。

关于这一点,哲学史给我们明显的例证,当希腊人只解释特殊的生灭时,那时还未有希腊哲学,只有"神的谱系"(Theogonie)。希腊哲学的产生差不多和 ἀρχή (= Lat. principium 普通译为"原理")一概念的发生同时,自泰勒斯起,初期希腊哲学家不问这件、那件物体可以生灭；他们只探求一切生灭的基础。因此如若我们以"特殊的"解释事物，我们差不多回转到赫西奥德去。设使人讲：一切人格神论 Theismus 皆是哲学化了的神话，他这话似乎不至于很错误。

二　我们不能肯定"后于事物的普遍的"是事物的原理

我们既不能肯定"特殊的"是事物的原理，那样我们只有肯定"普遍的"是事物的原理。但这"普遍的"不能是后于事物的；所谓后于事物的"普遍的"，或是(1)概念；或是(2)事物间的相同点。

(1)所谓概念，正确点说，乃指"经验的概念"(empirische Begriffe)。经验的概念，严格讲起来，无绝对的普遍性，只有相对的普遍性。经验的概念怎样产生，西洋哲学史上有不同的解说，譬如伊璧鸠鲁派有伊璧鸠鲁派的解说，奥康有奥康的解说；但国内所讲的似乎只是从培根以来经验派论理学家所讲的，这就是那由归纳法产生的。虽然有人将归纳法尊为求知的法宝，然而它的效用究竟有限；归纳法的材料是过去以及现在的经验，经验只能保障一类事物在过去和现在是如此如此，却不能保障它在未来仍然是如此如此。因此由归纳法得来的概念只有相对于过去和现在的普遍性，而无绝对的普遍性；原理既必须是绝对的"普遍的"，经验的概念却非绝对的"普遍的"，因此我们不能肯定经验的概念是事物的原理。

不仅如此，经验的概念虽然不只是"由我自己制造的"(a me ipso factus——笛卡尔的名词)，然而究竟只是人造的；它是一种思想的结构,这思想的结构对于事物是次一等的,是后于事物的。我们如何能肯定那由我们自己制造的、后于事物的思想结构是事物的原理?

(现在自然科学里所谓"原理",事实上只是我们对于某种自然现象的原理所有的揣测,它根据实验形成,它是一种思想的结构,一种经验的概念;然而人们认它即是这一类事物的原理,便将它和它所揣测的对象混乱。)

这里也许有人认为我们将经验的概念所有的价值看轻,用以下的话反对我们:人的思想结构诚然不能是事物的原理;然而经验的概念却非我们面壁虚构的,它乃是根据经验所形成的概念;它在事物自身里有它的客观基础,这客观基础,即是事物的原理。经验的概念只是一种思想方面的媒介,以表达这事物的原理。

对这可能的批评,我们作以下的答复:经验的概念诚然有它的客观基础,这客观的基础也许即是事物的原理;但此适足以证明:经验的概念自身不是事物的原理。

(2)经验的概念有两种可能的客观基础。其一是"普遍的",其一只是两个以上特殊事物之间的相同点(consimilitudo),姑以 a_1,a_2……为特殊事物,前者譬如普遍的 A,经验的概念可以是以这 A 为基础造成的;后者譬如 a_1,a_2……各有"甲"、"乙"、"丙"性质;经验的概念可以是根据这些"甲"、"乙"、"丙"……造成的。"甲"、"乙"、"丙"……是 a_1,a_2……之间的相同的;若无两个以上的 a 存在,"甲"、"乙"、"丙"……虽仍然存在,而且仍然是"甲"、"乙"、"丙"……,但在那种情形下它们只是"甲"、"乙"、"丙"……,却不再是相同的。相同是依靠 a 的多数,因此相同点是后于多数的 a 的,后于事物的自然不能是事物的原理（άρχή, principium 原意为

"最初的")。

至于那个普遍的 A,因为它和 a_1, a_2……的相同点迥然不同,所以它不是依靠 a 的多数;这样它不是后于事物的。我们现在虽然还不知道,我们可否即能肯定这个 A 是事物的原理,但根据以上(本段中节 1 和节 2)的讨论我们已可知,我们不能肯定后于事物的是事物的原理。

三　我们不能肯定"先于事物的普遍的"是事物的原理

所谓"先于事物的普遍的"只可是:(1)依心的,或(2)不依心的。

(1)这里所谓"心",不指经验的心或"经验的主体"(empirisches subjekt);因为依靠经验的主体的乃是经验的概念,那是后于事物的。这里所谓"心",乃指非经验的心或非经验的主体。关于后者,在西洋哲学史上有两种不同的学说:其一是武断的,譬如普罗提诺的 nous,中世纪大师的 intellectus divinus, intellectus infinitus, intellectus architypus 以及 ens realissimum, ens perfectissimum 等等以至于近世马勒布朗士的学说,我们只有在神里认识实际世界;另一是批评的。前者的覆辙我们不愿再蹈,对于我们当前的问题最重要的乃是后者,它即是康德的范畴论。所谓非经验的心在这里乃是"超越的主体"(这是不太正确的译词,原文是 transzendentales subjekt)。

依照康德,范畴是构成"可能经验的对象"的原理,是"超越的主体"活动的方式(funktionsformen)。因此它们是先于"可能经验的对象"的。这些范畴的应用,康德严格限制于"可能经验"范围以内;越出这范围它们即丝毫无效用(Restriktion des Kategoriengebrauches)。因为它们虽然同时是"可能经验的条件"和"可能经验的对象的条件"(der oberste Grundsatz aller synthetischen Urteile),但不是"物如"的范畴。这是康德的范畴论对于我们当前问题重要的几点。康德的范畴自然和上古以及中世纪所讲的"普遍的"迥然不同;但因为他的范畴乃是一种概念——他自己称这些范畴为"理解的概念"(Verstandesbegriffe)——所以它们不失为"普遍的"。因此康德的范畴论事实上即主张某种"先于事物的普遍的"是事物的原理,然而这里所谓"事物"只是"可能经验的对象",而非我们平常所谓的事物,然而哲学却要求我们去探求那我们平常所谓的事物的原理(这要求即康德所认为是 Schicksal des Menschen 的)。这里我们不能以这些"理解的概念"即康德的范畴来充数,其故是:一方面它们不是哲学所要求的事物的原理,另一方面康德严禁我们将这些范畴应用于事物身上去。

(2)我们以上已讲了"普遍的"若是"先于事物的",它或是依心的,或是不依心的。我们既然不能肯定前者,我们可否能肯定后者是事物的原理?如若"普遍的"是不依心的,它必是(一)不寄托在个别事物里的,或(二)寄托在个别事物里的。我们先研究第一点。

(一)如若它不寄托在事物里,它或者(甲)和事物断绝联络,或(乙)和事物不断绝联络。情形若是前者(即甲),"普遍的"即不能是事物的原理。因为如若它是事物的原理,这正因为它是事物所以然的基础。反之,如若它不是事物所以然的基础,它即不是事物的原理。在"是事物所以然的基础"里已蕴涵了它和事物的联络。

我们再从另一方面看,如若"普遍的"不寄托在事物里,却自成一个和实际世界隔离的世界,然而却又和事物有联络。在这种情形下(即乙),如若"普遍的"的影响要达到事物,即由一隔离了的世界达到另一隔离了的世界,它必借助于一媒介,因为否则"普遍的"和事物即不是两个隔离了的世界。这媒介却(子)既不能是事物,(丑)又不能是"普遍的"。(子)它不能是事物——因为"普遍的"和事物之间的联络须借助于一媒介;若这媒介即是一事物,那么"普遍的"和这事物之间的联络必先借助于另一媒介;如若这第二媒介又是一事物,那么"普遍的"又必先借助于第三个媒介;这样后退以至于无穷。(丑)这媒介不能是"普遍的"——因为"普遍的"和事物之间的联络须借助于一媒介,如若这媒介即是一个"普遍的",那么它和事物之间的联络必先借助于另一媒介;如若这媒介又是另一"普遍的",它和事物之间的联络又必先借助于第三个媒介;这样后退以至于无穷。无穷是无始无终的,因此在这种或那种情形下(即子和丑),"普遍的"若是不寄托在事物里,它和事物不能有联络。这样,如若"普遍的"是不寄托在事物里的,无论在情形(甲)或情形(乙)里,我们皆不能肯定它是事物的原理。

(二)然而我们可否能肯定寄托在事物里的"普遍的"是事物的原理?所谓"寄托在事物里"就是说:"普遍的"虽先于事物,却寄托在事物里。所谓"先于事物"在这里即谓是这事物所以然的基础。所谓"寄托在事物里",用西洋中世纪的术语表示,即是 in re。因此这一点可以并在下一条内讨论的。

四 我们不能肯定"在事物里的普遍的"是事物的原理

每一事物,普通讲起来,皆有许许多多的性质(Bestimmungen)。如若寄托在事物里的"普遍的"是事物的原理,它即是这事物所以然的基础。如若情形是如此,它和这事物所有的性质有何种关系?这里只有两个可能:(1)它不是这事物所有一切性质的基础,但只是其中几个的基础;(2)它是这一切性质的基础。

(1)在第一种情形下,显然有一个无法解决的困难。假设一事物有"甲"、"乙"、"丙"、"丁"……性质。在这种情形下,寄托在事物里的"普遍的"只是"甲"、"乙"、"丙"的基础,却不是"丁"……的基础;那么,什么是"丁"的基础?这既不是寄托在事物里的"普遍的",又不是不寄托在事物里的"普遍的"(以上三,一),那么"丁"……之所以是这事物的这个……性质,在"有"的方面并无基础(kein Seinsgrund);如若"丁"……既是"丁"……而无"是"的基础,为何关于"甲"、"乙"、"丙"情形不能相同?如若"甲"、"乙"、"丙",是"甲"、"乙"、"丙",但也皆无"是"的基础,那么寄托在事物里的"普遍的"即不能是这事物的原理。因为如若这事物的一切性质皆是这一切性质而皆无"是"的基础,那么这事物也即是这事物而无"是"的基础。在这情形下即无任何的是它的原理。因此,如若"普遍的"是事物的原理,它不能只是这事物所有一切性质中几个的基础,而必是它们一切的基础。

这一点很值得我们注意,我们且将范围扩大多讲一些。这里的结果事实上乃是:我们不能以一个比较事物在内容方面贫乏的为事物的原理。这是西洋哲学史上一切一元论的玄学所共有时困难，无论其原理是外在的，甚至隔离的（transzendent, absolut = Lat. absolutus），如普罗提诺的"一"；或内在的（immanent），如斯宾诺莎的"本质"。这类思想的基本困难即是：内容贫乏的怎样能是内容丰富的实际世界的原理？于是"实际世界的引绎"（Ableitung der realen Welt）成为这类玄学的成败问题。普罗提诺的引绎还是值得人惊叹的；他的"一"虽然内容贫乏，然而在实际世界里还有具体的一，因此他的学说还未完全失去实际事物方面的基础。至于以一个空幻玄虚的名词，除了在书本子里，我们在实际世界中从不能遇着一个实例的为原理，以求解释这内容丰富的实际世界，我们不能想象这样的企图在学说方面如何真能成功。

我们且回到我们当前的问题，即依以上的解说寄托在事物里的"普遍的"只是这事物的"甲"、"乙"、"丙"性质的基础，却不是"丁"……的基础；那么什么是后者的基础？对于这问题，亚里士多德有以下的解答：凡一物体皆是"相"（eidos，我们在这里只译这字的原义）和质料的结合品（concretum）。这结合品有三种性质：本然性质、独有性质和附随性质。本然性质即是"相"的内容，即是事物的原理。独有性质不属于"相"的范围，但从"相"产生。附随性质的基础是质料。质料又分为两种：原始的质料（中世纪所谓 materia prima）和相对的质料（中世纪所谓 materia proxima）。只有原始的质料是纯粹无性质的，相对的质料已具有性质；因此后一种质料可以是一切物体的附随性质的基础。这样，寄托在个别事物里的"普遍的"（在这里即指"相"），虽然不是这事物所有一切性质的基础，然而一切性质皆各有其基础。

亚里士多德的这个学说不能解除我们以上所说的困难，因为这学说自身有问题。既然原始质料,依亚里士多德的意见,无性质;那么一切性质皆属于"相"这一方面,因此相对的质料所有的性质亦必来自"相"这一方面。换句话讲,物体的一切性质皆来自"相",而无亚里士多德所主张的那种区别。这是亚里士多德的学说所不能避免的结果。后来普罗提诺直接主张个别事物的"相",譬如苏格拉底的"相",足以证明我们的推论确当。

普罗提诺的主张是亚里士多德的那个学说在历史上所必有的结果。在问题方面这就等于说:以上所举思想方面的两个可能,其中第一个必消灭于第二个里,如若我们将问题逼紧不放松一步。这就是说:如若"普遍的"寄托在事物里,它必是这事物所有一切性质的基础。

(2)这话的意义乃是:寄托在事物里的"普遍的"和这事物自身在内容方面完全相同。若用希腊哲学中的术语表示,"普遍的"是和事物"同名"(homonymon)。譬如这事物有"甲"、"乙"、"丙"、"丁"……性质,这"普遍的"也有"甲"、"乙"、"丙"、"丁"……性质。有这些性质的事物假设是 X,那样这个"普遍的"即是 X,因此它们是"同名"。这一个"同名"的困难,在西洋从早年的柏拉图起,经过亚里士多德以及整个的中世纪是每一种"相的玄学"(Formmetaphysik)所不能避免的,同时它也是每一种"相的玄学"的致命伤。中世纪一位阿拉伯的哲学家已将这无法解决的困难陈述明白;"相的玄学"在西洋复生的机会因此破坏无余。那位哲学家的话我们丢开不讲,现在且看看"同名的"、"普遍的"所有的其它困难。

柏拉图的《费都篇》里有句足以代表一切"相的哲学"的名言:

"τῷ καλῷ τὰ καλὰ καλά"。一个人不必懂希腊文,但听到这句话时,即可注意到,这句话里的 καλά 音太多了,所谓"同名的"困难即在此。这句话姑且这样翻译:"由于美,美的美"第一个"美"字表示原理,第二个"美"字表示一类事物,第三个"美"字表示这类事物的性质。这样,原理和事物在内容方面完全相同。

原理是我们不知道的,所给与的(das Gegebene)只是个别事物;我们所以肯定某某是原理,正是欲解释所给与的事物。我们所以能肯定某某是原理,正是因为它能解释所给予的事物;此外我们没有其他的标准可以决定原理的肯定。试问:一个"同名的"、"普遍的"究竟能不能解释那"同名的"事物?譬如我们不能理解何以美的(事物)是如此,这正是因为我们不能理解美。今有人为我们解释:由于美,美的(事物)美。我们是否因此理解我们以前所不理解的?我们若要理解"由于美,美的美",我们必先理解这"同名的"、"普遍的"。在柏拉图的哲学里所谓"美自身"或"美之相",在他人学说里还有其他的名称;但我们若能理解它,我们先已理解美的(事物)的美(因为美的事物的美和"美自身"内容完全相同),何必再烦人为我们作这解释?但我们正是不能理解这美的(事物)的美,我们又何能理解这"同名的"、"普遍的"美?我们若不能理解这"同名的"、"普遍的"美,我们又何能理解由于美,美的(事物)美?

"同名的"、"普遍的"不能解释个别事物,已甚显然;但表面上它却似乎是最能解释的。这两点我们皆须考究。它所以不能解释,因为它自身正是待解释的;以待解释的来解释,这是"要求前提"(petitio principii)。它所以似乎是最能解释的,乃因为它是"同词复说"(tautologia)。诚然没有其他的比"美自身"解释美的事物更完全点,这正因为这里同一内容讲了两次,这里有一种自明性,这正因为这里是同一句话讲了两次。

肯定"同名的"、"普遍的"为事物的原理是个最简便的方法,而且是个可以随处应用的方法;我们不但可以以"美"解释美的事物,以"方"解释方的事物,还可以"人"解释个别的人,以 X 解释 x,以 Y 解释 y。在后面两种情形里,我们并不必知道 x 表示什么事物,y 表示什么事物,甚至宇宙间可否有这 x 或 y 所表示的事物,凡遇有人问"这个"的原理是什么时,这里总有个永备的答案,是和"这个""同名的"、"普遍的"。因此,"同名的"、"普遍的"似乎可以解释一切事物,这正因为它并不解释任何一切事物。所以我们不能肯定"同名的"、"普遍的"是事物的原理。

这样,如若"普遍的"寄托在事物里,我们也不能肯定它是事物的原理;无论它是这事物所有一切性质的基础,或只是这些性质里几个的基础。

结论——以上研究的结果是许多否定。它们的意义是可以更明显些,如若我们将它们系统地排列如下:即我们

> 既不能肯定"特殊的"是事物的原理(一),
> 也不能肯定"普遍的"是事物的原理,

无论其为

> 后于事物的(二),或
> 先于事物的(三),或

在事物里的(四);

因为如若它是后于事物的,它必然或是

  二(1)经验的概念,或是

  二(2)事物间的相同点;

如若它是先于事物的,它必然或是

  三(1)依心的,或是

  三(2)不依心的;

    (一)不寄托在事物里的:

      (甲)和事物断绝联络的或

      (乙)和事物不断绝联络的,其联络的媒介或是

        (子)事物,或是

        (丑)普遍的,或是

    (二)寄托在事物里的,即在事物里;

如若它是在事物里的,它必然或是

  四(1)这事物所有一切性质中几个的基础,或是

  四(2)这事物所有一切性质的基础:

然而无论它是在各组矛盾中这一种情形或那一种情形下,我们皆

不能肯定它是事物的原理。

这样,以上研究的结果只是原理肯定的消极条件;它只告诉我们,如若我们肯定某某是事物的原理,它必无那样那样性质。这个消极的结论有以下三个功用,但它们不皆是消极的:

(a)它缩小确定原理内容时可能错误的范围。

(b)它使我们接近原理的积极性质的发现;而且正从原理的消极性质的发现里,我们可以寻出导往发现原理的积极性质的途径。

(c)它给我们一种工具以纠正确定原理内容时可能的错误。确定原理(这个实际世界里事物的原理)内容只能由现象、由经验的给与出发;以上的工作并非确定原理的内容,因此它遵循另一途径,即纯粹根据问题的线索。这样,它不产生于经验的给与,乃产生于认识的另一机能。正是因此,它始可有效地纠正那由经验的给与出发的研究工作。这种纠正是必要的,因为只有在由于两种不同的认识机能所产生的结果相互纠正和相互补充里,我们始可希望接近真理。

> 一九四二年十二月一日扩充去岁在西南联大哲学系哲学研究会中讲演稿而成。
>
> (原载《图书月刊》第二卷第七期)

性质团结问题与本质概念[*]

时间流逝得真快,从我第一次计划写一篇关于本质问题的文章到现在不觉已是十年了。那是我到昆明以后的第一个暑假,北大哲学系里的同事们为了不放我回重庆去,邀我到宜良县和他们同住,在某家的小楼上无意间见到一本《浙大文学院季刊》,其中有某某先生的大著,论到本质问题。那位著者认为:本质问题到了休谟已经完全解决了!鄙意不敢苟同,正计划着写一篇批评,随即就病倒了。病愈后赶回昆明,学校上课已将近两月;于是原有计划只有被搁置起来,一搁便是三四年。某年暑假在重庆又想旧事重提,次日便又病倒;病愈后一位朋友开玩笑说:那篇批评你再不要想写了,否则病魔又会来护法的。我接受了他的劝告,到现在又是六七年,在这期间里朋友们虽然时常问到我的旧计划,然而我的兴趣已逐年由哲学问题移向哲学史方面去了。《浙大季刊》里那篇文章的内容除了上述的一个主要点以外我几乎完全忘记,现在自然无法再写批评。然而本质概念的讨论,在我也可算为宿愿;凡愿总应偿还,尤其是当哲学问题在此间正被遗忘或者尚未被觉察的时候,否则人将谓我趋时过甚了。

所谓"本质",严格讲起来,并非实有(objektjv seiendes),因为

---

[*] 这里的"本质",即 Substance,通常译为"本体"或"实体"。——编者

现象方面并无本质；本质乃是哲学家的概念，最初用以解答性质团结问题的。因此本质问题的讨论，若有意义，只有就着本质概念是否可以解决性质团结问题去讨论。本篇的目的在讨论性质团结问题。在以下第一大段里我们首先发展这个问题的意义，在第二大段里我们讨论历史上关于解决这问题的几个企图，本质概念乃是这些企图中最重要的，因此第二大段主要从这观点讨论前人的本质概念。因为性质团结问题不是本质概念所可解决的，于是我们在第三大段里研讨在甚么范围里这个问题可望得到解决。

一

性质（用为广义，泛指一切 Bestimmung）团结问题乃是这样的一个问题：现象方面所给与的只是许多性质，但是这些性质如何团结成为一个个体？它不问性质是否团结成为一个个体，只问它们如何团结。这两者间的分别，我们或者可以说也是一种"事实问题"和"法律问题"的分别。

有些人分析唯恐不精；又有些人崇尚混沌，愈含糊愈好。后一种人对于我们提出的问题，也许就要抗议：现象方面所给与的，即是整个的；性质只是分析的结果。讲这话的人首先就未明瞭本问题的性质，我们提出的问题乃是所谓"法律问题"，根本不对这个个体之为个体发出疑问，只问它如何是一个个体。因此即使现象方面所给与的，真是如他们所说的，是整个的，仍然产生这一问题：它如何是整个的？整个的乃是由部分组成；部分即是分析所得的性质，于是问题仍是：这些部分——这些性质——如何团结成为一个个体？

这个"法律问题"随时随地可以发生，虽然百分之九十九以上的人皆视而无睹。因为国家方面、社会方面的一切设施最后皆是以个人为对象，凡是人日常生活所应用的皆是个别的物件；这个性质团结问题却产生于个别的人、个别的物上。所谓一个人，譬如赵大，现象方面所给与的只是许许多多性质，然而我们却认他是一个人。所谓性质呢，譬如能言语、会计数、能设置目的，以及那些寻人广告上所常见的：面白、无须、身高、体瘦一类的性质。但是，这些通常为人所注意到的，以及此外那些很少为人所注意到的性质，如何不只是这许多个别的性质，却团结成为一个个体，成为一个人。这个统一性（Einheit）从何而来？普通我们承认这些性质团结所成的是一个赵大，因为否则我们无法和他往来。这个问题的答案，我们认为我们已知道了，但是请告诉我，这个答案究竟是甚么？

他名叫赵大。但是这些性质所以团结成为一个人，不是因为"赵大"这个名字；因为如若他的名字不是"赵大"，而是"赵二"，甚而并不姓赵，这同一团性质，我们仍然会认为是一个人。

这统一性也不能由于固定的、完整的身体。第一、人的身体并不固定，我们不必懂得生理学上讲的新陈代谢，只要一个男人每天早晨刮胡子，他就可以知道他的身体在不停的变化之中。这里也许有人会讲以下一类话来反对我们：身体的各部分诚然在不停的变化之中，但是即在这个变化之中已有某种固定性。即就刮胡子言，当人一刀方将长出皮外的部分刮去，就在那时候胡根上又长出微细到人不能用触觉辨别的部分来。方生即刮，方刮即生，这是流动；但是如若这人的健康维持到某某程度，他永远有胡子，这是固定的。因此身体方面这一类的变化可名为部分的流动固定性

(fliessende Konstanz der Teile)。个体的统一即基于这身体部分的流动固定性上,但是这一流动的固定性只存在于时间的绵延里。每一变化垂直于时间的一单位;因此在时间的横切面上,这里所谓的固定性却不存有。

但是如若人又假定变化的速率在时间里是不相等的,于是以为身体各部分的变化速率并不完全一致,因此在时间的同一横切面上并非身体各部分皆消失其流动固定性。这就是讲,有些部分当此一瞬间仍是固定的,其时其它部分在变动着。然而从这假定所推论的结果,也不能保障赵大所以是一个人。因为赵大是有机的整体,这一性质(organisches ganzsein)不能出于部分的瞬息固定。因为部分即不是它所组成的整体,这个整体所有的有机整体性即非部分所有的。因此,虽然赵大的身体里有些部分在时间的某一横切面上是固定的,当时其它的部分在变化;但他如何能因此保持其统一性,是一个赵大?

第二、这统一性也不因为一个完整的身体。在低级动物里,有些我们认为是一个完整的动物的,如若我们将它切成两半,每一半仍可继续生活和原来的母体一样;每一半成为一个新的生物。因此身体的完整并不是统一性的基础。如若人讲,人和低级动物不同。那么,如若赵大不幸一旦被汽车辗断了腿,我们就不再承认他是一个赵大么?

如若这里你给一个更有学问的答案,说赵大所以是一个人,因为他有一个心灵。那么,让我们提醒你一句成语:"意马心猿"。心灵的变动比胡子生长还要快得多!这些变动不居的"心"、"意",又如何成为一个个体(Einheit)?如若靠记忆来联贯它们,那么赵大在婴儿时代记忆还未发达时,他是否已是一个统一的人?再者,有些不幸的人头部受了震动，记忆消失，这些人岂不仍是一个一个的人？这里你大约要讲出你的最高深的答案了："赵大是一个人，因为他是'我'"。——这是多么美丽的一张玄学王牌！但是所谓"我"究竟是甚么？如若人不承认，所谓"我"只是一个 paradoxisch gesagt"我的"系；他只有承认（就着赵大的例子言）"我"是赵大所有性质的主体了。因为它在甚么现象里对我们还表示出一些其它的特点来？最后所给的答案已超出一般人的思想范畴以外，我们且将它并入下一大段里"精神本质"项下察看。

我们再来看看所谓个别物吧！它比人要简单许多许多。性质团结问题在这里是否不成为问题？譬如这是一只木瓜，但它如何是一只木瓜呢？除去现象方面所给与的黄绿的颜色、甜味、硬度、椭圆的形状、某种大小的体积等等以及其它一些不为人所注意的性质以外，还有些甚么？它们如何团结为一个个体？这是一只木瓜，但是它的统一性的根据何在？自然不是因为它的一层表皮做它的外围；因为削去了皮，它未失为一只木瓜；也不是因为它的部分完整，因为切去了一块，它仍然是一只木瓜。

也许你又要讲出有学问的答案了：这乃因为它的物质。但是所谓物质系指"最近物质"（sog. materia ultima）还是指"基本物质"（sog. materia prima）。如指前者，问题只不过被推远了一步。"最近物质"仍旧是一个物体，只是属于较低层次罢了。顺着同一方向向下推，人可以推到现在化学上所讲的元素，但是化学元素各有其特性，每一种元素岂不也只是些特性的团结。因此同一问题：这些性质如何团结成为一个元素？如若所谓物质乃指"基本物质"，那么这物质除去是这些性质所有者或负担者（Träger）以外，在现象方面它可曾还表现出来过一些其它特点？因此它只是一个哲学家的概念，用以解答我们这里所讨论的问题的。

我们所举的两个例子恰巧皆是属于生物方面的。虽然我们认为当前的问题决不只限于这一个狭小的范围，例子原来是帮助讨论的；然而，不幸的，普遍性的讨论时常受例子的影响而狭小其范围，成为关于这些殊例的讨论。因此关于我们当前的问题，也许有人会就赵大和木瓜提出解答，说：性质的团结乃是由于生命，生命乃是赵大何以是一个人，木瓜何以是一只水果的统一原理。生命给物质一定形态，规定其发展；在前一例子里组织它成为一个赵大，在后一例子里成为一只木瓜。然而所谓生命究竟是甚么？如若你暂时忘却你的玄学字汇，专着眼于现象，那么所谓生命除去在运用中的一切生活机能（die Gesamtheit der in Aktivität befindlichen Vitalfunktionen）而外，还有些甚么？于是老问题在这里又出现了：这些一切如何团结成为一个个体，那即是通常被名为生命的？此外这里还牵涉了其它问题，为了避免讨论失去重心，且丢开不讲；我们只提出以下一点来：即这里又牵涉到物质。但是，如以上所讲的，"基本物质"只是哲学家的一个概念。

二

西洋哲学史上第一个人应用物质概念去解答性质团结问题的是亚里士多德，他也就是这个概念的构造者。譬如我们有以下三个判断：一、"人是白的"，二、"白的是人"，三、"白的是受过教育的"。亚里士多德解释这三个判断，认为它们的形式虽然有三个，但是存有方面的（ontisch）基础乃是相同的。人所以是白的，或者白的所以是人，乃因为人是基体（hypokeimenon 中世纪以来译为 substratum），白是偶性。基体的功用我们可以用中国话来讲，是个托子。偶性——依照亚里士多德的意思——不能自存；它所以能存于人内，乃因为这个基体——人——托着它。白的是受过教育的，乃因为这两个偶性：白的和受过教育的，有一个共同的基体——人，这个基体将两个不同的偶性托在一起。

所谓基体，亚里士多德分为两种，一种是偶性的托子，一种是本性的托子。偶性的托子是个体，本性的托子是物质；所谓个体乃是物质和"相"的结合，个体的"相"也就是它的本性，因此基体即是物质，或是未和"相"结合的物质或是已和它结合的；在前一情形里它是本性的托子，在后一情形里它是偶性的托子（偶性和本性之间亚里士多德还辨别出另一类性质来，名之为特性，此处不细论）。物质是本质（ousia 中世纪以来的译名是 substantia），因此人的本性，譬如有理性、"政治性"（politikos）等等，所以团结乃由于物质本质；偶性，譬如白的、受过教育的等等，所以互相团结乃由于个体的人做它们的托子。但在个体的人里，他的本性以及特性皆以物质本质为托子已经团结了；于是再以同一物质本质为托子又和偶性团结。这是对于我们当前问题历史上所给的最初的一个解答。本性（特性）、偶性的分别以及两种基体的分别，在这个解答里皆不占重要位置。因此如若人一方面对本性（特性）、偶性不加分别，统名之为性质；另一方面简单地称两种基体为物质或物质本质，亚里士多德的那个解答即变成以下的形式：性质是这样团结成为一个个体的：由于它们所有的一个共同本质来托着它们。本质在这里乃是复杂的统一原理。这样一个本质概念，在历史上支配了哲学思想二千年左右，直至十八世纪它才从一个新兴的思潮遭遇到严厉的批评;然而那个思潮的发动者却仍然受着亚里士多德本质概念的影响,在这概念下唤起那个批评。

亚里士多德虽然承认"心灵"(不确当的翻译,原文为 ψυχή)是本质,但是精神本质一概念乃是后起的。他的本质概念里的几个重要点,譬如自足、自存、主体性等,中世纪基督教的哲学家皆乐于接受,以充实他们的耶和华概念。神或者被认为是本质,或者被认为还高出于本质;所谓本质皆是亚里士多德的意义,因此本质概念渐渐趋重于精神方面,而后乃有所谓精神本质。笛卡尔自己认为和他以前的哲学绝缘,但他的本质概念仍然是传统的。依他的意见,严格讲起来,只有神是本质;创造物里所谓本质只是相对意义的;相对意义的本质有两种(cognitio et extensio)它们相当于精神本质——亦即是所谓"我"——和物质本质。洛克认为精神对于心灵方面性质的关系和物质本质对于物体方面的性质一样:在这一方面和在那一方面本质皆是个托子。根本思想仍未超出亚里士多德的范围。

亚里士多德的本质概念所给与性质团结问题影响之大,不但如上所述,而且即在上述的批评已经产生了以后,却又在同一岛国里发生了一种呼声:我们由感官所认知的性质必有一个主体,即是我们所唤为物质的;我们所自觉到的思想必有一个主体,即是我们所唤为心灵的。这乃是一位苏格兰的哲学家(Thomas Reid)所认为的"玄学基本原理",事实上无异于回转到亚里士多德去。从这位所谓"常识哲学家"我们可以看出,亚里士多德对我们当前问题的解答影响何以会如此之大。这个原因乃是它和通常的见解最接近,希腊文的语句构造是主辞宾辞,拉丁文也是如此。继承希腊罗马文化的欧洲四个国家,依着文艺复兴的先后,乃是意大利、法国、英国和德国；它们所用的语句的构造也皆是如此。宾辞乃是叙述主辞的。生长老死于这样语句方式里的人，思想方面自然很容易也采取主辞——宾辞的方式。因此一个性质必归之于一主体，一个性质团必也有一个主体支持着它。

但是语言是以实用为目的的，它的繁简乃以是否足以表明它的内容而定。因此语句构造并不同于它所指示的事物的构造，我们仅可用主辞——宾辞的方式讲话，事物本身的构造并不因此也就是这样。且让我们看一看第一大段里赵大的例子，这里是一个性质团：面白、无须、身高、体瘦……能语言、会计数、能设置目的……，如若我们要特别举出其中一个性质——譬如面白——和其余的性质同属于这一性质团的关系来，我们只有讲：赵大是面白的。如若我们不采取这个简便方法，不用"赵大"这个名字，却列举这一性质团里的面白一性质以外的一切其它的性质，在这样的情形下，不但我们谈话的人没有这些余暇和好的耐心静等我们将这句话讲完，就必定先跑开，而且我们也将累月穷年地不能讲完这一句话，因为这一性质团里的每一个性质谁可知道无遗？因此语句构造上缺少不了一个主辞，然而存有方面决不因此也有个本质——无论你名之为物质，或"我"，或用其它已有的或可能有的玄学名词表述——来和主辞"赵大"相应。事物自身的构造如何，我们还须研究；不能简简单单追随"常识"，认这本质为"基本原理"，和那位"常识哲学家"一样。

历史上第一个破坏亚里士多德的本质概念的乃是英国经验派。洛克一方面保持传统的本质概念，另一方面却又嘲笑它。可怜的印度哲学家认为世界必须为一件东西所支持，于是他找了一只象，做这工作，又以一只龟来支持这一只象，再在龟的下面是什么呢？他只有讲是一件他不知道是什么的东西。欧洲哲学家呢？也和他一样，用本质去支持性质，同样他们也不知道所谓本质是什么。这个为人所不知为何的本质，洛克并不勾销，却认它是一个个体观念里的主要成分：譬如滞白色、某某重量、硬度、可引伸性、可熔解性，加到本质观念上去，即构成铅的复合观念。本质观念虽是这类复合观念里的主要成分，但因为人不能知道所谓本质究竟是什么，因此洛克叫它混乱的观念、不清晰的观念等等。

既然无人知道本质是什么，因此洛克的后继贝克莱、休谟即将它整个取消。休谟认为本质观念只是许多简单观念，由想象（imagination）统合在一处；它们获得一个名字，由这名字我们可以回想这一观念集团。但是"本质"如何产生呢？他以为当我们在不同的情况下观察一件东西，它所有的性质不完全相同了，想象力乃臆造出一个我们所不知的东西——本质——来，作为一个统一原理，以赋与这些联结着的性质一个名称，使它可被认为一个个体。因此所谓"本质"完全是个"捏造"（fiction）。

休谟的批评，消极方面是很有力。本质原来是个概念，概念是人所创造的；因此不妨加它一个恶名词，说它是一个"捏造"。但是亚里士多德所以创造这个概念，并非故弄玄虚，乃是为了解决一定的问题。现在休谟将这"捏造"的本质概念勾销了，后果如何？人可以勾销概念，正如人可以创造它一样；但是基础于现象上的问题是勾销不掉的。那个老问题，性质团结的问题，原来在那"捏造"的本质概念之下已得到一个解答的，现在又重复出现了。赵大如何是一个人？这个性质团是休谟所承认的，至于这一团性质所以被认为是一个个体，他以为想象臆造了一个"本质"，以使这一性质团被认为是一个个体。但是想象是属于各个人的，一个主观经验方面的现象,如何担当得了这样重大的工作?它如何能是客观个体的统一原理?诚然,所谓想象对于休谟并不是完全武断的(Willkür),他承认想象也受普遍原理的约束;但是他认为想象比任何一切皆自由些,在想象里,观念没有一种结合是牢不可破的。这样虽然我们事实上认这一性质团是一个赵大,但是如果想象一旦不臆造一个"本质",我们也就会不认他是一个个体。认与不认在理论方面有同样的可能。这样,一切人、一切物皆无固定性,人与人的往还、人的饮食起居皆失其稳固的基础;在这种飘浮不定之中人如何生活?所以一个主观的、心理的原则不足以解决性质团结问题,反使这个问题更尖锐化了。由此可见,所谓"本质问题"——事实上乃指以本质概念图谋解决的性质团结的问题——至休谟不但未曾解决,而且变为更亲切更急迫了。

休谟的批评精神是可贵的,它惊醒了康德的迷梦,结果在哲学领域里产生了一个哥白尼式的革命。哥白尼在天文学里将宇宙的重心由地球移转到太阳,康德在哲学里将认识的重心由对象移转到主体。在认识关系里不是认识者以对象为依归,如自古以来哲学家所主张的,乃是认识对象依赖认识主体。"可能经验"的对象乃是范畴的产品,所谓范畴乃是思想方式。感性的给与只是些芜杂的素材;范畴的功用即在综合它成为"可能经验"的对象。本质在从亚里士多德以来所讲的哲学里乃是客观的,不依赖认识而存有的基体;经过了哥白尼式的革命变成范畴(思想方式)之一了。它乃是论理的机能,由此机能一个对象可被认为决定了的。这样,由感性所得的素材经过了本质范畴的综合成为个体(Einheit)。这是康德的范畴论给与我们当前问题的一个解答。这个解答虽然仍应用本质一概念,但是这个概念的内容与亚里士多德的同一概念的内容完全不同了。它不再是客观的统一原理,它乃是主观的(Subjektiv, nicht bezüglich auf psychologisches, sondern auf erkenntnistheoretisches Subjekt)统一原理。

休谟推翻了亚里士多德的本质概念,但是亚里士多德的本质概念所解答的问题他却推翻不了。但是他的"想象"却又不能解决这个问题。从哲学问题方面讲,这是休谟批评的恶果。康德的范畴论中关于本质范畴方面可视为休谟恶果的补救,因为康德的本质概念在某种意义里也给这问题一个解答。然而这个补救的成效究竟如何?

一、我们先从哥白尼式的革命讨论起。康德所以达到这个结果,简单地讲,乃是由于以下的推论:或者自然为理解立法,或者理解为自然立法。如若自然为理解立法,则先验综合判断不可能;但是先验综合判断是可能的,这乃是事实(例如数学、物理学)。因此理解为自然立法。这样的推论,"破坏以建设"(所谓 tollendo ponens),其形式乃是"非甲,乃乙";但是这个论证方式有个假设,即甲和乙乃是仅有的可能。然而先验综合判断,在另一情况下也是可能的。如若自然既不为理解立法,理解也不为自然立法,但理解和自然从另一源泉——从范畴界——共同受法,天文学家仍可同样无误的预测日蚀。在此情形下"非甲,乃乙"的论证其有效性颇生问题。(本节遵守 Nic. Hartmann 先生说。)

二、本质范畴乃十二范畴之一,此外还有十一范畴。"可能经验"的对象,不仅依靠范畴,而且也依赖直观的形式:时、空。芜杂的素材先经时、空的综合,再经范畴的综合始成为"可能经验"的对象。直观两形式、十二范畴乃认识主体的工作机能。这里我们的老问题:性质团结问题,在另一形式下又产生了。这次它不产生于和认识对立的方面,乃产生于认识的后面了,问题是:直观形式和范畴如何团结成为一个认识主体?这问题在此处不能用康德的本质概念去解答,因为范畴使用的范围限于"可能经验"的对象,而认识主体是永不能成为"可能经验"的对象的。这样,就着我们当前的问题讲,超验哲学所成就的实际上只不过是将我们的问题推远了一步。推向何处去?并不推向它处,乃推到它自己的基本原理身上去了!

三、严格讲起来,纯粹理性批判所要解决的是认识方面的问题;其中的本质概念所解释的乃是"可能经验"的对象如何是个体这一现象。然而我们当前的问题不是认识方面的,乃是存有方面的。即以赵大为例吧,我们不问我们如何认知赵大是一个人,乃问赵大如何是一个人。充当认识对象(Erkenntnisobjektsein)诚然是赵大的一方面,但是比较不重要的一方面;此外赵大还有其它方面,它们的重要性远过于赵大之为认识对象。譬如赵大对于国家以及对于他所附属的其它较小范围的团体有义务和权利的关系,他又能设置目的,并且依照此目的行动,他还有喜、怒、哀、乐等等情欲。凡此一切,无论义务或权利,无论目的设置或目的实行,无论喜、怒、哀、乐或其它情欲,皆以赵大这一个人为基础;至于我们是否认知赵大这一个人,在此并不占重要位置。国家宪法规定公民的义务和权利,立法者并不必知道公民中有一个赵大,甚而从未考虑到在未来公民之中会有一个赵大,因此赵大如何是一个人一问题,严格讲起来,从纯粹理性批判未得到解答,虽然它解释了"可能经验"的对象。

三

原来一般浑浑噩噩的人熟视无睹的现象,乃是西洋哲学史上二千余年所未圆满解决的问题!同一问题呈现在我们的眼前,和二千余年前呈现在亚里士多德的眼前一样,只须我们将目光从"地洞"的后壁上移转到洞外去。问题虽然无殊,然而解答必然今与昔异,因为前人的覆辙乃是迷途的标记。我们先结算一下历史上的旧帐,对于性质如何团结成为一个个体的问题,亚里士多德的解答是属于存有方面的;休谟的和康德的是属于认识方面的。这里我们为了透彻了解当前问题起见,我们首先必须抛弃了心理学的和唯心论的偏见。所谓性质不但不仅限于所称道的次性和基性,甚而也不限于认识范围以内。这一点在人方面很明显。义务和权利、目的设置和目的实行属于实践方面,喜、怒、哀、乐等等属于情欲方面;皆在认识范围以外。初生的婴孩一无所知,但是他对于国家的义务和权利宪法早已规定了;无论你知道或不知道你的邻人喜悦你或厌恶你,这丝毫不影响他对于你的喜悦和厌恶。因此这些性质——认识方面的和非认识方面的——如何团结成为一个个体的问题,自然不是可以从认识方面——无论经验的或者超经验的——去解决的。哥白尼式的革命在此无济于事,经验派的积极的建设不能弥补它的消极的破坏。这就是讲,若要解决当前的问题,唯一可通行的道路只有回到存有范围里去寻求,因为它是存有方面的问题,只有存有始能包括认识以及非认识的各方面。但是复古吗?是否再恢复亚里士多德的本质概念?决非如此。亚里士多德的解答所有的强点也正是它的弱点，它所以有很大的影响，以上已论过，乃是因为它合于语句构造的方式。接受这一解答的人同时已先假定存有的结构和语句的结构一样。但是存有的结构是否如此，正是我们当前的问题。再者，休谟已经指出亚里士多德式的本质概念，乃是一个"捏造"。在这一点还未被指明以前，它还可以给我们的问题一个解答，问题意识也可因此稍安于一时；然而这一个"捏造"既被指明以后，问题意识不能再偷安于此，必然另寻新路。这一条新路，如若我们以上的分析是正确的，必然存在于存有范围里；然而我们却又不能回转到亚里士多德去，那么我们向何方面去寻找它呢？关于这一问题，我们一向在霉烂的书堆中度生活的人，自然卑无高论；唯有静听问题专家们的玄理。他们的宏论仿佛半空霹雳一样，来震破哲学界里这样密云不雨闷杀人的气候吧！

（原载《大陆杂志》第三卷第五期）

《性质团结问题与本质概念》的
疑团及解答

《性质团结问题与本质概念》的疑团

刘述先

这学年我修习陈康先生开的"名著选读",教材是洛克的《人类理解论》。目前我们正接触到"本质"的问题,因此有机会读到陈先生的《性质团结问题与本质概念》。陈先生这篇文章载于《大陆杂志》第三卷第五期,出版日期是一九五一年九月十五日,距今已经一年半。但是哲学问题受时间的影响往往是较少的,试看西洋哲学史上几千年来多少哲学家穷年钻究的问题,至今还不失为饶有兴趣的研究对象。我本来不配谈这个问题,但是心里的疑团急待倾诉出来剖解一下,这是我写这篇短文的动机。希望陈先生详细地指导我们,并且更具体地指出解答这个问题的方向和道路。

在那篇文章里,陈先生从事实问题和法律问题的分野,引出一个极平凡而极重要的问题:明明是一团性质,如何会很普遍地被目为一个个体?从历史的检讨中,陈先生极有力地批评了休谟和康德,而后断定"如何团结成为一个个体"的问题不是可以从认识方向去解决的,唯一可通行的道路只有回到存有范围里去寻求,因为它是存有方面的问题。显然陈先生根本舍弃了认识论的道路,改从存有方面着手。我现在的工作,就是把这一条新路略加检讨,看看它究竟是不是一条坦途,抑或还有其他的难点隐伏着,急待哲学家们的解决。

陈先生把"个体之为个体"和"个体如何是一个个体"划成两个不相同的问题,这看法极其精当。对于前者我们可以假定它根本不发生疑问,一切毛病完全出自第二个问题。但是这样的划分是否已经够详尽了呢?似乎还未必尽然。因为陈先生只问"性质团结如何构成一个个体",很明显的,某些性质团结为某种个体已经被目为一个既成的事实,所成为疑问的不过是如何加以解释清楚就足够了。但是事实上"性质以什么形态团结"本身就发生了问题,因此我们要更进一步追究:"性质团结的模式是否果真没有发生问题?"

举例说:我们都晓得赵大是一个人,我们决不会怀疑赵大所具的许多性质如面白、无须、身高、体瘦等等的性质是属于赵大的。如陈先生所指出的,虽则我们还根本不了解这许多性质如何团结成赵大,但是无论如何,我们并没有怀疑赵大之为赵大,如许的性质"如是地"结合着。但是,尽管表面上似乎并不发生问题,稍为逼进一步问问看,却又成了个难解决的大问题。如果我们愿意设想有一个人天生着一副显微镜一样的眼睛,那末我们所谓性质如面白、无须等等性质对他还有什么意义么?他很可能根本就不承认赵大的存在,因为他所认识的个体是以细胞为单位的,他只晓得甲细胞、乙细胞的区分;你永远也不可能告诉他赵大是什么形状,因为他根本听不懂。至此,我们所认为当然的面白无须的性质团结,换一个角度看,竟完全没有意义。说得更清楚一点,如黄色蓝色等等颜色之于色盲,是完全没有意义的;试再设想一个和地球一般大的巨人,定然分不出蚂蚁和人之间还有所谓性质差别;我们都认识赵大,因为我们同是三度空间的动物,如果一个二度空间的动物遇到赵大,定然极力否定我们所谓赵大的存在。在他的看法,根本只有平面才能存在,此外一切都是虚妄不可能的。我们能够嘲笑二度空间的动物完全没有嗅到一点真理么?如果我们嘲笑他们的错误的宇宙观,难保没有一个生在七八度空间的动物在嘲笑我们的孤陋浅闻呢!事实上二度空间动物之于他们的真理,决不比我们所谓真理虚伪一点,它们具有相等的正确性。因此,赵大只是性质团结表现出来的一个模式,并且决不是唯一的模式,他可以同时被各个不同的角度目为人、细胞、巨兽等等的名称和结构,而不论是人,是巨兽,或是细胞,他们具有同样的真实性。我们不能也不应强迫其他的角度都像我们一样地把赵大看作一个人,一个面白无须等等性质的团结。总之:性质结合的模式是多样的、相对的。同理,个体的单位观念也是相对的。

　　基于此,我们的本质概念犯了一个绝大的谬误。因为我们生活在三度空间,所以我们的个体,也是个三度空间的托子。殊不知如果二度空间的动物,也能设想一个性质团结的个体托子的话,这托子必然也是二度空间的。我们能说谁是谁非吗?从存有方面看,实在的构造不必变,同一客观世界,有的动物看出十彩,有的动物只看见单纯的灰色,这是主观的问题还是客观的问题呢?至少在解决"性质如何团结为个体"时,主客观占有同等重要的地位。由此问题转入了一个新方向:存在和认识的连袂解决,才能达到这问题的解决;单从存在着手,终究只是单方面的努力,毕竟是徒劳。

　　我们往往喜欢由自己心灵的观察推衍到外界,竟至认定宇宙也是个大我,目前我无意讨论这问题的是非。不过,至少我们的能想象出神的形状,却是极荒诞不经的。所谓存在的组织形态并不如想象中那么客观。我们如果撇开一切主观的角度来谈存在,这存在不过是个模糊不清的概念!因此我们与其说"实体观",不如说作"实体感",只因为我们有一个要求实体的倾向而已!这仍然是由主观的我推衍出的结果。现象已经够复杂了,我们还要想象一个实体的托子。事实上,我们如果承认性质组织的模式是相对的,则实体——相对的个体的托子——也必然是想象中的"存在"。除了在玄想中增加几个"哲学家的概念"以外,并没有解决任何问题。

因此我以为问题是:

(一)个体是否实在?以何方式存在?

(二)这许多相对模式是否不冲突?为什么?在哲学上先解决了存在论和认识论之后,才不至于陷入怀疑主义的危险。至此才可以问:

(三)性质如何团结为个体?这问题的答案恐怕属于生理学、心理学的范围,关系到主客双方的构造。但是在解答这问题的时候,哲学的兴趣或者将并不十分浓厚了。

解　　答

陈　康

我看了刘君述先的《〈性质团结问题与本质概念〉的疑团》以后,颇为喜悦。喜悦的原因乃是他不在那里玄想,乃在那里讨论问题,这是一件难能可贵的事。如若哲学研究有前途,我们必然不再凭空地谈"理"、"论道",乃行远自迩地逐步讨论问题、解答问题。

关于这篇文章的内容,我简单表示以下的意见:刘君的眼界很宽,他从不同的观点讨论一事实。我原来的问题是:性质如何团结成为一个个体?所举的例子是日常生活里所接触的事物:面白、无须、身高、体瘦等等性质如何团结成为一个个体——一个人,赵大。刘君乃从其他可能的条件下去看这一个我们日常生活里所接触的赵大;其结果:所谓赵大在另一套条件下不再是面白、无须、身高、体瘦等等;甚而所谓赵大可以同时被(?从)各个不同的角度目为人、细胞、巨兽等等的名称和结构,这样产生出了他的问题:

(一)个体是否存在?以何方式存在?

(二)这许多相对模式是否不冲突?为什么?

我原来所提出的问题在此处仍存而未变,刘君也承认这点。只是在他看来,这两组问题先于原来的问题罢了。"赵大""面白、无须……"只不过是一个为了明显、易解所采取的例子而已;这问题普遍地讲起来乃是:a、b、c……等性质如何团结成为一个个体 X?现在刘君丢开了现实情状,在其他可能的条件下看现实里的赵大,赵大虽然不再是面白、无须……,但仍有他的性质,说:甲、乙、丙……;那么问题是:甲、乙、丙……如何团结成为一个个体——现在不再被称为赵大了,让我们叫它——Y?或者再在另一套可能条件下,子、丑、寅……等性质如何团结成为一个个体 Z?这些皆和原问题是同一个问题,然而这里的确产生了另一个问题;但是它和原问题也非迥然不同,相反的,乃是原问题的范围扩大。原来我们问:a、b、c……如何团结成为 X?现在问:a、b、c……一组性质,甲、乙、丙,……另一组性质,子、丑、寅……第三组性质,以及第四组、第五组……第 n 组性质如何团结成为一个个体 U？（所谓一"组"乃指在一整套的条件下所表示的性质。所谓第几、第几只表示叙述的先后，并无其他意义。）

这里刘君的第二组问题实不成问题。"这许多相对的模式"是 eo ipso 不冲突的，因为所谓冲突只有在同一套条件下始为可能。譬如你、我皆是视觉健全的人，如若我们在同一光度下一人看见赵大面白，一人见其面黄，这样我们所见赵大的面色方才冲突；现在这许多"模式"既是相对的，相对于不同套的条件的，它们之间自无冲突可言。

第一组问题中之一也不成问题。因为对于天生成的一双显微镜式眼睛的人虽然看赵大并不面白、无须……，甚至并不再被认为是赵大。但这个现在不再被认是赵大的却还表示出甲、乙、丙……性质来，而且也被认是一个 Y（刘君的巨兽等等）；Y 虽然不是赵大，但 Y 和赵大皆是一个扩大了的个体 U 的两个不同的方面，这个 U 的存有，刘君从讨论开始即已隐隐承认；否则他所谓的"巨兽"和我所谓的"赵大"根本乃是毫无联系的两个事物，因此他的讨论和我的问题势必也成为风马牛不相及了。

第一组问题中之二：这个个体"以何方式存在？"乃是一个问题。这问题亦即是：U 以何方式存在？U 乃是各组性质的总团结，因此 U 亦即存在于 X、Y、Z……各方面中，X、Y、Z……乃分别的是 a、b、c……，甲、乙、丙……，子、丑、寅……其它等组性质的团结。于是 U 以何方式存在一问题，乃是各组性质如何团结成为 U 的一问题。这个问题非它，乃是原来问题的范围扩大。

刘君认为他提出的两组问题先于原来的问题。但根据以上的讨论，这两组问题对于原来的问题：一、既不是先产生的，二、也不是必须先解决的。一、因为刘君问题的产生乃由于我所提出讨论的问题的。二、刘君所提出讨论的问题的四分之三皆 eo ipso 从他的讨论中产生出答案来。因此只须仔细分析,它们皆不会产生。至于余留的一问题,它乃是原问题的扩大。

论到问题的先后,从发生方面言,它有一定的次序。原始问题皆直接产生于当前的现象,由这问题再滋生出其它的问题来,后者往往会离开现象很远。我原来提出的问题即是直接产生于现象的,它的范围扩大了以后即不再直接地根据现象。从发生方面言,扩大了的问题不先于原问题产生;从解答方面言,原问题的解答也不以它的解答为先决条件。因为这问题扩大了以后,其中包括在一切可能条件下一个个体所表示的性质,它的解决已经超出我们的能力以外很远了;非如刘君所谓:单从存有方面着手,终是徒劳。因为谁能尽知在一切可能条件下的性质?因此原问题是一个 fruchtbares problem;但扩大了以后它不再是如此。

至于刘君所谓这一问题的解决,须从认识和存有两方面着手。所谓认识,恐怕他有些词不达意。我想他的意思不是认为 U 乃依赖认识主体而存有(这样一个认识主体乃是——用以前一度产生过的名词——一个"玄学鬼")。他的意思似乎只指此:譬如"面白"是和我们相对的,但在我们一方面和赵大表示出"白"一性质相对的不是感觉,乃是感觉结构(Empfindungsapparat),感觉结构却是万有之一(ein seiendes)。

(原载《大陆杂志》第六卷第十期)

哲学方法

从一方面言,一切学科(Wissenschaft),无论其为数理科学、自然科学、社会科学或是哲学,所用的方法皆是相同的;从另一方面言,它们所用的方法皆是不同的。所谓相同乃指符合论理学的规则;所谓不同乃指在这符合论理学的规则范围以内,各门学科自有其特殊的方法。方法的不同乃由于研究对象的各殊和问题性质的差异。这是普遍的情形。哲学方法和科学方法的异同也正如一种科学所用的方法和另一种科学所用的方法的异同一样。然而在哲学一方面却有一点和其它学科不同,即是在其它任何一种学科里方法是一致的;但是在哲学范围之内,方法上的一致至今尚未一见。因此讲论哲学方法只有两途:或者从历史上叙述各种不同的方法;或者哲学家自述其所用的方法。我们现在不讲哲学方法史,只叙述一种方法。

严格讲来,方法只存于运用中,它不是空口谈论的。高谈游泳法,却不入水,人皆知其不值一笑。哲学方法也是如此。它的意义我们只能从它的运用里去领会;它的价值我们也只能从它的运用中去衡量。我们这里所要叙述的一种哲学方法包括六个步骤:(一)叙述现象,(二)陈述问题,(三)讨论问题,(四)检讨假设,(五)尝试解答问题,(六)进一步的探讨。以下我们就着这方法的运用解说这六个步骤。

（一）叙述现象和（二）陈述问题　　任何一种理论皆是问题的解答，先有问题，然后才有理论。因此若无问题，本不应当有理论。但是事实上我们常常听到或读到成套的理论，然而人莫知其问题之所在。无病下药，谬误可知！在哲学上问题乃是始祖。

问题不是从天上掉下来的。这是说：在客观存有里根本无问题，那里只有ὅτι无有διότι，问题产生于客观存有和当前认识之间的某种关系。这种关系乃是当前的认识和客观存有的不配合。客观存有的内容是如此如此，当前的认识只及其一部分，未知其它部分。当一人以其当前的认识为基础发现其自身无知时，这里乃发生了问题。然而已知的部分和未知的部分其间有一定的关系，这关系丝毫不受认识或不认识的影响。因此在客观存有里无有问题。

问题虽不存于客观存有里，但它却以客观存有里已知部分为背景。因此我们必先看清客观存有里的这一部分，我们方可发现问题。这已知的部分对于我们乃是现象。（"现象"在这里我们（1）不仅指呈现于感觉之前的，同时也指呈现于高级认识机能之前的；（2）不作本体的表层甚至幻象解。它在这里仅指我们所认知的。）因此我们必先将现象叙述清楚，然后才能发现问题，才能将问题明白地陈述出来。我们且从运用中解释这两个步骤：叙述现象和陈述问题（以下节录《性质团结问题和本质概念》，《大陆杂志》第三卷第五期）。

我们日常生活中随时接触到的是个别的人和个别的事物。"所谓一个人，譬如赵大，现象方面所给与的只是许许多多性质，然而我们却认他是一个人。所谓性质呢，譬如能言语、会计数、能设置目的，以及那些寻人广告上所常见的：面白、无须、身高、体瘦一类的性质。但是,这些通常为人所注意到的,以及此外那些很少为人所注意到的性质,如何不只是许多个别的性质,却团结成为一个个体,成为一个人？这个统一性从何处而来？"这里由于现象的叙述提出了一个问题。这些现象乃是我们日常所经验到的性质,所提出的问题乃是这些性质如何团结成为一个个体。

（三）讨论问题　问题陈述了以后,次一个步骤是讨论问题。因为问题的含义经过讨论始得明显,所谓讨论应从正反两方面入手。实际运用的情形我们可从以下录自同一篇文章的另一段看出来：

"这统一性也不能由于固定的、完整的身体。第一,人的身体并不固定,我们不必懂得生理学上讲的新陈代谢,只要一个男人每天早晨刮胡子,他就可以知道他的身体在不停地变化之中。这里也许有人会讲以下一类话来反对我们：身体的各部分诚然在不停的变化之中,但是即在这个变化之中已有某种固定性。即就刮胡子言,当人一刀方将长出皮外的部分刮去,就在那时候胡根上又长出微细到人不能用触觉辨别的部分来。方生即刮,方刮即生,这是流动；但是如若这人的健康维持到某种程度,他永远有胡子,这是固定的。因此身体方面这一类的变化可名为部分的流动固定性。个体的统一即基于这身体部分的流动性上,但是这一流动的固定性只存在于时间的绵延里,每一变化垂直于时间的一单位；因此在时间的横切面上,这里所谓的固定性却不存有。……"

（四）检讨假设　这一步骤事实上乃是结算历史方面的旧账。所提出的问题如若不是完全新颖的,在我们讨论了它以后,不可即忙于给它一个解答。反之,我们必须先在历史里寻找前人——至少是第一流的哲学家——对于它的直接的解答或前人的学说里有关于本问题的解答的部分。这些寻找了出来以后,我们再进一步察看它们可否确能解答这一问题,它们自身有无困难。这一个步骤是不可缺少的。因为对于一问题如若前人已有圆满的解答,我们即接受它,无须别出心裁,另求解答。解答问题决非闹意气,因此这里只有是非,并无人我。而且真理只有一个。如若前人对这问题的解答已经圆满,我们对同一问题却另求其它的解答,结果乃将我们自己追入歧途。但是如若前人的解答有困难,我们须指明其困难之所在,因而可知此路不通。我们且再节录上述一文以具体解明方法中的这一步骤。

"西洋哲学史上第一个人应用物质概念去解答性质团结问题的是亚里士多德,他就是这个概念的创造者。……物质是本质,因此人的本性,譬如有理性、政治性等等,所以团结乃由于物质本质;偶性,譬如白的、受过教育的等等,所以互相团结乃由于个体的人做它们的托子。但在个体的人里,他的本性以及特性皆以物质本质为托子已经团结了;于是再以同一物质本质为托子又和偶性团结。这是对于我们当前问题历史上所给的最初的一个解答。"简言之,依照亚里士多德的意见,"性质是这样团结成为一个个体的:由于它们所有的一个共同本质来托着它们。本质在这里乃是复杂的统一原理。"

和亚里士多德的解答在历史上对立的乃是康德的解答。"康德在哲学里将认识的重心由对象移转到主体。在认识关系里不是认识者以对象为依归,如自古以来哲学家所主张的;乃是认识对象依赖认识主体。'可能经验'的对象乃是范畴的产品,所谓范畴乃是思想方式。感性的给与只是些芜杂的素材;范畴的功用即在综合它成为'可能经验'的对象。本质在从亚里士多德以来所讲的哲学里是客观的、不依赖认识而存有的基体,经过了哥白尼式的革命变成范畴(思想方式)之一了。……这样,由感性所得的素材经过了本质范畴的综合成为个体。这是康德的范畴论给与我们当前问题的一个解答。"

亚里士多德的物质和本质皆只是概念,并非事实。因此他的学说在这一方面一经经验派的攻击即不能撑持。"……因为人不能知道所谓本质究竟是什么,因此洛克叫它混乱的观念、不清晰的观念等等。既然无人知道所谓本质究竟是什么,因此……洛克的后继贝克莱、休谟即将它整个取消。休谟认为……本质完全是个捏造。"

至于康德的解答如何呢?"本质范畴乃十二范畴之一,此外还有十一范畴。'可能经验'的对象,不仅依靠范畴,而且也依赖直观的形式:时、空。芜杂的素材先经时、空的综合,再经范畴的综合,始成为'可能经验'的对象。直观两形式、十二范畴乃认识主体的工作机能。这里我们的老问题:性质团结问题,在另一形式下又产生了。这次它不产生于和认识对立的方面,乃产生于认识的后面了!问题是:直观形式和范畴如何团结成为一个认识主体?……"

(五)尝试解答问题　检讨假设的结果即使是消极的,如我们在以上所举的例子中所见,我们的检讨也非徒劳;因为这个消极的结果并不缺乏积极的价值。它的功用乃在缩小了对于当前问题可能解答的范围,它隐隐地指示着解答这问题的方向。欲了解这些语句的意义,我们仍须借助于具体的说明。

关于性质团结一问题,我们检讨了亚里士多德和康德的解答。这两个解答从一方面看,它们是对立的;从另一方面看,它们是相同的。所谓对立乃是如此:亚里士多德在性质的后面假设了一个本质做一个支持它们的托子,康德在性质的对面假设了一个统摄它们的认识主体。所谓相同乃是如此:亚里士多德和康德皆根本承认性质不能由于它们自己互相团结;它们的团结必须借助于另一主体。这个玄学概念——主体——或是一个托子潜伏于性质下面支持着它们,或是认识主体转立于性质的对方统摄它们成为一个个体。检讨这两种假设所得的否定结果,告诉我们以一个主体为统一原理以解答性质团结问题:这样一种方式根本不能胜任。因此这一问题的解答必须向其它方向寻求。所谓其它方向究竟何在？亚里士多德和康德所以不能解答这个问题乃由于"主体"的困难。"主体"是一个玄学概念;我们不但不能直接指证它,而且它自身引进了其它的困难。因此欲解答当前问题必不可再假设任何一个异于性质的主体。但是如若不假设一个主体,而欲解答这一个问题,唯一可能乃是假定:性质自身可以直接互相团结。然而这个假定是否可以直接指证出来？

我们在过去的十年中已有两次机会可以尝试作这样一个指证了,但皆故意避去。现在为了具体地解说方法如何应用,且举一隅,聊当样本。

无论性质,无论个体,无论任何一个存有(Seiendes),皆有"有"(Sein)一性质;此即是它何以是存有的。任何一个存有皆是同的。所谓同有两种方式,或是自同或是它同。自同乃是和自己相同,它同乃是和其它的相同,无论和自己相同或和其它的相同,皆预先肯定(voraussetzen)数。它同牵涉两个或两个以上的存有;自同乃以一个存有作为两个或两个以上的存有……

在自同里虽然只是一个存有,但作为两个:同者和所同。同者和所同既然是两个,它们即不只是一个。在绝对的一里无有异;一个存有所以能作为两个,乃以异为基础。因此无论同于己的或同于它的皆也是异于己的或异于它的。……

从这里我们约略看出,有、同、数、异迳由它们之间必然关系相互团结成为一个性质集团。这一个集团并不须要一个本质做这些性质的托子来支持它们,也不须要一个认识主体来统摄它们。因此至少从原则言,性质由于它们的相互蕴涵(gegenseitige Implikation)可以直接团结成为个体。

(六)进一步的探讨　所谓进一步的探讨,事实上即是新问题的发现。如若对于一个问题我们所给的解答,其中不含有任何不可解的部分或牵涉到尚待解释的部分,那么这个解答即是圆满的,然而事实往往与此相反。一个解答时常引进须要进一步探讨的成分来,这些成分即是新的问题。譬如在以上所提出解答性质团结问题的尝试里即含有须要进一步探讨的成分。我们现在且举出以下两点来:

(1)万有种类各殊——从它们的结构里,我们可以辨别它们的高下层次。所谓高下指结构的复杂和简单。譬如运动的皆是有形的和可数的;形和数却无一个是运动的。有机体皆可运动;运动的不必皆是有机体。……假设:我们以上所提出的那个对于性质团结问题的解答不错,个体确是由于普遍的性质,如有、同、数、异……的相互蕴涵团结而成。但是个体出现于一切高下不同的层次里。结构较复杂的层次以结构较简单的层次为基础,而且此外另增了新的成分。因此属于层次高下不同的两个个体不能是相同的普遍性质的集团。因为属于较高层次的个体不但具有属于较低层次的个体所有的一切性质,而且此外它还另有新的性质。这个新的成分从何而来? 如若这新的成分和旧有的成分也有相互蕴涵关系,在那情形下,如何会有不同的层次?

(2)实际世界中含有不同的层次——属于同一个层次中的不同个体相互之间仍有差异,譬如"赵大"和"赵二"。这里的差异又从何而生?

这是两个新问题,由于以蕴涵关系解答性质团结问题而产生的新问题。前者可名为新成分的问题(Problem des Novums),后者乃是历史上闻名的个体化的问题(Problem der IndiVidualisierung)。方法的前两个步骤在这里事实上又重复应用了。哲学研究是向前进行的。问题唤起解答,解答引出问题,因此方法的六个步骤循环不已地应用。

(原载《科学教育与科学方法》)

哲学——学习的问题

暑假期中某君问我怎样学哲学。这问题虽然由他一人提出,但是我想它事实上是许多诚恳的学哲学的人心中隐藏着而口中不愿明言的问题。因此我应允他以后写篇文章讨论"哲学——由学习到研究"。现在我借《学人》的篇幅单独讨论哲学的学习,至于关于哲学的研究,在拙著《哲学方法》一文(载在《科学教育与科学方法》页二一至二八)里,鄙见已多多少少透露些出来了,此处从略。(附注:本篇中所谓哲学仅指直承泰勒斯的学说的一种学科或活动。)

讲论哲学的学习,在有些人的心目中也许是一件卑微而可笑的事。卑微,诚然是卑微,因为它并不是创造一个玄学系统,而只是做一些初步的工作;可笑,却决不可笑,因为如若一方面教哲学,一方面并不教人怎样学哲学,那才是可笑。再者,现在搞哲学的兴趣在台湾和在香港皆很高,在这种气氛下,具体地陈述一种学习哲学的方法,自也不是违反时代的需要。

我们首先讨论一个错误的见解:一般人普通以为哲学问题是"宇宙的、人生的问题"。我们既是人,又生活在宇宙里;宇宙的问题、人生的问题随处皆是。因此人只须搞哲学,问题是尽人皆有的。解答哲学问题须用思考,这就更方便了。因为思想是理性的事;人即是理性动物。逻辑的思考本在人的能力范围之内,只待我们去运用。因此本着个人的天才——搞哲学的人常常是这样自负的——运用我们天赋的能力以解答那些俯拾即是的哲学问题。这是多么自然，多么方便的事！然而不幸，这只是一个错误的假设——许多搞哲学的人缄默的假设。

严格意义的哲学问题决非尽人皆能提出的。哲学的问题有两大类：一是原始的问题，一是孽生的问题。原始的问题直接由感觉经验引起，因为感觉所与是我们的认识的最初对象（请你不要忙着加我们一个"经验主义者"的绰号。我们所讲的是事实，它还远在"主义"的这方面之上）。孽生的问题乃是在原始的问题已经产生了以后，逐渐引起的。后一类的问题已有它的历史背景，毫无哲学经验的人无从得知。前一类的问题仿佛尽人皆能提出了，其实不然。许多原始的问题在历史上已经产生了，其中已解答的解答了；未解答的，因为经过讨论和研究，其内容的精粗、范围的广狭，往往和它初次产生时不同。即使有人就着它的最初面貌再提出来，那已非现阶段的问题了。倘若有人摸索到一个完全新的、从来未产生过的问题，然而问题的精确陈述即已需要相当的训练。所谓训练已是长期的学习了，因此严格意义的哲学问题决非尽人皆能提出。

不但哲学问题是如此，而且人的思想也非天生的无形式方面的错误（至于实质方面的错误则更易犯）。所谓形式方面的错误指违反逻辑上的原则。人诚然 eo ipso 具有思想的能力，然而这种能力的运用常是违反逻辑原则多于符合逻辑原则。逻辑原则（我们决非认为逻辑只是"思维之学"，但是管辖思想，不失为其附带的作用）对于思想是规范性的，正如文法规则对于写作一样。英文教师们可以告诉我们学生造句违反文法规则是件极其寻常的事（而且那些犯这类错误的人已经学过了,或正在学习那些规则)。规范性的原则并非不可违背的,乃是不应违背的。逻辑原则也只是如此;人的思想决不无条件地符合它们。总之,无论关于问题,无论关于思想,不学而能,如若非天才的专利,便是懒人的自欺。但是所谓"天才",它只生活在词典里。

哲学决不是拿一枝笔、一卷纸,春蚕吐丝式地写文章、著书立说;它需要学习,和数学或其它严格科学同样的,勤勤恳恳脚踏实地的学习。数学怎样学习呢?演算。演算是一种训练。学习数学的人从这种演算里学习数学。从来未有过数学家是从天上掉下来的;难道哲学家是得天独厚吗?决不,学哲学的人也需要训练,也只有从训练里学习哲学。然而哲学怎样训练呢?哲学是以思想去解答某种问题。所谓训练是否即是采取一个所谓"宇宙的"或"人生的"问题凭着一人天赋的能力去思想呢?这样做,相当于以前用"文从胡说起"的方法训练做文章。如若我们以上所言无误,哲学训练不是如此。但是如何训练?解答这一问题,我们须先问我们学哲学究竟要学些甚么?答:不只是要学得已成的学说,那是比较不重要的;主要的是:学习如何自己单独作哲学思考。这个意见毫不新奇,反之,它是极其平凡——平凡得和吕纯阳神话里的农夫的意见一样。那农夫指着当前一块由石点成的黄金,对吕纯阳说:"我不要这块金子,请你将你的点金手指给我"。哲学思考中的主要成份是现象、问题、讨论、解答。现象是问题的泉源,问题的讨论和解答是论证。因此,问题是哲学的中心,论证是哲学的精髓。我们所要学者在此。学哲学的人必需训练自己怎样分析现象,怎样陈述问题,怎样讨论问题和怎样解答问题。

这样的训练唯有就着哲学中的标准著作去做。哲学著作的内容虽然彼此差异很大，然而它们中间的大部分（除去譬如神秘派的著作），皆包含以上所讲几点，即使其中轻重取舍有所不同。我们先取一种标准著作仔细地读，纯客观地读。所谓仔细地读，指一字一字地读，一句一句地读……逐步分析其中的思想，以求了解著者思想的运行。所谓纯客观地读，指不搀杂己见于其中。最容易渗入的乃是自己对书中思想的评论，思想未经训练的人读书往往人我不分。（他们的言论和文章使人不知其为叙述哲学史还是讨论哲学问题。）这一点我们必须避免。当我们训练我们自己时，最重要的是认知作者如何思想，思想些什么；至于评论其思想之是非，那乃是次一步的事，此时必须抛开，以免混乱自己的思路。当我们这样一步一步地做时，我们的思想也就一步一步地随着著者的思想移动。这样我们训练我们自己如何分析现象，如何陈述问题，如何讨论问题，如何解答问题。一种著作读完以后，另读一种。我们的目的既是训练，最好取另一人的著作读。因为一如上所说，对于前列四点，各种著作有时轻重取舍不同；而且二、所谓论证仅是总名，其中有种种类别；三、假如方法的使用，在一种著作中或其中之某一处，偶有不当，可以借此互相校正。为了避免局限于一隅，最好取一种性质很不同的著作，如前细读。这样，穷年累月地做去以训练我们的思想。

然而天才决不会耐心这样做的，他将说："如此一步一趋简直是小孩子学走路；其迂拙可知！"诚然，当一人开始学哲学时，他在哲学方面的智慧年龄也不稍长于孩提之童；他必须学习如何作哲学思想，然后始可自作哲学思想。而且这种学习必须是有所遵循（注意：指方法、非指内容）的学习，和孩子初学走路必须仿效成人的步法一样；否则我们可以立待其摔倒。倘若孩子摔倒了，成人不将他扶起,反而从旁鼓励他在地上爬行,这孩子将终身不会学得直立行走,甚至以为爬行即是正当的走趋。

人对于我们劝导的这种训练可能作以下的批评:"陈先生的办法极其陈腐,他的倒车一直开到以前三家村的私塾里去了。在那里学究课徒岂不也还是教他们一字一字地读,一句一句地读,无批评地读?所不同的只是陈先生忘记要人背诵罢了。"但是不然,彼此之间有以下的区别:那里所读的是《论孟学庸》,所学的不是如何分析现象、陈述问题等等,乃是书中的内容,所谓"微言大义"。我们这里所讲的乃是读一些哲学(这名词在本篇中应用的范围见上)著作,"微言大义"本不存乎其中;反之,西方的格言:"错误是人类的事",却在那里普遍地有效。我们读这些著作,最关心的不是其中的内容,而是训练我们的思想,以期将来我们能自作哲学研究。上面岂不已经说过,我们需要点金的手指,尤过于我们需要点成的黄金?再者,《论孟学庸》必须背诵,因为圣贤之言的征引在中国人的思想中即足以解答问题。但是另一方面,方法重在运用,而不在默记。静坐在海滩上将一本游泳法自首至尾背诵得一字无讹,然而足拇指始终未尝入水的人,一朝不幸坠在溪涧里,仍不免于灭顶。

倘若一人严格地训练他的思想,他的辛勤决不会是徒劳;反之,会有以下的结果产生,即是对于书中一些未曾分析过的现象,他也渐渐地会分析;书中未曾有过的问题,他也渐渐地会适当地处理。这话听起来仿佛过份,其实它却是平淡无奇。书法是中国的一种特有的艺术,请即以此为例。学写字必须临帖。临熟一部帖的人不但写了帖中所有的字,比较他未临以前高明;而且即使帖中所无的字,他现在写出来也不像他未临帖以前所写的那样糟。凡是稍稍留意临帖这件事的人皆会赞同我们这话。哲学思想的训练,在这一点上也正和书法的训练相同。精神方面的活动往往有某一种融会贯通;我们虽然不理解它究竟何以会如此,但是会承认它确是一件不容否认的事实。

总之,学习哲学无有捷径,只有这一条迂缓的道路——穷年累月的训练。

(原载一九五六年十一月十三日,《中央日报·学人》版)

学 与 思

一 学与思之不可偏废

做学问或说研究某某学科(这里仅指理论的学科,尤以文科、法科中所包括的学科为最)有两条路径,即学与思。此处所谓学指认识他人所成就的,思指解决还未解决的问题。这虽是两条不同的路径,然而它们是相互补充的;如若我们希望在研究方面稍有成就,它们是不可偏废的。有些做研究工作的人确实获得丰富的知识,知道许多专家的学说,或收集了许多的材料,从他们的工作里我们佩服他们的勤劳;然而同时感觉到他们未能从他们的所学里收获到应当收获的效果,反而觉得他们为他们的材料支配、压迫得仿佛不能吐出一口气来。这些人大概都是些拘谨勤学的人;另一方面有些人是富于才气的,他们欲单单地依赖他们个人的才智来解决一切问题,他人所成就的他们不愿一顾。他们的工作未必不能动人听闻,甚至还可邀一时之誉;然而事实上他们疏忽遗漏之处甚多。这样的工作也不是理想的成就。前一种人所缺少的是思,后一种人所缺少的是学。如若他们能学、思并用,他们的成就就要伟大得多,从这里我们可以见出学与思的不可偏废。

这里也许有人讲,这只不过是前人已讲了的"学而不思则罔,思而不学则殆"。我们所要讲的是否和这两句名言内容方面完全相同,且丢开不论;因为我们最重视的不在肯定学与思的不可偏废,乃在讨论如何学,如何思,以及它们间的关系。

二　如何学

学即指认识他人已成就的。他人在理论方面的成就或寄托在他们的著作里,或在他们的言词里。所谓他们包括前人和当代的人。如若是后一层,我们可以直接向他们请教,比较从他们的著作里去学习是事半功倍。因此,如何学的问题乃分为以下两个问题:即如何读前人的书和如何了解他们的学说思想。

如何读前人的书,在以前是不成问题的,但在现在却成为问题了。我们的父亲、祖父皆知道怎样读书,而且也曾经那样读书;我们现在差不多已不再这样做了,原因很多,此处从略。我们当前要做的乃是仿效我们的父亲、祖父读书样式去读书。他们慢慢地读,细细地读,不但一段一段,一节一节地读,而且一句一句,甚至一字一字地读。最重要的不是读得多,读得快,乃是读得精,读得细。如若一学期读二、三十本书只领略其皮毛,何如透彻地仅读两本三本或一本两本,甚至二十页三十页？在学问方面,皮毛只能欺门外汉,事实上它是丝毫无用。

读书必须一字一字地读,一句一句地读。这话讲起来容易,听起来肤浅,然而做起来却烦难。如若人研究中国学问,就不能不读中国的古书;如若研究西洋的学问,而且是属于文科、法科方面的,也不能不读西洋的古书。我们必须知道,我们所读的每一字是正确的;既然要一句一句地读,我们必须知道,我们所读的每一句的句读是正确的。这就是讲,这里牵涉到校刊、考证等等方面。不但研究中国学说的人必要有这几方面的学识和技术,而且研究西洋文科、法科方面的人,这些学识和技术也是不可缺少的。因为如若我们不能确实知道,这字这句甚至这书确是出于某人某人的手笔,却还要一字一句地去读这本书,这岂非一件极其可笑的事?我们诚然不能希望在大学读书的四年之中在校刊、考证方面即有好的成绩,然而这种态度不能不养成,这种工作不能不学习,以为将来的准备。这种态度的养成,这种工作的学习,也只有在一字一字、一句一句读书的时候,因此它们是属于如何读书一问题范围之内的。

以上讨论如何读书。读书的人可以分别为两类,其一是为读书而读书的,另一是为了解前人的学说思想读书的。读书自身对于前一种人即是目的,此外更无其它的目的。他们以读书为一种享受,为一种精神方面的娱乐,为一种生活。对于这种人,我们也许羡慕他们的高洁,然而他们的安闲宁静又和我们求知唯恐不得的狂热很难相投,我们所讲的也不为他们所听从;然而这种人在大学读书人中很少很少,在大学里读书的大都是后一种人,是为了了解前人的学说思想而读书的人,也只有这种人正是我们所关怀的。

读书既已不易,但了解比读书还难。并非我们能将某人的书精细解释,我们即了解这人的学说思想。因为这样的"懂"不一定是符合事实的了解,很可以只是一种误解。误解可有以下三种不同的形式:(一)时代错乱。这通常指以后一时代的学说思想解释前一时代的学说思想。因为后一时代去现在较近,我们关于这一时代的学说思想比较容易知道清楚;于是以我们知道清楚的解释我们知道不清楚的，这是一件很自然的事。（二）地域错乱。这一点尤其是我们生在这个时期的人所易犯的。这就是以中国学说思想去解释西洋的某某学说思想，或者以后者解释前者。（三）人己错乱。这是最危险的一点。我们既读了某人的书，说：某人的学说思想是如此如此，然而这个结论的内容事实上直接地只是我们自己的意识内容，我们自己的思想；它乃是我们对那人学说思想的解释，这个解释可以符合事实，也可以不符合。然而它究竟符合还是不符合？

考查这一点，我们有以下的方法，即：（甲）我们所认为某人的学说思想是否和这人的文化背景契合；（乙）是否和这人的其它学说思想契合。这只是两个消极的、普泛的方法，它们实际上所能给我们的帮助也不甚多；所幸此外还有一种积极的、比较最可靠的方法，即（丙）我们所认为的某人的学说思想是否根据这人的某书，这书中的某段甚至某句、某字。这不但是避免人己错乱的有效方法，而且也是避免时代错乱和地域错乱的唯一有效方法。

从这里我们可见，何以我们读前人的书必须一字一字地读，一句一句地读，因为我们只有从正确地了解每一字以了解每一句，由正确地了解每一句以了解每一段，由正确地了解每一段以了解全书，以了解这人的学说思想。这诚然是一条迂远的路途，然而除此路途以外我们更无其它的捷径可以达到我们的目的。我们不学则已，如学，只有这样学。这是最旧的方法，是中国历来所用，然而现在几乎被遗忘了的方法。这里也许有人要批评我们，说：十余年的凉水面包生活所造成的仍然只是一副三家村里冬烘头脑。我们的回答是：价值的评判不以新旧，只以是非；何况这个方法也正是西洋人读他们的古书——希腊的和罗马的著作——所用的方法。

三　学对于思的效用

假设我们既精细地读书,又正确了解前人的学说思想,这样,学这一方面已做到了。然而学对于思究竟有何效用? 所谓思,在这里即指解决现在尚未解决的问题。然而学只是认知前人的成就,已成就的和未解决的乃是不同的两回事,为何欲达到后一层必须经过前一层? 为何思不可以离学?

学对于思有三种效用。第一,我们既认知了前人所成就的,我们即看清了前人学说思想里的优点;第二,我们即也看清了那里面的劣点;第三,我们即看清了前人的成就止于何处。既看清了优点,我们即可采取它们;既看清了劣点,我们即可避免它们。这样不但节省了我们许多精力,而且也免除了我们再入歧途的危险。仅此两层,学对于思的效用即已很大,然而最重要的乃是第三层。学问,无论哪一科,皆是无止境的。一人穷一生的精力,至多只能将一种学科促进一段;整个的学问乃是人类的共同事业。学问的前进仿佛运动会中接力赛跑一样,所不同的乃是后者有一终点,前者无一终点;后者虽有一终点,然而这终点已非一人的精力所能达到,必须集合群力方可达到,在无一终点的学问前进里更是如此。一人所能为的只是在这几十年的光阴里,认准了已定的方向,目不旁顾地向前猛进;前进几许,即成就几许,生活的内容也即因此丰富几许,一人的价值也即增高几许。这个前进的出发点必先认清;若不从前人已走过去的路出发,那么这一段的挣扎只是徒费精力,正如在接力赛跑里后一人的出发点乃是前一人停止的终点,在学问方面也是如此。我们必须认清前人成就达于某点,我们即从这点出发。但我们只能由于学认清这个出发点,因此,思不能离学。

四 如何思

所谓认清了我们的出发点,即是分别了前人已成就的和他们未成就的,在理论方面未成就的即是未解决的问题;思即是解决这些未解决的问题,即是继承着前人所成就的努力前进。

一切的问题皆有一共同的起源,这即是实际事物;然而一问题既产生了以后,由此复产生其它的问题。这些后起的问题不再是直接的,但只是间接地出于实际事物。因此现在有些问题,比如纯粹数学上的、理论物理学上的或论理学上的问题,它们从表面上看起来似乎已与实际事物无关了。另一方面在我们生活的环境里我们还可以随处发现新问题,这些问题是直接出于实际事物的。因此一切问题间接地皆产生于具体事物,直接地或产生于具体的,或产生于非具体的。所谓非具体的,可说是抽象的。

情形之所以如此,非由于偶然。问题的发现有这不同的两个路径,因为我们的世界有这不同的两方面,即普遍的和特殊的两方面。后者即是实际世界,前者或说是抽象的(但这是一个不确当的名词);前者自成一个联系,后者自成一个联系,这两个联系不必尽同。比如在普遍的一联系中,"动"和"时间"、"历程"、"联系"……关联;在特殊的一联系中,个别的动和实际世界里许多成份关联。比如这辆汽车的动和这些车轮的构造、这些汽油的燃力、这个司机的这样驾驶……关联。由于我们的高级的认识机能,我们认识前一种联系；由于低级的认识机能，我们认识后一种。

世界虽有两方面，然而它终究是一个整个的世界，这就是说：这两个不同的联系之间必有会合点。我们虽有高低不同的两种认识机能，然而我们每人终是一个整个的人，这就是说：这两个不同的机能之间必可构通。这里牵涉到哲学上几个严重的问题，我们现在只有将它们丢开不讲。但为了讨论如何思这一问题起见，我们且借用以下的比喻来解释。这里有甲、乙两条不平行的直线，假设甲代表普遍的一联系，乙代表特殊的一联系，甲、乙交叉于一点。这交点同时属于甲线和乙线，同时是甲线的一成份和乙线的一成份；同时和甲线的其它成份有密切的关系，也和乙线的其它成份有密切的关系；我们既可由甲线的其它成份里的任何一个成份出发，达到这一点；也可由乙线的其它成份里的任何一个成份出发，达到它。现在再回到我们以上所讲的：这辆汽车的动同时属于两个不同的联系，它相当于甲线和乙线的交点。它一方面和这些车辆的构造、这些汽油的燃力、这个司机的这样驾驶……有密切的关系；另一方面，因为它是一个"动"，它和"时间"、"历程"、"联属"……有密切的关系；我们既可由前一类事物发现这动的问题，也可由后一类。

以上我们虽然讨论问题的性质和问题产生的路径，尚未讲如何解决问题。然而事实上我们由此已隐约地知道如何解决问题了。所谓问题的解决即是寻出我们所不理解的条件来。因为每一事物属于两个不同的联系，所以如若我们在任何一个联系里寻出它的条件来，即是对这个问题的一个解答。

然而这样的解答只是片面的，而且它们时常不可靠。单从普遍的联系出发解决问题，常常发生错误的结果。这点不待举例，因为一部学说思想史给我们许多实例。学问的进步，在质的方面，大多是这些错误的纠正。反之,单从特殊的一联系出发解决问题,也同样地常常产生错误的结果。比如以下一件事实:某处产生最好的柚子,但本地方上人多不吃它。他们说:吃柚子会生疟疾。这里的问题是:疟疾如何产生?人单从实际环境里去寻找疟疾产生的条件,结果发现疟疾流行的时候适当柚子成熟、人吃柚子的时候,于是以吃柚子为产生疟疾的条件。我们都知道这个解答是错误的。因此解决问题的理想方法不是单从一方面——普遍的一方面或特殊的一方面——入手,乃是先从一方面入手获得结果,再从另一方面入手来审核这个结果。如若二者相符,结果才可靠。

这样,对于如何思的问题,我们解答如下:即或用我们的高级认识机能(或思想)寻求所未理解的条件,再用低级的认识机能(或感觉)去审核这结果;或用低级的认识机能寻求所未理解的条件,再用高级的认识机能去审核这结果。无论以由感官所得的经验审核思想,或以思想审核由感官所得的经验,同是不离开实际事物。因此,如若我们思,我们应当切合实际地思。

这里所讲的方法,对于研究理科的人很易解,因为实验科学的方法即是以实验审核思想。我们在这里已经增加了和它相反的一方面,即以思想审核经验。再者,实验科学只应用它的方法,并未从理论方面建立这方法。我们在本篇里却在可能范围之内指出我们所讲的方法在万有论上和认识论上的根据来。因为一种方法若不建筑在万有论和认识论上面,即使应用起来可收实效,然而在理论方面终是基础不稳固;换言之,它随时可以倾覆。

1942 年 12 月中旬于陪都
(原载《学生之友》第六卷,第一、第二期)

判断分析

在一次集会里听见金岳霖先生讲判断（judgment）。金先生的分析有些地方很精细，但是有一点，也许是很重要的一点，至少是他很注重的一点，似乎还须讨论。因此引起我们的好奇心，重新分析判断。我们的目的只是将金先生所已分析的重新分析一次，却不是分析他的分析，不是对他的分析加以批评。但因为分析的对象是同一事物，分析的结果自不能无有异同，这同点与异点也得就便指出来。

我们的分析发现判断有下列十一个性质，但这十一个性质并不皆是判断所独有的。因为判断是一种作为，甚且是一种遭遇，所以构成判断的不仅是判断所独有的性质，此外还有作为的性质以及遭遇的性质。分析判断即是将这些性质条分缕析出来。从"洒殷"（Sein）方面讲，若这些性质不凑合在一齐，即没有判断；从分析方面讲，若我们忽略了这些性质中的某一个，我们即不能认识判断。

判断由这些性质构成；在结构方面它们有一定的先后，这是"洒殷"方面的次序。依据一定的方法所产生的适当的分析，必也有一定的次序。若我们由普遍的出发，其次序则和"洒殷"方面的次序相同；若由特殊的出发，则和这次序相反。若一种分析其结果无一定的次序，只是偶然的集合，仿佛野外的风将一些沙土树叶吹卷到一齐一样，这至少表示这里缺乏一个严密的方法，甚至于表示分析的不完备。

一　判断是在时间里产生的

譬如"地球绕日转"是一个判断。它或者是纪元前三世纪 Aristarchos von Samos 所下的，或是纪元前二世纪 Seleukos von Seleukeia 所下的，或是现代初年的自然科学家所下的，或是现在张三李四所下的。这判断无论是谁下的，但它总是在时间里产生。因为时间性是一切特殊的之特征，时间是负载一切特殊的，或更严格点说，它是卷带着一切特殊的之流动，因此特殊的事物，譬如人，只有在时间里存在；而由这特殊的事物所产生的遭遇，譬如判断："地球绕日转"只有在时间里产生。因为特殊的总离不开时间（神是不可知的问题，只好丢开勿论）。若特殊的离开时间，特殊的即非特殊的，"甲"如何能是"非甲"呢？关于判断的时间性，虽然不能人人皆知其"洒殷"方面的根据，但都承认其是如此的。因为这是一个显明事实。

二　判断是一次的

由这显明的事实，我们可以看出判断的两个不明显的特点来。第一，每一判断是一次的，这就是说，每一个判断不能两次产生。譬如我们连续着讲："地球绕日转"，我们两次判断的——地球绕日转——诚然是相同；但这两个判断是两个相互独立的判断。当我们第二次将"绕日转"联系到"地球"上去时，第一次的联系已随着前一霎那时间消沉在过去里了。当前方产生的联系和那已消沉于过去里的联系，显然是不相同的两回事，是不相同的两个判断。所谓判断即是将 P 联系到 S 上去，第二次的判断，实际上乃是第二个判断。因此每一个判断不能两次产生，它只是一次的。

三 判断是一成不可改变的

再者，每一个判断是一成不可改变的。这一点金先生也提出了，但他未讲其所以然。我们若要了解判断何以是如此，我们必须就时间方面看。上面已讲了，判断只有在时间里产生；但严格讲起来，它只有在"现在"产生，因为"未来"还未实现，判断如何能在尚未实现的时间里产生呢？"过去"是由"现在"退缩了的时间，凡在"过去"里的皆是已产生的（γεγωνός），刚产生的（γιγνόμενον）如何能在"过去"里产生呢？现在刚产生的判断，立即随着现在消失在过去里。这消失于过去里的判断不受任何改变，因为所谓改变乃是新的在旧的位置上产生。新的只可在"现在"产生，但已消失于"过去"里的判断永不再回到"现在"来，因为时间流动永远是由过去到现在，由现在到未来，这个方向永不变更。

时间性以及不重复性和一成不变性，不但不仅是判断的性质，也不仅是作为的性质，乃是一切遭遇的共同性质。自然的遭遇在这几点上和判断相同。不但"地球绕日转"一判断是如此，即地球绕日转一事件也是如此。此外其他的自然遭遇，譬如下雨、燃烧、咳嗽、消化等等都和判断以及其他作为一样,是在时间里产生的,一次的、一成不变的。

四 判断是一个负责任者的作为

判断是一个遭遇,它和自然遭遇同样地有以上三个性质;但它不仅是一个遭遇,它也是一个作为。作为和自然遭遇的分别乃在有无负责任者。作为共有三种,判断以外还有行为和创造,譬如美术品的创造。判断者和其他作为者一样,他对他自己的作为负相当责任。一个自然遭遇,如地球绕日的旋转诚然也有个动者,这动者即是地球,但它对于它自己的绕日旋转不负什么责任。这个遭遇既无真、不真可言,也无善、不善的分别。入南斗的荧惑,只在中国书里负天子下堂走的责任,在事实方面却不负这责任。至于下"地球绕日转"一判断的人却和绕日旋转的地球不同,负有相当的责任。若在客观世界里地球确实绕日转,那样这判断符合事实;若在客观世界里地球并不绕日转,那样这判断不符合事实。符合事实的判断在理论方面有它的价值,不符合事实的有负价值(Unwert)。一个判断有价值或有负价值,这个责任由判断者担负。

责任一层不但存在于判断里,也同样存在于其他作为里,譬如行为里。毁家纾难的人和发国难财的人各负有相当的责任,前者的行为是善的,后者是不善的;他们对这善与不善的行为负责任。判断和行为等一样,是一个负责任者的作为。在自然遭遇里即缺少一个负责者。这是判断和其他作为相同,和自然遭遇相异的一点。

五 判断有相反的可能性

这是判断和其他作为相同,和自然遭遇相异的另一点。自然遭遇只有单一的可能性,没有相反的可能性。若一人走不惯昆明的石头路,脚偶一滑,以致由身体的重心垂直于地心的直线不经过两脚间的面积,却经过这面积以外的区域时,这人必摔倒,没有例外。若这些条件一百次齐备,他决不会只摔倒九十九次的。这个事实表示自然律有绝对的束缚力,自然遭遇不能对它有丝毫的乖背。但在判断里情形迥然不同。诚然人对 2 + 2 的答案都是 4,但这并不能保障思想律和自然律有同样的束缚力。因为如若一个数学问题不和 2 + 2 同样简单,而是很复杂的,那时,我们即可看出判断有相反的可能。关于这一点,每一个数学教员皆可从他的学生中举出实例来,证明我们这话。在行为方面也是如此。在每一个环境下,道德律只要求我们某某行为,禁止我们相反的行为;但人既可应这要求,却也可做那道德律所禁止的事;二者之间的选择,道德律不能决定,否则不但没有伪组织产生,而且社会上每一个人皆成为圣人君子。在美术品的创造方面,情形也是如此。中国画人物的旧规律:人面等于全身七分之一长。但人不但可以将人面画得等于全身六分之一长,而且可以等于三分之二长或者更长些。这些日常琐碎事例告诉我们,论理学的规律、伦理学的规律以及美术的规律皆相近于文法而和自然律迥然不同。换句话讲,它们只是规范,并无绝对的束缚力。凡是符合这规律的判断为某种判断,譬如 X,不符合的为 non-X。但后者不失其为判断,只不过不是 X

判断罢了。

这一点,判断的相反可能性,和前一点,判断是负责任者的作为,显然有密切的关系。若一件事的产生没有相反的可能性,在那件事里即没有责任问题。但那有责任问题的事件,其产生必有相反的可能,因为有相反的可能性方有选择;有选择方有责任。

六 判断只寄托于心理活动

这是判断和其他作为相同和自然遭遇相异的另一点。判断和行为及美术品的创造一样,只有人类里方有。因为一切作为皆是精神的活动;精神的活动在实际的万物里只有人有。有精神活动的固然只是人,但人却不只有精神的活动。除了精神的活动以外,他还有心理活动、生理活动和机械活动。所谓高级活动却反依赖低级活动的承载。在无低级活动的事物里,高级活动不能产生。其原因乃是:世界上只有无生理活动的物体,而无无机械活动的植物;只有无心理活动的植物,而无无生理活动的动物;只有无精神活动的人以外的其他动物,而无无心理活动的人。所以精神活动只寄托在心理活动内产生。判断是一种精神活动,所以人下判断时,必自觉地或不自觉地附有心理活动。

判断既寄托于心理活动内,那么当我们下判断时,我们同时处于双重规律下面,同时处于论理的规律和心理律下面。心理律是一种自然律,有绝对束缚能力;论理的规律没有绝对的束缚力,只是一种规范。所以心理律,譬如联想律,能影响判断,能使我们下判断时因服从这心理律而违背论理的规律。判断所以有相反的可能性即由于此。

关于判断只寄托于心理活动内一层,金先生也类似地提出,但他既未讲其所以然,更未指出这点和前一点(判断的相反可能性)中间的关系。关于后一层,也许金先生对于我们的分析还不能满意。

七　判断有动作、有内容

譬如我们下判断:"地球绕日转"。若我们不下这判断,即根本没有这"地球绕日转"的判断;但我们既下判断,我们必判断某某事物,不能无所判断而判断。由此可见内容与动作密切相关,不能分离存在。若无动作,内容则无由产生;若无内容,动作即无所依寄。所谓判断只是将一概念 P 联系到另一概念 S 上去,这联系即是动作,联系着的两个概念 S-P 即是内容。在不同的判断里,譬如"地球绕日转"、"荧惑入南斗",不同的概念充当 P 和 S;但这联系的动作除了在时间上可能的差别以外,是相同的,同是将 P 加到 S 上去。两个判断里相同的联系和联系成的相异的内容自然是两件而非一件事物,因此每一判断皆有动作与内容。金先生未将这点讲出,因而产生出其他困难来。(详结论)

动作和内容的分别不仅存于判断以及一切以判断为单位的理论作为(如推理)里,而且也存于他种作为里。但在行为里情形更复杂。甲乙二人同样周济一穷人一元国币,但这两个行为不一定有同样的性质;也许其中一人的行为是善的,另一人是不善的。这善与否的分别须就各人周济的动机而定。但这一点并不影响动作和内容的分别,它只表示在行为里除了这分别以外还有另一个分别,动机和动作及内容的分别罢了。

八 判断动作是对的或是不对的

凡一动作必是这样或那样产生的。这产生样式我们未寻得确当的中国字来表明,且叫它为 Beschaffenheit。没有 Beschaffenheit 的动作是 eo ipso 不可能的。前面已经讲过,每一判断皆有相反的可能;但论理的规律只有一种,相反的判断自然不能同样地符合这同一的规律。于是判断"甲"符合这规律,判断"非甲"违反这规律。这就是说:在前一判断里,P 和 S 的联系符合论理的规律,在后一判断里违背这规律。前一个联系是一个对的判断动作,后一个是个不对的。"对"和"不对"是判断动作的 Beschaffenheit。这里要留意的就是:此处毫不牵涉到判断内容。无论判断内容如何,判断动作可以是对的,或是不对的。

判断的这个性质,若和其他的作为比观,我们可以看得更清楚点。譬如在美术品的创造里,画家可以按照 1∶7 的比例画人面,但也可以违背这比例。符合规律的动作是对的,违背规律的是不对的。这"对"或"不对"固然可以影响所创造的,使其有"美"和"不美"的分别,但"美"和"不美"的分别不即是"对"和"不对"的分别。

九　判断的内容是真的或是不真的

我们将 P 联系到 S 上去，这联系可以符合或违背论理的规律。无论这联系符合或违背论理的规律，所联系成的 S-P 皆有一定的内容，譬如"地球绕日转"。所以联系成这个内容的是两个概念，每一个概念都是主观的（虽然不是判断者一人所独有的）；这由两个主观的所构成的，自然是主观的，而且只存在于下这个判断的人心里。当这人将"绕日转"联系到"地球"上去时，他并不将绕日的旋转联系到地球上去（那是一件任何人不能做的事），地球绕日转与否不因人下"地球绕日转"一判断而有所变更。但下这判断，人乃是以这个概念的联系来表示客观事物的联系。概念的联系所表示的，可以和客观事物间的联系相同，譬如"地球绕日转"和地球绕日转，也可以不相同，譬如我们讲"昆明湖内有海狗"。和客观事物间的联系相同的概念联系，与和客观事物间的联系不相同的概念联系具有相反的性质，前者的性质是"真"，后者的是"不真"。所以判断的内容或是真的或是不真的。

"对"和"不对"是判断动作的 Beschaffenheit。"真"和"不真"是判断内容的性质。二者分别显然，不容混乱。相当于这个分别的分别也存在于他种作为里，譬如在美术品的创造里，在动作方面有"对"和"不对"的分别；在内容方面有"美"和"不美"的分别。若在理论方面没有我们所讲的那个分别："对、不对"和"真、不真"的分别，那样，不仅是斯宾诺莎式的《笛卡尔哲学系统陈述》和他自己的《伦理学》皆是真的，甚至于"漆黑一团论"以及任何首尾一致的冥想皆将成为真理了。但事实上推理的正确(对)不能保障一种理论有 objektive Gültjgkeit，否则"范畴的超越论证"即无的放矢了。若在美术品的创造方面没有我们所讲的那个分别，"对、不对"和"美、不美"的分别，这样凡是背熟了"仄仄平平仄……"的人皆是李白、杜甫了。但事实告诉我们，实际情形决不如此简单。

十　判断的内容或是认为真的或是认为不真的

事物的复杂决非上述的分别所能辨析无遗。"对"与"不对"和"真"与"不真"的分别，只是判断动作内容间的分别；但后者内部还有其他的分别。真的判断(一判断，其内容是真的)是符合客观事物的判断，不真的是不符合的。但这符合与不符合也许是我们不能辨别的，也许只是不易辨别的；因此人对于同一判断内容可加以相反的评语，而事实上却常常加以相反的评语(Prädikat)。譬如"地球绕日转"，中世纪的人认为是不真的，现代的人认为是真的。这个由中世纪至现代的变更，乃是人对于同一判断内容加以相反的评语。评语的变更不影响判断内容，正如判断内容的变更不影响判断的对象(客观事物，如地球绕日转)，因为判断内容即是评语的对象。判断内容有一定的性质，这性质不随人对这判断内容所下的评语而定。人可以对"地球绕日转"加以"真"或"不真"的评语，但"地球绕日转"若是真的，即永是真的，若是不真的，即永是不真的(直至一旦地球和太阳间的关系发生变动，那时这判断方附带地(κατὰ συμβεβηκός)由"真"变为"不真"或由"不真"变为"真")。判断内容所有的性质是不变更的，对这内容所下的评语是变更的;变更的和不变更的是两件事物而非一件事物。所以判断内容除了有"真"或"不真"的性质而外还有"真"或"不真"的评语。

性质和评语的分别,在他种作为里也有。关于这一点,美术品的创造方面情形更复杂,且丢开不讲。在行为方面其分别正和在判断里相同。在同一环境下产生的"甲"行为和"非甲"行为必有相反的性质,这相反的性质相当于判断内容所有的相反性质。后者是"真"与"不真",前者是"善"与"不善"。正如在"真"与"不真"的分别以外,判断内容还有"认为真"和"认为不真"的分别,在"善"与"不善"的分别以外,行为还有"认为善"和"认为不善"的分别。成语所谓"桀犬吠尧",即是表示对于普遍认为善的人,他人还可以加以不善的评语,"犬吠"即是评语。评语必有对象,这对象即是行为的内容。"尧"的行为内容有一定的性质,它不因"犬"一"吠"而生变动。这可变动的评语和那不变动的性质自是两回事,所以在行为里也有性质和评语的分别。

评语还可以再分为自己的评语和他人的评语。中世纪人以 Seleukos 所谓的"地球绕日转"为不真,是他人对一判断内容所下的评语。"犬吠"是他人对"尧"的行为所表示的评语。但判断者下一判断,对于这判断内容自己还有一评语。这评语未曾明白表述出来,但隐含在判断的"真"的要求(Wahrheitsanspruch)里。关于判断的"真"的要求,金先生也提了,但忽略了那隐含于其中的,由判断者对于他自己的判断所加的评语。

在以上四点(七至十)里,判断和其他作为(行为与创造,譬如美术品的创造)既是相同复是相异;明白点讲,是大处相同,小处相异。相同的是:(1)判断与行为以及美术品的创造皆有动作、有内容;(2)动作有 Beschaffenheit,内容有性质、有评语。相异的是:行为的性质和评语以及美术品的创造的性质和评语,只相当于判断内容的性质和评语而不与之相等。所谓相当,这里只是关系的相符,但关系者(relata)并不相同。因为判断内容的性质是"真、不真",评语乃是认为真和认为不真;行为的性质是"善、不善",评语是认为善和认为不善;美术品的创造的性质是"美、不美",评语是认为美和认为不美。

十一 判断只叙述客观事物,不创造或改变客观事物

在以上的分析里,我们已经由判断所有的最广泛的性质(一—三)一步一步地(四—八)渐渐进到它的特殊的性质(九、十)了。判断和自然遭遇的界限已经被我们分清,但判断和行为以及美术品的创造间的界限虽分而未清。这里所要讲的一个性质是判断所专有的,是它和其他作为分别的一点。

这点即是判断只叙述客观事物,不创造或改变客观事物。我们前面已讲过,当我们下"地球绕日转"一判断的时候,我们只将概念P("绕日转")联系到概念S("地球")上去,并不将绕日的旋转联系到地球上去。我们对一客观事物无论下甚么判断,我们所下的判断对这件事物自身丝毫无改变,更不创造一件新的事物。因为判断的职务只在以概念的联系来叙述客观事物间的联系,并不在于在客观世界里创造一个新的联系或一个新的事物。在这点上,判断和其他的作为迥然不同。诗人做诗,雕刻家塑像,音乐师谱曲等等以至女子的画眉、涂唇那一类的作为,皆在客观世界里创造一个新的事物。若无一件新的事物产生,那么美术品的创造即

根本不成其为创造。在行为方面也正相同。无论毁家纾难或发国难财皆对客观事物加以改变。"令尹子文毁家纾难"、"某人某人发国难财"、"左太冲作咏史诗"、"米开朗琪罗塑圣母像"等等判断只将创造或改变客观事物的作为用言词或文字来叙述,对于已成的事物并不重新创造或加以改变。

据八、九、十三点,每一判断有 Beschaffenheit(对或不对)、有性质(真或不真)、有评语("真"或"不真"即认为真或认为不真)。于是它同时和三件事物有关系:(1)和论理的规律,(2)和判断的对象(客观事物),(3)和判断者自身或他人。因此每一个判断或者是:

(相对于论理规律)	(相对于判断对象)	(相对于判断者自身或他人)	
1. 对的,	真的,	认为真的;	或者是
2. 对的,	不真的,	认为不真的;	或者是
3. 对的,	真的,	认为不真的;	或者是
4. 对的,	不真的,	认为真的;	或者是
5. 不对的,	真的,	认为真的;	或者是
6. 不对的,	不真的,	认为不真的;	或者是
7. 不对的,	真的,	认为不真的;	或者是
8. 不对的,	不真的,	认为真的。	

若我们以上的分析可靠,那样金先生的意见:判断没有真、不真,只有对、不对的分别;所谓对、不对只相对于一时代,就难免有问题。这个意见,照我们看起来是这样产生的:判断动作和判断内容的分别首先被忽视,以致判断动作的 Beschaffenheit 和判断内容

的性质混淆；结果是以"对、不对"代替"真、不真"。其次，判断内容的性质和对这内容的评语复被混淆，于是已代替"真、不真"的"对、不对"复和"认为真、认为不真"混淆；结果产生这历史相对论：每一个判断既不是真的，也不是不真的，只对于一个时代是对的或是不对的。但就我们的分析看起来，情形并不如此简单。每一个判断不仅有两个，乃有上列八个可能性。至于历史的相对性乃是判断的一个极不重要的性质，只不过是一个他人评语的承受性。这一点并不妨害其客观的"真"或"不真"的（objektiv Wahr oder Unwahr）性质。但若金先生的历史相对论是认为真的、对的、真的（如例1），那样我们的分析或是认为真的、对的、不真的（如例4），或是认为真的、不对的、不真的（如例8）。但我们的错误在何处？唯有质之金先生以及海内宏达。

一九四一年二月二十四日夜半于昆明西郊。

（原载《国立中央大学文史哲季刊》第一期）

嫉 妒 分 析

从字形上看起来,嫉妒最先是在妇女中发现的,但实际上它决不只限于这个范围以内,却传布在一切有价值意识的社会里。所谓价值,种类繁多:由汽车司机的体力以至学者在学说方面的造诣,皆是价值,但只是不同的价值罢了。因此凡不是真正离群索居的人,总不免会遭人嫉妒。嫉妒既然是一个传播如此广遍的恶德,那么这是一个极值得研究的问题:嫉妒究竟由些甚么组成？这问题不牵涉嫉妒动的方面,只研究它静的方面:我们不问嫉妒如何产生,只问它由些什么成分组成。对这问题的解答,即是将嫉妒的一切必要条件分析出来。这些条件的总称即是它的"充足理由"。正如在结构方面,这些条件不能缺一；这样当我们分析它时,虽至明至简的一点,只要它是这些条件之一,我们也不应当忽略它。

但嫉妒分析不是一件容易的事,因为它太复杂了,然而我们却不可因此畏避这工作。国内虽然有人提倡分析,但实际上所见到的,非方法不够严密,即是以空洞的概念为分析的对象。其实分析只是哲学方法之一,并非研究哲学即是分析；但我们不分析则已,若我们做这工作,我们必严密地去做。至于对象方面呢,若分析只用于空洞的概念上去,很容易流为一种思想游戏；因为这种分析的出发点即与事物无密切的关系,分析的历程又只取决于矛盾律。结果我们虽然可以这样得一首尾一致的玄学系统,但这系统尽可是一思想的事物,与实际上的事物丝毫无关。正当的分析不是这样,它不是空洞概念的分析,乃是现象的分析,事物的分析。它的出发点即是事物,它的历程中每一步骤皆直接受事物的控制。这样的分析方可以给我们关于事物的新知识,嫉妒分析即属于后一类。但国内分析的兴趣还未达到这一方面,因此虽我们不以分析为主要业务的人,也不能不起来分析这一个在社会传布很广的恶德。

我们分析的结果发现嫉妒由下列九点组成:

一　嫉妒乃一人对另一人在实践方面的作为

以前念《左传》时,曾遇着以下一个故事:叔向的母亲嫉妒叔虎的母亲美,不让叔向的父亲和这人接近,叔向看不过去,就劝他的母亲。母亲回答他说:"深山大泽实生龙蛇,余惧其生龙蛇以祸汝。"这是一个记载妒妇的简单故事。嫉妒虽然决不只限于妇女之间,但妇女之间的嫉妒似乎还简单点,因此这个故事很可以做我们分析的出发点。

从这个故事我们首先可以看出:嫉妒是一个实践方面的作为。这样的作为有些什么性质,我们在分析判断时已附带地讲了。因此我们已知道,在实际世界里嫉妒属于哪一部分,以及它和其他实践方面的作为有哪些共同的性质。但实践方面的作为有些是创造或改变所谓外界事物的(以前所举的例子是毁家纾难),有些是创造或改变作为者的心理状态的,譬如钦佩、尊重、嫉妒等等。

属于后一方面的实践作为,有些只牵涉一人——作为者自己——的,譬如懊悔;有些是牵涉一人或二人的,譬如尊重,一人不但尊重他人,还尊重自己;再有些必牵涉两个人的,嫉妒即属于此类。人可以钦佩他人,可以谴责他人,可以谴责自己;但人只嫉妒他人,却决不嫉妒自己。因为嫉妒是一种损害,是一种恶意的损害。善意的损害,严格讲起来,不是损害,乃是一种救济,极端的例子,譬如自杀。因此善意的损害可以施于他人,也可以施于自己;至于恶意的损害,只是对付他人的。所以嫉妒必牵涉二人:它是一人对另一人在实践方面的一种作为,譬如在以上的故事里叔向的母亲嫉妒叔虎的母亲。

所谓二人不只限于两个生物学上的人,他们也可以是法律上的两个人格,譬如甲营业团体嫉妒乙营业团体,以下所谓二人准此。

二　此种作为只限于同时代的二人之间

叔向的母亲和叔虎的母亲是同时代、同地域的,但同地域不是嫉妒的一个必要条件。中国和美国在地域方面虽然隔离很远,但很可以有些中国人嫉妒煤油大王或美国其他的富翁;但另一方面罗素辈并不嫉妒中国的哲学家。所以地域的隔离与否,皆不是嫉妒的必要条件。

但同时代却是嫉妒的一个必备的条件。不但叔向的母亲不嫉妒她以前或以后的美女子,而且现在的舞女们也没有一个嫉妒赵飞燕的。她们若嫉妒,只嫉妒她们自己的女同事;虽然她们知道这些人的腰并没有赵飞燕的腰那样纤细,舞又不及她的美妙。这还只是妇女间的嫉妒,但在其他方面亦然;前人讲文人相轻,其实不但相轻,还互相嫉妒。甲诗人嫉妒同时代的乙诗人,虽然明知乙的诗远不及陶、谢或李、杜,但甲却不嫉妒那诗更好的陶、谢、李、杜,反嫉妒那诗较劣的乙。由此可见同时代是嫉妒的一个必备条件。

何以嫉妒和这一个条件有必然的关系,这一点我们以后(九)方可了解。因为组成嫉妒的各条件相互间有密切的关系,必至一切条件皆分析清楚以后,他们相互间的关系始可明瞭。

三　此同时代的二人之间必有利害接触点

同时代虽然是嫉妒的一个必备的条件,但它对于嫉妒只不过是"有之不必然,无之必不然"。因为同时代的人并不是每两人之间必有嫉妒。譬如在两个不同职业的人中间,甲即不会以职业为立场嫉妒乙,一个汽车的司机不会嫉妒一个银行中的职员,也没有银行中的职员嫉妒司机的;但银行中的职员可以嫉妒银行中的职员,司机嫉妒司机。这不是因为他们薄于同行的,厚于非同行的,也不是因为他们在一方面道德高尚,在另一方面道德卑下,乃因为一种职业中的特长无用于另一职业中,在这个特长上他们的利害不相接触。因为没有利害的接触点,所以无嫉妒;凡有嫉妒,必有利害的接触点。叔向的母亲嫉妒叔虎的母亲美,这美便是她们的利害接触点,因为叔虎的母亲美,叔向的母亲才嫉妒她。

四　这利害接触点在嫉妒者心中认为是一价值

叔虎的母亲美固然是她遭嫉妒的原因，但并非凡是二人中间的利害接触点皆是嫉妒的原因。实例不必他求，即这个同一故事供给我们材料：叔向的母亲和叔虎的母亲不仅在这人美的一点上利害接触，同时也在叔向的母亲不美上接触。与甲的优点并行的正是乙的劣点，甲乙的利害并不单在甲的优点上接触，却同时也在乙的劣点上接触。但叔向的母亲嫉妒叔虎的母亲美，叔虎的母亲并不嫉妒叔向的母亲不美。美与不美同是二人的利害接触点。其中之一是一价值（美），另一是一负价值（不美）；只有那个是价值的才是嫉妒的原因，那个是负价值的并不是。身体的美是物质方面的价值，但价值却不只是物质方面的。因此刚才所得的结论并不只限于一隅，却适合于一切的价值，譬如在精神方面的价值也是如此。哲学上一个极其微末的成就也可以遭人嫉妒，但漆黑一团论式的玄想是不会遭人嫉妒的。

然而并非一切价值皆是嫉妒的原因，因为价值的种类繁多，各人对于每一类的价值不能同样的认识。结果乃是有些价值人认为价值，有些价值人不认为价值。只有认为价值的方是嫉妒的原因，不认为价值的不能成为嫉妒的原因。叔向的母亲嫉妒叔虎的母亲，不仅是因为这人是美，而且因为叔向的母亲认她为美。

（嫉妒的原因是嫉妒者所认为的一价值，虽然这所认为价值的，事实上往往同时确是一价值，但也有时这所认为价值的，事实上却不是价值。但这种区别在这里毫不重要，重要的只是：嫉妒的原因总是那嫉妒者所认为是一价值的。)

五　这价值乃嫉妒者所无且自知非其所能有

以上所得的结果乃是：嫉妒的原因乃是嫉妒者心中所认为的一价值。但有原因不必即有结果，常常嫉妒的原因虽在，但没有嫉妒，不但没有这恶意的损害，却往往反有和它相反的，善意的作为，譬如一个小学教师奖励一个做了一篇通顺文章的儿童。做一篇通顺文章自然是一价值，而且又被认为是一价值。嫉妒的原因在这里已有了，但并没有嫉妒，只有奖励。什么是嫉妒所必有，而奖励所无的条件，那是卑下的自觉。无论教师怎样奖励这儿童，他总自觉：他不但能获得和这儿童所已获得的价值相等的价值，而且还可获得比它更大的价值。但在嫉妒里正缺少这样一个自觉；那里只有一个和它相反的自觉，卑下的自觉。嫉妒者自知，他所认为的价值是遭嫉妒者所有，他自己所无，而且非其能力所可获得的。叔向的母亲嫉妒叔虎的母亲，因为她承认这人是美，自知自己不及她美；否则即不因此嫉妒她了。同样，填了一句"空梁落燕泥"词的人遭嫉妒，正因为嫉妒者自知不能做出同样好或更好点的句子来。前人劝人向上努力，说："希贤宜励德"。这句话预先肯定的乃是：贤人固然有大的价值，但你的能力足以获得这价值，只要你向这方向努力。这正是破除这卑下的自觉，以救人于堕落的。

六　嫉妒者对有这价值的人不折服

嫉妒所以异于奖励的，其最大原因之一固然是卑下的自觉；但有了卑下的自觉，还不一定有嫉妒。记得六朝时发生过这样一件事，可惜人名记不清了，那时有个文人某某欲为他早年夭折的兄弟做一篇诔（或类似的文章），但他的弟妇却先做成了一篇祭文，其中有"雹碎春红，霜凋夏绿"两句，这人见了极其佩服，自谓才力不能有加，因而辍笔不做那篇预定的文章。以上所举嫉妒的五个条件（（1）一人对另一人的实践方面的作为，(2)同时代，(3)利害接触点，(4)认价值为价值，(5)卑下的自觉）在这里全备；但所有的仍然不是嫉妒，乃是钦佩。钦佩和嫉妒的分别究竟在哪里？就这个故事和篇首所引的那个故事比看，钦佩虽然也是一人对另一人在实践方面的作为，但钦佩者不仅承认那人的特长是一价值，自知这价值非自己所有或所能有，而且对有这价值的人折服。嫉妒则不然，嫉妒者虽然心中也承认他人的特长是一价值，也自知这价值非己所有或所能有，但对有这价值的人并不折服。对人不折服是嫉妒的一个必备条件。

七　嫉妒者诬所认为价值的为非价值

这一点我们可以由篇首所引的那个故事里极清楚地看出。叔向的母亲心中承认叔虎的母亲美，美是一种价值，但她对有这价值的人却不折服。她将这价值解释为非价值，将美人比为祸源。正如深山大泽里产生龙蛇，美人产生凶暴的人，凶暴的人作恶种祸，累及弟兄。这样，美被解释为破家灭族的泉源，美女是男子应当远避的。

这只是这件事实的分析，从这里已约略看出，嫉妒是怎样的复杂。这里包含两个矛盾，一方面承认一人所有的特长是一价值，他方面对有这价值的人却不折服：这是一个矛盾。一方面承认这特长是一价值，他方面却诬这同一特长为非价值：这是另一个矛盾。这第二个矛盾产生于第一个矛盾的不能维持均衡。第一个矛盾的两端：认价值为价值和对人不折服，不能在同一人里同时并存；这个均衡必然破坏。因为凡是人皆尊重他自己所认为价值的，因此也附带地尊重那有这价值的人。这均衡的破坏只有两个可能：一即甲端占优势，一即乙端占优势。若甲端占优势，若认价值为价值的一端占优势，势必对有这价值的人折服；因而可有钦佩。若乙端占优势，若对人不折服的一端占优势，势必诬此价值为非价值；因而可有嫉妒。

这里所讲的两个矛盾，以及第一个矛盾的不能维持均衡，其中一端必占优势，等等，在事实不必皆是嫉妒者所自觉的。

但这第二个矛盾何以独能维持均衡？其故可在讨论以下两点内看出。

八 嫉妒者诬自认为价值的为非价值乃是恶意的损害

诬自己所认为价值的为非价值，固然是嫉妒的一个重要条件，但它决非嫉妒所独有,在实践方面另一个复杂的作为里,这也是很重要的一点。那个作为是自慰。我们大约总在几种不同的文字里读过几次伊索寓言,那里有一段讲狐狸偷葡萄,它见葡萄长得很好,要想吃它,但跳跃几次皆不能得到那葡萄,于是它说:这葡萄尚未结熟味酸不能吃。这是一个关于动物的寓言,其目的在譬喻人事,凡是解嘲这一类的作为皆是讲"葡萄味酸"这一类的话。我们且就着这狐狸的寓言看。

这狐狸诬它自己所认为结得很好的葡萄为味酸不能吃,这正和叔向的母亲诬她自己所认为美的叔虎母亲为祸源一样:同是诬自己所认为价值的为非价值。但这里有这样一个重要的分别:狐狸诬结得很好的葡萄为味酸不能吃,这个负价值虽然加在葡萄身上,但它的目的并不在损害那葡萄。它从未计及,它这话对于其他吃葡萄的动物可有什么影响;它们因此不吃那葡萄或仍然要吃那葡萄,对于这狐狸完全无分别。狐狸讲这话的目的不是恶意损害那葡萄,乃是善意地安慰它自己。但叔向母亲说叔虎母亲的美为祸源,情形就完全不同。她的目的不是善意地安慰自己,乃是恶意地损害叔虎的母亲,欲使她成为被离弃的妇人。在其他种类的嫉妒里情形也完全一样:嫉妒者诬他自己所认为价值的为非价值,乃是恶意地损害那具有这价值的人。

九　这恶意损害的目的乃在预止遭嫉妒者由此价值以获得嫉妒者所欲得的其他价值

嫉妒者为何恶意地损害遭嫉妒者?对这问题的回答,表面上看起来似乎只是:因为遭嫉妒者有一为嫉妒者所认为价值的特长。这就是以上所说的嫉妒的原因。但事实方面情形还更复杂点。嫉妒固然有它的原因,但此外还有它的目的。叔向的母亲嫉妒叔虎的母亲因为这人美;但目的并不在破坏她的美。人若有一特长,这特长又被认为价值,这是已成了的事实;已成了的事实是不能改变的。嫉妒者虽可用言词颠倒是非惑人听闻,但对于那遭嫉妒者的特长不能破坏。所以,如若嫉妒的目的在破坏那已成的,那样,嫉妒者必每次失败。但事实不能令人如此乐观,嫉妒的目的不在破坏那已成的,乃在预止那未来的。叔向的母亲嫉妒叔虎的母亲,目的不在破坏这人的美,乃在预止这人由这个价值(美)以获得她自己所欲得的其他价值。在当前的事例里,譬如叔向父亲的宠爱。这只是妇女间的嫉妒,情形还较简单。在其他嫉妒里,嫉妒者所预止产生的乃是另一价值。这价值可有不同的种类,譬如金钱、名誉等等。

关于这一点:嫉妒的目的在预止遭嫉妒者由其被认为一价值的特长以获得嫉妒者所欲得的其他价值;也许人还不肯同意,但事实告诉我们确实是如此。在上面第二条里,我们已指出同时代一点来。甲诗人嫉妒同时代的乙诗人,但不嫉妒陶、谢,虽然他知道乙的诗远在陶潜的诗和谢灵运的诗之下。假如嫉妒只有原因,并无目的,那样甲诗人应当嫉妒诗更好的陶、谢,不应当嫉妒那诗较劣的乙诗人。但他为何不如此? 因为陶、谢不但已创造了他们的诗,而且已由他们的诗获得了其他可以获得的价值。这些价值的获得远在甲诗人产生以前,而且不妨碍甲诗人的追求价值。因此嫉妒的原因虽在,实际上并不会有嫉妒;嫉妒前人真正是无的放矢,嫉妒以后的人同样是无的放矢。因为当以后的人追求价值时,自己已过去了,所可获得的价值皆已获得了。所以嫉妒只存于同时代的甲乙二人之间。因为它的目的乃是甲预止乙由甲所认为价值的特长以获得他自己所欲获得的其他价值。这里在追求价值方面,甲乙二人有所冲突;这冲突只在同时代的二人之间可能。由这一点:嫉妒只限于同时代的二人之间,即可见嫉妒除了原因以外还有目的,以及此目的乃在预止遭嫉妒者获得另一价值。从以上的分析我们可以看出嫉妒是怎样复杂的一个实践方面的作为。它一方面牵涉四类八个不同的事物。

（一）两个人： 1. 嫉妒者， 2. 遭嫉妒者，

（二）两个价值： 3. 已实现的价值， 4. 可能的价值，

（三）两个 aitia： 5. 嫉妒的原因， 6. 嫉妒的目的，

（四）两种评价： 7. 认价值为价值， 8. 诬价值为非价值；

另一方面它的成分里包含三种互相不同和它亦复不同的实践作为的成分：

1. 奖励中的认一人的特点为一价值，

2. 钦佩中的卑下的自觉，

3. 自慰中的诬所认为价值为非价值。

（原载《思想与时代月刊》第五期）

中国文化中关于知和行的
两件显著事实的分析

今天和诸位讨论的题目是：中国文化中关于知和行的两件显著事实的分析。我们知道，关于知和行，中国有许多哲学，对于这些哲学本人是门外汉，不愿有所言。现在我所要讨论的，正如题目中所言的，只是关于知和行的两件显著的事实——两件事实，不涉及知行的哲学。我希望由于分析这两件事实，而能了解这些事实本身。

中国的学校有一个显著的特点，就是在各级学校里，从幼稚园以至大学，皆有训导一部门。我在伦敦大学读书就未见到过有一人叫做训导长，这也许因为我在那里时间不长，所见不广。但是后来在德国许多年，我也从未听说过什么训导长，那里根本没有训导一部门。这也并不稀奇，因为外国大学是研究学问的地方，不是管理人的行为的地方。这也有其原因，因为西洋的理论学科根本不涉及行为。但在中国情形不同，几千年来学说的主要课题是人的行为。所谓行为，如我们在它处所界说的，指人的是非善恶的行动，合乎道德和违反道德的行动。这是中国文化和西洋文化之间大的差别之一。这是我们今天所要分析的两件显著的事实之一。

此外还有一件同样显著的事实。这件事实如下：中国既然如此注重人的行为，依理而论，应当有很令人满意的结果；中国人应当大多数皆是道德君子，社会上很少违背道德的行为了。不幸的是，事实和它刚刚相反。这就是说：中国人注重道德行为，然而未尝得到应得的结果。这件事实何以如此，这也是我们今天所要分析的。

现在受西洋教育的人渐渐多了起来，研究西洋理论学科的人接受西洋人研究理论学科的态度，继续研究。这就是说：他们将理论的知识和道德行为，像在西洋一样，分别开来了。就着中国的科学不发达言，这诚然是一件很值得欣慰的事；然而从传统的观点看去，有人说他们是住在象牙塔里钻牛角尖，因为在他们的思想和著作里找不出四维八德的字样来。所谓住在象牙塔里钻牛角尖只是一种指责，它至多只能使我们知道在中国的传统上知识和行为不分，那些学说思想家不是住在象牙塔里钻牛角尖，却不能使我们了解何以在中国知识和行为不分这一件事实。再者，关于违反道德的行为一事实，人将它归罪于现在人的不读经书。我曾听见过一位先生慨叹地讲："如若多数人皆读过'临财毋苟得，临难毋苟免'这两句书，我们也不会有现在这样的状况。"他这话包含两点：第一、他们认为现在的人道德堕落；第二、他们认为这个堕落乃由于人的不读经书。这仿佛在以前数千年读经时期里从未有过临财先取、临难竟免的事实一样。对于上述两件事实的指责和慨叹皆是出于情感。由情感可以产生出第一流的诗词来，然而不能产生出对于事实中肯的解说。中肯的解说只能产生于平心静气的分析。现在请让我们来分析上述两件事实。

关于以上第一件事实——西洋将理论知识和道德行为分开，中国将它们合并——我们先从西洋讲起。远在严格意义的学说在希腊产生以前，那时即有一种宗教，在英文里称为奥菲教。这个宗教由来已久，它的理论有两部分：一部分是神谱，一部分是关于灵魂的学说。现在先看看这第二部分。依照其说,人有身体和灵魂两部分。灵魂是神圣的部分,身体是罪恶的,一切罪恶皆由身体得来;灵魂处于身体之内,犹如囚犯关在监狱里一样。因此人生的目的在培养灵魂,使身体洁净化;一朝死去,灵魂方可进到幸福之岛。为了达到这个目的,奥菲教订了许多行为规则,这些规则甚为细密,它们不但关于人生前的行为,而且也关于人死后的行动。从这里可见奥菲教对于人的行为注意到无微不至了。

这里,人很自然地作类似以下的思考:人有身体和灵魂两部分,这在现象方面多少还可以有些直接或间接的根据。但是何以见得灵魂是神圣的,身体是罪恶的呢?对于这一问题,奥菲教的神谱给我们以答复。所谓神谱乃是叙述神的世系,这些神的名字同时也是宇宙重要部分的名字,因此所谓神谱乃是以神话口吻解释宇宙的产生。神谱中和我们当前问题有关的部分如下:狄奥尼修斯神为某恶神撕死,这恶神复将狄奥尼修斯神的遗体吃尽。宙斯神因此震怒,用雷将这恶神击死,从他的余烬里造成人类。因此人有两部分。身体的部分来自恶神的体灰,因此是罪恶的;灵魂来自为恶神所吞食的狄奥尼修斯,因此是神圣的。这里我们不难看出奥菲教的神谱目的在给它的灵魂论一个理论的基础;神谱是维护灵魂论的。

从这观点看去,神谱只占了次要的位置,然而经过以后的发展,在西洋学说里它却"婢作夫人"了。从这个神谱,以后发展出伊奥尼亚派的学说来。伊奥尼亚派的学说乃是以后西洋天文学、气象学、物理学、生物学等科的始祖。伊奥尼亚派和它的后继只作理论方面的研究,不再涉及人的行为,管理人的行为的任务交给宗教去。这个解释并非我们的偏见,历史上的事实明白告诉我们是如此。在初期希腊学派中有所谓毕泰哥拉斯派。它一方面是一个受了奥菲教影响的宗教团体，另一方面是继续伊奥尼亚派以来的研究机关。这派中人献身于宗教职务的称为 Pythagoristes，他们专注意人的行为；献身于学说的称为 Pythagoreioi，只作理论方面的研究。这是西洋文化史上理论学说和道德行为最初一次的分家。它们最后一次的分家乃在基督教传至西方以后。从此人的行为（如我们以上所界说的）交给基督教去管理，理论学科只做那些中国人称为住在象牙塔里钻牛角尖的事。其间诚然不断地有伦理学家产生，然而他们只是以道德为对象，作理论方面的研究；没有一人将他的学说的结论，像摩西十诫一样交给他人去遵行，也从未有人如此妄想过。

我们再看看中国方面情形如何。道德——无论其内容如何不同——是社会安宁的基础。刑罚只能惩治已经产生的罪恶；道德可以将未曾见诸行为的罪恶消除。刑罚时有遗漏；道德感的谴责存于一人自己的心中，因此在一个国家里行为规则是一刻不可稍缺的事物。中国人从古以来即看清此点，注意此点；这原是很正当的。但是中国本土没有宗教，于是这个重大责任只有由学说思想家来担负。由外国传到中国最早的宗教是佛教。但是佛教是毁灭性的宗教，社会的行为并不是它注重的中心；它的主要点是要人脱离社会——出家。基督教传来很晚，只有在明末清初很短时间内有些信徒，随即衰败，直至最近百十年来始渐兴盛。因此管理人的行为职务，在中国一直是掌握在学说思想家的手里，从汉武帝时代以来一直掌握在儒家的手里。因为道德对于社会安宁关系太重要了，两千余年以来的儒者朝朝暮暮讲说仁义道德。学问的其它方面必然无暇兼顾，因此西洋的纯粹科学及其产品，实用科学和工业——我们必须爽直地承认——在中国毫无。学说思想家的精力耗尽在四维八德的讲论中了！这样产生出上述的中国和西洋之间的那一个差异来：在西洋理论学科不管行为；在中国学说思想家的主要课题是人的行为。后一点即是现在多方面称道的中国的人本主义。

人本主义在中国盛行二千余年，它的结果应当是事实上值得人歌颂的了。但是是否如此呢？它的结果明明白白地摆在我们的眼前。这在消极方面是纯粹科学和它的产品一无所有，在积极方面是一部十三经（以及阐扬经义的书籍）和充满社会的违背经义的行为！中国第一流的头脑，经过二千余年的努力，所得的结果如此。这实在太悲惨了！这实在太悲惨了！人唯有用自媚一法来掩盖这无涯的失望，否则精神方面的痛苦人将无法支持。我们达到这个悲惨的境地，决不是由于智慧能力的不足，它必然另有原因。自媚是麻醉自己，麻醉品不能根本治病。因此我们现在必须静心地分析当前的惨状。关于中国何以没有科学，上面已经分析过了；以下专门分析另一方面。此即是一部十三经和违背经义的行为。

我们在这里必须抛弃一切成见，譬如以上所说的，人将违背经义的行为归罪于不读经书，仿佛只须人读经书这种现象就可以没有了。他们忘记，违背经义的行为在历史上无时没有，即在终日读经的时代也未尝稍缺，甚而违背经义活动的人即是读经的人。因此事实决非如此简单，只须读经，问题即可解决。如若我们要客观地了解一件事实，我们唯有仔细分析它。现在让我们来分析。

我们必须从一个离题稍远的地方入手。我们先分析什么是道德的行为，合乎道德的和违背道德的行为。至于道德的内容是什么，我们这里存而不论，更不涉及对此内容的评价。正如一条数学的演算里可以包含未知数,同样,不涉及道德内容,我们也可以分析合乎和违背道德的行为。第一、道德的行为有它的一定范围。这个范围限于人的某些行动,其中牵涉到善恶标准(行为规则)和欲望。人的行动,凡无善恶之分、又无欲望搀杂其间的,皆是既不合乎道德,又不违背道德:它与道德无关。譬如人的呼吸、膝盖的反应等等。第二、合乎道德的行为和违背道德的行为,只存在于一人的欲望和善恶标准彼此一致或相互冲突里。欲望又有积极和消极之分。所谓积极的欲望指进行一事的欲望,消极的欲望指避免一事的欲望。如积极的欲望和善的标准符合,消极的欲望和恶的标准符合;或积极的欲望和恶的标准符合,消极的欲望和善的标准符合。产生于前两种符合的行动是合乎道德的行为;产生于后两种符合的行动是违背道德的行为。至于积极的或消极的欲望和善的标准或恶的标准相互冲突,依此类推。

然而人的行为何以有时合乎道德,有时违背道德?道德行为牵涉到善恶标准和欲望,决定欲望对于善恶标准的从违的,不能即是欲望或善恶标准自身。否则人的行为何以有时合乎善恶标准,有时违背善恶标准呢?因此这个决定来自另一力量,这种力量普通认为是意志。然而仅仅认为意志是这决定的力量,似乎尚嫌不够。一人采取这一行动,而不采取另一行动,诚然这由于一人宁愿这样做,不愿另样做;但是何以取此舍彼?这必有其原因。这个原因决定意志的取舍,因此这一原因乃是意志的决定者,因此它是严格意义的决定力,更深一层的决定力,基本决定力。这基本决定力有两种:一种是理性,另一种是苦乐情绪。

理性是人的一种高级认识能力。由于逻辑思考,人可达到关于善恶的认识。然而人获知善恶并不一定只是由于理性。如若一种行为规则在社会上是已经被公认的,一人获知这规则可以由传说,可以由教育的灌注得来,并且还可以人云亦云地称道这规则的内容。由这些方式获知的善恶标准,毫未经过逻辑的论证。它在这人的理性方面没有基础,它和这人的理性也根本毫无联系。它对于人的内心仿佛衣服鞋袜之于人的身体;人今日可以穿着它们,明日可以卸脱。穿着与卸脱仅凭一时的乐为与否。因此在紧要关头,当一人为强烈的欲望引诱去违背道德规则行事时,这规则得不到理性的赞助,人不能用逻辑的论证说服他自己,以致将这规则抛弃,毫不一顾。但是同一规则如若是经过一人自己的分析、批评,依照逻辑的程序所达到的结论,它即获得理性的认可,即和这人的内心发生不可离解的关系,成为这人的一部分。在紧要关头虽有强烈的欲望引诱,这人也不会稍稍违背他的理性所裁可的行为规则。最好的实例是柏拉图《克里同篇》中所记载的苏格拉底。逻辑论证决定人的行为,使之合乎理性所认可的善恶标准。

然而决定人的行为,使之合乎道德的,不只是一途。即从刚才所引用的一个粗浅比喻看,已可见一人穿这件衣服或不穿这件衣服,乃由于他的乐为与不乐为。这种情形在道德行为里也是如此。一人做了一件符合道德规则的事,很可以只是由于他的乐为,并非出于理性的裁可。所谓乐为,即是如此做人感到一种愉快。我们大家都知道杨震辞金的故事。这里一方面是金钱,它是欲望的对象;另一方面是一条行为规则,"临财毋苟得"。究竟取这笔金钱还是不取呢?杨震遵从这条规则,将金辞谢了。这是一件合乎道德的行为。但是他何以辞金呢?决定他这个合乎道德的行动的力量是什么?这不出于他由理性对这条规则的认知,他并未将这条规则分析、批评,经过逻辑的论证对它加以认可,因而奉行它。他辞金的理由是：天知、地知、你知、我知。假使他取了这一笔金钱，天不知、地不知、甚而送钱的人也不知、他自己也不知，在这四不知的环境下，他就没有理由再不接受这笔钱财了。但是如若一人临财不苟得，乃是由于理性认可了这一条行为规则的，那么他在任何环境下总不会苟取的。杨震不取金钱，乃是因为取了即为四方面所知晓，他即将被认为是一个不廉洁的人。但他爱好廉洁过于爱好金钱，因此他乐于辞金，不乐于变为不廉洁。这个例子表明合乎道德的行为不一定是出于理性，它也可以为苦乐情绪所决定。另一方面，违背道德的行为由于苦乐情绪所决定的例子更多。因为我们这里只要分析前一种行为的决定力，后一种行为且丢开不谈。

我们再进一步仔细看看这苦乐的情绪。一人从他日常经验里知道有些事物对于他是有利的，也有些对于他是有害的。无论他的判断可靠与否，然而他认为有利的在他自己的心目中即是一种价值，有害的即是一种负价值。价值的获得产生愉快，负价值的获得产生痛苦。再者，价值的损失也产生痛苦，负价值的消逝也产生愉快。

这是愉快和痛苦简单的一方面，此外它们还有复杂的一方面。所谓简单，因为以上所讲的只限于现在时间。一人现在获得一种价值，他即感觉愉快，譬如饥者得食，渴者得饮。一人现在获得一种负价值，他即感觉痛苦。然而人在万物之中独具一种特殊能力，此即是他可以任意处理时间。人以外的物体，山河大地、草木鱼虫等等，只能在时间之流里被挟着由已往经过现在趋向未来，不能有向另一个方向的活动。人诚然也是如此前进，然而他却有一种能力可以在意识里将时间的位置任意颠倒。在他的心里，他可以使已往的在现在重复出现，未来的在现在预先产生。因此，人不但在现在获得了一种价值，才有愉快，现在获得了一种负价值才有痛苦；即使这一价值或负价值现在还未获得，获得还在未来；由于人可以在意识里使未来的现在产生，价值和负价值预期的获得和消失即使他在现在感觉到愉快和痛苦。决定人的道德行为的不是前一种简单的苦乐情绪，乃是这后一种复杂的苦乐情绪。杨震所以辞金，因为在他当时的心中他已经感觉到由于在未来避免不廉洁负价值所生的愉快。以下凡言苦乐情绪皆指这一种复杂的苦乐情绪。

以上所言，只是普遍地讲苦乐情绪决定人的行为，使之合乎道德。因为价值和负价值的种类繁多，苦乐的情绪也因之种类繁多。在这繁多的种类之中有一种最大的愉快和最大的痛苦。前者是以不朽为对象，后者是以永灭为对象。用宗教上的语言讲来，前者是永生，后者是受最后审判。一种普通价值的获得，人已感觉愉快，它的损失人即感觉痛苦。如若这已得的价值能够保持勿失，人自然也感觉到一种愉快。在痛苦方面情形和此相当。一种普通的负价值的获得人已感觉痛苦，它的消失人即感觉愉快。如若这已得的负价值消失不掉，人自然也感觉一种痛苦。因此一人总想他已得的价值永久保持，已得的负价值永远消失。价值的永远保持只有在宗教上的永生里，负价值的永远不可消失只有在宗教上的最后审判里。因此一人只须曾经做过一件值得称道的事，他势必希冀永生；曾做过一件可被斥责的事，无论其已受制裁与否，势必恐怖最后的审判。由于这样的希冀产生一种最大的愉快，这样的恐怖产生一种最大的痛苦。这两种愉快和痛苦，我们称之为宗教的情绪。根据以上所言，宗教的情绪不似任何一种其它的苦乐情绪可以因人、因时、因文化背景而异，它乃是普遍地及于一切人（因为每一人在他的一生中总获得到过一种价值或负价值），所有的差别，只是它在各人的心中或者已经实现了，或者仍只潜伏着而已。这种宗教情绪是苦乐情绪中的特殊一种，它是道德行为的另一个决定力。

我们以上的分析最初寻出两种力量可以决定人的行为，使之合乎道德。这两种是理性和苦乐情绪。其后我们在苦乐情绪之中又辨别出两类来，即一般的苦乐情绪和宗教情绪。总之，共有三种力量决定行为，使之合乎道德：此即是理性、一般的苦乐情绪和宗教情绪。一般的苦乐情绪是一种决定力：这只是一句笼统的话，并非讲在一般的苦乐情绪之中任何一个苦乐的情绪在任何状况下皆有必然的决定能力。事实方面决非如此。某某一个一般的苦乐情绪并不能决定同一个人在不同时期里必然产生同一行为，更休谈它对于不同的人，甚而对于生长于不同的文化背景里的人的效果如何了。而且某一事物是否可以唤起某一种苦乐情绪也随着文化背景、两人的教育和经验，甚至同一人的一时心理状况而异。所以在一般的苦乐情绪之中，每一种苦乐情绪皆可以决定一个合乎道德的行为，然而这种决定决非漫无限制。它是否果真有这效果，还要依着其它条件而定。因此它的决定不可预期，不可依赖，非常薄弱。它所以如此，决非偶然，乃由于它的本性。苦乐的情绪产生于价值或负价值的获得或消失。价值的种类不同，高下各异；负价值也是如此。因此两种愉快彼此相较，舍短取长，势所必然。于是同一愉快情绪在今日可以决定此一行为，同一行为在明日可为一程度较高之愉快情绪所决定。关于痛苦情绪，可以类推。这还只不过是愉快和愉快相较，痛苦和痛苦相较；但在实际生活里愉快和痛苦往往彼此相较。在那种情绪下，内容则更复杂；一般的苦乐情绪的决定也就更飘浮不定了。但是宗教情绪和理性决定行为的力量和一般的苦乐情绪所有的决定力就迥然不同；它们皆是绝对的。宗教情绪在任何环境下对于每一个虔诚的宗教徒皆有绝对的决定力，毫无例外。同样情形，理性对于苏格拉底式的人也是如此。所谓苏格拉底式的人指那由于自动的分析、批评、逻辑的论证以达到对于行为规则的认可的人。前面已经提到过，苏格拉底在千钧一发之时服从他由于理性所认可的善恶标准。他宁可坐以待毙，不越狱逃亡。

理性和宗教情绪虽然同样地具有绝对力量决定人的行为，使之合乎善恶标准，然而它们却有以下一个大的差别。理性使人遵守的行为规则是理性的产品，这些规则是逻辑思考的结论；它们的订立由于逻辑论证。它们一朝被订立了以后，如若它们得到他人自动的认可，这必然也是由于理性的分析、批评、论证等等。它们所以能为人的行为绝对遵守，也正因为它们是理性所订立的或所裁可的。这样，它们和理性之间有密切的联系，它们在人的内心里有其根源。宗教情绪使人遵守的规则和理性使人遵守的规则，二者的性质完全不同。宗教情绪使人遵守的规则不是理性的产品。摩西所受的十诫：勿杀人、勿奸淫、勿偷盗……并非逻辑论证的结果，它们也未附有理由，解说何以不可如此如此。诚然人可以对它们加以解释，然而那只是画蛇添足，并非所需。它们既非理性的产品，也无需理性为它们注脚，因为它们和人的内心里的联系与理性无涉。它们来自另一源泉，它们是神的启示。神的启示，人只有服从或不服从，却非人所可理解：因为它完全超出理性范围之外。人服从神的启示就得永生，违背神的启示就得受最后的审判。因此人之所以服从神的诫命不由于它们在人的内心里和理性联系，乃由于它们直接诉于人的宗教情绪；以宗教情绪为它们之在人的内心里的基础。因此一人不信奉宗教则已；如若他信奉了，他对于他所信奉的宗教的教条阳奉阴违，那是一件完全不可能的事，正如一个苏格拉底式的人由于他的理性所订立的或所认可的行为规则在千钧一发之时抛弃了不顾，那是完全不可能的事一样。因此行为规则若要为人所绝对遵守，它们必须和人的内心有不可离解的联系，在人的内心里有坚实不摇的基础。这坚实不摇的基础有二：它们的性质完全不同，它们的效用完全相等。它们即是理性和宗教情绪。至于其它一般的苦乐情绪诚然也是行为规则所遵守的心理上的基础，然而这些基础太薄弱，不可预期，不可信赖，如以上所言。

以上关于合乎道德的行为的分析就其本身言仍嫌太简，然而它在本篇中已觉太长。现在让我们根据以上分析的结果，回到我们在本篇里所要解释的两个现象中之第二个现象。此即是：在中国，一方面是一部十三经，另一方面是违背经义的行为。儒家所订立的行为规则原是学说的结论，它们是理性的产品。理性的产品本身可以为人的行为绝对遵守，然而在中国结果何以不如此呢？其原因乃是人的求好心切，因而"揠苗助长"。道德行为对于社会的安宁实在太重要了，中国人深深看清这一点，于是将儒家的善恶标准捧出来作为人的行为规则。又恐它们不能产生绝对的效果，于是要求人对它们无条件地服从，不可非议。不可非议，为人无条件所服从的是神的诫命。现在要求人以对待神的诫命的态度对待学说的结论；这样，学说的结论教条化了。在不可非议、无条件服从的要求下，理性无所应用，它至多只能做些敷陈经义的工作；至于审核、批评，以及由此产生的裁可，皆无由产生。那些规则的内容，原来可为理性所认可的，在这情形下也无由和人的内心产生密切的联系。但是学说终是学说，决非教条。它和教条迥异，它的来源是逻辑;教条的来源是神的启示。学说对于人的行为发生效力只有通过理性一条路;教条对于人的行为发生效力乃是诉于人的宗教情绪。现在学说教条化了,它和人的内心可有的唯一的坚强联系,和理性的联系被割断了,它在人的内心里的唯一坚强基础,理性的基础,被撤销了。于是它在人的内心里没有可靠的着落,即使人在口中人云亦云地背诵它。因此它失去了为人绝对遵守的机会。另一方面,人可以造出巍峨的大成殿,供奉儒家大师,然而人却无法为那大成殿里发出来的号召获取宗教情绪做它的基础。于是人可以一方面念十三经,一方面违背经义行动,心中毫无畏惧。最显著的实例是以孔子口吻讲话的王莽。因为永生和最后审判不在儒家的赏罚范围之内;儒家最后的一张王牌——褒贬——不能激起人的宗教情绪。(对于褒贬最大的讽刺是桓温所说的:"大丈夫不能流芳百世,亦当遗臭万年",他把褒贬看得一样轻重。)因此儒家的行为规则,在人的内心里失去任何一个坚实不摇的基础。如若社会上仍有些合乎道德的行为,这乃是因为这些规则和人的内心里尚有一些飘浮的联系,和人的一般的苦乐情绪的联系。譬如以上所言的杨震辞金这一事实。然而这种联系是不可预期的,不可信赖的。如若行为规则只建筑在这些一般的苦乐情绪上,宜乎一方面是一部十三经,一方面是许许多多的违背经义的行为。

以上是中国文化里关于知和行的两件显著事实的分析,纯客观的分析,其中不搀杂丝毫主观的评价。好像医生为病人诊断,冷静得无动于衷。正如医生诊断是一回事,处方是另一回事,我们在这里所做的工作也只限于分析现象,并不建议怎样矫正这现象。

(原载《大陆杂志》第十卷第十期)

后　　记

本书编定交给商务印书馆后，1987年6月贺麟先生告诉我们：他收到香港赵汝明先生寄来的，收集在台湾大学编印的《国际中国哲学研究会论文集》中的一篇陈先生的英文论文：Acquiring Knowledge of the Ideas in Plato's Dialogues，贺先生已请他指导的博士研究生杨君游译成中文，发表在《哲学研究》1987年第7期。稍后，王浩学兄也从美国寄来陈先生这篇英文论文。收入本书时，我们对译文作了修订。

一九八七年八月